L'imaginaire du démoniaque dans la Septante

Supplements to the Journal for the Study of Judaism

VOLUME 197

The titles published in this series are listed at *brill.com/jsjs*

L'imaginaire du démoniaque dans la Septante

Une analyse comparée de la notion de « démon » dans la Septante et dans la Bible hébraïque

par

Anna Angelini

BRILL

LEIDEN | BOSTON

Swiss National Science Foundation
Published in Open Access with the support of the Swiss National Science Foundation.

Library of Congress Cataloging-in-Publication Data

Names: Angelini, Anna, 1979- author.
Title: L'imaginaire du démoniaque dans la Septante : une analyse comparée de la notion de «démon» dans la Septante et dans la Bible hébraïque / par Anna Angelini.
Description: Leiden ; Boston : Brill, [2021] | Series: Supplements to the Journal for the study of Judaism, 1384–2161 ; volume 197 | Includes bibliographical references and index.
Identifiers: LCCN 2021027344 (print) | LCCN 2021027345 (ebook) | ISBN 9789004468467 (hardback) | ISBN 9789004468474 (ebook)
Subjects: LCSH: Monsters in the Bible. | Jewish demonology. | Monsters. | Bible. Old Testament. Greek—Versions—Septuagint. | Bible. Old Testament—Criticism, interpretation, etc. | Sea monsters—Mediterranean Region.
Classification: LCC BS1199.M6 A54 2021 (print) | LCC BS1199.M6 (ebook) | DDC 221.6—dc23
LC record available at https://lccn.loc.gov/2021027344
LC ebook record available at https://lccn.loc.gov/2021027345

Typeface for the Latin, Greek, and Cyrillic scripts: "Brill". See and download: brill.com/brill-typeface.

ISSN 1384-2161
ISBN 978-90-04-46846-7 (hardback)
ISBN 978-90-04-46847-4 (e-book)

This book is printed on acid-free paper and produced in a sustainable manner.

MIX
Paper from responsible sources
FSC® C004472

En mémoire de Franco Aspesi
« Bon démon » de mes études

Table des matières

Remerciements

Ce livre est issu d'un projet de recherche postdoctoral soutenu par le Fond National Suisse (n. 100015_156350/1) et mené à l'Institut romand des sciences bibliques de l'Université de Lausanne, sous la supervision de Christophe Nihan. Je lui suis infiniment reconnaissante pour la confiance qu'il m'a accordée, pour son généreux soutien ainsi que pour ses efforts pour garantir un financement au projet. Le temps qu'il a dédié à discuter chacune des idées contenues dans le livre et à en planifier avec moi la structure a amélioré la qualité de mon travail d'une manière que je n'aurais jamais imaginée possible. En lui, j'ai découvert un modèle d'excellence scientifique qui est source permanente d'inspiration.

Je remercie vivement les éditeurs des Supplements au *Journal for the Study of Judaism*, René Bloch et Karina Martin Hogan, pour avoir accepté mon manuscrit, les deux lecteurs anonymes pour leurs remarques constructives, Marjolein van Zuylen pour son assistance dans la préparation de la version finale de la publication. La finalisation du manuscrit a bénéficié du soutien financier de l'Institut romand des sciences bibliques et du Centre interdisciplinaire en histoire et sciences des religions de l'Université de Lausanne. En outre, une bourse de recherche de la Société Académique Vaudoise (2014–2015) m'a permis de perfectionner mes compétences sur la Septante lors d'un semestre de recherche à Paris et d'un séjour à Göttingen. Je suis très reconnaissante envers ces institutions. Je tiens également à remercier mes collègues de l'Université de Lausanne qui, pendant ces années, ont contribué au développement du projet par leurs commentaires, suggestions bibliographiques, relectures : Aurélie Bischofberger, Hervé Gonzalez, Hélène Grosjean, Jürg Hutzli, Katharina Pyschny, Alessandra Rolle, Eleonora Serra, Camille Semenzato, Matteo Silvestrini. Je sais particulièrement gré à Giuseppina Lenzo pour son aide avec le matériel égyptien et pour son amitié. J'adresse également une pensée profonde à Anne-Sophie Gloor, dont l'esprit positif ainsi que l'aide pratique qu'elle m'a fournie en de nombreuses occasions, ont été un grand soutien pendant mes années lausannoises.

J'ai eu l'opportunité de présenter plusieurs idées et quelques résultats de recherche à l'occasion de diverses réunions scientifiques : les séminaires du groupe de recherche sur la Septante de Paris (UMR 8167 Orient et Méditerranée, 2014), le colloque « Entre dieux et hommes » et le séminaire de religion grecque du Collège de France (2014 et 2019), le séminaire pour doctorants de l'Université de Yale (2014), les journées d'études sur texte massorétique et Septante à l'Université de Genève (2014–2017), l'unité de recherche sur le Pentateuque de la Society of Biblical Literature (San Diego, 2014), la journée d'études de l'Institut Romand de Sciences Bibliques « La Septante au croisement des cultures de l'antiquité » (Lausanne, 2015), les séminaires d'Ancien Testament de l'Université Humboldt (Berlin, 2014) et de l'Université George-August (Göttingen, 2015), la Septuaginta Deutsch (Wuppertal, 2016), l'Institut de Théologie Protestante de Paris (2017), l'Oxford Seminar in Advanced Jewish Studies (2018), le Cambridge Septuagint Seminar (2020). J'adresse une pensée reconnaissante aux collègues qui m'ont offert leurs remarques constructives : James Aitken, Sonja Ammann, Hans Ausloos, Rotem Avneri Meir, Daniel Barbu, Cécile Dogniez, Doralice Fabiano, Giulia Francesca Grassi, Bénédicte Lemmelijn, Alessandra Lukinovich, Lionel Marti, Francesco Massa, Valérie Nicolet, Vinciane Pirenne-Delforge, Harald Samuel, Brian Schmidt, Ross Wagner.

L'octroi de la Polonski Fellowship, grâce à laquelle j'ai profité d'un séjour de recherche à l'Oxford Centre for Hebrew and Jewish Studies et à l'Oriel College en printemps 2018, m'a offert une occasion unique d'échanges scientifiques, qui a enrichi mon approche de la Septante d'une profondeur nouvelle : je sais gré à Arjen Bakker, Anthony Ellis, Trevor Evans, Scott Scullion, Michael Seleznev, Maria Yurovitskaya, Romina Vergari. Un grand merci est dû à Hindi Najman et à Benjamin Wright pour leur encouragement affectueux.

Plusieurs collègues et amis ont offert leur aide lors de la préparation du manuscrit : j'exprime mon plus vif remerciement à Anne-Sophie Augier et Théo Millat-Carus pour la relecture de mon français, à Chiara Ratti pour la mise en forme de la bibliographie, à Corinne Bonnet pour son soutien qui m'est cher. Jan Rückl a discuté avec moi plusieurs points de critique textuelle, contrôlé mes transcriptions, et relu la bibliographie, en faisant preuve d'une amitié sans défaut et d'une générosité dont je lui serai toujours reconnaissante. Ce livre est également l'histoire d'une amitié née en 2013 sur les rives du lac Léman et consolidée dans les années successives, pendant lesquels Julia Rhyder et moi avons partagé un bureau, un appartement, ainsi que d'innombrables expériences, qu'elles soient académiques ou expériences de vie. L'achèvement de ce manuscrit doit à Julia beaucoup plus que ce que je ne peux exprimer ici, mais je tiens néanmoins à la remercier de tout mon cœur pour son soutien dans les étapes finales de la rédaction ainsi que pour la révision stylistique de plusieurs chapitres. Je reste entièrement responsable de toute erreur ou imprécision.

Enfin, je n'aurais jamais pu compléter cette recherche sans l'encouragement constant de ma famille et sans l'amour de mon mari Sebastiano. Il m'a soutenue sans réserve en supportant de longues périodes d'absence et en faisant face à une logistique familiale souvent complexe.

La joie que la publication du volume m'apporte a été malheureusement tempérée par la nouvelle inattendue du décès de Francesco Aspesi dont l'absence laisse un vide infranchissable. Franco, comme nous l'appelions, a guidé mes premiers pas dans le monde des langues sémitiques lorsque j'étais une jeune étudiante à l'Université de Milan et notre échange ne s'est jamais interrompu depuis. Il attendait avec impatience de lire de ce volume qui a fait l'objet d'une de nos dernières conversations. Il m'a appris à aimer la philologie, à ne pas mettre de limites à ma curiosité scientifique et à poursuivre mes passions avec enthousiasme et optimisme. C'est à sa mémoire que je dédie ce livre.

Zurich, Janvier 2020

Liste des tableaux

Carte sémantique

Abréviations

Les abréviations des livres bibliques suivent l'édition d'Alfred Rahlfs, *Septuaginta. Id Est Vetus Testamentum Graece Iuxta LXX Interpretes*, Stuttgart, Deutsche Bibelgesellschaft, 1935. Lorsque je fais explicitement référence au texte massorétique, et que le titre du livre diffère selon la tradition hébraïque ou la tradition grecque (notamment dans le cas de Samuel-Rois, Chroniques et Qohéleth), je suis Rudolf Kittel, *Biblia Hebraica Stuttgartensia*, ed. Quinta, Stuttgart, Deutsche Bibelgesellschaft, 1997 :

Gen ; Ex ; Lev ; Num ; Deut ; Jos ; Jud ; Ruth ; 1–4 Regn = 1–2 S/1–2 R ; 1–2 Paral = 1–2 Ch ; Esdr ; Neh ; Est ; Jdt ; Tob ; Mac 1–4 ; Ps ; Od ; Prov ; Eccl = Qoh ; Cant ; Job ; Sap ; Sir ; Ps Sal ; Os ; Am ; Mich ; Joel ; Abd ; Jon ; Nah ; Hab ; Soph ; Agg ; Zach ; Mal ; Is ; Jer ; Bar ; Lam ; Ez ; Sus ; Dan ; Bel et dr

Nouveau Testament : Mt ; Mc ; Lc ; Jn ; Ap ; Act ; Rm ; 1–2 Co ; 1 Tim ; He

Apochryphes : 3 Bar = Apocalypse de Baruch ; Hen = Hénoch ; Jub = Jubilés

Les auteurs grecs sont cités d'après LSJ (Henry George Liddell, Robert Scott, and Herny S. Jones, *A Greek-English Lexicon*, 9th revised ed., Oxford, Clarendon Press, 1996), avec quelques modifications qui font désormais partie de la pratique courante dans les citations des auteurs classiques (par exemple Aeschylus = Aesch. au lieu de A.). Les citations des auteurs et des ouvrages qui ne sont pas spécifiés par le LSJ (notamment les titres des dialogues de Plutarque et des œuvres de Philon d'Alexandrie) et les citations des auteurs latins suivent la deuxième édition du *SBL Handbook of Style* (Atlanta, SBL Press, 2014), qui est également la référence pour les abréviations des titres des revues et des séries.

Autres abréviations :

DELG	Pierre Chantraine, *Dictionnaire étymologique de la langue grecque. Histoire de mots*, Paris, Klincksieck, 1977–1980.
DTA	Richard Wünsch, *Defixionum Tabellae in Attica regione repertae* (*IG* III 3, Appendix), Berlin, Reimer, 1897.
IGUR III	Luigi Moretti, *Inscriptiones graecae urbis Romae. Fasciculus III*, Roma, Istituto italiano per la storia antica, 1979.
KAR	Erich Ebeling, *Keilschrifttexte aus Assur religiösen Inhalts*, Leipzig, Hinrichs, 1919.
LIMC	*Lexicon iconographicum mythologiae classicae*, Zürich, Artemis, 1981–2009.
LSS	Franciszek Sokolowski, *Lois sacrées des cités grecques. Supplément*, Paris, École française d'Athènes, 1962.

PAT Delbert R. Hillers, Eleonora Cussini, *Palmyrene Aramaic Texts*, Baltimore, Johns Hopkins University Press, 1996.

SDGI Hermann Collitz, *Sammlung der griechischen Dialekt-Inschriften*, Göttingen, Vandenhoeck & Ruprecht, 1885–1899.

SED II Alexander Militarev et Leonid E. Kogan, *Semitic Etymological Dictionary. Vol. II : Animal Names*, AOAT 278/2, Münster, Ugarit-Verlag, 2005.

Textes, éditions et traductions

Dans les citations des versets bibliques je donne le texte hébreu (ed. Rudolf Kittel et al., *Biblia Hebraica Stuttgartensia*, ed. Quinta, Stuttgart, Deutsche Bibelgesellschaft, 1997) accompagné de sa traduction, y compris dans les tableaux. Lorsque je discute un mot ou une expression particulière dans le texte, je donne, en revanche, le texte en translittération pour permettre à des non hébraïsants de suivre la discussion plus aisément.

Les textes grecs sont cités d'après les éditions du TLG (*Thesaurus Linguae Graecae*) ; lorsque j'ai utilisé des éditions différentes, celles-ci sont indiquées dans la note de bas de page correspondante. J'ai, en principe, proposé mes traductions de l'hébreu et du grec : lorsque j'ai utilisé d'autres traductions, ces dernières sont indiquées en note de bas de page.

INTRODUCTION

Démons et Septante : les raisons d'une enquête

1 Objet et nature de la recherche

Le présent ouvrage se propose d'étudier les représentations des démons et des puissances démoniaques dans la Bible dite des Septante (LXX), en les comparant avec celles qui nous ont été transmises par la Bible hébraïque. Bien que cette recherche fasse amplement recours aux instruments de la philologie et de la critique textuelle, son intérêt ne porte pas sur une analyse strictement philologique, mais vise d'abord et avant tout à mieux cerner le fonctionnement de la catégorie de démon dans les traditions bibliques de langue hébraïque et grecque, et notamment dans le contexte du judaïsme hellénistique, dont la Septante peut être considérée à bien des égards comme un produit fondamental, voire comme *le* produit fondamental. Un des principes sous-jacents à ce travail est que l'étude des démons dans la Septante a un caractère interculturel intrinsèque, car il implique nécessairement un dialogue avec d'autres représentations du démoniaque produites en langue grecque à la même époque. D'un point de vue plus général, cette étude vise à ouvrir des interrogations nouvelles sur certains aspects de l'imaginaire religieux de l'hellénisme au sens large, ainsi que sur la relation entre les différentes cultures qui font partie de l'hellénisme. À cet égard, l'enquête menée dans les pages qui suivent s'adresse non seulement aux biblistes et aux spécialistes de la Septante, mais également aux historiens qui s'intéressent aux transformations des catégories religieuses dans l'Antiquité, et part du présupposé que la catégorie de démon représente un opérateur culturel important pour étudier ces changements dans les sociétés de la Méditerranée antique[1]. Il me semble, en effet, pouvoir anticiper que les représentations relatives aux démons constituent un bon objet pour une approche « interculturelle » de l'étude de l'Antiquité, non seulement car on retrouve des démons dans toutes les cultures de l'Antiquité méditerranéenne, mais surtout dans la mesure où le savoir relatif aux puissances démoniaques fait l'objet à la fois de continuités et de changements considérables dans différents contextes historiques et religieux. Et c'est notamment dans cette relation complexe entre persistance et changement que les spécificités culturelles les plus significatives se situent, à savoir, dans ce cas, celles qui sont liées à la

1 Voir, à cet égard, les remarques de Petersen 2003. Sur l'imaginaire comme catégorie de l'étude historique, voir les remarques fondamentales de Le Goff 1985, p. v–xxv.

traduction grecque de la Bible par rapport à sa *Vorlage* hébraïque, mais aussi au contexte plus large dans lequel cette traduction a été réalisée. Par conséquent, l'étude des démons dans la Septante demande à être approchée par une démarche qui n'est pas seulement interculturelle, mais qui relève véritablement du comparatisme, dans la mesure où la comparaison entre Bible hébraïque et Septante ne peut fonctionner qu'en mettant en perspective les deux contextes respectifs de référence, en amenant ainsi à une confrontation indirecte entre monde sémitique et monde grec.

À cet égard, il importe de relever que les approches normalement utilisées dans l'étude des démons dans la Bible (d'habitude considérée par son texte hébreu) ne manquent pas de soulever certains problèmes méthodologiques, qui pourraient être contournés, sinon résolus, par une approche centrée sur la Septante. Avant de rentrer dans les détails de l'analyse, il convient, donc, d'esquisser brièvement ces problèmes[2] ainsi que d'expliquer les raisons qui m'ont poussée à mettre la Septante au centre de ma recherche.

2 Les démons bibliques entre « survivance » et « emprunt »

L'intérêt pour les démons bibliques, à la fois du côté des biblistes et de celui des historiens des religions, remonte au moins au XIXe siècle[3] et se poursuit tout au long du siècle dernier[4], jusqu'à faire l'objet d'études récentes[5]. Malgré des différences parfois importantes du point de vue des outils d'analyse employés et des cadres épistémologiques de référence, on remarque quelques tendances récurrentes à l'égard de la définition et du traitement du démoniaque dans la Bible hébraïque. En particulier, deux paradigmes de recherche me semblent pouvoir être identifiés.

D'une part, on relève l'effort de lister un nombre important de démons, souvent accompagnés par d'autres créatures plus ou moins monstrueuses ou terrifiantes (serpents monstrueux, ombres des morts, géantes, esprits, fantômes,

2 Un parcours historiographique détaillé de l'étude des démons dans la Bible hébraïque se situerait partiellement en dehors du cadre de ce travail. Le paragraphe suivant ne se veut, donc, pas un état exhaustif de la recherche (qui, d'ailleurs, reste encore à écrire), mais un point de synthèse sur les problèmes récurrents posés par certaines tendances dans l'étude des démons bibliques.

3 Voir surtout Baudissin 1876, p. 110–146 ; De Visser 1880 ; Wellhausen 1897 ; Robertson Smith, 1889, p. 84–139 ; Witton Davies 1898.

4 Söderblom 1916 ; Volz 1924 ; Langton 1949 ; Caquot 1956 ; id. 1971.

5 Voir le volume édité par Lange, Lichtenberger et Römheld 2003 ; Frey-Anthes 2007 ; Blair 2009 ; Kitz 2016.

etc.), ce qui donne lieu à un répertoire dont la nature est en réalité passablement hétérogène[6]. Cet ensemble varié, pourtant classé sous la rubrique unique de « démon », est généralement interprété comme étant une survivance d'une pensée magique et superstitieuse à laquelle l'évolution monothéiste aurait tenté de s'opposer. On a tendance à attribuer à ces survivances des origines diverses, à savoir un emprunt provenant des cultures voisines, notamment babyloniennes ou perses[7], traditionnellement considérées comme étant spécialisées en « démonologie » ; ou alors à postuler un « substrat cananéen » effacé par le Yahvisme, dont la Bible délivrerait encore quelques vestiges[8]. À cet égard, il n'est pas rare de voir les démons relégués au deuxième plan à l'avantage des anges, ces derniers étant regardés comme le seul véritable produit propre à la religion israélite[9]. Cette démarche présente également le risque de projeter en arrière une opposition entre anges et démons qui, comme on le verra, ne se retrouve pas comme telle dans la Bible hébraïque, mais qui est en réalité le reflet d'un développement successif.

D'autre part, un courant d'études d'inspiration à la fois dogmatico-théologique et romantico-phénoménologique, postule l'intégration progressive d'aspects « démoniaques » dans la nature de Yhwh lui-même[10] ; l'affirmation de Yhwh comme dieu unique d'Israël ne laisserait alors plus d'espace à la croyance aux démons, au moment où cette divinité assumerait en soi des qualités et des caractères qui, dans d'autres systèmes – supposément dualistes ou polythéistes –, seraient en revanche associés à des puissances multiples. Cela aurait donc amené les Israélites à expérimenter non seulement l'aspect protecteur du dieu, mais également son côté sombre et obscur, effrayant, voire tranchement horrible[11]. Il n'est pas difficile de reconnaître dans de telles positions une lecture historicisée de la phénoménologie de Rudolph Otto (notamment de son *Das Heilige*, 1917), selon lequel l'expérience du sacré comme « ganz anders », altérité irréductible, est par sa nature extraordinaire, à la fois fascinante mais aussi obscure et épouvantable[12].

---

6 Voir, à titre d'exemple, Langton 1949, encore régulièrement cité comme ouvrage de référence par les études les plus récentes.

7 Voir encore récemment Riley 1999, p. 235–240.

8 Par exemple Caquot 1956.

9 Caquot 1971 ; voir encore D.B. Martin 2010.

10 Elle a été théorisée pour la première fois par De Visser dans sa thèse de doctorat (1880), où il soutient notamment que les démons de l'Israël ancien étaient en réalité perçus comme des esprits subordonnés ou intégrés à Yhwh, et ne disposaient pas, par conséquent, d'un pouvoir autonome véritable.

11 Voir à cet égard Söderblom 1916 et Volz 1924.

12 Cette interprétation prévaut encore dans les entrées d'encyclopédies théologiques jusqu'à la fin du XXe siècle : Wanke 1981 (TRE) ; Roehl 1986[3] (EKL) ; Görg 1999 (RGG[4]).

Ces deux paradigmes de recherche ont traversé le fil des siècles et ont été proposés à plusieurs reprises. Bien que distincts, voire éloignés, l'un de l'autre, ils partagent entre eux le fait d'approcher l'étude de la catégorie du démoniaque dans la perspective du monothéisme en tant que trait distinctif de la religion israélite. Cette perspective devient un point de départ aisé pour la définition des démons comme puissances intrinsèquement négatives – ou, du moins, opposés aux hommes et aux dieux. En outre, elle parvient à expliquer, d'une manière ou d'une autre, la pauvreté de données relatives aux démons dans la Bible hébraïque, qui semble avoir posé souci à la plupart des études sur les démons bibliques[13]. En réalité, comme le note justement Rüdiger Schmitt[14], la situation israélite ne diffère pas du reste de la documentation levantine de l'âge du Fer ; de plus, cette pauvreté de données ne doit pas nécessairement être expliquée par une absence de la croyance dans les démons, mais peut être motivée par d'autres facteurs.

Ces deux démarches paraissent aujourd'hui problématiques, car elles ne semblent pas tenir compte du fait que l'idée de la supposée « révolution monothéiste »[15] a été sérieusement questionnée par la recherche récente. À cet égard, la vision de la religion israélite comme ayant un caractère exceptionnel par rapport à un prétendu substrat cananéen n'est désormais plus acceptable d'un point de vue historique[16]. En outre, sans vouloir nier l'effective attribution des qualités démoniaques à Yhwh dans plusieurs passages bibliques, il faudrait plutôt comprendre ces aspects du dieu comme faisant partie de la nature nécessairement multiple et complexe qui caractérise toute grande divinité de l'antiquité, laquelle ne peut pas être classifiée tout simplement comme « bienfaisante » ou « malfaisante ».

L'abandon des paradigmes liés au monothéisme comme trait distinctif de la religion de l'Israël ancien, bien que nécessaire, a cependant posé problème aux chercheurs, car il semble avoir ouvert un certain *vacuum* conceptuel à l'égard à la fois de la définition des démons et de l'étude de leur fonction à l'intérieur des textes bibliques. De cette difficulté ressort l'idée, proposée par la recherche

---

13 Voir encore Van der Toorn 2003.

14 Schmitt 2015. Ce problème fera, notamment, l'objet d'une discussion dans le chapitre suivant.

15 Pour ce concept, voir Assmann 1998.

16 Pour le premier point, voir, entre autres, les essais collectés dans le volume de Pongratz-Leisten 2011, ainsi qu'Olyan 2012. Pour les continuités entre culture matérielle israélite et celle du reste du Levant, on peut voir, entre autres, Finkelstein et Silberman 2002 ; Liverani 2003, p. 66 *sqq*. Isabel Cranz a également souligné la nécessité de sortir de l'opposition entre monothéisme et polythéisme lorsqu'on discute de la présence ou de l'absence des démons dans la Bible hébraïque : voir Cranz 2014.

la plus récente, de renoncer à cette catégorie en ce qui concerne l'étude de la Bible hébraïque, en tant que catégorie non indigène et donc inapte à décrire des phénomènes bibliques[17].

Nous sommes ainsi passés des modèles qui reconnaissaient une grande quantité « d'emprunts » ou de « survivances » démoniaques, éparpillées à plusieurs endroits de la Bible, à des hypothèses qui éjectent complètement la notion même de « démon » de leur domaine de recherche, en remplaçant cette notion par une série de sous-catégories, qui arrivent parfois à n'inclure qu'un seul membre (« puissances du chaos », « divinités mineures », « divinités déchues », « esprits des confins », « génies protecteurs », etc.[18]). Ces démarches semblent donc aboutir à des résultats aporétiques, et soulignent, à mon avis, la nécessité d'un nouvel angle d'approche, qui permette de dépasser les difficultés méthodologiques, notamment celles liées à une interprétation en termes moraux de la nature du démoniaque. À cet égard, Jonathan Z. Smith[19] signalait déjà la nécessité de sortir d'une définition morale du démoniaque, en la remplaçant par une définition « locative » : il considérait les démons comme des marqueurs taxonomiques, qui n'ont pas, en soi, de traits moraux mais servent à définir une relation (d'opposition ou de distance) par rapport au monde des hommes et à celui des dieux. Une telle approche a le mérite de permettre une construction des démons aussi bien comme figures positives, en tant qu'intermédiaires humano-divins, que négatives, en tant que puissances associées à la dimension du liminaire, du chaos et de l'incontrôlable. Elle touche, en outre, à un aspect central de la notion de démon du point de vue historico-religieux, à savoir la possibilité de définir et délimiter cette notion par rapport à celle, non moins complexe, de « dieu ». D'autres travaux plus récents, comme ceux d'Anders Klostergaard Petersen[20], ont également avancé des définitions heuristiques ou fonctionnelles de « démon », qui ont été, à l'occasion, exploitées avec succès dans l'analyse de certains dossiers spécifiques dans la Bible hébraïque[21].

Toutefois, aucun nouveau paradigme général ne semble à présent émerger dans le domaine des études bibliques. Une difficulté supplémentaire à cet égard est représentée par des arguments de nature linguistique, qu'il ne faut pourtant pas surestimer. S'il est vrai que le substantif pour « démon » en français comme dans plusieurs langues européennes remonte étymologiquement au grec, et qu'en revanche le nom de « démon » en hébreu biblique est rare, il

---

17 Blair 2009, Frey-Anthes 2007.

18 Voir pour une discussion le chapitre 1.

19 J.Z. Smith 1978.

20 Petersen 2003 ; comparer en outre Twelftree 2007, p. 91 et Barbu et Rendu-Loisel 2009.

21 Voir surtout le travail de Kitz 2016 sur *robeṣ/rabiṣu*, dont je discuterai dans le premier chapitre.

faut de toute manière éviter le risque de confondre, pour ainsi dire, le mot avec la chose. L'absence d'un mot indigène, ou sa rareté, n'implique pas forcement l'absence de la catégorie sous-jacente. Si tel était le cas, il faudrait d'ailleurs renoncer aux principaux objets d'étude en histoire des religions antiques (on ne pourrait plus parler, par exemple, du « rite », ni de la « religion » des Grecs ou des Israélites, car ces mots n'apparaissent jamais ni dans la littérature grecque ni dans la Bible hébraïque). À l'inverse, là où le mot est bien attesté, comme dans le cas de δαίμων en grec ancien, les significations associées à ce mot par la culture grecque aux époques archaïque et classique sont très différentes de ce que nous tendons à regrouper aujourd'hui sous la catégorie « démon ». Bien plus, il n'est peut-être pas inutile de rappeler que la notion moderne de « démon » ne peut pas être superposée à aucun des concepts des anciens, car elle est le résultat d'une évolution beaucoup plus longue et non linéaire.

Mon propos sera alors celui d'élaborer une définition de travail assez large et inclusive, capable de décrire plusieurs phénomènes dont les acteurs pourraient, à bien des égards, être qualifiés de « démoniaques » dans la perspective des anciens, même si le nom de « démon » n'est pas utilisé par les textes eux-mêmes, à savoir une notion qui permet de garder un équilibre entre le niveau descriptif (*emic*) et celui redescriptif (*etic*), ou, en paraphrasant une heureuse formulation de Carlo Ginzburg[22], entre la possibilité d'avoir accès aux catégories indigènes et la nécessité d'utiliser des instruments conceptuels qui sont, par nécessité, culturellement déterminés.

3 La place de la LXX dans l'étude de la catégorie du démoniaque

Il est néanmoins surprenant de constater que, jusqu'à présent, la Septante a occupé une place très limitée dans la discussion sur les démons bibliques. On remarque, d'un côté, un intérêt pour l'usage du mot δαίμων / δαιμόνιον qui fait l'objet de quelques entrées d'encyclopédie, ou, dans le meilleur des cas, de quelques articles s'interrogeant sur la manière par laquelle l'introduction de ce mot a modifié la représentation des démons dans la Bible[23]. De l'autre côté, un certain nombre d'études techniques ont mis en évidence la complexité des problèmes liés à la traduction en grec de certains passages bibliques qui traitent des démons ; elles ont également signalé l'impact du texte de la Septante à

22 Ginzburg 2013, p. 201–202.

23 Riley 1999, p. 235–240 ; Keel 2003, p. 213–214 ; D.B. Martin 2010, p. 658–666.

l'égard de la perception du démoniaque dans le judaïsme hellénistique : ces travaux restent pourtant limités à des dossiers spécifiques et ponctuels[24].

De la part des classicistes, la représentation des démons dans la Septante reste largement absente des principales études qui se penchent sur la transformation de la catégorie du « démonique/démoniaque » à l'époque hellénistique, ou sur la naissance d'une démonologie au tournant de l'ère chrétienne[25]. Ce manque est étonnant, non seulement car le mot δαιμόνιον fait son entrée dans les Écritures par le biais de la traduction grecque de la Bible, comme on l'a souvent répété, mais pour toute une série d'autres raisons. L'importance de la Septante comme instrument pour la critique textuelle de la Bible hébraïque, comme Bible des Pères et comme œuvre érudite du judaïsme alexandrin, est bien connue depuis longtemps et ne doit pas être rappelée ici. Mais, au-delà de ces aspects, les dernières années ont témoigné d'un intérêt croissant à l'égard de la Septante qui souligne davantage sa valeur comme objet de synthèse culturelle et, de ce fait, comme produit proprement hellénistique, à la fois du point de vue de son langage[26] et des représentations culturelles qu'elle véhicule[27]. Au passage, il vaut la peine de rappeler que d'un point de vue simplement quantitatif la Septante représente le corpus le plus conséquent de littérature postclassique en langue grecque. Au vu de l'importance qui est de plus en plus reconnue à la traduction grecque de la Bible hébraïque, il paraît donc pertinent d'essayer de combler ce manque, en élargissant le champ d'études à une analyse complète du domaine du démoniaque dans la Septante, et en croisant ces données avec celles qui ressortent d'autres sources d'époque hellénistique.

Une enquête centrée sur la Septante peut d'ailleurs amener, me semble-t-il, toute une série d'avantages de perspective. Puisque la Septante constitue *de facto* la première réception de la Bible hébraïque, cette approche permet de récupérer une dimension historique réelle et dynamique dans l'étude des démons, en contournant le risque de se faire prendre au piège des schémas théologiques préconstitués (tels que, notamment, l'opposition prétendue entre polythéisme et monothéisme). L'étude de la catégorie de démon dans ce corpus se justifie d'autant plus par le fait que, en tant que produit culturel hellénistique, la Septante se situe dans une période clé pour la redéfinition de la notion du démoniaque, qui, comme on le verra en détail par la suite, fait l'objet de nouvelles resémantisations à partir de cette époque. Ces changements

24 Voir, entre autres, Schenker 2001 ; Dogniez 2003 ; Schaper 2010.

25 Voir, par exemple, les travaux de Brenk (1977, 1986, Brenk et Lanzillotta 2017) ou les études de Sfameni Gasparro (1997, 2009) ; mais également, en ce qui concerne l'Égypte hellénistique, Lucarelli (2011).

26 T. Evans 2001 ; Aitken 2014 b ; J. Lee 2018.

27 Voir, par exemple, Aitken 2007 ; Vergari 2020.

traversent tant les traditions grecques que le judaïsme ancien, et ils jettent les bases pour le développement d'un véritable savoir démonologique dans l'Antiquité tardive.

Par conséquent, l'adoption d'une perspective centrée sur la traduction grecque de la Bible fournit un point de vue privilégié pour observer des phénomènes de continuité et des processus d'innovation par rapport aux traditions de l'Israël ancien. Par « traditions de l'Israël ancien » j'entends, au sens large, celles qui ont donné origine à la Bible hébraïque mais également celles qui, tout en restant exclues du canon biblique, faisaient intégralement partie du judaïsme antique, telles que les traditions apocryphes et pseudépigraphiques, ou les productions littéraires et liturgiques de Qumrân. En outre, puisque la réalisation de la Septante a nécessairement comporté une négociation avec la culture hellénistique environnante, cette démarche permet d'évaluer les rapports avec les traditions grecques d'époque hellénistique et notamment avec l'hellénisme égyptien, ainsi que les apports de ces traditions à l'imaginaire du démoniaque tel qu'il se construit dans le judaïsme ancien. Réciproquement, l'étude de la Septante dans son contexte hellénistique peut contribuer à son tour à la reconstruction du paysage religieux de cette époque. À cet égard, il est nécessaire de préciser que la notion d'hellénisme à laquelle je fais recours ne se réduit pas à une extension progressive de l'influence grecque sur les autres civilisations du bassin méditerranéen. Au contraire, elle sous-tend un paradigme dynamique et articulé[28], caractérisé par une constellation de multiples interactions culturelles, dans lesquelles la Septante participe à plein titre.

4 Une approche d'anthropologie de la traduction

En choisissant la Septante comme perspective d'analyse privilégiée, et en écartant les approches traditionnellement employées dans l'étude des démons bibliques que l'on a discutées précédemment, je dois, d'abord, préciser quelle démarche j'entends suivre ici. Cette étude adopte une perspective que l'on pourrait qualifier d'« anthropologie de la traduction », à savoir une méthode d'analyse qui cherche à clarifier la manière dont la traduction était comprise et fonctionnait dans l'Antiquité, du point de vue à la fois des traducteurs et des destinataires anciens de la Septante. Une telle approche permet, à mon avis, de mieux éclairer le rôle joué par la traduction grecque de la Bible dans l'Antiquité, en resituant les représentations véhiculées par la Septante dans leur contexte historique-culturel de provenance, à savoir le scénario intellectuel

28 Sur les différents paradigmes pour comprendre l'hellénisme, voir Ma 2008.

et culturel de l'Égypte hellénisée, du judaïsme hellénistique, voire de l'hellénisme lui-même. Elle a, en outre, l'avantage de respecter le double statut du texte de la Septante, qui doit être compris à la fois comme traduction *et* comme œuvre autonome[29]. Le potentiel de cette approche a déjà donné des résultats significatifs : il a été notamment mis en évidence par des travaux récents sur l'anthropologie de la traduction dans le monde gréco-romain, ainsi que par les études qui se penchent sur la réception du langage de la Septante dans le christianisme ancien, notamment *via* les Pères[30].

Cependant, la nature particulière du corpus constitué par la Septante soulève des problèmes spécifiques, dont il est nécessaire de tenir compte. À l'égard des rapports entre la Bible hébraïque et sa traduction grecque, des difficultés supplémentaires surgissent à cause du fait que nous sommes presque complètement dépourvus de traités ou commentaires qui pourraient nous fournir des indications sur la manière dont la pratique de la traduction était perçue et pratiquée dans ce contexte. Nous n'avons presque rien de comparable aux prologues des comédies de Ménandre ; ni aux traités de Cicéron sur ses traductions du grec ; ni encore aux commentaires par lesquels Jérôme a accompagné sa Vulgate. À cet égard, le peu de documents dont nous disposons, tel que le Prologue du Siracide ou la lettre d'Aristée, laissent plutôt entendre que la traduction de la Bible hébraïque a été réalisée en suivant une logique bien différente de celle selon laquelle fonctionnaient normalement les traductions dans le monde classique : ces témoignages montrent, en effet, un souci de fidélité et de littéralisme qui était étranger, par exemple, aux auteurs romains lorsqu'ils traduisaient du grec[31]. En revanche, l'analyse de la langue de la Septante et la comparaison avec d'autres documents de l'Égypte ptolémaïque suggèrent qu'il vaut mieux comprendre le travail des traducteurs à la lumière des traditions scribales qui opèrent dans un contexte marqué par un bilinguisme important, voire dans un contexte franchement multilingue. Ce contexte paraît également caractérisé par une activité continue à la fois de traduction et de production littéraire, qui deviennent, à un moment donné, indissociables[32].

---

29 Sur le double statut de la LXX, voir Muraoka 2001.

30 Sur le premier aspect voir, par exemple, Passoni Dell'Acqua 2008 ; Bettini 2012 ; sur le deuxième Bons, Brucker et Joosten 2014.

31 Voir sur ce point B. Wright 2003 ; Bettini 2012. La situation est compliquée ultérieurement lorsque l'on tient compte du fait que les considérations du neveu de Ben Sira et de l'auteur anonyme de la *Lettre d'Aristée* sont inspirées par un souci de légitimation de la LXX. Par conséquent, il n'est pas assuré que leur insistance sur la nature extrêmement littérale de la traduction ait effectivement représenté un souci majeur pour les premiers traducteurs grecs.

32 Voir Aitken 2014 b ; id. 2016.

Il faut ensuite considérer les problèmes posés par l'absence de données concernant non seulement les rédacteurs du texte-source, qui demeurent anonymes mais également les traducteurs du texte-cible, dont on ne sait presque rien ; et, encore, les circonstances historiques effectives dans lesquelles la traduction grecque de la Bible s'est déroulée, qui nous échappent[33].

Enfin, on ne peut pas oublier que la *Vorlage* de la Septante constitue un obstacle en soi. Le fait que la Septante ne traduit pas le texte massorétique tel que nous l'avons aujourd'hui, mais un texte qui pouvait être à bien des égards différent[34], et – ce qui est plus problématique – un texte que dans la plupart des cas nous n'arrivons plus à reconstruire avec précision, rend l'analyse des rapports entre la Septante et la Bible hébraïque une affaire encore plus délicate.

Compte tenu de ces difficultés, il paraît d'autant plus nécessaire de compléter une approche qui se veut anthropologique par d'autres outils méthodologiques, tels qu'ils nous sont fournis par la philologie et la critique textuelle, la lexicographie et l'analyse sémantique, ainsi que par les *translation studies*, et notamment par l'analyse des techniques de traductions, dont les potentialités méthodologiques et les résultats concrets dans le domaine de la Septante ont été désormais mis en évidence[35].

5 Méthodologie

Les remarques ci-dessus m'ont amenée à développer une approche intégrée qui combine (a) philologie et critique textuelle ; (b) analyse lexicale et sémantique ; (c) analyse des styles de traduction. L'enquête philologique et textuelle (a) est une prémisse incontournable en vue de l'établissement du texte et de l'évaluation des choix de traduction. À cet égard, une attention particulière est dédiée aux passages dans lesquels la Septante atteste d'un original hébreu différent du texte massorétique et aux variantes qui sont appuyées par la comparaison avec d'autres témoins, tels que les fragments de Qumrân. Dans la mesure du possible, j'ai également pris en compte les processus de transmission du texte grec en analysant les variantes attestées par les réviseurs (Aquila, Symmaque et Théodotion) ainsi que par les recensions (surtout en ce qui concerne le texte

33 La bibliographie sur ce sujet est, désormais, devenue très vaste, et sur les circonstances d'origine de la Septante nous sommes encore loin d'une position partagée parmi les chercheurs. L'étude de Honigman 2003 reste un bon point de référence pour une synthèse du débat.

34 Voir, à ce sujet, par exemple, Schorch 2006 ; De Troyer 2013.

35 Voir, entre autres, les volumes édités par Peters 2006 ; id. 2013, ainsi que les études de Brock 1979 ; Aejmelaeus 2007 ; van der Louw 2006, 2007, 2013.

dit lucianique). L'intégration de ces textes dans le travail est essentielle car le refus ou l'acceptation de certains choix de traduction fournissent des éléments utiles en vue d'évaluer la relation des communautés juives avec leur milieu environnant ; du point de vue de l'étude de la tradition manuscrite, ces éléments peuvent donner des indications précieuses sur la manière dont le texte grec a été corrigé sur la base d'un texte hébreu plus tardif, fournissant ainsi des informations sur les développements internes à la Septante elle-même. L'analyse philologique a souvent été complétée par une analyse lexicale et sémantique (b) à la fois de l'hébreu et du grec. L'analyse des domaines sémantiques du vocabulaire du « démoniaque » ainsi que de ses usages métaphoriques et métonymiques est particulièrement propice pour mettre en miroir les représentations culturelles véhiculées respectivement par le texte hébreu et par le texte grec. Elle s'avère ainsi être un outil fondamental pour identifier des trajectoires d'innovation et/ou de continuité. Enfin, si l'analyse du dossier grec et hébreu qui traite du démoniaque ne peut pas faire abstraction de l'étude des techniques de traductions employées pour chaque passage (c), il importe toutefois de préciser que ma démarche ne vise pas à étudier ces techniques comme un objet de recherche en soi, mais plutôt en tant qu'outil méthodologique pour une meilleure compréhension du fonctionnement de la traduction dans son ensemble[36]. À cet égard, en suivant les remarques d'Anneli Aejmelaeus[37], le cœur de mon analyse vise à mettre en évidence les dynamiques à l'œuvre dans la traduction de la Septante entre la décodification du langage du texte-source, c'est-à-dire l'hébreu, et sa re-codification dans la langue-cible, le grec. J'ai, donc, commencé par prendre en compte les critères sémantiques et discursifs qui peuvent à chaque fois motiver certains choix de traduction ; les différents niveaux d'interprétation du texte qu'une traduction peut véhiculer par rapport à une autre ; ainsi que le rapport avec la traduction du Pentateuque comme possible source lexicographique faisant autorité[38]. Ce n'est qu'une fois les autres hypothèses exclues que l'hypothèse d'une exégèse, voire d'une réinterprétation, a été envisagée, tout en tenant compte du fait qu'une partie du corpus est constituée par des textes traditionnellement considérés comme des « traductions libres », c'est-à-dire des traductions dans lesquelles on enregistre le plus grand nombre de déviations par rapport à l'hébreu. En adoptant cette perspective, j'essaie, dans la mesure du possible, de

---

36 Je souscris, en ce sens, aux affirmations de Lemmelijn 2001.

37 Aejmelaeus 1991 ; 2007.

38 Dogniez 2001 ; Pietersma 2006 a ; sur l'influence exercée par la traduction du Pentateuque sur les autres livres, voir l'étude classique de Tov 1981 et récemment Olofsson 2013, pour une position plus nuancée.

dépasser l'opposition traditionnelle entre traduction littérale et traduction libre qui, bien que partiellement connue des anciens, était perçue de manière différente dans l'Antiquité par rapport à aujourd'hui. Les recherches de James Barr et d'autres critiques ont, par ailleurs, depuis longtemps montré que le littéralisme n'est pas tant une stratégie délibérée des traducteurs anciens que la technique de traduction la plus simple à utiliser[39].

Ces considérations m'amènent également à exercer une certaine prudence à l'égard d'autres approches méthodologiques qui, dans un sens ou dans l'autre, ne font pas droit à ce que Takamitsu Muraoka a défini comme « la double nature de la LXX »[40]. Il s'agit, d'un côté, de l'approche narratologique, laquelle considère les traducteurs comme des narrateurs et interprète les déviations par rapport au texte de référence comme étant en lien avec un projet global de traduction, projet dont l'existence est pourtant indémontrable[41]. De l'autre côté, le paradigme interlinéaire me paraît également problématique. D'après ce paradigme, la langue de la Septante témoignerait d'une dépendance étroite à l'hébreu qui ne la rendrait jamais complètement autonome. La dépendance du grec à l'égard de l'hébreu procèderait vraisemblablement d'une dépendance fonctionnelle (la traduction ayant servi comme base pour l'étude de la Bible hébraïque dans des contextes d'école)[42]. Malgré la pertinence de plusieurs observations de nature linguistique, la théorie sur les origines et sur la fonction première de la traduction qui est impliquée par ce modèle demeure spéculative, et elle n'est pas complètement satisfaisante. Le dossier des démons me semble au contraire démontrer que, si l'on considère la Septante dans son ensemble comme une œuvre de longue durée, et si l'on prend en compte ses développements internes, ce texte présente des caractères indéniables d'autonomie, et ce, en dépit des intentions qui pourraient avoir été à l'origine de la traduction en grec du Pentateuque. En outre, l'assomption de l'« interférence » de l'hébreu sur le grec comme principe d'analyse qui est à la base de ce paradigme ne me paraît pas toujours vérifiée par une analyse détaillée du texte grec. De plus, un tel principe s'avère problématique dans la mesure où il implique une séparation rigide entre traduction et production littéraire, deux processus qui font l'objet d'une articulation plus complexe dans l'activité scribale de l'époque, et qu'il vaut mieux aborder par une approche intégrée.

39 Barr 1961. Sur la nécessité de dépasser l'opposition entre traduction littérale et libre voir récemment Dhont 2019.

40 Muraoka 2001.

41 Beck 2000, voir, à ce sujet, les remarques de van der Louw 2013.

42 Pour une formulation récente et nuancée de ce paradigme voir Pietersma 2010.

6 Plan de l'ouvrage

La démarche comparative qui caractérise cette approche définit en même temps le noyau géographique et chronologique du dossier qui sera analysé dans les pages qui suivent. Ce dossier est, en principe, constitué par les textes de la Septante et par ceux de la Bible hébraïque. Sous la rubrique « Septante », je comprends les écrits traduits et composés en grec environ entre le IIIe et le Ier siècle av. n. è., en laissant de côté les questions liées à la canonisation de ladite « Bible grecque » dans l'Antiquité. Le dossier cherche également à tenir compte de la pluralité interne de la tradition manuscrite de la Septante, en examinant les variantes textuelles disponibles en grec ; en ce qui concerne l'hébreu, la complexité de la relation entre le texte grec et sa *Vorlage* oblige à prendre en compte les témoins extérieurs au texte massorétique (le Pentateuque samaritain, les témoignages de Qumrân et la Vieille Latine lorsqu'ils ont été préservés). En revanche, d'autres écrits juifs hellénistiques tel que les œuvres de Philon et de Josèphe, ainsi que certains textes de la littérature du Second Temple, comme les livres d'Hénoch et des Jubilés, seront abordés seulement de manière ponctuelle et non systématique. Bien que ces œuvres nous transmettent des informations significatives sur la démonologie de l'époque, elles posent une série de problèmes spécifiques qui méritent à leur tour une analyse séparée. Elles ont d'ailleurs fait l'objet de plusieurs travaux récents, dont les résultats seront pris en compte et mis en perspective avec les données provenant de la Septante.

Les représentations du démoniaque dans la Bible hébraïque et dans la Septante sont d'abord encadrées par leurs contextes matériels et culturels de référence : l'Israël ancien et le Levant, d'un côté (chapitre 1) ; la culture grecque et plus particulièrement hellénistique de l'autre (chapitre 2). La représentation des démons dans le Levant est inscrite dans un horizon de comparaison plus large qui fait appel à la Mésopotamie et l'Égypte, alors que le traitement des démons en Grèce aborde, entre autres, le thème de la polysémie du δαίμων et la relation entre δαίμονες, δαιμόνια et démons. Ce double encadrement sert également à établir une définition du démoniaque qui soit opérationnelle dans les deux contextes. Par ce biais, on arrive à discuter la notion de δαίμων/δαιμόνιον à l'époque hellénistique ainsi que sa signification dans la Septante (chapitre 3). À cet égard, il faut toutefois préciser que mon but n'est ni d'établir un champ sémantique univoque du démoniaque, car il s'agirait d'une opération impossible ou du moins fictive, ni de retracer une théologie de la Septante comme un système uniforme et cohérent[43]. Je vise plutôt à reconstruire un imaginaire

---

43 La question de la possibilité de reconstruire une théologie de la Septante est disputée : pour une mise au point récente, voir Ausloos et Lemmelijn 2020.

religieux et culturel dont la nature est nécessairement multiple et plurielle, selon les différents contextes dans lesquels la notion de démon intervient ainsi que selon les différences spécifiques qui caractérisent chacune des traductions et des compositions de la Septante. À ce propos, au lieu d'étudier chaque substantif ou chaque nom hypothétique de démon dans sa singularité, il m'a paru plus pertinent de repérer une série de scénarios ou domaines principaux, dans lesquels la représentation des démons est thématisée dans le texte grec ou dans le texte hébreu. L'identification de ces domaines n'a pas été établie en choisissant a priori le texte grec ou le texte hébreu comme point de départ, mais relève déjà d'une comparaison entre les deux : les différents scénarios ont été déterminés par la présence du mot δαίμων/δαιμόνιον ainsi que par d'autres critères de nature linguistique ou thématique.

Avant de procéder à l'identification des domaines du démoniaque, je discute néanmoins certains cas dans lesquels des figures de démon de premier rang de la Bible hébraïque semblent avoir complètement disparu, ou avoir fait l'objet d'une transformation considérable dans la traduction grecque (chapitre 3). Le dossier le plus significatif à cet égard est celui d'Azazel, énigmatique destinataire du bouc émissaire envoyé dans le désert, au cours du rituel d'expiation pour la purification du temple dans le chapitre 16 du Lévitique. Les questions relatives à son nom et sa fonction, liées à l'originalité du rituel qui le concerne, ont fait l'objet d'un débat qui a parfois remis en question son identité démoniaque. En dépit d'interprétations contraires, la construction syntaxique des passages de Lev 16 mentionnant Azazel ne permettent pas, à mon sens, de le comprendre autrement que comme une entité surnaturelle présidant des espaces liminaires tels que, notamment, le désert (Lev 16,10b)[44]. La question de la réception d'Azazel dans la Septante du Lévitique reste relativement peu étudiée ; ce phénomène est en réalité plus complexe qu'on ne l'a dit parfois, comme le montrent notamment les différents choix de traduction repérables dans les passages où il est nommé, ou encore les divergences entre la Septante et les autres versions anciennes. Je m'interroge en particulier sur la signification du prétendu néologisme ὁ ἀποπομπαῖος, « l'éliminateur », au verset 8 et 10a, ainsi que sur les raisons qui ont poussé le traducteur à ne pas conserver ce choix de traduction dans la suite du chapitre (aux versets 10b et 26). Un cas de figure comparable à celui d'Azazel est celui de Lilith, dont la nature démoniaque a parfois été remise en question dans la Bible hébraïque mais qui, à la lumière des parallèles levantins et mésopotamiens, ainsi que d'autres

44 Sur la nature d'Azazel comme un démon dans la Bible hébraïque, voir également Cranz 2014, p. 84–86.

traditions du Second Temple, ne peut pas être niée. Comme dans le cas d'Azazel, Lilith fait l'objet d'une re-sémantisation particulière dans la Septante qui transforme, sans pourtant l'oblitérer complètement, son caractère de démon. En revanche, la Septante ne préserve aucune trace d'une prétendue conception démoniaque du péché, qui dans le texte hébreu du récit de Caïn et Abel est tapi à la porte et guette Caïn (Gen 4,7) : à cet égard il faut toutefois observer que nous avons affaire à un passage dont le sens exact demeure assez obscur déjà dans le texte de départ.

La comparaison entre texte grec et hébreu fait ressortir quatre contextes principaux où le motif des démons est prééminent. Le premier est celui des agents divins envoyés par Yhwh et responsables des maladies et des fléaux, tels que Resheph, Deber, Qeṭeb, le « destructeur » qui tue les premiers nés des Égyptiens, les anges de malheur, et d'autres figures associées à la manifestation de la colère de Yhwh (chapitre 4). Certaines de ces puissances, comme Qeṭeb et Deber, disparaissent complètement dans la Septante (par exemple en Deut 32,24), bien qu'il reste à déterminer si ce phénomène correspond à une volonté délibérée d'oblitération de ces figures ou, simplement, à une perte de référent chez les traducteurs grecs. D'autres, comme Resheph, sont réinterprétés selon des paradigmes qui mettent en avant des aspects animaliers, liés notamment aux oiseaux rapaces, et qui, dans certains cas, semblent refléter un arrière-plan égyptianisant : ce sera notamment le cas de la réception de Resheph en Hab 3,5 dans la version dite Barberini, qui fait l'objet d'une analyse spécifique. Dans d'autres cas, l'imaginaire mis en place par la Bible hébraïque est remplacé par un nouvel imaginaire qui augmente considérablement la nature démoniaque de ces puissances. C'est notamment le cas du Psaume 91 (= 90 LXX) où, dans le grec, les noms de Deber et Qeṭeb s'évanouissent pour laisser la place au « démon de midi » (δαιμόνιον μεσημβρινόν), figure probablement née d'une lecture erronée du texte mais qui jouera un rôle important dans la démonologie des Pères de l'Eglise. Cette figure semble inspirée d'un ensemble de traditions grecques, bien attestées à l'époque hellénistique, relatives au milieu de la journée comme moment redoutable car ouvrant le passage aux apparitions surnaturelles, et pouvant présenter un danger pour les humains. J'examinerai en outre la question de savoir dans quelle mesure l'introduction de ce démon dans le Ps 91 doit éventuellement être rapprochée de la tradition qumrânienne qui associe étroitement ce texte avec des pratiques d'exorcisme (11QPsAp[a] [11Q11]). Dans ce contexte, un dernier agent qui semble acquérir une importance considérable dans le texte grec est la parole de Yhwh (Logos). La représentation du Logos en tant qu'hypostase de Yhwh associée à son activité créatrice est bien connue par la Bible hébraïque ; en revanche, ses qualités « démoniaques » sont davantage accentuées par les traducteurs grecs et semblent faire l'objet d'un développement interne aux traditions de la Septante.

Un deuxième contexte d'action du « démoniaque » est repérable dans une série de passages prophétiques en Isaïe et Jérémie, ainsi que dans d'autres textes prophétiques, qui font des démons les principaux habitants du paysage des ruines (chapitre 5). Les passages qui décrivent la destruction de villes et le repeuplement de ruines par des animaux sauvages et des démons sont caractérisés par une série d'isotopies, telles que l'hétérogénéité, la pollution et le chaos, et le motif semble particulièrement lié à la destruction de Babylone. L'analyse porte davantage sur les chapitres 13 et 34 du livre d'Isaïe qui représentent le cœur de ce corpus (c'est également dans cette liste que Lilith fait son unique apparition dans la Bible hébraïque, en Is 34,14). Si nous considérons le grec, nous nous trouvons, désormais, face à un bestiaire distinct, à savoir des sirènes, des onocentaures, des hérissons et des démons (δαιμόνια). L'hypothèse de travail est que le traducteur grec a cherché à peupler les lieux désertiques d'Is 13 et 34 avec des figures de la marginalité qui lui étaient connues et accessibles, et qu'il a interprété le potentiel démoniaque présent dans le texte hébreu à la lumière des nouveaux paradigmes épistémiques de l'époque hellénistique associant animaux exotiques et entités démoniaques.

Un troisième contexte qui voit les démons à l'œuvre dans la Septante est celui de la polémique contre les dieux des autres (chapitre 6). Les termes δαίμων/δαιμόνιον traduisent en hébreu *šēdîm*, *'ĕlîlîm* et *Gad* ; ce phénomène demande par conséquent un examen spécifique. Les *šēdîm* sont identifiés à des nouveaux dieux qui font l'objet d'un culte étranger (Deut 32,17 ; Ps 106,37) ; alors que *'ĕlîl*, littéralement « vain, inconsistant », désigne souvent les idoles (Ps 96,5). On a donc ici, d'une part, la première attestation d'un déplacement sémantique qui revient à « démoniser » les dieux des autres ; d'autre part, les indices d'un rapprochement entre la notion de démon et celle d'idole. De ce point de vue, une piste de recherche importante, et qui n'a pas été explorée jusque-là, consiste à considérer différents passages de Plutarque qui semblent témoigner d'une certaine fluidité entre idoles (εἴδωλα) et démons (δαιμόνια), et qui discutent la question de la possibilité de sacrifier aux démons. Le rapport entre *Gad* et δαίμων est par contre analysé dans une autre perspective, en partant des sources attestant d'un culte combiné de l'Ἀγαθὸς δαίμων et de Τύχη, personnification de la Fortune, dans l'Égypte hellénistique.

Le rapport entre démons et esprits constitue une autre piste féconde de recherche, qui fait l'objet d'un traitement spécifique au chapitre 7. Le terme *rûaḥ* ou πνεῦμα n'ayant, en soi, de connotation ni positive ni négative, il est employé pour définir un attribut direct de la divinité, et il est particulièrement associé aux phénomènes de possession prophétique. Il peut également parfois désigner une puissance terrifiante. Mon intérêt porte en particulier sur l'analyse des épisodes où des esprits, sans nom propre mais souvent qualifiés par des adjectifs, agissent sur les hommes en manifestant une tendance de plus en plus autonome : je compare à cet égard le récit du premier livre des Rois (1 R 22), où un esprit se propose lui-même à la cour de Yhwh pour servir comme « esprit de mensonge » en vue de séduire le roi d'Israël, avec le rôle des esprits dans l'histoire de Saül et David dans le premier livre de Samuel (1 S 16–18). Parmi les réactions mises en œuvre pour combattre l'action des esprits, j'examine notamment la construction de la figure de David comme « exorciste », qui délivre Saül de son esprit par une thérapie musicale, ainsi que le développement de ce motif dans les traditions de la Septante, qui semblent réinterpréter la maladie de Saül à la lumière des catégories de la médecine grecque. Après avoir analysé les recoupements entre les domaines sémantiques de *rûaḥ* hébreu et de πνεῦμα grec, je discute enfin la possibilité que d'autres passages de la Bible hébraïque et de la Septante fassent référence à des esprits dotés d'une certaine autonomie de Yhwh, notamment dans le cas de l'« esprit d'impureté » mentionné en Zach 13,2 ; je discute encore le rôle joué par la traduction grecque à l'égard du développement d'une véritable pneumatologie.

À cet égard, une nouveauté importante attestée par la Septante est le rapprochement entre anges et esprits, tel qu'il émerge dans certains passages des Psaumes, comme par exemple le Psaume 104, et dans l'épithète « Seigneur des esprits ». Le rapport entre anges, esprits et démons et l'articulation de leurs rôles à l'intérieur de la cour céleste constitue donc le dernier terrain d'enquête de cet ouvrage (chapitre 8). Je me penche notamment sur les transformations des catégories du *mal'āk* « messager » et du *śāṭān* « adversaire », lorsqu'ils indiquent des fonctionnaires de la cour céleste. Dans la Bible hébraïque *mal'āk* désigne un médiateur céleste qui joue souvent un rôle herméneutique par rapport aux annonces délivrées par les dieux aux hommes (et parfois des hommes aux dieux), et qui souvent surveille l'accomplissement des ordres divins. Il ne correspond donc pas à un « ange » comme être ailé et merveilleux faisant partie d'une troupe hiérarchiquement organisée et opposée à celle des démons, bien que certains passages des Psaumes semblent comprendre déjà les *mal'ākîm* comme une classe d'êtres surnaturels. De même, le *śāṭān*, utilisé quatre fois pour des êtres divins (Num 22, Job 1–2 ; Zach 3 ; 1 Ch 21–22), n'est pas dans la Bible hébraïque le nom propre de l'ennemi juré de Yhwh, mais correspond plutôt à la fonction de « l'adversaire » – voire, dans un contexte juridique, de l'« accusateur » plus spécifiquement. Pour trois de ces occurrences, les traducteurs grecs utilisent ὁ διάβολος, qui deviendra le « diable » de la tradition apocryphe, apocalyptique et chrétienne. J'essaie alors d'évaluer si, et dans quelle mesure, ce terme exprime encore la fonction d'un adversaire de Yhwh en conformité avec le texte hébreu, ce que semble suggérer un ensemble d'indices tels que la présence de l'article en grec ou encore l'emploi dans un passage d'une forme verbale (διαβάλλειν, « s'opposer »), et dans quelle mesure il indique déjà dans le nom d'une entité autonome et maléfique, comme il paraît évident dans un passage du livre de la Sagesse (2,24). En analysant les développements d'un savoir démonologique et angélologique dans la Septante, je discute également la question de savoir jusqu'à quel point les tendances repérables dans la Septante prolongent ou sont à mettre en parallèle avec des tendances similaires repérables dans des traditions tardives de la Bible hébraïque telles qu'elles apparaissent, par exemple, dans le livre des Chroniques.

Dans ce cadre, j'analyse enfin l'opposition entre l'ange Raphaël et le démon Asmodée dans le livre de Tobit. En tant qu'exemple de roman hellénistique de diaspora, Tobit est un témoin significatif des transformations de l'imaginaire démoniaque du judaïsme d'époque hellénistique, dans la mesure où il propose une représentation de démons comme des forces autonomes et maléfiques, qui ne semblent plus être reliées de manière organique aux systèmes traditionnels de représentation du monde divin. L'ange Raphaël, à son tour, fait désormais partie d'une hiérarchie angélique bien organisée et son rôle dans le récit atteste d'un développement considérable des fonctions attribuées aux anges. Je cherche également à déterminer dans quelle mesure la représentation des démons dans le livre est à mettre en rapport avec le genre littéraire de ce recueil ainsi qu'avec son milieu de production et de première réception, en considérant la possibilité que certains détails du récit, tels que l'emploi d'un foie de poisson pour chasser le démon, renvoient à des techniques d'exorcisme effectivement pratiquées dans certains milieux juifs de l'époque du Second Temple. Je m'intéresse enfin à certaines variantes manuscrites qui expliquent l'action du démon par le fait que ce dernier était amoureux de Sara, ainsi qu'à la signification de ces variantes pour l'évolution de l'imaginaire du démoniaque dans les communautés juives hellénistiques.

Enfin, les conclusions présentent une synthèse des principaux résultats du travail, et réfléchissent à ses implications plus larges pour l'étude de la notion de démon dans l'Antiquité. Les enjeux de cette étude portent notamment sur les appellations des démons et le rapport entre leurs dénominations et leurs fonctions ; sur le rôle des démons par rapport aux formes traditionnelles de la représentation des puissances divines dans l'Ancien Testament telles que la cour céleste ; sur l'encadrement du savoir démonologique, angélologique et pneumatologique dans le contexte du développement progressif d'une vision dualiste du monde ; sur les rapports entre possession prophétique et possession démoniaque ; sur les origines des traditions exorcistiques dans l'Antiquité classique et proche-orientale, ainsi que sur les possibles trajectoires des influences réciproques. J'attire enfin l'attention sur des enjeux d'ordre méthodologique plus général, liés à une prise en compte sérieuse de la Septante dans les études bibliques à la fois pour l'étude la religion de l'Israël ancien et pour l'appréciation de la pluralité interne du judaïsme antique. À cet égard, les résultats de mon étude soulignent la nécessité de repenser les modèles herméneutiques qui décrivent les rapports entre production et transmission du texte biblique, et montrent le potentiel de la Septante pour un renouvellement de tels modèles. Ces résultats montrent enfin la contribution non négligeable amenée par la Septante à l'étude des phénomènes religieux de l'époque hellénistique, phénomènes pour lesquelles ce corpus s'avère comme l'un des témoins les plus anciens et les plus conséquents.

CHAPITRE 1

« Leur nature est différente » : les démons dans l'Israël ancien à la lumière de leur contexte proche-oriental

En vue de mieux définir les traits qui caractérisent les démons dans la Bible hébraïque et dans la LXX, il est d'abord nécessaire d'évaluer la manière dont ce concept a été employé dans le domaine des études bibliques ainsi que dans leur contexte immédiat de référence, à savoir celui des sociétés du Levant[1]. Dans ce cadre, l'horizon culturel plus large des civilisations mésopotamiennes et égyptiennes sera également pris en compte. À cet égard, il convient de préciser que le but des pages qui suivent n'est pas de fournir un état de la recherche exhaustif sur l'histoire de la notion de démon au Proche-Orient ancien, mais d'élaborer des outils méthodologiques qui puissent servir de fondement pour l'analyse conduite dans les chapitres suivants.

1 Le débat biblique

La plupart des études qui se sont penchées sur la représentation des démons bibliques partent du constat d'une certaine pauvreté de données concernant les démons dans l'Israël ancien. Il s'agit d'une observation qui peut paraître surprenante, et cela non seulement par rapport au contexte proche-oriental plus large, notamment mésopotamien, mais également en relation aux témoignages dont on dispose à partir de la période du Second Temple : la présence des démons est bien attestée à Qumrân et dans la littérature apocryphe, représentée par exemple par le livre des Jubilés ou celui d'Hénoch[2]. Il faut en outre ajouter à ce cadre le développement massif de la démonologie dans le judaïsme ancien et durant l'antiquité tardive ; développement qui fait l'objet

1 Citation du titre: *Poème d'Erra* 1.23 (trad. Bottéro, Paris, Gallimard, 1989).

2 Sur la démonologie qumrânienne on peut voir Alexander 1999 ; Fröhlich 2010, 2013, 2017 ; Brand 2013 ; Hamidovic 2017 ; Tigchelaar 2018, tout en gardant à l'esprit le *caveat* de Lyons et Reimer 1998. Pour Hénoch, l'ouvrage de référence est désormais Stuckenbruck 2014 b ; sur les Jubilés, on peut voir VanderKam 2003.

depuis longtemps d'un grand nombre de publications[3], et face auquel la pénurie des données repérables dans les traditions antérieures reste à expliquer.

Plusieurs approches récentes ont essayé de rendre compte de ce phénomène et d'interpréter les spécificités des démons bibliques. À ce sujet, les dynamiques à l'œuvre dans la représentation des démons dans les textes bibliques ont été à juste titre comparées avec les données levantines et proche-orientales. Sur la base de ces études, trois directions de recherche semblent émerger, qui, pour des raisons différentes, plaident toutes pour un abandon de la catégorie de démon dans les études bibliques.

Une première position, récemment représentée par les travaux de Henrike Frey-Anthes[4], prolonge des schémas théologiques selon lesquels les rédacteurs des textes de la Bible hébraïque opèrent un travail de dépersonnalisation des créatures « démoniaques », en essayant d'en diminuer l'importance. D'un côté, la réduction de la sphère d'influence du démoniaque dans la Bible hébraïque serait justifiée, en dernier degré, par l'hypothétique danger généré par l'insistance sur le pouvoir de créatures autres que Yhwh pendant le processus, long et délicat, d'établissement du monothéisme au sein de la religion d'Israël. De l'autre côté, ce même processus serait à l'origine de la progressive attribution d'aspects démoniaques à la divinité elle-même. Une telle vision explique également le développement d'une véritable démonologie dans des textes plus tardifs (comme par exemple celui de Tobit), c'est-à-dire des textes rédigés une fois que le monothéisme aurait été établi définitivement. D'après cette perspective, la solidité de la religion yahwiste aurait désormais laissé une voie ouverte à l'entrée de toute une série de croyances qui ne représentaient plus une menace significative à l'exclusivité de Yhwh. À ce sujet, le manque de données bibliques relatives au démoniaque serait en accord avec les tendances repérables dans la glyptique syro-palestinienne. Ici, la représentation des figures protectives ou à caractère apotropaïque dépasse largement celle des figures menaçantes : cette tendance à la non figuration des puissances dangereuses et démoniaques constituerait donc le contexte approprié dans lequel s'inscrit la sélectivité des rédacteurs des textes bibliques.

Une autre approche, centrée sur une analyse purement philologique et sémantique, et représentée surtout par la monographie de Judith Blair, refuse de reconnaître toute attestation de noms de démons ainsi que de contextes

3 Sur les bols incantatoires et les amulettes, voir les études de Montgomery 1913 ; Isbell 1975 ; Naveh et Shaked 1993 et 1998 ; Sanzo 2014. Sur la démonologie dans les traditions magiques juives de l'Antiquité tardive, voir notamment les travaux de Bohak 2008 ; id. 2017 et Abate 2013.

4 Voir, à ce sujet, surtout Frey-Anthes 2007 ; id. 2008.

mythologiques qui pourraient révéler des scénarios démoniaques[5]. D'après cette analyse, dans des figures bibliques auxquelles ont été traditionnellement associés des traits démoniaques, telles que celles d'Azazel, Resheph, Lilith et d'autres encore, il ne faudrait plus reconnaître des noms propres de démons. Ces figures seraient plutôt à interpréter comme des fonctions personnifiées d'agents divins, ou encore des symboles génériques du chaos et du désordre. La rigidité d'une telle séparation me paraît néanmoins faible du point de vue méthodologique. Si l'on considère qu'une des fonctions attribuées aux démons dans l'antiquité est notamment celle d'être un agent de la divinité, la distinction entre « démon » et « fonction personnifiée d'un agent divin » devient, par conséquent, difficile à saisir et relève d'une certaine artificialité.

Une dernière approche lie la naissance de la démonologie au développement progressif d'une vision dualiste du monde. Cette représentation d'un monde partagé entre un « royaume du bien » et un « royaume du mal » opposés entre eux ne semble pas jouer de rôle significatif dans la religion de l'Israël ancien et, de ce fait, n'a pas de véritable place dans la Bible hébraïque. Une conception de telle sorte semble plutôt s'être développée sous l'influence des religions orientales, notamment à partir de l'époque perse[6], soit, comme le relève Othmar Keel[7], par une progressive « démonisation » des cultes des autres peuples. Cette dernière attitude à l'égard des cultes étrangers est attestée dans la Bible hébraïque elle-même et est ensuite prolongée dans la Septante, ainsi que dans le Nouveau Testament : nous reviendrons sur ce phénomène dans les chapitres suivants.

Dans l'ensemble, toutes ces études ont le mérite d'avoir souligné la nécessité, sinon l'urgence, de prendre en compte un cadre plus large dans la recherche sur les démons bibliques, constitué par la littérature et la culture matérielle du Levant antique. En outre, elles soulèvent un certain nombre de points significatifs, qui doivent être sérieusement considérés. En particulier, le développement du dualisme au sein de la religion d'Israël exerce indubitablement une influence sur les changements de la représentation du démoniaque : cette observation renvoie au problème plus vaste des relations entre la religion israélite et le judaïsme ancien et, par conséquent, au rôle joué par la LXX à l'intérieur de ces dynamiques de continuité et de changement.

Néanmoins, les approches récentes soulèvent quelques difficultés méthodologiques, dérivées, en grande partie, d'un problème de type définitionnel. De manière explicite ou implicite, les auteurs travaillent avec une notion de

5 Blair 2009.
6 Riley 1999, p. 238–239.
7 Keel 2003.

démon d'emprunt théologique et d'héritage judéo-chrétien qui est caractérisée par une forte dimension éthique, en opposant les démons, en tant qu'entités intrinsèquement négatives, aux anges, qui représenteraient des puissances bienveillantes et protectrices. De ce point de vue, une démonologie proprement dite ne peut que se lier au développement d'une vision dualiste et polarisée du monde telle qu'on la retrouve surtout à partir des premiers siècles de notre ère. Un tel cadre épistémologique explique également l'abondance du matériel attesté pour cette époque, par rapport à la pénurie de données pour les périodes antérieures. Toutefois, l'application de cette catégorie, éthiquement connotée, aux textes et à la culture matérielle de l'Israël ancien et du milieu environnant représente, me semble-t-il, le cœur du problème. Bien que quelques éléments de cette conception du démoniaque puissent effectivement être repérés dans d'autres contextes historiques et culturels, à savoir qu'elles puissent être doués d'une valeur transculturelle, cela ne justifie pas pour autant la superposition directe de cette catégorie religieuse à l'Israël ancien, ni plus largement au Proche Orient antique où, comme cela a été justement déjà remarqué[8], elle n'est pas pertinente. Pour les mêmes raisons, toute tentative d'appliquer la notion grecque de δαίμων au contexte levantin est inévitablement vouée à l'échec : il s'agit de deux contextes historiques, religieux et culturels trop différents pour pouvoir être superposés[9]. Il faut, en tout cas, remarquer que même des auteurs comme Gregor Ahn et Anne Marie Kitz, qui ont mis en garde contre ce problème méthodologique, résolvent la difficulté en renonçant tout court à la catégorie de démon en tant que catégorie proprement et exclusivement moderne. En revanche, ils remplacent cette notion par des expressions alternatives souvent problématiques à traduire, telles que *religiöse Grenzgänger*, pour se référer à des puissances qui feraient le trait d'union entre le monde terrestre et le monde céleste, ou « êtres générés de manière surnaturelle », ou encore « êtres surnaturels subordonnés » (*supernaturally generated beings, subordinate supernatural beings*)[10], les deux privés de toute connotation morale.

8 Déjà Ahn 1997 ; Schipper 2007, p. 1–5 pour l'Égypte ; Hutter 2007, p. 21–22 ; voir encore, récemment, Kitz 2016 pour la Mésopotamie et l'Israël ancien.

9 Il ne faudra donc pas s'étonner que la réponse à la question posée par Frey-Anthes (2008, p. 39) « peut-on transférer l'impact du grec δαίμων et ses développements judéo-chrétiens aux démons de l'Ancien Testament et à la glyptique syro-palestinienne ? », soit négative.

10 Ahn 1997 pour la première définition, valable, d'après l'auteur, de manière générale en histoire des religions ; Kitz 2016, p. 464 pour la deuxième, adaptée spécifiquement aux contextes accadien et biblique. En partant de présupposés méthodologiques différents, ces auteurs rejoignent des solutions similaires à celles de Frey-Anthes et Blair : voir *supra*, *Introduction*, p. 2–6.

Les critiques avancées par Ahn et Kitz sont, certes, très pertinentes. Je crois, toutefois, que, s'il est effectivement nécessaire d'abandonner la connotation morale qui est traditionnellement attachée à la catégorie de démon telle qu'elle a été héritée par la théologie chrétienne, des raisons d'ordre tant épistémologique que pragmatique sont plutôt en faveur de cette notion, et que l'on pourrait alors continuer à parler de « démons » dans le domaine des études bibliques, tout en sortant d'une polarisation éthique entre « mauvais démons » et « bons anges ». L'intérêt de garder cette notion est premièrement un intérêt de type émique. Il réside dans le fait qu'il existe un vocabulaire indigène, restreint mais persistent, dont l'équivalent le plus proche et le plus simple est encore celui de « démon ». Ce vocabulaire est représenté dans la Bible hébraïque elle-même, par exemple, comme on le verra, par le mot *šēdîm*, dont l'équivalent grec est δαιμόνια, mais également par des mots comme *rûḥôt*, qui indique les esprits dans les textes bibliques et à Qumrân. Il faut également mentionner les *dbbm* d'Ougarit, mot de signification incertaine, mais qui pourrait vraisemblablement indiquer un groupe de démons ou bien des « sorciers » (ou encore la notion abstraite de « sorcellerie »)[11]. Les autres expressions proposées jusqu'à présent pour remplacer la catégorie de démon (« êtres surnaturels subordonnés », « représentants d'un antimonde », « dieux diminués », « porteur des malheurs », etc.[12]) n'arrivent pas à avoir une portée sémantique si générale : elles décrivent des aspects, souvent essentiels, de la représentation du démoniaque, mais ne peuvent pas fonctionner comme définitions. De plus, elles restent difficilement traduisibles, voire obscures, en dehors de la langue où elles ont été générées, ce qui démontre leur nature artificielle. Deuxièmement, la nécessité de retourner à la notion de démon est motivée par des raisons d'ordre re-descriptif (ou étique) : elle doit être ramenée au fait que, dans les panthéons levantins, on reconnaît clairement la présence d'entités qui ne sont pas classables tout simplement dans la catégorie de « dieux » et qu'il faut distinguer de ces derniers, même s'ils ont des caractères qui relèvent du divin. Des entités telles que Lilith ou Azazel en sont, me semble-t-il, des bons exemples. À cet égard, la référence à la culture matérielle du Levant plaide plutôt en faveur, et non contre, le maintien de cette notion. La non-représentation des puissances négatives et la tendance à leur dépersonnalisation remarquées par Frey-Anthes et Blair, et interprétées comme un indice de l'absence de démons, ne posent pas problème dans le contexte du Proche-Orient ancien, et ne peuvent pas être interprétées en soi comme un

---

11 *KTU* 1.169, l. 1 et 9 ; *KTU* 1.178, l. 8. Pour une évaluation des trois différentes interprétations proposées pour ce mot, voir Ford 2002 a, p. 136–137.

12 Frey-Anthes (2007, p. 159 *sqq.*) parle également de « représentants d'un antimonde ».

manque d'intérêt à l'égard de la sphère du démoniaque. Au contraire, il s'agit de traits qui sont propres à la notion même de démon telle qu'elle se configure déjà en Mésopotamie : comme on le verra plus en détail dans la section suivante, la plupart des démons assyriens sont privés de toute représentation ou physionomie marquée, n'ont pas de nom propre et connaissent rarement des figurations visuelles.

Au vu de ces remarques, le choix méthodologique qui me paraît à la fois le plus viable et le plus approprié est celui de garder au cours de cette étude la catégorie de démon, tout en cherchant à en réarticuler le contenu. Cette nouvelle articulation, de type opératoire et heuristique, devra être, tout d'abord, appropriée aux données bibliques, qui sont surtout des données textuelles ; en outre, elle tiendra compte du contexte textuel et matériel des cultures du Levant ; finalement, elle visera à respecter le contexte proche-oriental plus large. De ce point de vue, les réflexions méthodologiques élaborées dans des contextes proches de celui de l'Israël ancien, qui connaissent traditionnellement un grand nombre de démons, tels que la Mésopotamie antique mais également l'Égypte, peuvent offrir un point de comparaison fécond.

2 Le contexte levantin

La présence littéraire des démons dans le Levant est attestée au moins depuis la deuxième moitié du IIe millénaire avant notre ère, d'après ce que l'on peut reconstruire à partir du matériel provenant de l'ancienne ville d'Ougarit. Les tablettes ougaritiques préservent, en effet, plusieurs textes qui font référence de manière directe ou indirecte aux démons. On peut distinguer quatre typologies de textes qui nous renseignent à différents niveaux sur les représentations et le traitement du démoniaque. Une quantité importante d'incantations en accadien a été retrouvée en dessous des maisons des scribes de la ville, parmi d'autres tablettes contenant des listes lexicales, ce qui fait penser que la copie des textes incantatoires était un exercice typique de l'apprentissage scribal. Ces textes contiennent des incantations contre la démone Lamaštu et d'autres groupes de démons, ainsi que contre des affections ou des maladies générées par des attaques démoniaques ; en outre, ils mettent en scène des divinités de la cour céleste mésopotamienne qui sont invoquées pour chasser les démons[13]. On a ensuite un nombre très réduit d'incantations ougaritiques qui mentionnent directement des démons ou des attaques démoniaques,

13 Voir, à ce sujet, en dernier, Rowe 2014, p. 36–80, et la bibliographie relative.

dont notamment un texte contre le mauvais œil (*KTU* 1.96)[14], et une ou deux incantations contre la sorcellerie, ou plus précisément contre les « accusations sorcières », qui sont expulsées par l'exorciste comme si elles étaient des démons (*KTU* 1.169 ; *KTU* 1.178)[15]. À ce matériel, il faut ajouter des incantations qui attestent l'activité des démons de manière plus indirecte, car ils préservent des rituels de type exorcistique pour guérir des maladies ou des morsures de reptiles[16]. Enfin, quelques textes mythologiques mentionnent des puissances créées par les dieux mêmes, et qui sont au service de ces derniers, comme par exemple les « dévoreurs » générés par le dieu El dans le désert et la steppe, ou les assistants du dieu Yam. Ces puissances, qui ont une sphère d'activité réduite et qui se situent du côté des forces chaotiques, semblent présenter des traits tout à fait similaires à ceux qui caractérisent les démons[17].

Sur la base de ces témoignages, nous n'avons, probablement, pas le droit de parler d'une vraie et propre démonologie dans le cas d'Ougarit, car les productions indigènes ne sont pas assez nombreuses. L'ensemble des données nous permet toutefois de mettre en évidence une série de traits récurrents dans la représentation des démons. Tout d'abord, l'on peut remarquer qu'un lien est établi entre des puissances dangereuses et les maladies provoquées

14 Les textes incantatoires d'Ougarit ont été récemment réunis dans un seul volume par Del Olmo Lete 2014. Pour *KTU* 1.196, l'étude majeure demeure celle de Ford 1998, mais voir aussi Del Olmo Lete 2014, p. 129–156, qui à la p. 129 donne la bibliographie de référence. Pour une introduction aux incantations ougaritiques, voir également Spronk 1999, p. 270–286.

15 Sur l'interprétation de ces incantations, et notamment sur l'expression clé *kšpm dbbm* (« sorcerous accusations »), voir Ford 2002 b ; Del Olmo Lete 2014, p. 165–172. Voir également les remarques de Ford 2002 a, p. 136–137 au sujet de *KTU* 1.178. Le classement et l'interprétation de ce dernier texte sont pourtant plus compliqués et ne font pas l'objet de consensus parmi les chercheurs : voir, à ce sujet, Del Olmo Lete 2011 ; id. 2014, p. 173–187. Sur le processus de démonisation de la sorcière opérée par l'exorciste dans les incantations Maqlû, voir Abusch 1989, surtout p. 44–45 ; id. 2011.

16 *KTU* 1.82, 1.100, 107. Voir à ce sujet Del Olmo Lete 2014, p. 109–128, 157–164, 188–204 ; Pardee 1988, p. 193–256.

17 Les dévoreurs sont mentionnés en *KTU* 1.12, l. 26–31 ; mais, voir également les puissances destructrices et voraces appelées euphémiquement « dieux gracieux et bons » en *KTU* 1.23. Malgré leurs différences, et le caractère plus complexe du rituel en *KTU* 1.23, un rapprochement entre ces deux textes a été proposé par plusieurs chercheurs (voir Schloen 1993 ; Wyatt 1996, p. 220–231). D'après Moor (1981–82, p. 107–108) les dieux « flamants » auxiliaires de Yam, qui terrorisent l'assemblée divine en *KTU* 1.2.30–33, ont également des traits démoniaques (sur l'aspect « flamant » des messagers divins et des divinités mineures voir M. Smith 1994, p. 306–307). Sur la possibilité que des passages d'autres textes proprement mythologiques puissent préserver des incantations, voir Lewis 2011.

par les reptiles, notamment les serpents et les scorpions[18]. Le rapprochement entre reptiles et démons ressort également du fait que, dans les exorcismes, les premiers sont souvent métaphoriquement comparés aux deuxièmes[19]. Pour conjurer l'action de ces puissances négatives l'on fait appel à la communauté des « grands dieux » du panthéon, parmi lesquels certaines divinités, notamment Ḥoron et Ba'al, jouent un rôle de premier rang. On observe également la croyance dans le « mauvais œil » qui, bien qu'attestée en mesure assez limitée dans les textes rituels antiques, semble néanmoins traverser toute l'Antiquité[20]. Dans l'ensemble, on remarque que, si la configuration des panthéons qui sont mis en place dans les textes incantatoires ougaritiques est strictement locale, la majorité des éléments et des thèmes propres à ces incantations se retrouvent en plus large mesure dans les incantations mésopotamiennes. Parmi ces thèmes, on peut mentionner la comparaison des forces démoniaques à des animaux dangereux ou sauvages qui sont chassés, tels des serpents, des lions, ou des boucs (*KTU* 1.196, l. 3–4)[21]. L'association entre serpents et scorpions que l'on retrouve dans les rituels de guérison ougaritiques est d'ailleurs bien attestée en Mésopotamie[22]. Une autre similitude qui semble de dérivation mésopotamienne est celle qui rapproche les forces démoniaques, lorsqu'elles sont chassées par l'exorciste, avec la fumée qui s'élève et disparaît (ibid.). Ce parallèle met bien en évidence, outre la consistance « aérienne » souvent attribuée aux démons, la volonté de les faire disparaître à jamais, comme le souligne la comparaison avec la fumée qui s'évapore[23]. Le renvoi de ces forces dans le désert, la steppe, le marécage ou le monde des morts (*KTU* 1.169, l. 6), d'où elles sont

18 Voir, en ce sens, la démonisation des serpents qui sont appelés « créatures d'Ḥoron » en *KTU* 1.82, l. 41.

19 *KTU* 1.169, l. 3–4 ; *KTU* 1.178, l. 4–7 (ed. Pardee 2000, p. 829–833, 875–893).

20 Outre *KTU* 1.96 et les amulettes d'Arslan Tash que je discuterai plus loin, on compte moins d'une vingtaine d'incantations contre le mauvais œil dans tout le corpus accadien (voir à ce sujet Geller 2003 ; id. 2004) ; des références aux mauvais œil ont été récemment proposées pour les textes hittites (Mouton 2009). La croyance est attestée dans quelques incantations araméennes de l'antiquité tardive, et de manière plus consistante dans les textes magiques syriaques et mandaïques (voir à ce sujet Ford 1998, p. 208–209, 213–216).

21 *Utukku Lemnutu* 16, 5–11, 202. Dans les incantations mésopotamiennes, les démons peuvent être comparés à des ânes (*Utukku Lemnutu* 8, 13–39). L'édition de référence pour les incantations de type *Utukku Lemnutu* est Geller 2007 a, voir *infra*, p. 38.

22 La relation étroite entre ces deux classes d'animaux est attestée non seulement dans les incantations, mais également dans les listes lexicales, où les deux espèces sont souvent mentionnées à la suite, ainsi que dans les prescriptions médicales. Sur cette association, ainsi que sur le double symbolisme de ces animaux en Mésopotamie, voir Chalendar 2017, p. 33–40, 209–228, 425–434.

23 Ford (2002 b, p. 161–164) relève un parallèle accadien très proche de ce passage, qui utilise à la fois la métaphore animalière et celle de la fumée, dans la soi-disant « incantation du

censées provenir, semble également un *topos* des incantations accadiennes[24]. En outre, c'est notamment grâce aux nombreux parallèles mésopotamiens sur la manière dont le mauvais œil agit (*KTU* 1.96, l. 1–4), en traînant dans la ville autour de différentes maisons et fonçant sur ses victimes, que l'incantation sur le mauvais œil à Ougarit a pu être correctement reconnue et interprétée[25].

De la même manière, les formules ainsi que le langage employés sont, en bonne partie, de dérivation accadienne. Par exemple, la formule d'ouverture initiale de chaque séquence est une conjuration au nom d'un grand dieu (souvent Anu ou Shamash dans les textes accadiens ; Ba'al, Ḥoron ou Athirat dans les incantations ougaritiques). Ainsi les formules finales de conjuration telles que « la maison où je rentre, tu n'y rentreras pas » (*KTU* 1.169, l. 18), ou « puisse (le sorcier) être versé comme l'eau » (*KTU* 1.178, l. 12) rappellent de près des expressions accadiennes[26]. Les textes mésopotamiens constituent donc le premier modèle de référence pour les incantations ougaritiques, ce qui paraît, entre autres, confirmé par la pratique scribale d'exercice et d'apprentissage du corpus accadien. Ougarit ne constitue pas, en ce sens, un cas isolé : une dynamique similaire, qui adapte les influences accadiennes selon des configurations et des besoins locaux, a également été mise en évidence pour les incantations de Mari, notamment dans un travail récent de Michaël Guichard[27].

Les témoignages levantins du premier millénaire suscitent des observations qui pointent dans la même direction. L'exemple le plus significatif est constitué par deux amulettes retrouvées à Arslan Tash, dans le nord de la Syrie, gravées en écriture araméenne mais en langue phénicienne[28]. Ces amulettes, dont

---

feu » publié par Lambert (1970, p. 40). Voir aussi Maqlû I, 135–141. Voir, à ce sujet également, Hillers 1983, p. 181–182.

24 Voir, par exemple, *Utukku Lemnutu* 4, 130–142, 145–149 ; 7, 152, 154–167. D'autres parallèles sont cités par Ford 2002 b, p. 180–182.

25 La lecture de Virolleaud, premier éditeur de *KTU* 1.96, qui lisait le mot *'nn* (« œil ») comme *'nt* (en y voyant le nom de la déesse 'Anat), avait initialement trouvé un large consensus. On doit à Del Olmo Lete (1992) et surtout à Ford (1998) une analyse des parallèles que ce texte entretient avec les incantations accadiennes contre le mauvais œil. Le nombre et la pertinence de ces parallèles démontrent que la lecture *'nt* est désormais inacceptable, et que *KTU* 1.96 est un exorcisme contre le mauvais œil. Pour un résumé de ce débat, voir Del Olmo Lete 2014, p. 140–144.

26 Parallèles énumérés dans Ford 2002 a, p. 144–145. Voir aussi pour la première expression *Utukku Lemnutu* 4, 111–112 ; 9, 113 ; pour la deuxième *Utukku Lemnutu* 6, 121, 133 ; 7, 46.

27 Guichard 2010.

28 La première amulette a été publiée par Du Mesnil du Buisson (1939), et ensuite par Donner et Röllig (*KAI* 1, 52002, no. 27) ; voir également McCarter 2000, no. 86. Elle a fait l'objet d'un grand nombre d'études, parmi lesquelles la plus détaillée est celle de Angelika Berlejung (2010, voir, notamment, p. 11, notes 40–41 pour une sélection bibliographique des principaux travaux) ; des références bibliographiques supplémentaires sont repérables en

la première était, probablement, destinée à être suspendue aux portes d'une maison, alors que la deuxième, plus petite, était peut-être portée par son propriétaire, montrent des points de continuité importants avec les textes ougaritiques et deviennent pleinement compréhensibles à la lumière des parallèles mésopotamiens. Sur les deux objets, les textes sont accompagnés par des images. Sur le recto sont gravés un animal hybride ressemblant à un sphinx et un loup en train d'engloutir un homme ; le verso présente un dieu en position guerrière, avec sa masse levée. Le texte mentionne deux groupes de démones, décrites par les qualificatifs « volantes » (*'pt'*, l. 1 et 19) et « étrangleuses » (*ḥnqt*, l. 4)[29] ; le cœur de l'incantation est constitué par l'invocation aux dieux qui, en raison de leur alliance avec les hommes (*'lt*, l. 9, 13–14), entrent en action l'un après l'autre pour chasser les puissances malfaisantes. Le dieu Aššur est appelé en premier avec l'assemblée des dieux ; Ba'al et Ḥoron font suite, accompagnés par leurs épouses (l. 16–18). Malgré la complexité des rapports entre les textes inscrits et les images, parfois difficiles à saisir[30], il paraît clair que les deux amulettes témoignent d'une opposition mutuelle entre les démons qui attaquent les humains et les grands dieux qui sont appelés pour conjurer les attaques démoniaques[31]. Dans ce contexte, Aššur intervient en tant que roi des dieux, ceux-ci étant désignés par les expressions « fils divins » et « saints » (l. 11–12), typiques du langage mythologique ouest-sémitique. La présence du dieu poliade assyrien s'explique vraisemblablement par le fait qu'à cette époque

---

Avishur 1978, p. 29, note 1, et en Garbini 1981. La deuxième amulette, dont l'interprétation est beaucoup plus problématique, a été publiée en 1971 par Caquot et Du Mesnil du Buisson ; elle a été étudiée, entre autres, par Gaster (1973), Cross (1970), Liverani (1974), Avishur (1978 ; id. 2000, p. 225–240), Garbini (1981), Teixidor (1983, p. 107–108), et Pardee (1998). L'authenticité des amulettes a été débattue, mais les remarques de Pardee (1998) plaident de manière très convaincante en faveur de leur authenticité, qui est aujourd'hui acceptée par la majorité des chercheurs.

29 En revanche, les chercheurs sont partagés quant au statut de *ssm* mentionnés à la ligne 1 : il pourrait s'agir d'un autre nom de démon, d'une divinité protectrice, ou du nom du propriétaire de l'amulette. L'apparition de ce nom sur une autre amulette en écriture phénicienne, ainsi que sa présence comme élément théophore dans l'onomastique phénicienne (voir, à ce sujet, Fauth 1970) rend, à mon avis, douteuse l'hypothèse de Bob Becking (1999, p. 725) que le même nom puisse indiquer à la fois une divinité protectrice et un démon à écarter. Je partage, en ce sens, les remarques de Berlejung 2010, p. 13–15. Une formule très similaire apparaît également sur une statuette représentant Pazuzu retrouvée en Égypte, voir Heeßel 2002, p. 96.

30 Voir, à ce sujet, Berlejung 2010. Pour la deuxième amulette ces rapports restent encore à clarifier.

31 Schmitt 2004, p. 82 *sqq.* selon lequel le dieu représenté dans la première amulette est Ba'al ; Berlejung 2010, p. 18–31, qui propose une identification avec le dieu Aššur, également mentionné dans l'incantation.

la divinité avait été intégrée aux panthéons araméens, la ville de Ḫadattu (ancien nom d'Arslan Tash) étant, notamment, devenue un centre administratif assyrien[32]. Par ailleurs, Aššur est également nommé dans d'autres inscriptions retrouvées sur le site de la ville[33]. En outre, comme à Ougarit, Ḥoron et Baʿal dominent ces incantations en tant que divinités « locales » traditionnellement préposées à chasser les démons. Une autre similarité frappante avec le matériel ougaritique est représentée par la formule de la première amulette « la maison où je rentre, vous n'y entrerez point » (l. 5–6), qui reprend de très près la formule ougaritique de conjuration contre la sorcière (*KTU* 1.169).

Nous remarquerons enfin que le mauvais œil apparaît encore comme thème textuel et iconographique sur la deuxième amulette, et qu'il est probablement associé ici aux morsures des serpents et des scorpions. Sur le revers est, en effet, gravé un personnage debout et de profil, avec une tête ronde et un gros œil ouvert, qui est en train d'engloutir un homme et dont les talons semblent être prolongés par deux scorpions. Malgré les difficultés de déchiffrement, il ne fait pas de doute que le texte mentionne un « gros œil » (*rbʿn*) et un « œil rond » (*glʿn*), et que celui-ci est décrit comme une puissance destructrice associée aux steppes[34] dont le pouvoir doit être annulé, vraisemblablement à l'aide du dieu Baʿal, mentionné à la première ligne de l'inscription. Il est en outre possible que la formule incantatoire de la ligne 11 fasse référence à l'action de « frapper l'œil du serpent »[35].

Les amulettes d'Arslan Tash s'inscrivent dans un contexte plus large qui comprend un nombre élevé d'amulettes à fonction apotropaïque datant des alentours de la première moitié du Ier siècle et ayant été retrouvées dans plusieurs villes phéniciennes[36], mais également sur différents sites en Israël et Juda, et notamment à l'intérieur de tombes[37]. Ces amulettes présentent souvent une iconographie mixte, où figurent des motifs égyptiens, tel qu'Horus

32 Zevit 1977, p. 115, suivi par McCarter 2000, p. 223 et d'autres. Voir également Niehr 2014, p. 272–274, d'après lequel l'incantation a été gravée par un scribe araméen.

33 Galter 2004, p. 176–177.

34 Voir l'expression *bšdh* répétée aux lignes 4–5 ; ainsi que les épithètes *mzh* (l. 1) et *mgmr* (l. 9), qui vraisemblablement signifient « celui qui dévore » et « celui qui détruit ».

35 Ainsi Caquot 1971, p. 405 ; Avishur 1978, p. 36 et autres. Garbini (1981, p. 291–292) lit également *btm*, correspondant au *peten* biblique, au *bṯn* ougaritique et au *bašmu* accadien. Une lecture différente est proposée par Pardee (1998, p. 20).

36 Sur les amulettes phéniciennes, voir Sader 1990, p. 318–321 ; Schmitz 2002 ; Berlejung 2008, p. 53–55, et Lemaire 2008, qui compare leur fonction à celle des tefillins et des mezuzot juives. Des amulettes du même type, dans la forme de petites plaquettes enroulées et fermées dans des étuis, ont été retrouvées dans d'autres villes phéniciennes, telles que Tharros et Carthage : leur liste a été établie par Schmitz 2002, p. 821–822.

37 Nutkowicz 2006, p. 151–166 ; Schmidt 2016, p. 140–144.

et les serpents[38], l'œil d'Horus, ou des figures protectrices de type Bès[39]. Elles préservent, en outre, des formules de bénédiction combinées à des expressions figées de protection et de sauvegarde constituées par le couple *šmr* et *nṣr*, « garde » et « protège », qui apparaît également dans certains psaumes bibliques[40]. À l'intérieur de ce cadre, il faut mentionner les deux minuscules lamelles en argent retrouvées à l'intérieur d'une chambre funéraire dans la nécropole de Ketef Hinnom, près de Jérusalem. Leur célébrité est due au fait qu'une partie de l'inscription sur la deuxième lamelle correspond à la bénédiction sacerdotale donnée à Aaron et à ses fils dans le livre des Nombres (6,22–27)[41]. Sur les deux plaquettes, le nom de la divinité est invoqué comme medium de sa bénédiction et de sa protection contre « le mal » (*hrʿ*)[42], et sur la deuxième lamelle Yhwh est littéralement appelé « celui qui blâme le mal » (*hgʿr b* [*r*]*ʿ*)[43]. La racine verbale employée, *gʿr*, est généralement utilisée dans le sens de « reprocher » ; dans la Bible hébraïque, lorsqu'elle a Yhwh comme sujet, elle fait référence à la colère et à la menace de la divinité contre ses ennemis[44]. Le même verbe est utilisé en Zacharie (3,2) quand Yhwh « reproche » le Satan[45] ; il deviendra le verbe technique pour « exorciser » en judéo-araméen et en hébreu rabbinique, et il est déjà utilisé en ce sens à Qumrân[46]. À la lumière du contexte de l'inscription, il est donc fort probable que ce verbe ait ici un sens plus précis et moins abstrait que celui de « reprocher », mais qu'il signifie déjà « rejeter », « éloigner », dans un contexte où l'efficacité de l'action est obtenue

38 Voir notamment l'amulette provenant de Tyre publiée par Sader 1990, p. 318–321.

39 Voir les amulettes collectées par Herrmann 1994, p. 316–383 ; id. 2002, p. 19–26, 113, 137–138. Sur la fonction apotropaïque de Bès au Levant voir Keel et Uehlinger 2001, p. 217–224, et récemment Schimdt 2016, p. 84–89. Isis est également un sujet récurrent sur ces amulettes.

40 Par exemple Ps 12,8, sur lequel on peut voir Smoak 2010.

41 Après leur première publication en 1992, les lamelles ont fait l'objet d'une nouvelle édition par Gabriel Barkay et al. (2004). Des relations avec le passage de Nombres 6 ont été également envisagées pour la première lamelle, mais celles-ci sont moins claires à cause des difficultés de lecture. Pour une discussion approfondie sur le rapport entre les amulettes de Ketef Hinnom et le texte de Nombres 6, ainsi que d'autres textes bibliques, voir Berlejung 2008, et dernièrement Smoak 2017, qui fournit une mise à jour bibliographique sur le sujet.

42 KH I, l. 9–10.

43 KH II, l. 4–5, avec les remarques convaincantes de Barkay et al. pour la restauration du *reš* (id. 2004, p. 65–66).

44 Caquot 1978.

45 Voir également Mal 3,11, où Yhwh « tance le dévorateur » des champs.

46 1QGenAp 20, 28–29 ; 1QM 14, 10, comparer également 1QH[a] 18, 20.

par le pouvoir performatif de la parole[47]. Les fonctions prophylactique et propitiatoire de ces plaquettes qui, de ce point de vue, peuvent être considérées à plein titre comme des amulettes, témoignent donc du péril représenté par des forces peu définies, mais sans doute malfaisantes (« le mal »), rattachées au domaine de la mort, contre lesquelles la divinité est capable d'offrir sa protection à travers des rituels de type apotropaïque. Dans la même direction, on peut, à juste titre, interpréter l'inscription retrouvée sur les parois d'une tombe dans le cimetière de Khirbet el Qôm, situé entre Lachish et Hébron, qui demande à Yhwh et Asherah leur bénédiction et la libération de la main des ennemis[48]. Comme l'a justement remarqué Brian Schmidt, qui a analysé l'ensemble de ce matériel épigraphique de provenance israélite, le caractère apotropaïque de l'inscription de Khirbet el Qôm est renforcé par le dessin d'une paume de main tournée vers le bas et gravée au-dessous de l'inscription par la présence de plusieurs amulettes avec des représentation de l'œil d'Horus et de Bès retrouvées dans le même contexte mortuaire et par la présence dans les assemblages cultuels de hochets, traditionnellement doués du pouvoir de chasser les mauvais esprits[49]. L'analyse de Schmidt montre de manière convaincante comment tous ces matériels, même s'ils ne font pas mention explicite des démons, attestent, au sens large, la « croyance » dans l'action des puissances négatives, particulièrement dangereuses dans certains contextes (notamment celui de la mort), et la possibilité de s'en protéger par détournement : soit à travers l'intervention directe des dieux, soit à travers l'aide d'autres puissances bienfaisantes[50].

---

47 Le sens spécialisé d'« exorciser », proposé par Schmidt (2016, p. 138) bien que possible, n'est pas nécessairement requis par le contexte immédiat de l'inscription, où le verbe pourrait garder son sens plus générique, similaire à celui de Zach 3,2 ou Mal 3,11. Il n'y a pas de consensus parmi les chercheurs sur les étapes de l'évolution sémantique de la racine *gʿr* vers le sens d'« exorciser ». D'après Lewis (2011, p. 209–212) le verbe pourrait avoir déjà en ougaritique le sens de « maudire », « exorciser », mais les passages concernés ont également du sens dans l'acception traditionnelle du verbe, à savoir « reprocher » ou « apostropher ». Joosten (2014), propose qu'il s'agisse d'une évolution délocutive propre au judéo-araméen, influencée par l'usage de l'expression de Zach 3,2 (« Que Yhwh te rejette, Satan ! ») dans les incantations, mais il ne tient pas compte du témoignage de Ketef Hinnom.

48 Pour une introduction détaillée au contexte archéologique et historique de cette inscription et des références bibliographiques supplémentaires, voir Schmidt 2016, p. 144–162.

49 Schmidt 2016, p. 103 et surtout p. 148–155.

50 Schmidt (2016, p. 16–122) attribue également une fonction essentiellement apotropaïque au complexe de graffiti et d'inscriptions conservés à Kuntillet ʿAjrud, dans le nord Sinai. Selon sa reconstruction, cette fonction est démontrable sur la base de trois éléments : l'insistance dans les inscriptions sur la bénédiction divine comme medium de protection, un trait qui se retrouve également sur les amulettes de Ketef Hinnom ; une inscription murale

Un tel scénario constitue donc le contexte sociohistorique de référence dans lequel il faut inscrire et interpréter les données bibliques. Une analyse détaillée de chacun de ces objets et de ces textes sort largement du cadre de cette recherche ; je me limiterai donc à avancer quelques remarques pertinentes pour la suite de mon enquête. La comparaison entre les textes ougaritiques et les incantations d'Arslan Tash montre une certaine continuité quant aux représentations du démoniaque entre l'âge du Bronze et celui du Fer. Une telle continuité, d'ailleurs, s'exerce non seulement dans le temps, mais aussi dans l'espace, si l'on considère la similarité entre les formules préservées sur les amulettes phéniciennes, au Levant et dans plusieurs villes phéniciennes autour de la Méditerranée, et celles des inscriptions israélites. On notera, au passage, que certaines de ces formules apparaissent également dans la Bible hébraïque. En outre, les influences mésopotamiennes et égyptiennes exercent un poids considérable : les premières en ce qui concerne le langage, les formules et la structure même des incantations et les deuxièmes au niveau iconographique essentiellement[51]. Ces influences démontrent à fois la persistance de logiques communes sous-jacentes aux techniques incantatoires ainsi qu'un certain partage des représentations retrouvées concernant les démons, mais également la dépendance des civilisations du Levant à l'égard des modèles développés par les sociétés limitrophes : il est donc indispensable, pour la suite de cette analyse, de diriger notre attention vers le contexte mésopotamien et égyptien.

De manière générale, on remarque que le nombre de témoignages directs de l'action des puissances démoniaques demeure assez réduit dans tout le Levant. À Ougarit, les incantations indigènes constituent un corpus restreint, en rapport à la fois à l'ensemble des textes rituels ougaritiques et au corpus des incantations composées en accadien. En outre, à l'exception des amulettes d'Arslan Tash, aucune conjuration inscrite sur sceau-amulette n'a été préservée

où il est possible de reconnaître le mot « mal » (*r't*) ; l'identification des deux figures de type Bès avec les dieux Yhwh et Asherah. Toutefois, cette identification demeure, à mon sens, douteuse. Il me semble que, sans que l'on puisse nier la présence de quelques éléments apotropaïques, dont notamment les Bès dansants, l'imaginaire religieux de la fertilité l'emporte sur celui de la conjuration, comme l'avaient déjà souligné Othmar Keel et Christophe Uehlinger (2001, p. 210–245).

51 L'influence mésopotamienne sur l'iconographie des sceaux levantins est certes considérable, et plusieurs figures divines, semi-divines, voire démoniaques apparaissent sur les sceaux ouest-sémitiques (un premier répertoire se trouve en Avigad et Sass 1997, no. 34, 112, 173, 791, 805, 845, 858, 973, 1114 ; voir en outre Ornan 1993, p. 56–60 ; Hübner 1993, p. 144–146). Toutefois, la signification religieuse des sceaux à fonction administrative n'est pas automatiquement évidente, et on ne peut parler proprement d'amulettes ou d'objets avec une fonction magique clairement reconnaissable que dans très peu de cas : voir, à ce sujet, les remarques d'Uehlinger 1993, p. 273–286.

dans l'aire syro-palestinienne. L'état de la documentation à notre disposition démontre donc que la pauvreté des données bibliques ne constitue pas, à cet égard, un phénomène isolé, mais que ce phénomène s'inscrit dans le contexte plus large des cultures du Levant, et ce, dès la fin du Bronze. Il me paraît donc d'autant plus difficile de justifier la relative pauvreté des données bibliques exclusivement par des spécificités religieuses liées à la naissance du monothéisme yahwiste.

3 Le « pandaemonium » mésopotamien

En vue de réfléchir à certains enjeux méthodologiques, un élargissement de l'enquête à la représentation des démons dans le Proche-Orient ancien s'avère donc nécessaire. Cette ouverture de perspective est d'autant plus justifiée par le contexte historique et culturel dans lequel la représentation des démons bibliques et levantins s'inscrit.

Comme nous l'avons vu dans les cas d'Ougarit, d'Arslan Tash et d'Israël, la représentation des démons au Levant est ouverte aux échanges mutuels, ainsi qu'aux influences provenant de la Mésopotamie et de l'Égypte. Pour cette raison, ces dynamiques méritent d'être abordées, dans la mesure du possible, selon une perspective croisée. Les échanges iconographiques, avec de nombreux emprunts mésopotamiens et égyptiens sur les amulettes du Levant, constituent un excellent exemple de ces influences. La transférabilité des puissances divines impliquées dans les rituels apotropaïques ou exorcistiques est également digne d'être relevée : la popularité de Bès au Levant dans sa fonction apotropaïque en est probablement le principal signe, mais il faut également considérer en ce sens les divinités qui sont nommées ou représentées à plusieurs reprises dans les incantations, et ougaritiques, et phéniciennes, ainsi que sur les amulettes israélites : Baʿal, Ḥoron, et Horus. En outre, le fait même que les incantations accadiennes constituent le modèle de référence des incantations ouest-sémitiques, et ce, dès l'âge du Bronze, oblige à prendre en compte le contexte d'origine de ces textes incantatoires. Il serait faux, cependant, d'interpréter ces influences selon une perspective exclusivement unilinéaire, à savoir seulement en termes d'emprunts faits par les petits royaumes du Levant aux grandes civilisations voisines. Bien que l'influence mésopotamienne et égyptienne sur le Levant soit prépondérante par rapport au phénomène inverse, la situation est plus complexe, et il y a néanmoins des cas qui nous font plutôt pencher pour un partage plus général de certaines pratiques incantatoires. Un exemple significatif en ce sens est le mélange entre langues et alphabets différents que l'on repère parfois dans les incantations. Nous avons déjà vu que les amulettes d'Arslan Tash sont inscrites en langue phénicienne et en écriture araméenne, mais le phénomène est plus ancien. Un groupe d'incantations de Mari datant du début du IIe millénaire a été rédigé en hourrite (alors que la population était à l'époque majoritairement accadienne ou amorrite)[52], et nous trouvons, également, des phénomènes similaires en Égypte : le papyrus médical de Londres, datant du XIVe siècle, préserve une série d'incantations en sémitique du nord-ouest, transcrites en hiératique[53]. En outre, à partir du VIIe siècle, nous avons quelques amulettes représentant le démon mésopotamien Pazuzu inscrites en araméen, paléo-babylonien et pseudo-cunéiforme[54]. L'emploi de différentes langues peut s'expliquer par la provenance du scribe (la magie hourrite étant, par exemple, très réputée en Mésopotamie) ou par la présence de traditions qui tendent à représenter les démons eux-mêmes comme des puissances étrangères[55]. Il s'agit là des précurseurs d'un phénomène qui se développera de manière plus consistante à des époques plus tardives, au fur et à mesure que s'intensifie l'usage de l'écriture comme signe doué de vertus magiques propres. La mobilité de certaines puissances divines dépasse également le cadre géographique du Levant. On peut considérer en ce sens la présence du dieu sémitique Ḥoron en Égypte, dans les textes d'exécration et dans les papyrus Harris ainsi que le fait que, dans certaines régions, il était vénéré comme divinité guérisseuse, ensuite associée à Shed et Horus[56]. Le démon Samanu, connu par les textes mésopotamiens comme responsables de plaies et maladies qui peuvent affecter les hommes, les animaux, les plantes et même les dieux, fait également son entrée en Égypte, où il est mentionné dans des textes médico-magiques du Nouveau Règne. Dans les exorcismes du papyrus Leiden (I 343 + 345), il est chassé à l'aide d'une série de puissances qui proviennent du panthéon levantin, et notamment ougaritique, telles que ʿAnat, Resheph et Baʿal[57].

Des raisons supplémentaires poussent à développer une comparaison avec le contexte proche-oriental plus large, où la réflexion méthodologique est plus avancée. Une telle confrontation peut aider, en effet, à déconstruire certains

52 Voir Guichard 2010 ; id. 2013.

53 10059 vii, publié par Leitz 1999, p. 61–63, pl. 32. La langue est un mélange d'éléments araméens et cananéens. Voir à ce sujet l'étude de Steiner 1992, qui, à la p. 192, mentionne d'autres textes de ce type.

54 Heeßel 2002, no. 1, 9, 21, 22. Voir Berlejung 2010, p. 6–7.

55 Sur le rapprochement entre démons et étrangers en Mésopotamie, voir récemment Heeßel 2017 ; pour l'Égypte, Roccati 2011, surtout p. 90–96.

56 References en Rüterswörden 1999, p. 426 ; Conklin 2003, p. 95–97.

57 Le corpus des témoignages mésopotamiens, levantins et égyptiens mentionnant Samanu a été publié et étudié récemment par Beck 2015 ; sur le papyrus Leiden, voir également les études de M. Müller 2008 ; Fischer-Elfert 2011.

« faux problèmes » posés par le dossier biblique, comme celui de l'absence d'une vraie mythologie du démoniaque, qui constitue pour Blair une des raisons principales qui fonde sa critique de la catégorie de démon dans la Bible hébraïque[58]. Loin d'être une spécificité toute biblique, il s'agit encore une fois d'une caractéristique partagée par nombre de démons mésopotamiens, dont la plupart sont des êtres peu décrits, faiblement caractérisés et encore plus rarement représentés. La seule qui, outre le fait d'avoir une iconographie bien établie, est également douée d'un arrière-plan mythologique important est la démone Lamaštu. Un temps déesse, elle est ensuite expulsée de la cour céleste à cause de la démesure de ses désirs. Lamaštu représente pourtant un cas à la fois paradigmatique, car elle est la quintessence du démoniaque, et exceptionnel, car aucun parmi les autres démons ne lui est égal, ni en termes de persistance de la représentation, ni en termes de quantité de témoignages, à savoir que nul autre démon mésopotamien ne connaît un nombre si élevé d'incantations et d'exorcismes sur une période temporelle si longue[59]. L'absence d'un scénario proprement mythologique semble, d'ailleurs, être une caractéristique commune aux démons de l'Antiquité, qui ne font pas l'objet de narrations ni de récits particulièrement développés, et ce, ni en Égypte, ni en Grèce ancienne[60].

Une approche « élargie » de la question des démons dans le Proche-Orient ancien a déjà été poursuivie avec succès dans des travaux récents : l'étude pionnière de Daniel Barbu et Anne-Caroline Rendu-Loisel compare différents aspects de la représentation des démons en Mésopotamie et en Judée[61]. La comparaison entre démons mésopotamiens et égyptiens a fait, en outre, l'objet d'une conférence tenue en 2012 à l'Université de New York : dans son introduction, Rita Lucarelli[62] soulève quelques points qui sont à retenir pour notre étude. Tout d'abord, lorsque l'on réfléchit aux catégories employées, il faut être conscients du fait que la distance entre la terminologie indigène et le vocabulaire moderne ne peut jamais être complètement comblée, et qu'une

58 Blair 2009, p. 13–15, 54, 62, 95, 175, 193, 214–216.

59 La référence au récit de l'expulsion de Lamaštu se trouve déjà dans les incantations en paléo-babylonien (voir Farber 2014, p. 154–155, no. 5, l. 11–113 ; p. 172–173, no. 8, l. 92–100).

60 En Grèce, Lamia représente sans doute une exception, mais il n'est probablement pas un hasard si, même dans ce cas, il s'agit, comme pour Lamaštu, d'une figure de féminité manquée et renversée, qui partage plusieurs traits avec la démone mésopotamienne. Voir à ce sujet le chapitre suivant, p. 55–56.

61 Barbu et Rendu-Loisel 2009. Une approche similaire avait déjà été tentée dans les années 70 par une publication conjointe du CNRS, dans un volume de la série « Sources orientales », intitulé *Génies, anges et démons* (Paris, 1971) : dans ce cas, l'éventail comparatif était beaucoup plus large et comprenait également des civilisations orientales telles que l'Inde, la Chine et d'autres encore.

62 Lucarelli 2013.

marge d'écart reste inévitable[63]. Dès lors, une schématisation trop rigide des nombreuses créatures qui pourraient être qualifiées de démoniaques amène à reconstruire une taxinomie qui n'a probablement jamais existée comme telle aux yeux des anciens[64].

Deuxièmement, Lucarelli relève justement que l'attention majeure doit porter sur les espaces et les contextes d'action spécifiques dans lesquels les démons apparaissent, ce qui amène à élaborer des typologies fonctionnelles qui s'avèrent plus utiles que de simples étiquettes définitionnelles. D'autres recherches récentes vont dans la même direction, en montrant, par exemple, que le rôle bienfaisant ou malfaisant assigné aux démons en Mésopotamie n'est pas défini a priori, à savoir qu'il ne fait pas partie de l'ontologie des démons, mais qu'il est souvent déterminé par des exigences textuelles, et que, de ce fait, il peut changer selon les différents contextes littéraires. Gina Konstantopoulos cite l'exemple des figures de type *lama*, généralement considérées comme protectrices, et celle du type *udug*, d'habitude malfaisantes : elle démontre que cette séparation n'est pas si nette et que, à l'intérieur d'un même texte, leurs rôles peuvent être interchangeables selon les exigences littéraires[65]. De plus, Lionel Marti a récemment attiré l'attention sur le fait que le *šedu*, qu'on a tendance à considérer comme une sorte de génie protecteur, est en réalité une entité neutre qui peut être qualifié positivement ou négativement[66].

Enfin, il est indispensable de tenir compte de la dimension historique, qui, dans le cas de la Mésopotamie, a donné naissance à un dossier aux dimensions impressionnantes. Les premières incantations contre Lamaštu datent de l'époque sumérienne et se poursuivent tout au long du IIe millénaire en parallèle avec la production d'amulettes ; ce n'est qu'au Ier millénaire que les incantations sont pour ainsi dire « canonisées »[67]. Les amulettes représentant le démon apotropaïque Pazuzu connaissent une production massive pendant le Iermillénaire jusqu'à l'époque séleucide, et leur étendue géographique démontre la popularité de ce démon[68]. Parmi les collections incantatoires majeures, on peut mentionner la série Maqlû contre la sorcellerie[69] et la série

63 Sur la manière dont on peut gérer cet écart en anthropologie des mondes antiques, voir les remarques de Bettini et Short 2014, p. 15–18.

64 En ce sens, la classification systématique tentée par Sonik (2013) me paraît plutôt répondre à une exigence classificatoire moderne qu'à la réalité des témoignages antiques.

65 Voir à ce sujet Konstantopoulos 2017.

66 Voir récemment Marti 2017, p. 46–47.

67 La série d'incantations contre Lamaštu a été publiée par Farber (2014). Pour une introduction approfondie à la figure de Lamaštu, voir la belle étude de Wiggermann 2000. Sur les aspects iconographiques, voir Götting 2011.

68 Heeßel 2002 ; pour une présentation synthétique, voir id. 2011.

69 Publié par Abusch (2015) ; voir aussi id. 2002.

d'incantations contre les méchants démons (*Utukku lemnutu*). Cette dernière est composée de seize collections et a été probablement élaborée pour servir d'encyclopédie de référence, même si elle représente la synthèse d'un matériel beaucoup plus varié et plus ancien[70]. À côté des séries désignées comme canoniques, nous trouvons également un grand nombre d'incantations isolées[71]. L'étendue chronologique et géographique de ce corpus nécessite, par conséquent, une approche différenciée et plurielle, qui rend difficile une vision de synthèse[72].

L'avancement de la réflexion épistémologique élaborée par la recherche sur les démons mésopotamiens présente plusieurs éléments pertinents pour réfléchir à la notion de démon au Levant et plus spécifiquement dans l'Israël ancien. En outre, il est indiscutable que certains aspects essentiels de la nature du démoniaque en Mésopotamie se retrouvent également au Levant. Parmi ces derniers, il faut sans doute mentionner le caractère liminaire des espaces occupés parles démons. Comme nous l'avons vu, ceux-ci sont normalement associés à la steppe et au monde des morts, d'où ils cherchent à rentrer dans les espaces civilisés ou domestiques. De ce fait les seuils, tels que les portes des maisons, mais également les tombes (en tant que lieu où s'accomplit le passage entre le monde de vivant et celui des morts) sont des lieux particulièrement propices aux attaques démoniaques et nécessitent, donc, d'une protection particulière par des moyens apotropaïques (amulettes et incantations). Une autre caractéristique partagée par les démons proche-orientaux et levantins est leur association avec les maladies : les démons sont considérés comme responsables de plusieurs types de maladies, mais la fièvre, d'un autre côté, peut, également, faire l'objet d'un traitement par des amulettes et des phylactères[73]. La nature indistincte et peu définie de la plupart des démons est également mise en évidence dans les incantations mésopotamiennes. Leurs descriptions ne mettent pas l'accent sur des caractéristiques physiques, sinon de manière indirecte, en

70 La série a été publiée par Geller (2007 a). Sur l'origine de cette série, voir ibid., p. xi–xviii. Pour une présentation générale des typologies d'incantation en Mésopotamie au IIIe et IIe millénaire, voir Geller 2005.

71 Voir, à ce sujet, Cunningham 1997.

72 La grande quantité des démons et l'ampleur du corpus mésopotamien ont rendu jusqu'à présent impossible une étude compréhensive du sujet. Parmi les travaux les plus récents, on peut mentionner le volume thématique édité par Annamaria Capomacchia et Lorenzo Verderame (Capomacchia et Verderame 2011), ainsi que plusieurs contributions dédiées à la Mésopotamie dans la collection éditée par Rita Lucarelli (Lucarelli 2013).

73 Certains noms de démons mésopotamiens désignent à la fois le démon et la maladie, voir Barbu et Rendu-Loisel 2009, p. 315. Sur ce sujet, et plus largement sur la difficulté de séparer complètement le domaine de la magie de celui de la médecine, voir Scurlock 1999 ; Geller 2007 b ; en dernier Bácskay 2017, avec une riche bibliographie.

faisant référence aux bruits qu'ils font près des maisons, à leur nature sombre et à leur grande taille[74]. Parfois, les démons sont même décrits « négativement », comme étant sans face, sans yeux, sans membre et sans genre sexuel[75], et volontiers comparés non seulement à la fumée mais à des forces aériennes telles que des vents ou des tempêtes. Il s'agit, comme on le verra par la suite, de données qui sont encore présentes dans la Bible hébraïque. À cet égard, il convient de préciser qu'à l'exception du cas de Lamaštu et de quelques incantations qui représentent l'attaque démoniaque comme le mariage entre une démone et son « époux » humain que je discuterai par la suite[76], les démons font rarement l'objet d'une représentation « genrée » dans le Proche-Orient antique. Par ailleurs, une telle caractérisation est substantiellement absente de la Bible Hébraïque. On verra plus loin que, même dans le cas de Lilith, le genre sexuel ne joue aucun rôle, ni dans le texte hébreu, ni dans la LXX : à cet égard, le judaïsme ancien se différencie des traditions médiévales qui, en revanche, accentuent la nature féminine de Lilith en faisant d'elle la première épouse d'Adam. Les mentions d'un démon mâle et d'une femelle pour le même type de démon, que l'on retrouve parfois dans les incantations accadiennes, dans une incantation de Qumrân (4Q560) ainsi que sur les bols magiques de l'antiquité tardive, visent plutôt à satisfaire un souci d'exhaustivité en garantie de l'efficacité du rituel, à savoir faire en sorte qu'aucun démon n'échappe au pouvoir de l'incantation[77].

La continuité entre les représentations mésopotamiennes et levantines s'explique, entre autres, par le fait que les incantations accadiennes constituent un point de référence pour les compositions levantines. En revanche, les aspects spécifiques et plus concrets de la classification mésopotamienne ne peuvent pas être transférés automatiquement au contexte du Levant. Cet écart est dû aux nombreux facteurs qui différencient ces deux contextes, dont on peut rappeler ici quelques éléments essentiels. Une première différence concerne la quantité massive des noms des démons (et des groupes de démons) attestés en Mésopotamie, chacun avec des fonctions et des caractères différents. À côté des grands démons tels que Lamaštu et Pazuzu qui ont une iconographie bien

74 Voir, par exemple, *Utukku Lemnutu* 12, 13–32.

75 C'est notamment le cas du démon *alû* (*Utukku Lemnutu* 8, 1–23). Cela vaut surtout pour les démons de type *udug/utukku* : voir, en ce sens, les remarques de Geller 2011 ; Wiggermann 2011, p. 308–309 ; Verderame 2013 ; id. 2017, p. 73–75 ; mais également déjà Reiner 1987.

76 Sur Lamaštu et sur les démons féminins qui attaquent les nouveaux-nés et qui sont associés aux périls de l'enfance, voir *infra*, p. 100–102. Cette typologie de démon est également bien développée en Grèce (voir § 2.1). Pour le motif du mariage entre démone et homme, voir *infra*, p. 294–296.

77 Sur le genre des démons dans le judaïsme antique voir Goff 2016.

établie, nous trouvons des démons moins déterminés de type *utukku*, *rabiṣu*, *gallu*, *alu*, et d'autres encore ; les types *šedu* ou *lamassu* qui peuvent être protecteurs ou menaçants ; les groupes de démons tels que les *Sibitti* : ils forment un ensemble complexe mais jamais vraiment systématisé, qui ne connaît pas d'équivalent au Levant. Il faut, en outre, considérer la présence, dans la littérature mésopotamienne, d'autres figures, telles que les sages mythologiques, les esprits des morts, les gardiens : il s'agit de créatures qui, tout en partageant des caractéristiques de la sphère du démoniaque, ne peuvent pas être identifiées complètement aux démons et, par conséquent, demeurent difficiles à classer[78]. Finalement, l'aspect iconographique des démons en Mésopotamie (ainsi qu'en Égypte) a une importance et une complexité considérables : cet aspect justifie le rapprochement entre « monstres » et « démons » ainsi que l'importance de l'utilisation d'une catégorie comme celle d'« hybride » (*Mischwesen*) pour la discussion sur les démons mésopotamiens : cette discussion n'est, d'ailleurs, pas vraiment pertinente au Levant, où l'iconographie des démons est faiblement attestée et quasi entièrement empruntée de l'étranger. Cette catégorie semble encore moins pertinente pour la Bible hébraïque, où des hybrides apparaissent assez rarement, et la notion de « monstre » demeure problématique[79].

Par rapport à la Mésopotamie, donc, la caractérisation des démons dans l'Israël ancien présentera nécessairement des traits distincts et spécifiques. Avant de se pencher sur les spécificités de l'Israël ancien et, notamment, sur les données bibliques, il faut élargir encore un peu le contexte culturel de référence, en jetant un regard sur l'Égypte.

4 Démons et divinités mineures en Égypte

Comme je l'ai déjà mentionné dans les pages précédentes, plusieurs raisons expliquent l'intérêt de la prise en compte du contexte égyptien dans la discussion sur les démons bibliques : en premier lieu, le fait que, parmi les grands empires du Proche-Orient ancien, l'Égypte est celui où le domaine de la magie est le plus développé, et qu'il nous ait laissé une tradition rituelle et incantatoire remarquable. En outre, l'Égypte est étroitement associée à la magie, dans l'Antiquité déjà, en étant considérée par les anciens comme le « berceau » de

78 Voir, à ce sujet, le recensement de Wiggermann 2011.

79 Le seul véritable monstre de la Bible hébraïque étant le Léviathan, qui représente un cas de figure assez différent des hybrides semi-divins de la Mésopotamie. Les séraphins, les chérubins, ainsi que les bêtes du livre de Daniel (chapitre 7), tout en étant des êtres hybrides, n'ont aucune véritable connotation démoniaque : à ce sujet, on peut voir Hartenstein 2007.

toute pratique magique. De plus, nous avons déjà remarqué comment plusieurs éléments de la représentation égyptienne des démons interviennent dans la documentation levantine et plus spécifiquement israélite[80].

Une raison supplémentaire, d'ordre méthodologique, justifie également mon intérêt pour les démons en Égypte. Tout comme dans le domaine de la Bible hébraïque, l'emploi de la catégorie non-indigène de démon fait l'objet d'un débat parmi les égyptologues, bien que les raisons de ce débat diffèrent de celles des biblistes. En Égypte, il existe, en effet, toute une série de notions indigènes qui peuvent contraster celle de démon, mais dont l'équivalent exact ne semble pas attesté. Le mot, *3ḫ* (*Ach*), souvent traduit par « esprit », dont l'équivalent copte correspond au grec δαίμων, s'applique plutôt aux défunts divinisés qui font l'objet d'un rituel[81]. Le terme *wpwtyw*, « messagers », se réfère à des êtres divins qui sont dépendants d'autres divinités et qui peuvent avoir un rôle positif ou négatif selon les différents contextes. Ce terme indique donc plus précisément une fonction, et comme tel, peut être appliqué également aux êtres humains, tout comme l'hébreu *mal'āk* ou le grec ἄγγελος, ou à n'importe quelle divinité qui exerce la fonction de messager de manière temporaire[82].

Un groupe caractérisé souvent de manière négative est celui des *ḫ3tjw*, « démons à couteau ». Il s'agit de créatures sorties de l'œil de Ra et qui sont au service de Sekhmet, déesse guerrière à tête de lion. Ils se déplacent en bandes, souvent au nombre de sept et sont considérés comme étant responsables des maladies et des malheurs. Ils s'avèrent particulièrement dangereux à certains moments de l'année, comme on l'apprend dans les textes cosmologiques et les calendriers qui en font mention[83]. Dans d'autres contextes, ils peuvent, toutefois, avoir une fonction protectrice du corps du roi[84]. La position des *ḫ3tjw* vis-à-vis des *wpwtyw* n'est pas complètement claire, car parfois les deux sont nommés ensemble et, d'après certains chercheurs, le premier pourrait être un sous-groupe du deuxième[85]. Un troisième groupe, souvent associé aux deux premiers, est représenté par les *šm3yw* ou « vagabonds », puissances de malheur qui peuvent accompagner les *ḫ3tjw* en tant qu'exécutants de Sekhmet et

80 Voir *supra*, p. 32–33.

81 Voir Leitz 2002, vol. 1, p. 35 *sqq.* ; Quack 2015, p. 105–106.

82 Leitz 2002, vol. 2, p. 364–365 ; Schipper 2007, p. 10–12.

83 Voir les calendriers édités par Leitz 1994, p. 239–255 (notamment *II prt* 13 et 18) ; Schipper 2007, p. 6–9. Ils sont également nommés dans les textes des Pyramides, dans les papyri magiques du Nouveau Règne ainsi que dans le Livre des morts : pour ces sources, voir Lucarelli 2006, p. 204 ; id. 2017, p. 57–58. Une liste exhaustive de sources est donnée par Leitz 2002, vol. 5, p. 635–638.

84 Notamment à Edfou, E III, 32, 5.

85 Schipper 2007, p. 8, pour des indications bibliographiques supplémentaires.

dont l'influence peut être détournée par des amulettes protectrices, comme le montrent les textes désignés comme « décrets oraculaires » à fonction prophylactique[86]. À l'époque gréco-romaine, ces entités divines sont placées sous l'autorité du dieu Tutu, par exemple sur les parois du temple d'Esna, ainsi que sur d'autres bas-reliefs où ils sont représentés en groupe de sept[87]. La définition des démons en Égypte est, d'ailleurs, compliquée par la présence des soi-disant « gardiens » décrits dans les livres des morts et peints, couteau à la main, sur les parois des tombes. Ils protègent les accès au monde des morts et sont, donc, étroitement liés à l'espace de la porte que le défunt doit traverser, en démontrant qu'il connaît leurs noms. Ils ont des noms que l'on qualifierait volontiers de démoniaques, car ils font référence à leur aspect effrayant ou à leur potentiel dangereux (« le brûlant », « le violent », « celui qui a une tête répugnante/une voix violente », « le meurtrier », « celui qui mange ses excréments », etc.)[88]. Certains parmi ces noms se retrouvent d'ailleurs dans des incantations prononcées pour expulser les maladies : c'est notamment le cas des formules contre Sehaqeq, puissance divine associée à la maladie qui est également appelée « celui qui mange ses excréments » dans une incantation contre la migraine[89]. La tendance à une démonisation de la maladie est évidente dans les papyri médico-magiques, où souvent les formules aptes à chasser les maladies s'adressent à des puissances anonymes qui semblent être à l'origine des symptômes : dans ce contexte, les *ḫ3tjw*, les *wpwtyw* et les *šm3yw* reviennent assez fréquemment[90].

En dépit de l'abondance des sources littéraires et iconographiques, celles-ci ne nous ont pas laissé de description explicite des relations entre ces différentes catégories. Il n'existe pas non plus de signe hiéroglyphique pour qualifier des divinités subordonnées dans une rubrique séparée de celle de « dieu ». S'il est vrai que certaines listes divines font distinction entre « grands » dieux et dieux « mineurs »[91], il s'agit là encore d'un usage lié à un contexte spécifique. À cet égard, il faut donc garder à l'esprit que, dans les sources égyptiennes,

86 I.E. Edwards 1960 : L. 1 (BM 10083), r. 48–49, 68–69 ; L. 2 (BM 10251), r. 62–63 ; N.Y. (Metropolitan Museum 10.53), r. 28–34 ; T. 2 (Turin Museum 1984), r. 44.

87 Répertoire et commentaire des sources en Kaper 2003, p. 60–63.

88 Voir Lucarelli 2010 c, et notamment la comparaison des noms dans le Papyrus de Turin, les inscriptions de la chapelle osirienne et un papyrus ptolémaïque, ibid., p. 93.

89 Le texte est préservé sur un papyrus médical et sur deux ostraca, qui nous ont également transmis son iconographie (pBM 10731, vso 1 = oLeipzig 42, rto 1 = oGardiner 300, rto 1). Sources en Leitz 2002, vol. 7, p. 444–445 et Lucarelli 2010 b.

90 Bibliographie supplémentaire en Lucarelli 2010 b, surtout p. 64–65.

91 Les « dieux mineurs » sont nommés dans une liste de noms divins sur la stèle de Ramses IV à Abydos, voir Leitz 2004, p. 393 ; Quack 2015, p. 102–103.

une opposition systématique entre les dieux et les démons n'est pas attestée[92]. Cependant, les entités divines ici décrites présentent, à bien des égards, des traits que l'on qualifie volontiers de démoniaque. Tout en renonçant à l'idée d'établir une différence ontologique entre les deux catégories, il est, néanmoins, possible de repérer une série de tendances partagées qui semblent orienter vers une caractérisation souple et surtout fonctionnelle des démons en Égypte. En suivant Dimitri Meeks[93], on peut observer que la première caractéristique qui réunit ces créatures est leur manque d'indépendance : pour la plupart, ils sont soumis aux ordres des grands dieux dont ils sont souvent des émissaires. Deuxièmement, ils ont des tâches assez spécifiques, qui sont ou bienfaisantes ou malfaisantes, ce qui correspond à une sphère limitée d'action, synthétisée par Meeks comme action « protective-agressive » (à savoir qu'ils sont agressifs lorsqu'ils doivent protéger quelque chose ou quelqu'un). La spécificité de leurs tâches explique probablement que les rituels qui leur sont adressés ne requièrent pas forcément de temple, même si, à l'occasion, ils peuvent recevoir des formes de culte.

Du point de vue biblique, l'intérêt de la discussion sur les démons égyptiens est encore une fois d'ordre méthodologique et épistémologique. Cette discussion souligne en effet un certain nombre de problèmes de catégorisation concernant les démons, qui sont partagés par d'autres sociétés de la Méditerranée antique. En général, on remarque que, lorsque des traditions savantes qui élaborent et transmettent un savoir sur les démons ne sont pas attestées, l'on fait toujours face à un problème de définition, tandis que, là où ces traditions sont plus développées (comme en Mésopotamie mais également, par exemple, dans le judaïsme de l'Antiquité tardive), les problèmes définitionnels ont un poids mineur, car l'on dispose d'une quantité majeure d'indications et de descriptions internes aux sources elles-mêmes. Quant à la relation avec l'Israël ancien, et plus spécifiquement aux textes bibliques, la comparaison avec le contexte égyptien nous permet néanmoins de soulever des points importants. D'un côté, elle confirme de manière générale la nécessité de sortir définitivement du schéma qui oppose des démons intrinsèquement mauvais à des esprits, ou génies ou anges protecteurs – schéma qui n'est, d'ailleurs, pas du tout pertinent pour l'Égypte ancienne, vu que la plupart des démons (ou

92 Au point que d'après Dieter Kurth (2003, p. 54) on ne peut pas à proprement parler d'une démonologie en Égypte. En revanche, Panagiotis Kousolis 2011 (p. xiv), tout en considérant le mot « démon » comme inapproprié au contexte égyptien, accepte néanmoins de faire appel aux catégories de « démonique » et de « démonologie », en les considérant appropriées pour exprimer des concepts qui demanderaient, autrement, des longues périphrases. Une telle position témoigne, me semble-t-il, de la circularité du débat.

93 Meeks 1971, 44–49 ; id. 2001.

divinités mineures) n'ont aucune connotation éthique permanente. De l'autre côté, comme c'était déjà le cas pour la Mésopotamie, la relation entre dieux et démons à l'intérieur du panthéon égyptien est caractérisée par des configurations spécifiques, qui ne sont pas toujours en accord avec le contexte levantin. Le fait que les listes divines opèrent la différence entre divinités majeures et mineures n'a pas de véritable correspondant dans les listes divines du Levant, comme, par exemple, les listes des dieux à Ougarit qui semblent être organisées différemment, car elles ne distinguent pas les divinités en différentes classes[94]. En outre, le contexte funéraire où les démons-gardiens apparaissent est unique à l'Égypte ou, tout du moins, aucune autre société du Proche-Orient ancien n'a développé une culture « mortuaire » comparable à celle égyptienne. Il reste, néanmoins, des points de continuité importants, notamment en ce qui concerne la subordination des démons à l'égard des dieux, leur domaine d'action limité ainsi que leur association aux maladies, qui sont des caractéristiques essentielles de la représentation du démoniaque tant en Égypte qu'au Levant.

La complexité de l'histoire des démons égyptiens dérive, en outre, du fait qu'elle s'étend sur une longue durée et connaît évidemment toute une série de transformations et changements : à cet égard, un contexte historique et géographique précis revêt un intérêt particulier pour notre enquête. Il s'agit de l'Égypte ptolémaïque et hellénistique, qui représente le contexte religieux et culturel principal où la Septante se situe. Plusieurs études présentent l'époque hellénistique comme une période de transformation de la représentation des démons en Égypte, en soulignant l'apparition de deux tendances : d'un côté, un processus graduel de « divinisation » des démons qui font alors l'objet d'un culte et non plus seulement de rituels d'enchantement ou d'exécration, ce qui finit par annuler ou, du moins, réduire une des différences principales entre dieux et démons ; de l'autre côté, une progressive démonisation de certaines divinités, dont notamment le dieu Seth[95]. Il sera, donc, particulièrement intéressant de comparer ces nouveaux aspects de la représentation des démons dans l'Égypte hellénistique avec des phénomènes qui sont attestés dans la Bible hébraïque et dans la LXX. Dans la première, nous remarquons notamment une tendance à la « réduction » de certaines divinités d'origine étrangère à des puissances démoniaques, comme dans le cas de Resheph ; dans la

94 On peut comparer par exemple la liste bilingue des dieux à Ougarit préservée en *KTU* 1.47, 1.118 (= RS 1.017, 24.268).

95 La caractérisation négative de Seth précède l'époque hellénistique et a déjà lieu pendant le premier millénaire, après la troisième période intermédiaire, mais ce n'est qu'à partir de l'époque ptolémaïque que ce dieu devient une « cible » des rituels d'exécration : voir Lucarelli 2011, p. 116–119, 122–124 ; Quack 2015, p. 114–115.

deuxième la polémique contre les dieux des autres peuples est accentuée car ils sont souvent comparés à des démons[96].

Il est, en outre, fort probable de pouvoir reconnaître déjà dans certains textes tardifs de la Bible hébraïque, et ensuite surtout dans la LXX, une polémique contre des cultes répandus dans le contexte alexandrin qui sont associés à des démons, dont notamment le culte du « bon démon » ou *agathodaimon*[97]. L'arrière-plan alexandrin, qui sous-tend plusieurs représentations d'êtres démoniaques qui se trouvent dans la LXX et, notamment, dans le livre d'Isaïe[98], représente toutefois un cas de figure assez complexe. Le scénario religieux et culturel de l'Alexandrie ptolémaïque constitue, à bien des égards, un *unicum* dans le contexte égyptien car il garde des relations plus étroites avec la culture hellénistique, et, plus largement grecque, qu'avec les traditions proprement égyptiennes. Pour le comprendre pleinement, une confrontation avec la représentation des démons dans la culture matérielle gréco-hellénistique et, notamment, à l'intérieur de la production littéraire en langue grecque sera donc indispensable.

5 Retour à l'Israël ancien : vers une définition du démoniaque

Le survol des caractéristiques attribuées aux démons au Levant, en Mésopotamie et en Égypte met en lumière une articulation complexe entre une série de traits communs, ou du moins récurrents, dans la représentation des démons, ainsi qu'une série de spécificités locales et de traits culturellement différenciés. En outre, la présence d'une discussion – souvent animée – sur les questions définitionnelles renvoie au problème plus large de la relation entre le langage indigène et le langage re-descriptif, et de l'écart inévitable entre ces deux dimensions. La comparaison avec le contexte levantin et plus largement proche-oriental permet d'ailleurs de déceler des éléments méthodologiquement utiles lorsque l'on revient plus spécifiquement sur l'Israël ancien pour analyser le fonctionnement de la catégorie de démon dans la Bible hébraïque, ainsi que dans la LXX.

Le premier élément concerne la nature relationnelle de la catégorie de démon. Malgré leurs différences spécifiques, les problèmes soulevés par les différents dossiers me paraissent tous d'un même ordre, qu'on peut qualifier de

96 Voir respectivement les chapitres 4 et 6.

97 Is 65,11 : voir, à ce sujet, les remarques de Seeligmann 1948, p. 264–265, plus récemment Schaper 2010, p. 140–150.

98 Voir § 6.2.

« relationnel », à savoir qu'ils semblent liés à la nécessité de préciser les traits culturels attribués aux puissances démoniaques en relation aux autres puissances qui composent l'univers culturel et religieux des anciens. Il s'agit, d'un côté, d'examiner leur relation avec les dieux, et par conséquent d'expliquer la différence entre dieux et démons, et d'un autre côté, de rendre compte des différences entre les démons et toute une série de créatures desquelles ils sont souvent rapprochés, notamment les monstres et les hybrides.

Deuxièmement, l'ensemble des témoignages proche-orientaux impose désormais la sortie d'une dichotomie éthique comme point de départ définitionnel. S'il est vrai que les démons sont représentés plus souvent en intervenant *contre* les hommes plutôt qu'en leur faveur, il faut néanmoins garder à l'esprit que cette caractéristique n'est pas toujours systématique. On en a plein d'exemples du côté de la Mésopotamie : les créatures du type *šedu* et *lama* sont plus souvent protectrices que malfaisantes[99] ; il faut également reconnaître une fonction prophylactique aux hybrides à tête de lion de type *ugallu*[100], à Pazuzu, et à d'autres encore[101]. En Égypte, ni les messagers, ni les dieux gardiens des temples ptolémaïques ou des livres des morts ne sont intrinsèquement mauvais ou opposés aux hommes. On connaît également des cas bibliques : le *mašḥît*, à savoir le « destructeur » qui tue les premiers-nés des Égyptiens dans le livre de l'Exode[102], agit, certes, contre les Égyptiens, mais en faveur des Israélites ; aucune action malfaisante ni pernicieuse n'est attribuée à Azazel, qui représente à certains égards la quintessence du démoniaque tel qu'il est conçu dans la Bible hébraïque. Le fait que la majorité des démons restent caractérisés par une attitude négative à l'égard des hommes est à comprendre, comme on le verra tout de suite, plutôt comme une conséquence que comme un aspect foncier de leur nature.

Finalement, l'élargissement comparatif a mis en évidence la difficulté d'élaborer une définition générale ou univoque du démoniaque ainsi que les problèmes soulevés par les définitions qui postulent des différences de nature ontologique entre dieux et démons. La catégorie de *Zwischenwesen*, par exemple, n'est pas entièrement satisfaisante, car elle inclut traditionnellement un nombre divers de créatures qui ont, à strictement parler, peu à voir avec les démons, telles que les héros, mais aussi les êtres humains doués d'un statut particulier : les prophètes, les chamans, et même les prêtres[103]. En outre,

99 Pour le *šedu*, voir les exemples cités en CAD 17/2, s.v. *šedu* ; sur *lama*, voir récemment Konstantopoulos 2017.

100 Sur les *ugallu*, voir Wiggermann 2007 a.

101 Voir Wiggermann 1992.

102 Ex 12,13 et 23.

103 Lang 2001, p. 414–416.

comprendre les démons comme des êtres qui sont « entre » les hommes et les dieux n'est pas tout à fait correct. L'origine divine des démons est souvent mise en avant par les sources mésopotamiennes et égyptiennes et nous verrons que même dans la Bible hébraïque certains démons font partie de la cour céleste. Pour ces raisons, cette catégorisation n'arrive pas à saisir les spécificités du démoniaque. De la même manière, la notion de *Mischwesen* est également très large et met en avant l'aspect iconographique : de ce fait, elle peut être pertinente pour le dossier mésopotamien ou égyptien, mais ne l'est pas nécessairement pour le Levant. À cet égard, il faut considérer que démons et hybrides sont des catégories contiguës, mais non parfaitement superposées : alors que l'hybridisme peut, parfois, être une caractéristique propre aux démons, cela ne suffit pas à les définir. La proposition de Ahn, qui parle de *religiöse Grenzgänger*, demeure excessivement labile et artificielle, et décrit une des fonctions possibles attribuée aux démons plutôt que leur véritable nature[104]. Au vu des difficultés posées par la recherche d'une définition inclusive et universellement valable, il me semble plus fructueux et moins contraignant de décrire la catégorie de démon dans le Proche-Orient ancien en m'inspirant du principe wittgensteinien de l'« air de famille »[105]. La notion du démoniaque est ainsi composée d'un réseau de traits et de fonctions qui, tout en circonscrivant les limites de cette notion, peuvent s'articuler différemment selon les contextes culturels et religieux spécifiques.

Une caractéristique essentielle attribuée aux démons est l'impossibilité, pour les humains, d'une forme quelconque de négociation avec eux. Ce manque de négociation entraîne par conséquent l'absence, en règle générale, d'activités cultuelles qui leur soient spécifiquement dédiées, telles que les sacrifices ou les prières, propres à l'échange entre hommes et dieux[106]. Les rituels associés aux démons visent, dans la plupart des cas, à obtenir un détournement, à savoir qu'il s'agit d'exorcismes, d'incantations, ou de rituels apotropaïques. La deuxième caractéristique intrinsèque au démoniaque est la sphère réduite d'activité à laquelle les démons sont associés, lorsqu'on la compare avec celle des dieux. Si les grands dieux sont caractérisés par une nature complexe, qui

---

104 Des problèmes similaires sont posés par l'expression de Bernd Janowski (1993), et reprise par Frey-Anthes (2007, p. 159–241), qui définit les démons bibliques comme *Rapräsentanten der gegenmenschlichen Welt*, donc « représentants d'un contre – ou anti – monde », ce qui s'applique certainement à quelques contextes bibliques, mais ne suffit, cependant, pas à définir de manière exhaustive les démons en tant que catégorie religieuse et culturelle.

105 Pour l'usage de ce concept en sciences sociales voir Bosa 2015.

106 Le sacrifice étant la forme principale de la négociation entre hommes et dieux : voir à ce sujet l'étude toujours fondamentale de Hubert et Mauss 1899.

présente plusieurs facettes correspondant à des domaines d'action multiples et variables, les démons ont, pour la plupart, un domaine d'action assez circonscrit et limité. Cette différence explique également le fait que les démons sont souvent des puissances moins caractérisées par rapport aux dieux et mal différenciées entre elles. Par contre, leur sphère d'activité s'exerce principalement vers le monde des humains ou, du moins, se trouve, d'une manière ou d'une autre, en relation avec ces derniers.

Le domaine d'action limité associé aux démons explique également la nature de leur subordination et fait en sorte que les démons sont souvent représentés comme des exécutants des divinités, même si les relations entre dieux et démons montrent une certaine ambivalence[107]. À cet égard, on peut distinguer deux typologies. Certains démons sont strictement dépendants des divinités en tant que leurs agents ou émissaires. Dans ce cas, une certaine contiguïté entre les démons et les prétendus « dieux mineurs » est digne d'être relevée, les deux catégories comprenant des puissances divines subordonnées aux grands dieux. Une telle contiguïté est notamment démontrée par la présence de figures difficiles à classer sous une étiquette ou sous l'autre. En revanche, d'autres démons manifestent un degré élevé d'indépendance : dans ce cas, ils peuvent être représentés comme des êtres « hors système », qui sont conjurés par les dieux. En ce contexte, le monde des dieux et celui des démons ont tendance à être décrits comme étant en opposition mutuelle et exclusive.

Un trait supplémentaire qui semble également être propre aux démons antiques, et qui est peut-être encore à mettre en relation avec leur nature moins complexe, est l'absence d'une mythologie développée. Mises à part quelques exceptions, leurs origines ne font pas l'objet de récits mythologiques spécifiques, et ils ne jouent pas de rôles significatifs dans les mythes cosmogoniques du Proche-Orient ancien. Cet aspect les différencie, par exemple, des monstres, qui sont très présents dans les mythes proche-orientaux.

Impossibilité de négociation ; contiguïté avec les divinités mineures et relation ambivalente avec les dieux ; absence des cosmogonies : l'ensemble de ces traits nous dirige vers une compréhension des démons moins comme des puissances intermédiaires que comme des entités marginales qui se trouvent à la frontière tant du monde divin qu'humain.

Dès lors, si une connotation éthique permanente n'est pas propre à la nature des puissances démoniaques, elles s'inscrivent néanmoins souvent à l'intérieur d'une dichotomie cosmologique qui relève de l'opposition entre ordre et chaos. Dans le cadre de cette opposition, les puissances démoniaques se situent globalement plutôt du côté du chaos que de celui de l'ordre. Cela explique le fait

107 Voir, à ce sujet, Hundley 2013, p. 94–95.

que l'ensemble des dieux célestes puisse être appelé pour conjurer les démons ou que d'autres divinités ou puissances, qui participent de quelque manière que ce soit à cette dimension chaotique, puissent intervenir à leur tour contre eux : c'est notamment le cas du dieu Ḥoron à Ougarit, mais également du démon apotropaïque Pazuzu en Mésopotamie. Cette caractéristique n'exclut pourtant pas que les forces démoniaques puissent être, à l'occasion, maitrisées et dirigées par les divinités, en fonction d'une maintenance ou d'un rétablissement de l'ordre cosmique.

Une telle description de la catégorie du démoniaque présente plusieurs avantages par rapport à l'analyse des textes bibliques. Premièrement, elle dépasse, en quelque sorte, la dichotomie entre démons et anges. Ces derniers ne doivent pas forcement être perçus comme un groupe distinct et opposé aux démons : le terme *mal'āk* décrit en effet une fonction à l'intérieur de la cour céleste, notamment la fonction de messager qui peut, en l'occurrence, être également exercée par des entités démoniaques. Dans la Bible hébraïque c'est le cas, comme on le verra plus en détail par la suite, pour les anges de la peste et pour d'autres agents de la colère divine.

En outre, une approche fonctionnelle à la notion de démon permet de justifier l'attribution des aspects démoniaques aux prétendus « grands » dieux, dans des contextes spécifiques. À cet égard, les théologiens du XIXe siècle avaient raison de constater que certaines qualités démoniaques étaient propres à Yhwh : ces qualités ne sont pas, pour autant, à mettre en relation avec le développement du monothéisme, mais avec le potentiel fonctionnel de la nature du démoniaque.

Enfin, il est nécessaire de préciser que, en inscrivant les données levantines dans leur arrière-plan proche-oriental, le but n'est pas celui d'accroître à tout prix le nombre de créatures qui peuvent être incluses dans la catégorie de démon : il faut se garder du risque de revenir à des modèles diffusionnistes qui étaient typiques du XIXe siècle. De ce point de vue, il convient donc d'admettre que la quantité de témoignages concernant la représentation des démons dans l'Israël ancien ainsi que dans le reste du Levant, demeure assez réduite et que cette donnée reste à expliquer par des raisons qui ne se limitent pas à la contingence de l'état de la documentation retrouvée jusqu'à présent. Je voudrais donc conclure par quelques brèves hypothèses d'ordre général à ce sujet. Tout d'abord, le manque de données sur les démons au Levant est lié au problème plus général de la pauvreté des témoignages concernant les aspects prétendument « domestiques » de la religion, considérant que la plupart des données à notre disposition proviennent des chroniques officielles et véhicule une vision d'élite des phénomènes religieux. En deuxième lieu, il paraît évident que la démonologie dans les sociétés du Levant était une discipline *de facto* moins développée. Cela est à expliquer, entre autres, par le fait que les systèmes administratifs et sacerdotaux des petits royaumes du Levant étaient beaucoup plus simples, plus pauvres et moins articulés par rapport à ceux des grands empires comme l'Égypte et la Mésopotamie[108]. Une classe de spécialistes qui auraient été en charge de la discipline démonologique et qui se seraient occupés de transmettre ce savoir n'est pas vraiment attestée pour le Levant comme c'est le cas en Mésopotamie : de ce point de vue, Frey-Anthes remarque pertinemment que la démonologie mésopotamienne et celle du Levant ne sont pas comparables.

Enfin, il faut considérer la nature du corpus qui nous est resté et le genre littéraire dans lesquels les textes incantatoires s'inscrivent. Dans le cas de la Bible hébraïque, ce genre n'est sans doute pas au centre des intérêts des groupes responsables de la rédaction des écrits bibliques, qui ont des objectifs de nature historique et politique. Les textes de type « magique » ne peuvent, par conséquent, qu'occuper une place limitée à l'intérieur, par exemple, du Pentateuque ou des livres prophétiques. Cela n'empêche toutefois pas que, dans des collections à caractère nettement religieux comme les Psaumes ou dans des passages plus narratifs à l'intérieur des livres historiques, une série de qualités incantatoires et de vertus exorcistiques apparaissent *in nuce* et soient attribuées à Yhwh ou aux rois légendaires d'Israël, comme David et Salomon. Il s'agit d'aspects qui seront amplement développés dans les traditions successives, notamment dans le judaïsme ancien et qui commencent, déjà, à connaître une première amplification dans la LXX. L'exploration de la LXX nous permettra également de tester les traits caractéristiques des démons que l'on repère dans la Bible hébraïque à partir des données proche-orientales. D'ailleurs, puisque l'on comprend la Septante comme un produit interculturel[109], après nous être interrogés sur la catégorie de démon au Proche-Orient ancien, il est temps maintenant de soulever la question de savoir ce qu'est un démon dans les traditions grecques, et notamment hellénistiques.

108 En ce sens, ce n'est pas un hasard si la plupart des noms des spécialistes de la magie et de la divination mentionnés en Deut 18,9–14 sont d'origine accadienne : voir à ce sujet Cryer 1994, p. 256–262 ; Jeffers 1996, p. 30–99.

109 *Introduction*, p. 1–2.

CHAPITRE 2

Le contexte grec : démons, δαίμονες et δαιμόνια dans les traditions grecques et hellénistiques

Dans une communication datant de la fin des années 80, et afin de mieux saisir la complexité religieuse de cette notion, Vinciane Pirenne soulignait la nécessité d'approcher l'étude du δαίμων grec en analysant ce terme dans chacun des contextes d'usage dans le cadre de l'histoire de la langue et de la littérature grecque[1]. Les études récentes semblent encore poursuivre cette ligne de recherche car nombre d'ouvrages se penchent sur l'analyse du terme dans des contextes littéraires spécifiques, à savoir : la poésie archaïque, la philosophie platonicienne et post-platonicienne, les papyri magiques, etc.[2] Le but de ce chapitre n'est donc pas de retracer une histoire de la notion du δαίμων dans la pensée grecque, sur laquelle il existe désormais une littérature spécifique, ni d'offrir un répertoire complet des démons de la Grèce ancienne (bien que celui-ci reste un sujet qui mériterait peut-être une nouvelle vue d'ensemble). J'essayerai plutôt de fournir le cadre culturel et religieux dans lequel situer et comprendre l'apport de la LXX à la discussion sur les démons dans l'Antiquité classique et tardive. Ma réflexion portera notamment sur trois aspects. En premier lieu, j'essayerai de voir dans quelle mesure les traits qui caractérisent les démons au Levant apparaissent également dans la tradition grecque et quelles sont, en revanche, les configurations propres à la catégorie de démon en Grèce ancienne. Deuxièmement, j'explorerai les relations entre la catégorie de δαίμων et celle de démon, telles qu'elles se configurent à l'époque hellénistique. En conclusion, j'analyserai les traits spécifiques de la notion de δαιμόνιον, qui est le mot le plus fréquemment employé dans la LXX à l'époque hellénistique, ainsi que les rapports entre δαίμων et δαιμόνιον.

À cet égard, deux constats nous servirons de point de départ. D'un côté, il y a un manque de correspondance en grec classique entre δαίμων et démon. Comme cela a été mis en évidence depuis longtemps, le premier terme est souvent utilisé comme synonyme de θεός tout au long de l'histoire de la langue grecque. D'un autre côté, comparé à la stabilité de θεός, δαίμων et les mots qui lui sont apparentés ont une histoire sémantique beaucoup plus complexe et

1 Pirenne-Delforge 1989, p. 224.

2 Voir, par exemple, Sfameni Gasparro 1997, id. 2001, 2009, p. 87–118, 2015 ; Timotin 2012 ; Pachoumi 2013 ; Crossignani 2015 ; Greenbaum 2016 ; Pan 2016.

DOI:10.1163/9789004468474_004

variable. Non seulement ils connaissent une série d'évolutions et de changements selon les périodes et les genres littéraires[3], mais la polysémie du terme δαίμων opère à l'intérieur d'un même contexte littéraire, et ce, depuis le début de l'histoire du mot. Un exemple, parmi les nombreux d'une telle polysémie déjà à l'œuvre dans la lyrique archaïque, est représenté par le nouveau fragment de Sappho publié par Dirk Obbink[4]. Là, la poétesse, en attendant le retour de son frère qui a pris la mer, confie son voyage aux dieux (δαιμόνεσσι), selon une formule assez typique de la poésie lyrique : τὰ δ' ἄλλα πάντα δαιμόνεςςιν ἐπιτ̣ρ̣όπωμεν, « pour tout le reste, il faut nous en remettre aux dieux ». Quelques vers plus tard, δαίμων apparaît encore au singulier dans une expression de compréhension plus difficile, dont le sens est encore débattu : τῶν κε βόλληται βαςίλευς Ὀλύμπω δαίμον' ἐκ πόνων ἐπάρ{η}'ω'γον ἤδη περτρόπην. Le problème dérive du fait que la leçon du papyrus présente un oméga en correction suscrite sur l'êta. L'expression pourrait alors être comprise comme : « parmi ceux à qui le souverain de l'Olympe souhaite à présent une divinité comme adjuvante, pour les défendre contre des difficultés », ou « de ceux à qui le souverain de l'Olympe souhaite maintenant retourner le sort, des difficultés vers le mieux ». En tout cas, il paraît clair que le terme peut être compris dans un sens partiellement ou radicalement différent du précédent, soit comme « esprit protecteur », « puissance adjuvante », ou tout simplement comme « fortune », « sort »[5].

De la complexité de cette notion relève, à certains égards, un croisement entre la catégorie de δαίμων et celle de démon, qu'il vaut la peine d'explorer. Marcel Detienne comprenait ces changements dans le sens d'un alignement progressif entre les deux notions qui correspondrait au passage d'une pensée religieuse à une pensée philosophique : il parlait d'un signifiant à l'origine flottant qui ne correspondrait plus qu'à un seul signifié[6]. De ce point de vue, l'usage du mot δαιμόνιον chez les auteurs chrétiens représenterait l'évolution ultime de ce parcours. Il faudra toutefois considérer la possibilité de nuancer

3 Voir François 1957, p. 53, et p. 313 ; mais déjà Hild 1892, p. 9–19.

4 *P. Sapph. Obbink* 1–20, vers 10 et 13–14 (je reprends la transcription proposée par Obbink 2014, p. 37). Voir également Ferrari 2014 ; West 2014 ; Bierl et Lardinois 2016.

5 La leçon avec oméga est retenue par Obbink (2014, p. 44) qui lit : « δαίμον' ἐπάρωγον », à savoir « une puissance adjuvante » (pour des arguments supplémentaires voir id. 2015, p. 6, et également Lidov 2016, p. 82, note 42). Il comprend cette expression comme se référant à une divinité adjuvante envoyée par Zeus pour libérer les hommes des maux. Un δαίμων ἐπάρωγος est attesté en Eur., *Hec.* 164. Cette reconstruction, qui a le mérite de préserver le texte ancien, se heurte néanmoins à des difficultés syntaxiques. West (2014, p. 9), suivi par Ferrari (2014, p. 2–3), corrige le texte en δαίμον ἐκ πόνων ἔπ'άρηον, en comprenant δαίμων dans le sens de « fortune ». La traduction serait alors : « Ceux dont le seigneur de l'Olympe veut enfin tourner le sort vers le mieux ».

6 Detienne 1963, p. 170.

quelque peu cette affirmation, notamment au vu de la richesse portée par la notion de δαίμων tout au long de son histoire sémantique. La documentation à ce sujet est abondante et, comme je l'ai déjà dit plus haut, diversifiée. À côté des sources que l'on peut qualifier génériquement de littéraires, nous disposons de textes philosophiques, de témoignages épigraphiques et de papyri, dont un certain nombre de *defixiones* et papyri magiques. En essayant de reconstruire les représentations du δαίμων, notamment à l'époque hellénistique, il s'agira donc de distinguer les éléments ressortant de spéculations purement philosophiques – où cette notion joue un rôle de premier rang – du reste des croyances et pratiques qui ont pu avoir une diffusion plus large au niveau culturel et social. À cet égard, la possibilité de croiser différentes typologies de sources sera probante.

1 La représentation des démons en Grèce entre pratique et discours

Dans un passage de son discours adressé à Philippe de Macédoine, Isocrate exhorte le souverain à être clément et bienveillant à l'égard de ses sujets. Pour illustrer les avantages dérivés d'une telle conduite, il fait mention de deux catégories de divinités auxquelles le souverain est implicitement comparé : les unes, bienfaisantes pour les hommes, sont appelées « olympiennes » et sont destinataires de sacrifices, prières, autels et temples dans le culte privé et public ; les autres, responsables des disgrâces et des punitions, ont des appellations plus désagréables (δυσχερεστέρας τὰς ἐπωνυμίας) et sont éloignées de la communauté humaine par des expiations[7]. Cette différenciation interne au monde divin posée par l'auteur nous amène à nous interroger sur la nature de ces puissances « non-olympiennes », bien attestées dans la tradition grecque. Elles peuvent être qualifiées de « démoniaques », dans un sens assez proche de celui que nous avons esquissé pour le Levant, puisqu'il s'agit d'entités qu'il faut détourner par des rituels de type apotropaïque, des incantations ou d'autres moyens de défense. La tradition grecque nous a livré un certain nombre d'informations sur ces entités qui peuvent être distinguées en trois catégories.

Un premier groupe comprend des puissances malfaisantes qui demeurent mal définies et qui sont décrites avec très peu de détails. Celles-ci apparaissent surtout dans des textes de type exorcistique, sur des amulettes, ainsi que sur des textes incantatoires où elles sont conjurées ou invoquées, même si elles peuvent être mentionnées, à l'occasion, dans des textes littéraires[8]. Leur

---

7 Isoc. 5,117.

8 Pour une introduction au sujet, voir Kotansky 1991.

nom décrit souvent la fonction ou la manière dont elles agissent et, au moins d'après certains textes, elles peuvent être associées à des animaux ou prendre des formes animales. Dans ce groupe, on peut inclure certaines maladies qui semblent être comprises comme des puissances autonomes ou envoyées par les dieux, capables d'attaquer l'homme. Outre l'épilepsie, maladie divine par excellence, la fièvre est parfois représentée comme une puissance monstrueuse. Aristophane compare ses ennemis aux monstres vaincus par Héraclès et termine ce catalogue en mentionnant les fièvres (ἠπίαλοι) et les chaleurs brûlantes (πυρετοί) qui étouffent et étranglent et qui sont également éliminées par le héros[9]. Une tradition d'incantations et de recettes contre les maux de tête est attestée par Platon et confirmée par des traditions plus tardives préservées par les papyri désignés comme médico-magiques[10]. La croyance dans l'action dangereuse du mauvais œil, qui dans le monde grec est étroitement associée à l'envie, est reportée, entre autres, dans l'*Onomasticon* de Pollux, mais semble avoir été connue déjà au ve siècle avant notre ère[11].

Les études de Christopher Faraone et de Roy Kotansky se sont penchées sur des documents particulièrement significatifs en vue d'une comparaison avec les matériaux proche-orientaux. Le plus ancien texte est un passage bien connu de l'Hymne à Déméter (vers 227–230) où la déesse, en guise de nourrice, fait référence à ses compétences en magie prophylactique et protectrice contre les sortilèges et « celui qui coupe d'en bas » (ὑποτάμνον) et contre « celui qui coupe le bois » (ὑλοτόμοιο). Sur la base des parallèles avec des noms de démons préservés par des traditions plus tardives, mais également caractérisés par le suffixe -τομος, Faraone a proposé d'interpréter ces mots comme des noms de démons : cette interprétation fait pleinement sens dans le contexte de ces vers, dont le caractère incantatoire est reconnu depuis longtemps[12]. Une épigramme homérique transmise dans la *Vie d'Homère*, mais vraisemblablement produite dans l'Athènes du ve siècle, contient une malédiction où plusieurs démons sont invoqués pour ravager le four d'un potier, y semer le

---

9 Ar., *V*. 1038. Voir déjà Herter 1950, p. 56–57.

10 Pl., *Chrm.* 155–156 ; P. Amh. 2.11 + P. Berol. 7504 (*PGM* 20) : ici la migraine est comparée à des animaux sauvages.

11 Poll., 7, 108 : πρὸ δὲ τῶν καμίνων τοῖς χαλκεῦσιν ἔθος ἦν γελοῖά τινα καταρτᾶν ἢ ἐπιπλάττειν ἐπὶ φθόνου ἀποτροπῇ· ἐκαλεῖτο δὲ βασκάνια, ὡς καὶ Ἀριστοφάνης λέγει (« Les forgerons avaient la coutume de suspendre ou de coller devant les fours des amulettes, appelées *baskania*, pour détourner l'envie, comme le dit également Aristophane »). Comparer Ar., *fr.* 592 (ed. Edmonds, Leiden 1957) : πλὴν εἴ τις πρίαιτο δεόμενος βασκάνιον ἐπικάμινον ἀνδρὸς χαλκέως (« Sauf si quelqu'un doit acheter une amulette pour le four d'un forgeron »).

12 Voir Faraone 2001 b pour une discussion détaillée.

chaos et briser la poterie, dans le cas où celui-ci ne payerait pas le poète[13]. Les noms de ces démons « ravageurs du four » (καμίνῳ δηλητῆρας) sont pour la plupart des *hapax* et ne sont pas autrement connus par la tradition. Ces noms sont toutefois assez parlants, faisant référence aux différentes actions qui peuvent endommager le four, tels que Σύντριψ, « le fracasseur » ; Σμάραγος, celui qui brise (en référence au bruit produit par la poterie cassée) ; Ἄσβετος, l'insatiable ou l'inextinguible ; Σαβάκτης, « celui qui pétrit », etc. Le troisième document est constitué par l'inscription crétoise de Phalasarna, datant de l'époque hellénistique[14]. Elle conserve un mélange d'incantations et de malédictions, parmi lesquelles figure une formule d'exécration pour chasser une série de créatures nuisibles dont un certain Ἔπαφος (probablement encore un nom de démon), ainsi qu'une louve et un chien. Faraone a également mis en évidence les similarités entre ces incantations et le traitement des démons sur l'inscription d'Arslan Tash[15]. La manière de nommer les créatures démoniaques par leur fonction, la dite *flee formula* pour conjurer ces puissances, ainsi que l'aspect thériomorphe associé aux démons sont, comme on l'a vu, des éléments qui se retrouvent également dans les incantations levantines et mésopotamiennes.

Une deuxième typologie comprend des figures féminines de l'épouvante, tueuses de nouveaux-nés et terreurs de l'enfance. Lamia, Mormo, Gello, Gorgo, Empousa en sont les représentantes les plus connues, surtout grâce aux travaux de Sarah Iles Johnston[16]. Certaines de ces créatures ont un arrière-plan mythologique important, telle Lamia connue déjà depuis Stésichore[17]. Les

---

13 Hom., *Epigr.* 13, 7–14 = *Vit. Hom.* 32 (ed. Allen, Oxford, 1912). Pour le texte, voir Markwald 1986, p. 219–244. La malédiction pourrait être une interpolation plus tardive d'après Faraone 2001 a.

14 Guarducci, ICret II. 223–225, republiée par Jordan 1992. Pour une traduction récente, voir Faraone et Obbink 2013, p. 185. Les parallèles entre cette inscription et les tablettes du Getty retrouvées à Sélinonte attestent qu'il s'agit de traditions plus anciennes : voir à ce sujet Janko 2013.

15 Déjà Faraone 1992, p. 40–48. Voir également id. 2001 b, p. 89.

16 Johnston 1995, id. 1999, p. 161–200. Même si Johnston (1999) évite d'appliquer le mot « démon » à ces créatures, en raison de leur origine humaine et non divine, elle utilise néanmoins des concepts comme « demonic », « demonological », « demonology » pour lesquels elle estime plus difficile de trouver des correspondants adéquats (voir discussion ibid., p. 162–164). Parmi les études plus récentes, voir, entre autres, Patera 2005 ; Pisano 2013.

17 D'après Stésichore (fr. 43 Page, *PMG* et *Schol. in Apoll. R.* 295, 22, Lamia était la mère de Scylla ; la version la plus complète du mythe de Lamia est racontée par Diodore de Sicile (20, 41), mais le mythe a sans doute des origines plus anciennes. Il semble être connu par Euripide (fr. 922 Nauck) ; Aristophane (*V.* 1030–1035) ; Duris (FGrH 76 F 17). Son nom figure parmi les titres d'une pièce perdue du comédien Cratès d'Athènes.

autres créatures ont plutôt tendance à être considérées comme des sous-types de la première. Il s'agit de figures de la féminité inversée et inaccomplie. Le mythe les présente comme humaines à l'origine, à savoir des filles mortes sans s'être mariées, sans avoir accouché, ou des mères dont les enfants n'ont pas survécu car elles étaient incapables de s'en s'occuper. Le fait qu'elles soient décédées avant d'être devenues mères, c'est-à-dire, dans la perspective grecque, avant que leur temps ne soit achevé, leur confère un statut particulier : elles sont considérées par la tradition comme étant des ἄωροι, littéralement « morts prématurés »[18]. De cet échec maternel et conjugal dérive un état d'envie permanente envers les jeunes enfants et les nouveaux nés qui se manifeste par l'attaque continuelle de ces derniers : il est donc nécessaire de les détourner par des moyens magiques divers. Une sexualité débridée, la capacité de changer de forme et la forte présence d'éléments thériomorphes (de cheval, de loup, d'âne et d'oiseau de proie, essentiellement) sont des traits caractéristiques de leur physionomie culturelle[19]. Ces créatures présentent, certes, quelques affinités avec les démons proche-orientaux de type Lamaštu ; toutefois, comme l'a bien montré Johnston, les configurations propres aux modèles culturels typiquement grecs semblent prédominer. L'insistance sur l'échec reproductif sur lequel ces figures sont construites, ainsi que leur présence dans les « contes d'enfance » n'ont pas de véritable équivalent en Mésopotamie[20]. Dans les sources plus tardives, elles connaissent également des appellations au pluriel : on parle alors des λάμιαι, des μορμόνες, et des γελλοῦδες , ce qui relève de la tendance à les catégoriser comme faisant partie d'un seul groupe. Hésychius les appelle πλανήτας δαίμονας, « démons errants »[21], mais il s'agit à peu près du seul cas où elles sont qualifiées de cette manière.

Une dernière catégorie d'êtres au fort potentiel démoniaque est constituée par les figures de « revenants », morts non apaisés et agents de vengeance, qui ont en grec plusieurs appellations. Le vocabulaire qui désigne ces entités est assez varié (elles sont appelées ἀλάστορες, « vengeurs » ; προστρόπαιοι, « qui réclament vengeance » ; ἀλιτήριοι, « funestes » ou παλαμναῖοι, « meurtriers », au genre et nombre indéterminés) et a une sémantique complexe[22]. Selon une logique qui paraît à première vue assez surprenante, les mêmes termes peuvent indiquer autant un criminel, ou le responsable d'un acte impie, que sa victime, ou encore des divinités ou des esprits qui en requièrent vengeance. Comme le

18 Zen. 3, 3, en expliquant un passage de Sappho à propos de Gello (fr. 43 Page, *PMG*).
19 Voir, par exemple, la description d'Empousa par Aristophane (*R.* 292–293).
20 Avec l'exception partielle de Lilith, voir p. 100–103.
21 Hsch., s.v. *mormonas* (M1669).
22 Parmi les études principales, voir Hatch 1908 ; Gernet 1917, p. 316–320 ; Johnston 1999, p. 127–160 ; Fabiano 2011, p. 279–281.

souligne Robert Parker, cette configuration sémantique particulière s'explique par le rôle de la contamination engendrée par le crime, qui entraîne une série de relations anormales ou altérées entre le meurtrier et la victime et appelle également des puissances surnaturelles[23]. Quand ces termes servent à désigner des agents surnaturels, il s'agit d'apparitions épouvantables et de puissances dangereuses, étroitement liées au mort, sans pour autant le représenter personnellement. Ces apparitions correspondent seulement de manière partielle à notre idée de « fantômes » : les tétralogies d'Antiphon nous en fournissent en ce sens une description détaillée[24]. Ce groupe présente des contiguïtés avec les ἄωροι, dans la mesure où les ἄωροι font souvent l'objet d'une mort violente et où, dans les deux cas, il s'agit, à bien des égards, de morts prématurées. Ces puissances vengeresses interviennent fréquemment dans les morts tragiques, et dans ce contexte, les Érinyes peuvent être considérées comme les représentantes mythiques de cette classe car elles sont « les agents vengeurs du mort par excellence »[25]. Elles s'attachent à des individus ou à leurs familles et les poursuivent sur plusieurs générations car elles transmettent le *miasma* du meurtre. Alors que les ἀλάστορες peuvent parfois être qualifiés par l'épithète δαίμονες[26], dans les sources poétiques et rhétoriques d'époque classique cette qualification est plutôt rare, et ces puissances sont de préférence nommées seulement par l'adjectif substantivé : Antiphon parle de τὸν προστρόπαιον[27]. En revanche, l'assimilation de ces agents divins de vengeance aux δαίμονες est évidente dans des textes plus tardifs tels que chez Plutarque ou dans les lexiques et les scholies. Pollux nous parle à cet égard de deux types de δαίμονες : les uns, capables de libérer des malédictions, qui sont appelés ἀλεξίκακοι ou ἀποτρόπαιοι (« qui écartent le mal », « tutélaires »), tandis que les autres, qui envoient ces malédictions, sont nommés προστρόπαιοι, ἀλιτήριοι, παλαμναῖοι,

---

23 Parker 1983, p. 108–109. Προστρόπαιος et ἀλάστωρ, -ορος sont, d'ailleurs, également, des épithètes de Zeus : pour un premier aperçu sur la distribution et la fonction de ces épithètes, voir Jameson, Jordan et Kotansky 1993, p. 117–120.

24 Antipho Soph. 4, 1, 4–5 (= 3, 1, 4 Gernet) : ἡμεῖς τε οἱ τιμωροὶ τῶν διεφθαρμένων, εἰ δι'ἄλλην τινὰ ἔχθραν τοὺς ἀναιτίους διώκοιμεν, τῷ μὲν ἀποθανόντι οὐ τιμωροῦντες δεινοὺς ἀλιτηρίους ἕξομεν τοὺς τῶν ἀποθανόντων προστροπαίους, τοὺς δὲ καθαροὺς ἀδίκως ἀποκτείνοντες ἔνοχοι τοῦ φόνου τοῖς ἐπιτιμίοις ἐσμέν (« Et nous, en tant que vengeurs de ceux qui ont été tués, si nous poursuivons des innocents en raison d'un autre motif de haine, non seulement, puisque nous ne serons pas en mesure de venger le mort, nous susciterons de terribles puissances funestes qui réclament la vengeance des morts, mais pour avoir injustement tué des innocents nous sommes soumis aux peines punissant l'homicide »).

25 Ainsi Johnston 1999, p. 143.

26 Aesch., *Pers.* 354 (ἀλάστωρ, κακὸς δαίμων) ; Men., *fr.* 8, 1 (ed. Demianczuk, Cracovie 1912) ; Paus. 1, 30, 13.

27 Antipho Soph. 4, 2, 8 (= 3, 2, 8 Gernet).

(« funestes », « vengeurs », « meurtriers »)[28]. Ces puissances divines sont attestées dans les rituels comme destinataires de purifications et de rites d'apaisement et leur culte semble avoir été associé au culte des morts et des ancêtres. Les *Choéphores* d'Eschyle ainsi que l'*Électre* sophocléenne nous en donnent témoignage[29], mais le cas le mieux documenté est probablement représenté par la loi sacrée de Sélinonte, qui contient sur le recto un rite d'entretien des ancêtres alors que le verso donne des instructions pour un rituel à adresser aux ἐλάστεροι[30]. Ce terme n'est pas connu en dehors de l'épigraphie, où il indique un esprit vengeur qui poursuit le meurtrier, et il est également utilisé comme épiclèse de Zeus : il représente en ce sens une variante du ἀλάστωρ[31].

Cet aperçu des différentes typologies d'êtres divins ou monstrueux susceptibles de recevoir des qualifications « démoniaques » nous dévoile donc une série d'entités pour lesquelles la catégorie de « démon » paraît pertinente. Ces puissances partagent un certain nombre de traits avec les démons levantins et plus largement proche-orientaux : le fait qu'ils s'attaquent aux hommes, qu'ils aient des noms « parlants » décrivant leur fonction ainsi que leur proximité avec les animaux sauvages et leur lien privilégié avec les maladies. Toutefois, les représentations spécifiques à la culture grecque semblent prédominer : nous l'avons déjà vu dans le cas des ἄωροι, mais il en va de même pour les puissances néfastes liées aux morts non vengés, comme le démontre la richesse de ce vocabulaire qui n'a pas d'équivalent au Levant. Il faut néanmoins relever que, jusqu'à l'époque hellénistique, le mot δαίμων n'intervient pas comme marqueur spécifique de ces créatures. Par contre, ce mot apparaît dans des traditions plus tardives, qui tendent à systématiser et à classifier ces entités selon des typologies différentes. Une exception est constituée par les ἀλάστορες, qui

28 Poll. 5, 131 : οἱ δὲ δαίμονες οἱ μὲν λύοντες τὰς ἀρὰς ἀλεξίκακοι, ἀποπομπαῖοι, ἀποτρόπαιοι, λύσιοι, φύξιοι, οἱ δὲ κυροῦντες ἀλιτήριοι ἀλιτηριώδεις, προστρόπαιοι, παλαμναῖοι. (« Les démons qui libèrent des malédictions sont 'écarteurs du mal', 'tutélaires', 'apotropaïques', 'libérateurs', 'protecteurs', alors que ceux qui les envoient sont 'funestes', 'exécrables', 'vengeurs', 'meurtriers' »). Voir Plut., *Def. orac.* 418 b ; Paus. 1, 30, 1 ; *Schol. in Eur. Hec.* 685, 8 ; *Or.* 333, 16 ; *Med.* 1260, 1 ; *Schol. in Soph. Aj.* 373, 1 ; *Et. Gud.*, s.v. Ἀλάστωρ.

29 Aesch., *Ch.* 523–555 ; Soph., *El.* 410 *sqq.*

30 *SEG* 43.630 éditée et traduite par Jameson, Jordan et Kotansky 1993. Elle est à rapprocher de la loi sacrée de Cyrène, qui relate également des apparitions de « suppliants », sous la forme de fantômes invoqués par des moyens magiques (*SEG* 9.32). Voir Parker 1983, p. 332–351 ; Johnston 1999, p. 46–63.

31 *SEG* 13.449 a = *IG* XII 5.1027 = LSS 62. Même si les deux mots ont une étymologie différente (car ἐλάστερος est dérivé de ἐλαύνω, alors que ἀλάστωρ est probablement à rattacher à λανθάνω, voir DELG, s.v.), ils semblent désigner des puissances divines qui ont une fonction très similaire, et ont vraisemblablement pu être associées ou confondues à un moment donné. Voir à ce sujet Jameson, Jordan et Kotansky 1993, p. 54–55 ; Dubois 2003, p. 117–119.

peuvent être accompagnés par l'adjectif δαίμων dès l'époque classique : une telle association est probablement à expliquer par le lien que ces puissances entretiennent avec l'âme du défunt. La relation entre l'âme et le monde des morts est en effet l'un des traits les plus caractérisant du δαίμων, qu'il convient d'explorer plus en détail.

2 Les champs d'action du δαίμων

Selon une heureuse expression de Detienne, le δαίμων peut être défini comme « une espèce du divin »[32] au caractère flou et indéterminé. Ce terme est peu présent dans le discours mythique, dans la pratique cultuelle, ainsi que dans la représentation visuelle des Grecs. C'est notamment ce manque de traits caractérisant qui a ouvert la voie à la polysémie du terme, lequel se prête en effet à une pluralité d'usages recouvrant différents champs sémantiques.

Comme je l'ai déjà dit, δαίμων est utilisé d'abord et avant tout comme synonyme de θεός. Ce sens est surtout valable lorsqu'il est utilisé au pluriel, et ce, déjà dans l'*Iliade* où la forme plurielle, qui apparaît très rarement, indique l'ensemble des dieux olympiens[33]. Le terme est aussi utilisé avec cette signification dans la poésie lyrique archaïque (surtout par Pindare[34]). Cet usage persiste jusqu'à une époque tardive. L'hymne hellénistique de Palaikastro mentionne Zeus à la tête de l'ensemble des dieux désignés par le terme δαίμονες et il en est de même pour les inscriptions d'Antiochos Commagène au premier siècle avant notre ère où l'expression πρόνοιαι δαιμόνων indique la providence ou la prédestination divine[35]. Cependant, la signification du terme au singulier paraît plus variée dès l'époque archaïque. Chez Homère, δαίμων peut indiquer des divinités spécifiques[36], ou une puissance divine générique non identifiée. De ce fait, Pirenne a interprété le δαίμων homérique comme désignant plutôt le vecteur d'une action divine auprès des hommes, une puissance divine « en action » qui n'est pas clairement reconnaissable par ceux qui en font l'objet, notamment car elle est en train de se dévoiler[37].

---

32 Detienne 1963, p. 25.

33 Hom., *Il.* 1, 222 ; 6, 115 ; 23, 595 ; la forme plurielle n'apparaît jamais dans l'*Odyssée*.

34 Pi., *O.* 1, 35 ; 6, 46 ; *P.* 1, 12 ; 3, 59 ; *N.* 9, 45, *I.* 5, 11 ; 8, 24. Voir Pan 2016, p. 58–67.

35 Sur cet hymne épigraphique, voir récemment Brulé 2013 ; pour lesdites inscriptions du temenos dressées par Antiochos I dans différentes villes d'Asie Mineure, voir la notice en *SEG* 53.1762.

36 Voir la liste des sources rédigée par François 1957, p. 334–336.

37 L'idée avait été déjà proposée par Pirenne-Delforge 1989, p. 224–225. Voir, plus récemment, id., « *Theoi* et *daimones* : Variations sur l'action divine », communication dans

Une deuxième acception du mot se réfère à une classe particulière de défunts. Il s'agit des hommes de l'âge d'or, divinisés après leur mort. Cette conception a ses origines dans le récit hésiodique des races et constitue une des rares apparitions du δαίμων dans le mythe. Hésiode nous dit que ces hommes, qui vivaient déjà « comme des dieux » (ὥστε θεοὶ, vers 112), deviennent, une fois morts, « par volonté de Zeus, des divinités propices, terrestres, protecteurs des hommes mortels [...], distributeurs de richesse » (δαίμονές εἰσι Διὸς μεγάλου διὰ βουλὰς ἐσθλοί, ἐπιχθόνιοι[38], φύλακες θνητῶν ἀνθρώπων [...] πλουτοδόται). Ce passage a connu un grand succès dans l'Antiquité. Il fait écho à une tradition ancienne d'êtres humains exceptionnels qui, divinisés après leur mort, reçoivent le titre de δαίμων. Il s'agit d'une tradition attestée non seulement par le mythe[39], mais également par des courants philosophiques qui tendent à construire une vision mythique de leurs fondateurs : Empédocle et Pythagore auraient été « daimonisés » déjà de leur vivant. En effet, le passage hésiodique a été particulièrement apprécié par les traditions pythagoriciennes qui le lient aux doctrines sur l'âme, sa nature divine et sa survivance[40]. Il s'agit de traditions difficiles à situer du point de vue chronologique, notamment en raison de la difficile datation des sources dont nous disposons sur le pythagorisme[41]. Le mythe a également été repris et retravaillé par Platon[42]. La présence des δαίμονες dans le récit des races semble annoncer un modèle de schématisation

---

le colloque *Parler des dieux*, Université de Genève, 8–10 septembre 2016 ; et « *Daimōn* dans l'épopée homérique », cours *Dieux, daimones, héros*, Collège de France, séances du 28 Février et du 7 mars 2019. Une exception concerne Aphrodite qui marche devant Hélène en la conduisant en-dehors du camp troyen en *Il.* 3, 419–420. Mais l'usage de δαίμων pour qualifier la déesse en ce contexte pourrait être expliqué par une dynamique de voilement-dévoilement aux yeux humains. Le passage exprime le point de vue des spectateurs au passage d'Hélène qui a été rendue invisible aux humains par Aphrodite alors que la déesse a été clairement reconnue par Hélène elle-même. Pour le δαίμων homérique, voir également la bibliographie donnée par Brenk 1986, p. 2072 ; plus récemment Pan 2016.

38 Hes., *Op.* 122–123. Je suis ici l'édition de West (1978). La tradition indirecte, préférée par Solmsen (1970) a le texte suivant : τοὶ μὲν δαίμονες ἁγνοὶ ἐπιχθόνιοι τελέθουσιν ἐσθλοί, ἀλεξίκακοι. Voir pour une discussion Ercolani 2010, p. 173–174.

39 Par exemple Phaéton (Hes., *Th.* 991), Darius (Aesch., *Pers.* 620–22, 641), Alceste (Eur, *Elect.* 1003), Rhesus (Eur., *Rh.* 964). Cette catégorie devient naturellement très proche de celle des héros : voir Hild 1892, p. 10–11 ; Bravo 1986, p. 209–210. Voir également Thgn. 2, 1348 ; Isocr., *Ev.* 72, *Pg.* 151 ; Hdt. 4, 103, 2.

40 Sur l'âme démoniaque d'Empédocle, voir Detienne 1959 ; Pythagore était appelé « bon démon » dans un fragment d'Aristote connu par Jamblique (*De Vita Pythagorica* 6, 30–31), ainsi que par d'autres sources anciennes : voir Detienne 1963, p. 92–93, 177.

41 Voir la critique de Timotin (2012, p. 45) à propos de l'optimisme de Detienne (1963) et Sfameni Gasparro 1997, p. 77.

42 Pl., *Cra.* 397d–398b ; *R.* 415a–c ; *Pol.* 271c–274d ; 309c ; *Leg.* 713d–e.

cosmologique en échelle qui, en partant des θεοί, descend à travers les δαίμονες et les ἥρωες, pour arriver aux hommes. Ce modèle aura un certain succès dans les traditions platoniciennes et post-platoniciennes. On pourrait, certes, se demander si cette schématisation remonte véritablement à Hésiode ou si elle n'est pas le produit d'une interprétation déjà ancienne du passage. On ne peut, en effet, exclure que chez le poète, les δαίμονες soient à comprendre tout simplement dans le sens de « dieux », en ligne avec l'acception archaïque du terme. Toutefois, il est indéniable que dans le mythe des races ces puissances sont représentées de manière très différente des dieux. Tout d'abord, elles ont une origine humaine ; de plus, elles sont qualifiées par l'adjectif ἐπιχθόνιοι, « terrestres », qui, dans l'épopée archaïque, sert à distinguer la condition humaine de celle des dieux (habituellement définis comme οὐράνιοι) ; enfin, les δαίμονες ἐπιχθόνιοι forment, avec les générations de l'âge suivant qualifiées de ὑποχθόνιοι, « souterraines », un couple d'opposés clairement différenciés des divinités olympiennes[43]. En tout cas, une distinction entre θεοί, δαίμονες et ἥρωες n'est pas inconnue dans la pratique religieuse, au moins à partir de la fin de l'époque classique. Elle est clairement attestée dès le IVe siècle car les trois groupes sont mentionnés dans une lamelle oraculaire retrouvée dans le sanctuaire de Zeus à Dodone. La formulation ne laisse pas de doutes : Évandre et son épouse demandent à Zeus Naïos et à Dioné à qui, parmi les dieux, les δαίμονες et les héros, ils doivent adresser leurs prières et leurs sacrifices pour améliorer leur vie et obtenir le bien-être de leur famille[44]. La requête oraculaire semble donc suggérer un univers divin peuplé par des puissances différenciées et pas encore strictement hiérarchisées.

La divinisation d'une certaine catégorie d'êtres humains attestée dans les traditions philosophiques n'est pas non plus à considérer comme un phénomène exclusivement littéraire ou mythique ; elle trouve quelques parallèles dans des pratiques cultuelles, notamment dans l'Asie Mineure du IVe siècle

43 Voir les remarques de Sfameni Gasparro 1997, p. 71 et l'analyse du mythe des races de Vernant 1960.

44 SDGI II 1582 A : θεοί. τύχαν ἀγαθάν. ἐπικοινῆται Εὔβαν- /δρος {Εὔανδρος} καὶ ἁ γυνὰ τῶι Διεὶ τῶι Νάωι καὶ τᾶι Δι-/ώναι τίνι κα φεῶν {θεῶν} ἢ ἡρώων ἢ δαιμόνων / εὐχόμενοι καὶ φύοντες {θύοντες} λῶιον καὶ ἄμεινο-/ ν πράσσοιεν καὶ αὐτοὶ καὶ ἁ οἴκησις καὶ νῦν καὶ ἰς τὸν ἅπαντα χρόνον, voir Éric Lhôte, 2006, no. 8, p. 47–51. Pour cette lamelle Lhôte propose une datation entre le IIIe et la moitié du IIe siècle. Toutefois, il admet que peu de textes peuvent être datés avec précision, le principal critère de datation étant le style d'écriture. Les lamelles les plus anciennes pourraient même remonter à la moitié du VIe siècle qui est considéré comme le *terminus post quem*. Voir Lhôte 2006, p. 11–21. D'autres lamelles demandent à l'oracle d'indiquer « auquel des dieux ou des héros il faut sacrifier » ou « quel dieu ou héros il faut honorer » : voir SDGI II 1563 (Lhôte no. 3) ; 1566 A (Lhôte no. 66) ; 1587 (Lhôte no. 68). Comparer en outre Lhôte no. 2, 22, 106.

avant notre ère et, plus particulièrement, en Carie. Là, plusieurs inscriptions attestent les honneurs cultuels et les prêtrises attribuées au δαίμων d'un bienfaiteur (ou d'une bienfaitrice) ou à des fondateurs d'associations religieuses[45]. Comme Jean-Mathieu Carbon l'a justement suggéré, il s'agit probablement d'une typologie locale d'héroïsation qui prend la forme d'une « daimonisation ». Dans au moins un cas, il semble que ce processus de divinisation ait eu lieu lorsque le bienfaiteur était encore vivant[46].

Une troisième signification souvent rattachée au δαίμων est celle qui exprime le destin de l'individu. En ce sens, le terme est souvent utilisé comme synonyme de « sort » ou fait référence à une véritable divinité du sort. Cette signification est également présente dans la langue dès l'époque archaïque[47]. En ce sens, δαίμων peut être utilisé avec une acception négative, pour exprimer une destinée impitoyable et inéluctable : une telle signification apparaît, par exemple, dans la poésie gnomique et chez les tragiques, mais également sur plusieurs inscriptions funéraires à partir de l'époque classique tardive. Là, le sort prend la forme d'une puissance divine malfaisante, envieuse qui enlève l'homme au monde des vivants pour l'amener dans l'Hadès[48]. Toutefois, en tant que responsable du sort humain, le δαίμων peut également être rapproché de l'idée de génie tutélaire et personnel et peut ainsi faire l'objet de prières et de vénération[49]. Il s'agit, en outre, d'un concept repris par Platon dans sa doctrine sur le jugement des âmes après la mort, notamment dans le mythe d'Er. Là, le δαίμων veille à l'accomplissement implacable des destinées humaines, en accompagnant l'âme vers son cycle des renaissances : comme le souligne justement Andrei Timotin, le δαίμων est alors l'expression du destin que l'homme s'est fixé[50]. Le lien étroit que le δαίμων entretient avec l'idée de destin personnel est également à l'origine du culte du « bon démon » (ἀγαθὸς δαίμων) et de son association avec τύχη, le « sort ». Ce culte, attesté dès l'époque classique

45 *SEG* 54.1117 : voir Carbon 2005 ; une prêtrise en l'honneur du « δαίμων d'Arissis et de son fils Hermias » est mentionnée dans la stèle bilingue d'Hyllarima (*SEG* 55.1113). On peut voir, à ce sujet, l'étude d'Adiego, Debord et Varinlioğlu 2005.

46 *SEG* 59.1210 : voir, récemment, Rigsby 2009, p. 75–77.

47 Une liste des références littéraires se trouve déjà en Hild 1892, p. 12–14 ; Timotin 2012, p. 19–26. Dans des passages comme Ar., *Plut.* 6 ou Paus. 9, 21, 3, le mot vaut simplement pour « sort ».

48 Une première recherche dans le *Supplementum Epigraphicum Graecum* donne une quarantaine de références, étudiées par Nowak 1960.

49 Voir, par exemple, Pi., *O.* 13, 105 ; *P.* 3, 108–109 ; Aesch., *Ag.* 1341–1342. Voir encore la divinité favorable en Thgn. 1, 349–350 (δαίμων ἐσθλός) ; ou le δαίμων ἐπαρωγός invoqué par Hécube à côté des dieux (Eur., *Hec.* 164).

50 Pl., *Phd.* 107d–e ; *R.* 617d–e ; 620d–e : voir Timotin 2012, p. 61–62.

à Athènes[51], connaît une popularité croissante en Grèce et au dehors à partir de l'époque hellénistique où il revêt des formes et des caractéristiques spécifiques selon les différents contextes religieux. Il se développe davantage en Asie Mineure (notamment en Carie) et surtout en Égypte où il est étroitement associé à la fondation d'Alexandrie par Alexandre le Grand[52].

Comme évoqué précédemment, l'association entre le δαίμων et l'âme du défunt est également démontrée par le fait que le titre de δαίμονες est parfois appliqué aux ἀλάστορες, aux ἄωροι ou, plus généralement, à ceux qui sont morts de manière violente ou imprévue. Si l'on considère que les puissances liées aux morts non vengés s'attachent à l'individu et à sa famille de manière inéluctable et potentiellement perpétuelle, alors cette association pourrait encore avoir ses origines dans l'idée de destin. À partir de l'époque classique, lorsque le terme apparaît dans les *tabellae defixiones*, le lien entre la représentation du défunt comme δαίμων s'enrichit de nouvelles significations. En effet, dans les *defixiones*, le δαίμων correspond véritablement au cadavre du défunt auprès duquel le texte est déposé. Dans quelques cas, ce δαίμων est invoqué comme puissance douée d'une agentivité propre, véritable medium de l'efficacité du sortilège, qui agit comme un assistant des divinités majeures protagonistes des *defixiones* (Hécate, Perséphone, Hermès)[53]. Cette tradition continuera de se développer dans les *defixiones* plus tardives, ainsi que dans les papyri magiques[54].

Ce rapide aperçu nous montre que l'association de l'âme de l'individu – mort ou vivant – avec son destin constitue une dimension très riche, durable et féconde de la représentation du δαίμων. D'après Giulia Sfameni Gasparro[55], il s'agit de la conception la plus ancienne, à rapprocher de l'étymologie du mot, qui se rattache au verbe δαίομαι, « diviser », « distribuer sa part »[56]. Il demeure très difficile d'établir si δαίμων indiquait à l'origine une puissance divine indéfinie (comme le suggérait Louis Gernet), une puissance déjà étroitement liée

51 Ar., *Eq.* 105–107 ; *V.* 525.

52 Il n'existe pas d'étude exhaustive des cultes voués à l'*agathodaimon*. Pour un premier aperçu, on peut voir Dunand 1981 (LIMC) ; Sfameni Guasparro 1997, p. 77–83 ; pour Alexandrie, voir Ogden 2014.

53 Le témoignage le plus ancien est représenté par une *defixio* du Céramique athénien datant du IVe siècle av. notre ère (*DTA* 102 = Gager 1992, no. 104) ; à comparer avec *CIG* I 1034 (IIIe siècle av. notre ère). Voir, à ce sujet, la belle étude de Bravo 1986 ; comparer également avec la tablette du cimetière de Pella publiée par Jordan 2000, no. 31, où la malédiction est adressée au dieu macédonien Makrôn et aux démons.

54 Le rôle des δαίμονες dans les papyri magiques fait l'objet d'un intérêt croissant dans la recherche : voir Fauth 1998 ; Sfameni Gasparro 2001 ; Németh 2013 ; Pachoumi 2013.

55 Sfameni Gasparro 2015, p. 414.

56 DELG, s.v. δαίομαι ; Boisacq 1950, s.v ; Frisk 1960, vol. I, s.v.

à l'individu et à son destin, ou bien les deux (la puissance indéterminée du sort ?), car le mot a une polyvalence marquée dès le début de son apparition dans la langue grecque. Caractérisé par une pluralité de traits et de champs d'actions, ce terme est impossible à classer dans une seule catégorie et ne peut être exposé dans un schéma cohérent. Toutefois, il apparaît important de relever quelques aspects qui interviennent fréquemment dans la représentation du δαίμων lorsqu'il n'est pas utilisé comme synonyme de θεός. Premièrement, il semble avoir un lien privilégié avec la sphère humaine, et notamment avec la dimension individuelle de l'existence, ce qui accentue l'idée de destin personnel. Comprendre le δαίμων comme représentation d'une réalité divine qui intervient dans la sphère humaine est donc substantiellement correct[57]. Un deuxième trait récurrent est l'aspect chtonien qui peut être attribué au δαίμων. En effet, comme déjà évoqué, l'interprétation ancienne du passage hésiodique permet de qualifier les δαίμονες d'ἐπιχθόνιοι en opposition aux dieux οὐράνιοι[58]. De cette dimension dérive également le lien du δαίμων avec le monde des morts ainsi qu'avec l'âme défunte. Cette relation peut se décliner de deux manières : positivement, lorsque le δαίμων apparaît comme « gardien », « protecteur », ou bien négativement, lorsqu'il se manifeste comme « vengeur » tel une puissance punitive.

Quant à la présence des δαίμονες dans le rituel, celle-ci demeure réduite, même si le nombre de témoignages épigraphiques et papyrologiques permet de modifier partiellement le cadre pour l'époque postclassique. Au-delà du dossier sur le bon démon, qui semble être le seul destinataire d'un culte qui lui est propre, on a vu que le δαίμων pouvait intervenir dans certains processus d'attribution d'honneurs divins à des êtres humains à statut spécial. En outre, dans la pratique magique attestée par les *defixiones* et les papyri, les δαίμονες fonctionnent comme assistants ou agents des dieux. On peut enfin ajouter, avec une certaine prudence, le témoignage offert par le papyrus retrouvé à Derveni, près de Thessalonique, très probablement lié à des environnements orphiques. Ce texte, dont l'extrême complexité d'interprétation ne permet pas encore de consensus scientifique, revêt une importance considérable pour l'étude de la démonologie dans les courants liés à l'orphisme, tout en témoignant également de la polysémie du démonique. Le δαίμων est d'abord mentionné au singulier dans la troisième colonne, comme puissance tutélaire assignée à chacun ([δαίμ]ω̣ν γίνετα[ι ἑκά]σ̣τωι ἰα̣τ̣[ρὸς, « un δαίμων est préposé à chacun comme guérisseur »). Dans les lignes suivantes, des δαίμονες apparaissent au pluriel dans un rôle bien différent : [γὰρ Δί]κ̣η ἐξώλεα̣ς [νουθ]ε̣τ̣ε̣ῖ̣

57 Gernet 1917 ; Detienne 1963.

58 Voir West 1978, p. 182 ; Ercolani 2010, p. 173–175.

δ̣ι̣’ ἐκ̣ά̣[στης τῶν] Ἐ̣ρινύω̣[ν. οἱ] δ̣ὲ δ]α̣ίμονες οἱ κατὰ̣ [γῆς ο]ὐδέ̣κ̣ο̣τ̣[ε.... τ]η̣ρ̣ο̣ῦ̣σι, θ̣εῶν ὑπηρέται. Ils agissent comme agents de rétribution souterrains (οἱ κατὰ̣ [̣γῆς) associés aux Érinyes et se distinguent clairement des dieux qu’ils servent (θ̣εῶν ὑπηρέται)[59]. Ce texte ancien s’avère précieux car il témoigne de la subordination des δαίμονες aux dieux, et ce, déjà à l’époque classique. En outre, cette présence d’un démon tutélaire et de démons punitifs semble être la base du système démonologique futur. Toutefois, il faut se méfier du risque d’interpréter le témoignage de Derveni comme représentatif de la « religion orphique » tout court, notamment en ce qui concerne la représentation des démons. Les textes des lamelles dorées provenant de Thurii en Grande Grèce, par exemple, nous transmettent une représentation des δαίμονες comme puissances divines étroitement associées et substantiellement identifiées aux dieux[60]. De telles inconsistances sont dues, entre autres, à l’interprétation de l’orphisme comme catégorie religieuse cohérente ; interprétation qui pose un certain nombre de problèmes méthodologiques[61]. Une étude plus détaillée de cette documentation sortirait largement du cadre de mon enquête et restera donc de l’ordre du desideratum ; néanmoins, dans le cadre de cette étude, on retiendra que l’ensemble du matériel épigraphique et papyrologique semble appeler à une reconsidération du rôle du δαίμων dans la pratique religieuse[62].

En résumé, l’ensemble des traditions qui recourent à la catégorie de δαίμων révèlent une espèce du divin qui peut, à bien des égards, être distinguée des dieux, sans pour autant être explicitement caractérisée comme puissance intermédiaire. De plus, bien que le mot puisse être utilisé dans une acception péjorative, rien n’indique que les δαίμονες soient représentés comme une catégorie de puissances dont la nature est foncièrement mauvaise, ni, d’ailleurs,

59 Colonnes III 4–9 ; comparer avec VI 2–3 (j’utilise le texte de l’*editio princeps* de Kouremenos, Parassaglou, et Tsantsanoglou 2006). La première traduction autorisée du texte du papyrus a été fournie par Tsantsanoglou 1997. Pour un essai récent d’interprétation de la démonologie du papyrus de Derveni, voir Piano 2016, p. 131–190 et bibliographie relative, surtout aux p. 135–142.

60 *IG* XIV 641, l. 3–4 (= 6 *Thurii* 4, l. 2 Johnston et Graf 2013, p. 14–15) : ἔρχομα<ι> ἐκ <κ>αθαρῶ<ν̣> καθα<ρά, χθ>ο<νίων βασίλ<ει>α, κλε {υα} κα<ὶ> Εὐβουλεῦ καὶ θεοὶ ὅσοι δ<αί>μονες ἄλλοι· ; voir aussi 7 *Thurii* 5, l. 2.

61 Pour une première introduction aux différentes approches de la catégorie d’orphisme, voir l’état de la recherche rédigé par Fritz Graf dans Graf et Johnston 2007, p. 50–65. Voir également les remarques de Radcliffe Edmonds III, 2013, p. 71–92. Je remercie vivement Doralice Fabiano pour nos discussions autour de l’orphisme.

62 À la différence des papyri magiques, dont les études ont le vent en poupe, le dossier épigraphique n’a fait l’objet d’aucun travail d’ensemble suite à celui de Nowak (1960). Il mériterait donc une nouvelle analyse de détail, surtout à la lumière des nombreux témoignages (inscriptions, lamelles, *defixiones*) publiés ces dernières années.

éthiquement connotée. Il faudra attendre la tradition inaugurée par Platon et poursuivie par ses disciples pour voir apparaître de nouveaux développements sémantiques liés à cette notion.

3 Le δαίμων des philosophes comme figure de la médiation et la re-sémantisation de la catégorie de démon

Nous avons déjà remarqué que la catégorie de δαίμων était peu opératoire du point de vue mythologique. Elle n'intervient, en effet, que rarement dans les mythes traditionnels et, exception faite de la brève mention d'Hésiode, elle ne fait l'objet ni de narrations, ni d'étiologies. Cette absence du domaine mythique est contrebalancée par le succès considérable de cette notion dans la spéculation philosophique. Le δαίμων est connu par les présocratiques, exploité par la tradition pythagoricienne, et, d'après le témoignage de Derveni, il pourrait avoir joué un rôle dans les cosmogonies orphiques[63]. Il est, en outre, repris par la mythologie de facture platonicienne, comme, par exemple, dans le mythe d'Er. Tel que l'a déjà bien relevé la recherche, la pensée philosophique platonicienne et le platonisme en général jouent un rôle fondamental dans la représentation explicite du δαίμων comme être intermédiaire. Cette représentation ouvre la voie à la création d'une vraie démonologie dans les différentes traditions de l'époque hellénistique, tout d'abord grâce à l'œuvre de l'Académie et de ses disciples Xénocrate et Chrysippe, connus surtout à travers Plutarque, mais également grâce à Plutarque lui-même, particulièrement intéressé par l'élaboration d'un savoir démonologique[64]. À cet égard, plusieurs études reconnaissent dans les « figures platoniciennes du δαίμων »[65] un moment charnière dans la transformation de cette notion. Parmi les différents usages platoniciens, un passage fameux du *Banquet* s'avère particulièrement intéressant pour mon analyse. Lorsqu'elle décrit la nature d'Éros, Diotime affirme que « tout ce qui présente la nature d'un δαίμων est intermédiaire entre divin et mortel » (καὶ γὰρ πᾶν τὸ δαιμόνιον μεταξύ ἐστι θεοῦ τε καὶ θνητοῦ)[66]. Dans le même passage, et toujours à

63 Outre les travaux déjà cités de Marcel Detienne (1959 ; id. 1963), sur la démonologie d'Empédocle, voir, plus récemment, Martin et Primavesi 1999 ; Primavesi 2001 ; Gain 2007.

64 Pour la démonologie platonicienne et post-platonicienne ce travail est redevable de l'excellente étude de Timotin 2012 ; pour Plutarque, les recherches de Frederick Brenk (surtout 1977 ; 1986 ; 1998) demeurent un point de référence incontournable. Pour un premier aperçu sur les développements de la démonologie dans les traditions du stoïcisme, on peut voir récemment Algra 2009.

65 J'emprunte cette expression à Timotin 2012, p. 37.

66 Pl., *Smp.* 202d–203a (trad. Brisson, Paris, Flammarion, 2004).

travers la bouche de Diotime, Platon attribue à ce δαίμων une fonction d'interprète (ἑρμηνεῦον) et de messager entre les hommes et les dieux (διαπορθμεῦον). De plus, il lui assigne la tutelle des prières, des sacrifices, des oracles, de la mantique, des incantations, des mystères et de la magie, à savoir l'intégralité du domaine religieux. Diotime précise en effet que « le dieu n'entre pas en contact direct avec l'homme, mais c'est par l'intermédiaire de ce δαίμων que de toutes les manières possibles les dieux entrent en rapport avec les hommes et communiquent avec eux, à l'état de veille ou dans le sommeil »[67].

L'interprétation de ce passage mérite quelques remarques supplémentaires. Tout d'abord, il faut garder à l'esprit que le discours de Diotime sur la nature du démonique se réfère ici spécifiquement à Éros, dont Platon contribue considérablement à transformer le portrait, et duquel il exploite une ambiguïté déjà inhérente au dieu dans la tradition grecque. Éros était, en effet, représenté, d'un côté, comme puissance cosmique et primordiale, de l'autre, comme divinité assistante et subordonnée à Aphrodite[68]. En outre, l'usage de la notion de δαίμων dans l'œuvre platonicienne reste complexe et multiple même si, dans certains passages, l'on perçoit une tendance à mettre en avant la fonction de médiateur occupée par cette entité. J'ai déjà fait mention de la réélaboration des δαίμονες gardiens dans la tradition hésiodique dont le *Cratyle* élargit la catégorie aux hommes sages de tout temps, par le biais d'une étymologie secondaire qui fait dériver δαίμων de δαήμων, « savant », « expert »[69]. On peut lire de manière similaire l'équation posée entre le δαίμων et la partie rationnelle de l'âme humaine élaborée dans le *Timée* par laquelle l'homme est relié à la fois au monde naturel et à la divinité[70]. Mais c'est surtout aux élèves de l'Académie qu'on doit une généralisation du discours platonicien qui s'élargit jusqu'à définir les δαίμονες dans leur ensemble comme une catégorie d'êtres intermédiaires. C'est donc à l'intérieur de ce cadre qu'on voit se développer une représentation des δαίμονες comme appartenant à un niveau intermédiaire entre les hommes et les dieux. Comme l'a mis en lumière Sfameni Gasparro[71], ces puissances font de plus en plus l'objet d'une spéculation cosmologique, ontologique et anthropologique.

À la suite de cette vulgarisation du discours platonicien sur les δαίμονες, une distinction entre bons et mauvais δαίμονες commence à se mettre en place. Une des idées centrales de ce développement est la sensibilité des δαίμονες aux

---

67 Ibid. : θεὸς δὲ ἀνθρώπῳ οὐ μείγνυται, ἀλλὰ διὰ τούτου πᾶσά ἐστιν ἡ ὁμιλία καὶ ἡ διάλεκτος θεοῖς πρὸς ἀνθρώπους, καὶ ἐγρηγορόσι καὶ καθεύδουσι.

68 Voir, à cet égard, les remarques de Pirenne-Delforge 1989, p. 230 *sqq.*

69 Pl., *Cra.* 397d–398c. Comparer *R.* 415a–c ; *Plt.* 271c–274d ; 309c.

70 Pl., *Ti.* 90a–c.

71 Voir Sfameni Gasparro 1997 ; id. 2009.

passions humaines. L'idée est présente dans un passage de Xénocrate, cité par Plutarque dans son ouvrage sur la disparition des oracles :

> Il sera prouvé par des témoignages clairs et anciens qu'il existe certaines êtres, situés comme dans une zone limitrophe entre les dieux et les hommes, susceptibles aux passions mortelles (πάθη θνητά) et aux vicissitudes du sort, qu'il est correct que nous vénérions en les considérant comme des démons selon la tradition des pères et en les appelant comme tels[72].

L'idée de dieux soumis à une forme de *pathos* était étrangère à la philosophie de Platon[73]. Cette idée, qui se développe par la suite, contribue considérablement à démontrer l'existence de δαίμονες malfaisants que l'on peut, sans hésitation, définir comme « démons » chez Xénocrate. Le philosophe continue en expliquant que le monde des δαίμονες est partagé en son sein, notamment en fonction de différentes caractéristiques : alors que, chez certains, l'aspect passionnel est imperceptible – les rapprochant ainsi des dieux – chez d'autres, c'est la nature affective et irrationnelle (παθητικὸν καὶ ἄλογον) qui prédomine. À ces derniers sont attribués les expiations, les jours néfastes, les mystères et les sacrifices humains : « Je crois pouvoir dire que de telles pratiques ne s'adressent à aucun des dieux, mais à des mauvais démons (φαῦλοι δαίμονες) qu'il s'agit d'écarter, de fléchir et d'apaiser »[74]. L'adjectif φαῦλος qualifie à plusieurs reprises les démons dans l'œuvre philosophique de Plutarque[75]. Littéralement, cet adjectif signifie « simple », cependant, il est souvent doué d'une acception péjorative et méprisante et doit être, ici, compris dans le sens de « banal », « mauvais », ou « inférieur » : il souligne autant l'infériorité des démons aux dieux que leur caractère méchant. En s'appuyant sur Xénocrate, Plutarque prolonge cette description des démons en les définissant comme « ministres » (λειτουργοὶ θεῶν) et « servants » (ὑπερῆται) des dieux : les uns, préposés aux

72 Plut., *Def. orac.* 416c 4–9 [= Xen., *fr.* 222 Isnardi Parente = 23 H] : δεδείξεται μετὰ μαρτύρων σαφῶν καὶ παλαιῶν, ὅτι φύσεις τινές εἰσιν ὥσπερ ἐν μεθορίῳ θεῶν καὶ ἀνθρώπων δεχόμεναι πάθη θνητὰ καὶ μεταβολὰς ἀναγκαίας, οὓς δαίμονας ὀρθῶς ἔχει κατὰ νόμον πατέρων ἡγουμένους καὶ ὀνομάζοντας σέβεσθαι.

73 Elle apparaît pour la première fois dans l'*Epinomis* pseudo-platonicienne (984–985), un texte probablement composé par un élève de l'Académie.

74 Ibid., 417c [= Xen., *fr.* 230 Isnardi Parente = 25 H.], trad. Flacelière, Paris, Les Belles Lettres, 1947. Plutarque insère la réflexion de Xénocrate dans un discours plus large sur le rôle des démons dans les mystères et la divination (ibid., 426–429). Pour un commentaire plus détaillé des rapports entre la pensée de Xénocrate et sa reprise par Plutarque, voir Turcan 2003 ; Timotin 2012, p. 93–99 ; Brenk et Lanzillotta 2017, p. 47–49.

75 Plut., *Def. orac.* 418f 5 ; 419a 5 ; 420d 3 ; *Is. Os.* 361a 2 ; *Quaest. rom. et gr.* 277a 1 ; *Dio* 2, 6.

oracles, aux mystères et à la divination ; les autres, funestes et chargés des vengeances[76]. La nouvelle perspective inaugurée par Xénocrate, et poursuivie par Plutarque, a des conséquences importantes. D'une part, elle ouvre la voie à un discours sur la mortalité des démons, tel que développé dans le célèbre passage sur la mort du dieu Pan, représenté comme le maître des démons[77]. Par ce biais, les démons sont de plus en plus associés à des créatures qui, tout en jouissant d'une grande longévité, ne sont néanmoins pas immortelles, telles que les nymphes et les sirènes[78]. D'autre part, Plutarque déclare ouvertement que son discours est fondé sur l'autorité d'une tradition ancienne qu'il fait remonter non seulement à la philosophie présocratique, mais aussi à Homère et Hésiode. Cette démarche lui permet d'inclure dans la catégorie du démoniaque certaines figures du mythe, tels que les géants ou Typhon, ainsi que des divinités orientales dont le mythe relate la mort, tel qu'Osiris[79]. La catégorie du démoniaque devient ainsi apte à donner une interprétation rationalisante de la mythologie traditionnelle ainsi que des cultes étrangers. Cette démarche se retrouve encore chez un auteur comme Strabon, d'après lequel peuvent être définis comme δαίμονες tous les πρόπολοι θεῶν, « les adjuvants des dieux », qui sont censés faire l'objet d'un culte chez les peuples étrangers[80]. D'ailleurs, cet usage de la catégorie de δαίμονες comme outil d'interprétation des divinités adjuvantes ou mineures vénérées par les étrangers n'est pas inconnu aux traditions philosophiques juives. À cet égard, il vaut la peine d'observer que, lorsque Philon d'Alexandrie décrit la manière dont les Grecs vénèrent des entités naturelles, telles que la terre (« qu'ils appellent Korè, Déméter et Pluton ») et la mer (« qu'ils appellent Poséidon »), il mentionne également un groupe nourri de divinité marines asservies à ce dernier (δαίμονας ἐναλίους ὑπάρχους αὐτῷ) qu'il qualifie de δαίμονες[81]. Dorenavant, toute une série de figures de la tradition seront désormais relues et interprétées selon cette optique proprement démonologique.

---

76 Plut., *Def. orac.* 417b.

77 Plut., *E. Delph.* 394a ; Plut., *Def. orac.* 419a–420a.

78 Plut., *Def. orac.* 421a.

79 Plut., *Is. Os.* 360a *sqq.*

80 Strabo 10, 3, 19.

81 Philo, *Decal.* 54–55 : καλοῦσι γὰρ οἱ μὲν τὴν γῆν Κόρην, Δήμητραν, Πλούτωνα, τὴν δὲ θάλατταν Ποσειδῶνα, δαίμονας ἐναλίους ὑπάρχους αὐτῷ προσαναπλάττοντες καὶ θεραπείας ὁμίλους μεγάλους ἀρρένων τε καὶ θηλειῶν, Ἥραν δὲ τὸν ἀέρα καὶ τὸ πῦρ Ἥφαιστον καὶ ἥλιον Ἀπόλλωνα καὶ σελήνην Ἄρτεμιν καὶ ἑωσφόρον Ἀφροδίτην καὶ στίλβοντα Ἑρμῆν (« En effet, certains appellent la terre Korè, Déméter et Pluton, et la mer Poséidon, en lui assignant des puissances marines qui lui sont soumises ainsi qu'une grande foule de servants mâles et femelles, et ils appellent l'air Héra, le feu Héphaïstos, le soleil Apollon, la lune Artémis, l'étoile du matin Aphrodite et l'étoile brillante Hermès »).

Il ne sera donc pas étonnant de voir Hésychius les qualifier comme « démons errants »[82] quand il parle des figures de type Gello et Mormo.

Il serait tentant de reléguer les discours de Platon, Plutarque et Philon au domaine de la spéculation philosophique, et, à certains égards, la tentation est bien justifiée. Il est très peu probable, par exemple, que l'association entre δαίμων et νοῦς développée dans le *Timée* ou les correspondances entre les δαίμονες, les éléments du cosmos et les figures géométriques élaborées par Xénocrate, reflètent des croyances répandues. Il faut néanmoins considérer que ces spéculations ont exercé une certaine influence sur le rôle des δαίμονες dans le développement de l'astrologie hellénistique, dont le succès allait bien au-delà des cercles intellectuels[83]. De plus, nous avons vu qu'une distinction entre dieux, δαίμονες et héros n'était pas inconnue de la pratique religieuse attestée par les inscriptions de Dodone et le témoignage des lexicographes semble aller dans la même direction. En outre, l'idée d'un δαίμων mauvais qui annonce la mort ou inspire des décisions infortunées apparaît à plusieurs reprises dans les œuvres non philosophiques de Plutarque, notamment dans les récits des *Vies*. Dans la *Vie de Romulus*, la stérilité qui s'abat sur la ville et la pluie de gouttes de sang sont attribuées à la colère divine (μήνιμα δαιμόνιον) qui frappe la cité. Toutefois, à la lumière de la description des activités des δαίμονες dans le traité *Sur la disparition des oracles*, il est difficile de ne pas interpréter le qualificatif δαιμόνιον comme exprimant davantage l'hostilité divine qui punit les habitants. D'ailleurs, en cette occasion, Romulus purifie la ville par des sacrifices expiatoires. Dans la *Vie de César*, la présence d'une statue de Pompée dans la salle où le meurtre de César eut lieu apparaît comme le signe qu'une puissance divine (τι δαίμων) avait marqué ce lieu pour le crime[84]. L'Athénien Demade semble poussé par une entité définie de la même manière (δαίμονός τινος) – que l'on pourrait traduire par « inspiration divine » ou bien par « démon » – à se rendre en ambassade en Macédoine, où il sera égorgé à son arrivée[85]. Dans la *Vie de Galba*, le tribun Honoratus reproche à ses soldats et à soi-même d'avoir trahi le général non pour des raisons fondées, ni pour choisir le meilleur parti, mais sous l'action d'un démon (δαίμονός τινος) qui les poussait à la trahison[86]. Enfin, le mauvais démon (κακὸς δαίμων) prend la

82 Voir *supra*, p. 52–53.

83 Sur le δαίμων dans l'astrologie hellénistique, on peut désormais faire référence au travail de Greenbaum 2016.

84 Plut., *Caes.* 66, 1.

85 Plut., *Phoc.* 30, 9.

86 Plut., *Galb.* 14, 1.

forme d'un être à l'aspect étrange et terrible qui apparaît dans la nuit à Brutus, en lui annonçant sa mort à Philippes[87].

Les témoignages collectés par Plutarque, ainsi que les traditions qu'il réélabore, démontrent pour cette époque une superposition entre la notion de δαίμων et celle de démon. Ils ouvrent également les portes au développement d'une véritable démonologie dans la pensée grecque. Nous sommes, toutefois, encore loin de la relation univoque entre δαίμων et démon annoncée par Detienne. Même si l'on ne peut pas nier qu'une certaine systématisation du savoir sur les démons soit à l'œuvre à l'époque hellénistique, quelques remarques peuvent être avancées à cet égard, qui amènent à nuancer une vision trop unilinéaire de la trajectoire sémantique du mot. Premièrement, nous avons vu que dans la démonologie grecque l'appellation de δαίμων n'est pas exclusivement réservée à des puissances malfaisantes, mais qualifie également des entités dont la fonction est protectrice et tutélaire, ressemblant alors plutôt à de « bons génies ». Deuxièmement, les traditions religieuses qui attestent une différenciation entre démons et dieux ne sont jamais complètement cohérentes, mais laissent entrevoir une diversité interne : les sources orphiques constituent, sur ce point, un excellent exemple. En outre, même chez un auteur comme Plutarque, δαίμων n'a pas une signification univoque : dans son traité sur la superstition, par exemple, la séparation entre dieux et démons reste beaucoup moins nette par rapport à d'autres ouvrages philosophiques[88] et, parfois, le terme garde tout simplement sa signification traditionnelle de « sort »[89]. De plus, le cadre offert par la documentation épigraphique et par les papyri met en évidence plusieurs domaines d'usage de cette catégorie encore à l'époque tardive. Elle apparaît dans des contextes divers, comme celui de l'épigraphie funéraire, du culte honorifique, des rituels magiques, des textes de malédictions, et d'autres, sans oublier que le terme peut encore valoir comme synonyme de θεός. Le fonctionnement du δαίμων dans chacun de ces contextes répond à des logiques spécifiques et montre des caractères à chaque fois différents. La polysémie de cette catégorie religieuse à l'époque hellénistique n'a donc pas encore cessé d'opérer.

---

87 Plut., *Brut.* 36, 6–7. Sur les démons dans les *Vies* de Plutarque, voir les remarques de Brenk 1998, p. 179 *sqq.*

88 Plut., *Superst.* 168c.

89 Par exemple en *Brut.* 40, 7 et *Luc.* 19, 6.

4 Quelles spécificités pour δαιμόνιον ?

Après avoir tracé les trajectoires sémantiques ainsi que celles des notions religieuses recouvertes par le terme δαίμων, une attention particulière doit être réservée à la forme δαιμόνιον. C'est notamment cet adjectif neutre substantivé qui est utilisé dans la LXX à la forme plurielle et, moins fréquemment, au singulier[90]. L'adjectif δαιμόνιος est présent déjà dans l'épopée homérique où il apparaît au vocatif pour apostropher un interlocuteur qui montre un comportement inattendu ou aberrant. La formule, difficile à traduire, est bientôt devenue figée, au point qu'elle peut être employée même lorsqu'un dieu s'adresse à un autre dieu[91]. Dans sa forme substantivée, δαιμόνιος n'apparaît pas avant l'époque classique : Euripide semble avoir été le premier à utiliser ce mot pour indiquer une puissance divine indéterminée[92]. Dérivé de δαίμων, δαιμόνιον partage l'ambiguïté sémantique du premier. De la même manière que δαίμων est un synonyme de θεός, δαιμόνιον peut signifier tout simplement « puissance divine », en fonctionnant comme un synonyme de τὸ θεῖον, « la divinité[93] ».

L'ambivalence inhérente à δαιμόνιον apparaît davantage chez Platon. Là, l'adjectif est l'attribut de σημεῖον, le signe d'origine divine qui accompagne Socrate souvent sous forme de voix (φωνή)[94]. La forme substantivée τὸ δαιμόνιον est plus rarement utilisée en ce sens, sous-entendant σημεῖον[95] pour indiquer le signe socratique. À ce propos, il n'est pas inutile d'observer qu'en ce contexte l'expression τὸ δαιμόνιον est de préference traduite par les spécialistes par « le daïmonique » (ou « le démonique »), notamment pour éviter de charger le signe socratique d'une connotation « démoniaque » qui serait trop moderne et donc inappropriée. D'ailleurs, le même signe peut également être qualifié

90 L'usage du singulier est limité au livre de Tobit, alors que les autres livres de la LXX ont la forme plurielle. Voir *infra*, p. 80–81.

91 Hom., *Il.* 1, 561 (Zeus à Héra) ; 2, 190, 200 ; 3, 199 ; 4, 31 (Zeus à Héra) ; 6, 326, 407, 486, 521 ; 9, 40 ; 13, 448, 810 ; 24, 194 ; *Od.* 4, 774 ; 10, 472 ; 14, 443 ; 18, 15, 406 ; 19, 71 ; 23, 166, 174, 264. Comparer également Hes., *Th.* 655 (un des Titans adresse la parole à Zeus). Voir l'étude classique de Brunius-Nilsson 1955 et les remarques récentes de Pirenne-Delforge 2019. D'après Paul Brown (2011), qui adopte une approche cognitive, la grammaticalisation de la forme δαιμόνιε ouvre la voie à des usages connotés positivement chez les auteurs successifs, tels que, par exemple, Platon, où l'apostrophe exprime politesse et amitié.

92 Eur., *Bacc.* 894 ; *Phoen.* 352 ; *fr.* 152 (Nauck). Voir François 1957, p. 53 et 313.

93 Sur la synonymie entre θεῖος et δαιμόνιος, voir, déjà, Schmidt 1876, p. 6 *sqq*.

94 Pl., *Ap.* 31c–e ; 40a ; 40c ; 41d ; *Euthd.* 272e ; *R.* 496 ; *Phdr.* 242b–c ; voir aussi *Alc.* 103a–b ; 105d–e ; 124c–d ; *Thg.* 128d–131a. Pour un aperçu bibliographique sur le signe socratique, on peut voir le volume édité par Pierre Destrée et Nicolas Smith (2005).

95 Pl., *Euthphr.* 3b ; *Tht.* 151a.

de θεῖον[96]. Ainsi, divin et démonique semblent, d'un côté, conçus comme étant deux concepts très proches, notamment lorsque Socrate décrit le fonctionnement de sa « voix » en disant qu'il y a en lui « quelque chose de divin et démonique » (ὅτι μοι θεῖόν τι καὶ δαιμόνιον γίγνεται)[97]. Les deux adjectifs peuvent parfois même être utilisés comme de véritables équivalents[98]. D'un autre côté, l'ambiguïté profonde de la notion de δαιμόνιον émerge nettement chez Platon, car la nature du δαιμόνιον est à la base de l'accusation portée contre Socrate par Mélétos ainsi qu'à la base de la défense socratique qui suit dans l'*Apologie*. L'accusation contre Socrate, rapportée par la bouche du philosophe, est « de corrompre les jeunes gens, de ne pas croire aux dieux (θεούς) auxquels croit la cité et de leur substituer des nouvelles entités divines (δαιμόνια καινά) »[99]. La tradition ancienne, ainsi que la critique moderne, comprennent cette accusation comme faisant référence au signe socratique dont je viens de parler[100]. L'expression δαιμόνια καινά indique des puissances divines qui ne sont pas conformes à celles vénérées par la cité et qui, de ce fait, sont considérées comme illégitimes. Le terme δαιμόνια est ici utilisé en opposition à θεοί, avec une valeur dépréciative. En revanche, la défense de Socrate rattache ces entités divines (δαιμόνια) aux δαίμονες et insiste sur l'identification traditionnelle de ces derniers aux dieux. Il suggère ainsi la pleine divinité des δαίμονες, tout en soulignant la contradiction interne à l'accusation de Mélétos :

> « Maintenant, ne considérons-nous pas les démons (δαίμονας) comme des dieux ou des enfants des dieux ? Oui ou non ? » « Oui, assurément ». « Alors, si j'admets l'existence des démons (δαίμονας), comme tu le déclares, et si, d'autre part, les démons sont dieux à quelque titre que ce soit (εἰ μὲν θεοί τινές εἰσιν οἱ δαίμονες), n'ai-je pas raison de dire que tu te moques de nous ? Tu affirmes d'abord que je ne crois pas aux dieux, et ensuite, que je crois à des dieux, du moment que je crois aux démons

---

96 Pl., *Ap.* 31c.

97 Ibid.

98 En *Ap.* 40a–b Socrate parle de sa μαντικὴ τοῦ δαιμονίου ; ensuite de τὸ τοῦ θεοῦ σημεῖον. Je partage les réserves de Brisson (2005, p. 4) à l'égard de l'interprétation de Motte (1989) qui lit le δαιμόνιον socratique à la lumière des δαίμονες « gardiens » de *La République* (617–620) ou du *Phédon* (107). Comme je l'ai déjà relevé, les usages de cette catégorie chez Platon demeurent multiples et ne sont pas complètement superposables.

99 Pl., *Ap.* 24d (trad. Croiset, Paris, Les Belles Lettres 1959, légèrement modifiée).

100 Pour les sources anciennes, voir Xénophon (*Mem.* 1, 1, 2–4), mais aussi Flavius Josèphe (*Ap.* 2, 263).

(θεοὺς οὐχ ἡγούμενον φάναι με θεοὺς αὖ ἡγεῖσθαι πάλιν, ἐπειδήπερ γε δαίμονας ἡγοῦμαι) »[101].

La réponse socratique se termine en rebondissant sur la division tripartite des puissances divines en dieux, démons et héros (27e–28a). Ce passage est d'autant plus intéressant pour notre analyse que l'accusation de vénérer des nouvelles divinités se retrouve dans la LXX et, par son biais, sera reprise dans le Nouveau Testament. Il faudra toutefois relever que, bien que formulés dans un langage similaire, ces passages renvoient à deux contextes conceptuels différents. Chez Platon, ces puissances ne sont jamais présentées comme de faux dieux, ce qui sera par contre le cas dans les textes bibliques. Dans l'*Apologie*, le statut de ces divinités est questionné car elles n'ont pas été intégrées de manière officielle au culte de la cité, ni privé ni public : par conséquent, leur adresser des rituels peut représenter un danger pour les intérêts de la cité. Autrement dit, il ne s'agit pas ici d'un conflit de type « théologique », mais d'ordre procédural et pratique[102].

Le passage de Platon n'est donc pleinement compréhensible que si l'on postule une nature ambivalente et mouvante des δαίμονες sur laquelle se fondent, à la fois, l'accusation qui les différencie des dieux et la défense de Socrate qui les rapproche des puissances divines traditionnelles de la religion grecque. Ce n'est probablement pas un hasard si l'accusation de Mélétos utilise le mot δαιμόνια au lieu de δαίμονες pour indiquer des puissances ou des pratiques qui ont à voir avec le divin sans correspondre véritablement aux divinités officielles de la cité.

Le δαιμόνιον exprime encore son ambivalence après Platon, le terme gardant le sens générique de « divinité ». Dans une épitaphe en hexamètres et distiques retrouvée au Céramique d'Athènes et datant du IIIe s. av. n. è., une femme appelée Minaco se plaint de ne pas avoir reçu la juste gratitude qui lui était due, ni de la part de sa famille, ni de la part de la divinité qui est rendue ici par l'expression ἀπὸ δαιμονίου : « tout en étant une femme, je n'ai pas obtenu une juste reconnaissance, ni de la part de ceux dont je l'espérais, ni venant de la divinité »[103]. Comme nous l'avons vu, δαίμων apparaît fréquemment

---

101 Pl., *Ap.* 27c–d : τοὺς δὲ δαίμονας οὐχὶ ἤτοι θεούς γε ἡγούμεθα ἢ θεῶν παῖδας ; φῄς ἢ οὔ ; πάνυ γε. Οὐκοῦν εἴπερ δαίμονας ἡγοῦμαι, ὡς σὺ φῄς, εἰ μὲν θεοί τινές εἰσιν οἱ δαίμονες, τοῦτ' ἂν εἴη ὃ ἐγώ φημί σε αἰνίττεσθαι καὶ χαριεντίζεσθαι, θεοὺς οὐχ ἡγούμενον φάναι με θεοὺς αὖ ἡγεῖσθαι πάλιν, ἐπειδήπερ γε δαίμονας ἡγοῦμαι (trad. Croiset, Paris, Les Belles Lettres, 1959).

102 Voir, en ce sens, les remarques de Garland 1992, p. 145–150.

103 *IG* II^2 12141 (= *SEG* 58.241), vv. 3–4 : οὖσα δὲ τοιαύτη χάριν οὐ δικαίαν κεκόμισμαι /οὔτε παρ' ὧν ᾤμην οὔτε ἀπὸ δαιμονίου. Je reprends ici l'édition et la traduction de Cairon 2008.

en contexte funéraire avec le sens de divinité ou de sort alors que la forme δαιμόνιον est très rare dans l'épigraphie[104] : dans le cas de l'épitaphe de Minaco, elle pourrait être expliquée par des raisons métriques car la forme δαιμονίου permet de compléter la fin du pentamètre.

Une certaine instabilité apparaît encore chez Plutarque où τὸ δαιμόνιον recouvre parfois les significations de δαίμονες : le « démoniaque » peut, alors, être compris comme qualité propre aux δαίμονες intermédiaires[105]. Plus souvent, le terme vaut simplement pour « puissance divine », ou « sort »[106]. Il faut, toutefois, remarquer que dans certains contextes narratifs l'expression τὸ δαιμόνιον semble avoir été choisie davantage pour indiquer une puissance surnaturelle responsable d'événements néfastes pour les hommes. Cette tendance est repérable surtout dans les *Vies* où le terme peut indiquer une puissance divine indéterminée responsable d'un fléau ou de la mort d'un individu, ou alors un signe divin qui se manifeste à travers des phénomènes naturels extraordinaires, tels qu'un tremblement de terre, des éclairs ou des éclipses. Par exemple, dans la *Vie de Thésée* τὸ δαιμόνιον est la puissance divine qui détruit la région en envoyant la peste ; dans la *Vie de Périclès* un δαιμόνιον s'oppose aux plans des hommes[107]. L'usage du mot ne paraît pourtant ni exclusif ni systématique car les incursions divines dans la vie humaine peuvent également être attribuées aux θεοί ou à des puissances divines qui, tout en restant indéterminées, sont qualifiées par τὸ θεῖον.

En revanche, les occurrences plutarchéennes de la forme plurielle (δαιμόνια) semblent renvoyer à un usage plus cohérent et moins nuancé. Cette donnée s'avère d'autant plus intéressante dans le contexte de cette enquête qu'il s'agit du terme qui apparaît la plupart du temps dans la LXX. Le mot est employé par Plutarque en trois contextes. Premièrement, il qualifie un présage ou un prodige négatif[108]. Deuxièmement, les δαιμόνια désignent les mauvais démons qui errent autour de l'air et affligent les hommes, tout en prenant la forme de véritables spectres qui préfigurent la mort, tels qu'ils sont décrits dans les *Vies* de

104 Voir les quelques occurrences rassemblées par Nowak 1960, p. 31–37.

105 Voir, par exemple, Plut., *Def. orac.* 416d 2 ; 418c 13 (mais ici la forme est au pluriel) ; *Quaest. plat.* 999e 1 ; également l'adjectif en *Fab. Max.* 17, 5, 4.

106 Par exemple, Plut., *Alex.* 14, 8, 2 ; *Eum.* 19, 3, 3 ; *Num.* 4, 6, 4 ; *Rom.* 28, 3, 6.

107 Respectivement Plut., *Thes.* 15, 1 ; *Per.* 34, 4. Pour le δαιμόνιον qui se manifeste à travers des phénomènes naturels voir *Cic.* 49, 6, 6 et *Dio* 24, 3. Dans la *Vie de Romulus*, l'apparition surnaturelle d'un phallus dans le foyer qui annonce sa naissance est définie comme φάσμα δαιμόνιον. Voir, également, la colère divine en *Rom.* 24, 2 discutée plus haut.

108 Plut., *Nic.* 4, 1 ; *Sull.* 11, 1 ; *Dio* 24, 3 ; *Them.* 10, 1.

Dion et de Brutus[109]. Troisièmement, δαιμόνια indiquent l'ensemble des démons en tant qu'entités clairement distinguées des dieux comme, par exemple, dans la description des origines du sacrifice où Plutarque distingue les prêtres en charge des rituels aux dieux de ceux qui sont préposés aux rituels pour les démons (δύο δ' ἦσαν ἱερεῖς παρ' αὐτοῖς, ὁ μὲν περὶ τὰ θεῖα τεταγμένος, ὁ δὲ περὶ τὰ δαιμόνια)[110]. La catégorie de δαιμόνια permet également d'interpréter les récits d'apparitions surnaturelles des fantômes et spectres transmis par la tradition comme des démonstrations de l'existence d'entités démoniaques dont l'auteur parle plus longuement dans ses ouvrages philosophiques. Dans le prologue des *Vies* de Dion et Brutus, Plutarque souligne que l'élément le plus extraordinaire partagé par ces deux biographies est l'apparition du fantôme menaçant qui préfigure leur morts (φάσματος εἰς ὄψιν οὐκ εὐμενοῦς παραγενομένου). Dans ce passage, Plutarque rend explicite la relation entre mauvais démons et spectres qui, vraisemblablement, faisaient l'objet d'un certain nombre de croyances et de discussions à son époque :

> Il est vrai que certains rejettent ce genre de phénomènes en prétendant que jamais un homme sensé n'a eu la vision d'un démon ou d'un spectre (φάντασμα δαίμονος μηδ' εἴδωλον) et que seuls les petits enfants, les femmes et les gens dont l'esprit est dérangé par la maladie, trainent avec eux [...] Mais si Dion et Brutus, hommes pondérés, des philosophes, peu enclins à se laisser surprendre ou duper par une impression quelconque, furent si vivement affectés par une apparition qu'ils la racontèrent à d'autres, je ne sais si nous ne devons pas admettre cette tradition des anciens, si étrange qu'elle soit, selon laquelle les démons mauvais et envieux (ὡς τὰ φαῦλα δαιμόνια καὶ βάσκανα), jaloux des hommes de bien et s'opposant à leur actions, suscitent en leur esprits des troubles et des frayeurs qui agitent et ébranlent leur vertu[111].

109 Plut., *Dio* 2, 2–4.

110 Plut., *Quaest. rom. et gr.* 292c ; voir, également, *E Delph.* 394c ; *Sera* 549e.

111 Plut., *Dio* 2, 4–6 : καίτοι λόγος τίς ἐστι τῶν ἀναιρούντων τὰ τοιαῦτα, μηδενὶ ἂν νοῦν ἔχοντι προσπεσεῖν φάντασμα δαίμονος μηδ' εἴδωλον, ἀλλὰ παιδάρια καὶ γύναια καὶ παραφόρους δι' ἀσθένειαν ἀνθρώπους [...] εἰ δὲ Δίων καὶ Βροῦτος, ἄνδρες ἐμβριθεῖς καὶ φιλόσοφοι καὶ πρὸς οὐδὲν ἀκροσφαλεῖς οὐδ' εὐάλωτοι πάθος, οὕτως ὑπὸ φάσματος διετέθησαν, ὥστε καὶ φράσαι πρὸς ἑτέρους, οὐκ οἶδα μὴ τῶν πάνυ παλαιῶν τὸν ἀτοπώτατον ἀναγκασθῶμεν προσδέχεσθαι λόγον, ὡς τὰ φαῦλα δαιμόνια καὶ βάσκανα, προσφθονοῦντα τοῖς ἀγαθοῖς ἀνδράσι καὶ ταῖς πράξεσιν ἐνιστάμενα, ταραχὰς καὶ φόβους ἐπάγει, σείοντα καὶ σφάλλοντα τὴν ἀρετήν. (trad. Flacelière, Paris, Les Belles Lettres, 1978).

On retrouve ici les φαῦλα δαιμόνια dont il sera question dans le traité *Sur la disparition des oracles* : dans la suite du texte précédemment cité, Plutarque annonce d'ailleurs qu'il traitera plus en détail de ces créatures dans d'autres ouvrages. En outre, un passage des *Questions grecques* clarifie le fait que les « démons inférieurs » (ou « mauvais ») des philosophes sont des puissances dont les dieux se servent pour la punition publique des hommes impies et coupables (οἴονται φιλόσοφοι φαῦλα δαιμόνια περινοστεῖν, οἷς οἱ θεοὶ δημίοις χρῶνται <καὶ> κολασταῖς ἐπὶ τοὺς ἀνοσίους καὶ ἀδίκους ἀνθρώπους)[112]. Il semble donc que la forme δαιμόνια s'utilise davantage pour définir la catégorie des démons, non seulement en tant qu'entités subordonnées aux dieux, mais également comme véritables puissances malfaisantes. Une réception de cette catégorie est attestée dans les pratiques décrites par les papyri magiques. Alors que δαίμων apparaît souvent dans ces papyri pour indiquer une puissance personnelle adjuvante ou assistante du magicien, δαιμόνιον (utilisé comme qualificatif ou substantivé dans la forme τὸ δαιμόνιον) et δαιμόνια sont plus rares. Quand ceux-ci apparaissent, ils semblent avoir une signification différente de celle de δαίμων car ils se réfèrent exclusivement à des démons mauvais ou à des mauvais esprits qu'on essaye d'écarter ou de soumettre[113]. Les influences juives de la catégorie de δαιμόνιον dans les textes magiques des époques hellénistique et impériale sont bien connues et ce n'est pas un hasard si des expressions telles que le πᾶν πνεῦμα δαιμόνιον « tout esprit démoniaque », ou πᾶν πνεῦμα καὶ δαιμόνιον, « tout esprit et tout démon », apparaissent dans une recette qui est vraisemblablement d'origine juive, ladite recette de Pebechis contre les possédés (PGM 4, 3007–3086)[114]. La référence à l'esprit est probablement à considérer comme un indice supplémentaire de l'origine juive du charme : je reviendrai sur ce point dans les prochains chapitres. À ce stade, je me contenterai d'avancer une hypothèse de travail qui concerne la sémantique du δαιμόνιον/δαιμόνια dans la Bible des Septante. Les spécialisations de ce terme qu'on retrouvera dans la LXX (puis, par celle-ci, dans le Nouveau Testament) puisent amplement dans une tradition déjà attestée à l'époque hellénistique où l'on trouve des tendances à utiliser le terme δαιμόνιον pour indiquer davantage des entités malfaisantes et intermédiaires. Dans le contexte strictement grec, ces tendances demeurent pourtant mouvantes et non systématiques car

---

112 Plut., *Quaest. rom. et gr.* 277a.

113 *PGM* (Preisendanz) : 1, 115 (πονερὰ δαιμόνια) et 4, 86 (δαιμόνια) ; 4, 3034, 3061, 3072, 3077 (πνεῦμα δαιμόνιον) ; 12, 282 ; 13, 798–99 (δαιμόνιον) ; 5, 120 (τὸ δαιμόνιον). La seule exception partielle est représentée par 5, 164–169, où τὰ δαιμόνια apparaît dans une formule qui sert au magicien pour appeler et maîtriser toutes les typologies possibles de démon.

114 Voir Bohak 2008, p. 194–214.

la catégorie du δαιμόνιον ne perd jamais complètement sa valeur polysémique. En revanche, les innovations apportées par la LXX contribuent à une spécialisation des significations qui deviennent, pour ainsi dire, exclusives et figées, en favorisant certains domaines sémantiques au détriment des autres. La LXX se trouverait, donc, au cœur d'une sémantisation ultérieure de cette notion qui passe, pourrait-on dire, du « daïmonique » polysémique grec, caractérisé par une nuance saillante de « destin », au véritable « démoniaque » tel que je l'ai défini lorsque j'ai traité des démons proche-orientaux. C'est, donc, cette hypothèse de travail que je me prépare à mettre à l'épreuve dans le chapitre suivant.

CHAPITRE 3

Les scénarios du démoniaque dans la LXX

Comme déjà mentionné, toute recherche sur les représentations des démons dans la LXX ne peut et ne doit pas être exclusivement réduite à une étude du vocabulaire employé pour définir les entités démoniaques. Toutefois, une analyse des domaines sémantiques couverts par la notion de δαιμόνιον dans la LXX est incontournable et s'avère utile comme travail préliminaire. En effet, cette analyse permet d'une part, de déterminer les scénarios de base dans lesquels le démoniaque s'inscrit dans la LXX et les innovations potentielles amenées par rapport à la Bible hébraïque. D'autre part, une telle enquête amène à confronter la manière dont le terme est utilisé dans la LXX à des emplois plus généraux du mot à l'époque hellénistique, permettant ainsi de comprendre les relations de dépendance, écart et innovation par rapport à la catégorie de δαίμων/δαιμόνιον, tel que mis en évidence dans le chapitre précédent. Étant donné qu'il a parfois été soutenu que l'entrée de ce mot dans les textes bibliques ainsi que dans la littérature du Second Temple rédigée en grec pourrait s'accompagner d'une nouvelle conception du démoniaque[1], il me semble, alors, qu'une telle investigation s'impose. Je présenterai donc les contextes où le mot δαιμόνιον fait son apparition, en les analysant à la lumière du cadre religieux et culturel hellénistique dans lequel cette catégorie s'inscrit.

Lors du répertoriage des occurrences de δαιμόνιον dans la LXX, un constat assez frappant émerge : tout d'abord, au regard du texte hébreu sous-jacent, ce terme intervient dans des contextes dans lesquels l'on ne s'attendrait pas nécessairement à le trouver. En revanche, certaines puissances dont la nature démoniaque est assez prononcée dans la Bible hébraïque ne semblent pas avoir été comprises comme des démons par les traducteurs anciens. Dans ce deuxième cas, il s'avère que ces puissances ont fait l'objet d'un procédé de re-sémantisation assez complexe rendant difficile l'identification de leur nature. Il s'agit, notamment, des deux grands démons de la tradition juive, Azazel et Lilith, mais également d'un passage obscur de la Genèse qui, d'après certaines interprétations, préserverait en hébreu un ancien nom de démon (le prétendu « démon de la porte » en Gen 4,7). Pour mieux saisir l'étendue et les limites de la notion de démon dans la LXX, il convient de nous pencher sur ces processus de transformation, en commençant par l'étude de la présence du mot δαιμόνιον dans ce corpus.

1 Riley 1999, p. 238.

1 La sémantique du δαιμόνιον dans la LXX

Le mot δαιμόνιον apparaît dix-huit fois dans la LXX. Parmi ces occurrences, sept se trouvent dans des livres traduits de l'hébreu et trois dans des livres préservés ou composés seulement en grec, ou dont l'existence d'un original hébreu est discutée. En outre, sept occurrences du mot sont concentrées dans le livre de Tobit, seul contexte de prose puisque tous les autres passages sont des textes poétiques. La distribution est assez inégale : mise à part une occurrence dans le Pentateuque, le mot est attesté surtout dans les Psaumes et il paraît particulièrement apprécié par le traducteur d'Isaïe. Une vue d'ensemble des équivalences montre que, comme c'est souvent le cas dans la LXX, le terme grec traduit plus qu'un mot en hébreu. Vice-versa, le même terme hébreu peut être rendu en grec par plusieurs équivalents selon les différents contextes. Il est toutefois possible d'établir une hiérarchie des correspondances.

Šēd est l'équivalent le plus fréquent de δαιμόνιον dans la LXX. Δαιμόνια traduit la forme plurielle *šēdîm* une fois dans le Pentateuque, à savoir dans ce qu'on appelle couramment le « chant de Moïse », dans un passage où l'on reproche aux Israélites de vénérer de nouveaux dieux à la place de Yhwh (Deut 32,17). Cette équivalence apparaît également dans le Ps 106,37 (= 105,37 LXX), dépendant de Deut 32. Le passage de Bar 4,7, dont on a seulement la version grecque, montre également une dépendance littéraire à Deut 32. On peut donc vraisemblablement imaginer que, si une *Vorlage* hébraïque de Baruch a existé[2], elle devait avoir le mot *šēdîm* à la place correspondant aux δαιμόνια grecs. Le texte de Deut 32 est également reproduit dans la deuxième ode (Od 2,17), sans variations significatives pour ce verset. On notera, au passage, que tous les textes où le mot *šēd* apparaît datent, au plus tôt, de l'époque postexilique[3]. Les chercheurs ont parfois insisté sur le fait que dans la Bible hébraïque le mot est connu seulement à la forme plurielle. Il faut, toutefois, mentionner que δαιμόνιον au singulier est largement attesté dans le livre de Tobit. À cet égard, il convient de souligner que dans les manuscrits de Tobit retrouvés à Qumrân où le passage a survécu nous trouvons régulièrement les formes *šd* ou *šd'* à l'endroit correspondant[4]. En outre, comme nous le verrons par la suite, le δαιμόνιον

---

2 L'existence d'une *Vorlage* hébraïque, traditionnellement acceptée par la plupart des chercheurs depuis les études de Kneucker 1879 et Tov 1975, est remise en question par la recherche récente : pour une introduction au problème, voir Assan-Dhôte et Moatti-Fine 2005, p. 55–56 et 69–71 ; Ryan 2015, p. 487–499 ; pour un modèle patchwork qui combine traduction de l'hébreu et composition en grec, voir Bogaert 2016, p. 596–597.

3 Sur la datation de Deut 32, voir *infra*, p. 186–187.

4 4Q196, fr. 14 i 5 ; 4Q197 frg. 4 i 13 , ii 9 et 13.

du Ps 90,6 (= 91,6 TM)[5] correspond très probablement à la lecture d'une forme singulière *wəšēd* au lieu de *yāšûd*. Cette lecture est vraisemblablement à attribuer au traducteur, mais elle témoigne également de la familiarité des traducteurs grecs avec la forme hébraïque au singulier. L'hébreu *šēd* est normalement considéré comme un emprunt à l'accadien *šedu*[6] qui désigne autant un esprit protecteur qu'un démon néfaste lorsqu'il est accompagné par le qualificatif « mauvais »[7]. Bien que d'autres hypothèses aient été proposées[8], cette dérivation reste la plus vraisemblable. On recense une quinzaine d'attestations du mot *šēd* dans les textes hébreux et araméens de Qumrân. On le trouve alors avec la graphie *šdym* ou *šd'ym*, qui signifie « démon »[9]. Il apparaît fréquemment en judéo-araméen et en syriaque, aux formes *šyd*, *šyd'*, *šydh* et *šydt'*, surtout dans les listes de démons et mauvais esprits inscrites sur les amulettes et les bols incantatoires de l'Antiquité tardive[10]. Il est également attesté dans les Targums[11] et il deviendra le substantif générique pour « démon » en hébreu rabbinique et moderne[12]. Plusieurs hypothèses, que j'analyserai en détail par la suite[13], ont été avancées pour comprendre l'origine et la signification des *šēdîm* en Deut 32. L'une d'elles concerne la relation entre un dieu Shed attesté ailleurs dans le Levant et le nom divin Shadday. Toutefois, il convient d'anticiper le fait qu'en raison, entre autres, de la datation tardive du texte de Deut 32, *šēdîm* doive ici être compris dans le sens de « démon », à savoir dans le même sens que celui attesté à Qumrân et dans la littérature du Second Temple. Il paraît, par contre, improbable que ce terme puisse garder les « restes » d'un ancien nom divin Shadday dont la signification était probablement déjà mal comprise pour les rédacteurs du Pentateuque.

---

5 Weeks, Gathercole, et Stuckenbruck 2004, p. 118, 185, 195, 197, 199.

6 Zimmern 1917, p. 69 ; AHw, p. 1208 ; HALOT, *s.v.* ; Mankowski 2000, p. 138.

7 Voir les exemples en CAD 17/2, s.v., p. 257–259 ; Marti 2017, p. 46–48 ; voir également *supra*, p. 37.

8 Pour une discussion plus détaillée, voir *infra*, § 6.1.3.

9 4Q510 fr. 1, l. 5–8 ; 4Q511 fr. 10, l. 1–5 (Baillet 1982, DJD 7, p. 215–227), 11Q11 (García Martínez, Tigchelaar et Van der Woude 1998, DJD 23, p. 181–206) ; 4Q196, 14 ; 4Q197, 4 (Broshi et al. 1995, DJD 19, p. 1–56). Les occurrences ont été répertoriées et discutées par Stuckenbruck 2014 a, p. 85–87.

10 Naveh et Shaked 1998 : bols no. 1 ; 2,8 ; 5 ; 10 ; 13 ; amulettes no. 7 ; 7 b ; 13. Kotansky, Naveh et Shaked 1992, l. 11, 13, 17, p. 8–9 (*SEG* 42, 1582). La Peshitta lit *šydh* en Lev 17,7 à la place de *ś'yrm* du TM : voir ch. 5.

11 Par exemple *Targum Onqelos* en Lev 17,7 ; *Targum Onqelos* et *Neofiti* en Deut 32,17 ; *Targum Pseudo-Jonathan* en Deut 32,10 ; *Targum Jonathan* en Is 13,21.

12 Jastrow 1903, p. 1523–1524 ; Even Shoshan 1984, s.v.

13 Voir *infra*, p. 184–202.

Δαιμόνια apparaît donc comme un équivalent approprié pour *šēdîm*, dans un contexte où la polémique contre les dieux des autres peuples revient à les comparer à des démons. Ce contexte représente l'un des scénarios majeurs d'emploi du mot dans la LXX. La polémique contre les dieux des autres est également le sujet du verset 5 du Ps 96 (= 95,5 LXX) où δαιμόνια traduit l'hébreu *'ĕlîlîm* dans l'expression : *kî kol 'ĕlōhê hā'ammîm 'ĕlîlîm* (« car tous les dieux des peuples sont des nullités »). *'Ĕlîlîm* signifie littéralement « vanités », « nullités » et est l'un des termes récurrents dans la polémique contre les images et les idoles. Ainsi, pour le traducteur grec, la polémique contre les démons et celle contre les idoles se mêlent en un seul discours.

La condamnation de pratiques cultuelles non alignées avec les prescriptions de Yhwh est également au centre du chapitre 65 du livre d'Isaïe où, au verset 3 du texte hébreu, il est question de sacrifices faits dans les jardins et d'encens brûlés sur des briques. Ici, le texte grec ajoute une expression qui désigne les destinataires de telles pratiques : τοῖς δαιμονίοις ἃ οὐκ ἔστιν, « aux démons qui n'existent pas ». Cette expression est ponctuée d'un obèle chez Jérôme, indiquant bien qu'elle ne se trouvait pas dans l'hébreu. Une variante préservée par la tradition lucianique lit τοῖς οἰκοῦσιν (« dans les maisons ») à la place de ἃ οὐκ ἔστιν. Cette expression pourrait traduire le premier mot du verset suivant : *hayyōšəbîm*, lequel, sinon, n'apparaît pas traduit en grec[14]. En tout cas, τοῖς δαιμονίοις est sans correspondance en hébreu. D'après Isaac Seeligmann, τοῖς δαιμονίοις ἃ οὐκ ἔστιν serait alors une substitution secondaire à un texte grec original qui avait seulement τοῖς οἰκοῦσιν[15]. Une telle hypothèse reste indémontrable car la formule τοῖς δαιμονίοις est préservée par tous les manuscrits : il est donc plus prudent de considérer qu'elle appartient au texte grec ancien d'Isaïe et que l'expansion exégétique remonte au traducteur[16].

Un cas de figure particulier à l'intérieur de ce scénario est représenté par la LXX d'Is 65,11. Ici, on polémique contre ceux qui préparent la table pour Gad (*gd*) et versent du vin pour Méni. Gad est attesté en hébreu biblique comme nom propre, comme toponyme et, ici, comme nom divin[17]. En outre, la forme *gd'* est bien attestée en judéo-araméen, nabatéen et palmyrénien pour indiquer la divinité « fortune »[18]. La LXX d'Isaïe traduit Gad par δαιμόνιον et Méni par τύχη, « Fortune ». Il faut ici relever une certaine variation dans la tradition manuscrite. Les formes δαιμόνιον et τύχη sont inversées dans une série de

14 Ziegler 1939, p. 360, *apparatus* I.

15 Seeligmann 1948, p. 31.

16 Ainsi Baer 2001, p. 176–177 ; Van der Vorm-Croughs 2014, p. 368–369.

17 Le nom de Gad fils de Leah est rattaché par étymologie populaire au bon sort (Gen 30,11), voir *infra*, § 6.2.2. Le toponyme Ba'al-Gad apparaît en Josué 11,17 ; 12,7 ; 13,5.

18 Pour Gad et Méni, voir *infra*, § 6.2.2.

manuscrits, à savoir que τύχη correspond à Gad et δαιμόνιον à Méni[19]. En outre, le Vaticanus et l'Alexandrinus préservent le datif δαιμονίῳ alors que le Sinaiticus et d'autres témoins du groupe alexandrin ont la forme δαίμονι, dérivée de δαίμων[20]. Il est très probable, comme le suggéraient, déjà, Isaac Seeligmann et, plus récemment, Joachim Schaper[21], que le traducteur ait reconnu dans les sacrifices offerts à Gad et Méni des formes de culte à la bonne fortune et au bon démon (désigné sous le terme d'*agathodaimon*), extrêmement populaires aux époques hellénistique et romaine, en Égypte et dans le Levant. Cette interprétation pourrait également justifier la présence de la forme δαίμων comme forme originale choisie ici par le traducteur. Ainsi, dans ce cas spécifique, et tout en restant dans le contexte de la polémique contre les dieux étrangers, les divinités ne sont pas « réduites » à des démons comme dans les autres passages[22], mais font directement référence aux cultes hellénistiques du bon démon et de la bonne fortune.

Un autre contexte où le δαιμόνιον apparaît est celui des maladies et des attaques démoniaques proprement dites. Ce scénario est notamment décrit dans le Ps 91 (= 90 LXX) où le traducteur lit, comme nous l'avons vu, *wəšēd* (« et le démon ») au lieu du verbe *yāšûd* (dérivé de *šdd*, « détruire », « ravager »). Dans le texte hébreu, d'autres agents divins, tels que Qeṭeb et Deber, apparaissent comme responsables de maux pouvant frapper les hommes. De la même manière dans la LXX, la représentation des démons comme agents de maladie ne se limite pas à l'emploi de δαιμόνιον, mais concerne toute une série d'autres figures et agents dont la fonction doit être analysée au cas par cas[23]. Les attaques démoniaques sont également l'un des noyaux narratifs du livre de Tobit où δαιμόνιον qualifie le démon Asmodée. Il est raisonnable de penser que les attaques démoniaques dans le Ps 91 et dans le livre de Tobit ne soient pas envisagées comme maladie générique, mais plus spécifiquement comme une forme de possession. En tant qu'activité attribuée par excellence aux démons et étant bien attestée dans la Bible hébraïque, la possession représente donc un scénario ultérieur pour l'exploration de l'action du démoniaque. Comme Daniel Barbu l'a bien relevé[24], il faut toutefois préciser que dans la Bible ce type

19 Voir Ziegler 1939, p. 361, *apparatus* I. La correspondance τύχη-Gad est également rétablie par les réviseurs (ibid., *apparatus* II).

20 Voir Ziegler 1939, p. 361, *apparatus* I. Cette forme est d'ailleurs préférée ici par Rahlfs.

21 Seeligmann 1948, p. 99–100 ; Schaper 2010.

22 *Pace* Riley 1999, p. 238.

23 Voir *infra*, ch. 4.

24 Barbu et Rendu-Loisel 2009, p. 307–308. Voir *infra*, ch. 7.

d'activité est confié davantage à des entités qualifiées comme « esprits » (*rûḥôt*, qui correspondent toujours au grec πνεύματα) et, plus rarement, aux δαιμόνια[25].

Le terme δαιμόνια, toujours au pluriel, a d'autres équivalents, notamment dans la LXX d'Isaïe où il traduit le mot *śəʿîrîm*, littéralement « bouc », en Is 13,21, et peut-être l'hébreu *ṣiyyîm* en Is 34,14, un terme à la compréhension difficile qui renvoie aux habitants du désert et de la steppe. Nous nous trouvons, en effet, dans un contexte complètement différent : celui d'habitants de ruines, à savoir de villes qui ont été détruites et abandonnées à jamais, et dont la Babylone d'Is 13 est le paradigme. Dans un contexte similaire, on peut relever l'occurrence δαιμόνια de Bar 4,35, également en référence à Babylone. Le choix de δαιμόνια comme équivalent pour ce type de créatures peut être expliqué par l'approche exégétique par laquelle le traducteur du livre d'Isaïe a compris et retravaillé le paysage culturel et religieux lié à l'espace des ruines. Cet espace devra également être analysé en détail[26].

Essayons, à présent, de récapituler ces quelques observations sur l'usage de δαιμόνιον dans la LXX. L'hébreu *šēd*, « démon », apparaît comme le principal équivalent pour le grec δαιμόνιον : celui-ci traduit *šēd* trois fois sur sept ; *šēd* est en outre le terme correspondant régulièrement à δαιμόνιον dans le livre de Tobit. Il faut alors comprendre pourquoi différents traducteurs ont choisi presque systématiquement d'employer l'adjectif substantivé δαιμόνιον au lieu du substantif plus commun δαίμων qu'ils avaient à disposition. Le choix des traducteurs s'inscrit dans un usage du mot de plus en plus spécialisé et bien attesté à l'époque hellénistique pour δαιμόνιον (et pour le pluriel δαιμόνια), pour indiquer des entités malfaisantes et différenciées des dieux. En revanche, δαίμων est une notion religieuse qui reste beaucoup plus complexe et fortement intrinsèque à la religion grecque. En outre, son lien étroit avec la notion de destin rendait son usage difficile dans les contextes que l'on vient de décrire. Par rapport à δαίμων, δαιμόνιον a un domaine sémantique qui est à la fois plus spécialisé et moins connoté, surtout à l'époque des traducteurs. De ce point de vue, ce n'est pas un hasard si la seule exception où la tradition manuscrite préserve δαίμων est en Is 65,11, passage qui fait vraisemblablement référence au culte grec du bon démon. En outre, il faut considérer que l'équivalence entre *šēdîm* et δαιμόνια fut initialement posée par le traducteur du Deutéronome. Par conséquent, elle a été gardée telle quelle dans une série de passages qui montrent une dépendance littéraire ou thématique à l'égard de Deut 32. En choisissant cette équivalence, les traducteurs contribuent à réduire l'ambiguïté ultérieure du δαιμόνιον, ainsi qu'à en figer la sémantique comme équivalent de

25 Voir, par exemple, Jud 9,23 ; 1 S 16, 1–13 ; 1 R 22, 17–25 ; 2 Ch 18, 22.

26 Voir *infra*, ch. 5.

« démon ». Ce processus sera prolongé et complété dans d'autres traditions grecques du Second Temple mais aussi plus tard. Les versions grecques d'Hénoch, par exemple, utilisent encore δαιμόνια pour parler des sacrifices aux démons faits par les humains détournés par les anges veilleurs, lesquels se sont unis aux femmes[27]. Dans la version grecque du livre des Jubilés, Mastema est appélé ὁ ἄρχων τῶν δαιμονίων, « le chef des démons »[28]. Mais l'exemple révélateur en ce sens est, sans conteste, le Nouveau Testament qui enregistre environ soixante occurrences de δαιμόνιον alors que δαίμων n'y apparaît qu'une seule fois[29].

Souligner le rôle de la LXX dans la superposition des notions de δαιμόνιον et de « démon » ne signifie cependant pas nécessairement que la sémantique du δαιμόνιον dans la LXX soit strictement univoque. Au contraire, l'analyse des contextes dans lesquels le mot apparaît montre une sémantique encore « plurielle », et ce, à bien des égards. Une telle pluralité est également démontrée par le fait que d'autres équivalences sont possibles : outre celle entre δαιμόνια et *šēdîm*, on retrouve une correspondance entre δαιμόνια et « idoles » ou entre δαιμόνια et certaines créatures qui peuplent les ruines. De plus, la manière dont le traducteur grec d'Isaïe recourt à la notion de δαιμόνιον laisse apercevoir des différences significatives par rapport aux usages de cette catégorie dans le reste de la LXX. Dans d'autres traditions du judaïsme hellénistique, notamment chez Philon et chez Flavius Josèphe, on repère d'ailleurs des occurrences de δαίμων et δαιμόνιον encore parfaitement alignés aux usages philosophiques et littéraires classiques, à savoir que ces termes sont employés avec la signification de « destin », « divinité inconnue », voire tout simplement « divinité », et même d'« esprit défunt »[30]. Ces exemples nous montrent que la littérature

27 1 Hén 19,1–2 ; 99,7. Voir A.T. Wright 2005 b, p. 155–156 ; D.B. Martin 2010, p. 666–667.

28 Jub 17,16. Dans cet épisode, qui raconte le sacrifice d'Isaac, le nom de Mastema remplace celui de Yhwh : voir Olyan 1993, p. 25–26 ; Segal 2007, p. 210. L'épithète ὁ ἄρχων τῶν δαιμονίων n'est pas attestée dans la version éthiopienne et elle est probablement une addition tardive, voir Charles 1917, p. 252. Sur ce passage voir également Brand 2013, p. 182–185.

29 Mt 8,31. Δαίμων apparaît également dans le *textus receptus* de Mc 5,12 ; Luc 8,29 ; Ap 16,14 ; 18,2 : il s'agit, en tout cas, d'un nombre très réduit d'occurrences.

30 Philon semble notamment ignorer les significations de δαίμων et δαιμόνιον qui sont exclusives à la LXX. Il utilise souvent δαίμων comme synonyme de θεός pour indiquer une entité surnaturelle générique (outre *Virt.* 172, où il cite Pindare, on peut voir *Legat.* 112 et *Hypoth.* 6, 9), y compris dans un sens proche de celui de « sort », « destinée « (voir surtout *Flacc.* 168, mais également *Flacc.* 179, *Prob.* 130, *Prov.* 2, 8). On peut voir également l'expression κατὰ δαίμονα, « sous inspiration divine » ou simplement « de manière providentielle » en *Hypoth.* 6, 1. En *Legat.* 65 δαίμοσι désigne les esprits familiaux de l'épouse décédée de Caligula, notamment dans leur fonction d'esprits vengeurs alertés par un meurtre à l'intérieur de la famille (celui de Silanus, beau-père de l'empereur et tué par ce dernier), ce qui constitue un acte d'impiété. Dans la *Vie de Moïse*, δαιμόνιον indique une divinité dont

juive hellénistique ne constitue pas une exception par rapport à la polysémie du δαίμων dans le reste de la littérature grecque.

Enfin, l'enquête sur la distribution du terme δαιμόνιον dans la LXX a permis de dégager une pluralité de scénarios ou de domaines dans lesquels les démons interviennent et qui seront analysés chacun en détail dans les chapitres suivants : celui des agents divins responsables de maladies et des fléaux ; l'espace des habitants des ruines et des villes abandonnées ; la représentation des dieux des autres et la relation entre démons et idoles. Ces scénarios sont présents à la fois dans la Bible hébraïque et dans la LXX, mais leurs déclinaisons et différences n'ont pas encore suffisamment été mises en valeur. En outre, d'autres notions « clés » de la représentation du démoniaque dans la Bible hébraïque émergent dans ce cadre. Elles sont surtout liées à l'activité des esprits : puissances agentielles de la divinité et premières responsables des formes de possession, et dont l'analyse doit nécessairement être prise en compte lors d'une enquête sur les représentations du démoniaque dans la Bible. Avant d'analyser singulièrement chacun de ces contextes, il faut, toutefois, encore s'interroger sur la prétendue disparition dans la LXX de certains démons « majeurs » de la Bible hébraïque.

2 Le va-et-vient des démons : Azazel et Lilith

2.1 *Azazel dans la Bible hébraïque*

Protagoniste du grand rituel annuel de purification de la communauté décrit en Lévitique 16, Azazel est à bien des égards la principale figure démoniaque de la Bible hébraïque. Il n'est jamais nommé en dehors de ce chapitre qui est, par ailleurs, assez pauvre en détails concernant ses origines, son aspect ainsi que son histoire. Toutefois, le rôle qu'il joue à l'intérieur du rituel permet d'avancer un certain nombre d'éléments concernant sa fonction et son rapport à Yhwh. Tout d'abord, Azazel est présenté comme une entité clairement distinguée de Yhwh, et qui, comme le démontre la structure même du rite composé de plusieurs sacrifices, lui est soit mise en parallèle, soit en opposition. Le tirage aux sorts des boucs ouvre la partie centrale du rituel de purification qui s'étend

---

on ne connaît pas le nom (*Mos.* 1.276 : Balaam et Balaq s'arrêtent sur une colline où il y a la stèle d'un dieu [τινος δαιμονίου] vénéré par les habitants du lieu : il s'agit probablement d'une interprétation du Bamoth Ba'al de Num 22,41). L'adjectif δαιμόνιος apparaît, en outre, deux fois dans le sens de « suprahumain », « extraordinaire » (*Aet.* 47, et 64). Pour le rapport entre anges et démons chez Philon voir *infra*, p. 204. Pour un traitement plus détaillé des continuités et des discontinuités par rapport à la notion de « démon » dans la LXX chez les auteurs juifs hellénistiques on peut voir Angelini, à paraître.

du verset 7 au verset 22[31]. Dans un premier temps, alors qu'un des boucs est sacrifié pour Yhwh (*lyhwh*), l'autre est envoyé, vivant, à Azazel dans le désert (*la'ăzā'zēl hammidbārâ*, versets 8–10). Deuxièmement, le verset 9 souligne que le bouc destiné à Azazel doit être présenté au préalable devant Yhwh : ce geste semble indiquer une forme d'autorité de Yhwh sur Azazel. Ces deux puissances sont donc mises en parallèle dans le rituel sans avoir, pour autant, un pouvoir équivalent. Troisièmement, le texte souligne le fait qu'Azazel est une puissance strictement associée au désert et aux espaces chaotiques. En effet, au verset 10, le bouc pour Azazel est envoyé dans le désert, ceci étant mentionné par son nom courant *midbār*. Au verset 22, qui explique la signification du rite pour Azazel (à savoir le fait que le bouc emporte avec lui les fautes de la communauté), *midbār* est mis en parallèle avec l'expression *'ereṣ gəzērâ* (ונשׂא השׂעיר עליו את כל עונתם אל ארץ גזרה ושׂלח את השׂעיר במדבר, « et le bouc emportera sur lui toutes les fautes vers une terre stérile, et il enverra ce bouc dans le désert »). Cet adjectif attribué au sol est généralement traduit par « infertile », « stérile », en se fondant sur sa signification en arabe. Littéralement, l'expression signifie plus précisément « terre coupée », « terre séparée », puisque *gəzērâ* dérive de la racine *gzr*, « couper ». Elle indique donc, non seulement, son éloignement de l'espace humain, mais également du domaine d'influence de Yhwh, à savoir le territoire où s'exercent les relations entre les hommes et la divinité. Comme le montre le Ps 88,6 ce territoire peut, en outre, être métaphoriquement comparé au monde des morts : les défunts sont « coupés » de la présence divine avec laquelle ils perdent contact : במתים חפשׁי כמו חללים שׁכבי קבר אשׁר לא זכרתם עוד והמה מידך נגזרו (« abandonné parmi les morts, comme les 'percés' couchés dans la tombe, et dont tu as perdu le souvenir car ils sont coupés de ta présence »)[32]. Le sens de l'expression *'ereṣ gəzērâ* en Lev 16,22 était encore clair pour le traducteur grec, qui rend *gəzērâ* par l'équivalent inhabituel ἄβατος, « inaccessible », adjectif parfaitement approprié à ce contexte[33].

Enfin, il importe de relever qu'à l'intérieur de la construction rituelle complexe de Lev 16, Azazel n'est pas le destinataire d'un sacrifice à proprement parler, ni d'une offrande, mais plutôt d'un rite d'élimination qui a pour but d'emporter les fautes de la communauté, lesquelles sont transférées sur le bouc, comme l'expliquent les versets 21 à 22. Le fait que ce bouc reste vivant, ce

31 Pour une analyse détaillée du rite de purification annuelle de Lev 16, qui est en réalité beaucoup plus long et complexe, et composé de différents sacrifices, on peut voir Milgrom 1991, p. 1009–1084 ; plus récemment, Nihan 2007, p. 340–371 et la bibliographie relative.

32 Ps 88,6. Sur l'expression *'ereṣ gəzērâ,* voir les remarques de Tawil 1980, p. 55–56 ; Nihan 2007, p. 354–355.

33 Voir, à ce sujet, les remarques de Pietersma 2006 b, p. 410–412.

qui est rappelé à plusieurs reprises dans le texte, met en évidence la différence entre le rite destiné à Azazel et le sacrifice destiné à Yhwh[34]. Les parallèles proche-orientaux et, plus largement, méditerranéens à ce rituel d'élimination ont été largement étudiés et ne doivent pas être rappelés ici[35]. Il importe toutefois de souligner que le rituel pour Azazel se différencie de la procédure sacrificielle normale. En effet, celle-ci implique une forme de négociation entre les deux parties. À l'inverse, le rituel de purification vise à écarter, éliminer, voire faire disparaître à jamais les fautes de la communauté : comme tel, il se rapproche des rituels typiquement adressés aux démons dans l'Antiquité[36].

Les traits associés à Azazel tel qu'il est décrit en Lev 16 – c'est-à-dire l'appartenance à la sphère du chaos, la subordination à Yhwh et le fait d'être destinataire d'une pratique de détournement – appartiennent pleinement au « réseau » qui caractérise le démoniaque au Levant, tel que je l'ai défini dans le premier chapitre. Ainsi, il est apparu difficile, même pour ceux qui ont cherché à expulser toute trace du démoniaque de la Bible hébraïque, de ne pas reconnaître en Azazel une figure de démon[37].

Une interprétation séduisante qui mérite d'être discutée plus en détail est celle récemment avancée par Aron Pinker, pour qui Azazel serait une forme ou une manifestation de Yhwh dans le désert. Pour comprendre cette hypothèse il faut revenir sur la question de l'étymologie du nom d'Azazel. Sur le plan philologique, l'hypothèse la plus robuste et la plus largement acceptée est celle proposée par Bernd Janowski et Gernot Wilhelm. Ils considèrent le nom Azazel comme composé de la racine du sémitique commun *ʿzz* (en accadien *Azazu/ezezu*, « être en colère » ; en hébreu et dans les autres langues ouest-sémitiques la racine signifie d'habitude « être fort », « être fier ») suivi par le nom divin *ʾl*[38].

---

34 Lev 16,10 et 20–22.

35 Les études classiques sont Wright 1987, p. 15–74 ; Janowski et Wilhelm 1993 ; pour le dossier comparatiste grec un bon point de départ est Bremmer 1983.

36 Voir *supra*, p. 25–40 ; p. 53–59. Voir, en ce sens, les parallèles avec les rituels contre les démons analysés par D. Wright 1987, p. 65–69.

37 Blair (2009, p. 62) considère Azazel comme le nom propre d'un être surnaturel qui réside dans le désert, personnification du chaos et opposé à Yhwh : autrement dit, elle mentionne les principaux traits qui caractérisent un démon au Levant. En revanche, l'analyse de Frey-Anthes (2007, p. 61–63) est plus subtile. Elle a sans doute raison de rejeter la superposition immédiate de certaines créatures hybrides, telles que, par exemple, les boucs représentés sur les ivoires de Megiddo, avec l'Azazel biblique car une telle association n'est pas suffisamment appuyée par les éléments textuels dont nous disposons. Néanmoins, sa compréhension d'une figure religieuse complexe comme Azazel exclusivement comme une « literarische Gestalt » (ibid., p. 240–241) me paraît réductrice. Pour une critique du concept de paganisme littéraire, voir *infra*, p. 117–118.

38 Voir également Dietrich et Loretz 1993 ; pour d'autres hypothèses étymologiques, voir la discussion en Janowski 1999 a, p. 128–131.

Cette lecture semble, entre autres, confirmée par la présence d'une divinité Aziz ou Azuz attestée par le théophore phénicien *'bd'zz*, « serviteur d'Azuz »[39] ainsi que par un théonyme gaditain *'zzmlk'štrt*, « Le fort Milkaštart »[40]. Un théonyme *ᵈA-zu-zi* est, en outre, attesté en néo-assyrien[41] et un nom propre avec cette racine apparaît déjà à Ebla[42]. Il paraît également assuré que *'zz'l* est la graphie originaire du texte biblique car cette forme est préservée dans deux textes retrouvés à Qumrân (voir tableau 12 *b* en Appendice). Le premier est le Rouleau du Temple, dans un passage qui réécrit le rite de Lev 16[43]. Comme c'est souvent le cas dans les écrits qumrâniens, le texte biblique est reporté avec des réarrangements et de subtiles variations. Ainsi, le passage en question nous dit que le bouc est envoyé à *'ăzaz'ēl hammidbārâ*, une expression qui d'après William Gilders pourrait être comprise comme « Azazel du désert », presque comme une épithète d'Azazel[44]. Le deuxième texte est un *pesher* sur Azazel et les anges (4Q180), à savoir un commentaire du texte biblique. Dans ce cas, le récit de la création est réécrit et donc réinterprété, et Azazel y est nommé deux fois avec la graphie *'zz'l*[45]. Cette graphie se retrouve encore sur quelques manuscrits du Pentateuque samaritain avec une première occurrence du nom en Lev 16,10[46]. La métathèse entre *zayin* et *aleph* qui a donné lieu à la forme massorétique inhabituelle *'z'zl* en Lev 16 est probablement explicable par une forme de révérence du rédacteur envers le nom divin, et ce, à un stade ultérieur de la transmission du texte, mais, néanmoins, antérieur à la traduction grecque. On rappellera à cet égard que les procédés de métathèse sont souvent employés pour des modifications phonétiques motivées par des raisons d'ordre « tabouistique »[47]. Si la question étymologique est donc relativement claire sur le plan philologique, elle l'est moins au niveau de l'interprétation. La forme *'zz'l* pourrait être comprise soit selon la signification courante de la racine sémitique occidentale, c'est-à-dire comme « la force du dieu », ou encore

---

39 Zadok 1978, p. 57–58.

40 Lipiński 1992, p. 52 ; Krahmalkov 2000, p. 363, s.v. *'z*. Voir également les théophores *'z(z)b'l* et *'zzmlk* : Lipiński, ibid.

41 Zadok 1978, p. 57.

42 *Aziza*, Vattioni 1987. La racine *'zz* est, d'ailleurs, à l'origine à une série de noms propres en hébreu biblique : 'Azaz, 'Uziel, 'Uza, etc.

43 11QTS 26, l. 13.

44 Gilders 2012, p. 69.

45 4Q180, fr .1, l. 7–8. Suite à l'*editio princeps* d'Allegro (1968, DJD 5, p. 79–80), le texte a été réédité par Dimant 1979 (= 2014, p. 385–390 ; voir également Garcia Martinez et Tigchelaar 1997, p. 371–373). Pour une comparaison entre ce texte et les traditions hénochiques, voir Davidson 1992, p. 271–274 ; plus récemment, Gilders 2012.

46 Voir Schorch 2018, p. 137 et tableau 12 *a* en Appendice.

47 Mayer Modena 1982. Pour la notion de tabou linguistique, voir Cardona 1976, p. 140–141.

« le dieu fort » ; soit comme la « colère du dieu ». Cette dernière interprétation serait signifiante dans le contexte de Lev 16. De plus, elle nous présenterait la colère comme un agent de la divinité, ce qui a d'autres parallèles dans la Bible hébraïque[48]. Cependant, cette interprétation demeure peu probable car la signification de *ʿzz* comme « colère » n'est jamais attestée en sémitique occidental, alors que la valeur de « force » est bien présente dans toute l'histoire du sémitique du nord-ouest, à savoir de l'ougaritique au judéo-araméen[49]. Au passage, il vaut la peine d'observer qu'un papyrus grec chrétien provenant d'Égypte, contenant une liste des noms divins et ayant, peut-être, été destiné à être utilisé comme amulette, explique encore le nom grec Αζαηλ comme signifiant « la force de Dieu »[50]. Dans ce contexte, Pinker comprend Azazel comme signifiant « dieu fort, fier » ; il s'appuie sur l'existence du dieu Azuz dans le monde ouest-sémitique pour conclure que ce « dieu fort » qui réside dans le désert en Lev 16 ne serait autre que Yhwh lui-même. Plus précisément, il s'agirait d'une même divinité, vénérée sous le nom de Yhwh dans le temple de Jérusalem et sous le nom d'Azazel au désert[51]. Toutefois, à mon avis, cette hypothèse se heurte à une difficulté provenant du texte de Lev 16. Comme nous l'avons vu, au verset 10, on spécifie que le bouc destiné à Azazel doit, auparavant, être présenté vivant devant Yhwh pour l'expiation. La formulation du rituel semble donc indiquer un rapport de subordination d'Azazel à Yhwh plutôt qu'une identification entre les deux divinités. En outre, la qualification du désert comme *ʾereṣ gəzērâ*, « terre séparée », met l'accent sur la distance et l'éloignement de la présence divine. Même si le nom d'Azazel pourrait originellement renvoyer à celui d'une divinité proche-orientale, les indices pour une identification entre Yhwh et Azazel dans le contexte du rituel de Lev 16 demeurent, à mon avis, assez faibles. Les deux sont plutôt présentés comme deux divinités distinctes, dont la deuxième a un domaine d'action plus limité et reste associée à la sphère du chaos : deux traits qui ont été définis ici comme étant compatibles avec la sphère du démoniaque. En revanche, l'on pourrait se demander si le dieu proche-oriental Azuz – si c'est bien de lui qu'il s'agit – n'a pas subi un processus de « démonisation » lors de sa transposition dans la Bible hébraïque, selon un processus assez similaire à celui à l'œuvre pour d'autres divinités levantines, telles que Resheph et Deber[52].

48 Voir, notamment, Num 17 et *infra*, § 4.1.

49 La racine peut avoir des nuances différentes : « être fort », « être insolent », « être fier ». Le domaine sémantique est celui de la force et de l'énergie. Voir S. Wagner 2001.

50 P 14, 3 Preisendanz (vol. 2, p. 203 = Heidelberg G 1359) : Αζαηλ : ἰσχὺς θεοῦ.

51 Pinker 2007, p. 14–16.

52 Voir *infra*, ch. 4.

Si Azazel dans la Bible hébraïque ne peut être compris autrement que comme un démon, le fait qu'il ait été, pour ainsi dire, évacué de la traduction grecque soulève nécessairement des interrogations. Avant d'analyser plus en détail le texte grec et les procédés mis en œuvre par le traducteur, il faut revenir d'abord sur les problèmes liés à la transmission ancienne du nom d'Azazel et sur la diversité de la réception de cette figure dans l'Antiquité. Ces données permettront de mieux comprendre le cadre dans lequel les traditions de la LXX se situent.

2.2 *La réception ancienne d'Azazel*

Selon une dynamique assez courante dans l'exégèse ancienne, l'absence de détails sur Azazel dans la Bible hébraïque ainsi que la difficulté de son nom ont donné lieu à un processus d'expansion « midrashique » considérable dans la réception de cette figure. Tout d'abord, la nature démoniaque d'Azazel comme démon est amplifiée dans les traditions du Second Temple et captée par l'apocalyptique. Les traditions hénochiques préservées dans le Livre des Veilleurs, un fragment des livres des Géants préservé à Qumrân, ainsi que d'autres textes qumrâniens tels que le *pesher* 4Q180, inscrivent Azazel parmi les anges rebelles qui se sont unis aux femmes, engendrant la race des géants. Dans le Livre des Veilleurs, un ange nommé Asaël/Azazel est également responsable d'avoir enseigné aux hommes les arts métallurgiques, la teinture et l'art de travailler les pierres précieuses. L'insertion d'Azazel à l'intérieur du mythe des Veilleurs dans le premier livre d'Hénoch est reconnue comme secondaire par rapport au noyau original du mythe[53] et implique la connaissance et l'appropriation de thèmes provenant du chapitre 16 du Lévitique[54]. La tradition qui voit en Azazel un ange est également attestée dans les Oracles Sibyllins et dans le Testament de Salomon[55] ; elle est particulièrement complexe dans

---

53 Le texte de 1 Hen 6–36, connu également comme « Livre des Veilleurs », représente la partie la plus ancienne du livre d'Hénoch. Ici, un ange nommé Asaël ou Azazel est mentionné aux passages 6,7 ; 8,1 ; 9,6 ; 10,4 ; 10,8 ; 13,1 (voir aussi 1 Hen 54,5–6 ; 55,4 ; 69,2 qui ne sont pourtant attestés ni en grec ni en araméen). Le matériel narratif contenu dans le Livre des Veilleurs a une histoire littéraire complexe : la plupart des chercheurs reconnaît l'insertion d'Asaël/Azazel comme secondaire ou tertiaire. Voir Nickelsburg 2001, p. 191–201, et en dernier l'analyse de Bhayro 2005. Je remercie Matteo Silvestrini pour nos discussions autour de la présence d'Azazel dans le livre d'Hénoch.

54 Voir, à ce sujet, Hanson 1977 ; Nickelsburg 1977 ; id. 2001 ; Stuckenbruck 2014 b ; Silvestrini, à paraître. Sur la réception d'Azazel dans les traditions juives anciennes, voir également Stökl Ben Ezra 2003, p. 85–95, 124–134.

55 *Sib. Or.* 2,215 ; *T. Sol.* 7,7.

l'Apocalypse d'Abraham[56] et se retrouve également dans les papyri magiques de l'Égypte gréco-romaine[57].

Par la suite, une ligne d'exégèse minoritaire interprète l'Azazel biblique comme faisant référence au nom du lieu où le bouc est envoyé. Le passage le plus connu se trouve dans un traité du Talmud[58], mais cette interprétation est également attestée par quelques Targums[59] et elle est probablement connue par Aquila.

Enfin, l'on pourrait mettre en évidence une troisième ligne d'interprétation d'origine ancienne et faisant d'Azazel le bouc émissaire. Il s'agit d'une tradition fondée essentiellement sur la traduction de la Vulgate, notamment sur le *caper emissarius* traduit par Jérôme[60], qui n'a pas de véritable correspondant dans le texte hébreu. Cette interprétation a joui d'un certain succès dans les milieux chrétiens anciens (et modernes), et a été rapprochée, parfois improprement, des traditions grecques sur le φαρμακός[61]. Il convient, à cet égard, de préciser que, contrairement à certains rituels hittites et grecs, dans le texte hébreu de Lev 16, le bouc pour Azazel ne fonctionne pas comme un véritable substitut des péchés du peuple. En effet, le texte ne contient aucune indication concernant le fait que le bouc souffre à la place du peuple ou qu'il soit offert en substitution aux péchés : il est plutôt un véhicule chargé de transporter les fautes du peuple le plus loin possible[62]. La LXX est parfois indiquée comme supportant l'interprétation d'un « bouc émissaire »[63] : en réalité, comme on le verra, l'opération mise en œuvre par le traducteur est un peu plus complexe.

Une telle variété d'interprétations de la figure d'Azazel est générée, entre autres, par les difficultés posées par son nom. Si la forme originelle du texte biblique peut être reconstruite avec une relative certitude, le nom, quant à lui, fait l'objet d'un certain nombre de variations dès l'époque du Second Temple (voir tableau 12 *a* et *b* en Appendice). Plusieurs graphies sont attestées parmi les manuscrits de la Mer Morte. L'orthographe *'z'zl*, à savoir la même que dans le TM, est attestée dans un fragment araméen de Qumrân du Livre des Géants. Bien que le mot ne soit pas entièrement lisible, la restitution est très

56 Voir, à ce sujet, les analyses de Grabbe 1987 ; Fauth 1998.

57 *PGM* 45, 7.

58 b.Yoma 67b.

59 *Targum Jonathan* en Lev 16,10.

60 Lev 16,8, 10 et 26.

61 Notamment à la suite du travail de Girard 1972.

62 Voir, à ce sujet, les remarques de D. Wright 1987, p. 49–50.

63 Blair 2009, p. 17.

vraisemblable du point de vue paléographique[64]. En outre, la transmission du nom est compliquée dans les traditions sur les Veilleurs qui ont été transmises en araméen et en grec avant d'être traduites en éthiopien. L'histoire d'Azazel dans le livre d'Hénoch est rattachée à la liste des Veilleurs donnée en 1 Hen 6,7, où les noms des anges veilleurs sont mentionnés pour la première fois. Là apparaît un certain Asaël/Azaël dont le nom est transcrit de différentes manières : les fragments de Qumrân, qui représentent la forme textuelle la plus ancienne, préservent les graphies *'s'l* (*'asa'el*)[65] et *'ś'l* (*'aśa'el*)[66] dans le passage correspondant à 1 Hen 6,7 ; les *codices* grecs ont, pour leur part, Ασεαλ (Panoplitanus), Αζαλζηλ (Syncellus)[67]. Il est probable qu'à l'origine cet Asaël constituait une entité divine distincte d'Azazel, mais que, au cours de la tradition, du fait de la similitude phonique, ce dernier ait été rapproché du premier puis lui ait été assimilé. Quoiqu'il en soit, un fragment araméen du Livre des Géants et le *pesher* préservé en 4Q180 montrent que la forme « biblique » du nom (Azazel) était déjà associée au mythe des Veilleurs au moins au premier siècle avant notre ère. Au passage, notons que la forme grecque préservée dans toutes les occurrences du texte grec d'Hénoch (à l'exception de 1 Hen 6,7) est Αζαηλ[68]. Elle pourrait refléter une lecture « à la grecque » d'un original *'zz'l* (le zeta étant une consonne double), les deux formes *'asa'el* et *'aśa'el* de 1 Hen 6,7 attendant plutôt un *sigma* comme équivalent du *samek* ou du *sin*. En outre, une variété de graphies grecques et araméennes est attestée sur les papyri magiques et sur les bols incantatoires car, évidemment, ce nom fonctionnait bien dans ses différentes formes en tant que *nomen magicum*[69]. La Peshitta de Lev 16 a partout la forme *'zz'yl* : il se peut que l'insertion du *yod* vise ici également à effacer le nom divin *'El*, introduisant peut-être une référence au bouc (*'ayil*), selon une interprétation similaire à celle que l'on retrouve dans les traditions grecques et latines.

64 4Q203 (= 4QEn Giants[a]) 7a i 6 : עזא̊[ז]ל : l'aleph n'est pas entièrement lisible, mais le début de la lettre laisse entrevoir un signe différent de celui du *zayin* qui précède. Voir Milik 1976 a, p. 312–314 ; Stuckenbruck 1997, p. 77–83 ; id. 2000 (DJD 36, p. 19–24). Une reproduction récente du fragment est disponible en ligne : https://www.deadseascrolls.org.il/explore-the-archive/image/B-298789. Sur les raisons du lien entre Azazel et le mythe de géants, voir Stuckenbruck 1997, p. 81–82.

65 4Q201 (= 4QEn[a]) 3, 9.

66 4Q204 (= 4QEn[c]) 2, 26.

67 Voir Charles 1906, p. 15. Pour la discussion de la transcription du nom en éthiopien, on peut voir en dernier Silvestrini, à paraître.

68 1 Hen 8,1 ; 9,6 ; 10,4, 8 ; 13,1 ; et *Sib. Or.* 2,215.

69 Toutes les occurrences ont été répertoriées par Fauth 1998.

2.3 *Azazel dans la* LXX

Par rapport à ces traditions anciennes qui développent la figure d'Azazel dans de multiples directions en en intensifiant souvent ses qualités « démoniaques », la LXX semble représenter un cas de figure particulier. En effet, non seulement elle ne préserve pas le nom d'Azazel, mais, de plus, le traducteur utilise quatre solutions différentes pour l'évoquer, ce qui mérite une analyse de détail. Les passages concernés sont les suivants :

Lev 16,8

ונתן אהרן על שני השעירם גורלות גורל אחד ליהוה וגורל אחד לעזאזל	καὶ ἐπιθήσει Ααρων ἐπὶ τοὺς δύο χιμάρους κλήρους κλῆρον ἕνα τῷ κυρίῳ καὶ κλῆρον ἕνα τῷ **ἀποπομπαίῳ**.
Et Aaron jettera des sorts sur les deux boucs, un sort pour Yhwh et un sort pour Azazel	Et Aaron placera sur les deux boucs des sorts, un sort pour le Seigneur et un sort pour l'éliminateur/celui qui part.

Lev 16,10

והשעיר אשר עלה עליו הגורל לעזאזל יעמד חי לפני יהוה לכפר עליו לשלח אתו לעזאזל המדברה	καὶ τὸν χίμαρον, ἐφ᾽ ὃν ἐπῆλθεν ἐπ᾽ αὐτὸν ὁ κλῆρος **τοῦ ἀποπομπαίου**, στήσει αὐτὸν ζῶντα ἔναντι κυρίου τοῦ ἐξιλάσασθαι ἐπ᾽ αὐτοῦ ὥστε ἀποστεῖλαι αὐτὸν **εἰς τὴν ἀποπομπήν**· ἀφήσει αὐτὸν εἰς τὴν ἔρημον.
Le bouc sur lequel est tombé le sort pour Azazel sera placé, vivant, devant Yhwh pour faire l'expiation sur lui, pour l'envoyer à Azazel dans le désert.	Et le bouc sur lequel est tombé le sort *de l'éliminateur/celui qui part*, il (Aaron) le placera vivant devant (le) Seigneur pour que soit faite l'expiation sur lui, de manière à le renvoyer pour éliminer le mal, il le lâchera dans le désert.

Lev 16,26

והמשלח את השעיר לעזאזל יכבס בגדיו ורחץ את בשרו במים ואחרי כן יבוא אל המחנה	καὶ ὁ ἐξαποστέλλων τὸν χίμαρον τὸν **διεσταλμένον εἰς ἄφεσιν** πλυνεῖ τὰ ἱμάτια καὶ λούσεται τὸ σῶμα αὐτοῦ ὕδατι καὶ μετὰ ταῦτα εἰσελεύσεται εἰς τὴν παρεμβολήν.
Et celui qui a envoyé le bouc pour Azazel lavera ses vêtements et lavera son corps dans l'eau et, après cela, il viendra dans le campement.	Et celui qui aura chassé *le bouc qui a été séparé pour être lâché* rincera ses vêtements et lavera son corps dans l'eau, et après cela il entrera dans le campement.

Lors des trois premières occurrences, le traducteur recourt au mot ἀποπομπή et à ses dérivés. *La'ăzā'zēl*, « pour Azazel » en Lev 16,8 est rendu par l'adjectif substantivé τῷ ἀποπομπαίῳ. C'est ici la première fois que cet adjectif est attesté en grec, ce qui lui vaut d'être considéré comme un néologisme de la LXX[70]. Toutefois, ce terme ne semble pas être une innovation du traducteur car, bien que rarement, il est cité par des lexicographes et des savants alexandrins. Puisque la compréhension de l'ἀποπομπαῖος du verset 8 ne fait pas l'objet d'un consensus parmi les chercheurs, il convient de réfléchir à partir du mot ἀποπομπή qui est mieux attesté.

Ἀποπομπή a deux principaux domaines d'usages : un domaine juridique avec le sens de « divorce », bien attesté dans les papyri gréco-romains[71], et un domaine religieux où il signifie « détournement » ou « élimination du mal », « conjuration », « expiation »[72]. Cette signification est déjà attestée à l'époque classique, notamment dans un passage d'Isocrate qui décrit les différentes manières de détourner les puissances mauvaises[73]. Elle est encore présente à l'époque impériale, à la fois dans la langue littéraire (Marc Aurèle parle de l'ἀποπομπή, à savoir la chasse aux démons[74]) et épigraphique (une gemme magique retrouvée sur la mer Noire mentionne l'ἀποπομπή du φαρμακός[75]). Le contexte de Lev 16 indique clairement qu'en Lev 16,10b le terme est employé dans son sens religieux de « détournement », « élimination », « départ » lors du rituel. Ce choix pourrait être justifié, comme le considère la majorité des chercheurs, par une lecture étymologique de *'ăzā'zēl* comme composé de *'z*, « bouc », et *'zl*, « partir », « disparaître ».

L'adjectif ἀποπομπαῖος, choisi par le traducteur pour rendre le nom d'Azazel aux versets 8 et 10a, désigne une fonction qui a donc à voir avec l'ἀποπομπή, l'action de détourner. La majorité des traducteurs modernes comprend l'expression au passif, comme signifiant « à celui qui doit être envoyé, ou éliminé »[76]. Pour être compréhensible, une telle traduction impliquerait que ὁ ἀποπομπαῖος se réfère au bouc envoyé au désert et nommé au verset précédent, et qui serait sous-entendu au verset 8. C'est effectivement ainsi que l'expliciteront les

70 Harlé et Pralon 1988, p. 79 ; Wevers 1997, p. 244.

71 Voir, par exemple, P.Fay 22, 21 ; PSI 1 36a, 16 ; P.Mich 5 340 Ro, 53 ; P. Ryl.Gr. 2 154, 29 ; CPR 1 236, 8 ; BGU 1 252, 8.

72 La signification rhétorique de « discours d'adieu » est, en revanche, rare et tardive (voir par exemple Men. Rh., p. 333 Spengel).

73 Isoc. 5, 117 : pour la discussion de ce passage voir p. 53–54. Voir aussi Luc., *Philops.* 9.

74 M. Ant. 1, 6, 3.

75 *SEG* 60.817 (= 29. 731, l. 15) ; le terme apparaît, en outre, en *SEG* 30.86 (= 21. 507) parmi des documents athéniens sur les artistes et les travailleurs du théâtre de Dionysos, dans un passage où le texte est très lacunaire.

76 Ainsi Büchner, « the one to be sent off » (NETS) ; Vahrenhorst 2011, « Weggeschickten » (LXX. Deutsch), et également Wevers 1997, p. 244–245.

réviseurs anciens. Toutefois, le bouc n'est pas mentionné dans le texte grec de Lev 16,8b. En revanche, l'explication la plus simple et vraisemblable serait de comprendre ici ὁ ἀποπομπαῖος dans sa signification littérale de « celui qui éloigne », « celui qui élimine » (« l'éliminateur »), comme le suggèrent Paul Harlé et Didier Pralon[77] ; il pourrait, encore, avoir la valeur active, mais intransitive, de « celui qui part ». Dans les deux cas, l'expression fait référence à une puissance qui est encore mise en parallèle avec Yahweh (τῷ κυρίῳ). Une brève enquête sur l'adjectif pourrait appuyer cette hypothèse.

Le suffixe –αιος dont l'adjectif est composé est très fréquent dans la formation des épithètes divines[78], comme le montre déjà l'épithète πομπαῖος, attribut d'Hermès signifiant « celui qui conduit, qui transporte » (sous-entendu, les âmes). D'autres épithètes en –αιος ont une valeur active et transitive (τρόπαιος, στροφαῖος, πανομφαῖος, etc.). De plus, d'après les lexicographes alexandrins, les ἀποπομπαῖοι étaient une catégorie de divinités auxquelles on sacrifiait pendant des jours spécifiques de l'année[79]. Le lexique d'Harpocration mentionne également cette catégorie de divinités, en citant comme source Apollodore d'Athènes qui travaillait à la bibliothèque d'Alexandrie au IIe siècle avant notre ère[80]. La Souda démontre en outre l'équivalence entre ἀποπομπή et ἀποτροπή, en expliquant le premier comme un synonyme moins courant du deuxième[81]. Cette équivalence laisse entendre que les dieux ἀποπομπαῖοι agissent de la même manière que les puissances désignées comme ἀποτροπαῖοι, « apotropaïques », dont la première fonction est d'écarter, d'éloigner le mal[82]. D'autres auteurs anciens attribuent à ἀποπομπαῖος une valeur intransitive de « partir », « s'écarter » : c'est le cas de Philon qui donne une interprétation allégorique du passage[83]. La valeur intransitive de « partir » est également possible pour Lev 16,8 et correspondrait bien à une lecture étymologique de la racine hébraïque *'zl*.

À la lumière du domaine sémantique recouvert par ἀποπομπή et ἀποπομπαῖος, il semble donc possible d'affirmer que dans la LXX de Lev 16,8b

77 Harlé et Pralon 1988, p. 152.

78 Chantraine 1968, p. 46–47.

79 D'après Hésychius, les ἀποπομπαί sont les jours pendant lesquels on sacrifiait aux dieux ἀποπομπαῖοι (Hsych. A 6552 : <ἀποπομπαί> ἡμέραι τινές, ἐν αἷς θυσίαι ἐτελοῦντο τοῖς ἀποπομπαίοις θεοῖς).

80 Harp., *alpha* 199 : Ἀποπομπάς : Ἀποπομπαῖοί τινες ἐκαλοῦντο θεοὶ, περὶ ὧν Ἀπολλόδωρος ἐν ἕκτῳ περὶ Θεῶν διείλεκται (« Expiations (*apopompas*) : sont appelés *apopompaioi* certains dieux dont Apollodore discute dans son sixième livre 'sur les dieux' »).

81 Soud. A 3483 : καὶ ἀποπομπὴ, ἀντὶ τοῦ ἀποτροπή.

82 Voir *supra*, p. 56–58.

83 Philon (*Her.* 179), d'après lequel le deuxième bouc représente l'esprit qui « s'est écarté loin de la sagesse » ; mais voir également Hsych., A 6552 : <ἀποπομπαῖος>·ὁ ἀποστραφείς.

l'expression τῷ ἀποπομπαίῳ ne se réfère pas au bouc qui doit être éliminé, mais porte une valeur active[84] et fait, ainsi, référence à une puissance clairement en relation avec des rituels de détournement qui a la capacité d'écarter ou d'éloigner, même si elle n'est pas nommée.

Les raisons qui motivent ce choix de traduction restent difficiles à établir. Une volonté délibérée d'effacer le nom d'Azazel du rituel ne peut pas être complètement écartée[85]. Si le traducteur du Lévitique avait connaissance des traditions du Second Temple présentant Azazel comme un ange déchu, il serait alors compréhensible qu'il ait voulu ici éviter toute référence à cette entité. En outre, cette démarche serait en accord avec un apparent faible intérêt de la LXX pour les spéculations sur les noms angéliques[86]. Nous sommes, toutefois, dépourvus de données sur la diffusion effective du mythe des Veilleurs en Égypte au IIIe siècle avant notre ère, et notamment dans la forme qui contient une référence à Azazel, car les sources dont nous disposons sont toutes plus tardives[87]. Il est donc possible que les traducteurs du Pentateuque ignorassent tout simplement ces traditions. La traduction par ὁ ἀποπομπαῖος pourrait alors dériver de la perte de compréhension du mot hébreu Azazel[88]. Cette option serait compatible avec la lecture étymologique du mot, une stratégie souvent employée pour contourner une difficulté de compréhension.

À cet égard, Harlé et Pralon s'interrogent sur les motivations qui ont poussé le traducteur à écarter dans ce contexte la série ἀποτρέπω/ἀποτροπή/ἀποτρόπαιος, pourtant courante en grec classique, et à lui préférer des formations liées à ἀποπέμπω. D'après eux, cette démarche serait motivée par la volonté d'éviter un langage dont la connotation aurait été ostensiblement attribuée au contexte cultuel grec[89]. Une telle hypothèse a été rejetée par Daniel Stökl Ben Ezra qui considère que la forme ἀποπομπαῖος représente un meilleur équivalent pour la forme Piel de la racine *šlḥ*[90]. Je crois que les remarques de Stökl Ben Ezra sont bien fondées. Il faut effectivement remarquer que la famille

---

84 Ainsi également Lust, Eynikel, Hauspie, 2003, s.v. ; Muraoka, 2009, s.v. Voir également la discussion en Riedweg 2012, p. 454–459.

85 Ainsi Vahrenhorst 2011, p. 383.

86 Les seuls noms d'anges dans la LXX sont Gabriel et Michaël dans le livre de Daniel, ce qui pourrait être expliqué par le rôle de premier rang joué par ces figures dans l'apocalyptique ; Raphaël est encore nommé dans le livre de Tobit. Voir, à ce sujet, l'étude de Cécile Dogniez dans Dogniez et Scopello 2006, p. 190–192, et *infra*, § 8.1.1.

87 Philon ne mentionne pas les noms des anges lorsqu'il traite du mythe des géants ; la section des *Oracles Sibyllins* qui contient une référence à d'Azazel est considérée d'origine chrétienne et donc plus tardive.

88 Ainsi Wevers 1997, p. 244.

89 Harlé et Pralon 1988, p. 151–152.

90 Stökl Ben Ezra 2003, p. 103–104.

lexicale d'ἀποπέμπω, bien que plus rare, est explicitement utilisée en référence à des rituels de détournement et d'expulsion. Outre les sources déjà mentionnées, un passage du discours *Contre Andocide*, traditionnellement attribué à Lysias mais dont la paternité est douteuse, invoque la nécessité de purifier la ville en se libérant de ce personnage impie qu'est Andocide, alors comparé à un φαρμακός. Les expressions utilisées sont ἀποδιοπομπέομαι (littéralement « éliminer par la conjuration ») et la formule φαρμακὸν ἀποπέμπειν[91]. On trouve également le verbe ἀποπέμπω en combinaison avec la mention de chevreaux sauvages en contexte rituel dans un fragment des *Aitia* de Callimaque où il est question d'écarter une attaque de maladie, vraisemblablement épilepsie, qui saisit la jeune Cydippé[92]. À la lumière de cette documentation, il me semble donc que le souci du traducteur en Lev 16 fut de choisir une formulation capable de rendre compte, de la manière la plus précise possible, de la fonction attribuée à l'envoi du bouc dans le rituel. Dans ce but, il n'hésita pas à puiser dans les traditions rituelles grecques de conjuration où il choisit les expressions qui lui paraissaient les plus adéquates à son contexte, tout en étant respectueuses de l'hébreu subjacent[93].

En revanche, il paraît indéniable que le choix du traducteur de garder la fonction d'une puissance divine au verset 8 lui posa quelques problèmes dans les versets suivants, vraisemblablement car il n'était pas en mesure d'identifier cette puissance. Il cherche alors à produire un texte qui ait du sense en grec en se détachant du principe isomorphique, d'après lequel à chaque élément du texte hébreu correspond un équivalent en grec. En effet, il apporte une série de changements par rapport au texte source, dont des modifications dans la lecture du nom d'Azazel. Au verset 10a, le parallélisme entre Yhwh/Azazel présent dans le TM est perdu car ὁ ἀποπομπαῖος est mis au génitif au lieu du datif que le texte hébreu induirait. L'expression devient donc ambiguë car elle pourrait être effectivement comprise comme « le sort de celui qui part », en référence au bouc. Dans le même verset (10b), à la deuxième occurrence du nom Azazel, le traducteur varie en utilisant le substantif ἀποπομπή : « pour l'élimination (du mal) ». Ce choix l'oblige à introduire un nouveau verbe suivi d'un objet (ἀφήσει αὐτὸν), absent de l'hébreu, pour introduire εἰς τὴν ἔρημον qui autrement

91 Ps.-Lys. 6, 53.

92 Call., *Aet.* fr 75, 12–14 Pfeiffer : δειελινὴν τὴν δ' εἷλε κακὸς χλόος, ἦλθε δὲ νοῦσος,/ αἶγας ἐς ἀγριάδας τὴν ἀποπεμπόμεθα, /ψευδόμενοι δ' ἱερὴν φημίζομεν. « Mais le soir une pâleur mauvaise la saisit et survint une maladie, que nous chassons par des chevreaux sauvages et que nous appelons faussement 'sacrée' ».

93 Voir, également, Stökl Ben Ezra (2003, 102–106, et surtout p. 106) qui souligne le fait que le traducteur rend le texte compréhensible pour le public grec, à la fois juif et non juif.

n'aurait pas de sens[94]. Enfin, au verset 26 *la'ăzā'zēl* est encore rendu par l'expression périphrastique τὸν διεσταλμένον εἰς ἄφεσιν, « séparé pour être lâché », qui se réfère sans ambiguïté au bouc (τὸν χίμαρον qui précède) et modifie, ainsi, le sens du passage par rapport à l'hébreu. On a donc l'impression que le traducteur, mal à l'aise avec son premier choix de traduction, élimine la référence à une puissance divine protagoniste du rite d'élimination, tout en préservant en même temps l'accent sur la fonction du rituel.

Il mérite également d'être relevé que les réviseurs, au lieu de rétablir la signification littérale du mot hébreu selon leur démarche habituelle, adoptent pour la majorité la lecture étymologique *'z + 'zl* et qu'ils interprètent le passage comme faisant référence sans ambiguïté au bouc, en y ajoutant le mot τραγός, absent de la LXX (voir tableau 12 *a* en Appendice). Symmaque traduit *la'ăzā'zēl* par εἰς τραγὸν ἀπερχόμενον aux versets 8 et 26, et εἰς τραγὸν ἀφιέμενον au verset 10. La tradition indirecte d'Aquila, rapportée par Théodoret, propose une version similaire à celle de Symmaque en Lev 16,8 (εἰς τραγὸν ἀπολυόμενον). Les *codices*, en revanche, lisent εἰς κεκραταιώμενον, neutre dérivé d'une lecture de la racine *'z* qui indique vraisemblablement un lieu fortifié. Cette lecture attesterait donc que l'interprétation d'Azazel comme nom de lieu était déjà connue par Aquila[95]. La forme Αζαζηλ apparaît presque exclusivement sur des témoignages minoritaires ou secondaires. Elle est néanmoins attestée sur une majuscule du Vᵉ siècle au verset 26 : καὶ ὁ ἐχαποστελλόμενος ἅμα τῷ χιμάρῳ εἰς Αζαζηλ (« et celui qui est envoyé avec le bouc vers Azazel »)[96]. D'après John Wevers cette lecture pourrait remonter à Aquila ; toutefois, la formulation dans son ensemble ne permet pas d'exclure que Azazel soit ici encore compris comme un nom de lieu. La référence à Azazel est également absente chez Philon dans les différents passages où il discute la signification du rituel de conjuration, ainsi que chez Flavius Josèphe[97].

En conclusion, la vision selon laquelle la LXX évacue complètement la présence d'une entité démoniaque dans le rituel de Lev 16 serait à nuancer. La référence à une puissance associée au rite de conjuration est encore claire pour le traducteur, surtout au versets 8 et 10a. Toutefois, le rôle de cette puissance n'est pas totalement clair : a-t-elle pour fonction d'écarter les fautes (« l'éliminateur », selon la valeur transitive d'ἀποπομπαῖος) ou doit-elle être mise à l'écart avec les fautes du peuple (dans ce cas ὁ ἀποπομπαῖος serait « celui qui part »,

94 Parmi les autres différences entre hébreu et grec dans ce verset, on remarque que dans le texte grec Aaron est le sujet de l'action, à savoir celui qui « place » le bouc, alors qu'en hébreu le verbe est à la forme passive et que le sujet n'est pas spécifié.

95 Wevers 1986, *ad loc.* (*apparatus* I–II) ; Field 1875, p. 194.

96 Il s'agit d'une note hexaplaire (Cod. X en Field = M en Wevers).

97 Philo, *Leg.* 2, 52 ; *Her.* 179, 187 ; *Poster.* 70–72 ; *Plant.* 61 ; Jos., *AJ* 3, 241.

« qui disparaît ») ? Dans les deux cas, le traducteur semble mal à l'aise avec son choix de traduction et tend progressivement à éliminer cette référence.

En résumant, la tradition qui élimine toute référence à Azazel en traduisant le mot hébreu en lien avec le bouc envoyé au désert a effectivement ses origines dans la LXX, notamment en Lev 16,26. Elle est ensuite prolongée dans d'autres traditions grecques par les réviseurs ainsi que par Philon et Josèphe qui ne font plus mention d'Azazel lorsqu'ils discutent ce rituel. De manière générale, l'interprétation de la LXX est à contre-courant d'autres traditions du Second Temple qui attestent, voire amplifient, le caractère « démoniaque » d'Azazel. S'il reste possible que l'Azazel du mythe des Veilleurs fût encore inconnu en Égypte à l'époque de la traduction du Pentateuque, cela est beaucoup plus difficile à imaginer dans le contexte de travail des réviseurs, à savoir la Palestine d'époque romaine.

2.4 *Les transformations de Lilith*

La présence de Lilith dans la Bible hébraïque peut être considérée à certains égards comme un cas de figure comparable à celui d'Azazel. Comme Azazel, Lilith n'est nommée qu'à un endroit isolé, dans le livre d'Isaïe, et ne fait pas l'objet d'une traduction littérale dans la LXX, bien que les procédés mis en œuvre par le traducteur d'Isaïe soient très différents de ceux adoptés par le traducteur du Lévitique. Comme Azazel, la figure de Lilith fait l'objet d'un développement important dans le judaïsme ancien. Quelques ouvrages récents ont essayé de nuancer la nature démoniaque de Lilith dans la Bible hébraïque, en se fondant sur la pauvreté des indications données par le texte biblique. Toutefois, le contexte plus large de la démonologie levantine et, de manière plus générale, proche-orientale, amène à rejeter avec conviction cette proposition.

Tout d'abord, la présence d'une famille de démons *lilu/lilitu/ardat lili* est bien attestée dans le recueil d'incantations *Utukku Lemnutu* et remonte au démon sumérien *lil-*. Il s'agit d'entités liées aux tempêtes et aux vents, souvent nommées en triade, qui peuvent prendre la forme d'apparitions ou de fantômes habitant les villes abandonnées et les lieux désertiques[98]. Dans les textes accadiens *lilu, lilitu* et *ardat lili* sont à comprendre comme des variantes masculines et féminines d'une même typologie de démon plutôt que comme des noms « propres » : de manière générale, ces puissances sont d'ailleurs mal distinguées les unes des autres[99]. Une incantation contre Lamaštu dit qu'elle

98 Ils sont systématiquement nommés en série de deux ou trois dans les *Utukku Lemnutu* : 1 (add.), 13 ; 2, 65 ; 6, 60 ; 9, 87 ; 10, 32–34 ; 13–15, 138, 179.

99 Farber 1987. L'entité la mieux caractérisée semble être *ardat lili* alors que *lilitu* n'apparaît quasiment jamais comme nom isolé. Le seul récit mythologique où la démone *lil-* joue un

« vole autour » comme un *lilu* : le fait qu'elles soient représentées comme volantes permet de les associer à des oiseaux, une caractéristique qui est partagée par la plupart des démons proche-orientaux[100]. La présence de démons féminins volants et dangereux semble également confirmée sur l'amulette d'Arslan Tash : le terme employé est ici différent (*'p'*), mais indique néanmoins qu'une typologie similaire est connue et familière au Levant[101]. Dans les sources accadiennes plus récentes, un aspect de sexualité agressive et déréglée est associé à ce groupe, ce qui est également un trait courant de la représentation des démons féminins dans l'Antiquité, comme le montre l'exemple bien documenté de Lamaštu. *Ardat lili* apparaît également comme tueuse et ravisseuse de nouveau-nés. Il faut toutefois observer que, dans les textes accadiens, le démon « femelle » *ardat lili* autant que le démon « mâle » *lilu* représentent un danger pour les nouveau-nés : *ardat lili* n'est en ce sens qu'un pendant féminin du *lilu*, lui aussi conçu comme un démon de la luxure, caractérisé par une sexualité déréglée. Les textes médicaux, par exemple, préviennent contre le risque qu'un *lilu* s'approche du bébé et des femmes enceintes[102].

Dans les traditions du judaïsme ancien, Lilith est une démone de premier rang qui a plusieurs facettes. Sa nature sexuellement dangereuse est mise en avant dans le Talmud[103]. Dans les Targums un démon nocturne est nommé *lili*[104]. En outre, différentes formes de Lilith sont fréquemment mentionnées sur les amulettes, les bols et les incantations araméennes de Babylone et Nippur. Là, elles sont qualifiées au singulier, au pluriel et dans quelques cas comme des « liliths mâles et femelles »[105]. Sa physionomie apparaît ici bien plus complexe que sa caractérisation dans le texte biblique. La nature de Lilith en tant que démone de la sexualité est déjà connue par les réviseurs de la LXX :

---

rôle se trouve dans la version sumérienne de l'épopée de Gilgamesh (pour une analyse, voir Ribichini 1987).

100 Lam. I 114, Farber 2014, p. 155, 211. Voir également la « tablette de l'*ardat lili* » publiée par Lackenbacher 1971, col. I, ll. 6–8, p. 140.

101 Amulette 1, l. 19, voir Pardee 1998, p. 19 ; *supra*, p. 29. En revanche, la vieille lecture de *ll* comme Lilith à la ligne 20 est désormais à rejeter pour des raisons épigraphiques (Pardee 1998, p. 25–26).

102 Voir CAD 9, p. 190 c ; Farber 1987, p. 23.

103 b.ʿErub. 11b ; b.Nid. 24b ; b.Šabb. 151b ; b.B.Bat. 73b ; b.Pesaḥ 112b. Une démone avec des caractéristiques similaires, mais portant un nom différent, mentionnée dans le *Testament de Salomon* (13, 1–4) est souvent rapproché de Lilith. Dans les traditions juives médiévales représentées par l'*Alphabet de Ben Sira* et le *Zohar*, Lilith devient la première épouse d'Adam. Voir, pour un premier aperçu, Scholem 2007 ; Hutter 1999 b, p. 520–521. Une bibliographie assez abondante est donnée par Blair 2009, p. 26–29.

104 *Targum Ps-Jo.* en Deut 32,24 et Num 6, 24.

105 Par exemple Naveh et Shaked 1998, B 1, 3 ,6, 11 ; 5, 6 ; 12 a, XI ; 13, 1, 7, 22 ; 8, 1. Sur la complexité des graphies du nom de Lilith dans les incantations araméennes, voir Müller-Kessler 2001.

en Is 34,14, Symmaque (suivi ensuite par Jérôme) suggère de rendre l'hébreu *Lilith* par le grec λάμια, (lat. *Lamia*)[106]. Non seulement cette traduction rend compte de son caractère démoniaque, mais elle permet également de l'associer aux figures féminines des traditions grecques et romaines liées à l'épouvante et à la sexualité incontrôlée.

L'attestation du nom de Lilith dans les documents qumrâniens est un élément dont il faut également tenir compte. Son nom apparaît dans le rouleau d'Isaïe mais aussi dans un texte connu comme les « Chants du Sage », préservé sur deux rouleaux (4Q510 et 511)[107]. Il s'agit de l'un des textes les plus éloquents pour la démonologie qumrânienne où Lilith est nommée parmi une liste des démons que le chef de la communauté se charge d'exorciser. Ici la forme plurielle *lylywt*[108] fait encore penser à une typologie ou à un groupe de démons qui partagent des caractères similaires, sur le modèle des démons *lil-* accadiens.

Par conséquent, étant donné l'importance de l'arrière-plan proche-oriental des démons du type *lil-*, couplé à la présence de Lilith dès les traditions du Second Temple, dans la tradition juive ancienne ainsi que dans une partie de la tradition grecque où elle est toujours comprise comme une démone, il serait assez surprenant qu'elle cesse d'être considérée comme telle exclusivement lors de son apparition dans la Bible hébraïque. Effectivement, le rédacteur d'Isaïe 34 semble bien connaître les traditions sur Lilith, et le fait qu'elle soit nommée dans un oracle sur Babylone rappelle le lieu d'origine de ce démon. Il faut, toutefois, admettre que Lilith est présentée dans la Bible hébraïque de manière singulière. En effet, deux aspects fondamentaux de cette démone, à savoir sa nature agressive et ses connotations sexuelles, sont absents du texte biblique. En revanche, sa nature animalière – possiblement d'oiseau – est mise en avant, de même que le fait qu'elle habite parmi les ruines. Il s'agit là de caractéristiques propres à la représentation de plusieurs typologies de démons, y compris les démons *lil-*. Quoiqu'il en soit, la fonction de Lilith dans ce passage doit être inscrite et comprise dans le contexte littéraire d'Isaïe 34,

106 Ziegler 1939 ad loc., *apparatus* II.

107 Édité par Maurice Baillet (1982, DJD 7, p. 215–262). La restitution de *lilith* proposée par Émile Puech (2000, p. 164) en 11Q11 6 l. 1 n'est pas appuyée par des arguments solides et est donc à rejeter. La possibilité que la femme décrite en 4Q184 ait des connotations démoniaques, comme suggéré par Baumgarten (1991), ne permet pas pour autant de bel et bien y voir une Lilith. Comme le souligne Matthew Goff (2016), la femme séductrice de 4Q184 doit être vraisemblablement interprétée à lumière des traditions sur la « dame folie » attestées dans le livre des Proverbes. Pour une mise au point sur les différentes interprétations de ce texte et une critique de l'hypothèse de Baumgarten, voir Goff 2016, surtout p. 67–68 et 71–73.

108 4Q510 fr.1, l. 5 ; 4Q511 fr. 10, l. 5 (Baillet 1982, DJD 7, p. 220–221, 226–27) et *infra*, § 5.4.

qui sera discuté en détail par la suite. Mais dans la LXX d'Isaïe 34 il n'y a manifestement pas de traces « littérales » de Lilith, dont le nom est rendu par ὀνοκένταυρος, « onocentaure ». Il se pourrait que les traditions sur Lilith soient inconnues à cette époque en Égypte, ce qui expliquerait aussi son absence des papyri magiques gréco-romains, au contraire de ce qui arrive dans les textes magiques araméens d'origine palestinienne où elle joue un rôle important.

Si Lilith et Azazel partagent le fait d'être, en quelque sorte, transformés dans la LXX, il faut néanmoins noter les différences de traitement que leur réservent les divers traducteurs. Dans la LXX d'Isaïe 34, le passage dans son ensemble conserve sa connotation « démoniaque » ; connotation notamment amplifiée par toute une série d'équivalents choisis dans le texte. Ce n'est d'ailleurs pas un hasard si cela correspond précisément à l'un des contextes où le mot δαιμόνιον fait son apparition. En effet, la transformation de Lilith en onocentaure et la présence des δαιμόνια dans la LXX d'Isaïe répond à une logique précise du traducteur qui s'inscrit dans un scénario du démoniaque spécifique à la LXX, lequel méritera une analyse plus détaillée.

Cette enquête sur les équivalences grecques choisies pour Azazel et Lilith dans la LXX amène donc à conclure que l'idée selon laquelle le potentiel démoniaque associé à ces créatures est complètement perdu dans la traduction grecque de la Bible hébraïque est à réviser. Même si le référent précis derrière ces noms peut avoir échappé aux traducteurs, les procédés mis en œuvre dans les deux cas montrent que ce potentiel était bien connu, faisant l'objet de nouvelles transformations. En revanche, cela ne semble pas avoir été le cas pour le démon « caché » en Gen 4.

3 Un « démon de la porte » ? (Gen 4,7)

Lorsque l'on s'interroge sur la présence ou sur l'absence des démons dans la Bible, on ne peut pas omettre de discuter, au moins brièvement, l'obscur passage de Gen 4,7, qui a fait couler beaucoup d'encre en raison de ses difficultés textuelles. Le contexte, bien connu, est celui du conflit entre Caïn et Abel et, notamment, de la frustration de Caïn face à la préférence de Yhwh pour les offrandes de son frère, ce qui aura des conséquences funestes. Lorsque Caïn a « le visage abattu » (versets 5–6), Yhwh lui adresse la parole :

הלוא אם תיטיב שאת ואם לא תיטיב לפתח חטאת רבץ ואליך תשוקתו ואתה תמשל בו	οὐκ, ἐὰν ὀρθῶς προσενέγκῃς, ὀρθῶς δὲ μὴ διέλῃς ἥμαρτες ; ἡσύχασον· πρὸς σὲ ἡ ἀποστροφὴ αὐτοῦ καὶ σὺ ἄρξεις αὐτοῦ.

Si tu agis bien, *soulever* (ne le soulèveras tu pas -*scil.* ton visage) ? Mais si tu n'agis pas bien, à la porte péché est tapi, et il te désire. Mais toi, domine-le.

Si tu présentes correctement (*scil.* l'offrande) mais sans diviser correctement, n'as-tu pas commis une faute ? Reste calme, son inclination est vers toi, et tu le commanderas.

Le texte hébreu présente une série de difficultés qui ont amené certains chercheurs à considérer ce passage comme « intraduisible »[109]. Comme il m'est ici impossible d'en examiner tous les problèmes textuels, je me limiterai à ceux qui sont pertinents pour mon argument. Outre la difficulté de compréhension posée par l'infinitif construit *śəʾēt*, la traduction ici proposée, comme la plupart des traductions modernes, présente un paradoxe, à savoir que *ḥaṭṭāʾt*, « péché » est un substantif féminin, mais est pourtant suivi par une série de concordances au masculin. De plus, l'action se déroulant dans les champs, la signification de l'entrée ou porte (*lappetaḥ*) n'est pas évidente. En outre, la position de *lappetaḥ* (« devant la porte ») qui précède *ḥaṭṭāʾt* est inhabituelle : selon la logique de la phrase nous l'attendrions plutôt après *robeṣ*. Pour éclairer ce passage, plusieurs chercheurs ont suivi et suivent encore une ancienne hypothèse de Hans Duhm[110] qui voyait en *rbṣ* non un participe du verbe « s'attarder », « se reposer », « se coucher », tel qu'il apparaît ailleurs dans la Bible hébraïque, mais le nom d'un démon emprunté à l'accadien *rabiṣu*, bien connu par les textes incantatoires mésopotamiens. Le péché serait donc représenté comme un démon tapi à la porte, une sorte d'agent divin envoyé pour contrôler Caïn, et, par conséquent, les actions suivantes devraient être attribuées à ce démon[111]. Les liens intertextuels clairs entre Gen 4,7 et Gen 3,16, dont Gen 4,7c reprend explicitement le langage, ont amené certains à voir en *rbṣ* une réminiscence du serpent de Gen 3, notamment en raison du fait que la racine *rbṣ* dans la Bible hébraïque se rapporte souvent à des animaux[112]. Cette proposition demeure cependant trop spéculative et doit donc être à rejeter. Néanmoins, l'hypothèse d'un « démon de la porte » a connu un large succès, sans pourtant parvenir à résoudre tous les problèmes de ce passage[113]. En revanche, les solutions alternatives qui ont été avancées impliquent un certain degré de remaniement du

109 Ainsi Skinner 1930, p. 107 ; Westermann 1972, p. 407.

110 Duhm 1904, p. 8–14.

111 Pour différentes déclinaisons de cette hypothèse on peut voir, entre autres, Closen 1935, et parmi les études récentes, Gordon 2011 ; Schlimm 2012 ; Loiseau 2013 ; Kitz 2016. La bibliographie plus ancienne sur le sujet est donnée par Westermann 1972, p. 406.

112 Ainsi, récemment, Gordon 2011, mais déjà Duhm 1904, p. 10. Pour *rbṣ* comme verbe qui peut servir à décrire le comportement animal, voir Waschke 2004 ; Kitz 2016, p. 252.

113 Voir, en ce sens, les remarques de Barré 1999, p. 683.

texte. Récemment, C.L. Crouch a, à nouveau, proposé l'idée que *ḥaṭṭā'ṭ* soit une glose insérée tardivement dans le texte[114] : le grec révèle cependant que ce mot était déjà dans le texte au moment de la traduction. D'autres fournissent une interprétation exclusivement métaphorique et extrêmement élaborée du passage, dont la comprehension n'est pas tout à fait claire[115].

L'interprétation de *rbṣ* comme nom de démon est donc souvent acceptée « faute de mieux » et elle paraît effectivement appuyée par les parallèles mésopotamiens. Non seulement l'action de se cacher dans les coins est propre aux démons, mais de manière générale le seuil est le lieu d'accès privilégié pour les attaques démoniaques. En outre, comme le relève justement Anne-Marie Kitz, l'idée du *rabiṣu* qui « s'attache » à l'homme est présente dans les sources accadiennes[116] et la représentation d'un démon « guetteur » qui se cache ou qui rôde correspond bien à l'étymologie du mot[117].

Quelques problèmes demeurent cependant. Cette solution oblige à comprendre la racine *rbṣ* dans un sens nominal qui n'est jamais attesté ni en hébreu ni dans d'autres langues ouest-sémitiques alors que la racine verbale est bien attestée. En outre, la représentation démoniaque du péché qui, caché dans un coin, cherche à séduire l'homme n'est attestée nulle part ailleurs dans la Bible où *ḥaṭṭā't* est plutôt un terme connoté du point de vue cultuel : il indique une typologie sacrificielle précise en contexte rituel. Même quand ce terme a une signification générique de « faute », par exemple dans ses quelques autres occurrences dans la Genèse, il indique simplement une faute commise contre un membre de la communauté[118]. Dans la Bible hébraïque, on ne saurait trouver la moindre trace d'une « personnalisation » de la faute, ni d'une conception du péché représenté comme une puissance autonome ou comme un agent divin[119]. Une interprétation démonologique n'est pas davantage attestée dans les traditions postbibliques, et ce en dépit du fait que le motif de l'envie

114 Crouch 2011 ; mais il s'agit d'une proposition qui avait déjà été avancée par Gunkel 1977, p. 43–44.

115 Bernd Janowski (2003, p. 150–151), suivi par Frey-Anthes (2007, p. 78) considère Abel comme étant le sujet de la phrase et donne une traduction dont la compréhension demeure assez compliquée : « und wenn du es nicht gut handelst, lagert er (scil. Abel) sich als (Öffnung >) Anlass zu einer Verfehlung ». Particulièrement complexe sur le plan syntactique et sémantique est également la proposition d'Ellen van Wolde (1991, p. 31–32) : « there is at the door sin, (namely) being on the lurk ? The desire to be on the lurk is for you, but you can master it ». Pour d'autres hypothèses, voir Erzberger 2011, p. 49–52.

116 Les sources sont examinées par Kitz 2016, p. 454.

117 Edzard et Wiggermann 1989, p. 449–455.

118 Gen 18,20 ; 31,36 ; 50,17.

119 Pour un premier aperçu des usages de *ḥaṭṭā't* dans la Bible Hébraïque, voir Koch 1980.

prééminent en cet épisode aurait pu offrir l'occasion pour un développement exégétique en cette direction.

Il se peut enfin que le passage soit corrompu. Le Pentateuque samaritain donne un texte différent dans la première partie du verset[120], mais identique dans la deuxième qui fut également transmise sans variations significatives dans les versions anciennes. La traduction de la LXX témoigne d'un texte consonantique proche du texte hébreu, exception faite de *lptḥ*, qui a été lu comme *lntḥ*, « diviser », dans le sens de « faire les parties pour le sacrifice ». La traduction de *tšwqh* par ἀποστροφή pourrait indiquer une compréhension de *tšwqh* comme *tšwbh*, « retour », mais cette lecture n'implique pas nécessairement un texte différent. Le verbe ἀποστρέφω porte souvent dans la LXX la signification de « revenir », « retourner vers le point de départ » (un sens, en revanche, peu attesté en grec classique)[121]. Ainsi, ἀποστροφή pourrait donc bien servir à rendre la notion d'« inclination », « destin inexorable », une signification qui est possible pour *tšwqh* dans ses quelques occurrences bibliques et qui est surtout très bien attestée à Qumrân[122]. Mais il reste impossible de reconstruire avec précision les étapes de l'histoire textuelle du verset.

En revanche, il est clair que l'interprétation de ce verset s'avérait déjà problématique pour le traducteur grec qui lui donne un sens différent par rapport à l'hébreu. Dans la première partie du passage, le traducteur rend explicite la nature de la faute de Caïn : il s'agit d'une erreur rituelle, qui prend la forme d'une mauvaise division des parties du sacrifice[123]. *Ḥaṭṭā't* et *rbṣ* sont compris par le traducteur comme étant deux verbes, le deuxième étant lu à la forme impérative, *rəbaṣ*. La deuxième moitié du verset traduit l'hébreu mot à mot, en aboutissant à un texte qui est encore partiellement énigmatique car le référent du pronom αὐτοῦ n'est pas complètement clair. L'hypothèse la plus vraisemblable, à mon avis, est que le pronom fasse référence à Abel, et que l'hémistiche soit une anticipation du passage qui suit (Gen 4,8a), absent du TM mais présent dans toutes les versions anciennes : « et Caïn dit à Abel : allons dans la plaine ».

En conclusion, dans le texte hébreu la possibilité de lire *rbṣ* comme le nom d'une entité démoniaque sur le modèle du *rabiṣu* mésopotamien ne peut pas être complètement exclue bien qu'elle ne parvienne pas à résoudre toutes les

---

120 הלוא אם תטיב לפתח חטאת רבץ ואליך תשוקתו ואתה תמשל בו.

121 Voir, par exemple, Gen 24,5 ; 28,15 et 21.

122 1QS 11, 22 ; 1QM 15, 9–10 ; et 17, 4. Voir, déjà, à ce propos, les remarques de Closen 1935, p. 433. Récemment Loader 2014, p. 383. Anne-Françoise Loiseau (2016, p. 158–162) y voit une influence de l'araméen *mtwy'*, « désir », « élan », qui, à mon avis, n'est pas nécessaire pour justifier ce choix de traduction.

123 Voir les remarques de Harl 1986, p. 114, reprises ensuite par Dorival 1996, p. 111.

difficultés de compréhension du passage. On peut, certes, rejeter l'interprétation de *rbṣ* comme nom propre et attribuer à la racine *rbṣ* la signification verbale mieux attestée de « s'attarder » ou « se tapir », mais, même dans ce cas, la signification générale du passage ne subit pas de variation significative car le péché apparaît encore représenté comme un agent qui a pour fonction de surveiller ou de guetter Caïn. En l'état actuel du texte, cette lecture demeure la plus vraisemblable, notamment car aucune interprétation alternative ne semble pouvoir s'imposer davantage. On pourrait alors se demander si ce n'est en tant qu'agent divin que *ḥaṭṭā't* serait ici traité comme un nom masculin.

Quoi qu'il en soit, le traducteur grec, bien qu'en lisant en Gen 4,7 un texte très similaire au TM, n'a gardé aucun souvenir de ce « démon de la porte ». Cette disparition ne doit pas être imputée à des raisons d'ordre théologique, mais plutôt à la difficulté de déchiffrement du verset. L'arrière-plan démonologique du *rabiṣu* était probablement complètement étranger au traducteur, de même que la représentation du péché comme agent divin qui reste sans parallèle dans la Bible hébraïque. Ainsi, dans l'idée d'offrir une traduction harmonisante, le traducteur a vraisemblablement compris *ḥaṭṭā't* comme une racine verbale permettant d'inscrire le verset dans le contexte immédiat du passage (Gen 4,3–5), soit celui cultuel des offrandes et sacrifices présentés par les deux frères.

Le sondage préliminaire des occurrences de δαίμων/δαιμόνιον et la discussion sur les démons qui semblent avoir « disparu » de la LXX permet déjà d'avancer une série d'observations d'ordre plus générale concernant l'arrière-plan culturel et idéologique des traducteurs, le pluralisme interne à la LXX ainsi que la place de cette dernière à l'intérieur du judaïsme ancien. Les exemples de δαιμόνιον et de ἀποπομπαῖος montrent une continuité considérable avec le langage religieux grec, continuité qui est supérieure à ce que l'on a parfois estimé. Le cas d'ἀποπομπαῖος illustre notamment la capacité du traducteur d'adapter le vocabulaire de la pratique rituelle grecque pour exprimer de manière soignée le sens du texte hébreu même dans des circonstances difficiles : à savoir lorsque le référent précis, c'est à dire Azazel, a été perdu. Au niveau méthodologique, l'exemple d'ἀποπομπαῖος démontre que l'appréciation de l'habilité du traducteur peut et doit être mesurée sans se focaliser exclusivement sur les aspects « exceptionnels » des prétendus néologismes, qui sont d'ailleurs un phénomène fréquent en grec postclassique[124], mais en prenant en compte le contexte plus large des familles lexicales (ἀποπέμπω/ἀποπομπή/ἀποπομπαῖος) et des possibles équivalents sémantiques (par exemple dans ce

124 Pour l'identification et le traitement des néologismes dans la LXX voir les remarques méthodologiques fondamentales de Aitken 2013.

cas la série ἀποτρέπω/ἀποτροπή/ἀποτρόπαιος) ainsi que leur domaines d'usage. Par conséquent, le dossier traité dans ce chapitre suggère que l'importance des soucis théologiques sur le travail des traducteurs doit être redimensionnée. Les cas du « démon de la porte » disparu de Gen 4,7 confirme, certes, que le travail de traduction implique toujours un processus exégétique ; néanmoins, un tel processus vise moins à masquer la présence d'entités démoniaques qui auraient été problématiques, qu'à restituer un passage autrement incompréhensible de manière adaptée à son contexte narratif. En outre, une telle pratique ne correspond pas nécessairement à l'invention personnelle du traducteur, mais est probablement en accord avec une exégèse courante de l'époque, où l'interprétation en sens « démonologique » de ce passage n'est jamais attestée. En revanche, les interprétations d'Azazel et Lilith, où la LXX est en contraste avec d'autres tendances exégétiques contemporaines, soulèvent la question du caractère distinctif du judaïsme alexandrin (et, de manière plus générale, égyptien), par rapport au judaïsme palestinien et babylonien. Dans les deux cas, la traduction grecque ouvre une fenêtre sur l'exégèse la plus ancienne de la Bible hébraïque à laquelle on n'aurait autrement aucun accès et qui mérite donc d'être mise en valeur.

CHAPITRE 4

Les démons comme agents de destruction, entre animaux et maladies

1 Resheph, Deber, Qeṭeb et autres agents de malheurs dans la Bible hébraïque

Un premier scénario clairement identifiable comme démoniaque dans la Bible hébraïque est composé de plusieurs textes qui présentent une série de puissances responsables d'épidémies et de fléaux. Ces puissances interviennent dans des contextes différents et ne font pas l'objet d'une description détaillée. Toutefois, elles partagent un certain nombre de caractères récurrents qui justifient une mise en réseau des textes concernés ainsi qu'une analyse de leurs échos mutuels. Un premier passage provient du Pentateuque : il s'agit notamment du chapitre 32 de Deutéronome, versets 22–24. Ici, Moïse, à l'entrée du pays de Canaan, annonce aux Israélites les châtiments qui feront nécessairement suite à leur infidélité : Yhwh, en colère, accumulera des malheurs contre eux et leur lancera « ses flèches » parmi lesquelles figurent Resheph, littéralement « la flamme », qui les dévorera, et Qeṭeb, « le fléau », qui est défini comme « amer » ou « venimeux » (*mərîrî*) :

22כי אש קדחה באפי	22 Car un feu s'est enflammé dans mes narines,
ותיקד עד שאול תחתית	il a brûlé jusqu'au fond du Sheol,
ותאכל ארץ ויבלה	il a dévoré la terre et ses fruits,
ותלהט מוסדי הרים	il a incendié les fondements des montagnes.
23אספה עלימו רעות	23 J'entasserai sur eux des malheurs,
חצי אכלה בם	je lancerai contre eux mes flèches.
24מזי רעב	24 Consommés par la faim,
ולחמי רשף וקטב מרירי	dévorés par Resheph et par Qeṭeb amer,
ושן בהמות אשלח בם	encore j'enverrai contre eux les dents des bêtes sauvages,
עם חמת זחלי עפר	ainsi que le venin de ceux qui grimpent dans la poussière.

Un deuxième passage se trouve dans la théophanie d'Hab 3 (appelé Psaume d'Habacuc), qui aux versets 3–5 décrit la marche de Yhwh montant vers

Jérusalem depuis les plaines de Teman et les monts de Paran, accompagné par ses acolytes Deber et Resheph :

3 אלוה מתימן יבוא	3 Dieu vient de Teman,
וקדוש מה רפארן סלה	le saint du mont Paran (Pause).
כסה שמים הודו	Sa majesté couvre le ciel,
ותהלתו מלאה הארץ	son rayonnement[1] remplit la terre.
4 ונגה כאור תהיה	4 Son éclat est comme lumière,
קרנים מידו לו	des rayons lui sortent de sa main,
ושם חביון עזה	et là est le secret de sa force.
5 לפניו ילך דבר	5 Devant lui marche Deber,
ויצא רשף לרגליו	et Resheph sort sur ses pas.

Deber et Qeṭeb sont encore mentionnés dans le Ps 91,3–6 (= 90, 3–6 LXX) où l'orant invoque l'aide et la protection de la divinité contre « la peste (Deber) qui marche dans l'ombre » et contre « le fléau (Qeṭeb) qui ravage pendant le jour ». Ici Deber et Qeṭeb sont présentés comme deux puissances malfaisantes contre lesquelles on invoque l'assistance de Yhwh :

3 כי הוא יצילך	3 C'est lui (*scil.* Yhwh) qui te délivre
מפח יקוש	du filet du chasseur
מדבר הוות	et de la peste destructrice.
4 באברתו יסך לך	4 De ses ailes il te protège,
ותחת כנפיו תחסה	et sous ses plumes tu te réfugies.
צנה וסחרה אמתו	Sa fidélité est un bouclier et une armure.
5 לא תירא מפחד לילה	5 Tu ne craindras ni la terreur de la nuit,
מחץ יעוף יומם	ni la flèche qui vole au grand jour,
6 מדבר באפל יהלך	6 ni Deber qui rôde dans l'ombre,
מקטב ישוד צהרים	ni Qeṭeb qui ravage en plein midi.

On ajoutera également à cette analyse Ex 12 (versets 13 et 23), où le *mašḥît*, littéralement « l'exterminateur », massacre sur injonction divine les premiers-nés

1 Je comprends ici *təhillâ* dans le sens d'« éclat », « rayonnement », plutôt que dans le sens traditionnel de « louange », sur la base de la racine *hll*, « briller » et des parallèles entre 3b et 4. Sur l'éclat qui entoure la manifestation du dieu au Proche Orient ancien, voir le travail classique de Cassin 1968 et, plus récemment, Aster 2012. Les remarques de Francis Andersen (2001, p. 294) d'après lequel l'apparition de la divinité suscite la louange du peuple dans plusieurs traditions babyloniennes et égyptiennes, ne me paraît pas tenir suffisamment compte des expressions parallèles dans les versets 3 et 4, qui font clairement référence à des attributs de la divinité.

des Égyptiens alors qu'il épargne les maisons des Israélites, lesquels, en suivant les instructions données par Yhwh, avaient aspergé leurs portes avec le sang d'une bête égorgée. Des « anges de malheur » sont enfin mentionnés dans le Ps 78 (= 77 LXX), l'un des psaumes désignés comme « historiques » qui résume les traditions de l'Exode.

Ces puissances partagent entre elles un certain nombre de traits. Tout d'abord, il faut remarquer qu'elles sont douées de noms « parlants ». Ainsi Qeṭeb signifie « plaie », Deber « peste », Resheph « flamme », *mašḥît* « le destructeur », etc. Bien que leur étymologie ne soit pas toujours certaine ou assurée, il semble cependant évident que leurs noms sont transparents et qu'ils font référence soit à la fonction de ces puissances, soit à l'épidémie dont elles sont considérées responsables[2]. Le fait que ces noms puissent être également employés comme noms communs a parfois été utilisé comme argument pour nier leur nature divine ou démoniaque : il s'agirait seulement de personnifications occasionnelles des phénomènes naturels ou des maladies[3]. Le problème a été particulièrement discuté pour certaines occurrences de Resheph[4], notamment lorsque le mot apparaît au pluriel. En effet, dans quelques cas, il apparaît difficile de savoir s'il s'agit d'un agent propre et véritable ou tout simplement de flammes ou de flèches.

À cet égard, une certaine prudence est de mise. Il faut effectivement s'abstenir de reconnaître un démon de la peste derrière toutes les occurrences du mot *deber*. Un certain nombre d'usages « figés » sont attestés dans la Bible hébraïque, notamment dans le livre de Jérémie qui utilise souvent la formule stéréotypée selon laquelle le dieu punit, visite ou fait mourir « par épée, famine, peste »[5]. Il faut, en outre, remarquer que dans ces passages *deber* est presque toujours précédé de l'article déterminatif. La présence de l'article pourrait indiquer que le mot doit être compris dans son sens générique et littéral. Un autre passage à écarter est Is 28,2 : ici *qeṭeb* figure en tant qu'apposition de *śa'ar*, « tempête », dans une similitude qui évoque plusieurs phénomènes météorologiques, tels que la grêle et l'orage. Au lieu de voir ici une puissance démoniaque, il faudrait plutôt, en accord avec la majorité des chercheurs, donner à *qeṭeb* une valeur générique de « destruction »[6]. En ce qui concerne Resheph, une signification

---

2 À propos de la différence entre « transparence » sémantique et méthode étymologique les remarques de James Barr (1968, p. 17) sont encore très utiles.

3 Notamment par Blair 2009, p. 109, mais voir encore, récemment, Kató 2012.

4 Ainsi Münnich 2013, p. 224–237.

5 Jer 14,12 ; 21,6–7 et 9 ; 27,8 et 13 ; 28,8 ; 29,17–18 ; 32,34 et 36 ; 34,17 ; 38,2 ; 42,17–22 ; 44,13. Voir également la variante « guerre, famine, peste » en Jer 35,8.

6 « Ruineux » : Wildberger 1982, p. 1041–1043 ; Watts, 1985–1987, p. 358–360 ; Beuken 2010, p. 58 ; Roberts 2015, p. 342.

de *rəšāpîm* comme « flammes » ou « flèches ardentes » (*rišpê ʾēš*) se retrouve également à l'intérieur d'une similitude poétique entre l'amour et le Shéol, en Cant 8,6. Dans ce passage, malgré l'évocation d'un imaginaire mythique par la référence au Shéol et aux « grandes eaux » (verset 7), il apparaît difficile de voir une véritable puissance divine à l'œuvre dans les « flammes », qui correspondent plutôt à une métaphore assez usuelle pour décrire la passion amoureuse[7]. Toutefois, l'écart entre un usage au sens « propre » et « commun » de ces noms ne doit pas être surestimé. Dans les cas qu'on examinera par la suite, le contexte indique clairement qu'il s'agit d'agents divins en action qui peuvent se manifester occasionnellement à travers des catastrophes naturelles. Par ailleurs, les parallèles proche-orientaux confirment que certaines puissances démoniaques peuvent avoir des noms transparents indiquant des fléaux ou des *nomina agentis* construits sur des actions associées de diverses manières à la destruction[8]. Un bon exemple de la manière ancienne de concevoir la relation étroite et, de fait, métonymique entre le fléau et l'agent qui en est responsable se trouve dans le chapitre 24 du deuxième livre de Samuel. Ici Yhwh envoie la peste (*deber*) en Israël à cause de David qui avait demandé un recensement du peuple (2 S 24,15). La manière dont le fléau s'abat sur le peuple est décrite aux versets suivants (versets 16–17) par l'action du « messager qui extermine le peuple » (*hammalʾāk hammašḥît bāʿām*).

Deuxièmement, ces puissances sont souvent mises en rapport avec la cour céleste. Elles apparaissent dans des théophanies divines, dont la mieux connue est, probablement, celle d'Hab 3,1–5[9], et peuvent être explicitement qualifiées de « messagères » de la divinité[10]. Certaines sont même explicitement liées au cortège militaire de Yhwh qui a parfois été mis en parallèle avec les armées des dieux mésopotamiens de la peste, Nergal et Erra[11]. Ces passages peuvent aussi présenter des liens intertextuels évidents : un cas particulièrement intéressant est la réécriture de l'épisode de la peste en 2 S 24 dans le premier livre des Chroniques (1 Ch 21). Un autre exemple est le Ps 78 (= 77 LXX) qui résume l'histoire d'Israël. Les versets 44–51 mentionnent les plaies d'Égypte dans un ordre différent de celui de l'Exode mais néanmoins en dialogue avec le récit

7 *Pace* Pope, 1977, p. 670. Pour des arguments supplémentaires contre l'interprétation démonique de Resheph, voir Wilson-Wright 2015, p. 340.

8 Voir *supra*, p. 29, 38–42, ainsi que les exemples grecs, p. 53–55.

9 Hab 3,1–5.

10 Ex 12 ; 2 S 24,6 ; 1 Ch 21,15 ; Ps 78,48–51.

11 Hab 3,1–5, à comparer avec Deut 33,1–3, et Deut 32,22–24. Sur l'imaginaire partagé par Hab 3,4 et Deut 33,2, voir, récemment, Wearne 2014. Pour la comparaison du cortège de Yhwh avec celui de Nergal et Erra, on peut se référer, entre autres, à Andersen 2001, p. 300–307.

d'Ex 7–12. Les versets 49–51 closent la séquence des plaies en citant la peste et la mort des premiers-nés :

49 ישלח בם חרון אפו	49 Il envoya contre eux son ardente colère :
עברה וזעם וצרה	rage, indignation, angoisse,
משלחת מלאכי רעים	une troupe d'anges de malheur,
50 יפלס נתיב לאפו	50 Il a creusé une voie à sa colère,
לא חשך ממות נפשם	il ne préserve pas leurs vies de la mort,
וחיתם לדבר הסגיר	il a livré leurs vies à Deber,
51 ויך כל בכור במצרים	51 Il a frappé tous les premiers-nés en Égypte,
ראשית אונים באהלי חם	prémices vigoureuses dans les tentes de Cham.

La mention des « messagers de malheurs » au verset 49 est à mettre en relation avec la mort des premiers-nés au verset 51 (« il a frappé tous les premiers-nés en Égypte »). Ce passage paraît, en effet, évoquer l'envoi du destructeur qui frappe les maisons des Égyptiens en Ex 12,23[12].

Troisièmement, il faut observer que dans tous les cas examinés ces puissances sont la manifestation de la colère de Yhwh. En Deut 32,23–24, le feu de la colère de Yhwh « enflamme ses narines » et le pousse à envoyer contre les Israélites infidèles ses agents de destruction, Resheph et Qeṭeb. Dans le Ps 78, Yhwh « creuse un passage à sa colère »[13] par le biais de messagers de malheurs. Cette colère, d'ailleurs, peut être elle-même conçue comme une émanation de la divinité qui, parfois, échappe à son contrôle : en Num 17, par exemple, la fureur divine d'abord déchaînée contre les fils d'Aaron aurait risqué d'exterminer tous les Israélites si elle n'avait pas été arrêtée par un rituel apotropaïque accompli par Aaron[14]. En 2 S 24,1, la colère de Yhwh « s'enflamme » contre Israël et incite David à agir contre l'intérêt de son peuple. Le fait qu'elle soit remplacée par Satan dans la version du récit transmise par les Chroniques[15] démontre une équivalence fonctionnelle entre ces deux agents de la cour céleste.

Enfin, il n'est pas rare que ces puissances interviennent ensemble, en couple ou par groupes, en tant que membres de l'armée de Yhwh. Deut 32,24 mentionne Resheph et Qeṭeb, tandis que la théophanie d'Habacuc présente Resheph et Deber marchant à côté de Yhwh. Un autre texte clé pour cette analyse est le Ps 91 (= 90 LXX) où Deber et Qeṭeb figurent parmi les périls qui

12 Voir, déjà, Delitzsch 1888, 426. Sur la nature secondaire de ces versets 49b–50a, voir Spieckermann 1989, p. 137 ; Hossfeld et Zenger 2011, p. 288.

13 Ps 78,50.

14 Voir à ce sujet Nihan 2015, p. 100–102.

15 1 Ch 21,1, voir § 8.1.1.

terrorisent l'orant, lequel cherche son refuge en Yhwh. Comme nous le verrons par la suite, Resheph n'est pas nommé dans ce cas, néanmoins sa présence ne peut pas être complètement exclue. Le Ps 78, pour sa part, mentionne au verset 49a « furie, malédiction et angoisse » qui sont définies comme une « troupe d'anges de malheurs », et ici le terme rare *mišlaḥat* a une connotation militaire explicite[16]. L'arrivée de ces messagers est anticipée par l'annonce d'une punition qui s'abattra sur le bétail, abandonné aux flammes ou aux « foudres » (*rəšāpîm*, verset 48), et sur les humains, livrés à la peste (*deber*, verset 50). Ces passages pourraient être interprétés de manière simplement naturaliste car ils rappellent deux plaies mentionnées dans l'Exode : respectivement la grêle qui tombe sur les Égyptiens mêlée au feu (*'ēš*, en Ex 9,24) et la peste qui frappe leur bétail (*deber*, en Ex 9,3). Toutefois, le fait que dans le Ps 78 peste et flammes soient associées directement aux anges de malheurs et que la peste s'attaque aux « vies » des Égyptiens et non à leurs animaux, semble plutôt suggérer que Deber et Resheph, en tant qu'émissaires de la divinité, étaient compris comme puissances agissantes dans la version finale du psaume. À cet égard, l'hypothèse de Zenger, d'après lequel les versets 49b–50a sont une glose, est à considérer attentivement : dans ce cas, l'interpolation témoigne ainsi d'une compréhension démonique du passage encore à une époque tardive où l'insertion de l'expression « anges de malheurs » sert notamment à spécifier la nature de ces puissances[17]. Considéré sous cet angle, le Ps 78 atteste donc une tradition qui réinterprète le récit des plaies d'Égypte en les attribuant à l'action de puissances démoniaques, émissaires de la colère de Yhwh.

À cet égard, on rappellera que la forme plurielle des *rəšāpîm* n'est pas sans parallèles dans le Proche-Orient ancien. Elle est attestée en Égypte sur une inscription de Ramsès III à Medinet Habou, en contexte militaire, et à côté de Montou : ici les guerriers sur les chariots sont comparés à des Reshephs. Elle apparaît encore dans le Papyrus de Turin avec un contexte moins clair où il est question de se protéger des forces hostiles[18]. En outre, dans une liste de rituels accomplis par le roi à Ougarit, on fait mention des « Reshephs qui entrent dans

16 Il apparaît ailleurs seulement en Qoh 8, 8 où il indique le congé militaire en temps de guerre.

17 Hossfeld et Zenger fondent leur idée d'une interpolation sur la présence du terme *mišlaḥat* qui est très rare et tardif (Hossfeld et Zenger 2011, p. 288–290). En revanche, il ne me paraît pas nécessaire de faire recours au messager de Yhwh qui punit l'Assyrie en Is 37,36 pour expliquer la présence des anges de malheur au verset 49, comme le fait Lee 1990. Sur les raisons pour lesquelles il faut comprendre *mal'ākîm* comme « anges » et non simplement comme messagers, voir *infra*, § 8.1.1.

18 Lipiński 2009, p. 220. Pour une traduction du texte de Médinet Habu, on peut voir Edgerton et Wilson 1936, p. 23–24 ; Le papyrus de Turin (Cat. 1982 = CGT 54077) est encore inédit ; fac-similé et traduction en Pleyte e Rossi 1869–76, vol. 2, p. 122, pl. 85, II : 2.

le palais royal »[19] : ici le pluriel fait très probablement référence aux statues de la divinité. Des Reshephs sont également connus au premier millénaire en Phénicie : l'inscription du roi Bod'ashtart dans le temple d'Eshmoun à Sidon, qui remonte au Vᵉ siècle av. n. è., contient l'expression *'rṣ ršpm*, « terre des Reshephs »[20]. Les attestations de Resheph en dehors de la Bible hébraïque nous amènent directement à la question plus générale de l'arrière-plan levantin et proche-oriental de ces puissances qui mérite une attention spécifique.

1.1 *Divinités proche-orientales et démons bibliques*

De manière générale, nous sommes mal renseignés sur la présence de Deber et Qeṭeb dans les panthéons du Proche Orient ancien. On sait qu'une divinité *Dbr* est connue à Ebla, car l'expression « Dabir, dieux d'Ebla » apparaît dans une liste d'offrandes ainsi que dans l'onomastique eblaïte[21]. Le mot est attesté en ougaritique où le toponyme poétique *arṣ dbr*, « terre de pestilence », indique le royaume des morts[22], mais pour le reste il s'agit d'un dieu mal connu. La présence de Qeṭeb au Levant est très incertaine[23]. En revanche, Resheph est une divinité ouest-sémitique très bien connue, associée à la guerre, à la peste et parfois au monde des morts. Son culte, bien étudié, est attesté sur une très longue période au Levant, en Égypte et dans toute la Méditerranée, depuis le IIIᵉ millénaire jusqu'à l'époque hellénistique tardive (son nom est encore mentionné à Palmyre)[24]. Il subit en outre des phénomènes d'assimilation avec d'autres divinités (Montou en Égypte et Apollon à Chypre). Son iconographie, bien établie, est celle d'un dieu combattant : en Égypte, il est représenté surtout

19 *KTU* 1.91.11 (= RS 19.15.11).

20 *KAI* 15.

21 *ᵈda-bi-ir dingir ib-laᵏⁱ* (TM 75.G.1464, discuté par Pomponio et Xella, 1997, p. 123–124). Cette formulation semble, en outre, présupposer que Dabir était le dieu patron de la ville, même si les attestations sont très peu nombreuses pour une divinité poliade, comme le remarquent à juste titre Francesco Pomponio et Paolo Xella. Pour d'autres occurrences possibles du théonyme, mais non assurées, voir la discussion en Frey-Anthes 2007, p. 74 ; Blair 2009, p. 32–33.

22 *KTU* 1.5. V 18 ; 1.5. VI 6.

23 D'après Johannes de Moor (1988, p. 105) une possible attestation de Qeṭeb à Ougarit serait la forme *qẓb* en *KTU* 1.5 II 20–24, qui désignerait un attribut ou un agent du dieu Mot, mais le passage est très fragmentaire. Voir la discussion en Frey-Anthes 2007, p. 74–75 ; Blair 2009, p. 38–40.

24 Parmi les travaux monographiques, les plus importants sont ceux de Fulco 1976, Lipiński 2009 et Münnich 2013. Voir également Day 2000, p. 197–207. Pour les aspects iconographiques l'on peut se référer à Schulman 1979 et Cornelius 1994. Sur la réduction de Resheph à démon dans la Bible hébraïque, l'article de référence est Niehr 2003, suivi par Kató 2012 et Rudnig-Zelt 2015. Voir également Frey-Anthes 2007, p. 110–142 ; Blair 2009, p. 194–215.

comme archer. Le fait qu'il soit le dieu responsable de la peste, et donc doué d'arc et de flèches, explique probablement son association avec Apollon. En Palestine, au Bronze Récent, ses attributs typiques sont le bouclier et une arme de poing[25]. Au premier millénaire, sa présence est documentée au Levant par une série d'inscription en Phénicie, en Cilicie, à Palmyre ainsi qu'à Chypre[26].

Le statut de Resheph dans la Bible hébraïque a fait l'objet d'un certain nombre de discussions. La majorité des chercheurs interprètent son rôle affaibli dans les textes bibliques comme résultant d'un processus de « dédivinisation »[27]. Il est en effet indéniable que Resheph apparaît dans la Bible hébraïque comme une puissance qui ne fait pas l'objet d'un culte et dont le pouvoir est entièrement subordonné à celui de Yhwh. Son domaine d'action, limité à la maladie, est beaucoup plus réduit non seulement par rapport à son statut au Levant à l'âge du Bronze (par exemple à Ougarit), mais également par rapport à d'autres contextes religieux de l'âge du Fer : il suffira, à cet égard, de penser à Chypre ou au royaume araméen de Samal où Resheph est l'une des divinités principales de la ville[28]. Dans la mesure où, dans la Bible hébraïque, Resheph agit exclusivement comme bras armé de Yhwh, il subit un processus de « démonisation ». Il faut, toutefois, observer que cette démonisation ne correspond pas à une véritable « démythologisation » car les contextes où il est nommé sont, au contraire, parmi les plus mythiques de la Bible hébraïque. À cet égard, l'idée de Maciej Münnich, d'après laquelle la réduction de Resheph à un démon serait intentionnellement motivée par la volonté d'éliminer des éléments païens mythologisant très anciens, est problématique[29]. En revanche, l'idée de Herbert Niehr qui attribue la « renaissance » de cette divinité en Palestine à l'infiltration phénicienne dans la région au cours du Vᵉ siècle mérite d'être discutée[30]. Niehr inscrit les processus de « démonisation » de Resheph

25 Il est représenté ainsi sur des statuettes retrouvées à Lachish et Megiddo : voir Keel et Uehlinger 2001, fig. 57, 85 a.

26 Elles sont établies sous forme de liste et analysées par Münnich 2013, p. 209–214, 240–260.

27 Frey-Anthes parle de « de-potenziert Gott », de même que Rudnig-Zelt 2015.

28 Le dossier chypriote du Iᵉʳ millénaire comprend une dizaine d'inscriptions, analysées par William Fulco (1976, p. 46–54), Edward Lipiński (2009, p. 229–236) et Maciej Münnich (2013, p. 247–256), et quelques théophores (*ršpytn* et *'bdršp*, sur lesquels on peut voir Münnich 2013 (p. 249–250). Le culte de Resheph à Samal est attesté par l'inscription du roi Panamuwa I sur la base d'une statue représentant le dieu Hadad. L'inscription mentionne à plusieurs reprises Hadad, El, Resheph, Rakib El et Shamash comme garants du pouvoir royal (*KAI* 214 = Gibson 1975, p. 60–76, no. 13, voir notamment la formulation à la ligne 3 : *wqm 'my ršp*, « et Resheph s'est levé avec moi »).

29 Münnich 2013, p. 235–236.

30 Niehr 2003, p. 99–103. Cette infiltration serait, entre autres, soutenue par la fondation sur la côte de la ville d'Apollonia, contrôlée par Sidon.

dans le contexte de changements plus profonds qui affectent les religions du Levant pendant cette période. Ces changements impliquent, entre autres, le développement d'un rapport plus personnel avec la divinité poliade. Le dieu patron de la cité est alors de plus en plus perçu comme protecteur de l'individu, tant dans le culte civique traditionnel que dans l'expression de la piété religieuse privée. On pourrait, en outre, rattacher à ce contexte la représentation de Yhwh comme « médecin », attestée dans plusieurs textes bibliques[31]. La démonisation de Resheph viendrait renforcer cette vision positive de la divinité alors allégée de ses côtés les plus obscurs.

Il ne faut cependant pas oublier que la question du prétendu « côté obscur » de Yhwh demeure complexe. En effet, la présence de messagers qui exécutent les ordres de la divinité ne la libèrent pas forcement de ses aspects négatifs et inquiétants : la représentation d'une divinité « transcendante »[32] qui envoie la guérison ou la maladie de loin, c'est-à-dire par ses messagers, coexiste avec des traditions qui attribuent des traits démoniaques à Yhwh lui-même. Dans un texte fameux de l'Exode (4,24–26) qu'on a longtemps jugé comme un résidu d'archaïsme mais qui pourrait avoir été rédigé plus tard que ce que l'on pense, Yhwh est décrit comme un démon qui attaque Moïse pour le faire mourir[33]. En outre, dans plusieurs passages qui nous intéressent ici, Yhwh reste le responsable ultime des actions de ses émissaires. Cette responsabilité est encore soulignée par des textes tardifs comme Is 54,16 : « c'est moi qui ai créé le destructeur (*mašḥît*) pour défaire ! ».

De manière générale, même si le degré d'autonomie qui leur est attribué est variable, l'action de ces puissances ainsi que la durée des fléaux restent largement contrôlées par la divinité elle-même. On peut comparer, à cet égard, les récits de 2 S 24 avec son parallèle en 1 Ch 21 où l'ange exterminateur de Yhwh prend son initiative en autonomie[34]. Dans le Ps 91, Deber et Qeṭeb agissent également comme deux puissances autonomes. La perception de ces puissances comme des démons à part entière, et, de plus, dans des textes bibliques relativement tardifs, a parfois posé problème à l'exégèse. À cet égard, Niehr interprète le Ps 91 comme relevant d'un « paganisme littéraire ». Dans sa perspective, le recours à des éléments mythologisants « païens » – à savoir anciens et, donc, non-monothéistes – dont ce psaume est un exemple, ne reflèterait pas nécessairement de véritables croyances. En revanche, il

31 Niehr 1991.

32 Niehr 1991, p. 12–15.

33 Pour une proposition de datation de ce passage à l'époque perse, voir Römer 1994 ; pour sa réception ancienne, Goosmann 1993. Sur le geste apotropaïque de Zipporah, voir, plus récemment, et, entre autres, Hüllstrung 2003 ; Hays 2007.

34 1 Ch 21,17–18.

s'agirait d'une stratégie scribale qui, en réactivant et en exploitant des scénarios mythologiques en contexte poétique, permettrait d'affirmer de manière efficace la puissance absolue de Yhwh[35]. Cette théorie, souvent reprise par la recherche, se heurte néanmoins à quelques difficultés dans mon cas d'étude. Premièrement, ces puissances ne sont pas exclusivement attestées en poésie, mais apparaissent également dans quelques contextes de prose, tels que l'Exode, les livres de Samuel et les Chroniques où elles s'avèrent difficilement interprétables comme outils purement poétiques. Deuxièmement, si dans le cas de Resheph un arrière-plan levantin est assuré, ce même arrière-plan ne se reconstruit pas aussi aisément pour les autres puissances, rendant difficile l'évaluation de ces éléments mythologisants comme véritablement anciens. Dernièrement, et de manière plus générale, une compréhension exclusivement littéraire des passages poétiques ainsi que des procédés métaphoriques sous-jacents ne tient pas suffisamment compte des contextes d'usages de ces textes, notamment des Psaumes (y compris d'Hab 3, qui a la forme d'un psaume et, à certains égards, de Deut 32). Cette dernière remarque est d'autant plus pertinente dans le cas du Ps 91, pour lequel un nombre de témoignages important confirme son usage apotropaïque dès l'époque du Second Temple, dans les versions hébraïque et grecque. C'est donc vers ce contexte qu'il nous faut à présent tourner notre attention et, plus particulièrement, vers la traduction grecque de ces passages.

2 Repenser les démons dans la LXX

Le scénario des agents de destruction et de malheur tel qu'il apparaît dans la LXX présente des différences substantielles par rapport à la Bible hébraïque. Ces différences relèvent pour la plupart de l'activité des traducteurs qui ne semblent pas avoir toujours reconnu la nature de ces puissances. Dans le texte grec leur nom est parfois omis, parfois substitué par leur fonction, ou leur fonction est modifiée. L'exemple le plus évident et le mieux étudié est encore celui de Resheph, notamment car il s'agit de la puissance divine la mieux attestée au Levant. Dans la LXX de Deutéronome 32 son nom est traduit par « oiseaux » (ὄρνεις) :

35 Niehr 1990, p. 210–220.

23 אספה עלימו רעות חצי אכלה בם
24 מזי רעב ולחמי רשף וקטב מרירי
ושן בהמות אשלח בם עם חמת זחלי עפר

23 συνάξω εἰς αὐτοὺς κακὰ καὶ τὰ βέλη μου συντελέσω εἰς αὐτούς.
24 τηκόμενοι λιμῷ **καὶ βρώσει ὀρνέων** καὶ ὀπισθότονος ἀνίατος.
ὀδόντας θηρίων ἀποστελῶ εἰς αὐτοὺς μετὰ θυμοῦ συρόντων ἐπὶ γῆς.

23 Je rassemblerai contre eux des malheurs et j'épuiserai contre eux mes flèches.
24 Consommés par la faim, **en pâture aux oiseaux** et une convulsion incurable !
J'enverrai contre eux les dents des bêtes sauvages avec le courroux de ceux qui rampent sur le sol.

Le contexte et la présence de βρῶσις semblent indiquer qu'il s'agit ici d'oiseaux de proie ou charognards, qui dévorent les corps de ceux qui sont « consommés par la faim » (τηκόμενοι λιμῷ). Le verset ferait donc référence à une situation d'épidémie ou de famine, s'accompagnant de l'envoi d'une maladie (ὀπισθότονος ἀνίατος) sur laquelle je reviendrai plus tard.

La situation est différente dans le cas d'Hab 3,5. Dans le texte retenu par Rahlfs et Ziegler, qui correspond aux *codices* Alexandrinus (A) et Marchalianus (Q), Resheph n'a pas été traduit. Le verset 5 contient l'expression « ses pieds dans les sandales » (ἐν πεδίλοις οἱ πόδες αὐτοῦ) qui, en référence au λόγος, traduit Deber :

3 אלוה מתימן יבוא וקדוש מהר פארן סלה
כסה שמים הודו ותהלתו מלאה הארץ
4 ונגה כאור תהיה
קרנים מידו לו ושם חביון עזה
5 לפניו ילך דבר ויצא **רשף לרגליו**

3 ὁ θεὸς ἐκ Θαιμαν ἥξει, καὶ ὁ ἅγιος ἐξ ὄρους κατασκίου δασέος. διάψαλμα.
ἐκάλυψεν οὐρανοὺς ἡ ἀρετὴ αὐτοῦ, καὶ αἰνέσεως αὐτοῦ πλήρης ἡ γῆ.
4 καὶ φέγγος αὐτοῦ ὡς φῶς ἔσται,
κέρατα ἐν χερσὶν αὐτοῦ καὶ ἔθετο ἀγάπησιν κραταιὰν ἰσχύος αὐτοῦ,
5 πρὸ προσώπου αὐτοῦ πορεύσεται λόγος καὶ ἐξελεύσεται **ἐν πεδίλοις οἱ πόδες αὐτοῦ**.

> 3 Dieu viendra de Thaiman et le saint de la montagne ombreuse, épaisse. (Diapsalma).
> Sa valeur a recouvert les cieux et la terre est pleine de sa louange.
> 4 Son éclat sera comme la lumière,
> des cornes dans ses mains, il a établi un amour puissant de sa force,
> 5 devant sa face s'avancera la parole et elle sortira, **les pieds dans les sandales.**

Le traducteur a introduit une série de choix exégétiques dans ces versets. Un premier exemple est la compréhension de Paran comme une montagne remplie d'une dense végétation d'arbres (et donc ombreuse : ἐξ ὄρους κατασκίου δασέος). Un autre exemple est l'expression « amour puissant de sa force » (ἀγάπησιν κραταιὰν ἰσχύος αὐτοῦ) pour rendre l'hébreu *ḥbywn ʿzh*, qui atteste de l'interprétation des cornes comme signes de puissance divine et masculine[36]. Dans ce contexte, on comprend mal, néanmoins, la relation ἐν πεδίλοις et *ršp*, au point que le texte est marqué par une *crux* par Joseph Ziegler. Une ancienne hypothèse proposée par Charles Clermont-Ganneau et reprise par Henry Thackeray voyait dans ces sandales une référence à Persée qui serait à son tour une interprétation grecque de Resheph *via* Apollon : elle s'appuie sur des arguments spéculatifs et a été aujourd'hui abandonnée[37]. La solution est, en revanche, probablement à rechercher dans la tradition manuscrite du verset 5b qui présente un certain nombre de divergences textuelles.

Le Vaticanus (B), le Sinaiticus (S)[38] ainsi qu'une partie de la tradition indirecte présentent la leçon εἰς πεδία/αν, suivie par κατὰ πόδας αὐτοῦ, « vers la/les plaine/s, sur ses pas », alors que la tradition lucianique (L) présente la forme εἰς παιδείαν (κατὰ πόδας αὐτοῦ). Cette dernière semble clairement une correction faite à partir de πέδια visant à mettre le λόγος du verset 5a en lien avec l'éducation. Le Papyrus Washington (W), qui remonte au IIIe siècle de l'ère, comporte en ce passage l'expression ἐν πέδαις οἱ πόδες αὐτοῦ ἔστησαν (« ses pieds étaient en chaînes »). Οἱ πόδες est ici sujet du verbe du verset 6 (ἔστησαν), qui dans la plupart des autres manuscrits est au singulier et se réfère à Yhwh, comme c'est le cas en hébreu (ἔστη/*ʿmd*). Ensuite, ἐν πέδαις a été doublement corrigé au-dessus par πετη- (avec effacement du ἐν initial), et au-dessous par εν πεδιλω[39].

---

36 Voir, à ce sujet, les remarques de Mulroney 2016, p. 121.

37 Clermont-Ganneau 1876, p. 374–376 ; Thackeray 1921, p. 51–54. Pour une critique convaincante de cette hypothèse, voir Harper 2015, p. 151–153.

38 Sur les accords entre B et S dans la LXX des Douze, voir Ziegler 1943, p. 37.

39 Le papyrus (W d'après Ziegler 1943, p. 8 et p. 32–34), faisant partie de la collection Freer, préserve des fragments des Douze petits prophètes. Pour l'édition, voir Schimdt et Sander

Comme l'ont suggéré Cécile Dogniez, Joshua Harper et d'autres[40], la forme εἰς πεδία que nous trouvons dans B-S pourrait bien relever d'une lecture de la séquence *ršp lrglw* comme *bšpl rglw*, avec la confusion, fréquente, entre *r* et *b*. La racine *špl*, « être en bas », explique le choix de εἰς πεδία comme lecture de la Septante ancienne, sur la base de l'équivalence entre πεδίον et *špl/ šplh*, « terre basse » et donc « plaine », attestée également ailleurs[41]. La leçon du papyrus ἐν πέδαις serait donc une déformation facilitée par l'association entre « pieds » (πόδες) et « chaînes » (πέδαι) qui se trouve assez fréquemment dans la LXX et qui est une expression presque proverbiale[42]. La correction ἐν πεδίλοις préservée par A et Q pourrait aller dans le même sens. Comme on le verra dans le paragraphe suivant, la représentation du λόγος comme agent divin qui court sur la terre est attestée ailleurs dans la Septante[43].

Une telle variation au niveau de la tradition manuscrite indique que les traducteurs ne connaissaient certainement plus le nom de Resheph. Toutefois, cette conclusion peut être nuancée si l'on considère le témoignage de la version dite Barberini, une traduction du Psaume d'Habacuc réalisée entre le Ier et le IIIe siècle de notre ère, probablement en Égypte. Cette traduction, dont la nature littéraire est très marquée, est préservée par quatre manuscrits. On la considère d'habitude comme une traduction indépendante[44] car elle présente peu d'affinités avec les autres versions grecques connues. Dans le verset 5 elle lit notamment :

1927 qui considèrent ces corrections comme étant de troisième main et postérieures d'environ un siècle. Sur la nature du texte grec des Douze préservé dans ce papyrus, on peut voir De Troyer 2006.

40 Dogniez et al. 1999, p. 289–290 ; Harper 2015, p. 151–155 ; et Mulroney 2016, p. 217. Voir notamment Harper pour la reconstruction du verset 5 de la Septante ancienne.

41 Deut 1,7 ; Jos 11,2 ; 12,8. L'usage du pluriel (πεδία) pour traduire une forme hébraïque au singulier est attesté ailleurs dans les Douze (Joel 1,10 ; 2,22). En revanche, l'idée de Dogniez selon laquelle la version du papyrus préserverait la Septante ancienne présuppose que la même erreur de lecture (*b* pour *r*) ait été commise de manière indépendante par au moins deux scribes, ce qui paraît difficile. La version de la Septante ancienne serait alors εἰς πεδία οἱ πόδες αὐτοῦ : sur ce point, voir les remarques de Harper 2015, p. 155. Je remercie Jan Rückl pour son aide concernant la critique textuelle de ce verset.

42 2 S 3,34 ; 3 Mac 4,9 ; Ps 104,18 ; Sir 6,24 ; 21,19.

43 Voir *infra*, § 4.3.

44 Parmi les études principales sur la version Barberini on peut voir Thackeray 1911 ; Mercati 1955 ; Good 1959 ; Fernández Marcos 1976 (republié en allemand dans Fabry et Böhler 2007, p. 151–180) ; Fabry 2010 ; Dogniez 2012 ; et récemment la monographie de Harper 2015. D'après Natalio Fernández Marcos, cette traduction pourrait être attribuée à une « école de Symmaque », sur laquelle nous sommes, par ailleurs, mal informés. En revanche, les arguments avancés par Edwin Good, Heinz-Joseph Fabry et Joshua Harper pour une origine égyptienne me paraissent bien fondés.

Πρὸ προσώπου αὐτοῦ προσελεύσεται πτῶσις,
καὶ κατὰ πόδας αὐτοῦ ἀκολουθήσει τὰ μέγιστα τῶν πετεινῶν.

Devant lui ruine sortira,
et sur ses pas le plus majestueux des ailés suivra.

Le scribe responsable de cette traduction a reconnu en Deber, sinon une véritable maladie, du moins une puissance liée à la dévastation et il a traduit Resheph par un adjectif superlatif au neutre pluriel, donc à la lettre « les plus grands des êtres ailés ». Mais une traduction au singulier est également possible, si l'on comprend τὰ μέγιστα comme un pluriel de majesté. L'expression peut se référer à un ou plusieurs oiseaux ou, autrement, à un être divin doué d'ailes. Il faut, en outre, remarquer que cette traduction est similaire aux choix proposés par les réviseurs, également attestés dans la tradition manuscrite de Symmaque (ὄρνεον) ainsi que chez Jérôme[45].

Toutefois, bien que cela ait parfois été soutenu[46], l'existence d'une tradition exégétique qui interprète Resheph comme un être ailé n'est pas nécessairement une innovation du judaïsme alexandrin ; elle remonte probablement déjà à la Bible hébraïque[47]. Cette lecture est attestée particulièrement dans les traditions sapientielles. D'après Job 5,7, « les fils de Resheph volent très haut » :

כי אדם לעמל יולד ובני רשף יגביהו עוף

ἀλλὰ ἄνθρωπος γεννᾶται κόπῳ νεοσσοὶ δὲ γυπὸς τὰ ὑψηλὰ πέτονται

Il s'agit là très probablement d'une expression proverbiale qui n'a de sens que si l'on comprend les « fils de Resheph » comme des oiseaux, où l'hébreu *ben* a le sens de « membre d'un groupe » ou d'une classe[48]. Cette signification est bien préservée par la LXX de Job qui traduit « les petits des vautours » et rend ainsi explicite le lien intertextuel entre ce passage et Job 39,27 (« c'est sur ton ordre

45 Alors que ὄρνεον est attesté par la minuscule hexaplaire 86 (Ziegler 1943), les autres versions des réviseurs ont été préservées seulement par la tradition latine reflétée dans le commentaire de Jérôme : « Ubi diximus : *Egredietur diabolus ante pedes eius* [...] Aquila pro diabolo transtulit *volatile* ; Symmachus autem et Theodotion et Quinta editio *volucrem*, quod Hebraice dicitur Reseph » (Jer., *Comm. in Abacuc* 2.3, p. 640–641 [Migne PL 25, col. 1314]).

46 Lipiński 1999, suivi par Münnich 2013, p. 234–235.

47 Pour la réception de Resheph dans la LXX, voir l'étude fondamentale de Dogniez 2003.

48 Il ne me semble pas envisageable d'attribuer à *bny ršp* ici la signification de « flèches », *pace* Lipiński (1999, 2009, p. 260–261), d'autant plus que la racine *gbh*, « voler », fait encore référence au vautour en Job 39,27.

que l'aigle s'élève et que le vautour [γύψ] passe la nuit près de ses petits »). En outre, dans un passage du Siracide préservé en grec et en hébreu, il est dit que « Yhwh fait voler la neige comme des oiseaux » (texte de Masada) ou que « Yhwh répand la neige comme des oiseaux qui se posent » (texte grec et version du Caire)[49].

On peut vraisemblablement imaginer que cette interprétation juive de Resheph-oiseau était connue et exploitée par le traducteur du Deutéronome, car elle s'adaptait parfaitement au contexte de son passage biblique où il est question d'être dévoré. Devenir la proie des oiseaux est en effet l'une des punitions divines les plus courantes dans les malédictions proche-orientales. Ce châtiment est d'ailleurs déjà mentionné parmi les malédictions du Deutéronome[50] et, de plus, se trouve parfaitement adapté pour un public de langue et de culture grecques qui connaît depuis Homère le déshonneur associé à ce type de mort. L'origine de cette interprétation demeure, par contre, problématique car les ailes ne semblent pas être un attribut de Resheph ni dans les textes ni dans l'iconographie du Proche Orient antique dont nous avons connaissance[51]. Toutefois, quelques hypothèses pourraient être formulées.

Cette association pourrait remonter au contexte phénicien et être, ainsi, antérieure à la Bible hébraïque. L'hypothèse pourrait être appuyée par une inscription bilingue phénicien-louvite datant du VIIe siècle av. n. è., commandée par le roi Azatiwada et retrouvée en trois copies à Karatepe, en Cilicie[52]. L'inscription mentionne les dieux Baʿal et *Ršp ṣprm* qui pourrait être lu comme « Resheph des oiseaux », attestant ainsi d'une ancienne association de cette divinité avec les oiseaux. Toutefois, d'autres lectures de cette expression sont également possibles et ont été proposées par les chercheurs[53].

Une deuxième interprétation, proposée par Lipiński et suivie par Niehr, voit dans la représentation de Resheph en oiseau une influence égyptienne du dieu à tête de faucon Montou-Horus. Cette hypothèse me paraît peu probable, premièrement car une équivalence directe entre Horus et Resheph n'est jamais attestée par les sources (au contraire de celle entre Resheph et Montou et de celle entre Montou et Horus) et serait donc à postuler indirectement. Deuxièmement, à l'époque hellénistique l'association entre Montou et Resheph est seulement attestée par deux inscriptions du temple de Karnak,

49 Sir 43,17 = 43,18 LXX.

50 Deut 28,26.

51 Voir, à ce sujet, Schulman 1979 ; Cornelius 1994, p. 253.

52 *KAI* 26, 10–11 ; Röllig 1999, Phu A/II, p. 52–53, qui ne traduit pas l'épithète.

53 Notamment « Reshephs des boucs », qui correspondrait mieux à son équivalent louvite (le dieu-bouc dénommé Runtiya, maître des animaux sauvages). Voir Xella 1999, p. 701–702 ; et Münnich 2013, p. 210–211.

commandées par Ptolémée III. La dédicace parle de « Resheph qui habite dans la demeure de Montou »[54] : les deux divinités, puissances tutélaires de la guerre, sont donc rapprochées car elles partagent le même sanctuaire, mais elles restent, cependant, bien distinctes. En outre, la statue de Resheph représente le dieu en armes, sans ailes ni tête de faucon[55].

En revanche, il pourrait s'agir d'une exégèse interne au Ps 91,5 où l'orant est terrorisé par Deber et Qeṭeb ainsi que par la « flèche qui vole pendant le jour ». Dans d'autres passages bibliques tels que Ps 76,4, le nom de Resheph est compris comme « flèche », par association métaphorique entre flèches et flammes, les deux volant à travers le ciel. Il est encore question de flammes ardentes dans Cant 8,6. Il n'est pas invraisemblable d'imaginer que ces flèches volantes aient été perçues comme de véritables êtres ailés, surtout au vu des contextes métaphoriques dans laquelle l'expression est employée. Cette interprétation pourrait être renforcée par le fait que les ailes sont, dans la glyptique mésopotamienne et levantine, des attributs des êtres divins et surtout démoniaques[56].

Par conséquent, faudrait-il voir dans la représentation de Resheph comme « le plus grand des ailés », un démon ailé de l'éclair, ensuite réduit à un oiseau, comme le proposait déjà André Caquot[57] ? Cette lecture est certes séduisante dans le cas d'Hab 3 dans la version Barberini qui nous présenterait donc l'arrivée de Yhwh entouré d'une série de grandes puissances ailées. Toutefois, elle demeure problématique pour les autres passages qui semblent s'inscrire dans un contexte explicitement naturel et paysager et font plutôt penser à une exégèse originelle de Resheph comme « oiseau ».

À cet égard, il faut néanmoins souligner que les êtres ailés mentionnés en Deut 32 ne doivent pas nécessairement être identiques à ceux du texte Barberini d'Hab 3. Une multitude de rapaces prêts à se jeter sur des cadavres ne semble pas constituer un complément approprié pour une théophanie divine qui insiste sur la puissance et la lumière émanant de Yhwh, ici représenté comme divinité solaire. Une hypothèse plus pertinente serait alors de voir dans le texte Barberini d'Hab 3,5 une interprétation de Resheph comme phénix. Oiseau mythologique associé à la lumière et au feu, de dimensions gigantesques, le

---

54 Sternberg-El Hotabi 1993, p. 110–111.

55 Cornelius 1994, no. 72 ; voir aussi la discussion en Münnich 2013, p. 221. L'hypothèse de Lipiński (2009, p. 255–257) se fonde sur une série d'équivalences indirectes qui voient, d'un côté, Montou assimilé à Resheph et à Apollon, d'un autre côté, Apollon identifié à la fois à Resheph et à Horus, et, enfin, l'association entre Horus et Montou. La combinaison de ces associations permettrait donc de postuler une identification entre Resheph et Horus, qui n'est cependant jamais attestée par les sources anciennes.

56 Voir, par exemple, Avigad et Sass 1997, no. 159 et 173.

57 Caquot 1956, p. 60–61.

phénix est à bien des égards « le plus majestueux des ailés ». En outre, il est étroitement associé au soleil et à la vision de la divinité dans d'autres traditions juives, comme celles du livre des secrets d'Hénoch (2 Hen 12) et de l'Apocalypse grecque de Baruch (3 Bar 6,2). De plus, les traditions sur le phénix s'expliqueraient bien dans le contexte égyptien d'où la version Barberini semble provenir[58]. À ce propos, il faut également rappeler que les fragments de l'*Exagogé* du poète juif Ezéchiel dit « le Tragique », actif à Alexandrie au IIe siècle av. n. è., nous transmettent la description d'un oiseau merveilleux de grande taille, traditionnellement identifié au phénix, qui est décrit comme le « roi de tous les oiseaux » et dont il est dit qu'il marche « soulevant rapide le pas du pied »[59].

Les témoignages ici analysés démontrent que, à côté des traditions grecques qui ignorent la nature de Resheph, comme celle attestée par la Septante ancienne d'Habacuc, d'autres en proposent une exégèse juive qui devait être courante à l'époque. Comme ceci avait déjà été suggéré par Dogniez[60], la réception de Resheph en oiseau adoptée par la Septante ancienne de Deut 32,24 et par le texte Barberini d'Hab 3,5 (avec ses variations « égyptianisantes », telles que la référence au phénix) ne serait pas une invention du traducteur, mais bien plutôt un thème qui lui était déjà connu[61]. Cette interprétation aura une certaine fortune dans le judaïsme ancien : adoptée par les réviseurs de la LXX, l'exégèse de Resheph en oiseau est également attestée par les Targums Onkelos et Pseudo-Jonathan en Deut 32,24, où la punition réservée aux Israélites est d'être dévorés par des rapaces *et* possédés par toute sorte de démons. Elle est encore mentionnée dans le Midrash Rabbah[62]. De manière générale, dans la tradition rabbinique, l'interprétation de Resheph en oiseau coexiste avec la tradition qui le considère comme un démon[63]. Une forme de conciliation entre ces deux traditions exégétiques est attestée par le traité Pesachim, dans une section qui établit la liste d'une série de noms de démons selon les lieux où ils résident ou se manifestent : « les démons qui se trouvent sur les toits sont

58 Cette interprétation avait déjà été suggérée par Fernández Marcos (1976, p. 16, note 42), sans pourtant trouver de véritable suite. Pour le phénix en Égypte, voir Vernus et Yoyotte 2005, p. 380–382. En revanche, le référence au phénix dans la LXX de Cant 8,6 proposée par Lipiński (1999, p. 255) ne me paraît pas suffisamment soutenue par le texte grec. L'autre référence au phénix signalée par Lipiński dans la LXX (Job 29,18) est également incertaine : dans ce contexte le mot φοῖνιξ pourrait bien faire référence à une palme, et non à l'oiseau. Vor, sur ce point, Angelini 2015, p. 41–43.

59 Fr. 17, pour texte et traduction française voir Lanfranchi 2006, p. 283–296.

60 Voir, notamment, Dogniez 2003.

61 Elle explique également, je crois, le choix de l'adjectif περίπτερος (« qui vole autour ») dans la LXX de Cant 8,6.

62 *Ex.R.* 12.

63 b.Ber. 5a.

appelés *rišpē'* »[64]. Dans ce dernier passage nous voyons curieusement réapparaître des *rəšāpîm* au pluriel. Leur nature a été cependant profondément resémantisée par rapport aux divinités plurielles dont il était question dans les textes ougaritiques et égyptiens. À Ougarit, les différentes manifestations du dieu, matérialisées par la présence de plusieurs statues de la divinité, étaient rendues par le pluriel, correspondant alors à une manière d'exprimer sa puissance. Les dieux de type Resheph attestés dans le temple de Medinet Habu semblent tous avoir eu une même fonction militaire car ils servent de terme de comparaison pour exalter la force des soldats de Ramsès III. Dans le passage du Talmud, en revanche, le pluriel souligne qu'il s'agit d'une multitude d'entités dont la nature est désormais indéfinie et mal connue, qu'ils soient démons ou oiseaux.

3 Le λόγος comme agent démoniaque

Le deuxième agent de malheur qui intervient à la fois dans le Ps 91 et dans le texte d'Habacuc est Deber. Les traducteurs ont lu dans les deux cas *deber* comme *dābār* et ils en donnent deux traductions différentes selon les deux sens du mot hébreu : πράγμα dans le Ps 90 (= 91 TM), sur lequel je reviendrai plus tard, et λόγος en Hab 3,5. Cette deuxième solution nous présente l'image du λόγος comme une puissance qui marche devant Yhwh, à la tête du cortège divin : il s'agit du seul personnage qui émerge dans la théophanie outre la divinité (dorénavant Logos). Comme on l'a vu, cette représentation varie selon les différentes traditions manuscrites :

> 5 πρὸ προσώπου αὐτοῦ πορεύσεται λόγος καὶ ἐξελεύσεται, εἰς πεδία οἱ πόδες αὐτοῦ/κατὰ πόδας αὐτοῦ (B-S)
>
> 5 πρὸ προσώπου αὐτοῦ πορεύσεται λόγος καὶ ἐξελεύσεται ἐν πέδαις οἱ πόδες αὐτοῦ ἔστησαν (W)
>
> 5 πρὸ προσώπου αὐτοῦ πορεύσεται λόγος καὶ ἐξελεύσεται ἐν πεδίλοις οἱ πόδες αὐτοῦ (A)

Les réviseurs proposent, quant à eux, des termes qui font référence au domaine sémantique de la maladie et de la mort : λοιμός, « peste » (Aquila), et θάνατος,

64 b.Pesaḥ. 111b.

« mort » (Symmaque et une partie de la tradition hexaplaire)[65]. La version Barberini choisit πτῶσις, « chute », « ruine », mais également « calamité ». Bien que ces traductions soient plus proches de la signification littérale de l'hébreu, aucune d'entre elles ne semble véritablement refléter la nature de Deber comme puissance démoniaque. Une telle méconnaissance s'inscrit dans le cadre plus large des traditions rabbiniques et chrétiennes dans lesquelles la nature démoniaque de Deber semble avoir été définitivement oblitérée, contrairement à ce qui arrive dans les cas de Resheph et Qeṭeb.

En revanche, la représentation du Logos préservée par les manuscrits de la Septante et accueillie par Théodotion (du moins si l'on fait confiance au témoignage de Jérôme[66]) mérite quelques réflexions supplémentaires. Alors que la version du papyrus (W) souligne le rapport de subordination entre la divinité et le Logos, les onciaux (B-S et A) mettent l'accent sur son dynamisme.

Il faut se retenir de la tentation de voir dans ce passage une lecture spiritualisante ou trop abstraite de la théophanie. Tout d'abord, l'idée de la parole divine (*dābār*) comme puissance céleste et instrument de l'action de Yhwh est déjà présente dans la Bible hébraïque, notamment dans les traditions qui font référence à son rôle actif à côté de la divinité lors de la création. Ce rôle est souligné dans le Ps 33,6 (= 32,6 LXX) : « les cieux ont été faits par la parole de Yhwh, toute leur armée par le souffle de sa bouche » ; et dans le Ps 103,19–20 où le statut de la parole de Yhwh est clairement supérieur à celui des autres messagers de la cour céleste[67] :

19 יהוה בשמים הכין כסאו	19 Yhwh dans les cieux a établi son trône
ומלכותו בכל משלה	et sa royauté domine partout,
20 ברכו יהוה מלאכיו	20 Bénissez Yhwh vous, ses anges,
גברי כח עשי דברו	guerriers vaillants qui exécutez sa parole,
לשמע בקול דברו	en obéissant à sa parole.

Comme Dogniez l'a déjà observé[68], l'image de la parole qui court sur la terre est également développée dans des textes tardifs de la Bible hébraïque, tel que Is 55,10–11 :

65 Ziegler 1943, *apparatus* II.

66 Jer., *Comm. in Abacuc* 2.3, 641 [Migne PL 25, col. 1314].

67 Mais comparer aussi Ps 107,19–20 (= 106,19–20 LXX), où Yhwh guérit par sa parole, et Ps 119,89 (= 118,89 LXX) où la parole est dressée dans les cieux.

68 Dogniez 2003, p. 551.

10 כי כאשר ירד הגשם	10 Car comme la pluie ou la neige
והשלג מן השמים	descendent des cieux
ושמה לא ישוב	et ne retournent pas là-haut
כי אם הרוה את הארץ	sans avoir saturé la terre,
והולידה והצמיחה	sans l'avoir fait générer et bourgeonner,
ונתן זרע לזרע	(sans avoir) donné semence à celui qui
ולחם לאכל	sème et nourriture à celui qui mange,
11 כן יהיה דברי אשר יצא מפי	11 ainsi est ma parole quand elle sort de
לא ישוב אלי ריקם	ma bouche :
כי אם עשה את אשר חפצתי	elle ne revient pas vers moi sans succès,
והצליח אשר שלחתיו	sans avoir exécuté ce qui me plaît
	et réalisé ce pour quoi je l'avais envoyée.

Le Ps 147,15–18 est une variation de la même scène : « Il envoie ses ordres sur terre, si rapidement court sa parole. Il donne la neige comme la laine [...] Il envoie sa parole et (les) fait fondre, il fait souffler son vent, les eaux coulent ». La parole de Yhwh qui court, légère sur la terre, suivant les ordres de Yhwh, constitue donc un parallèle étroit au Logos qui s'élance sur les plaines de Yhwh en Hab 3,5.

Ce motif est encore développé dans les traditions du judaïsme hellénistique, et notamment dans l'œuvre de Philon où le Logos est présenté à plusieurs reprises comme un intermédiaire de l'action divine, ainsi que le montrent plusieurs passages de son traité *Quis est l'héritier des biens divins ?*[69] :

> τῷ δὲ ἀρχαγγέλῳ καὶ πρεσβυτάτῳ λόγῳ δωρεὰν ἔδωκεν ἐξαίρετον ὁ τὰ ὅλα γεννήσας πατήρ, ἵνα μεθόριος στὰς τὸ γενόμενον διακρίνῃ τοῦ πεποιηκότος. Ὁ δ᾽ αὐτὸς ἱκέτης μέν ἐστι τοῦ θνητοῦ κηραίνοντος αἰεὶ πρὸς τὸ ἄφθαρτον, πρεσβευτὴς δὲ τοῦ ἡγεμόνος πρὸς τὸ ὑπήκοον.
>
> C'est au Chef des anges, au Logos très vénérable, que le Père, générateur de l'univers, accorda en faveur particulière de se tenir au milieu pour séparer le créé du créateur. Il est à la fois l'intercesseur du mortel toujours inquiet auprès de l'incorruptible et l'ambassadeur du souverain auprès du subordonné.

69 *Heres* 205 [trad. Harl, Paris, Cerf, 1966] ; voir également *Heres* 206–207, 225. Sur la rapidité du mouvement du Logos, voir aussi *Cher.* 28. Pour une analyse de ces passages, voir Calabi 2011.

Une réception significative du Logos comme agent divin se trouve dans le livre de la Sagesse (Sap 18,15–18) où la « parole » envoyée par dieu « saute » du trône céleste dans le silence de la nuit pour tuer les nouveaux-nés des Égyptiens :

> 15 ὁ παντοδύναμός σου λόγος ἀπ᾽ οὐρανῶν ἐκ θρόνων βασιλείων,
> ἀπότομος πολεμιστὴς εἰς μέσον τῆς ὀλεθρίας ἥλατο γῆς,
> ξίφος ὀξὺ τὴν ἀνυπόκριτον ἐπιταγήν σου φέρων,
> 16 καὶ στὰς ἐπλήρωσεν τὰ πάντα θανάτου,
> καὶ οὐρανοῦ μὲν ἥπτετο βεβήκει δ᾽ ἐπὶ γῆς.
> 17 τότε παραχρῆμα φαντασίαι μὲν ὀνείρων δεινῶν ἐξετάραξαν αὐτούς,
> φόβοι δὲ ἐπέστησαν ἀδόκητοι,
> 18 καὶ ἄλλος ἀλλαχῇ ῥιφεὶς ἡμίθνητος
> δι᾽ ἣν ἔθνησκον αἰτίαν ἐνεφάνιζεν.

> 15 Ta Parole toute puissante, depuis les cieux s'élança du trône royal,
> guerrier impitoyable, au milieu de la terre ruineuse,
> avec pour épée tranchante ton ordre irrévocable,
> 16 et en se dressant elle remplit tout de mort,
> elle touchait le ciel et foulait la terre.
> 17 Aussitôt soudainement des visions d'horribles cauchemars les bouleversèrent,
> terreurs inattendues apparurent,
> 18 et chacun jeté d'un côté ou de l'autre, à moitié morts,
> ils manifestèrent la raison pour laquelle ils mouraient.

La parole reçoit une série d'épithètes qui la décrivent comme « douée de tous les pouvoirs » (παντοδύναμος), épithète attestée pour la première fois ici en grec, et « guerrier impitoyable » (ἀπότομος πολεμιστής). Comme on vient de le voir, la représentation du Logos à côté du trône céleste a ses origines dans la Bible hébraïque. À cet égard, il est sans doute utile de rappeler que l'association du Logos avec l'activité démiurgique de la divinité n'est pas, à cette époque, une spécificité du judaïsme, mais qu'elle est largement développée dans les philosophies hellénistiques telles que le stoïcisme et le platonisme. C'est également un thème important pour les courants gnostiques et hermétiques, dont le Corpus Hermeticum nous offre les meilleurs exemples[70]. Dans ces contextes,

---

70 Notamment dans le Pimandre (*CH* 1, 1–11). Sur l'identification entre Logos et Hermès dans le *Corpus Hermeticum*, voir récemment Van den Kerchove 2012, p. 28–44 et bibliographie relative.

la parole est souvent identifiée au dieu Hermès[71] : ce dernier, en tant que puissance liée au langage et à la communication reçoit parfois l'épithète de λόγιος[72]. L'association entre Hermès et la parole est bien connue des auteurs chrétiens. Non seulement elle est citée dans les Actes de Luc (14,12), mais elle est également exploitée par les apologistes du IIe siècle pour défendre leur propre identification entre le Logos et le Christ. D'après Justin, par exemple, l'idée d'un Logos fils de dieu n'a probablement rien de surprenant pour les Grecs, vu qu'Hermès lui-même est défini comme « Logos messager du dieu », à savoir de Zeus (τὸν Ἑρμῆν λόγον τῶν παρὰ θεοῦ ἀγγελτικὸν λέγουσιν)[73]. Il est, par ailleurs, légitime de se demander si une telle association, qui demeure bien établie au moins jusqu'aux auteurs du IVe siècle[74], ne serait pas à l'origine du Logos en sandales attesté par une partie conséquente de la tradition manuscrite d'Hab 3,5, les sandales ailées étant un attribut typique du dieu Hermès[75].

Sur cette base, certains chercheurs ont voulu repérer des références plus ou moins directes à la notion grecque du Logos chez des auteurs juifs qui visaient davantage à se positionner par rapport aux traditions philosophiques de l'époque, tels que Philon ou l'auteur du livre de la Sagesse[76]. À ce propos, Giuseppe Scarpat voit dans l'épithète παντοδύναμος (« tout-puissant ») attribuée à la parole en Sap 18,15 une référence polémique aux conceptions gnostiques et hermétiques, centrées sur la notion de « puissances » (δυνάμεις), à savoir les principes dynamiques qui gouvernent le monde. Παντοδύναμος serait donc à traduire plus précisément par « doué de toutes les puissances »[77]. Une représentation du Logos saint qui « saute » (ἐκπηδάω) vers le monde (littéralement « la nature ») se retrouve notamment dans le Pimandre, le premier traité du

71 Cette association est explicite pour la première fois chez Platon (*Cra.* 407e) ; voir aussi Plut., *Mor.* 757b ; Elien (*NA* 10, 29) dit que l'ibis est aimé par Hermès car « il est le père des λόγοι ». La référence à l'ibis renvoie à l'association entre Hermès et Thot, dieu de la parole en Égypte qui est également une des figures protagonistes du *Corpus Hermeticum*.

72 Lucianus, *Apol.* 2, 6, *Gall.* 2, 23. Sur Hermès comme puissance de la communication, voir Bettini 2000, p. 5–51 ; Pisano 2014, p. 245–251.

73 Justin, *Apol.* 1, 22, 2. Voir également *Apol.* 1, 20–22. Voir aussi Clem., *Strom.* 6, 15, 132.

74 Iamb., *Myst.* I, 1 ; Synes., *Ep.* 101, 68. Eun., *VS* 10, 5, 5.

75 Il est utile, à cet égard, de mentionner un passage de la *Réfutation des hérésies* d'Hippolyte de Rome qui cite une exégèse allégorique et, par ailleurs, inconnue d'une œuvre astronomique attribuée à Aratos de Soles. Ce passage identifie le Logos non pas à Hermès, mais à Persée, qui avait emprunté les sandales ailées au dieu : « Persée est le Logos, fils ailé de Zeus » (Hipp., *Haer.* 4, 49). Bien que certains chercheurs pensent que l'œuvre d'Aratos puisse s'inspirer d'une source gnostique, l'existence d'une telle source n'est pas assurée. Voir Scholten 1991, p. 515–516.

76 Voir, notamment, Radice 2011 qui souligne l'influence des traditions allégoriques sur Philon.

77 Scarpat 1999, p. 264–270.

Corpus Hermeticum[78]. En s'en tenant au témoignage d'Irénée, David Winston souligne, pour sa part, que les écrits gnostiques décrivent la Sagesse qui bondit directement de la divinité[79].

Il faut toutefois souligner que l'insistance sur l'omnipotence de la parole divine a son parallèle le plus étroit au sein même du livre de la Sagesse. Παντοδύναμος est en effet une épithète attribuée à la Sagesse (7,23) et à la divinité (11,17), à savoir les deux véritables puissances agissantes du livre[80]. Cette épithète établit donc un lien entre le Logos, la Sagesse et la divinité, en renvoyant vraisemblablement à des traditions sur la sagesse (σοφία) comme agent de la cour céleste qui précède la création et qui en supervise le travail avec la divinité. Il s'agit d'un thème important dans les traditions sapientielles de langues hébraïque et grecque, dont l'exemple le plus fameux est celui de Prov 8,22–31. En Sir 24, conservé exclusivement en grec, la Sagesse parcourt toute la terre avant de s'établir sur Israël. En outre, plusieurs passages dans la LXX associent étroitement λόγος et σοφία[81].

Toutefois, la description du Logos en Sap 18,15–25 a une particularité qui la différencie des passages mentionnés auparavant. Le Logos est ici représenté non comme un partenaire de la création, mais comme un agent de destruction : il assume le rôle qui était propre au *mašḥît* dans le livre de l'Exode. Il faut, à cet égard, souligner que la nature d'entité destructrice et malfaisante du *mašḥît* est également bien développée dans la traduction grecque, non seulement en Ex 12, mais également en 1 Ch 21, dans l'épisode de la peste envoyée par Yhwh. En Ex 12,23, l'envoyé de Yhwh qui sème la mort parmi les Égyptiens est traduit par τὸν ὀλεθρεύοντα, « le destructeur ». Cette forme est un calque sémantique de l'hébreu car il s'agit d'un participe dérivé d'une racine « ruiner », « détruire » (ὄλλυμι), dont l'adjectif ὀλέθριος, « ruineux », et le substantif ὀλεθρεία, « ruine » sont fréquents en grec, bien que le verbe (ὀλεθρεύω) soit employé très rarement en dehors de la LXX. En 1 Paral 21,15 (= 1 Ch 21,15 TM), *mašḥît* est traduit par un dérivé de la même racine, ce qui en intensifie la signification : τῷ ἐξολεθρεύοντι, « celui qui détruit complètement ». Ce participe semble donc se spécifier progressivement pour connoter des puissances destructrices. À cet égard, il

78 *CH* 1, 5 (ed. Festugière et Nauck, Paris, Les Belles Lettres, 1946) : ἐκ δὲ φωτὸς λόγος ἅγιος ἐπέβη τῇ φύσει, καὶ πῦρ ἄκρατον ἐξεπήδησεν ἐκ τῆς ὑγρᾶς φύσεως ἄνω εἰς ὕψος : « à partir d'une lumière un Logos saint se dirigea sur la nature et un feu pur se dégagea vers le haut à partir de la nature humide ». Comparer, en outre, avec les versets 10–11 où le Logos s'élance pour s'unir au Nous démiurge.

79 Iren., *Adv. Haer.* 1, 23, 2 ; 1, 29, 2. Voir Winston 1979, p. 316.

80 Παντοδύναμος est également utilisé comme épithète de Yhwh dans le Roman de Joseph et Aseneth (11, 9).

81 Par exemple Jer 8,9 ; Prov. 1,2 ; 5,1 ; Sir 4,24 ; 4 Mac 1,15.

n'est pas sans intérêt de noter qu'on le retrouve mentionné dans une formule apotropaïque contenue dans un papyrus magique d'origine chrétienne, classé par Preisendanz comme une « bénédiction de la porte » : Ἡ ἰσχὺς τοῦ θ(εο)ῦ ἡμῶν /ἐνίσχυσεν, καὶ ἐπέβη /κύριος ἐπὶ τὴν θύραν /καὶ οὐκ ἔασεν /τὸν ἐξολεθρεύοντα /εἰσελθεῖν : « La force de notre dieu a pris vigueur, et le Seigneur est arrivé sur la porte, et il n'a pas laissé rentrer l'exterminateur »[82].

La description du Logos dans le chapitre 18 rappelle de près celle de l'ange qui amène la pestilence en 1 Ch 21,16, car les deux sont dotés d'une épée et occupent l'espace entre ciel et terre. En outre, dans la deuxième moitié du chapitre l'activité du Logos est mise en parallèle avec celle d'un autre agent de la colère de Yhwh, à savoir le fléau qui fait suite à la punition de Coré en Num 17 (versets 10–15). Alors que dans le livre des Nombres il est désigné génériquement comme « coup », « fléau » (*negep*, traduit en grec par θραῦσις)[83], dans le livre de la Sagesse, il intervient comme un agent personnifié, qualifié au masculin comme « celui qui punit » (τὸν κολάζοντα, verset 22) et enfin comme « le destructeur » (ὁ ὀλεθρεύων, verset 25).

Ces remarques permettent de rapprocher la description du Logos en Sap 18,15–18 des représentations d'autres agents divins de punition qui, déjà présentes dans la Bible hébraïque, sont prolongées dans la LXX. Cependant, elles n'expliquent pas encore entièrement le caractère militaire attribué au Logos à la fois dans le livre d'Habacuc et dans la Sagesse. Il est utile, à ce sujet, d'observer que, d'un côté, ce Logos en armes ressemble aux divinités guerrières du monde classique telles qu'Apollon en bataille et surtout Athéna. D'après les étymologies anciennes, Athéna reçoit l'épithète de Pallas notamment car elle « saute en armes » (ἀπὸ τῆς ἐν τοῖς ὅπλοις ὀρχήσεως)[84]. Winston observe que la même forme verbale est utilisée pour décrire le mouvement du Logos en Sap 18,15 (ἥλατο, « s'élancer ») et pour décrire l'acte d'Athéna qui s'élance armée de la tête de Zeus dans les *Aitia* de Callimaque[85]. D'un autre côté, la description du Logos en Sap 18 a un parallèle au chapitre 5 du livre, notamment aux versets 17–20, où la divinité invite sa création à participer à la punition des impies. Ce passage utilise un vocabulaire et un imaginaire militaire très proches de ceux du chapitre 18[86]. Un parallèle ultérieur se retrouve dans le texte grec d'Is

82 P 2 a (Preisendanz, vol. 2).

83 Num 17,12 et 14.

84 Plat., *Cra.* 406d.

85 Call., *fr.* 37 Pfeiffer ; Winston 1979, p. 317–318.

86 Sap 5,17–20 : « Il prendra comme armure son zèle et il armera la création pour se défendre des ennemis. /Comme cuirasse, il revêtira la justice, comme casque, il mettra un jugement sincère. /Il prendra comme bouclier (sa) sainteté invincible,/ Il affûtera une colère inflexible en guise d'épée et l'univers viendra combattre avec lui contre les insensés ».

11,4bα où il est encore question d'une punition divine, qui tombe cette fois sur Israël. L'expression métaphorique de l'hébreu, והכה ארץ בשבט פיו (« il frappera le pays par sa bouche comme par un bâton »), est traduite par πατάξει γῆν τῷ λόγῳ τοῦ στόματος αὐτοῦ (« il frappera la terre par la parole de sa bouche ») : cette solution crée un parallèle parfait avec l'esprit (*rûaḥ*/πνεῦμα) qui agit dans la dernière moitié du verset (καὶ ἐν πνεύματι διὰ χειλέων ἀνελεῖ ἀσεβῆ)[87]. Enfin, le Logos est nommé à plusieurs reprises comme agent de châtiment dans les Psaumes dits « de Salomon », composés autour de la moitié du Iᵉʳ siècle avant notre ère, probablement en hébreu, mais conservés seulement en grec et en syriaque. Dans le psaume 17, la « parole de la bouche » de Yhwh est préposée à la punition de la terre, qui ici indique l'humanité dans son entier, alors que la sagesse et la joie sont instruments de bénédiction[88].

Plusieurs conclusions sont à tirer de cette analyse. Tout d'abord, il est raisonnable de voir à l'arrière-plan de la représentation de la Parole/Logos en Sap 18 une référence à des conceptions du Logos propres aux philosophies hellénistiques, dans la mesure où la démarche philosophique de l'auteur entre en dialogue avec les autres courants de l'époque. Cependant, la mesure dans laquelle cette référence doit être interprétée dans le sens d'une polémique directe est, à mon avis, moins claire. Le rôle du Logos au chapitre 18 doit davantage être mis en relation avec son rôle dans le reste du livre et, de manière plus large, dans les traditions sapientielles. En outre, la fonction du Logos en Hab 3 ainsi qu'en Sap 18 s'enracinent dans une tradition de représentation des agents de malheurs qui a une série de parallèles déjà dans la Bible hébraïque, notamment en Ex 12 et 1 Ch 21, et qui est prolongée ailleurs dans la LXX, à savoir en Is 11 et dans les Psaumes de Salomon (Ps Sal 17).

Il faut enfin observer que le texte de la Sagesse montre un développement considérable par rapport à la LXX d'Habacuc. D'une part, le Logos y est représenté comme une hypostase de Yhwh, désormais étroitement liée à son trône. D'autre part, il est conçu comme une puissance à part entière, douée d'une force extraordinaire qui peut également être cause de mort et de destruction. Le Logos « démoniaque » est donc associé à Yhwh dans son rôle de gardien de l'ordre cosmique et exerce ce rôle dans les deux voies qu'il a à disposition : c'est-à-dire en établissant l'harmonie à travers l'acte de création, mais également en préservant l'ordre par la violence et la punition lorsque celui-ci risque d'être troublé.

---

87 Is 11, 4bβ.

88 Ps Sal 17,23–24, 35–36.

4 La LXX et le démon de midi

Il est maintenant temps de revenir sur le deuxième passage, mentionné plus haut, qui atteste une lecture de *deber* comme *dābār*, à savoir le verset 6 du Ps 90 (= 91 TM). Ce psaume constitue à bien des égards une pièce centrale du présent dossier. Il a, en effet, connu une très grande popularité dans les traditions magiques de l'Antiquité tardive, à la fois juives et chrétiennes. Il s'agit du texte biblique le plus fréquemment cité sur papyri, amulettes, bols incantatoires, phylactères, gemmes, bagues, et autres objets dits magiques. Il faut, en outre, souligner que les usages prophylactiques du psaume sont bien attestés autant pour le texte hébreu que pour sa version grecque ; en outre, si l'incipit est la partie la plus souvent citée (verset 1 ou versets 1–2), d'autres versets ainsi que le psaume entier peuvent également être transcrits sur ce genre d'objets[89].

Ne disposant pas d'informations concernant le contexte de composition ou d'usage du psaume, il n'est pas assuré que sa fonction originelle ait été spécifiquement incantatoire. Au contraire, la question de son *Sitz im Leben* demeure ouverte. Le texte hébreu constitue la pièce centrale d'un tryptique qui ouvre la quatrième collection des Psaumes (90 ; 91 ; 92 TM = 89 ; 90 ; 91 LXX). Les trois textes sont construits autour du thème de la protection divine : à cet égard, le Ps 91 constitue une réponse à la requête d'aide formulée dans le psaume précédent tandis que le Ps 92 célèbre l'intervention de la divinité et la protection obtenue. La présence de plusieurs voix parlantes dans le texte ainsi que la référence à celui qui habite dans la demeure de la divinité et y passe la nuit au verset 1 pourraient appuyer l'hypothèse d'une origine dans la liturgie du temple, comme le suggèrent Hossfeld et Zenger[90].

Néanmoins, plusieurs aspects thématiques et linguistiques du psaume ont pu favoriser sa réception en fonction apotropaïque. Tout d'abord, le texte oppose des puissances néfastes, porteuses de dangers et de maladies pour

89 Les témoignages papyrologiques et épigraphiques qui documentent l'usage du Ps 90 dans la version de la LXX en fonction apotropaïque ont été répertoriées pas Kraus 2005, 2007, 2018 ; voir également De Bruyn et Dijsktra 2011 ; Sanzo 2014, p. 106–120. Ils sont, pour la grande majorité, chrétiens même s'il faut tenir compte de la difficulté de trancher de façon rigide entre usages chrétiens, juifs, et « païens », au vu de la fluidité religieuse de premiers siècles de l'ère dans des contextes rituels de ce type : voir, à cet égard, les remarques de Boustan et Sanzo 2017. En revanche, je n'ai pas connaissance d'un répertoire des citations du texte hébreu. Sur les critères pour distinguer usages juifs et chrétiens du Psaume, voir Bohak 2008, p. 212–213. Sur les problèmes d'identification des éléments spécifiquement chrétiens sur les amulettes de l'Égypte gréco-romaine, voir De Bruyn et Dijsktra 2011, p. 168–171 ; Sanzo 2014, p. 10–14. Sur l'histoire de la réception du Ps 91 (= 90 LXX), voir Breed 2014.

90 Hossfeld et Zenger 2005, p. 428.

l'homme (versets 3–6), aux anges envoyés par Yhwh pour défendre le fidèle (versets 11–12). En outre, les dangers auxquels les humains sont confrontés sont représentés par des animaux farouches, étroitement associés aux forces chaotiques, tels que lions, serpents et dragons (verset 13, voir notamment la mention du *tannîn*), qui seront piétinés. L'auteur réadapte ici un sujet classique de l'iconographie proche-orientale qui célèbre le roi luttant contre les puissances du chaos[91]. Un thème ultérieur qui peut facilement se retrouver en contexte magique est celui de la connaissance du nom divin comme moyen d'activer la protection divine, au verset 14 : « Je le protégerai car il connaît mon nom ». Cette formule fait, d'ailleurs, écho à la concentration d'épithètes divines qui se trouve en ouverture (versets 1–2 : 'Elyôn, Shadday, Yhwh, 'Elohîm). Enfin, le psaume se termine par sept verbes ou expressions qui insistent sur la protection et les faveurs accordées par la divinité à son fidèle (« libérer », « protéger », « répondre », « délivrer », « honorer », « remplir les jours », « faire connaître le salut », versets 15–16).

Il faut toutefois souligner que l'usage apotropaïque du psaume n'est pas un développement limité à l'Antiquité tardive. En effet, il est déjà attesté pendant la période du Second Temple, notamment à Qumrân. Deux versions de ce texte, datant du premier siècle de notre ère, ont été retrouvées parmi les manuscrits de la mer Morte. La première (4Q84 = 11QPs[b]) est représentée par deux fragments qui reproduisent les versets 5–8 et 12–15 : le texte est ici identique au texte massorétique[92]. La deuxième version a été recopiée dans le rouleau qu'on appelle des Psaumes apocryphes (11Q11 = 11QPsAp[a])[93] où elle fait suite à trois psaumes non attestés dans le texte massorétique. D'après une indication contenue en 11QPs[a] 27, aux lignes 9–10, ils avaient été composés par David pour être chantés « sur les possédés » (*lngn ʿl pgwʿym*)[94]. Les trois

91 Pour ce thème, voir l'étude classique de Keel 1993. Sur les connotations monstrueuses du *tannîn*, voir Angelini 2018 a, p. 26–33.

92 Skehan, Ulrich, et Flint dans Ulrich et al. 2000, DJD 16, p. 23–48. Le rouleau contient des fragments des Ps 91 à 118, dans un ordre différent de celui du TM. Le Ps 91 est suivi par le Ps 92.

93 *Editio princeps* : Van der Ploeg 1965, 1971 ; je me réfère ici à l'édition de García Martínez, Tigchelaar et Van der Woude 1998 (DJD 23, p. 181–206). Ce rouleau a reçu une grande attention de la part des chercheurs, notamment à cause de la présence, à l'intérieur, du Ps 91. Parmi les études les plus importantes, voir Sanders 1997 ; Alexander 1999 ; Puech 2000 ; Lichtenberger 2003 ; Eshel 2003 a ; id. 2003 b ; Henze 2005 ; Pajunen 2008 ; Körting 2010 ; Evans 2011. L'origine sectaire du texte est acceptée par Alexander (1999, p. 345), mais contestée par d'autres chercheurs (notamment Eshel 2003 a ; id. 2003 b). Pour une discussion, voir Henze 2005, p. 88 *sqq*.

94 Voir également l'expression *hpgwym* dans 11QPs Ap[a], fr. 4, col. v., l. 2. Une expression très similaire est utilisée à propos du Ps 91 dans le Talmud babylonien (b.Šebu.15b) : ושיר של

premiers textes ont un langage exorcistique explicite : ils contiennent des formules qui deviendront typiques des incantations araméennes (notamment les expressions *lḥš*, « incantation » et *mšby‘*, « j'adjure »[95]) ; ils mentionnent plusieurs démons (*šēdîm*), le serpent-monstre marin (*tannîn*), Belial et d'autres puissances négatives ; et l'un d'entre eux cite également le nom de Salomon. D'après Émile Puech et d'autres chercheurs, le rouleau semble avoir été organisé comme un rituel d'exorcisme[96]. Cette version du Ps 91 montre également un nombre assez élevé de variantes par rapport au texte massorétique, dont la plupart semblent relever d'un travail d'édition[97]. S'il est vrai qu'aucune de ces variantes n'accentue véritablement la dimension démonologique du psaume, sa position en fin de rouleau ainsi que la dernière formule qui fait référence à une récitation collective de ces textes (« et ils répondront : amen, amen »[98]), semble indiquer que sa fonction était celle d'une prière apotropaïque[99] à réciter pour clore une série d'exorcismes.

Un témoignage qui doit être mis en parallèle avec les fragments de Qumrân est celui du Nouveau Testament. Des passages de ce psaume dans sa version grecque sont cités ou référencés à plusieurs reprises dans les Évangiles, toujours dans des contextes où il est question de soumettre des démons : Luc (10,17–19) et probablement Marc (16,18) font référence à la capacité de fouler serpents venimeux et scorpions, en évoquant ainsi le verset 13. L'épisode des tentations infligées à Jésus par le diable dans le désert (Lc 4,10–11 et Mt 4,6) cite, en outre, littéralement les versets 11 et 12[100]. Un tel emploi a d'ailleurs très probablement influencé le développement du psaume comme texte magique dans les traditions chrétiennes antiques.

Il nous faut donc considérer la traduction grecque du Ps 91 (= 90 LXX) dans le contexte plus large de sa réception ancienne. La présence de plusieurs versions du texte à Qumrân soulève notamment la question de la *Vorlage* du traducteur grec. L'analyse des témoins disponibles semble suggérer que le traducteur lisait un texte assez proche du texte massorétique, au moins dans les six premiers versets qui nous intéressent particulièrement. Il faut néanmoins observer que

---

פגעים ויש אומרין שיר של נגעים (« le chant des possédés, et il y en a certains qui l'appellent 'chant des plaies' »).

95 Par exemple fr. 4 col. I l. 7 ; col. IV, l. 1. Voir Eshel 2003 a, p. 85–88 ; id. 2003 b, p. 403.

96 Puech 2000, p. 180–181 ; Lichtebenger 2003 ; Eshel 2003.

97 Pour une analyse détaillée des variantes, voir García Martínez, Tigchelaar et Van der Woude 1998 (DJD 23, p. 181–206) ; Pajunen 2008 ; Körting 2010.

98 11Q11, fr. 4 col. VI, l. 14.

99 J'emprunte cette expression à Esther Eshel (2003 a), d'après laquelle le texte aurait été intentionnellement édité dans ce but.

100 Voir, à ce sujet, Henze 2005 et Evans 2011.

le grec comporte une superscription attribuant le psaume à David (αἶνος ᾠδῆς τῷ Δαυιδ). Celle-ci est absente du texte massorétique, mais pourrait avoir été présente déjà en 11QPs[a][101]. Cette attribution est significative dans la mesure où, comme nous le verrons dans les chapitres suivants, David est un exorciste particulièrement doué dans les traditions bibliques. Une comparaison détaillée des passages en hébreu et en grec permet d'évaluer plus précisément le travail du traducteur :

<table>
<tr><td>
¹ ישב בסתר עליון
בצל שדי יתלונן
² אמר ליהוה מחסי
ומצודתי אלהי אבטח בו
³ כי הוא יצילך מפח יקוש
מדבר הוות
⁴ באברתו יסך לך
ותחת כנפיו תחסה
צנה וסחרה אמתו
⁵ לא תירא מפחד לילה
מחץ יעוף יומם
⁶ מדבר באפל יהלך
מקטב ישוד צהרים
</td><td>
1 αἶνος ᾠδῆς τῷ Δαυιδ.
ὁ κατοικῶν ἐν βοηθείᾳ τοῦ ὑψίστου
ἐν σκέπῃ τοῦ θεοῦ τοῦ οὐρανοῦ αὐλισθήσεται.
2 ἐρεῖ τῷ κυρίῳ ἀντιλήμπτωρ μου,
εἶ καὶ καταφυγή μου
ὁ θεός μου ἐλπιῶ ἐπ᾽αὐτόν,
3 ὅτι αὐτὸς ῥύσεταί με ἐκ παγίδος θηρευτῶν
καὶ ἀπὸ λόγου ταραχώδους.
4 ἐν τοῖς μεταφρένοις αὐτοῦ ἐπισκιάσει σοι,
καὶ ὑπὸ τὰς πτέρυγας αὐτοῦ ἐλπιεῖς·
ὅπλῳ κυκλώσει σε ἡ ἀλήθεια αὐτοῦ.
5 οὐ φοβηθήσῃ ἀπὸ φόβου νυκτερινοῦ,
ἀπὸ βέλους πετομένου ἡμέρας,
6 ἀπὸ πράγματος διαπορευομένου ἐν σκότει,
ἀπὸ συμπτώματος καὶ δαιμονίου μεσημβρινοῦ.
</td></tr>
<tr><td>
1 Celui qui habite dans le (lieu) secret du Très Haut,
à l'ombre de Shadday il loge,
2 Qui dit[102] à Yhwh : « mon refuge,
ma forteresse, mon dieu, sur lui je compte ».
</td><td>
1 Louange d'ode, de David.
Celui qui réside dans l'aide du Très Haut,
logera sous la protection du dieu du ciel.
2 Il dira au Seigneur : « tu es mon protecteur, mon refuge,
mon dieu, j'ai mon espoir en lui,
</td></tr>
</table>

101 Fr. 4, col. VI, l. 2 : d'après les éditeurs, l'espace vide avant le premier mot du verset 1 pourrait être soit un *vacat* signalant la pause, soit un espace qui contenait un mot. Par analogie avec le psaume précédent qui mentionne David (col. V, l. 4), ils proposent de reconstruire *ldwd* (García Martínez, Tigchelaar et Van der Woude 1998, DJD 23, p. 204). Contrairement à la comparaison entre la version qumrânienne et celle massorétique du psaume, qui a reçu beaucoup d'attention de la part des chercheurs, une évaluation systématique des différences entre le texte grec et les versions hébraïques manque encore.

102 La vocalisation massorétique est à la première personne du singulier (*ʾōmar*), ce qui implique un changement de sujet par rapport au verset précédent, alors que la LXX et la

3 C'est lui qui te délivre du filet du chasseur et de la peste ruineuse.	3 car lui, il me libèrera du piège des chasseurs et d'un discours troublant ».
4 De ses ailes il te protège, et sous ses plumes tu te réfugies. Sa fidélité est un bouclier et une armure.	4 Et il te fera ombre entre ses épaules et sous ses ailes tu trouveras l'espoir, par un bouclier sa vérité t'entourera.
5 **Tu ne craindras ni la terreur de la nuit,** **ni la flèche qui vole au grand jour,**	5 Tu ne seras pas terrorisé par la terreur nocturne, **par la flèche qui vole pendant le jour,**
6 **ni Deber qui rôde dans l'ombre,** **ni Qeṭeb qui ravage à midi.**	6 **par la chose qui marche dans l'ombre,** **par la chute et par le démon de midi.**

Dans ces versets, le texte hébreu présente trois images centrées sur le thème de la protection de Yhwh contre différents dangers mortels qui sont ensuite prolongées dans le reste du psaume. La première image s'appuie sur la métaphore animalière de l'oiseau qui protège ses petits des pièges du chasseur ; la deuxième adopte un langage militaire pour suggérer l'attaque des ennemis par la référence au bouclier ; la dernière évoque la panique (*pḥd*) générée par l'arrivée des plaies et maladies amenées par Deber et Qeṭeb. Ces trois représentations sont étroitement entrelacées : par exemple, la destruction amenée par la peste est annoncée au verset 3b par l'expression *middeber ḥawwôt* et, ensuite, reprise au verset 6. En outre, l'image de la flèche volante au verset 5 s'inscrit à la fois dans la métaphore ornithologique et dans la métaphore militaire ; elle sert également à introduire le thème du verset suivant qui porte sur l'arrivée des maladies conçues comme des « flèches » lancées contre l'homme : cette image rappelle de près celle de Deut 32 discutée plus haut. Deber et Qeṭeb sont ici sujets de verbes d'action et de mouvement, tels que *hlk*, « rôder », et *šdd*, « détruire », « dévaster », confirmant leur rôle de puissances porteuses de maladie et de mort (voir également l'usage attributif de *hawwôt*, « destruction », au verset 3). Le fait que Resheph ne soit pas nommé ne constitue pas un obstacle à la compréhension du passage en ce sens, comme cela a parfois

version qumrânienne lisent le verbe à la troisième personne, respectivement comme un futur (ἐρεῖ = *yō'mar*), ou un participe (*h'wmr*). Matthias Henze (2005, p. 177–178) suggère une vocalisation originelle *'ōmēr*.

été soutenu[103]. Tout d'abord, il n'est pas rare que les agents de malheur soient nommés par couple plutôt que tous ensemble ; deuxièmement, et comme je l'ai dit précédemment, à la lumière des parallèles avec Deut 32,22–24 on ne peut pas complètement exclure que « la flèche qui vole » mentionnée au verset 5 soit une référence à Resheph. En effet, ce qui différencie l'imaginaire du Ps 91 par rapport aux représentations de Deut 32 et d'Hab 3 ce n'est pas l'absence ou la présence de Resheph, mais le fait que les puissances évoquées dans le psaume ne sont plus décrites comme étant au service de Yhwh.

Bien que le traducteur n'ait pas traduit littéralement les noms de Deber et Qeṭeb, la traduction grecque préserve fidèlement les trois images du texte hébreu. Là, *dbr* a été compris comme *dābār* dans le sens de « parole » au verset 3b, et de « chose » (πρᾶγμα) au verset 6. Cette « chose » qui « marche dans l'obscurité » (διαπορευομένου ἐν σκότει) fait néanmoins penser à une entité malfaisante, surtout par son association à une maladie : σύμπτωμα qui traduit *qeṭeb* et signifie généralement « accident », « malheur ». Mais, au sens strictement médical, σύμπτωμα peut aussi indiquer l'évanouissement et plus largement les symptômes d'un état altéré du corps. Cet usage, encore absent des traités hippocratiques, est par ailleurs bien préservé dans les textes médicaux hellénistiques ainsi que dans les papyri égyptiens du début de notre ère[104].

La lecture de *qeṭeb* comme maladie est déjà attestée par la LXX de Deut 32,24 où *qeṭeb mərîrî* (« Qeṭeb amer ») est traduit par ὀπισθότονος ἀνίατος, « convulsion incurable ». Cette traduction semble faire référence à une maladie incurable caractérisée par la tension et la torsion de muscles car ὀπισθότονος signifie littéralement « tourné en arrière ». Ce terme était, en effet, employé dans la littérature médicale ancienne pour indiquer les spasmes de l'épilepsie et surtout du tétanos, puisqu'il indique toute torsion des nerfs[105]. Ce choix pourrait donc dériver d'une lecture de la racine *qṭb* dans son sens premier de « tailler », « piquer », en faisant référence à la manière dont on attrape le tétanos. Cette lecture semble déjà attestée par la LXX d'Os 13,14, où *qeṭeb* est nommé parmi les calamités associées au Sheol et à la mort et où il est traduit en grec par κέντρον, « aiguillon » :

---

103 Frey-Anthes 2007, p. 97–98, suivie par Körting 2010, p. 573–574.

104 Sor. 1, 48 ; P. Wash. Univ 2 67, l. 12–13 ; P. Tebt 2.272, l. 11 (sur ce dernier voir Marganne 1981). En revanche dans le *Corpus hippocraticum* le terme apparaît seulement deux fois dans le sens classique d'« accident » (Hp., *Decent.* 6, 2 ; *Ep.* 16, 48).

105 Voir, par exemple, la description de ces maladies donnée par Platon (*Ti.* 84e) ; ou Dscr. 3, 80, 5. Sur ce sujet, voir Dogniez 2003.

ἐκ χειρὸς ᾅδου ῥύσομαι αὐτοὺς καὶ ἐκ θανάτου λυτρώσομαι αὐτούς·
ποῦ ἡ δίκη σου, θάνατε ; ποῦ τὸ κέντρον σου, ᾅδη ; παράκλησις κέκρυπται ἀπὸ ὀφθαλμῶν μου.

Je le libérerai de la main d'Hadès et je les rachèterai de la mort.
Où est ton jugement, mort ? Où est ton aiguillon, Hadès ? Tout confort se cache de mes yeux.

On pourrait donc avancer l'hypothèse que ces lectures relèvent d'une oblitération des croyances concernant l'identité spécifique de puissances telles que Qeṭeb et Deber ; puissances dont l'identité est par ailleurs assez opaque dans la Bible hébraïque. Toutefois, leur association à des maladies est conservée dans la plupart des occurrences. Dans le cas particulier du Ps 90, le traducteur a bien saisi le côté malfaisant de ces puissances pouvant être responsables de malheurs et il met en évidence cet aspect. De plus, dans ce contexte, on voit apparaître pour la première fois le démon de midi. Comme je l'ai déjà souligné, l'expression καὶ δαιμόνιον μεσημβρινόν dérive de la lecture *yāšûd* (du verbe *šdd*, « détruire », « dévaster ») comme *wəšyd*, « et le démon », *šēd* étant dans d'autres passages de la Bible hébraïque le nom générique pour indiquer les démons et déjà traduit par δαιμόνιον dans le Pentateuque[106]. En Ps 91,6, *yāšûd* est certainement à considérer comme la leçon originelle pour deux raisons : d'abord cette forme verbale permet de compléter le parallélisme des membres des versets 5 et 6[107]. En outre, en araméen et en hébreu tardif l'orthographe régulière pour démon est notamment *šyd*, ce qui a probablement influencé la lecture du traducteur ici.

L'idée d'un démon qui apparaît à midi n'a pas de véritables antécédents dans les traditions levantines ni proche-orientales, mais elle est compréhensible à la lumière du contexte grec et plus spécifiquement hellénistique. Traditionnellement, le midi était une heure redoutable car ouverte aux passages de fantômes et autres créatures que l'on peut volontiers qualifier de « démoniaques », comme par exemple Empousa[108]. Pour les anciens, à cette heure, Pan et les Nymphes, censés être capables de conduire à des états de possession et de provoquer des crises épileptiques, étaient considérés comme particulièrement dangereux. Une Idylle du poète hellénistique Théocrite nous

106 Voir *supra*, § 3.1.

107 Comme le relève justement Schaper 2001, p. 178.

108 *Schol. in Ar. Ranas* 293. Pour Empousa, voir p. 55–57. D'après Servius, (*in Georg.* 4, 400) midi est l'heure de la manifestation des *numina*. Dans ses *Antiquités Romaines*, Denys d'Halicarnasse raconte que Servius Tullius s'endormit à midi et un feu lui apparut sur la tête comme signe de sa royauté (4, 2, 4).

en donne témoignage. Ici, un pasteur met en garde son compagnon contre les périls du midi[109] :

> οὐ θέμις, ὦ ποιμήν, τὸ μεσαμβρινὸν οὐ θέμις ἄμμιν
> συρίσδεν. Τὸν Πᾶνα δεδοίκαμες· ἦ γὰρ ἀπ᾽ ἄγρας
> τανίκα κεκμακὼς ἀμπαύεται ἔστι δὲ πικρός,
> καί οἱ ἀεὶ δριμεῖα χολὰ ποτὶ ῥινὶ κάθηται.
>
> Il nous est interdit, ô berger, interdit, à l'heure méridienne, de jouer de la syrinx. Nous avons peur de Pan. C'est le moment où, après la chasse, lassé il se repose. Son humeur est colère ; et toujours l'âcre bile est prête à lui monter au nez.

C'est donc dans cette tradition que puise le traducteur du Psaume. En outre, et comme observé précédemment, parmi les textes qui décrivent l'action des puissances de malheur le Ps 91 est le seul endroit où ces dernières sont présentées comme capables d'affliger l'individu dans sa propre singularité par le biais de maladies (*qeṭeb/deber* en hébreu) ou d'états altérés (σύμπτωμα en grec), et ce, sans motivation évidente comme ce pouvait être le cas en Deut 32. Ainsi, elles semblent ici douées d'une agentivité qui leur est propre. Comme nous l'avons constaté, cette agentivité opère déjà dans le texte hébreu qui semble mettre en place une vision dualiste. En effet, à la différence des autres passages bibliques examinés, Deber et Qeṭeb n'agissent pas sous injonction divine directe, mais sont opposées à la divinité. De plus, leur action contraste avec celle des anges du verset 11 qui, eux, sont envoyés directement par Yhwh pour protéger le fidèle, en le soulevant littéralement dans leurs mains. Le traducteur grec semble donc s'inscrire à sa manière dans la ligne d'interprétation « exorcistique » du Ps 91, qui, comme nous l'avons vu, traverse toute l'Antiquité et se trouve déjà, en large mesure, préparée par le texte hébreu[110].

Toutefois, il importe de souligner que, pour ce faire, le traducteur n'a pas juste emprunté les catégories grecques, mais il a innové en utilisant à la fois l'arrière-plan hébreu et le contexte grec. D'un côté, en contraste avec le texte hébreu, le traducteur introduit l'idée d'une puissance capable d'attaquer l'homme dans un moment spécifique de la journée. L'expression hébraïque

109 Theoc., *Idylle 1* (*Thyrsis*), 15–18 (trad. Legrand, Paris, Les Belles Lettres, 1925).

110 Outre à Qumrân et dans le Nouveau Testament, cette interprétation est également attestée dans les Targums, dans la Peshitta et dans plusieurs traditions rabbiniques : b.Pesaḥ. 111b ; b.Šebu. 15b ; y.ʿErub. 10,11 (26c) ; y.Šabb. 6,2 (8b) ; *Midrash Tehillim* 91, 5. Voir Henze 2005 ; Breed 2014.

ṣohŏrāyim (verset 6, litt. « en plein midi ») n'indique pas l'heure de l'attaque démoniaque : elle exprime plutôt, en alternance avec la référence à la nuit (*bāʾōpel*), l'idée d'une terreur constante dans le temps qui n'abandonne jamais l'homme. Cette alternance entre lumière et obscurité, nuit et jour, revient d'ailleurs dans les deux autres psaumes de la trilogie[111]. Ainsi faisant, le traducteur rejoint ou, pour mieux dire, anticipe une interprétation juive qui se développe de manière parallèle dans les traditions rabbiniques sur Qeṭeb, lesquelles opèrent la distinction entre un démon qui attaque le matin (le *qeṭeb mərîrî* de Deut 32) et un démon ravageur de l'après-midi (*qeṭeb yāšûd ṣohŏrāyim* du Ps 91)[112]. D'un autre côté, il faut préciser que la notion de « démon de midi » était inconnue du monde grec. Non seulement l'expression apparaît pour la première fois dans la LXX, mais, de plus, une telle catégorie religieuse, qui, après avoir été reprise par Jérôme, aura une grande fortune chez les Pères[113], n'a pas de véritable antécédent dans la religion de la Grèce ancienne. De manière générale dans les traditions plus antiques, tant au Proche Orient antique qu'en Grèce, le moment des attaques démoniaques se situe davantage pendant la nuit[114].

Essayons, à présent, de résumer brièvement les étapes de ce parcours. En contraste avec le texte hébreu d'origine, les représentations d'entités démoniaques subissent une transformation partielle dans la LXX. Dans les contextes poétiques développés par Hab 3 et le Ps 90 (= 91 TM), le scénario de départ a été remplacé par un second scénario, nouveau. Celui-ci a gardé un certain souvenir des puissances auxiliaires de Yhwh ainsi que de leurs fonctions, tout en renforçant et spécifiant leurs caractères, et cela en dépit du fait de ne pas avoir reconnu l'identité spécifique à chacune de ces puissances, ni d'avoir conservé

111 Ps 90,4–6 ; 92,3.

112 b.Pesaḥ 111 b ; *MidrashTehillim* 91. De manière plus générale, les sources rabbiniques tendent à donner plus de précisions sur les circonstances temporelles et spatiales des attaques démoniaques ainsi que sur l'apparence physique des démons.

113 Chez les Pères de l'église ce type de démon serait notamment responsable de l'*acedia* qui saisit les moines. Il faut toutefois remarquer que le démon de midi ne semble pas avoir attiré l'attention des Pères avant le quatrième siècle, lorsque Jérôme et Augustin commencent à en discuter. Il se peut que l'association entre démon de midi et *acedia* remonte à Origène (*Fr. in Ps.* 5, 6), mais l'authenticité de ce texte est disputée. Voir à ce propos Arbesmann 1958 ; récemment Scott-Macnab 2018.

114 Comme l'a bien montré Philippe Borgeaud (2000), la prétendue continuité entre les démons anciens et les démons du midi connus par la tradition occidentale est surtout le produit de la plume de l'écrivain et sociologue Roger Caillois (1937) qui a projeté des croyances du Moyen Age slave sur l'Antiquité, sans qu'elles ne soient réellement soutenues par les sources antiques.

un souvenir de l'arrière-plan levantin du dieu Resheph. Le Logos divin d'Hab 3 est, par exemple, une puissance à la fois céleste et destructrice qui exécute impitoyablement les ordres divins. La fonction de cette puissance est encore développée dans d'autres écrits du judaïsme hellénistique, représentées entre autres par le livre de la Sagesse qui se confrontent de manière directe à d'autres courantes philosophiques de l'époque, et qui visent à inscrire leurs propres discours au sein des débats intellectuels contemporains. Le rôle du *mašḥît*, comparable à celui du Logos en Habacuc et en Sagesse, est également bien préservé et compris par la tradition juive de langue grecque dans son ensemble. Le seul endroit où les assistants de Yhwh ont complètement disparu dans le texte grec est la LXX de Deut 32,24 où la divinité apparaît comme la seule responsable des châtiments, fléaux et maladies. L'action néfaste des auxiliaires de Yhwh a ici laissé la place à une représentation du châtiment divin qui est à la fois plus rationnelle et plus sanglante, où les cadavres des hommes tués par la famine seront consommés par des rapaces. Mais un tel glissement semble dû à une difficulté inhérente à la compréhension du texte de départ plutôt qu'à une correction théologique du traducteur. En effet, n'étant plus en mesure de reconstruire l'identité de Qeṭeb et Resheph, le traducteur se serait appuyé sur la lecture étymologique de la racine *qṭb* ainsi que sur l'exégèse hébraïque du mot *ršp* : deux stratégies qui sont, me paraît-il, courantes lorsque les traducteurs se heurtent à des difficultés de vocabulaire, et conformes au style adopté par le traducteur du Deutéronome dans son ensemble. Ce dernier point me permet, entre autres, d'avancer une remarque plus générale concernant la nature de la LXX du Deutéronome, qui encore dans les débats récents est souvent étiquetée, peut-être un peu trop rapidement, comme « littérale » ou « peu soignée ». Les exemples analysés ici montrent en revanche que le souci du traducteur était moins celui de garder un littéralisme extrême que celui de produire un texte qui pouvait « fonctionner » en grec, tant du point de vue de la langue et du registre littéraire – qui en Deut 32 est un registre poétique – que du point de vue des concepts employés. Cette remarque confirme alors que la dichotomie entre traduction littérale et libre, dont j'ai déjà discuté dans l'introduction, ne constitue pas la meilleure démarche pour comprendre et décrire le travail des traducteurs grecs. En revanche, il faut s'orienter vers d'autres critères qui tiennent en compte non seulement du rapport de la traduction à son texte hébreu, mais également de ses potentialités de fonctionnement à la lumière du contexte linguistique et culturel grec.

En outre, en ce qui concerne les représentations du démoniaque, sur la base des résultats de notre analyse, nous pouvons donc conclure que l'idée, souvent proposée, selon laquelle la LXX aurait systématiquement cherché à démythologiser les scénarios de son texte source n'est pas tout à fait convaincante. Il apparaît, alors, nécessaire de s'orienter vers d'autres modèles pour interpréter l'ensemble de ces données. Le Ps 90 (= 91 TM) s'avère, en ce sens, particulièrement utile. Ici, l'association directe établie entre créatures nocturnes qui volent dans l'ombre, maladies et dangers du midi s'inscrit pleinement dans le contexte hellénistique où la notion de démon est en train de se construire. Le traducteur y apporte alors une contribution considérable, sans que cela soit dû au seul fait qu'il enrichisse le paysage religieux de l'époque du démon de midi. Par le biais de ce texte, il inscrit l'action des puissances démoniaques au sein d'une vision du monde essentiellement dualiste qui a peu d'antécédents dans la Bible hébraïque[115] et qui est largement préparée, comme nous l'avons vu, par le texte hébreu du Psaume. Dans ce cadre, et contrairement à ce qui arrive en Deut 32,22–24, les démons assaillent l'homme de manière soudaine, sans motivation évidente et leur attaque est neutralisée par l'action des anges.

Il est néanmoins indéniable que le statut exceptionnel du Psaume ait exercé une influence sur la manière dont le rôle des démons y est représenté. Autrement dit, ce texte seul ne peut pas nécessairement être considéré comme donnant la mesure moyenne de l'engagement des traducteurs avec un savoir sur les démons diffusé à l'époque hellénistique. Pour avoir une appréciation globale de l'apport des traducteurs à la construction d'une notion partagée du démoniaque, il faut à présent examiner les autres contextes dans lesquels cette notion est opérationnelle.

115 Voir, à ce sujet, Keel 2003.

CHAPITRE 5

Les habitants des ruines

1 Le potentiel démoniaque des habitants des ruines

Comme je l'ai évoqué précédemment, l'espace des ruines tel que décrit dans le corpus prophétique est l'un des contextes majeurs où des démons apparaissent dans la LXX. Toutefois, la présence de ces derniers dans la Bible hébraïque n'est pas, pour sa part, si explicite et demeure sujette à débat. Les rapports entre l'hébreu et le grec doivent donc être étudiés afin de mieux situer ces textes dans leurs relations réciproques et de comprendre les trajectoires qui ont mené à une émergence du démoniaque en ce contexte. À ma connaissance, ce type d'analyse n'a encore jamais été réalisé[1] et mérite donc d'être tenté.

Les oracles qu'on appelle d'habitude « contre les nations » évoquent fréquemment des paysages de villes en ruines, un motif qui annonce la défaite future des ennemis d'Israël. Il est possible d'identifier ce *topos* par une série d'éléments récurrents. En effet dans ces passages, la destruction des villes n'est autre que la conséquence de la colère de Yhwh et cet anéantissement signifie métonymiquement la perte du territoire entier. L'espace urbain et les champs cultivés sont abandonnés par les hommes et les animaux domestiques et les vestiges des cités se remplissent alors de végétation sauvage et sont repeuplés par toutes sortes d'animaux et de créatures. Les *tannîm*, qui désignent probablement des canidés du désert[2], semblent être des marqueurs de ce territoire hostile à la civilisation, comme l'annonce l'expression *məʿôn tannîm*, « repaire des *tannîm* », utilisée plusieurs fois en Jérémie pour désigner des ruines. L'oracle contre le territoire de Ḥaṣor en Jer 49,33 en donne un exemple[3] :

---

1 Pour une analyse préliminaire menée conjointement par Christophe Nihan et moi-même, voir Angelini 2017 ; Nihan 2017.

2 L'hébreu connaît au moins trois termes qui désignent des canidés sauvages : *tannîm*, *'iyyîm*, les deux attestés exclusivement à la forme plurielle, et *šûʿāl*, traditionnellement traduit par « renard », qui apparaît parfois comme animal des ruines (Lam 5,18 ; Ez 13,4). Les deux derniers zoonymes ont un certain nombre de parallèles dans d'autres langues sémitiques (voir respectivement SED II, no. 21 et 237 ; et *infra*, p. 157), alors que **tan* est isolé et d'étymologie difficile. Nous ne sommes pas en mesure d'établir précisément l'espèce à laquelle le mot *tannîm* se réfère et il n'est pas possible de trancher entre « chacal » et « hyène » : voir, à ce sujet, Frevel 1995.

3 Ḥaṣor n'indique pas ici la ville du nord de la Palestine, mais un territoire au sud de la Palestine peuplé par des tribus arabes, qui, ici et en Jer 49,28–30, est couplé avec Kedar (Lundbom 2004, p. 353). Pour l'expression « repaire des *tannîm* », voir également Jer 9,10 (Jérusalem) ;

והיתה חצור למעון תנים	Ḥaṣor deviendra un repaire pour les chacals,
שממה עד עולם	Dévastation (*šəmāmâ*) à jamais :
לא ישב שם איש	Plus personne n'y habitera,
ולא יגור בה בן אדם	l'être humain n'y séjournera même plus.

Le motif, partagé par plusieurs recueils prophétiques, est pour sa part une variation du thème beaucoup plus répandu des terres réduites « à la dévastation » : ce thème est signalé par une série de mots-clés construits sur la racine *šmm*, « être détruit », « être vide », mais également « être choqué », « horrifié » (*šammâ*, *məšammâ*, *šəmāmâ*). Il est particulièrement aimé par Jérémie qui l'applique notamment à Jérusalem et aux villes de Juda[4] :

> 9 Sur les montagnes s'élèvent mes pleurs et mon deuil, et sur les habitations du désert mon chant funéraire.
> Car elles sont incendiées, sans que personne n'y passe, et on n'entend plus le bruit des troupeaux.
> Des oiseaux du ciel aux quadrupèdes, (tous) se sont enfuis.
> 10 Je fais de Jérusalem un tas de pierres, un repaire de chacals,
> et des villes de Juda, des lieux dévastés (*šəmāmâ*), vidés de leurs habitants.
> 11 [...] Pourquoi le pays est-il ruiné, brûlé comme le désert où personne ne passe ?

Un destin similaire est également prévu pour les ennemis d'Israël, dont notamment Edom[5] :

17 והיתה אדום לשמה	17 Edom deviendra une terre dévastée.
כל עבר עליה ישם	Tous ceux qui passent sur elle seront horrifiés,
וישרק על כל מכותה	et siffleront sur toutes ses plaies,

10,22 (Juda) ; 51,37 (Babylone). Comparer, en outre, avec Ps 44,20 ; Nah 2,12 (« repaire du lion »). Is 34,13 et 35,7 ont l'expression *nəwê tannîm*, « la résidence des *tannîm* ». Pour une partie des passages traités ici en hébreu je reprends les traductions de Christophe Nihan (2017, p. 113–115), avec quelques modifications. Les autres traductions sont miennes.

4 Jer 9,9–11 ; voir aussi sur Juda Jer 10,22.

5 Jer 49,17–18.

18 כמהפכת סדם ועמרה	18 Comme pour la catastrophe de Sodome,
ושכניה אמר יהוה	de Gomorrhe
לא ישב שם איש	et des cités voisines – dit Yhwh –
ולא יגור בה בן אדם	personne n'habitera plus là-bas,
	l'être humain n'y séjournera même pas.

En outre, la ruine est le *leitmotiv* du long oracle sur le jugement de Babylone qui occupe les derniers chapitres du recueil (50–51), comme le montre déjà l'ouverture (50,3) :

> 3 Car contre elle (= Babylone) monte une nation du nord,
> qui transforme son pays en dévastation (*ləšammâ*),
> personne n'y résidera :
> ni hommes ni bêtes, (tous) se sont enfuis.

Le motif des terres changées en étendues désolées et vidées de toute présence humaine est également présent en Isaïe, avec une référence accrue à Babylone et à Edom[6]. La menace peut être, à l'occasion, proférée aussi contre Juda, comme par exemple en Is 32,12–14 :

> 12 En se frappant la poitrine ils gémissent sur les belles campagnes riantes, sur les vignes fécondes,
> 13 sur la terre de mon peuple des buissons d'épines montent,
> oui, sur toutes les maisons joyeuses de la ville exultante.
> 14 Le palais est abandonné, la ville tumultueuse est délaissée.
> La colline et la tour de garde deviendront des cavernes pour toujours,
> joie des ânes sauvages, pâturage des troupeaux.

Enfin, quelques références sont connues parmi les douze petits prophètes. Toutefois, dans ces cas, on ne trouve que des mentions assez brèves des villes qui seront réduites à l'état de ruines, sans qu'il soit fait allusion à l'arrivée d'animaux sauvages sur le territoire[7]. Une exception remarquable est constituée par l'oracle contre Ninive en Soph 2,13–15, qui décrit l'invasion par des rapaces de vestiges de palais luxueux :

6 Is 23,13 ; 13,19–22 ; 14,23 ; 34,11–17.

7 Par exemple en Am 4,11 et Mich 1,6 (Samarie) ; 3,12 (Jérusalem) ; Soph 2,9 (Moab et Ammon).

13 ויט ידו על צפון	13 (Yhwh) étendra sa main contre le Nord,
ויאבד את אשור	Il détruira l'Assyrie,
וישם את נינוה לשממה	Et rendra Ninive une dévastation,
ציה כמדבר	aride comme le désert.
14 ורבצו בתוכה עדרים	14 Des troupeaux se coucheront au milieu
כל חיתו גוי	d'elle,
גם קאת גם קפד	toute sorte de bête.
בכפתריה ילינו	Autant la chouette que le rapace (outarde ?)
קול ישורר בחלון	Passeront la nuit parmi ses chapiteaux.
חרב בסף	Le bruit se fait entendre à la fenêtre,
כי ארזה ערה	Ruines sur le seuil,
15 זאת העיר העליזה	Car le cèdre est arraché.
היושבת לבטח	15 La voilà, la ville exultante,
האמרה בלבבה	Qui demeurait en sécurité,
אני ואפסי עוד	Celle qui disait dans son cœur,
איך היתה לשמה	« moi, et seulement moi ! ».
מרבץ לחיה	Comment ! la voilà une ruine,
כל עובר עליה	Un repaire pour les bêtes sauvages :
ישרק יניע ידו	Tous ceux qui passent près d'elle,
	Sifflent et agitent la main.

Parmi les différents oracles qui utilisent ce *topos*, certains présentent un intérêt particulier car ils partagent et combinent plusieurs éléments qui ne se trouvent pas réunis dans les autres passages. Premièrement, la description du paysage des ruines y est particulièrement développée et elle inclut la mention d'animaux et de créatures qui viennent peupler cet espace. Deuxièmement, la disparition des villes est implicitement ou explicitement comparée à celle de Sodome et Gomorrhe, ce qui souligne le caractère irrémédiable et définitif de la destruction à laquelle le territoire est destiné. Troisièmement, le motif des ruines occupe une position stratégique à l'intérieur des collections respectives, en servant de clôture à des sections entières d'oracles de malheur. Il s'agit donc d'un *topos* qui vient renforcer l'efficacité du jugement proféré. C'est le cas de l'oracle contre Ninive en Soph 2 ainsi que de la chute de Babylone annoncée en Jer 50,39–40 :

39 לכן ישבו ציים את איים	39 C'est pourquoi les créatures du désert
וישבו בה בנות יענה	y habiteront avec les hurleurs,
ולא תשב עוד לנצח	et les autruches y habiteront également ;
ולא תשכון עד דור ודור	Babylone ne sera plus jamais habitée,
	de génération en génération on n'y résidera pas.

40 כמהפכת אלהים	40 Ce sera comme pour la catastrophe divine
את סדם ואת עמרה	qui a frappé Sodome, Gomorrhe,
ואת שכניה נאם יהוה	et les cités voisines – oracle de Yhwh.
לא ישב שם איש	personne n'habitera plus là-bas,
ולא יגור בה בן אדם	l'être humain n'y séjournera même pas.

Cette formulation est très similaire à celle que nous retrouvons dans le texte massorétique de Jer 51,37, qui est le dernier oracle présent dans le livre de Jérémie :

והיתה בבל לגלים	Et Babylone deviendra un tas de ruines,
מעון תנים	un repaire de *tannîm*,
שמה ושרקה	dévastation et objet de sifflement,
מאין יושב	personne n'y résidera.

L'emplacement des oracles en Is 13 et 34, respectivement contre Babylone et contre Edom, mérite également d'être remarqué car le chapitre 13 (versets 19–22) conclut l'annonce de la destruction de Babylone et cette annonce ouvre, à son tour, la collection d'oracles contre les nations du premier Isaïe :

19 והיתה בבל צבי ממלכות	19 Alors Babylone, le joyau des royaumes,
תפארת גאון כשדים	la fière parure des Chaldéens,
כמהפכת אלהים	sera frappée de la même catastrophe divine
את סדם ואת עמרה	qui a frappé Sodome et Gomorrhe.
20 לא תשב לנצח	20 Elle ne sera plus jamais habitée,
ולא תשכן עד דור ודור	de génération en génération, on n'y résidera pas ;
ולא יהל שם ערבי	l'Arabe n'y plantera plus sa tente,
ורעים לא ירבצו שם	et les bergers n'y feront pas coucher leurs troupeaux.
21 ורבצו שם ציים	21 Ce sont les créatures du désert qui se
ומלאו בתיהם אחים	coucheront là :
ושכנו שם בנות יענה	les hiboux (?) envahiront leurs maisons ;
ושעירים ירקדו שם	les autruches (*bənôt ya'ănâ*) y résideront,
22 וענה איים באלמנותיו	et les boucs y feront leurs bonds ;
ותנים בהיכלי ענג	22 les « hurleurs » crieront dans ses palais,
וקרוב לבוא עתה	et les chacals dans ses résidences de luxe,
וימיה לא ימשכו	le temps fixé pour elle se rapproche,
	et ses jours ne seront pas prolongés !

Quant au chapitre 34 (versets 11–17), il reprend directement le langage d'Is 13 et conclut les oracles de malheur du premier Isaïe, tout en préparant l'annonce de salut pour Sion :

9 ונהפכו נחליה לזפת	9 Ses torrents (d'Edom) se changeront en poix,
ועפרה לגפרית	et sa poussière en soufre ;
והיתה ארצה לזפת בערה	sa terre deviendra de la poix brûlante,
10 לילה ויומם לא תכבה	10 de nuit comme de jour, elle ne s'éteindra pas :
לעולם יעלה עשנה	sa fumée s'élèvera à jamais ;
מדור לדור תחרב	de génération en génération (Edom) restera dévastée,
לנצח נצחים אין עבר בה	plus jamais personne n'y passera.
11 וירשוה קאת וקפוד	11 La chouette et le hibou (?) y habiteront ;
וינשוף וערב ישכנו בה	l'effraie et le corbeau y résideront.
ונטה עליה קו תהו	(Yhwh) étendra sur elle le cordeau du vide
ואבני בהו	et la pierre (à mesurer) le chaos.
12 חריה ואין שם מלוכה יקראו	12 Ses nobles n'y proclameront plus de roi,
וכלשריה יהיו אפס	et tous ses princes auront disparu.
13 ועלתה ארמנתיה סירים	13 Les ronces pousseront dans ses palais,
קמוש וחוח במבצריה	les orties et les chardons dans ses tours ;
והיתה נוה תנים	ce sera le repaire des chacals,
חציר לבנות יענה	le pâturage des *bənôt ya'ănâ*.
14 ופגשו ציים את איים	14 Les créatures du désert et les hurleurs s'y rencontreront,
ושעיר על רעהו יקרא	chaque bouc y appellera son compagnon ;
אך שם הרגיעה לילית	c'est encore là que résidera Lilith,
ומצאה לה מנוח	et qu'elle trouvera son lieu de repos.
15 שמה קננה קפוז ותמלט	15 Le grand-duc (?) y fera son nid, pondra ses œufs,
ובקעה ודגרה בצלה	les couvera, et rassemblera (ses petits) sous son ombre ;
אך שם נקבצו דיות	là encore, se rassembleront les vautours,
אשה רעותה	chaque femelle avec son compagnon.
16 דרשו מעל ספר יהוה וקראו	16 Cherchez dans le livre de Yhwh, et lisez !
אחת מהנה לא נעדרה	Aucune de ces créatures ne sera absente,
אשה רעותה לא פקדו	Aucune n'aura à s'enquérir de son compagnon !
כיפי הוא צוה	Car c'est la bouche de Yhwh[8] qui l'ordonne,
ורוחו הוא קבצן	c'est son esprit qui les rassemble ;

8 Je lis ici le tétragramme au lieu du pronom qui n'est pas pertinent du point de vue syntaxique.

17 והוא הפיל להן גורל	17 c'est lui qui a procédé au tirage des parts pour eux,
וידו חלקתה להם בקו	et c'est sa main qui leur a partagé le pays au cordeau ;
עד עולם יירשוה	c'est pour toujours qu'elles en prendront possession,
לדור ודור ישכנו בה	de génération en génération elles y résideront.

Les trois critères ici définis (peuplement des ruines par plusieurs créatures sauvages, nature irrémédiable de la destruction et position stratégique à l'intérieur des collections prophétiques) permettent de délimiter un corpus cohérent sur lequel je vais focaliser mon attention. Il importe de relever que dans cette forme plus élaborée et complexe, les oracles ne sont jamais adressés à Jérusalem mais exclusivement aux nations. Puisque ces passages présentent des similarités de langage importantes, il faut commencer par s'interroger sur l'origine dudit motif des habitants des ruines, ainsi que sur les relations entre ces textes.

1.1 *Origines du motif et relations intertextuelles*

L'idée que l'espace des villes vouées à la destruction soit envahi par des animaux sauvages n'est pas propre à la Bible hébraïque ; on en trouve des parallèles très anciens au Proche Orient. Cette idée apparaît, en effet, dans des typologies de textes divers, notamment dans des lamentations et des malédictions, et ce, dès l'époque paléo-babylonienne[9]. Un des poèmes de type *Eršemma*, à savoir un genre de lamentations sur des villes abandonnées à cause d'une colère divine, contient une plainte adressée au dieu Enlil à propos d'une série de villes détruites et laissées à la merci « des chiens, des loups et des démons » : ici le démon *lil-* est nommé à côté des canidés qui vagabondent dans les palais de la cité[10]. Un autre exemple est représenté par la malédiction d'Agadé, un fameux texte mythologique d'origine sumérienne sur la chute d'Akkad, qui se termine par une malédiction lancée de la part des dieux contre la ville d'Akkad[11] :

9 Les parallèles entre les passages prophétiques (surtout en Isaïe) et les textes proche-orientaux qui font mention des ruines ont été étudiés par Hillers 1964, p. 44–64 et surtout par García Recio 1995.

10 Le texte sumérien est préservé par une copie paléo-babylonienne et par une copie du premier millénaire : textes avec traduction anglaise chez Cohen 1981, p. 110–117, no. 1.1 et 1.2, respectivement lignes 32–34 et 48–50. Je remercie vivement Vérène Chalendar pour son aide à l'identification des animaux mentionnés dans ce passage.

11 Traduction de Pascal Attinger 2007, lignes 255–259 : https://cdli.ucla.edu/dl/pdf/P469679.pdf. Voir également Cooper, 1983, p. 62–63, 256 ; Pomponio 1990, p. 83–87.

> Puissent les « méchants » de la steppe silencieuse ne cesser de hurler ! Sur ton *kiuzga* où avaient lieu des purifications, puisse le renard hantant les collines des ruines y traîner la queue, sur tes portes de ville établies dans le pays, puisse l'oiseau-sommeil, l'oiseau du cœur chagrin, y faire son nid !

Ce passage montre des similarités frappantes avec les textes d'Isaïe, notamment à cause du fait que, parmi les habitants de la ville abandonnée et réduite à l'état de steppe, sont mentionnés à la fois des renards, des oiseaux rapaces (l'oiseau-sommeil/oiseau du chagrin étant des hiboux) et des démons, désignés ici comme « les méchants de la steppe ».

Le motif des habitants des ruines est, en outre, repris par les malédictions traditionnellement situées en conclusion des traités d'alliance afin d'empêcher que celle-ci ne soit rompue. L'attestation la plus importante du Levant, et la plus souvent citée, provient d'une des inscriptions araméennes de Sfiré[12]. La première plaque, aujourd'hui conservée au Musée de Damas, reproduit l'accord entre Mati'el, roi du petit royaume d'Arpad, et un autre gouverneur, dit Bar Ga'yah (dont l'identité est l'un des problèmes les plus discutés de la stèle). En cas de rupture du traité par Mati'el, toutes sortes de malédictions sont annoncées pour le royaume d'Arpad, telles que la destruction de la végétation et l'épuisement de la terre. En outre, une série de bêtes sauvages occuperont le territoire, parmi lesquelles figurent encore différents types de quadrupèdes et d'oiseaux rapaces :

> *ʿlhbqqbtn wtḥṭ lyšmn ʾḥwh wthwy ʾrpd tl l*[*rbq y w*]
> *ṣby wšʿl wʾrnb wšrn wṣdh wʿr wqh wʾl tʾmr qr*[*ytʾ*]
>
> Que sa végétation soit arrachée en un désert ! Et qu'Arpad devienne un monceau de ruines [pour servir de gîte …] à la gazelle, et au renard[13], et au lièvre, et au chat sauvage, et au hibou, et au gypaète et à la pie ! Et qu'il ne soit plus fait mention de cette vil[le-là][14].

12 *Editio princeps* Ronzevalle 1930–31 (Stèle I) ; Dupont-Sommer 1960 ; voir également Lemaire et Durand 1984, Fitzmyer 1995 b ; en dernier, Fales et Grassi 2016, p. 92–122.

13 *Šʿl*, traduit comme « chacal » par Lemaire et Durand, est plus probablement à entendre comme « renard » car le terme est mieux attesté avec cette signification en sémitique. En outre, comme le suggère Giulia Grassi, il est fort possible que la distinction entre les deux espèces ne fût probablement pas pertinente en araméen ancien, étant donné que les autres mots araméens pour « chacal » sont plus tardifs. Voir, à ce sujet, Grassi 2019, p. 95–96 ; SED II, no. 237.

14 Sfiré I A, 32–33 (= *KAI* 222 A), trad. Lemaire et Durand 1984, légèrement modifiée.

Les inscriptions royales d'époque assyrienne nous offrent des témoignages supplémentaires. Dans une lettre d'Assarhaddon adressée au dieu Aššur, le roi fait un rapport au dieu sur le territoire de Šubria, un ancien allié de l'empire assyrien qu'il vient de soumettre et dont les villes sont maintenant devenues un repaire « des renards et des hyènes »[15]. On peut enfin citer l'inscription d'Assurbanipal qui célèbre sa victoire sur l'Elam. À la suite d'une liste où le roi indique les quantités de biens et d'animaux domestiques qu'il a fait déplacer de l'Elam vers l'Assyrie, il mentionne les bêtes qu'il va, en revanche, laisser sur le territoire d'Elam, lequel sera ainsi rempli « d'ânes sauvages, de gazelles et de bêtes des champs »[16].

Il semble donc que ce *topos* proche-oriental puisse être employé dans des situations différentes selon les exigences. On ne peut pas exclure que dans la Bible hébraïque le motif ait été appliqué originairement à Israël/Juda car la destruction qui frappe Jérusalem est perçue chez les prophètes comme une conséquence inévitable de la rupture de l'alliance entre le peuple et sa divinité tutélaire[17]. Toutefois, comme nous l'avons vu, les descriptions les plus détaillées ne concernent jamais Jérusalem, mais se trouvent toujours dans un contexte différent, à savoir celui des oracles contre les nations. Elles sont dirigées contre des villes étrangères, parmi lesquelles Babylone et Edom jouent un rôle de premier rang.

Bien qu'il soit impossible de reconstruire le contexte original de ces oracles ainsi que de proposer une datation absolue des passages concernés, l'on peut néanmoins établir quelques points de repère quant à la chronologie relative et à la présence de liens intertextuels explicites. La plupart des commentateurs est d'accord sur le fait que la destruction de Babylone annoncée en Jer 50,39–40, puis évoquée en 51,37, reprend, d'une part, les oracles précédents du livre de Jérémie, et notamment l'oracle de Jer 49,17–21 contre Edom[18], et, d'autre part, l'oracle d'Is 13 contre Babylone[19]. En outre, l'oracle d'Is 13 est retravaillé et élargi, notamment en ce qui concerne la liste des créatures des ruines en Is 34[20]. Ce dernier est considéré, à juste titre, comme l'un des textes les plus

15 Lettre à Aššur, K 02852 + K 09662, RINAP 4, Esarhaddon 033, ex. 2, i.e.1–6. Voir également Hillers 1964, p. 44.

16 PRISMA A vi 81–89 ; iv 96–106, RINAP 5, Asshurbanipal 011.

17 Voir surtout en ce sens la fonction des malédictions en Deut 28 et ses parallèles proche-orientaux où n'apparaissent cependant pas les habitants des ruines. Sur les parallèles entre les malédictions de la Bible hébraïque et d'autres textes du Proche Orient ancien, voir par exemple Hempel 1925 ; Fensham 1963 ; Hillers 1964 ; García Recio 1995.

18 Voir par exemple Duhm 1901, p. 366, McKane 1996, p. 1292–1293 ; Bellis 1999, p. 192–199.

19 Duhm 1901, p. 365–366 ; Lundbom 2004, p. 423.

20 Vermeylen 1977, p. 349–446 ; Gosse 1990, p. 399–402.

tardifs dans la composition du recueil d'Isaïe, au point que les chapitres 34–35 (qui mettent en miroir le châtiment d'Edom et l'annonce de salut pour Sion) sont parfois connus comme la « petite apocalypse d'Isaïe », servant de charnière littéraire entre les trois parties du recueil[21]. Isaïe 13 et 34 se font ainsi clairement écho à l'intérieur du livre et le chapitre 34 est vraisemblablement le texte le plus récent de notre corpus, dont la composition pourrait se situer pendant l'époque perse ou au début de l'époque hellénistique[22].

La relation de Sophonie 2 avec le reste des oracles est moins claire. Si le noyau du livre est d'habitude situé à la fin de la monarchie judéenne, donc vers la fin du VIIe siècle, sa forme finale a fait l'objet d'un processus rédactionnel conséquent et plusieurs commentateurs estiment que l'oracle contre Ninive serait effectivement plus récent[23]. Il faut à cet égard observer que la série d'oiseaux *qāʾat* + *qippōd* mentionnée en Soph 2,14, et par ailleurs très rare, se retrouve à l'identique en Is 34,11. Au vu de la nature tardive et en partie composite d'Is 34, il me paraît plus probable que le rédacteur du passage isaïen ait, dans ce cas, emprunté à Sophonie, plutôt que l'inverse[24]. Les textes les plus anciens du corpus pourraient donc être représentés soit par l'oracle contre Babylone en Is 13, soit par celui contre Ninive en Soph 2. Toutefois, bien qu'il apparaisse clair que Is 34 et Jer 50 (et 51) reprennent des passages

---

21 La question de la rédaction des chapitres 34 et 35 est, en revanche, plus complexe. D'après certains commentateurs les deux chapitres ont la même origine, en ayant été conçus dès le début comme une unité (Watts 1985–1987, p. 2–18 ; Gosse 1990 ; Blenkinsopp 2000, p. 447–457) ; d'autres pensent, en revanche, qu'Is 34 constituait un texte apocalyptique à l'origine séparé (Kaiser 1980, p. 351–366) ; d'autres encore considèrent Is 35 comme le texte le plus tardif (voir en ce sens l'étude classique de Steck 1985 ; mais également Wildberger 1982, p. 1324–1351 ; pour une critique des arguments de Steck voir Mathews 1995). Beuken estime que les deux chapitres, à l'origine indépendants, ont progressivement été harmonisés l'un avec l'autre (Beuken 2000, p. 279–304 ; pour une vision similaire, voir aussi Childs 2001, p. 249–258). Sur la relation entre Is 13 et 34, voir également Gosse 1988, p. 159–169.

22 Pour une analyse plus détaillée voir Nihan 2017, p. 89–90, 108–111. Il est possible qu'Is 34,9–17 ait fait l'objet d'un travail rédactionnel supplémentaire, puisque l'indication de « chercher et lire dans le livre de Yhwh » au verset 16 paraît secondaire : voir à ce sujet Donner 1990.

23 Hagedorn 2011, p. 113–129. Contra Hubert Irsigler (2002, p. 217–218), pour lequel les versets 2, 12*, 13–14* remontent effectivement à l'époque josianique.

24 En Soph 2,13–15, le verset 15 pourrait être une glose ultérieure (Ben Zvi 1991, p. 183 ; Irsigler 2002, p. 298–301 ; Hagedorn 2011, p. 123, lequel pense toutefois que l'oracle d'Isaïe contre Edom et Babylone a été emprunté par le rédacteur de Sophonie et adressé secondairement à Ninive). Le texte de Soph 2,15, qui se réfère à la ville « qui demeurait en sécurité, qui disait dans son cœur, 'moi, et seulement moi !' » se retrouve à l'identique en Is 47,8 référant à Babylone, et le motif du sifflement est présent dans plusieurs passages de Jérémie.

antérieurs de chaque recueil, les rapports entre Isaïe et Jérémie restent, eux, difficiles à comprendre[25].

Face à la difficulté de reconstruire des directions d'intertextualité linéaires pour ces passages, deux remarques plus générales s'imposent. D'un côté, il faut garder à l'esprit que nous sommes en présence d'un *topos* du genre prophétique où des expressions similaires peuvent être appliquées à des territoires différents : par conséquent, il serait non seulement impossible, mais méthodologiquement douteux d'utiliser les liens intertextuels ou bien des éléments isolés de ces descriptions pour une datation des textes[26]. D'un autre côté, il paraît néanmoins possible d'affirmer qu'à un moment donné le *topos* des habitants des ruines a été associé de manière plus étroite – voire paradigmatique – à une ville spécifique, à savoir Babylone[27]. Il s'agit, en effet, de la cité la plus souvent nommée, à la fois en Jérémie et en Isaïe. Cette tradition est encore prolongée dans le livre de Baruch qui prédit la chute de la cité, désormais abandonnée et peuplée par des démons[28] :

> 33 ὥσπερ γὰρ ἐχάρη ἐπὶ τῇ σῇ πτώσει καὶ εὐφράνθη ἐπὶ τῷ πτώματί σου, οὕτως λυπηθήσεται ἐπὶ τῇ ἑαυτῆς ἐρημίᾳ.
> 34 καὶ περιελῶ αὐτῆς τὸ ἀγαλλίαμα τῆς πολυοχλίας, καὶ τὸ ἀγαυρίαμα αὐτῆς ἔσται εἰς πένθος.
> 35 πῦρ γὰρ ἐπελεύσεται αὐτῇ παρὰ τοῦ αἰωνίου εἰς ἡμέρας μακράς, καὶ κατοικηθήσεται ὑπὸ δαιμονίων τὸν πλείονα χρόνον.

> 33 Ainsi, tout comme elle (= Babylone) s'est réjouie de ta chute et s'est félicitée de ta ruine, de la même manière elle sera affligée de sa propre dévastation.
> 34 Et je lui enlèverai la joie de la multitude de sa population, et son orgueil sera changé en deuil.
> 35 Car un feu s'abattra sur elle de la part de l'Éternel pour de longs jours, et elle sera habitée pour plusieurs temps encore par des démons.

Alors que le feu descendant sur la ville évoque indirectement la chute de Sodome et Gomorrhe, les démons installés parmi les ruines de Babylone nous

25 Voir encore récemment à cet égard les conclusions de Beuken 2015.

26 Le problème renvoie, d'ailleurs, à la question plus large et qui ne peut pas être discutée ici, des relations entre les oracles aux nations parmi les différents recueils prophétiques ; sur ce sujet on peut voir, entre autres, Christensen 1989 ; Holt, Hyun Chul et Mein 2015.

27 Comme cela a été suggéré par Nihan 2017, p. 90.

28 Bar 4,33–35. Ce *topos* est également associé à Babylone dans le Nouveau Testament (Ap 18,2).

rappellent ceux des malédictions sumériennes et paléo-babyloniennes. La permanence d'un tel motif dans un texte non antérieur au deuxième siècle av. n. è.[29] est un indice de continuité considérable entres les traditions proche-orientales et les textes bibliques. Ces derniers montrent néanmoins plusieurs éléments d'innovation quant à l'usage de ce *topos*, qui méritent d'être observés plus en détail.

1.2 *Les isotopies de l'espace des ruines*

Dans l'étude de l'espace des ruines, les chercheurs se sont principalement concentrés, jusqu'à présent, sur des problèmes d'identification – certes importants – posés par les noms d'animaux mentionnés dans ces passages. Une autre question souvent soulevée concerne le « degré de démoniaque » qu'on peut attribuer à ces créatures : un tel questionnement a été suggéré, d'un côté, par la présence de Lilith parmi les habitants des ruines, et de l'autre côté, par l'introduction du mot δαιμόνια dans la LXX d'Isaïe[30]. En revanche, peu d'attention a été dédiée aux qualités propres à cet espace dont les habitants sont révélateurs. Ce dernier aspect a fait l'objet d'une analyse récente par Christophe Nihan[31], à laquelle une grande partie des observations de cette section est redevable. Nihan a mis en évidence trois concepts clés qui me paraissent utiles pour comprendre la fonction des créatures qui peuplent l'espace des ruines, un espace qui n'appartient désormais plus à la culture, sans qu'il soit pour autant entièrement restitué à la nature, et qui est donc caractérisé par une forte marginalité et une dimension antisociale importante. Cette dimension est justement soulignée par les animaux qui occupent cet espace, qui ne sont pas les animaux « classiques » de l'espace sauvage auxquels on pourrait s'attendre, tels que, par exemple, lions, ours et panthères, ou tout simplement animaux des steppes (bien que ces derniers soient également présents). Il s'agit en revanche d'un mélange de créatures diverses, telles que boucs, canidés, plusieurs espèces de rapaces, ainsi que d'autres créatures parfois difficiles à identifier et pour lesquelles le dénominateur commun est à chercher ailleurs.

À cet égard, Nihan propose de lire ces passages prophétiques à la lumière des isotopies qu'ils dégagent. Or une isotopie est constituée par les éléments du discours permettant d'identifier dans un texte donné une série d'oppositions sémantiques qui renvoient à un contexte de référence commun. À la différence d'un champ lexical ou sémantique, les catégories sémantiques d'une isotopie ne sont pas définies par la signification primaire de chaque élément, mais seulement en vertu du *contexte* où ces éléments apparaissent. Cette

29 Pour la question de la *Vorlage* de Baruch, voir *supra*, p. 80.
30 Voir, sur ce point, Janowski 1993 ; Blair 2009, p. 72–95 ; Frey-Anthes 2007, p. 159–241.
31 Nihan 2017.

approche permet donc de dépasser les difficultés, parfois insurmontables, liées à l'identification des espèces animales et d'autres termes problématiques, et d'étudier leur fonctionnement comme un ensemble, en se concentrant surtout sur la caractérisation de l'espace qu'ils occupent. Cet espace est en relation étroite avec la souillure et l'impureté car une bonne partie des oiseaux des ruines se retrouvent dans les listes d'animaux impurs du Lévitique (chapitre 11) et du Deutéronome (chapitre 14). Il est, en outre, associé à la mort et au chaos, auquel il est explicitement fait référence en Is 34,11 (« YHWH étendra sur elle le cordeau du vide et la pierre à mesurer le chaos »), et qui est également évoqué par l'image du désert (par exemple en Soph 2,13 : « Yhwh … fera de Ninive une dévastation, aride comme le désert ») ainsi que par l'expression « repaire de *tannîm* »[32]. La dimension sonore qui envahit les ruines est, en outre, mise en avant à travers l'insistance sur les cris puissants produits par ses habitants (Soph 2,14 : « Le bruit se fait entendre à la fenêtre » ; Is 13,22 : « les 'hurleurs' crieront dans ses palais et les chacals dans ses résidences de luxe » ; Is 34,14 : « Les créatures du désert et les hurleurs s'y rencontreront, chaque bouc y appellera son compagnon »). Cette dernière donnée est d'autant plus intéressante que, comme nous l'avons vu, elle est déjà présente dans les descriptions de ruines d'autres textes proche-orientaux, mais également parce que dans tout le Proche Orient ancien les cris et les hurlements sont des qualités typiquement attribuées aux démons. C'est notamment pour souligner cet aspect sonore que j'adopte ici la traduction proposée par Nihan de *'iyyîm* par « hurleurs ». Ce terme, attesté seulement trois fois dans la Bible hébraïque, et toujours dans le contexte des ruines[33], indique probablement un canidé sauvage, hyène, chacal ou renard, et possède un certain nombre de parallèles dans d'autres langues chamito-sémitiques (notamment syriaque, arabe, égyptien)[34]. Une origine onomatopéique est parfois proposée. Alors que celle-ci n'aide pas nécessairement à l'identification de l'espèce en hébreu, il est néanmoins envisageable qu'il y ait eu un lien chez les anciens parlers entre le nom de l'animal et son cri, d'autant plus qu'en hébreu *'y* apparaît également comme forme courte de l'interjection *'ôy* (« hélas ! »).

Deuxièmement, Nihan souligne la nature hétérogène et potentiellement ouverte de l'ensemble formé par les habitants des ruines. Un tel ensemble comprend non seulement des animaux, mais également des puissances, dont certaines sont facilement identifiables en vertu de leur arrière-plan

---

32 Voir, en ce sens, Ps 44,20 : « tu nous a écrasés dans un endroit de *tannîm* et recouvert avec l'ombre de la mort », et Nihan 2017, p. 100.

33 Is 13,22 ; 34,14 ; Jer 50,39.

34 Voir SED II, no. 21. D'après les lexicographes arabes, l'animal désigné comme *'ibnu 'āwa* est considéré « comme un mélange né d'un chien et d'un renard ». À remarquer également l'égyptien *jw/jwjw* = « type de chien » (Erman-Grapow 1926, I, 48, 50).

proche-oriental, comme la démone Lilith en Is 34,14[35], alors que d'autres demeurent plus obscures. Le caractère mixte de cet ensemble est aussi signalé par la présence des *ṣiyyîm* en Isaïe (13,21 ; 34,14, mais voir également Is 23,13) et en Jérémie (50,39), un terme que j'ai, ici, choisi de traduire par « créatures du désert ». Les dictionnaires considèrent le substantif comme ambigu[36] et les parallèles sémitiques pour la signification de « chat sauvage » qui lui est parfois attribuée sont maigres[37]. En dehors du contexte des ruines, les occurrences de ce terme, toujours au pluriel, ne semblent pas pouvoir se référer à une espèce zoologique précise. Il semble plutôt indiquer un groupe social résidant dans les steppes, notamment en Ps 72,9[38], ou un ensemble de puissances du désert. Il apparaît, en outre, dans un contexte mythologique clair en tant que groupe auquel Yhwh donne à manger les restes du Léviathan qu'il vient de tuer (Ps 74,14)[39].

Si l'on ajoute à ces données le fait que les démons prennent volontiers l'aspect d'oiseaux dans les traditions levantines et proche-orientales, on ne s'étonnera pas de voir démons et oiseaux mentionnés ensemble ici. On peut donc en conclure que la distinction entre démons et animaux dans l'espace des ruines n'est pas si nette et que, au contraire, l'hétérogénéité de ce paysage est un élément essentiel de sa caractérisation en tant qu'espace marginal et dystopique.

Finalement, Nihan souligne le caractère exceptionnel d'Is 34 parmi les descriptions de ruines. Contrairement aux autres passages bibliques et au reste des traditions proche-orientales où les dieux abandonnent à jamais les terres vouées à la ruine, dans l'oracle contre Edom Yhwh continue à exercer une forme de souveraineté sur ce territoire, comme le souligne le verset 17 (« c'est la bouche de Yhwh qui l'ordonne, c'est son esprit qui les rassemble, c'est lui qui a procédé au tirage des parts pour eux, et c'est sa main qui leur a partagé le pays au cordeau »). C'est ainsi que cet espace chaotique et étranger à l'homme peut redevenir un lieu de repos et de tranquillité pour ses nouveaux habitants (« c'est pour toujours qu'elles en prendront possession, de génération en génération elles y résideront »). Cette dernière remarque a des implications importantes pour comprendre la lecture d'Is 34 par le traducteur grec. Toutefois, avant d'analyser l'exégèse grecque de ce chapitre, il faut explorer la question de l'identification des habitants des ruines par les traducteurs.

---

35 Pour une discussion sur l'arrière-plan proche-oriental de Lilith, voir §3.2.4.

36 Gesenius 1916, s.v. *ṣî* ; HALOT, s.v. *ṣî II*. Voir en outre H.-P. Müller 2003.

37 Comme le relèvent d'ailleurs Militarev et Kogan (SED II, no. 224), qui citent l'Arabe *ḍaywan* et considèrent la forme protosémitique comme « hautement incertaine ».

38 Le Ps 72,9 mentionne les *ṣiyyîm* qui se prosternent devant Yhwh, à côté des rois des nations et des chefs de pays exotiques, comme Tarsis (vv. 10–11).

39 Nihan 2017, p. 106–107. Sur ces passages, voir également Janowski 1993, p. 161–162 ; Frey-Anthes 2007, p. 173–175.

2 Des oiseaux, des boucs et des serpents : sur quelques problèmes de correspondance entre hébreu et grec

Comme nous l'avons vu précédemment, le paysage des ruines comprend plusieurs espèces animales : reptiles, rapaces, canidés du désert, boucs sauvages. Alors que certaines sont bien connues et bien attestées (comme, par exemple, le bouc, *śā'îr*, ou le corbeau, *'ōrēb*), d'autres posent de nombreux problèmes d'identification. Il s'agit d'un vocabulaire spécialisé et composé pour la plupart de mots rares. L'analyse des équivalents grecs démontre que les traducteurs éprouvaient déjà quelques difficultés à son encontre. On essayera donc de se poser la question de la signification de ces noms d'animaux du point de vue des traducteurs anciens. Un bon exemple des difficultés soulevées par ce lexique est représenté par l'oracle contre l'Assyrie dans la LXX de Soph 2,13–14 :

13 ויט ידו על צפון
ויאבד את אשור
וישם את נינוה לשממה
ציה כמדבר
14 ורבצו בתוכה עדרים
כל חית וגוי
גם קאת גם קפד
בכפתריה ילינו
קול ישורר בחלון
חרב בסף
כי ארזה ערה

13 καὶ ἐκτενεῖ τὴν χεῖρα αὐτοῦ ἐπὶ βορρᾶν
καὶ ἀπολεῖ τὸν Ἀσσύριον
καὶ θήσει τὴν Νινευη εἰς ἀφανισμὸν ἄνυδρον ὡς ἔρημον·
14 καὶ νεμήσονται ἐν μέσῳ αὐτῆς ποίμνια **καὶ πάντα τὰ θηρία τῆς γῆς**,
καὶ **χαμαιλέοντες** καὶ ἐχῖνοι ἐν τοῖς φατνώμασιν αὐτῆς κοιτασθήσονται,
καὶ **θηρία** φωνήσει ἐν τοῖς διορύγμασιν αὐτῆς **κόρακες** ἐν τοῖς πυλῶσιν αὐτῆς,
διότι κέδρος τὸ ἀνάστημα αὐτῆς.

13 Et il étendra la main contre le Nord, détruira l'Assyrien
et réduira à l'anéantissement Ninive, privée d'eau comme un désert.
14 Des troupeaux iront paître au milieu d'elle
et toutes les bêtes sauvages de la terre,
et **caméléons** et **hérissons** passeront la nuit dans les caissons,
et des **bêtes sauvages** crieront dans ses canaux, des **corbeaux** sur ses portes,
car sa structure est en cèdre.

Alors que la vision d'ensemble reste similaire en hébreu et en grec, nous montrant un territoire occupé par les bêtes sauvages et l'intérieur d'une maison luxueuse remplie d'animaux jetant des cris lugubres, nombre de détails divergent. Parmi les plus évidents, on peut mentionner la répétition de θηρία au verset 14bα, qui n'a pas d'équivalent en hébreu ni dans les versions anciennes et qui est peut-être due à un souci de clarification du passage, ainsi que la mention des corbeaux (κόρακες) au verset 14bβ. Celle-ci relève d'une lecture de *ḥōreb*, « ruine » ou « décombres », comme *ʿōrēb*. Ce choix de traduction est également adopté par Jérôme qui nous informe sur la diversité des versions attestées pour ce passage encore à son époque[40]. *Ḥrb* est *lectio difficilior*, et la leçon est attestée par toute la tradition massorétique : elle a l'appui du rouleau des Douze retrouvé dans les grottes de Murabbaʿat, proche du texte massorétique[41] ainsi que d'une version targumique[42]. Aquila et Symmaque lisent *ḥereb*, « épée », probablement sous l'influence de la traduction de *ḥōreb* par ῥομφαία dans le texte grec d'Ag 1,11. Il est, en revanche, probable que la Septante conserve la leçon originale (*ʿrb*) car la mention du corbeau est bien encadrée à la fois par la référence aux cris à la fenêtre, qui précède, et aux portes arrachées permettant l'entrée des oiseaux, qui suit[43]. Les oiseaux, qui occupent ainsi tout le périmètre de la maison, sont en effet dominants dans ce type de paysage, et il est probable que *qāʾat* autant que *qippôd* en Soph 2,14 fassent référence à des rapaces. *Qāʾat* figure sur la liste des oiseaux impurs de Lev 11 et Deut 14 ainsi que dans le Ps 102,7 et en Is 34,11. Même si l'identification proposée par Driver du *qāʾat* avec un rapace de la famille des *strigidae* (l'*otus*, ou petit-duc) n'est pas assurée[44], sa position dans la liste des oiseaux impurs du Pentateuque suggère qu'il s'agit effectivement d'un petit rapace. Cela nous amène à un problème supplémentaire rencontré par le traducteur de Sophonie. Comme le montre le tableau suivant (tableau 1), *qāʾat* a été généralement compris comme oiseau dans ses autres occurrences, même si les identifications divergent :

---

40 Jer., *Comm. in duodecim prophetes, ad loc.*

41 Mur, col. XX, l. 29 (Benoit et al. 1961, DJD 2, p. 200–201).

42 *Targum Jonathan* en Soph 2,14.

43 Voir Nihan 2017, p. 94, note 16, avec Irsigler (2002) et autres. Le passage de *ʿrb* vers *ḥrb* pourrait facilement être expliqué par une faute de transmission, produite par la proximité sonore entre les deux lexèmes. Contra Barthélemy 1992, p. 897–89, qui donne à *ḥōreb* le sens de « décombres ». Cette signification n'est toutefois jamais attestée ailleurs pour *ḥōreb*, à l'exception d'Is 61,4, où le mot se trouve au pluriel. En revanche, on ne comprend pas exactement ce qu'*une* décombre pourrait signifier. Je remercie vivement Jan Rückl pour son aide pour la compréhension de ce passage.

44 Driver 1955 I, p. 16. Pour une critique de la méthode d'identification des oiseaux adoptée par Driver, fondée en grande partie sur l'onomatopée et l'étymologie des racines, voir Kogan 2015 ; Angelini et Nihan 2020.

TABLEAU 1 Équivalents grecs de *qāʾat*

קאת	Lev 11,18 ; Deut 14,17 ; Ps 102,7 (= 101,7 LXX)	Is 34,11	Soph 2,14
	πελεκάν	ὄρνεα	χαμαιλέοντες

La traduction par πελεκάν attestée dans le Pentateuque[45] dérive peut-être d'une lecture étymologique de la racine *qʾt*, « vomir », en référence à la croyance, déjà répandue dans l'Antiquité[46], selon laquelle le pélican rejette la nourriture de sa bouche pour nourrir ses petits. La version du Pentateuque a été suivie par le traducteur des Psaumes, alors que le traducteur d'Isaïe a choisi le mot plus générique d'« oiseaux ». Ces choix démontrent que les traducteurs grecs avaient reconnu en *qʾt* un oiseau, même s'ils n'étaient plus en mesure d'en identifier l'espèce. La traduction par « caméléon » en Sophonie est en revanche le produit d'un choix différent. Elle pourrait être motivée par un rapprochement phonétique entre *qʾt* et *kh*, ce dernier étant le nom d'un petit reptile impur présent en Lev 11,30 et traduit par χαμαιλέων[47]. En outre, le caméléon est ici associé au hérisson (ἐχῖνος) qui traduit l'hébreu *qippōd* : il s'agit d'un animal typique des ruines d'après Is 14,23 (« je ferai de Babylone une possession du *qippōd* ») et il apparaît également en Is 34,11. Il est toujours compris comme ἐχῖνος (« hérisson ») en grec et, plus généralement, dans les versions anciennes. Le traducteur a probablement interprété le mot sur la base de la racine hébraïque *qpd*, « être bouclé » ou « s'enrouler » et cette signification est parfois déjà assignée au zoonyme hébreu[48]. Elle pose, néanmoins, problème dans le cas de Sophonie 2 où le contexte semble fortement indiquer qu'il s'agit d'un oiseau : on comprend sinon mal comment des hérissons pourraient passer

---

45 La plupart des manuscrits de Deut 14,17 ont καταρράκτης en correspondance de *qʾt*. Nihan et moi-même avons, toutefois, démontré ailleurs que la liste des oiseaux en hébreu suivait, à l'origine, un ordre différent en Lévitique et Deutéronome, et que même dans les versions grecques du Deutéronome πελεκάν devait traduire *qʾt* : voir Angelini et Nihan 2020, p. 56–57.

46 Par exemple Ael., *NA* 3, 20 et 23.

47 Le rapprochement phonétique apparaît d'autant plus vraisemblable si l'on considère que *qʾt* pouvait apparaître aux traducteurs comme l'état construit d'une forme originelle *qʾh*.

48 Par exemple Gesenius 1916, s.v. *qippōd* ; Zurro Rodriguez 1995, p. 534–535. En sémitique les parallèles sont attestés à la fois pour « hérisson » (notamment l'éblaïte *qippaḏum*) et pour « rapace » (le syriaque *qwpdaʾ*, voir Payne Smith 1879, p. 3687–3688). Comme l'expliquent Alexander Militarev et Leonid Kogan (SED II, no. 133) à partir du sémitique *qpd* on attendrait en hébreu une fricative (*z/ḏ*). Or, la forme *qippôz* est effectivement attestée comme *hapax* en Is 34,15, mais là encore le contexte, où il est question de la ponte des œufs, empêche l'identification avec le hérisson. Voir *infra*, p. 166, note 62.

la nuit en haut des chapiteaux. À cet égard, il convient de remarquer que le problème a été résolu en grec par l'introduction des φατνώμασιν, « caisses » ou « caissons »[49] qui traduit exceptionnellement l'hébreu *kaptōr* : ainsi, au lieu des oiseaux nichant aux sommets des colonnes, on a en grec l'image de petites bêtes rampant dans les caisses.

Les difficultés soulevées par l'identification des animaux dans ce passage pourraient facilement être élargies au reste de la faune comprise sous la rubrique « animaux des ruines ». Ce lexique mériterait une analyse systématique qui nous amènerait cependant trop loin du cadre de l'enquête sur les démons[50]. Ainsi, je ne discuterai que de quelques cas directement pertinents à la question des démons. La Septante d'Isaïe s'avère, à cet égard, un texte clé, notamment par son caractère interprétatif considérable, ainsi que par une attention particulière prêtée par le traducteur à la langue cible[51].

2.1 *Les habitants des ruines et le bestiaire d'Isaïe*

En observant la traduction des habitants des ruines dans le livre d'Isaïe, on reste frappé par plusieurs équivalences posées par le traducteur. Celle qui nous servira d'entrée pour l'analyse du dossier est la traduction de *śəʿîrîm*, « boucs sauvages », par δαιμόνια en Is 13,21 :

ורבצו שם **ציים**
ומלאו בתיהם **אחים**
ושכנו שם **בנות יענה**
ושעירים ירקדו שם

καὶ ἀναπαύσονται ἐκεῖ **θηρία**,	Et se reposeront là-bas des bêtes sauvages
καὶ ἐμπλησθήσονται αἱ οἰκίαι **ἤχου**,	les maisons seront remplies de bruit,
καὶ ἀναπαύσονται ἐκεῖ **σειρῆνες**,	se reposeront là-bas des sirènes,
καὶ **δαιμόνια** ἐκεῖ ὀρχήσονται.	et des démons danseront là-bas.

49 Dogniez et al. 1999, p. 356.

50 Voir jusqu'à présent Nihan 2017 ; Angelini et Nihan, 2020.

51 La littérature sur la nature « libre » de la traduction du livre d'Isaïe ainsi que sur ses tendances actualisantes est désormais vaste. Parmi les études fondamentales on peut voir : Ziegler 1934 ; Seeligmann 1948 (republié dans Hanhart et Spieckermann 2004, p. 119–294) ; Schweitzer 2004 ; Troxel 2008 ; Dogniez 2010 ; Lee 2014. Sur *l'Erfüllungsinterpretation*, le procédé exégétique selon lequel le traducteur grec a interprété des prophéties du livre d'Isaïe comme se réalisant à son époque, voir, entre autres, Seeligmann 1948, p. 94–121 ; Hanhart 1983 a (republié dans Hanhart et Kratz 1999, p. 95–109) ; l'étude, désormais classique, de Van der Kooij 1998 (surtout p. 88–109) et Wagner 2013. Sur les écarts quantitatifs entre hébreu et grec voir désormais Van der Vorm-Croughs 2014.

Ce passage est particulièrement intéressant, non seulement, car le traducteur introduit ici pour la première fois des démons dans le texte grec, mais, également, car le verset nous renvoie à la question, souvent discutée, de la nature démoniaque des *śəʿîrîm* dans le texte hébreu. Les *śəʿîrîm* apparaissent deux fois dans la Bible hébraïque, toujours au pluriel, comme objet d'un culte interdit. D'abord ils sont nommés en Lev 17,7 où la loi de centralisation du sacrifice sanglant vient interrompre le sacrifice que les Israélites avaient l'habitude d'offrir aux *śəʿîrîm*, auxquels était rendu un culte « de prostitués » (*zōnîm 'aḥărêhem*) dans les champs ouverts. Ils sont ensuite mentionnés en 2 Ch 11,15 avec les autels et les images en forme de veau que le roi Jéroboam se fabrique et auxquels il rend un culte illégitime :

ויעמד לו כהנים לבמות ולשעירים ולעגלים אשר עשה

> Et il institua ses prêtres pour les hauts lieux, les boucs et les veaux qu'il avait fabriqués.

À cet égard, il faut souligner que le rapprochement entre les *śəʿîrîm* et les satyres de la tradition grecque, qu'on a souvent justifié par l'élément capridé qu'ils partagent, est mal fondé. Tout d'abord, les satyres en Grèce ne font quasiment jamais l'objet d'un culte, au contraire des *śəʿîrîm* ; puis, comme l'ont justement rappelé Bernd Janowski et plus récemment Henrike Frey-Anthes[52], nous ne sommes pas en mesure de nous faire une représentation quelconque d'un possible aspect hybride qui serait propre aux *śəʿîrîm* et qui les rapprocherait, donc, des satyres. Les plaquettes en ivoire de Megiddo, souvent utilisées en ce sens car elles montrent des hybrides ailés à tête humaine qui interagissent avec des capridés, ne doivent pas être interprétées à la lumière des catégories grecques[53]. Elles renvoient par contre au motif mésopotamien de la lutte contre les créatures appelées *Mischwesen*. Ces objets de luxe – et non de culte – démontrent donc, d'une part, que ce sujet décoratif était connu en Palestine et, d'autre part, que l'élément caprin est une composante récurrente

52 Voir Janowski et Wilhelm 1993, p. 120–123 ; Janowski 1999 b, p. 732–733 ; Frey-Anthes 2007, p. 203–208 (et p. 313, image no. 45). L'image a parfois été associée également à Azazel, tout d'abord par Otto Eissfeld, et ensuite par Othmar Keel et Silvia Schroer (voir par exemple Keel 1997, p. 83–84, fig. 96–97 et bibliographie relative). L'idée qu'Azazel ait eu lui-même une apparence hybride et/ou caprine a été également proposée par Levine 1989, p. 251 et Milgrom 1991, p. 1021.

53 Loud 1939, plaque 5, no. 4–5.

des *Mischwesen* car il est lié à la dimension de la force sauvage non maîtrisée bien exprimée par l'image des capridés au Levant[54].

Il faut, en outre, éviter de lire trop rapidement les *śəʿîrîm* du livre d'Isaïe à la lumière de Lev 17,7 et de 2 Ch 11,15 et chercher davantage à interpréter chaque passage dans son contexte. En ce qui concerne le chapitre 17 du Lévitique, Julia Rhyder a récemment montré que les *śəʿîrîm* destinataires des sacrifices dans les champs répondent ici à la dynamique spatiale qui traverse tout le chapitre et qui oppose centre et périphérie : ils servent notamment à marquer un espace marginal. Elle a, en outre, suggéré que les *śəʿîrîm* de Lev 17 sont à mettre en relation avec la mention d'Azazel au chapitre 16, lui aussi destinataire d'un bouc (*śāʿîr*) lors du rite d'élimination[55]. Comme Azazel, les *śəʿîrîm* sont les « êtres périphériques » par excellence, associés à un espace chaotique, décentralisé et donc impur du point de vue cultuel[56]. Bien qu'ayant des connotations démoniaques, étant donnée leur proximité avec Azazel avec lequel ils partagent précisément l'espace, ils ne correspondent pas nécessairement à une réalité cultuelle de l'époque, mais feraient plutôt partie de la stratégie du rédacteur pour lier entre eux les chapitres 16 et 17, qui relèvent à l'origine de deux couches littéraires différentes[57]. Pour sa part, le rédacteur du passage des Chroniques réinterprète les boucs du Lévitique en les associant à toute une série d'objets et d'images divines qui rentrent désormais sous la catégorie d'idoles, comme les « haut lieux » et les « veaux ». De ce point de vue, il est en accord avec les traditions attestées dans la LXX, qui traduisent *śəʿîrîm* à la fois en Lev 17,7 et en 2 Ch 11,15 par μάταιοι (« objets vains »), un terme important du lexique grec dans la polémique contre les idoles[58].

Par contre, dans le cas d'Is 13,21 le contexte n'a rien à voir avec des idoles, ni avec des pratiques cultuelles quelconques et suggère une interprétation des *śəʿîrîm* tout simplement comme des « boucs sauvages », animaux qui s'inscrivent très bien à l'intérieur du paysage des ruines. Néanmoins un aspect démoniaque, ou plutôt, comme le dit Nihan, un « potentiel démoniaque »[59], est présent dans ce bouc : comme je l'ai mis en évidence plus haut, il est lié à la nature chaotique et antisociale de l'espace des ruines lui-même.

---

54 Voir Keel et Uehlinger 2001 § 10–12, p. 29–33 ; Frey-Anthes 2007, p. 203–208.

55 Voir *supra*, § 3.2.1.

56 Rhyder 2019, p. 205–214.

57 Ibid., p. 240–249.

58 Voir *infra*, § 6.3. Le traducteur des Chroniques prolonge ce lien entre boucs et idoles car en 2 Ch 11,15 au terme hébreu *śəʿîrîm* correspondent en grec καὶ τοῖς εἰδώλοις καὶ τοῖς ματαίοις.

59 Nihan 2017, p. 107.

Ce potentiel a bien été compris par le traducteur grec qui l'a rendu explicite en remplaçant des boucs bondissants par des démons qui dansent[60]. Pourtant son choix n'est pas motivé par une identification spécifique des boucs sauvages à des démons, mais par l'interprétation du paysage des ruines dans son ensemble. Pour comprendre la manière de procéder du traducteur, il faut alors élargir l'analyse à toutes les équivalences entre hébreu et grec et porter un regard comparatif sur les listes d'Is 13,21–22 et 34, notamment sur les versets 11, 13 et 14. Le tableau suivant (tableau 2) donne une vue d'ensemble de ces équivalences :

TABLEAU 2 Correspondances hébreu-grec (Is 13 et 34 ; Jer 50)

אחים	ἦχος	Is 13,21 (*hapax*)
ציים	θηρία	Is 13,21
	δαιμόνια ?	Is 34,14
	ἰνδάλματα	Jer 50,39
תנים	ἐχῖνοι	Is 13,22
	σειρῆνες	Is 34,13
בנות יענה	σειρῆνες	Is 13,21
	στρυθοί	Is 34,13
שעירים	δαιμόνια	Is 13,21
	ὀνοκένταυροι ?	Is 34,14
איים	ὀνοκένταυροι	Is 13,22
	ὀνοκένταυροι/ δαιμόνια ?	Is 34,14
ינשוף	ἴβεις	Is 34,11
לילית	ὀνοκένταυροι	Is 34,14 (*hapax*)
קפוז	ἐχῖνος	Is 34,15 (*hapax*)
דיות	ἔλαφοι	Is 34,15

Tout d'abord, nous observons que des tendances variées et non nécessairement cohérentes entre elles sont à l'œuvre. Elles répondent aux différents problèmes posés par le texte hébreu. Nous repérons, ainsi, des choix qui visent à garder une certaine fidélité formelle. C'est le cas de l'*hapax* hébreu *ʾōḥîm* qui

60 Le verbe *rqd*, à la fois « bondir » et « danser », en Is 13,21 fait référence aux bonds des boucs et décrit tout simplement le mouvement de l'animal : cette racine est appliquée aux jeunes veaux et aux béliers en Ps 29,6 ; 114,4 et 6. L'équivalence avec ὀρχέομαι, qui fait davantage référence à la danse, ne se trouve en revanche qu'ici et dans la LXX de 1 Ch 15,29 (pour la danse de David devant l'arche, comparer aussi avec le texte grec de 2 S 6,21).

apparaît dans la liste d'Is 13,21 (TM : « et les *'ōḥîm* envahiront leur maison ») et qui pourrait indiquer soit un oiseau rapace, soit une espèce de hyène[61]. N'étant vraisemblablement plus compris, il est transcrit par le grec ἦχος, « écho » ou, dans ce cas, « bruit » (LXX : « et les maisons seront remplies de bruit »). Cette transcription rusée qui aboutit à un mot grec doué de signification propre rend explicite la dimension sonore du passage, qui était également importante dans l'original, d'autant plus que le verset suivant mentionne les hurlements lancés par les *'iyyîm* et les *tannîm* dans les palais abandonnés de Babylone.

Dans d'autres cas, cependant, ce sont des règles de traduction différentes qui s'appliquent. Ainsi, par exemple, lorsque les oiseaux qui figurent parmi les habitants des ruines sont mentionnés dans les listes d'oiseaux impurs du Lévitique ou du Deutéronome, c'est alors de préférence la traduction grecque du Pentateuque qui fait autorité : c'est le cas de *yanšôp* en Is 34,11a, possiblement « effraie », qui est traduit par « ibis » sur la base de la Septante de Lev 11,17 et de Deut 14,16 :

> TM : « La chouette (*qā'at*) et l'outarde (*qippôd*) y habiteront, l'effraie (*yanšôp*) et le corbeau y résideront ».
> LXX : « mais y habiteront les oiseaux (ὄρνεα) et les hérissons (ἐχῖνοι), les ibis (ἴβεις) et les corbeaux ».

Il ne s'agit toutefois pas d'une règle stricte. Nous avons déjà remarqué que, dans ce même verset, le terme *q't* est rendu par un générique « oiseaux », alors qu'il est traduit par « pélican » dans le Pentateuque. J'ai également déjà discuté la lecture étymologique de la racine *qpd* qui explique la traduction par ἐχῖνος. Le même choix a été fait par le traducteur de Sophonie et cette interprétation se retrouve dans les Targums ainsi que dans d'autres traductions anciennes : elle devait, donc, probablement correspondre à une exégèse courante de l'époque. Pourtant, en Isaïe, ἐχῖνος ne sert pas simplement à traduire l'hébreu *qippōd*. On le retrouve en Is 34,15 comme équivalent de l'*hapax qippôz* qui pourrait désigner soit un rapace, soit un type de reptile[62], et qui a probablement été

---

61 Une espèce de hibou d'après Gesenius 1916, s.v. *'ōaḥ* ; une hyène d'après Driver 1955 II, p. 134 note 9, qui conteste le rapprochement souvent proposé entre l'hébreu **'ōaḥ* et l'accadien *aḫû*. Edwin Firmage (1991) considère également que le substantif signifie « hyène ». Pour une discussion du substantif, voir Riede 2002, p. 198–199.

62 *Serpens iaculus* d'après Gesenius (1916, s.v. *qippôz*), qui interprète le zoonyme par une lecture étymologique de la racine (*qpz*, « se comprimer », en référence au mouvement de l'animal qui bondit de la terre sur les arbres) ; ainsi HALOT, s.v., propose la signification de « arrow-snake ». Les versions coptes ont effectivement les variantes ἔχιδνα/ἔχιδνοι, mais celles-ci pourraient résulter d'une corruption du grec ἐχῖνος (voir Ziegler 1939, p. 246,

assimilé au *qippōd* au vu de la similarité phonétique entre les deux mots. En outre, ἐχῖνοι apparaît encore sans motivation évidente en Is 13,22a pour rendre l'hébreu *tannîm*. Si l'identification des *tannîm*, comme je l'ai relevé plus haut, n'est pas complètement assurée, l'on peut par contre certainement exclure qu'il indique un hérisson. Ce terme n'est jamais traduit de manière systématique ni dans la LXX ni dans les versions anciennes, ce qui témoigne du fait que sa signification était désormais perdue à l'époque hellénistique et qu'elle était reconstruite à chaque fois, sur une base purement contextuelle[63] :

> TM : « et les chacals (*tannîm*) (crieront) dans ses résidences de luxe ».
> LXX : « les hérissons (ἐχῖνοι) feront leurs nids dans leurs demeures ».

L'ensemble de ces correspondances montre que, à l'exception de quelques cas de translittération ou de choix fondés sur le lexique du Pentateuque (notamment les listes d'animaux impurs du Lévitique), le traducteur tend à employer à peu près la même série de créatures dans tous les passages concernés, mais non de manière cohérente ou systématique. Nous pouvons détecter encore d'autres exemples : outre l'alternance entre sirènes et autruches, qui nous occupera dans le paragraphe suivant, le terme grec ὀνοκένταυρος, faisant référence à un hybride (« âne-centaure »), est employé pour rendre les *'iyyîm* en Is 13,22a :

> TM : « les hurleurs (*'iyyîm*) crieront dans leurs palais ».
> LXX : « les onocentaures (ὀνοκένταυροι) y habiteront ».

Mais il sert également en Is 34,14b pour traduire Lilith :

> TM : « c'est encore là que résidera Lilith (*lîlît*)
> et qu'elle se trouvera un lieu de repos ».
> LXX : « Et là-bas se reposeront les onocentaures (ὀνοκένταυροι),
> car ils trouveront leur repos ».

L'expression « les onocentaures habiteront là-bas » apparaît en outre en Is 34,11, là où l'hébreu donne *'bny bhw* « les pierres à mesurer le chaos ». Ziegler y voit une glose[64] alors que d'autres reconstructions envisagent la traduction libre

---

apparatus I). Le rouleau d'Isaïe à Qumrân a une graphie différente (*qwpd* : 4QIsa^{a} XXVIII 15). D'après Driver 1955 II, p. 136 il s'agit par contre d'un oiseau. Pour une discussion, voir, en outre, SED II, no. 133.

63 Comparer, par exemple, encore avec Is 35,7 où *tannîm* est (peut-être) traduit par « oiseaux ».

64 Ziegler 1934, p. 70.

d'une expression originaire *bny bhw* « les fils du chaos » qui aurait ensuite été tardivement corrigée dans le TM[65].

Même le terme δαιμόνια n'est pas réservé exclusivement aux *śəʿîrîm*. Il réapparaît en Is 34,14 avec une correspondance peu claire puisqu'à trois termes hébreux ne correspondent que deux noms en grec :

> TM : « Les créatures du désert (*ṣiyyîm*) et les hurleurs (*'iyyîm*) s'y rencontreront, chaque bouc (*śāʿîr*) appellera son compagnon ».
> LXX : « Et des démons (δαιμόνια) se rencontreront avec des onocentaures (ὀνοκένταυροι) et crieront l'un envers l'autre ».

Il est difficile d'établir si δαιμόνια regroupe à la fois les *ṣiyyîm* et les *'iyyîm* ou si ce sont les ὀνοκένταυροι qui valent pour *'iyyîm* et pour *śāʿîr*. D'après une troisième hypothèse le traducteur, après avoir rendu *ṣiyyîm* par δαιμόνια, pourrait avoir estimé que *śāʿîr* rentrait dans la même catégorie, étant donné qu'il avait déjà traduit *śāʿîr* par δαιμόνια en Is 13,21, et que, par conséquent, il n'était pas nécessaire de répéter le mot deux fois[66]. *Ṣiyyîm* aussi n'a pas de traduction systématique dans la LXX : il est rendu par θήρια, « bêtes farouches » en Is 13,21, et par ἰνδάλματα, « spectres », « images sans consistance », dans le texte grec de Jérémie, qui a un verset presque identique[67] :

> TM : « C'est pourquoi les créatures du désert (*ṣiyyîm*) y habiteront avec les hurleurs (*'iyyîm*) ».
> LXX : « C'est pourquoi les spectres (ἰνδάλματα) habiteront dans les îles ».

La comparaison avec le texte grec de Jérémie s'avère d'autant plus intéressante que le style du traducteur diffère considérablement de celui d'Isaïe car il adopte une attitude beaucoup plus littérale. Par exemple, ne reconnaissant probablement pas le référent zoologique derrière *'iyyîm*, il le traduit comme si c'était son homophone *'î*, « île ». Néanmoins, le traducteur souligne également l'aspect démoniaque du paysage à travers la mention des ἰνδάλματα, « apparitions », « spectres », un choix qui est certainement en accord avec la traduction proposée par Isaïe[68].

---

65 Ainsi Baltzer et al. 2011, p. 2597.

66 Je remercie Jan Rückl d'avoir attiré mon attention sur cette possibilité, qui est peut-être la plus vraisemblable.

67 Jer 27,39a LXX (= Jer 50,39a TM).

68 Le substantif est attesté pour la première fois dans la LXX. Il apparaît également en Sap 17,3, toujours avec la signification de « spectres », « hallucinations ». La reconstruction

Tous ces exemples montrent la complexité du cadre interprétatif des habitants des ruines dans la LXX où, dans la plupart des cas, il est difficile d'identifier une logique de correspondance entre le grec et l'hébreu. Le manque de cohérence entre Is 13 et Is 34 est particulièrement frappant car le même catalogue d'animaux apparaît en hébreu et en grec mais les parallèles utilisés ne sont pas les mêmes dans les deux passages. On peut avancer l'hypothèse qu'il s'agisse d'un répertoire conçu et reconnu comme un groupe, dont chaque élément ne possèderait pourtant pas une identité spécifique aux yeux du traducteur, vraisemblablement à cause de la diversité et de la complexité déjà inhérentes à ces listes dans la langue de départ : certains des termes (comme *'ōḥîm, qippôz, lîlît*) sont des *hapax* et d'autres (comme *ṣiyyîm*) ne renvoient pas à un type spécifique de créature mais peuvent englober plusieurs référents tant animaliers qu'humains ou démoniaques. Les éléments de ce répertoire, presque toujours à la forme plurielle, sont donc perçus comme interchangeables entre eux et sont exploités par le traducteur avec une certaine liberté. Cette attitude est davantage propre au traducteur d'Isaïe. Son souci semble moins être celui de fournir des équivalences ponctuelles que de donner une impression générale du contenu des listes, comme le démontre, entre autres, le manque de correspondances entre le nombre d'éléments dans le texte hébreu et grec[69]. Néanmoins, des tendances similaires sont également identifiables, dans une certaine mesure, dans les traductions grecques de Sophonie et Jérémie. Le dénominateur commun des créatures qui apparaissent dans le dossier grec est donc exclusivement constitué par l'espace qu'ils occupent : un espace désormais ouvert à l'entrée du démoniaque, n'hésitant pas, notamment, à faire intervenir des figures diverses de la marginalité, animalières et autres.

3 Sirènes, autruches et démons

Lorsque l'on regarde le dossier des habitants des ruines dans la LXX, on reste surpris de voir apparaître à côté des démons des créatures caractérisées par une dimension mythologique prononcée, telles que des sirènes et des onocentaures. Une telle combinaison nous invite à nous poser la question des traits partagés par ces créatures, nous permettant de mettre en évidence les éléments les caractérisant comme habitants des ruines aux yeux du traducteur.

du terme dans une inscription funéraire du IVe siècle av. n. è. (*SEG* 30.264.1–2) n'est pas assurée : le cas est discuté en détail par Aitken 2014, p. 42.

69 Il s'agit d'une démarche typique de la traduction des listes dans la LXX d'Isaïe : voir, à ce sujet, les remarques de Williamson 1993.

Puisque l'introduction des sirènes parmi les habitantes des ruines constitue une *crux* de vieille date qui a interrogé à la fois biblistes et classicistes[70], nous commencerons par celle-ci.

Dans la LXX, on recourt aux sirènes (σειρῆνες) pour traduire à la fois l'hébreu *tannîm* et *bənôt ya'ănâ*. Comme nous l'avons vu, ces deux termes sont souvent associés dans les descriptions des ruines, même s'ils connaissent également un emploi plus large en tant que *topoi* de la lamentation de l'individu exclu de tout groupe social et humain, comme le montre ce passage du prophète Michée[71] :

> TM : « Aussi vais-je me lamenter et hurler. J'irai déchaussé et nu. J'entonnerai une lamentation à la manière des chacals (*kattannîm*), un chant de deuil, comme les autruches (*kibnôt ya'ănâ*) ».
> LXX : « Car (elle) ira se lamenter et gémir, elle ira déchaussée et nue, fera une lamentation comme celle des serpents (δρακόντων) et un deuil comme celui des filles des sirènes (θυγατέρων σειρήνων) ».

Dans la majorité de ces passages, le grec σειρῆνες traduit alternativement *bənôt ya'ănâ* et *tannîm*, mais seulement quand ce dernier est associé aux *bənôt ya'ănâ* (notamment en Is 13,21 ; 34,13 ; 43,20 ; Job 30,29), comme le montre le tableau suivant :

TABLEAU 3 Sirènes dans la LXX

Is 13,21	שעירים	בנות יענה
	δαιμόνια	σειρῆνες
Is 34,13	בנות יענה	תנים
	στρουθοί	σειρῆνες
Is 43,20	בנות יענה	תנים
	θυγατέρες στρουθῶν	σειρῆνες
Jer 50,39 (= 27,39 LXX)	בנות יענה	ציים
	θυγατέρες σειρήνων	ἰνδάλματα
Job 30,29	בנות יענה	תנים
	στρουθός	σειρῆνες
Mich 1,8	בנות יענה	תנים
	θυγατέρες σειρήνων	δράκων

70 Voir, à cet égard, Kaupel 1935–1936 ; Antin 1961 ; Rahner 1964 ; plus récemment Pace 1998 et surtout Mancini 2012.

71 Mich 1,8. Sur ce thème voir Riede 2003.

Lorsque c'est *bənôt ya'ănâ* qui est traduit par « sirène », *tannîm* peut à l'occasion être rendu par δράκων, « serpent » / « dragon », comme en Mich 1,8. Cette équivalence se retrouve également dans la LXX de Jer 9,10. On peut émettre l'hypothèse qu'elle aurait été influencée par une proximité entre *tannîm* et *tannîn*, « monstre marin », « dragon », qui sont parfois déjà confondus en hébreu[72] : le serpent est d'ailleurs un animal qui convient très bien au paysage des ruines.

L'identification des *bənôt ya'ănâ* est également plus problématique qu'on ne le pense. Traditionnellement, on estime que l'expression, toujours au pluriel, désigne des autruches, et cette forme est mise en relation avec l'*hapax yā'ēn* en Lam 4,3[73] : « Même les *tannîm* offrent la poitrine et allaitent leurs petits ; la fille de mon peuple est devenue cruelle comme les *yə'ēnîm* dans le désert ». Toutefois cette identification est problématique dans la mesure où la forme est également attestée dans les listes d'oiseaux impurs de Lev 11 et Deut 14. Dans ce cas, les *bənôt ya'ănâ* se trouvent dans une section de la liste occupée exclusivement par des rapaces et oiseaux de proie : la mention des autruches ici ne semble alors pas très logique[74]. En outre, il faut considérer que l'hébreu connaît au moins un autre nom pour l'autruche, à savoir **rənānâ*, attesté au pluriel *rənānîm* seulement en Job 39,13–17. Le contexte de Job 39 ne laisse pas de doutes quant à l'identification avec l'autruche car il mentionne la croyance répandue dans l'antiquité selon laquelle l'animal abandonne ses œufs et ne s'occupe pas de ses petits. Lam 4,3 évoque également la cruauté des *yə'ēnîm* du désert envers leurs petits, ce qui renvoie à la même croyance, bien que l'animal soit nommé différemment.

La situation est ultérieurement compliquée par la présence d'un troisième lexème en sémitique pour « autruche », à savoir *n'm/nə'āmā'*, attesté en différentes formes en hébreu postbiblique, en judéo-araméen, en syriaque et en arabe[75]. La relation entre ces trois zoonymes est loin d'être clarifiée et mériterait une étude supplémentaire : il est toutefois possible que l'expression *bat* ou *bənôt ya'ănâ* indiquait, à l'origine, un petit rapace, puis qu'elle ait fait l'objet d'une resémantisation.

Il ne fait cependant pas de doute que les *bənôt ya'ănâ* étaient identifiées à des autruches dans les versions anciennes. Dans la moitié des occurrences citées dans le tableau, elles sont traduites littéralement en grec par στρουθοί.

72 Voir, par exemple, Ez 29,3 ; 32,2. Pour une discussion sur la relation entre les deux lexèmes, voir Angelini 2018 a, p. 26–30.

73 Forme *qere* : le *ketiv* est incompréhensible.

74 Driver 1955 I, p. 12–16 ; Nihan 2017, p. 96–97.

75 SED II, no. 155, et Jastrow 1903, s.v.

Par contre, nous avons vu que *tannîm* était un terme beaucoup moins clair, compris dans ce contexte comme proche du champ sémantique des *bənôt ya'ănâ*. Le traducteur d'Isaïe avait certainement bien compris que ce couple ne faisait pas seulement référence à de simples exemplaires zoologiques, mais qu'il représentait également des figures par excellence de la marginalité géographique et physique, voire de la mort. De plus, si l'autruche était dans le Proche-Orient ancien un animal inquiétant sinon monstrueux, dans l'Antiquité classique elle était perçue comme un hybride hors catégorie et classée par Aristote parmi les ἀμφοτερίζοντες, les animaux ambigus qui échappent à toute classification : avec des ailes énormes qui sont pourtant incapables de la faire voler, elle fonde la légendaire rapidité de sa course sur ses longues pattes ; bipède, elle a les pieds fendus comme les quadrupèdes et son corps est couvert de plumes comme celui des oiseaux[76]. C'est peut-être son caractère d'hybride ailé maîtrisant les espaces marginaux, tels que les déserts et les steppes, qui a pu suggérer au traducteur l'emprunt aux sirènes de la tradition grecque. À cet égard, il n'est pas inutile de préciser que, en dépit de leur association mythique avec la mer, les sirènes ne sont pas des créatures marines ; leur habitat est plutôt celui des rochers, des îles, des écueils et des promontoires penchés sur les détroits et les bras de mer. En outre, la représentation de la sirène a également été employée par d'autres traducteurs, tels que ceux de Job et des petits prophètes, qui ont exploité d'autres nuances de l'imaginaire métaphorique associé aux *tannîm* et aux *bənôt ya'ănâ*, notamment la dimension sonore de la lamentation de l'individu sur sa mort sociale. Or, à l'époque hellénistique la sirène est surtout représentée dans l'art funéraire et son nom apparaît dans la poésie funéraire comme terme de comparaison pour la lamentation funèbre, le défunt mort prématurément, voire le tombeau. Par exemple, l'une des rares épitaphes provenant de Karanis dans le Fayoum, datée à l'époque ptolémaïque, pleure la mort prématurée de la jeune fille Lysandros en la comparant à une sirène[77].

Un passage du quatrième livre des Maccabées semble s'inscrire dans une atmosphère similaire puisque les cris de douleurs des jeunes juifs soumis à la torture et invoquant leur mère sont comparés au chant des sirènes et des cygnes : « Ni le chant des sirènes, ni la voix des cygnes ne provoquent autant d'affection en ceux qui écoutent, que la voix des enfants appelant leur mère

76 Arist., *PA* 697b 14–26 ; *GA* 749b 17–25.

77 *SEG* 1.567, l. 7 : Ὤλετο παρθενίη σειρὴν ἐμή. Voir également *SEG* 54.1734, et Bernand 1969, no. 83, p. 327–332 qui cite des exemples similaires d'époque romaine (ibid., p. 331). Étienne Bernand estime qu'il s'agissait d'une jeune musicienne car le relief, aujourd'hui détruit, représentait un protomé de femme avec une lyre à gauche et une cithare à droit. L'aspect musical et funéraire justifierait ainsi l'épithète de « sirène » attribuée à la jeune fille.

aux milieux des supplices »[78]. Il est donc vraisemblable que l'association à la lamentation funèbre justifie la traduction de *tannîm* et de *bənôt ya'ănâ* par σειρῆνες. D'ailleurs, le terme a, dans ce contexte, l'aspect d'une exégèse étymologique de *bənôt ya'ănâ*, littéralement « les filles du chant », à savoir, d'un point de vue grec, les sirènes. Il faut toutefois garder à l'esprit qu'ici nous n'avons pas à faire au chant séduisant, typique de la sirène homérique, qui charme l'auditeur par la promesse du savoir, mais plutôt à la lamentation chagrinée propre à la sirène funéraire. À cet égard, une hypothèse différente a été suggérée par Manolis Papoutsakis[79], d'après qui la traduction de la Septante pourrait avoir été influencée par une tradition exégétique sur Na'amah, la sœur de Tubal-Cain, qui est implicitement comparée dans les Targums à une sirène, en tant que maîtresse de la musique et inventrice du chant. Papoutsakis se fonde, entre autres, sur le fait que le terme araméen utilisé pour traduire « autruche », *nə'āmā'*, ressemble de très près au nom de la sœur de Tubal-Cain. Cette interprétation me paraît toutefois peu vraisemblable car, dans les passages bibliques concernés, l'accent n'est pas posé sur l'association avec le chant en général et les instruments de musique, mais plutôt sur la lamentation funèbre. En revanche, la construction targumique et rabbinique de Na'amah comme « sirène » chanteuse et séduisante s'inspire – me semble-t-il – d'un imaginaire de la sirène qui se développe tardivement, en accord avec la représentation de cet hybride qu'on trouve dans le *Physiologos* et dans les commentaires des Pères.

Le couple sirènes/démons, qui apparaît pour la première fois dans la LXX d'Isaïe, jouira, effectivement, d'un certain succès dans la littérature des Pères de l'Église. Si le choix du référent mythique de la sirène fait par le traducteur introduit une dimension étrangère au texte hébreu, celle d'un mythe proprement « classique », cela a aussi des conséquences du point de vue de l'imaginaire grec. En effet la sirène n'était pas, à proprement parler, un démon dans la tradition hellénique, en tout cas jusqu'à une époque tardive et, notamment, chrétienne. Hybride mythologique, figure du passage et de la mort autant que de la séduction et du savoir, bien qu'elle puisse parfaitement correspondre à une notion contemporaine de démon, elle n'est jamais caractérisée comme telle par les sources anciennes à notre disposition. Cette définition, au moins en termes « émiques », n'était pas possible pour la sirène notamment car, surtout à l'époque hellénistique où l'on dispose de témoignages d'une démonologie grecque plus développée, les δαίμονες de la tradition littéraire et philosophique sont, pour la plupart, caractérisés par leur inconsistance et leur nature aériforme, c'est-à-dire par un manque de corps et non par l'hybridité du corps. Le

78 4 Mac 15,21.

79 Papoutsakis 2004.

fait qu'une paire très similaire à celle de la LXX d'Isaïe se retrouve également en contexte de ruines dans le texte grec de Jérémie (27,39 [= 50,39 TM] : διὰ τοῦτο κατοικήσουσιν ἰνδάλματα [...] θυγατέρες σειρήνων « c'est pourquoi habiteront des spectres [...] et filles des sirènes »), dont le traducteur est d'habitude jugé comme moins créatif, est en ce sens révélateur. Il suggère que les démons sont à comprendre en ce contexte non comme des puissances néfastes, mais plutôt comme des apparitions liées à la sphère funéraire. Il s'agit d'ailleurs d'un domaine sémantique qui, comme on l'a vu, pouvait très bien être recouvert par δαίμων/δαιμόνιον dans la tradition classique[80].

L'association entre démons et sirènes a un certain succès dans les traditions juives d'époque hellénistique, non seulement en Égypte, mais également en Palestine. Elle est reprise, par exemple, au premier siècle de notre ère dans un passage de l'Apocalypse de Baruch, où le protagoniste, assis devant la porte du Temple après le départ de Jérémie, invite « les sirènes de la mer, les Lilithes du désert, les démons et les chacals des forêts » à élever tous ensemble un chant funèbre sur Sion[81]. Le texte, qui s'inspire notamment d'Is 34, réinterprète pourtant le passage isaïen par un mélange libre qui lui donne une véritable portée cosmique, associant les sirènes, les Lilithes et les chacals chacun à un espace géographique différent, et les mettant en parallèle avec les démons.

Les sirènes sont également évoquées dans le livre d'Hénoch, lorsqu'il est question de la punition des femmes qui se sont unies aux anges transgresseurs et seront, pour cette raison, transformées en sirènes[82]. Là encore, l'on pourrait se demander si, au lieu de la dimension sexuelle qui est parfois invoquée pour expliquer leur présence, ce ne sont pas plutôt l'aspect funéraire ainsi que leur nature mortelle qui devraient être soulignés dans ce cadre, étant donné que les Veilleurs sont également destinés à perdre leur immortalité à cause de la faute qu'ils ont commise[83].

L'association entre sirènes, démons et onocentaures sera ensuite livrée au christianisme par le biais du *Physiologos* et des bestiaires médiévaux[84]. Ce lien entre sirènes et démons n'est d'ailleurs pas exclusif à la littérature apocryphe

80 Voir *supra*, § 2.2.

81 3 Bar 10,8 : « J'invoquerai les sirènes de la mer,/et vous, Lilithes (*llyt'*), accourez du désert,/ démons (*š'd'*) et chacals, des forêts./Réveillez-vous et ceignez vos reins pour le deuil./ Entonnez avec moi des chants funèbres, avec moi gémissez » (traduction P. Bogaert, Sources Chrétiennes 144, Paris, Cerf 1969).

82 1 Hen 19,2 : « Et les femmes de ces anges transgresseurs deviendront des sirènes » (trad. Silvestrini).

83 C'est l'hypothèse de Matteo Silvestrini, à paraître. La présence des sirènes ici pourrait avoir été suscitée par la mention des démons au verset précédent (1 Hen 19,1).

84 Voir, à ce sujet, Leclerq-Marx 2005 ; Angelini 2014.

et aux commentaires chrétiens : il devient également plus évident dans la tradition grecque et romaine d'époque tardive où la sirène est rapprochée de toute une série de monstres féminins et nocturnes à l'apparence mi-humaine mi-animale, comme Lamia, Empousa ou Mormo, qui attaquent les hommes en les dévorant ou en les séduisant, et qui enlèvent les enfants à leurs mères. Un relief d'époque impériale provenant de Gaule atteste de cette évolution de l'imaginaire démoniaque associé aux sirènes : il montre un homme endormi en train d'être sexuellement attaqué par une femme ailée aux pattes d'oiseaux, laquelle agit de la même manière de ce qu'on appelle un démon « incube »[85]. C'est en puisant dans cette tradition que Jérôme identifiera Lilith à une Lamia dans la Vulgate, un choix qui avait déjà été opéré par Symmaque[86]. À cet égard, il est bien compréhensible que les réviseurs de la LXX, Aquila, Symmaque et Théodotion, refusent à l'unanimité l'emploi des sirènes en Is 13,21 où il est dit « les *bənôt ya'ănâ* s'établiront là-bas », ainsi que dans un contexte très similaire en Is 34,13, en suggérant plutôt une traduction littérale de *bənôt ya'ănâ* par στρουθοκαμήλοι, « autruches » ou θυγατέρες στρουθῶν, « filles des autruches ». En revanche, ils introduisent de leur propre initiative des σειρῆνες en Is 13,22 pour traduire « les *tannîm* (LXX ἐχῖνοι) qui chantent dans ses palais d'agrément », en les considérant sans doute plus appropriées dans ce contexte où l'on fait mention du chant et du « plaisir » (*'ōneg*), évidemment interprété comme plaisir sexuel. Cette option est aussi adoptée par Jérôme en Is 13,22, qui parle des *sirenae in delubris voluptatis* (« sirènes dans les temples du plaisir ») : il s'agit de la seule fois où Jérôme garde la mention des sirènes parmi les six attestations qu'il a repérées dans la LXX[87].

4 Isaïe 34 et les onocentaures : vers un nouveau paradigme épistémologique

La dernière des créatures qui va occuper notre attention est finalement l'onocentaure, animal qui intervient à plusieurs reprises parmi les habitants des ruines dans la LXX d'Isaïe (set exclusivement ici), d'abord en Is 13,22 :

85 Boston, Museum of Fine arts, *RES* 08. 34c. Sur l'interprétation de ce relief, voir Harris 2009, p. 35.

86 Is 34,14 (Vulgate) : *et occurrent daemonia onocentauris et pilosus clamabit alter ad alterum ibi cubavit lamia et invenit sibi requiem*. Voir aussi Jer., *Comm. in Isaiam* 10,34, et Ziegler 1939, p. 245–246, *apparatus* II.

87 Voir, à ce sujet, Antin 1961 ; Pace 1998.

וענה איים באלמנותיו
ותנים בהיכלי ענג
וקרוב לבוא עתה
וימיה לא ימשכו

καὶ ὀνοκένταυροι ἐκεῖ κατοικήσουσιν,
καὶ νοσσοποιήσουσιν ἐχῖνοι ἐν τοῖς οἴκοις αὐτῶν·
ταχὺ ἔρχεται καὶ οὐ χρονιεῖ.

Et les onocentaures y habiteront,
les hérissons feront leur nid dans leurs maisons :
(cela) arrivera rapidement, et ne sera pas retardé.

Ensuite des onocentaures sont nommés à trois reprises en Is 34,11 et 14 :

11 וירשוה קאת וקפוד
וינשוף וערב ישכנו בה
ונטה עליה קו תהו
ואבני בהו
14 ופגשו ציים את איים
ושעיר על רעהו יקרא
אך שם הרגיעה לילית
ומצאה לה מנוח

11 καὶ κατοικήσουσιν ἐν αὐτῇ ὄρνεα καὶ ἐχῖνοι
καὶ ἴβεις καὶ κόρακες,
καὶ ἐπιβληθήσεται ἐπ᾽ αὐτὴν σπαρτίον γεωμετρίας ἐρήμου
καὶ ὀνοκένταυροι οἰκήσουσιν ἐν αὐτῇ.
14 καὶ συναντήσουσιν δαιμόνια ὀνοκενταύροις
καὶ βοήσουσιν ἕτερος πρὸς τὸν ἕτερον·
ἐκεῖ ἀναπαύσονται ὀνοκένταυροι,
εὗρον γὰρ αὐτοῖς ἀνάπαυσιν

11 mais y habiteront les oiseaux et les hérissons,
les ibis et les corbeaux ;
la mesure de la désolation sera jetée sur elle
et les onocentaures habiteront là-bas.
14 Et les démons se rencontreront avec les onocentaures
et s'appelleront l'un l'autre à grands cris ;
là-bas se reposeront les onocentaures,
car ils trouveront leur repos.

L'onocentaure doit notamment son apparition sur la scène de la littérature grecque à la plume du traducteur d'Isaïe : il s'agit, en effet, du premier témoignage de cet hybride qui constitue une variante mineure du centaure, à savoir une créature dont la partie postérieure est celle d'un âne et la partie antérieure celle d'un être humain. La compilation encyclopédique sur la « personnalité des animaux » de Claude Élien, qui travaillait à Rome au deuxième siècle de notre ère, fournit une description détaillée de l'onocentaure. Élien cite, parmi ses sources sur l'onocentaure, Cratète de Pergame, philosophe stoïcien et directeur de la bibliothèque de Pergame, lequel fait à son tour remonter ses informations à un certain Pythagore, qui était géographe et stratège à la cour de Ptolémée Philadelphe[88]. Sur ce point il faut justement rappeler que les cours lagides étaient caractérisées par un intérêt particulier pour la faune exotique et sauvage dont ils faisaient collection et que à l'occurrence pouvaient exposer au public en signe de prestige, comme dans le cas du fameux cortège des *Ptolémaia*, fête instituée par le Philadelphe en l'honneur de son père défunt. Plusieurs sources anciennes témoignent en outre des efforts faits par le souverain pour se procurer des exemplaires divers d'animaux rares[89]. Quant à l'onocentaure plus spécifiquement, son seul témoignage iconographique assuré provient d'une mosaïque romaine dite mosaïque du Nil ou mosaïque Barberini, qui ornait le nymphée de l'ancien sanctuaire de Préneste et qui remonte au premier siècle av. n.è. La mosaïque, d'origine alexandrine, combine un riche paysage nilotique sur la partie inférieure, composé de bateaux, bâtiments et hommes avec un territoire sauvage et montagnard sur la partie supérieure, qui représente le confin au sud de l'Égypte, à savoir l'Éthiopie. Comme l'observe Jean Trinquier[90], l'Éthiopie est ici représentée comme une terre de frontière, pour ainsi dire opposée à la civilisation égyptienne figurée dans la partie supérieure : la partie éthiopienne est en effet déserte, dépeuplée de villes et d'êtres humains, remplie de végétation et d'animaux bizarres. Parmi les curieux animaux qui décorent ce paysage, on reconnaît par l'inscription de son nom une ὀνοκένταυρα à visage féminin, qui a été placée précisement sur la frontière entre l'Égypte et l'Éthiopie. En s'appuyant sur ces témoignages, on peut donc conclure que des croyances relatives à cette créature étaient vraisemblablement en circulation à l'époque hellénistique et qu'elles étaient connues de notre traducteur, mais de manière imprécise, car l'onocentaure d'Élien et de la mosaïque nilotique sont de genre féminin, alors que l'onocentaure biblique est masculin[91]. Cet hybride était caractérisé par un arrière-plan mythologique important, celui des centaures, figures grecques de la liminalité

88 Ael., *NA* 17, 8. Voir Fraser 1972, p. 306, note 365. Pour une synthèse des sources anciennes sur l'onocentaure, voir Preisendanz 1939.

89 Sur tous ces aspects, voir l'étude exahustive de Trinquier 2000.

90 Trinquier 2004, p. 46–53.

91 Sur cette mosaïque, voir Meyboom 1995, p. 20–22, 43–50, 111–114, Trinquier 2004. Sur la correspondance entre la scène de la mosaïque et le témoignage d'Elien, voir Schettino 2005, p. 288–289. Voir également Aitken 2014, p. 77–79.

et du renversement[92], tout en étant en même temps un animal du scénario ethnographique égyptien. En même temps en contexte alexandrin il était « bon à penser » l'altérité et l'exotisme, comme le démontre le fait que dans la mosaïque il est un marqueur des frontières éthiopiennes. Son nom contenait de plus une référence à l'âne, en l'occurrence certainement l'âne sauvage, au vu de sa localisation dans les steppes et les déserts. Or, l'âne sauvage, ou onagre, est représenté dans les sources à la fois bibliques et classiques comme fier et inapprivoisable, voire incontrôlable. Il fait, en outre, partie des animaux qui peuvent apparaître dans les ruines, comme nous l'avons vu dans le passage d'Is 32,14, et il est déjà nommé en ce sens dans les traditions proche-orientales plus anciennes (par exemple dans l'inscription d'Assurbanipal). L'onocentaure remplit, donc, toutes les conditions pour rentrer dans le catalogue des habitants des ruines dont l'auteur avait compris le potentiel « para-naturel », même s'il n'arrivait plus à identifier avec précision certains référents tels que Lilith ou les *'iyyîm*. À cet égard, puisque le terme traduit deux fois *'iyyîm* (en Is 13,22 ; 34,14), l'on pourrait même envisager l'hypothèse, comme certains commentateurs le suggèrent, qu'à l'origine de ce choix le traducteur ait opéré une identification avec un quadrupède des landes isolées, tel que, par exemple, le chacal, auquel il aurait donné une touche « égyptianisante » et qu'il aurait ensuite élargi à d'autres passages du texte[93].

La présence de l'onocentaure parmi les animaux des ruines nous offre une clé fondamentale pour interpréter les changements qui ont eu lieu dans la représentation des animaux des ruines de la LXX d'Isaïe, notamment si on les considère en relation avec leur contexte de référence, c'est-à-dire la culture grecque de l'Égypte hellénisée, que le traducteur d'Isaïe semble bien connaître. Dans l'ensemble des passages décrivant les habitants des ruines, les sirènes, les démons et les onocentaures, bien que relevant d'un arrière-plan mythologique, sont soumis à un processus de naturalisation progressive qui les amène à coexister avec les bêtes sauvages, les hérissons, les ibis, les cerfs, et d'autres animaux de ce type, sans que leur inclusion dans ces catalogues ne semble soulever de problèmes particuliers. De plus, dans la version grecque d'Isaïe, et notamment en Is 34, l'aspect démoniaque des habitants des ruines est intégré à un paysage qui est présenté comme définitivement pacifié ou pacifique. Cette impression est corroborée par la mention des cerfs vers la fin de

---

92 Voir, à ce sujet, entre autres, Bremmer 2012 et bibliographie relative.

93 On pourrait également se demander si le choix du préfixe *ono-*, au lieu d' *hippo-*, plus commun, ne constitue pas une référence voilée à Seth, dieu égyptien du chaos et des steppes, à la tête d'âne ou de canidé. Sur l'animal séthien, voir récemment Mathieu 2011.

la péricope, au lieu des vautours originaux en Is 34,15b, qui se rencontrent en toute tranquillité :

> TM : « Là encore, se rassembleront des **vautours** (*dayyôt*), chaque femelle avec son compagnon ».
> LXX : « Là-bas des **biches** (ἔλαφοι) se sont rencontrées, et elles ont regardé l'une le visage de l'autre ».

Le remplacement des vautours par des biches est à inscrire à l'intérieur d'un changement plus profond par rapport à l'hébreu dans la traduction des versets 15–17, où le territoire n'est plus laissé sous la possession des habitants des ruines, mais sera restitué aux hommes (Is 13,17b LXX : « Ils seront votre héritage pour l'éternité »). Ce changement s'explique par une exégèse qui concerne l'oracle dans son entier. Comme je l'ai démontré ailleurs, dans la LXX d'Is 34,8–17 le jugement divin est exercé non sur Édom, comme c'est le cas en hébreu, mais sur Sion, qui ne fait donc pas l'objet d'une condamnation définitive ; le texte grec prépare ainsi le passage vers le rassemblement à Sion qui est décrit en Is 35[94].

D'un point de vue plus général, la coexistence d'animaux et de créatures de différents genres et espèces représentée dans la LXX d'Isaïe, et surtout en Is 34, s'inscrit parfaitement dans l'horizon culturel hellénistique. Le monde hellénistique représente en effet un univers dont les frontières s'élargissent progressivement et dont les ἐσχατιαί, les périphéries, font de plus en plus l'objet d'une vraie connaissance et suscitent un intérêt continuellement renouvelé, notamment à cause de tous les êtres merveilleux qu'elles sont censées générer. Par conséquent, les frontières du savoir naturel et zoologique deviennent, surtout dans l'hellénisme tardif, moins rigides, au point d'inclure des cas qui, jusqu'à Aristote, auraient été très problématiques sinon franchement impossibles à intégrer, comme les hybrides du mythe. Ce n'est pas un hasard si, au tournant de l'ère, on observe une production intense de catalogues et de recueils de merveilles et de paradoxographies. Pline l'Ancien, par exemple, bien qu'il se présente comme héritier d'Aristote (c'est-à-dire qu'il se situe lui-même du côté de la science) affirme dans son *Histoire Naturelle* avoir vu de ses yeux toute une série d'êtres extraordinaires parmi lesquels figurent des Tritons, des Néréides, des hommes marins (mi-hommes mi-poissons) et notamment

94 Voir notamment le texte grec d'Is 34,8 : « Car c'est le jour du jugement du Seigneur, une année de rétribution, de *jugement de Sion* ». Pour une analyse complète de la relocalisation de l'oracle d'Édom à Jérusalem dans la LXX d'Is 34, voir Angelini 2016.

un hippocentaure amené d'Égypte à la cour de l'empereur Claude, conservé dans le miel[95]. Élien utilise notamment la description de l'onocentaure comme preuve définitive de l'existence des centaures, dont la vraisemblance avait fait l'objet d'un long débat : « Il existe un animal qu'on appelle ὀνοκένταυρα, et quiconque l'a vu ne saurait douter que la race des centaures a existé et que les artistes n'ont pas falsifié la nature, mais que le temps a produit ces animaux en combinant des corps dissemblables pour en faire un seul »[96].

Cette orientation épistémologique a, entre autres, des conséquences qui touchent à la notion même du démoniaque, notion qui se trouve dans une certaine mesure privée de son caractère menaçant et de son lien original avec la sphère du divin, pour se rapprocher de celle du merveilleux et du prodigieux au sens large. À cet égard, on constate dans la littérature de l'époque hellénistique la mise en place de deux tendances distinctes. D'un côté, se développe dans la philosophie un savoir anthropologique et cosmologique sur les démons qui leur assigne un espace d'habitation, des attitudes comportementales et des compétences spécifiques[97], les classifiant, ainsi, à l'intérieur de la taxinomie du monde naturel. De l'autre côté, dans la langue courante, l'adjectif δαιμόνιος devient un simple synonyme de « prodigieux », « merveilleux », « qui suscite la stupeur » ; il est, entre autres, employé avec cette nuance dans l'œuvre de Claude Élien[98]. Les animaux, les monstres et les démons du passé mythologique deviennent ainsi les *mirabilia* du présent ethnographique des régions inconnues et périphériques du monde. La représentation des habitants des ruines de la LXX d'Isaïe, qui correspondent dans la logique du texte biblique à une sorte d'ἐσχατιά, doit donc être pleinement comprise et éclaircie à la lumière de ce nouveau contexte culturel, contexte dans lequel l'Alexandrie lagide jouait d'ailleurs un rôle de premier rang. À ce propos, et de manière plus générale, je souhaite attirer l'attention non seulement sur l'importance de la prise en compte du contexte hellénistique pour la compréhension du travail des traducteurs, démarche sur laquelle la recherche récente a, certes, raison d'insister, mais également sur un aspect qui demeure jusqu'à présent moins reconnu, à savoir la valeur de la LXX pour la reconstruction dudit contexte. La LXX représente à ce titre un dossier remarquable dans la mesure où il est considérablement ancien, car il précède les descriptions des auteurs les plus étudiés pour la reconstruction des paradigmes épistémologiques hellénistiques tels

95 Plin., *NH* 7, 35. Sur le cadre épistémologique des auteurs de l'hellénisme tardif, voir les études fondamentales de Romano 1998 et Li Causi 2003.

96 Ael., *NA* 17, 9 (trad. Zucker, Paris, Les Belles Lettres, 2002).

97 Voir p. 66–67.

98 Ael., *NA* 17, 9.

que Diodore de Sicile, Strabon, Pline, Élien et autres. Alors que le thème des *mirabilia* a reçu l'attention de plusieurs spécialistes de l'ethnographie hellénistique, la contribution de la LXX à la compréhension et au développement d'un tel paradigme a été jusqu'à présent négligée. Elle mérite en revanche d'être été relevée et exploitée. Bien que la recherche menée dans ces pages se soit focalisée surtout sur le corpus prophétique et notamment sur la LXX d'Isaïe, il y a des bonnes raisons d'envisager que d'autres corpus, tels que par exemple le Pentateuque, le livre de Job, de Proverbes et d'autres encore, représentent en ce sens un domaine de recherche fécond, qui reste encore à explorer.

En conclusion, plusieurs éléments ressortent de ce parcours parmi les habitants des ruines dans la LXX. Concernant les techniques de traduction, l'analyse des versions grecques a mis en évidence un manque de correspondance et de systématisme dans le choix des noms employés. Cette donnée serait plutôt à attribuer à l'attitude spécifique de la traduction de la Septante d'Isaïe ; néanmoins, étant donné qu'on la repère en partie dans la LXX de Sophonie et de Jérémie, elle relèverait également de la nature composite de ce bestiaire, à l'intérieur duquel il apparaît difficile pour les traducteurs de détecter des individualités précises. À propos de la fonction générale de l'espace des ruines, et au vu de la relocalisation de l'oracle d'Is 34 d'Édom à Sion, on peut, en outre, constater qu'il n'y a plus d'écart significatif entre la ruine annoncée aux nations et celle qui atteindra Israël : le paysage est exactement le même à Babylone et à Jérusalem, même si le destin final des deux villes demeure différent.

En ce qui concerne les isotopies du texte hébreu, on relève qu'elles ont toutes été bien préservées par les traducteurs : la dimension sonore du paysage des ruines, le rapport des habitants des ruines à la mort, ainsi que la nature hétérogène et ouverte du bestiaire sont bien présents dans le texte grec. Quant à l'hétérogénéité du bestiaire, deux phénomènes sont à mettre en évidence. Premièrement (1), le caractère démoniaque qui demeurait implicite dans le texte source fait l'objet d'une interprétation qui le rend clair et explicite, comme le démontre l'emploi du substantif δαιμόνια, introduit pour traduire différents noms hébreux. De ce point de vue, la Septante garde une forte continuité avec les traditions orientales qui prévoyaient toujours des démons parmi les habitants des ruines, tout en se plaçant à l'origine d'une nouvelle tradition exégétique qui reliera plus étroitement entre eux les Lilithes, les sirènes et les onocentaures. Ce rapport dynamique entre la LXX et des traditions proche-orientales anciennes n'a pas été, me paraît-il, mis en valeur jusque-là : il s'agit néanmoins d'un aspect important du point de vue historico-religieux, sur lequel je réfléchirai à nouveau dans les conclusions de mon enquête.

La tendance exégétique qui explicite le potentiel démoniaque de la Bible hébraïque est propre surtout à la LXX d'Isaïe ; elle est néanmoins en accord avec d'autres développements de l'époque du Second Temple, tels qu'ils sont attestés par exemple à Qumrân. J'ai déjà évoqué les « Chants du Sage », des compositions destinées à chasser les mauvais esprits qui ont dû, probablement, être écrites par un sage de la communauté, nommé le « Maškil » et qui ont été conservées sur deux rouleaux, respectivement 4Q510 et 4Q511. Le premier fragment de 4Q510 (le mieux préservé parmi les deux manuscrits) établit la liste d'une série de créatures qui sont à exorciser, dans la séquence suivante[99] :

ואני משכיל משמיע הוד תפארתו לפחד ולב[הל
כול רוחי מלאכי חבל ורוחות ממזרים שד אים לילית אחים ו[...]
והפוגעים פתע פתאום לתעות רוח בינה

> Et moi, je suis un sage, qui proclame la majesté de Sa splendeur, pour effrayer et ter[rifier]
> tous les esprits d'anges de corruption et les esprits des bâtards : démon, hurleurs, Lilith, *hiboux* (*'ōḥîm*) et [...]
> ceux qui frappent à l'improviste pour l'égarement de l'esprit d'intelligence.

Même si le texte est en partie mutilé, Eibert Tigchelaar, Noam Mizrahi et Hector Patmore[100] ont récemment montré que ce passage contient vraisemblablement une série de créatures très similaire à celle qui apparaît dans les passages d'Is 34,14 et 13,2. Nous avons, donc, ici affaire à un phénomène parallèle de démonisation explicite des habitants des ruines que l'on peut comparer avec la LXX d'Isaïe. Alors que, dans le cas du Chant du Mashkil, cette démonisation est réalisée en ayant recours à des notions proprement qumrâniennes, comme, par exemple, celle des « esprits des bâtards » et des « anges de corruptions », le traducteur d'Isaïe réinterprète les habitants des ruines selon des catégories qui sont plus proches du monde grec et notamment gréco-égyptien.

Deuxièmement (2), la transposition de l'imaginaire hébreu en catégories grecques, ou plus précisément hellénistiques (comme le montre par exemple le choix de l'onocentaure, marqueur de l'Égypte hellénisée), est filtrée par le nouveau paradigme épistémologique des *mirabilia* et des ἐσχατιαί par lequel

---

99 4Q510 fr. 1, l.4–6 (trad. Baillet 1982, DJD 7, p. 216, modifiée en suivant les remarques de Tigchelaar 2018 ; Mizrahi et Patmore 2019).

100 Tigchelaar 2018, p. 128, note 13 ; Mizrahi et Patmore 2019. Ces chercheurs ont démontré que les formes *šd* et *'ym*, séparées par un espace dans le fragment, ne sont pas à lire comme un pluriel irrégulier de *šēd*, comme le proposait Baillet (1982), mais sont effectivement deux noms distincts : *šēd*, « démon », et *'ym* étant une forme équivalente des *'iyyîm* bibliques.

le traducteur grec a été influencé. Cela implique, dans la perspective du traducteur et de l'auditeur de l'époque, un certain degré de naturalisation du scénario, naturalisation qui porte également sur le domaine du δαιμόνιον. Cette dimension est particulièrement évidente dans le texte grec d'Isaïe en raison, non seulement, de la nature littéraire de cette traduction, mais aussi car il s'agit du texte qui présentait le caractère démoniaque le plus marqué déjà dans le texte de départ parmi ceux qui composent le dossier des habitants des ruines. Par conséquent, il me paraît possible de conclure que, dans le contexte des habitants des ruines de la LXX, les démons dégagent une double isotopie : en tant qu'apparitions spectrales et en combinaison avec les sirènes, ils sont liés au domaine de la mort et au registre funèbre ; en même temps, et tant qu'appartenant à l'horizon naturaliste des ἐσχατιαί, ils renvoient aux merveilles propres aux espaces périphériques et fantastiques. Ces deux aspects de la représentation du démoniaque ne doivent pas nécessairement être compris comme étant en contradiction entre eux : ils sont plutôt témoins de la richesse de cette notion, ainsi que de la capacité des traducteurs grecs à l'exploiter en fonction de leur contexte.

CHAPITRE 6

Les dieux des autres : entre « démons » et « idoles »

Il est maintenant temps d'explorer un troisième domaine d'usage de la catégorie du démoniaque spécifique à la Bible hébraïque et à la Septante : celui de la définition des divinités étrangères. Même s'il n'y a souvent aucune différence significative entre la désignation des dieux des autres peuples (*'ēlîm*/θεοί) et celle de Yhwh (*'ēl*/θεός), dans un nombre important de cas l'expression « démons » est utilisée de manière dérogatoire pour indiquer les dieux étrangers, notamment lorsqu'ils sont présentés en opposition ouverte au dieu d'Israël. De nombreuses raisons invitent à analyser cette thématique en détail. Tout d'abord, c'est dans ce contexte qu'apparaît une des attestations du mot *šēdîm* dans la Bible hébraïque, et il s'agit de sa seule occurrence dans le Pentateuque[1]. C'est ici une occasion précieuse d'atteindre un niveau émique dans l'analyse, puisque nous avons accès à une réflexion menée par les anciens eux-mêmes sur leurs propres catégories religieuses. En second lieu, l'importance du rôle joué par la LXX dans la construction « démonologique » des autres dieux est indéniable. Non seulement elle a prolongé une représentation qui était propre à la Bible hébraïque en plusieurs contextes, comme par exemple dans le livre des Odes et celui de Baruch, mais elle a également constitué l'arrière-plan sur lequel s'est appuyée la représentation des dieux des autres comme démons. Cette représentation est mise en avant par le Nouveau Testament, notamment dans un fameux passage de Paul qui associe l'idolâtrie avec la table préparée pour les démons (1 Co 10,20–21)[2]. Effectivement, et comme nous le verrons en détail par la suite, nous devons davantage aux traducteurs grecs pour ce qui est du développement d'un lien entre la notion de démon et celle d'idole. Enfin, la démonisation des dieux étrangers est un phénomène qui n'est pas complètement absent des cultures environnantes, notamment de la culture grecque qui nous intéresse tout particulièrement ici : le sujet stimule donc une démarche comparatiste ainsi qu'une interrogation sur les spécificités du phénomène biblique.

Comme je l'ai déjà dit, le texte le plus important du corpus est représenté par un passage de Deut 32. Ce chapitre, connu également comme « Chant de Moïse » (Deut 32,1–43), contient l'un des deux discours prononcés par Moïse à la veille de sa mort, après avoir mis par écrit la Loi (Deut 31) et avant que

1 Voir *supra*, p. 80.

2 Mais voir également Act 17,18 ; 1 Tim 4,1 ; Ap 9,20.

son peuple, guidé par Josué, ne traverse le Jourdain pour entrer dans la terre de Canaan (Deut 32,48–52)[3]. Du point de vue narratif, ce texte occupe une place cruciale à l'intérieur du Deutéronome, mais également à l'intérieur du Pentateuque dans son ensemble. Par ses paroles, Moïse résume l'histoire d'Israël en remontant à ses origines mythiques, tout en annonçant son destin futur. Le discours est centré sur le contraste entre, d'une part, la fidélité et la générosité de Yhwh et, d'autre part, l'infidélité du peuple qui se manifeste d'abord et avant tout dans l'adoration des autres dieux, et qui a pour conséquence le déchaînement de la colère du dieu patron. Ces divinités, décrites comme « nouvelles » et « récentes », sont appelées *šēdîm* en hébreu et δαιμόνια en grec[4] :

16 יקנאהו בזרים	16 παρώξυνάν με ἐπ᾽ ἀλλοτρίοις,
בתועבת יכעיסהו	ἐν βδελύγμασιν αὐτῶν ἐξεπίκρανάν με·
17 יזבחו לשדים לא אלה	17 ἔθυσαν δαιμονίοις καὶ οὐ θεῷ,
אלהים לא ידעום	θεοῖς οἷς οὐκ ᾔδεισαν·
חדשים מקרב באו	καινοὶ πρόσφατοι ἥκασιν,
לא שערום אבתיכם	οὓς οὐκ ᾔδεισαν οἱ πατέρες αὐτῶν.

16 Ils l'ont rendu jaloux par des cultes étrangers,	16 Ils me provoquèrent par des cultes étrangers,
par des abominations ils l'ont provoqué (*k's*)	dans leurs abominations ils me remplirent d'amertume.
17 Ils ont sacrifié aux démons (*šēdîm*), qui ne sont pas Dieu (*lōʾʾĕlōah*),	17 Ils firent des sacrifices à des démons et non à Dieu,
divinités qu'ils ne connaissaient pas,	à des dieux, qu'ils n'avaient pas connus,
nouvelles, elles sont arrivées récemment,	des (dieux) nouveaux, récents sont arrivés,
leurs pères ne les craignaient pas.	que leurs pères ne connaissaient pas.

Ces deux versets sont reproduits fidèlement en grec dans la deuxième des Odes où l'intégralité du chant est attribué au roi Salomon (Odes 2,16–17). De plus, le verset 37 du Psaume 106 (= 105,37 LXX), un autre résumé poétique de l'histoire d'Israël, dépend visiblement de ce passage et nous verrons qu'il y introduit des nouveautés significatives. Enfin, le même motif est repris presque mot à mot

3 Le deuxième discours est constitué par les bénédictions du chapitre 33.

4 Deut 32,16–17.

dans le chapitre 4 du livre de Baruch où il est recontextualisé à l'intérieur d'un éloge à la sagesse[5].

Le dossier des « dieux des autres » est, en outre, complété par deux passages du chapitre 65 du livre d'Isaïe (versets 3 et 11) : même en l'absence d'une relation de dépendance littéraire directe à l'égard de Deut 32, ces deux versets contiennent des références polémiques aux dieux étrangers pour lesquels on brûle de l'encens et on prépare une table, et qui sont encore appelés « démons » dans le texte grec. Mais avant d'analyser la fonction des démons dans les textes grecs qui composent ce corpus, il faut commencer par clarifier le statut des *šēdîm* dans le Chant de Moïse.

1 Formes et représentations du divin en Deutéronome 32

La compréhension de la référence aux démons en Deut 32,17 ne peut pas être séparée de la contextualisation historique plus générale du chant, qui est de ce point de vue l'un des textes les plus débattus de toute la Bible hébraïque. Le problème a deux volets. Un premier volet concerne la datation du texte considéré par la grande majorité des chercheurs comme une unité littéraire au moins pour les versets 1–43. En effet, dès le XIXe siècle jusqu'à récemment, le spectre des datations proposées s'étend de la fin du deuxième millénaire avant notre ère au début de l'époque hellénistique et comprend plusieurs solutions intermédiaires[6]. L'incertitude est due, d'un côté, à l'absence de références historiques précises à l'intérieur du chant, qui présente néanmoins une série de parallèles avec la littérature prophétique, et, de l'autre côté, à la difficulté de catégorisation du poème à l'intérieur d'un genre littéraire défini. Les arguments pour une datation haute s'appuient davantage sur l'évaluation des références intertextuelles ainsi que sur des remarques de nature linguistique : deux critères qui sont problématiques du point de vue méthodologique[7]. En revanche, plusieurs chercheurs ont observé des parallèles importants avec

5 Bar 4,7 : παρωξύνατε γὰρ τὸν ποιήσαντα ὑμᾶς θύσαντες δαιμονίοις καὶ οὐ θεῷ (« vous avez provoqué celui qui vous a créés en sacrifiant à des démons et non à Dieu »).

6 Une datation au XIe siècle av. n. è. a été proposée, entre autres, par Cassuto 1973 (première publication 1938) ; Eissfeldt 1958 ; Albright 1959 ; Mendenhall 1975 ; Moor 1990 ; Tigay 1996, p. 511–512. E. Wright 1962 défend l'idée d'une datation plus tardive, mais néanmoins préexilique ; Tournay 1960 et Carrillo Alday 1970 situent la composition pendant l'exil. Pour une datation à l'époque postexilique, voir par exemple Meyer 1961 ; M. Smith 2010 ; E. Otto 2017. Pour un état de la question détaillé et accompagné d'une bibliographie complète, voir récemment E. Otto 2017, p. 2157–2162 (et p. 2131–2143 pour les références bibliographiques).

7 Entre autres, Albright 1959 ; Kim 2004 ; Bergey 2003 ; Gile 2011 ; voir également Thiessen 2004 ; Leuchter 2007. Pour l'impossibilité d'une évaluation chronologique basée sur des éléments linguistiques, voir l'analyse de Sanders 1996.

la littérature prophétique plus tardive (notamment le deuxième et troisième Isaïe), avec les textes sapientiaux ainsi qu'avec des textes apocalyptiques. Une datation du texte à l'époque postexilique, au moins dans sa forme finale, est donc à considérer comme plus probable, notamment au vu de la fonction de ce chapitre comme charnière entre la Torah et le reste des traditions littéraires qui composent la Bible hébraïque[8].

Le deuxième volet, qui demeure également très discuté, est celui de l'origine du texte, qui semble différer de celle du reste du Deutéronome. D'après plusieurs auteurs, nous aurions ici affaire à un poème, à l'origine, indépendant qui aurait, ensuite, été ajouté au rouleau du Deutéronome[9]. À cet égard, il faut remarquer que même les chercheurs qui défendent une datation relativement tardive de Deut 32 estiment souvent qu'il contient des traces d'une mythologie très ancienne, interprétée comme le « reste » d'un arrière-plan polythéiste[10]. Parmi les composants d'un tel arrière-plan est souvent indiquée la mention de Deber et Resheph aux versets 22–24a, que j'ai déjà discuté au chapitre 4. Le mythe de la répartition du monde et de ses habitants opérée par le dieu ʿElyôn qui est évoqué aux versets 8–9 est d'habitude considéré comme faisant partie de cet héritage mythologique ancien : nous reviendrons sur ce point. L'hypothèse d'une origine séparée du Chant de Moïse a, cependant, été mise en question par d'autres études récentes qui défendent l'idée que le chapitre 32 aurait plutôt été composé expressément pour son contexte[11]. En outre, le fait que le texte circulait à Qumrân sur un rouleau séparé, comme l'atteste 4QDeut[q][12], ne doit pas nécessairement être un argument probant pour une origine indépendante. L'usage liturgique du poème, confirmé par plusieurs passages rabbiniques, peut bien correspondre à un développement secondaire des fonctions du texte ; il faut, en outre, observer que des versets du chapitre 32 étaient également recopiés sous d'autres formes à Qumrân, par exemple combinés avec des extraits d'autres chapitres du Deutéronome (4QDeut[j])[13] ou d'autres livres du Pentateuque (4QDeut[k])[14]. N'étant pas en mesure de résoudre le problème, qui mériterait une discussion séparée, je me contenterai de deux remarques générales à propos des rapports entre le Chant de Moïse et le reste du Deutéronome. La première concerne le contenu : en dépit de toutes

8 Voir, à cet égard, l'analyse convaincante de E. Otto 2009 ; id. 2017, p. 2164–2173. Pour une datation à l'époque perse, voir également Meyer 1961.

9 Par exemple Eissfeldt 1958 ; Tigay 1996 ; Sanders 1996.

10 Voir, notamment, M. Weippert 1990 ; M. Smith 2010, p. 195–212.

11 Gosse 1995 ; E. Otto 2009, 2017.

12 = 4Q44 (Skehan et Ulrich dans Ulrich et al. 1995, DJD 14, p. 137–142), voir p. 138.

13 = 4Q37 (Duncan dans Ulrich et al. 1995, DJD 14, p. 75–92), contenait probablement Deut 32,1–9.

14 = 4Q38 (Duncan dans Ulrich et al. 1995, DJD 14, p. 93–98), contient Deut 32,17–18.

ses spécificités, le discours mené par Moïse en Deut 32 reste centré sur deux thèmes qui sont pleinement et fondamentalement « deutéronomiques », à savoir celui de l'élection d'Israël par Yhwh et celui du rapport de Yhwh avec les autres dieux. La deuxième remarque est d'ordre méthodologique et invite à exercer la plus grande prudence envers tout paradigme qui appelle en cause des « survivances ». Comme je l'ai déjà souligné dans l'introduction, ces modèles présupposent généralement une opposition rigide et historiquement non vérifiée entre polythéisme et monothéisme, menant par conséquent à un mauvais usage de ces deux catégories religieuses qui – il faut le rappeler – sont modernes et non anciennes[15].

À ce propos, je me propose d'aborder la question des éléments mythologiques du poème par une approche différente qui n'est pas focalisée sur l'opposition entre monothéisme et polythéisme. En mettant l'accent sur le rôle attribué aux démons dans ce chant, je me concentrerai davantage sur deux aspects qui, jusqu'à présent et la plupart du temps, ont été traités séparément. Dans les pages qui suivent, j'essayerai de mettre en relation la vénération des *šēdîm*, dont le culte est condamné aux versets 16–17, avec le mythe de l'élection d'Israël, qui est thématisée aux versets 8–9 ainsi qu'à la fin du poème au verset 43. L'étude de ces passages soulève deux questions fondamentales. La première concerne la relation entre le dieu ʿElyôn et le dieu Yhwh dans les versets 8–9. D'après plusieurs chercheurs, ces versets attesteraient un état ancien de la religion d'Israël où ʿElyôn, littéralement « le très-haut », ne serait pas encore devenu une épithète de Yhwh, comme dans la plupart de la Bible hébraïque, mais serait à considérer comme le nom d'une divinité distincte. Une telle distinction soulève néanmoins le problème du rapport entre cette représentation et celle du verset 43 où Yhwh apparaît comme la divinité suprême qui gouverne l'univers. La deuxième question concerne le rapport entre Yhwh, sa cour céleste des « fils divins » représentée dans les versets 8–9 et 43, et les puissances mentionnées aux versets 16–21, qualifiées, comme nous venons de le voir, comme des « démons » et des nouveaux dieux. Comment peut-on interpréter ces deux représentations de manière cohérente et intégrée ? Et, lorsqu'on arrive à articuler entre eux ces deux scénarios divins, quelles sont les conclusions à en tirer pour l'interprétation plus générale de Deut 32 ?

1.1 *Yhwh, ʿElyôn et l'élection d'Israël*

Pour répondre à ces questions il faut d'abord rigoureusement examiner nos textes, notamment en faisant un détour sur le mythe des origines qui est raconté par Moïse au début du poème. Moïse commence son discours en invoquant le ciel et la terre comme témoins de ses dernières paroles, qui descendent du

15 Voir, à ce sujet, en outre, les remarques importantes de Schmid 2006.

ciel et sont destinées à servir d'enseignement universel (versets 1–3). Ensuite, il exhorte les Israélites à se souvenir de leur passé à partir du début de leurs origines (versets 6–7). La narration des origines d'Israël ne correspond pas au récit de l'Exode, comme l'on pourrait s'y attendre. En revanche, elle a lieu dans la cour céleste (versets 8–9) au moment où la divinité décide de partager le genre humain selon le nombre des êtres divins et choisit de garder Israël sous son contrôle direct. Pour la reconstruction du texte originel du verset 8, les témoignages de la LXX et des manuscrits de Qumrân sont fondamentaux[16], comme le montre le tableau 4 :

TABLEAU 4 Deutéronome 32,8

TM	4QDeut^j	LXX
8 בהנחל עליון גוים בהפרידו בני אדם יצב גבלת עמים למספר בני ישראל 9 כי חלק יהוה עמו יעקב חבל נחלתו	8 בני אלוהים	8 ὅτε διεμέριζεν ὁ ὕψιστος ἔθνη, ὡς διέσπειρεν υἱοὺς Αδαμ, ἔστησεν ὅρια ἐθνῶν κατὰ ἀριθμὸν ἀγγέλων θεοῦ, [848 υἱῶν θεοῦ] 9 καὶ ἐγενήθη μερὶς κυρίου λαὸς αὐτοῦ Ιακωβ, σχοίνισμα κληρονομίας αὐτοῦ Ισραηλ.
8 Quand le Très-Haut a donné en héritage les peuples, Quand il a séparé les êtres humains (litt. « les fils d'Adam ») Il a établi les limites des peuples selon le nombre des fils d'Israël, 9 Vraiment la portion de Yhwh est son peuple, Jacob son héritage.	8 les fils divins	8 Quand le très haut a partagé les peuples, lorsqu'il a distribué les fils d'Adam il a établi les limites des peuples selon le nombre des anges des dieux/des fils de dieu, 9 et la part du Seigneur fut son peuple Jacob, La portion de son héritage, Israël.

16 Pour le texte grec l'édition de référence est celle de Wevers 1977 ; les fragments de Qumrân sont cités d'après l'édition de Julie Duncan (dans Ulrich et al. 1995, DJD 14, col. XII, l. 14, p. 90).

Alors que nous lisons, dans le TM[17], que les *bənê 'ādām*, les « fils d'Adam », sont distribués selon le nombre des *bənê yiśrā'ēl*, « des fils d'Israël », les manuscrits de la LXX ont les termes ἀγγέλων θεοῦ (B et les onciaux) ou ὑιῶν θεοῦ selon le Papyrus Fouad[18]. Deux manuscrits qumrâniens utilisent *bny 'l* (suivi par un espace où nous n'arrivons plus à reconstruire le texte) et *bny 'lwhym* et confirment ainsi que la traduction grecque reflète la version originale de l'hébreu[19]. *Bənê 'ēlîm* ou *bənê 'ĕlōhîm* sont deux expressions équivalentes pour désigner les membres de la cour céleste dans plusieurs passages bibliques de la Genèse, des Psaumes et du livre de Job[20]. Dans tous ces passages, la LXX lit ὑιοὶ θεοῦ ou ἄγγελοι, « fils de dieu » ou « anges », ce qui correspond à l'interprétation usuelle des *bənê 'ĕlōhîm* de la part des traducteurs grecs[21]. Comme il a d'ailleurs été reconnu depuis longtemps, la version originale de l'hébreu devait donc correspondre à l'une des deux expressions attestées à Qumrân et dans le Papyrus Fouad, alors que la version du TM est le résultat d'une correction tardive, motivée par des soucis d'ordre théologique[22] sur lesquels je reviendrai.

La relation entre les versets 8 et 9 est, en revanche, moins claire. D'après les chercheurs qui voient dans ce passage deux divinités distinctes[23], 'Elyôn serait le nom du chef du panthéon (ou une épithète du dieu El en tant que chef du panthéon) en charge du partage de l'univers parmi les autres agents divins. Cette situation reflèterait donc un stade de la religion d'Israël où Yhwh et El/'Elyôn n'auraient pas encore été identifiés l'un à l'autre. Parmi les puissances divines Yhwh émergerait donc comme celui qui reçoit en sort Israël : ceci correspondrait aux « restes » supposés d'une ancienne structure polythéiste dominé par le dieu El où Yhwh ne jouerait qu'un rôle subordonné. Ce serait ici une attestation assez exceptionnelle étant donné que, dans la grande majorité des cas dans la Bible hébraïque, 'Elyôn est utilisé comme épithète de Yhwh, ou de El lorsque ce dernier est identifié à Yhwh[24], ou est utilisé dans des contextes

17 Le Pentateuque samaritain, les Targums et la Vulgate suivent la version du TM.

18 No. 848 dans l'édition de Wevers 1977. Cette version se trouve également dans une minuscule (106[c]) ainsi que dans le mss 85 du texte d'Aquila (Field 1964, p. 320, note 12) : elle est préférée par Wevers (contra Rahlfs qui choisit ἄγγελοι).

19 Skehan 1954 ; Ulrich (dans Ulrich et al. 1995, DJD 14, fr. 34, p. 80–90).

20 Par exemple en Gen 6,2 et 4 ; Ps 82, Job 1–2 et Job 38.

21 Voir Dogniez dans Dogniez et Scopello 2006, p. 180–183, et *infra*, § 8.1.1.

22 Voir Barthélemy 1978, p. 101–110 ; Himbaza 2002.

23 Voir, entre autres, Zobel 2001 ; Weippert 1990 ; Sanders 1996 ; Wyatt 2007 ; White 2014.

24 Pour l'identification entre Yhwh et El à un stade ancien de la religion d'Israël, voir M. Smith 2001, p. 135–145. Sur la possibilité d'un culte rendu à Yhwh comme El 'Elyôn à Shilo à l'époque monarchique, voir Seow 1989, p. 41–54.

où la référence à Yhwh est évidente même en l'absence du tétragramme[25]. Or, cette interprétation, qui a connu un large succès, se heurte à quelques difficultés syntaxiques et, comme l'a bien montré Konrad Schmid[26], elle n'est pas non plus la plus convaincante qui soit. En effet, une lecture attentive du passage suggère que Yhwh et 'Elyôn sont à identifier comme une seule divinité et que 'Elyôn doit être compris comme une épithète de Yhwh. Alors que le verset 8 décrit l'action divine en adoptant une perspective universaliste en qualifiant la divinité comme le dirigeant « suprême » (*'elyôn*) de l'humanité (*gôyīm*), la mention du nom de Yhwh au verset 9 souligne son caractère de dieu « national » en mettant l'accent sur sa relation étroite avec Israël et son histoire (Jacob). La conjonction *kî*, qui relie les deux versets, a ici une fonction assévérative, à savoir qu'elle renforce l'affirmation du lien entre Yhwh et son peuple. Cela a du sens du point de vue syntaxique seulement si l'on comprend Yhwh et 'Elyôn comme deux noms d'une seule puissance divine, qui désignent deux attributs ou champs d'actions différents de la même divinité. D'autres observations viennent renforcer la proposition de Schmid. La présence du terme *ḥēleq* au verset 9, qui désigne Israël comme la « portion » de Yhwh, renforce la réciprocité du lien entre le peuple et sa divinité patronne, lien qui est considéré comme remontant au début de l'histoire universelle. La même racine apparaît en Deut 4,19–20 et 29,25 (26) où Yhwh met en garde son peuple contre la servitude envers d'autres dieux qu'il n'a pas « attribués » (*ḥālaq*) à Israël mais à d'autres peuples, comme nous le lisons, par exemple, en Deut 4,19–20 :

25 Voir, par exemple, Ps 9,3 et 107,11. Voir, sur ce sujet, Niehr 1990. Dans quelques passages l'identification entre El 'Elyôn et Yhwh est douteuse, notamment en Gen 14,18–22 et Num 24,16. En Gen 14, Melchisédech est décrit comme prêtre de El 'Elyôn et comme roi de Salem et bénit Abraham par le nom de El 'Elyôn : dans ce cas l'insertion du nom Yhwh au verset 22 est d'habitude considérée comme une glose explicative. En Num 24,16, il est question du devin Balaam qui est présenté comme « celui qui écoute les paroles de El, qui possède la connaissance d''Elyôn et qui voit les visions de Shadday ». Ce passage a été longtemps considéré comme l'une des références les plus anciennes au dieu 'Elyôn. Toutefois, la recherche récente a remis en question ces deux consensus, en démontrant que dans les deux cas nous avons affaire à des compositions tardives. La référence à Melchisédech pourrait être une insertion secondaire en Gen 14 (Pour une origine tardive de la narration concernant Melchisédech, voir, par exemple, Granerød 2010, en part. p. 153–171). L'oracle de Balaam (Num 24,15–24) est, pour un nombre croissant de chercheurs, un texte remanié à plusieurs reprises et probablement ajouté au chapitre 24 à un stade où l'association entre El et Yhwh était désormais bien établie.

26 Schmid 2006. Une interprétation similaire avait déjà été proposée par Carrillo Alday 1970, p. 53–57, et Schenker 1997. Voir également M. Smith 2010, p. 203 *sqq*.

[19] ופן תשׂא עיניך השׁמימה וראית את השׁמשׁ ואת הירח ואת הכוכבים כל צבא
השׁמים ונדחת והשׁתחוית להם ועבדתם אשׁר חלק יהוה אלהיך אתם לכל העמים
תחת כל השׁמים
[20] ואתכם לקח יהוה ויוצא אתכם מכור הברזל ממצרים להיות לו לעם נחלה כיום הזה

[19] Ne lève pas tes yeux vers le ciel, (ne) regarde pas le soleil, la lune et les étoiles, toute l'armée des cieux, et ne te laisse pas entraîner à te prosterner devant eux et à les servir. Car ils sont la part que Yhwh ton Dieu a donnée à tous les peuples qui sont partout sous le ciel.

[20] Mais vous, Yhwh vous a pris et il vous a fait sortir de cette fournaise à fondre le fer, de l'Égypte, pour que vous deveniez son peuple, son patrimoine, comme vous l'êtes aujourd'hui.

Il paraît, d'ailleurs, manifeste que le traducteur grec a perçu et gardé cette dialectique entre une perspective universelle et une perspective plus locale ou nationale : au verset 8, il utilise le verbe διαμερίζω, « séparer », « faire les portions », pour traduire le Hiphil de *nḥl*, « donner en sorte », normalement traduit par κληρονομέω, « donner en héritage », qui se réfère, d'habitude, à la terre d'Israël. En outre, il ajoute le nom « Israël » au verset 9b pour rendre explicite l'équivalence entre Jacob et Israël, à l'instar d'autres cas similaires dans la LXX[27].

L'hypothèse qu'en Deut 32,8 ʿElyôn soit à considérer comme une épithète de Yhwh peut également être renforcée par le contexte plus large de ce passage qui comprend les versets 6–7. Ici Yhwh est présenté comme « père » (*ʾābîkā*), celui qui a établi (*kwn*) et créé (*qnh*) : il a donc des traits qui le rapprochent de la fonction traditionnellement attribuée au dieu El dans les panthéons ouest-sémitiques. Mark Smith a souligné les parallèles étroits de vocabulaire entre ces versets et les descriptions du dieu El dans les textes ougaritiques[28]. Or, si Yhwh est déjà présenté comme un dieu de type El aux versets 6–7, il serait néanmoins surprenant qu'il perde ces traits dans les versets suivant immédiatement, qui sont logiquement liés à ce qui précède.

En outre, l'idée d'une distinction entre ʿElyôn et Yhwh aux versets 8–9 soulève un problème de cohérence par rapport à la fin du poème, au verset 43, où Yhwh est clairement reconnu comme le chef incontesté du panthéon car tous

27 Μερίς, « part » apparaît également au verset 9 pour traduire *ḥēleq* ; voir, sur ces aspects, Dogniez dans Dogniez et Harl 1992, p. 325–326.

28 Smith 2002, p. 32–40, qui cite *KTU* 1.3 V 35–36 ; 1.4 I 4–5 ; + *KAI* 129, l. 1. Pour l'association étroite de la racine *qnh* avec El en sémitique, voir également Seow 1989, p. 19–22.

les autres dieux sont invités à se réjouir avec lui. Là encore, il faut tenir compte de la pluralité textuelle attestée par le TM, la LXX et les manuscrits de la Mer Morte, résumée dans le tableau suivant (tableau 5) :

TABLEAU 5 Deutéronome 32,43

TM	4QDeut[q][a]	LXX
הרנינו גוים עמו כי דם עבדיו יקום ונקם ישיב לצריו וכפר אדמתו עמו	הרנינו **שמים עמו** והשתחוו לו **כל אלהים** כי דם בניו יקום ונקם ישיב לצריו ולמשנאיו ישלם ויכפר אדמת עמו	εὐφράνθητε, **οὐρανοί, ἅμα αὐτῷ**, καὶ προσκυνησάτωσαν αὐτῷ **πάντες υἱοὶ θεοῦ**· εὐφράνθητε, ἔθνη, μετὰ τοῦ λαοῦ αὐτοῦ, καὶ ἐνισχυσάτωσαν αὐτῷ πάντες ἄγγελοι θεοῦ· ὅτι τὸ αἷμα τῶν υἱῶν αὐτοῦ ἐκδικᾶται, καὶ ἐκδικήσει καὶ ἀνταποδώσει δίκην τοῖς ἐχθροῖς καὶ τοῖς μισοῦσιν ἀνταποδώσει, καὶ ἐκκαθαριεῖ κύριος τὴν γῆν τοῦ λαοῦ αὐτοῦ.
Acclamez, nations, son peuple, car il va venger le sang de ses serviteurs, il fera retomber la vengeance sur ses adversaire ; il purifiera ainsi sa terre, son peuple.	Acclamez, cieux, son peuple, Et prosternez-vous devant lui, tous les dieux, Car il vengera le sang de ses fils, Il fera tomber la vengeance sur ses adversaires Paiera de retour ceux qui le haïssent, Et purifiera la terre de son peuple	Réjouissez-vous, cieux, avec lui, Et prosternez-vous devant lui, vous tous fils de Dieu, Réjouissez-vous, peuples, avec son peuple, Et que tous les anges de Dieu soient forts avec lui, Car le sang de ses fils est vengé, Et il vengera et rendra justice contre ses ennemis, Il paiera de retour ceux qui le haïssent, Et le Seigneur purifiera la terre de son peuple.

a Col. II, fr. 5 ii (Ulrich et al. 1995, DJD 14, p. 141–142).

La version du TM est la plus courte, la référence aux cieux et à la cour céleste en a disparu, et l'invitation est adressée aux nations (*gôyīm*) afin qu'elles se réjouissent avec le peuple d'Israël (*'ammô*). Les problèmes de critique textuelle concernant ce verset ont été examinés en détail, entre autres, par Maurice Bogaert et par Arje van der Kooij[29]. Alors qu'il y a un consensus sur le fait que la version la plus longue, à savoir celle de huit *côla* attestée par la LXX, ne peut pas refléter la forme originelle du texte, il apparaît moins clair de savoir si cette dernière aurait consisté en quatre *côla* (comme dans le TM), ou en 6 (comme en 4Q Deut[q]) ; il est également difficile de savoir à quel stade de la transmission du texte les changements ont été introduits. La version pré-massorétique originelle ne peut vraisemblablement plus être reconstruite en détail. Toutefois, nombre de raisons structurelles suggèrent que celle-ci était de six ou de quatre *côla*[30] et qu'elle contenait encore dans les deux premiers *côla* une référence aux cieux (*šāmayim*) et aux êtres divins (*'ĕlōhîm* ou *bənê 'ĕlōhîm*), présents à la fois dans la LXX et à Qumrân. Par conséquent, la forme massorétique du premier *côlon* du verset 43 paraît être une correction allant dans la même direction que celle du verset 8 : les deux ont pour résultat la disparition de toute référence à la cour céleste et soulignent, en revanche, la relation entre Yhwh et Israël[31]. Lorsque l'on considère la forme pré-massorétique du verset 43, on remarque néanmoins qu'elle contenait un renvoi au début du chant car elle s'adresse aux cieux comme dans le verset 1. De plus, elle est articulée de manière cohérente avec le verset 8. La représentation des versets 8 et 43 où les populations sont distribuées sur la terre et assignées chacune à la tutelle d'une puissance divine trouve un parallèle relativement proche dans la « table des nations » décrite en Gen 10 où la diffusion des fils de Noé est à l'origine des différentes nations du monde. En dehors de Deut 32,8, l'association entre le verbe « séparer » (*prd*) et les « nations » (*gôyīm*) apparaît seulement en Gen 10,5 et 32[32]. En revanche, le parallèle ougaritique qui est parfois évoqué pour démontrer la nature « archaïque » du mythe de Deut 32,8–9, à savoir la mention des soixante-dix fils de El et Athirat, n'a pas de véritable correspondant dans ce

29 Bogaert 1985 ; Van der Kooij 1994 ; voir également Barthélemy 1978, p. 101–110 ; Himbaza 2002.

30 L'idée d'une version pré-massorétique à six *côla* est la position dominante dans la recherche actuelle : pour une mise au point, voir MacDonald 2012, p. 92–93.

31 Comme cela a déjà été observé, la correction massorétique aux versets 8 et 43 vise à créer un lien avec les soixante-dix fils de Jacob nommés en Gen 46,27 et Ex 1,5, dont le nombre a été corrigé de soixante-quinze au chiffre symbolique de soixante-dix (voir Himbaza 2002, p. 540).

32 Gen 10,5 : « à partir d'eux les régions des peuples furent réparties » ; 10,32 : « c'est à partir d'eux que les peuples furent répartis sur la terre ».

passage car, nulle part, il n'est explicitement fait mention dans les mythes ougaritiques d'une répartition du territoire parmi les fils du couple divin[33]. En outre, l'expression *bənê 'ĕlōhîm* dans la Bible hébraïque ne doit pas nécessairement être comprise au sens généalogique car elle peut simplement indiquer les membres d'un groupe ou d'une classe, à savoir, ici, celle des divinités admises à la cour céleste.

Par rapport à Gen 10, il faut toutefois préciser que, bien que la table des nations implique l'idée d'un partage du territoire parmi les différents peuples du monde, cette idée ne semble pas soutenue par la même perspective universaliste qui est manifeste en Deut 32,8–9 et 43 : en ce sens, les passages du Chant de Moïse ne disposent pas de véritables parallèles bibliques et ils ne semblent pas avoir de précédent dans la mythologie du Proche Orient ancien. Par contre, les représentations de Gen 10 et de Deut 32 sont combinées dans des traditions du Second Temple, comme, par exemple, dans le livre des Jubilés[34].Comme l'observe justement Mark Smith[35], l'idée d'une distribution de « gouverneurs » sur chaque peuple et d'Israël comme « portion » de Yhwh est reprise par un passage de Ben Sira et intégrée dans l'histoire des origines de l'homme : ἑκάστῳ ἔθνει κατέστησεν ἡγούμενον καὶ μερὶς κυρίου Ισραηλ ἐστίν, « (Dieu) disposa pour chaque peuple un gouvernant, et Israël est la part du Seigneur »[36]. Ces parallèles témoignent de la popularité de ce mythe pendant l'époque hellénistique.

1.2 *Au-dedans et en dehors de la cour céleste*

L'hypothèse d'interprétation qui a été proposée pour les versets 8–9 et 43 nous amène directement à approfondir le statut des dieux étrangers qui sont l'objet de la polémique des versets 16–21 car ce statut soulève la question de la relation entre deux scénarios qui, à première vue, apparaissent très différents. Du verset 16 au verset 21, le reproche de Moïse s'adresse aux Israélites en raison de l'ingratitude qu'ils ont montrée à l'égard de Yhwh en se tournant vers d'autres divinités. La péricope en hébreu lit comme suit :

16יקנאהו בזרים	16 Ils l'ont rendu jaloux par des cultes étrangers,
בתועבת יכעיסהו	Par des abominations ils l'ont provoqué (*yak'îsuhû*)

33 *Pace* Wyatt 2007.
34 Jub 15,30–32.
35 M. Smith 2010, p. 208–209.
36 Sir 17,17. Dans le contexte de l'Alexandrie hellénistique où se situe la traduction, nous ne pouvons pas exclure, en revanche, que le terme ἡγούμενον indique ici un gouvernant humain et non divin.

17 יזבחו לשדים לא אלה
אלהים לא ידעום
חדשים מקרב באו
לא שערום אבתיכם
18 צור ילדך תשי
ותשכח אל מחללך
19 וירא יהוה
וינאץ מכעס בניו ובנתיו
20 ויאמר אסתירה פני מהם
אראה מה אחריתם
כי דור תהפכת המה
בנים לא אמן בם
21 הם קנאוני בלא אל
כעסוני בהבליהם
ואני אקניאם בלא עם
בגוי נבל אכעיסם

17 Ils ont sacrifié aux démons (*šēdîm*), qui ne sont pas Dieu (*lōʾ ʾĕlōah*),
divinités qu'ils ne connaissaient pas,
nouvelles, elles sont arrivées récemment,
leurs pères ne les craignaient pas.
18 Le rocher qui t'a engendré, tu l'as abandonné ;
tu as oublié le dieu qui t'a mis au monde.
19 Yhwh a vu,
il a rejeté ses fils et ses filles car il a été vexé,
20 et il a dit : « je leur cacherai ma face,
et je verrai ce qu'il en est d'eux,
car ils sont une génération perverse,
fils dans lesquels n'y a aucune fiabilité.
21 Ils m'ont rendu jaloux par un non-dieu (*lōʾ ʾēl*),
Ils m'ont provoqué par leurs pratiques vaines (*bəhablêhem*),
Et moi je les rendrai jaloux par un non-peuple,
par une nation folle je les provoquerai ».

L'idée qu'Israël ne doit pas servir d'autres dieux car ces derniers ont été assignés à d'autres nations qu'Israël n'est pas étrangère au Deutéronome. Nous avons déjà vu la formulation de Deut 4,19–20. Il est possible de citer encore le passage de Deut 29,25, où il est question des autres dieux (*ʾĕlōhîm ʾăḥērîm*). Ce dernier montre des similitudes considérables avec Deut 32,8–9 (l'idée du partage entre dieux et peuples) et 16 (la conviction que les Israélites rendent un culte à des dieux étrangers)[37] :

וילכו ויעבדו אלהים אחרים וישתחוו להם
אלהים אשר לא ידעום ולא חלק להם

> Ils sont allés servir d'autres dieux, ils se sont prosternés devant eux, dieux qu'ils ne connaissaient pas, que (Yhwh) ne leur avait pas donnés en partage.

37 Pour un passage similaire, voir également Deut 17,3. Le thème des « autres dieux » qui ne sont pas les divinités ancestrales est courant dans le Deutéronome : voir, par exemple, Deut 4,27–28 et 28,36 et 64. Dans ces derniers cas, la référence est vraisemblablement aux images divines babyloniennes (« du bois et de la pierre ») qui auraient été vénérées pendant l'Exil, et il n'est pas fait mention du motif du « partage » entre nations et puissances divines.

Par rapport à ces passages deutéronomiques de même thématique, Deut 32,16–21 se caractérise par une violence polémique considérable. Le statut divin de ces puissances est effectivement nié, ce qui n'arrive ni en Deut 4 ni en Deut 29. Non seulement ils sont définis comme des démons (*šēdîm*) et comme des êtres non divins (*lō' 'ĕlōah*, verset 17a), mais leur vénération constitue une abomination (*tô'ēbōt*, verset 16) ; ils sont également condamnés en tant que divinités nouvelles (*'ĕlōhîm ḥădāšîm*, verset 17b), arrivées récemment et inconnues des pères, à savoir des divinités non traditionnelles. Le sommet de la polémique se trouve au verset 21 où ils sont définis comme « non-dieux » (*lō' 'ēl*), « vanités » (*hăbālîm*, εἴδωλα dans la LXX) et mis en parallèle avec le « non-peuple », la nation folle que Yhwh enverra contre Israël comme juste punition pour ses méfaits[38].

La question centrale ici concerne la manière dont ces puissances, clairement négatives et dénuées de pouvoir, entrent en relation avec les membres de l'assemblée divine auxquels chaque nation a été attribuée et qui sont encore invités à célébrer Yhwh à la fin du chant. Une explication récente proposée par Nathan MacDonald considère que les divinités mentionnées au verset 17 seraient les mêmes membres de la cour céleste qu'aux versets 8–9 et 43, mais considérés sous un angle différent. Autrement dit, ils seraient indignes du titre divin seulement lorsqu'ils sont comparés avec la magnificence de Yhwh[39]. Cette vision quelque peu harmonisante n'explique pourtant pas encore la différence considérable d'emphase qui existe entre les passages du chant qui décrivent la cour céleste et ceux qui sont focalisés sur la polémique contre les démons ou les nouveaux dieux. En outre, le verset 17 insiste sur le fait qu'ils soient arrivés récemment et ne soient pas des divinités traditionnelles. Il me paraît donc difficile qu'il puisse s'agir des mêmes divinités qui étaient présentes au début de l'histoire, lors du partage du monde parmi les êtres divins. Par conséquent, une distinction supplémentaire doit être envisagée entre les *bənê 'ĕlōhîm* des versets 8–9 et les *'ĕlōhîm ḥădāšîm* des versets 17–21. Cette interprétation nous amène donc à envisager un scénario articulé sur plusieurs niveaux, dans lequel on distingue les *bənê 'ĕlōhîm*, puissances compatibles avec la souveraineté de Yhwh et subordonnées à son pouvoir, d'autres divinités allogènes qui

38 Malgré les différentes interprétations proposées, il est impossible d'identifier ce « (non)-peuple », et il faut sérieusement considérer l'hypothèse que le manque d'identification soit ici intentionnel, tout comme pour l'expression précédente « non-dieu ». Pour quelques hypothèses d'identification du non-peuple, notamment avec les Babyloniens, voir néanmoins Alday 1970, p. 89–92.

39 MacDonald 2012, p. 91–92 : « The significance of terms is relative, not absolute. That is, the existence of other nations and other gods is not denied, but rather these 'gods' and 'people' are not worthy of the titles in comparison with Yhwh and Israel ».

ne peuvent pas être intégrées à la cour divine et qui sont présentées comme des dieux nouveaux, voire comme des démons. Un tel scénario a des implications considérables pour la compréhension du poème dans son ensemble. Lorsqu'on l'analyse à partir de cette perspective, le message central du Chant de Moïse n'est plus focalisé sur l'expression du monothéisme, comme on l'a si souvent soutenu[40]. Le poème porte, en revanche, sur l'articulation des puissances divines dont un groupe traditionnel, celui des « fils divins », est placé sous l'autorité de Yhwh alors que l'autre est représenté par un ensemble de puissances nouvelles et venues de l'extérieur qui échappent au contrôle de la divinité patronne. Nous nous approchons d'une forme de division des pouvoirs qu'on retrouvera dans plusieurs traditions du Second Temple et que je serais tentée de définir comme dualiste[41].

La présence d'un système de pouvoirs divins aussi complexe dans la version du texte telle qu'elle est préservée à Qumrân et dans la LXX ramène enfin notre attention sur les différences entre ces versions et celle du TM. Ce dernier présente un scénario plus simple, dans la mesure où toute référence à la cour céleste a été intentionnellement évacuée, et le contraste entre Yhwh et les autres dieux est présenté de manière plus standardisée. Là encore, il n'était probablement pas question d'« anciennes traces polythéistes » qui auraient dérangé les scribes, d'autant plus que les fils divins sont bien présents ailleurs dans la Bible hébraïque et que d'autres divinités sont nommées sans accent polémique particulier dans le Deutéronome même, aux chapitres 4 et 29. Le problème devient en revanche plus compréhensible lorsque l'on considère que la vision de la cour céleste en Deut 32 est transmise aux Israélites par Moïse. Les deux corrections massorétiques aux versets 8 et 43 visent alors à éliminer de la bouche de Moïse, et ainsi du Pentateuque en général, les références à la cour céleste qui, dans les versions prémassorétiques, encadraient l'intégralité du chant (versets 1, 8–9 et 43). On peut donc envisager que certains scribes aient voulu corriger une image trop « exotérique » de la révélation de Moïse et, par conséquent, de sa loi, notamment en raison de la référence à la cour céleste. Ils ont ainsi restauré un imaginaire de la révélation divine moins riche et moins dynamique, mais en quelque sorte plus « classique » et, de ce fait, peut-être plus acceptable à leurs yeux.

---

40 Je suis d'accord sur ce point avec les conclusions formulées par MacDonald 2012 à propos de Deut 32,39.

41 Ces remarques ont également une implication pour la datation de Deut 32, dans la mesure où elles appuient une datation tardive du poème, surtout si nous les combinons avec la présence du jugement final où la vanité des autres divinités sera manifestée de manière complète (versets 37–38). On est proche d'une conception apocalyptique de l'histoire et de la révélation, ce qui est par ailleurs en tension avec d'autres passages du Deutéronome.

1.3 *Les šēdîm, Shadday et le dieu Shed : une mise au point*

Avant de nous tourner vers le texte de la LXX pour évaluer la manière dont est développée la vision des dieux étrangers comme démons, il faut revenir sur la question de l'étymologie des *šēdîm* brièvement présentée au chapitre 3. La majorité des dictionnaires considère ce mot comme un dérivé de l'accadien *šedu*, « esprit »[42], qui peut indiquer à la fois un esprit protecteur et une entité malfaisante et redoutable, surtout dans ses occurrences à la forme plurielle. Le terme est attesté en hébreu et dans d'autres langues ouest-sémitiques (judéo-araméen, syriaque et mandaïque), surtout à partir de la période du Second Temple, en différentes formes graphiques (*šyd, šyd', šydh* et *šydt'*), mais toujours avec la signification de « démon ». Cette dérivation a parfois été questionnée sur le plan étymologique car certains chercheurs ont préféré mettre en relation les *šēdîm* avec les dieux de type « Shed », attestés au Levant et en Égypte[43], ainsi qu'avec le titre divin Shadday qui est une des épithètes de Yhwh dans la Bible hébraïque, encore aujourd'hui dépourvu d'une étymologie satisfaisante[44]. Quelques remarques sont donc nécessaires à ce sujet.

Une divinité nommée Shed est connue à Ougarit, bien qu'elle le soit par deux ou trois attestations seulement : son nom est probablement lié à la racine *šd* qui indique les champs ouverts et les steppes[45]. À cet égard, il faut remarquer que *šdy* pourrait bien être la forme longue de *šd*, souvent utilisée pour les dieux ougaritains à côté de la forme courte. La présence de Shed en Phénicie est, en revanche, plus douteuse[46]. Une origine égyptienne du Shed sémitique

42 Zimmern 1917, p. 69 ; Gesenius 1916, s.v., HALOT, s.v. ; plus récemment Mankowski 2000, p. 138. Pour le *šedu* mésopotamien, voir Von Soden (AHw), p. 1208 ; CAD 17/2, s.v.

43 Notamment par Caquot 1952, qui reprend une ancienne hypothèse de Baudissin 1876, p. 130–136 ; ensuite Hackett 1984 ; Delcor 1989. Voir également Xella 1983.

44 La bibliographie sur Shadday est vaste. Pour une synthèse, on peut voir, entre autres, Niehr et Steins 1983 ; Weippert 1997 ; Knauf 1999, p. 749–753 ; plus récemment Witte 2011. Pour une étude des usages de Shadday dans le livre de Job, voir l'étude classique de Koch 1976. Une dernière proposition étymologique a été avancée par Wilson-Wright 2019. De manière générale, le débat sur l'étymologie de Shadday et les différents résultats auxquels la recherche a abouti ne se sont pas avérés très utiles à la compréhension du fonctionnement du dieu qui est, pour ainsi dire, « derrière » l'épithète. Il faudrait à cet égard garder à l'esprit l'avertissement de James Barr quant au fait que l'étymologie d'un mot nous renseigne beaucoup plus sur son histoire que sur sa véritable signification (Barr 1961, p. 109).

45 *KTU* 1.108. 12 (= RS 24.252) : *'l šd*, « dieu Shed » ; *KTU* 1.179. 8–12 (= RS 92.2016, 11 édité par Caquot et Dalix 2001) : *ydd wšd*, « le bien aimé et Shed » ; *KTU* 1.166. 13 (= HANI 77/78 A) : *šd qdš*, « Shed saint ». Contra l'identification de Shed dans ces passages, voir Lipiński 1995, p. 251–253.

46 L'expression *gršd* (« client de Shed ») sur un sceau provenant de Tyr (Paris, Bibliothèque Nationale, Collection De Clerq, no. 2756, Bordreuil 1986, p. 36) ainsi qu'une inscription

est également improbable[47] ; par contre, le dieu Shed, bien attesté en Égypte depuis le Nouveau Règne comme divinité guérisseuse, est souvent représenté par une iconographie qui a des traits proche-orientaux[48].

Une forme plurielle *šdyn* est, en outre, attestée au Levant par l'inscription araméenne de Deir ʿAlla, qui remonte à la fin du IXe siècle ou au début du VIIIe au plus tard. Ici un groupe de divinités dites *šdyn* intervient au conseil divin et révèle au voyant Balaam des présages néfastes qui vont bientôt s'abattre sur l'humanité. Les *šdyn* sont mis en parallèle avec les *'lhn* (= hébreu *'ĕlōhîm*)[49] :

> *5 mr.lhm. šbw.'ḥwkm. mh. Šd[yn].qr['w.]wlkw.r'w.p'lt.'lhn.'l[h]n.'tyḥdw.*
> *6 wnṣbw. Šdyn.mw'd.w'mrw.lš[mš].*
>
> Asseyez-vous ! Je vous dirai ce que les Šaddayîn ont juré. Et allez, regardez les gestes des dieux ! Les dieux se sont réunis,
> et les Šaddayîn ont constitué une assemblée et ont dit à Š[amaš]…

Bien que le très mauvais état de conservation de l'inscription ne permette pas de clarifier la relation entre ces deux groupes de divinités, il semble assuré que les *šdyn* sont des membres de l'assemblée céleste qui invitent une autre

---

dans le temple d'Eshmun à Sidon qui aurait la forme *šdqdš* (« Shed saint ») sont de lecture douteuse : voir la critique de Lipiński 1995, p. 254 *sqq*. La lecture *gršd* est, toutefois, acceptée par Gubel 1993, p. 118, fig. 41, et par Avigad et Sass 1997, p. 274, no. 736. La formule *gr* suivie d'un théonyme est attestée dans d'autres noms composés, tels que Gerashtart et Ger'eshmun : voir Avigad et Sass, 1994, p. 274, no. 733–735 ; Gubel 1993, p. 118, fig. 42 ; DNWSI 1, p. 232, s.v. gr_1. Mais même si on accepte cette lecture, il s'agit en tout cas d'un témoignage isolé.

47 Cette hypothèse a été soutenue récemment par Valérie Matoïan (2015, surtout p. 265–268). Un examen complet du dossier sémitique et égyptien a été proposé par Giuseppina Lenzo et Christophe Nihan lors de leur communication « Shed in Egypt and West-Semitic Deities : A Reexamination », pendant le *SBL Annual Meeting, Denver, 18 November 2018*. L'analyse détaillée de Lenzo et Nihan ne soutient pas la thèse de Matoïan. En revanche, une influence égyptienne est reconnaissable sur le théonyme phénicien Shadrapha, « Shed est guérisseur », attesté depuis le Ve siècle et pendant la période hellénistique sur des inscriptions phéniciennes, puniques et araméennes.

48 Bonnet 1971, p. 676–677 ; Meeks 1971, p. 56–57 ; Quaegebeur 1984, p. 138–139 ; pour une dernière mise au point, voir Lenzo, à paraître.

49 *Editio princeps* Hoftijzer et Van der Kooij 1976, p. 173–174, et p. 275–276. Pour le commentaire, voir également Caquot et Lemaire 1977 ; Hackett 1984 ; Weippert et Weippert 1982, p. 88–92 ; Weippert 1991, p. 151–184 ; Lipiński 1994, p. 103–141 (en part. p. 122–125) ; Levine 2000, p. 140–145 ; Fales et Grassi 2016, p. 151–158. Je suis la reconstruction du texte proposée par Fales et Grassi, dont je reprends et adapte la traduction.

divinité (possiblement le dieu solaire *Šamš*[50]) à répandre sur la terre obscurité et nuages. Ils apparaissent vraisemblablement comme des puissances liées à la sphère astrale. Certains chercheurs ont reconnu dans ce passage un parallélisme avec les *šēdîm* et les *'ĕlōhîm* qui apparaissent en Deut 32,17. Ils ont donc émis deux hypothèses. La première considère que l'état le plus ancien du texte de Deut 32,17 avait également une forme *šdyn* (à prononcer *šaddayîn*) ou bien une forme *šdym* où le *yod* faisait partie de la racine ; forme qui aurait ensuite été corrigée et ramenée à *šēdîm* – « démons » – pour éviter le risque d'un rapprochement entre Yhwh et des divinités étrangères. La deuxième hypothèse envisage un lien entre les *šdyn* et l'épithète Shadday[51]. Or, la possibilité d'une relation entre le Shadday biblique et les Shaddayin de Deir ʿAlla ne peut pas être complètement écartée, notamment car, dans la Bible hébraïque, le titre Shadday est souvent accordé à Yhwh en tant que divinité des origines et d'un passé ancien[52]. En outre, ce titre apparaît deux fois dans le livre des Nombres dans la péricope qui a pour protagoniste Balaam[53]. De plus, la présence d'une double forme du théonyme *šd/šdy* déjà à Ougarit laisse ouverte la question du rapport entre Shadday et les dieux « Shed » au Levant. La permanence d'un nom divin si ancien dans les textes bibliques, vraisemblablement bien postérieurs au IXᵉ siècle, n'est pas si surprenante si l'on considère que le théonyme Shed est encore attesté au Iᵉʳ siècle de notre ère à Palmyre[54]. Le théonyme a clairement une longue histoire, bien que ses contours soient mal définis, et il est possible que l'épithète biblique Shadday ait, à un moment donné, fait partie de cette histoire.

En revanche, plusieurs éléments invitent à repousser l'inclusion des *šēdîm* dans ce dossier. Tout d'abord, les domaines d'action de ces puissances sont très différents : les dieux de Deir ʿAlla ainsi que le Shed ougaritique apparaissent comme des divinités astrales, liées aux étoiles et aux changements météorologiques ; le Shed égyptien est, pour sa part, une divinité guérisseuse, tandis que les *šēdîm* bibliques sont caractérisés comme des puissances démoniaques exclues de la cour céleste qui ne semblent pas être associées à un champ d'action particulier. En outre, le parallélisme entre *'ĕlōhîm* et *šēdîm* n'est pas du

---

50 Cette lecture est acceptée par tous les éditeurs à l'exception de Hoftijzer et Van der Kooij (1976) et de Levine (2000) qui y voient la déesse *Šagar*.

51 Voir Delcor 1989, et également Hackett 1984, p. 85–89 ; Sanders 1996, p. 182–183, suivis par Stavrakopoulou 2004, p. 272–274. Contra Weippert 1991, 179, note 69. Sur la deuxième hypothèse, voir également Witte 2011, p. 224–225.

52 Notamment la forme El Shadday en Gen 17,1 ; 28,3 ; 35,11 ; 43,14 ; 48,3 ; 49,25 ; Ex 6,3.

53 Num 24,4 et 16.

54 Son nom apparaît dans une inscription du temple de Bel : DNWSI 2, 1111 ; Cantineau 1931, p. 130–131.

même ordre que celui entre les *'lhn* et les *šdyn* de l'inscription de Deir ʿAlla car en Deut 32,17 l'expression « dieux » (*'ĕlōhîm*) est modifiée par la forme qui précède, « non dieu » (*lō' 'ĕlōah*), ainsi que par les qualificatifs à fonction dérogatoire qui suivent : « inconnus » (*lō' yədāʿûm*) et « nouveaux » (*ḥădāšîm*). Enfin, le rapprochement entre les *šēdîm* bibliques et les *šdyn* de Deir ʿAlla passe par des reconstructions linguistiques forcées qui ne sont, par ailleurs, attestées à aucun stade de la tradition manuscrite. La dérivation *šedu*> *šd* / *šyd* demeure donc la moins problématique, que ce soit d'un point de vue morphologique ou sémantique, et, dans ce cas, elle semble également être la plus vraisemblable[55].

2 La LXX et les cultes hellénistiques

Le rôle des *šēdîm* dans le Chant de Moïse ayant été clarifié, nous pouvons maintenant regarder plus en détail la LXX, à l'aide d'un double questionnement. D'une part, nous chercherons à comprendre quelles représentations sont mobilisées par le texte grec et par le vocabulaire qui y est utilisé, notamment en rapport à la sémantique du δαίμων/δαιμόνιον grec discuté dans le deuxième chapitre. D'autre part, nous nous poserons la question des pratiques rituelles qui pourraient constituer l'arrière-plan de ces passages. À cette fin, nous commencerons en reprenant la traduction grecque de Deut 32,17 :

ἔθυσαν δαιμονίοις καὶ οὐ θεῷ,	Ils firent des sacrifices à des démons et non à dieu,
θεοῖς οἷς οὐκ ᾔδεισαν·	à des dieux, qu'ils n'avaient pas connus,
καινοὶ πρόσφατοι ἥκασιν,	(des dieux) nouveaux, récents sont arrivés,
οὓς οὐκ ᾔδεισαν οἱ πατέρες αὐτῶν.	que leurs pères ne connaissaient pas.

55 Brian Schmidt a discuté la question du rapport entre les *šēdîm* bibliques et les *šedu* mésopotamiens, en soutenant, comme je le fais ici, la dérivation linguistique des *šēdîm* et des *šedu* et en refusant le parallèle avec les *šdyn* de Deir ʿAlla (B. Schmidt 2016, p. 172–186 et 2017). En revanche, je ne partage pas sa compréhension des *šēdîm* comme des « dieux-Shedu », à savoir des gardiens protecteurs ou des êtres intermédiaires bienveillants d'origine proche-orientale qui auraient été déifiés par une partie de la société israélite pour recevoir des sacrifices. En Mésopotamie, les *šedu* ne sont pas exclusivement des esprits protecteurs, mais ils peuvent souvent avoir un caractère malveillant prononcé (et, en ce sens, ils ne sont pas des intermédiaires, voir *supra*, p. 37). En outre, rien ne confirme la réalité d'un culte rendu aux *šēdîm* / « dieux-Shedu » dans l'Israël ancien. Comme dans le cas du culte aux « boucs » que j'ai discuté dans le chapitre précédent, l'attitude polémique du discours sur le culte rendu aux démons mené par Deut 32 et par d'autres textes ne doit pas nécessairement être motivée par une réalité cultuelle. Elle relève plutôt de raisons d'ordre idéologique.

Nous avons déjà observé en quoi la notion de δαίμων en grec était beaucoup plus vaste et articulée que celle de « démon ». Néanmoins, nous avons également remarqué que le terme se spécialise surtout à la période hellénistique pour indiquer une classe de puissances divines intermédiaires, distinctes des dieux et proches de la catégorie des héros. Une telle notion est développée davantage par la philosophie platonicienne et post-platonicienne, mais trouve des parallèles dans d'autres traditions philosophiques et religieuses grecques, notamment pythagoriciennes. Ces traditions sont particulièrement difficiles à dater car l'histoire de leur tradition manuscrite est très complexe. Bien qu'elles aient généralement été considérées comme très anciennes, la majorité des témoignages dont nous disposons ne date pas d'avant l'époque hellénistique. À cet égard, il vaut la peine d'ajouter au dossier que nous avons vu dans le deuxième chapitre un passage des « Commentaires » ou « Mémoires » pythagoriques, connus par Alexandre Polyhistor *via* Diogène Laërce[56] :

> εἶναί τε πάντα τὸν ἀέρα ψυχῶν ἔμπλεων· καὶ ταύτας δαίμονάς τε καὶ ἥρωας ὀνομάζεσθαι· καὶ ὑπὸ τούτων πέμπεσθαι ἀνθρώποις τούς τ' ὀνείρους καὶ τὰ σημεῖα νόσους τε, καὶ οὐ μόνον ἀνθρώποις ἀλλὰ καὶ προβάτοις καὶ τοῖς ἄλλοις κτήνεσιν· εἴς τε τούτους γίνεσθαι τούς τε καθαρμοὺς καὶ ἀποτροπιασμοὺς μαντικήν τε πᾶσαν καὶ κληδόνας καὶ τὰ ὅμοια.

> Tout l'air est rempli d'âmes. On les appelle démons et héros, et ce sont eux qui envoient aux hommes les songes et les signes et les maladies, et pas seulement aux hommes, mais aussi aux moutons et au reste du petit bétail. C'est à ces démons que l'on adresse les purifications et les rites de détournement, et toute la mantique et les sorts et les choses du même genre.

Diogène explique avoir tiré ces informations du traité sur la succession des philosophes écrit par Polyhistor, historien grec de l'époque de Sylla. Ce dernier déclare, à son tour, les avoir lues dans les Mémoires pythagoriques. Il est pourtant difficile d'établir le véritable noyau ancien de ces informations de troisième main. Cependant, de telles croyances ne sont pas nées de manière soudaine : comme nous l'avons vu, certaines remontent probablement jusqu'à

56 *Commentaires pythagoriques* ap. Alexandre Polyhisthor, in D.L. 8, 32 [ed. Delatte, trad. Détienne 1963]. Pour une distinction hiérarchique entre dieux et *daimones*, héros et ancêtres attribuée à Pythagore, voir ibid. 8, 23. Pour un commentaire à ce passage, voir Detienne 1963, p. 32–37, qui est, toutefois, très optimiste sur la possibilité que ces textes contiennent des théories pythagoriciennes remontant effectivement au VIe siècle avant notre ère. Pour une approche plus prudente, voir Sfameni Gasparro 1997.

Hésiode. En outre, le rôle qui est ici attribué aux démons dans la pratique oraculaire est déjà attesté dès la fin de l'époque classique, du moins par les lamelles de Dodone[57]. La concentration de témoignages à partir de la période hellénistique demeure, néanmoins, suffisamment significative pour en conclure que c'est à partir de cette époque que les δαίμονες occupent un rôle de premier rang dans les débats religieux. Dans le passage des Mémoires pythagoriques deux éléments revêtent un intérêt particulier pour mon propos : tout d'abord, l'idée que les δαίμονες soient conçus comme des ψυχαί, à savoir des êtres privés de corps qui « remplissent l'air ». La relation entre δαίμονες et ψυχαί est, d'ailleurs, exploitée également chez les philosophes juifs, comme le montre un fameux passage du livre sur les géants de Philon d'Alexandrie où il explique la nature des anges bibliques comme étant proche de celle des δαίμονες : « Ceux que d'autres philosophes appellent 'démons' (δαίμονας), Moïse les appelle d'habitude 'anges' : il s'agit d'âmes (ψυχαί) qui volent à travers l'air »[58]. Un deuxième élément suscitant l'intérêt est le fait que les démons soient destinataires de rites qui se différencient de la pratique sacrificielle régulière, comme les rituels

57 Voir *supra*, p. 61.

58 Philo, *Gig.* 6. Comparer, en outre, avec *Somn.* 1, 134–141. Comme ceci a été remarqué par Valentin Nikiprowetzky (1980) et Francesca Calabi (2004), Philon donne une relecture platonicienne du récit de la naissance des géants en Genèse 6, sans accueillir les explications qui mettaient en relation la naissance des géants avec les anges déchus et représentaient une exégèse en vogue à l'époque, voire même le mythe fondateur de la démonologie du Second Temple (voir *infra*, § 8.1.1.). Il tient, au contraire, à souligner que les figures de la médiation dans les traditions grecques et juives sont largement convergentes, dans la mesure où ἄγγελοι et δαίμονες ne sont pas ontologiquement distincts, mais *de facto* équivalents (voir *Gig.* 16 : ψυχὰς οὖν καὶ δαίμονας καὶ ἀγγέλους ὀνόματα μὲν διαφέροντα, ἓν δὲ καὶ ταὐτὸν ὑποκείμενον διανοηθεὶς ἄχθος βαρύτατον ἀποθήσῃ δεισιδαιμονίαν. « Donc en réalisant que démons et anges sont des noms différents mais qu'ils renvoient à une seule et même réalité, tu déposeras le fardeau très lourd de la superstition », et comparer avec Calabi 2004, p. 93–94). Une telle position est considérablement proche de la position de Plutarque dans le traité *De la superstition*. Il est, en tout cas, possible que Philon eût connaissance des traditions hénochiques sur les anges veilleurs, mais qu'il les ait intentionnellement rejetées dans son refus plus général de la démonologie comme croyance du « vulgus » (οἱ πολλοί). On peut comprendre dans ce contexte la suite du passage de *Gig.* 16 : ὥσπερ γὰρ ἀγαθοὺς δαίμονας καὶ κακοὺς λέγουσιν οἱ πολλοὶ καὶ ψυχὰς ὁμοίως, οὕτως καὶ ἀγγέλους τοὺς μὲν τῆς προσρήσεως ἀξίους πρεσβευτάς τινας ἀνθρώπων πρὸς θεὸν καὶ θεοῦ πρὸς ἀνθρώπους ἱεροὺς καὶ ἀσύλους διὰ τὴν ἀνυπαίτιον καὶ παγκάλην ταύτην ὑπηρεσίαν, τοὺς δ' ἔμπαλιν ἀνιέρους καὶ ἀναξίους τῆς προσρήσεως καὶ αὐτὸς ὑπολαμβάνων οὐχ ἁμαρτήσει. « Car, tout comme la plupart des gens croit dans des bons et des mauvais démons, et ainsi pour les âmes, de la même manière toi-même tu ne te tromperas pas lorsque tu estimes que, parmi les anges, certains, dignes de leur nom, sont ambassadeurs des hommes chez Dieu et de Dieu chez les hommes, sacrés et inviolables en raison de ce service sans défaut et magnifique, alors que d'autres, au contraire, sont impies et indignes de leur appellation »). Voir, à ce sujet, A.T. Wright 2005 a.

apotropaïques, la divination et les purifications rituelles[59]. Ces deux aspects offrent deux points de comparaison pertinents avec Deut 32 : j'y reviendrai.

Il faut cependant préciser que, dans la LXX, le terme utilisé n'est pas δαίμονες, comme chez les pythagoriciens, mais δαιμόνια. Ce terme, je l'ai dit, est moins riche du point de vue des champs sémantiques recouverts (il couvre rarement, par exemple, l'idée de destin), néanmoins, il conserve une forte ambiguïté ainsi qu'une idée d'indétermination. L'*Apologie de Socrate*, dans laquelle le pilier de l'accusation est une prétendue différenciation entre les « dieux traditionnels » et les δαιμόνια introduits par Socrate, demeure le meilleur exemple de la double connotation que pouvait revêtir ce mot[60]. Toutefois, les similitudes entre les expressions employées par Platon et celles de Deut 32,17 (notamment le fait que, dans les deux textes, les δαιμόνια soient définis comme καινά) n'impliquent pas nécessairement qu'une influence platonicienne soit effective sur le traducteur[61]. Elles suggèrent, par contre, que le fait de qualifier un culte ou une divinité comme « nouvelle » ait été une stratégie de délégitimation répandue dans l'Antiquité. En outre, elles attestent le fait que le mot δαιμόνια pouvait être utilisé à l'occasion en opposition non seulement à θεοί, mais également à δαίμονες, avec une intention dépréciatoire. Ce procédé est bien exploité par le traducteur du Deutéronome. Dans le texte grec de Deut 32,16–17, il n'est plus question d'insister sur la nature « non divine » ou « moins divine » des démons : l'expression hébraïque *lō' 'ĕlōah* a été comprise comme indiquant un nom de Yhwh et a été traduite par un datif (οὐ θεῷ), qui ne correspond probablement pas au sens originel de l'hébreu : les δαιμόνια sont, ainsi, symétriquement

59 Le rapprochement entre δαίμονες et ψυχαί est également attesté dans le Papyrus de Derveni, col. VI, 3–4 (δαίμονες ἐμπο[δίζουσι/ ὡς ψ[υχαὶ τιμω]ροί, ed. Piano 2016). Pour l'immatérialité des ψυχαί, voir Hp., *Vict.* 29 (Littré 6, p. 504–505) ; Pl., *Phd.* 114b–c.

60 Voir *supra*, § 2.3.

61 La possibilité d'une influence platonicienne sur le travail des traducteurs, notamment dans le Pentateuque, est un sujet débattu. Alors que Martin Rösel (1994) et Evangelia Dafni (2006) estiment que les traducteurs du Pentateuque font intentionnellement recours à des notions platoniciennes, d'autres chercheurs suggèrent la prudence (Van der Louw 2007, p. 83–84 ; Van der Meer 2016). Nous avons quelques témoignages papyrologiques sur la présence de Platon aux niveaux les plus hauts de l'éducation aux époques hellénistiques et romaines (Dupertuis 2007, p. 8–11). Certes, les auteurs de livres plus tardifs comme la Sagesse ou les Maccabées entrent en dialogue avec plusieurs idées de la tradition platonicienne et post-platonicienne. Cependant, une référence directe à l'*Apologie de Socrate* par les traducteurs qui étaient actifs au troisième siècle avant notre ère est, à mon sens, douteuse et loin d'être démontrée. Malgré la popularité du personnage de Socrate, l'*Apologie* n'était pas un texte d'école. Sur le canon de base de l'éducation dans l'Égypte gréco-romaine (qui comprenait Homère, Hésiode, Euripide, Ménandre et quelques orateurs), voir Morgan 1998, p. 67–73 ; Cribiore 2001, p. 178–205.

opposés à Yhwh[62]. En outre, lorsque nous considérons l'ensemble du Chant de Moïse dans la LXX ancienne, nous repérons ci la toute première trace d'une opposition nette entre anges et démons, à savoir entre les υἱοὶ θεοῦ/ἄγγελοι (versets 8 et 43) et les δαιμόνια (versets 16–17). Cette opposition est destinée à acquérir un poids considérable dans les traditions juives et chrétiennes du début de notre ère.

2.1 *Un certain goût du sang*

L'idée que les démons reçoivent des cultes illégitimes trouve un développement ultérieur dans d'autres textes bibliques, qui viennent préciser en quoi consistent les sacrifices qui leurs sont dédiés. Un passage important en ce sens est Ps 105,37 LXX (= 106,37 TM) dans lequel il est question des mauvaises pratiques que les Israélites ont appris de leurs voisins cananéens, parmi lesquelles figurent la vénération d'images sculptées et les sacrifices d'enfants. À l'intérieur de ce discours les démons sont mentionnés comme destinataires de sacrifices humains qui deviennent une source de souillure à cause du sang versé. Puisque le grec traduit très littéralement l'hébreu, je me concentre sur le texte de la LXX sans discuter le TM[63] :

36καὶ ἐδούλευσαν τοῖς γλυπτοῖς αὐτῶν καὶ ἐγενήθη αὐτοῖς εἰς σκάνδαλον,	36Et ils s'assujettirent à leurs images et cela fut pour eux un piège,
37καὶ ἔθυσαν τοὺς υἱοὺς αὐτῶν καὶ τὰς θυγατέρας αὐτῶν τοῖς δαιμονίοις (hébr. *šēdîm*),	37ils sacrifièrent leurs fils et leurs filles aux démons,
38καὶ ἐξέχεαν αἷμα ἀθῷον, αἷμα υἱῶν αὐτῶν καὶ θυγατέρων ὧν ἔθυσαν τοῖς γλυπτοῖς Χανααν, καὶ ἐφονοκτονήθη ἡ γῆ ἐν τοῖς αἵμασιν.	38et ils versèrent du sang innocent, sang de leurs fils et de leurs filles qu'ils avaient sacrifiés aux images sculptées de Canaan, et la terre fut souillée par le meurtre dans le sang.

La critique des images sculptées ainsi que la condamnation du sacrifice humain comme pratiques typiquement cananéennes sont des thèmes bien

62 *'Ĕlōah* est une formation tardive qui peut renvoyer à Yhwh (par exemple en Job 3,4 ; Neh 9,17), ou indiquer génériquement une divinité (par exemple en Ps 18,31 ; Dan 11,37–38) : voir à ce sujet, entre autres, Heiser 2008, p. 138. L'ambiguïté était peut-être intentionnelle en hébreu. La technique du traducteur reflète un souci d'harmonisation qui s'étend à l'intégralité du verset et dans lequel le difficile *śəʿārûm* hébreu (dérivé la racine *śʿr*, « craindre » ?) a été rendu par ᾔδεισαν « ils connaissaient » qui crée un parallélisme avec la moitié précédente du verset (voir Dogniez 1992, p. 330).

63 Ps 105,36–38 (= 106,36–38 TM).

attestés dans la Bible et il n'est pas surprenant qu'ils soient associés ici. La question est plutôt de comprendre le rôle que vient jouer le thème du sacrifice aux démons dans ce contexte.

Du point de vue grec, ce passage rappelle les φαῦλα δαιμόνια, les démons malveillants décrits par Plutarque dans le traité *Sur la disparition des oracles* et dans d'autres textes[64]. D'après Plutarque, l'idée selon laquelle les démons apprécient les sacrifices humains, et tout particulièrement ceux de jeunes gens, est répandue, même si elle ne devrait recevoir aucun crédit. Un passage de la vie de Pélopidas est assez explicite en ce sens. Plutarque raconte qu'un dieu apparut en rêve à Agésilas, le chef de l'armée de Sparte, et lui demanda, à l'image d'Agamemnon, de sacrifier sa fille pour assurer le succès de son expédition, ce que le chef refusa de faire. À propos de cet épisode, Plutarque nous dit que plusieurs considèrent qu'un sacrifice aussi impie ne peut, en aucune manière, relever de la volonté des dieux, ici définis comme « les êtres supérieurs », mais doit nécessairement appeler en cause des démons[65] :

> οἱ δὲ τοὐναντίον ἀπηγόρευον, ὡς οὐδενὶ τῶν κρειττόνων καὶ ὑπὲρ ἡμᾶς ἀρεστὴν οὖσαν οὕτω βάρβαρον καὶ παράνομον θυσίαν [...] δαίμονας δὲ χαίροντας ἀνθρώπων αἵματι καὶ φόνῳ πιστεύειν μὲν ἴσως ἐστὶν ἀβέλτερον, ὄντων δὲ τοιούτων ἀμελητέον ὡς ἀδυνάτων.
>
> Les autres étaient d'un avis contraire et soutenaient qu'un sacrifice si barbare et si criminel ne pouvait être agréable à aucun des êtres supérieurs de qui nous dépendons [...] il est stupide de croire à l'existence des démons qui prennent plaisir au meurtre et au sang des hommes, ou, s'ils existent, il faut les négliger comme étant sans puissance.

Dans ce passage reviennent deux idées également présentes dans la LXX : celle selon laquelle des sacrifices humains sont offerts à des démons et celle qui prétend que les démons, dont l'existence est disputée, sont des puissances ἀδύνατοι, c'est-à-dire qui n'ont pas de pouvoir effectif sur la vie humaine. En revanche, l'insistance sur l'élément de souillure impliqué par ces sacrifices est une caractéristique typiquement biblique qui n'a pas de parallèle dans les

---

64 Voir Plut., *Def. orac.* 417b et *supra*, § 2.3–2.4.

65 Plut., *Pel.* 21, 5–6 (trad. Flacelière et Chambry, Paris, Les Belles Lettres, 1966). Comparer, également, avec *Def. orac.* (417c–d) et voir, pour ce passage, Georgiadou 1997, p. 166–171. Pour un commentaire sur la position de Plutarque vis-à-vis de ces croyances, voir Brenk, 1977, p. 55, 1998, p. 177.

récits plutarchéens. Elle apparaît encore dans un passage de la LXX d'Isaïe, chapitre 65, versets 3–4, qui nous décrit des rituels adressés aux démons[66] :

> 3 Λαὸς οὗτος ὁ παροξύνων με ἐναντίον ἐμοῦ διὰ παντός αὐτοὶ θυσιάζουσιν ἐν τοῖς κήποις,
> καὶ θυμιῶσιν ἐπὶ ταῖς πλίνθοις **τοῖς δαιμονίοις** ἃ οὐκ ἔστιν· [L : τοῖς οἰκοῦσιν / καὶ τοῖς οὐκ οὖσιν]
> 4 καὶ ἐν τοῖς μνήμασιν καὶ ἐν τοῖς σπηλαίοις κοιμῶνται **δι᾽ ἐνύπνια,**
> οἱ ἔσθοντες κρέα ὕεια καὶ ζωμὸν θυσιῶν μεμολυμμένα πάντα τὰ σκεύη αὐτῶν.

> 3 Ce peuple, qui m'exaspère en ma présence tout le temps, ce sont eux qui sacrifient dans les jardins,
> et qui brûlent de l'encens sur les briques pour les démons – qui n'existent pas.
> 4 Dans les sépulcres et dans les grottes ils dorment pour des songes,
> eux qui mangent la viande de porc et la sauce des sacrifices – tous leurs objets sont souillés.

Il faut observer que tant la mention des démons que celle des rêves sont absentes du texte hébreu qui lit :

> 3 Ce peuple qui me provoque (*kʿs*), devant ma face, continuellement,
> ceux qui font des sacrifices dans les jardins et qui font monter la fumée sur les briques (*ûməqaṭṭərîm ʿal halləbēnîm*),
> 4 ceux qui se tiennent (*hayyōšəbîm*) dans les tombes et passent la nuit dans des lieux cachés,
> Mangent de la viande de porc et du brouet souillé dans leurs pots.

Les expressions hébraïques et grecques qui décrivent ici l'offense à Yhwh ressemblent à celles employées en Deut 32 (par exemple, l'emploi du verbe *kʿs*/ παροξύνω, ici et en Deut 32,16) et sont typiques du langage deutéronomique[67]. En outre, il paraît clair qu'autant l'expression τοῖς δαιμονίοις[68] que celle δι᾽ ἐνύπνια sont des ajouts imputables au traducteur et qu'ils ont une fonction exégétique, à savoir qu'ils visent à clarifier les destinataires et le but des rituels décrits qui sont assez obscurs en hébreu. Il se peut que la référence aux démons ait

---

66 J'adopte ici la traduction d'Alain le Boulluec et Philippe Le Moigne, Paris, Cerf, 2014.

67 Voir, par exemple, Deut 4,25 ; 9,18 ; 31,29 ; comparer également avec Ps 78,58 (= 77,58 LXX).

68 Pour la critique textuelle de ce passage, voir *supra*, p. 82.

effectivement été inspirée au traducteur par le passage de Deut 32,16. Il est, en revanche, difficile d'identifier les pratiques auxquelles il est fait allusion dans le texte hébreu d'Is 65,3–4. D'après la proposition de Susan Ackerman, les « sacrifices dans les jardins » pourraient indiquer un culte pour la déesse Asherah, vu que l'association entre jardins et arbres sacrés apparaît déjà en Is 1,29 et que l'arbre est une représentation traditionnelle de cette déesse[69]. Une autre hypothèse est d'y voir une référence au dieu de la végétation Adonis-Tammuz dont le culte était populaire au début de l'époque hellénistique, ce qui correspond à une datation parfois assignée au troisième Isaïe[70]. Pour ce qui est des rituels accomplis sur les briques, la référence est encore plus obscure. Bernhard Duhm suggérait déjà que l'hébreu *ləbēnâ* pouvait indiquer un autel de terre[71]. Le rituel est compris d'habitude comme une offrande d'encens, d'après la signification attribuée à la forme piel du verbe *qṭr*, littéralement « faire monter la fumée »[72]. L'interprétation est probable mais non assurée car, ailleurs, la même racine peut faire référence à la fumée produite par le sacrifice[73]. Le grec utilise ici l'équivalent usuel de *qṭr* Piel, θυμιάω, « brûler de manière à produire de la fumée » qui correspond bien à la signification du verbe hébreu et dont l'usage pour les encens et les parfums est bien attesté en grec.

Il paraît cependant improbable que le traducteur ait reconnu Asherah ou Tammuz comme étant les destinataires des rites mentionnés au verset 3. En tout cas, rien dans la formulation ne le laisse entendre. En revanche, la référence aux jardins, aux briques et à l'encens pourrait lui avoir suggéré l'idée d'un rituel de détournement pour les démons, probablement accompli à proximité des maisons. À cet égard, il faut aussi rappeler que la tradition lucianique est partagée en ce qui concerne la tradition manuscrite du verset 3b. Certains manuscrits ont la version τοῖς οἰκοῦσιν, qui pourrait relever d'une tentative de rendre l'hébreu *hayyôšəbîm* au début du verset 4, lequel ne serait autrement pas traduit. D'autres manuscrits ont la variante καὶ τοῖς οὐκ οὖσιν, qui a une signification similaire à ἃ οὐκ ἔστιν[74]. J'aurais tendance à considérer cette dernière lecture comme relevant de la Septante ancienne, alors que

69 Ackerman 1992, p. 165–212. Voir également Is 66,17. En Is 1,29 il est question de *'ēlîm* (térébinthes) et jardins : ici le traducteur comprend *'ēlîm* comme « idoles ».

70 Ainsi Eissfeldt 1970, p. 19–20. Tammuz est également mentionné en Ez 8,14 : voir Ribichini 1999 a, p. 9. Pour d'autres références au culte d'Adonis-Tammuz dans le livre d'Isaïe, voir Delcor 1978 (Is 17) ; Bonnet 1987 (Is 15).

71 B. Duhm 1892, p. 475 ; suivi par Westermann 1966, p. 318.

72 Ainsi Westermann 1966, p. 318 ; Watts 1985–1987, p. 339 ; Ackermann 1992, p. 169–174 ; Blenkinsopp 2003, p. 266–267.

73 Pour une discussion de cette racine, voir Angelini 2019, p. 249, note 30.

74 Voir Ziegler 1939, p. 360, *apparatus* I.

τοῖς οἰκοῦσιν pourrait bien être une correction ultérieure visant à rétablir un texte plus proche de l'hébreu et soulignant encore le caractère domestique de ces cultes[75].

La référence à des rituels spécifiques pour les démons et la mention de la divination par les songes suggèrent que le traducteur d'Isaïe se situe dans un registre de croyances et de pratiques destinées aux démons similaire à celui des textes d'Alexandre Polyhistor et de Plutarque. La référence aux « démons qui n'existent pas » pourrait, en outre, suggérer que le traducteur s'inscrit dans un débat philosophique courant à son époque. Il faut également tenir compte du fait que, parmi les lettrés de l'époque hellénistique, il n'est pas rare d'interpréter comme δαίμονες les divinités étrangères ainsi que les divinités dont le culte est attesté en Grèce mais qui sont considérées comme provenant de l'extérieur. Pour le premier cas, l'on peut penser à Osiris, Isis et Typhon cités chez Plutarque qui ne peuvent pas être considérés comme des dieux à part entière à cause de la nature « trop corruptible » de leurs vicissitudes, telles qu'elles sont connues par les mythes[76]. Dans le deuxième cas rentrent, entre autres, les dieux thraces et phrygiens nommés par Strabon, tels que Sabazios ou la Grande Mère, mais également les nymphes, les satyres et les Courètes. Les Athéniens ont accueilli ces puissances (δαιμόνων τούτων), dit Strabon, non seulement comme des servants des dieux (πρόπολοι θεῶν), mais également comme de véritables divinités (αὐτοὶ θεοί)[77]. Là encore, je ne songe pas à une influence directe de textes philosophiques ou ethnographiques grecs sur les traducteurs de la Bible hébraïque. Je tiens plutôt à souligner l'importance de la LXX en tant que premier témoin d'une notion religieuse qui sera ensuite répandue ailleurs dans le monde hellénistique. Les similitudes de langage sont ainsi l'indice d'une sensibilité religieuse nouvelle et partagée qui peut également servir des buts différents, voire divergents entre eux.

---

75 *Pace* Seeligmann 1948. L'expression ἃ οὐκ ἔστιν est marquée d'un obèle par Jérôme, ce qui indique sa présence dans la Septante ancienne. Le caractère mouvant de ce verset dans l'Antiquité est encore confirmé par une lecture assez obscure conservée par un manuscrit qumrânien : וינקו ידים על האבנים, « et ils vident leurs mains sur les pierres » (1QIsa[a], Ulrich et Flint 2010, DJD 32, vol. 2, p. 190). Le sens de l'expression n'est pas clair (voir encore Parry 2019, p. 430), mais Frank Moore Cross suggérait qu'elle pouvait faire référence à un rituel d'encens où *yad* (littéralement, « main ») aurait ici eu le sens de *kaf*, « le plat » de la main, mais également celui de la mesure pour une cuillère d'encens (Cross, cité par Hanson 2000, p. 141).

76 Plut., *Is. Os.* 355e–360f, notamment 360a. Chez Plutarque, Typhon est le nom grec du dieu Seth. Les croyances des Égyptiens sont définies par Plutarque comme impies et barbares (παρανόμους καὶ βαρβάρους, 358f).

77 Str. 10, 3, 18–19 (C 471–472).

Le discours mené dans les textes bibliques, à la fois en hébreu et en grec, est d'ailleurs caractérisé par une violence polémique qui n'a pas de véritables parallèles dans le monde grec. Cette manière explicite d'exprimer la polémique contre les dieux étrangers pour véhiculer un discours identitaire reste propre aux traditions bibliques : en ce sens, ce n'est pas une innovation des traducteurs, mais cela concerne déjà le texte de départ[78].

De ce point de vue, l'idée que les démons n'existent pas a, également, des résonnances à l'intérieur de la tradition biblique elle-même, notamment car, par ce biais, le traducteur associe aux démons un motif qui était typique de la polémique contre les idoles, à savoir le fait qu'ils sont dénués de pouvoir. Alors que la polémique contre les idoles insiste surtout sur leur matérialité inutile, dans le texte d'Isaïe la faiblesse des démons est suggérée par un manque de substance[79]. La vénération des idoles est encore associée aux cultes aux démons dans d'autres traditions du Second Temple, comme l'atteste un passage du livre d'Hénoch où les démons sont mis en parallèles avec les « fantômes » (φαντάσματα) et présentés comme sources d'impureté[80] :

> καὶ οἱ γλύφοντες εἰκόνα[ς ἀργυ]ρᾶς καὶ χρυσᾶς, ξυλίνας τε καὶ λιθίνας καὶ ὀστρακίνας, καὶ λατρεύ[οντες φαν]τάσμασιν καὶ δαιμονίοι[ς καὶ βδελύγ]μασιν καὶ πνεύμασιν πονη[ροῖς καὶ πάσαις ταῖς πλάναις οὐ κατ' ἐπι[στήμην] καὶ πᾶν βοήθημα οὐ μὴ εὕρητε ἀπ' αὐτῶν.
>
> Et ceux qui gravent des images en argent, en or, en bois, en pierre et en argile et adorent des fantômes, des démons, des êtres abominables, des esprits mauvais et toutes sortes d'erreurs, faute de connaissance, et vous ne recevrez d'eux aucune aide.

Ce rapprochement entre démons et idoles est donc un thème qui mérite d'être analysé plus en détail. Avant de s'y pencher, il faut toutefois s'arrêter brièvement sur un dernier passage de la LXX d'Isaïe où il est encore question d'un culte « démoniaque », ou pour mieux dire « daïmonique », à savoir Is 65,11.

---

78 Sur le sujet et sur sa diffusion chez les auteurs chrétiens, voir Anderson 2016 ; Barbu 2016, p. 40–88.

79 Voir également Van der Vorm-Croughs 2014, p. 468–469. Sur le discours sapientiel contre les idoles dans la Bible hébraïque, voir récemment Ammann 2015. Des formulations proches d'Is 65,3 se trouvent dans la LXX de Jer 10,15 (μάταιά ἐστιν ἔργα ἐμπεπαιγμένα) ; et d'Hab 2,18 (χώνευμα, φαντασίαν ψευδῆ).

80 1 Hen 99,7 d'après la version du papyrus Chester Beatty.

2.2 *Retour sur Bon démon et Fortune*

J'ai déjà annoncé dans le troisième chapitre que Is 65,11 constituait un cas de figure en partie différent par rapport à la thématique des dieux des autres[81]. Dans ce passage, la polémique est adressée à ceux qui « préparent la table pour le δαίμων et remplissent une coupe pour τύχη » qui sont explicitement opposés aux « servants de Yhwh » (verset 8) et sont donc destinés à une très mauvaise fin (verset 12a)[82] :

11 ואתם עזבי יהוה	11 ὑμεῖς δὲ οἱ ἐγκαταλιπόντες με
השכחים את הר קדשי	καὶ ἐπιλανθανόμενοι τὸ ὄρος τὸ ἅγιόν μου
הערכים לגד שלחן	καὶ ἑτοιμάζοντες τῷ δαίμονι τράπεζαν
והממלאים למני ממסך	καὶ πληροῦντες τῇ τύχῃ κέρασμα,
12 ומניתי אתכם לחרב	12 ἐγὼ παραδώσω ὑμᾶς εἰς μάχαιραν,
וכלכם לטבח תכרעו	πάντες ἐν σφαγῇ πεσεῖσθε ...

11 Mais vous qui abandonnez Yhwh,	11 Mais vous, qui m'abandonnez,
qui oubliez mon mont saint,	qui oubliez mon mont saint,
Qui préparez une table pour Gad,	qui préparez une table au démon
et remplissez un mélange (de vin) pour Méni	et remplissez une coupe à la Fortune,
12 Je vous ai destinés à l'épée,	12 moi je vous livrerai à l'épée,
et vous tous vous mettrez à genoux pour l'abattage ...	vous tomberez tous immolés ...

Au vu de la variété de lectures attestées par la tradition manuscrite, j'ai décidé de suivre la proposition de Rahlfs qui voit en δαίμονι la forme originelle de la Septante ancienne. Nous trouvons ici la seule occurrence de δαίμων au lieu de δαιμόνιον dans la LXX. Il est très vraisemblable, comme l'ont déjà suggéré Seeligmann et ensuite Schaper[83], que le traducteur ait interprété les sacrifices offerts à Gad et Méni comme des références aux cultes de la « Bonne Fortune » et du « Bon démon » (*agathetyche* et *agathodaimon*) : deux puissances bienfaisantes et protectrices extrêmement populaires dans tout le bassin méditerranéen aux époques hellénistique et romaine et souvent nommées ensemble. Même si l'on reste toujours dans le cadre de la polémique contre les dieux étrangers, Schaper a donc raison de souligner que la mention du δαίμων, ici,

81 Pour une discussion des variantes textuelles, voir *supra*, p. 82–83.

82 Is 65,11–12a. Pour le grec, je reprends la traduction d'Alain Boulluec et Philippe Le Moigne, Paris, Cerf, 2014.

83 Seeligmann 1948, p. 264–265 [99–100] ; Schaper 2010.

ne vise pas à « démoniser » les dieux des autres, mais qu'elle correspond à une référence cultuelle précise[84].

Par contre, quelques aspects de l'interprétation de ce passage méritent d'être discutés plus en détail. Le premier concerne la dialectique entre dimension publique et privée du culte rendu au bon démon, qui semble être particulièrement complexe en Égypte[85]. Il est, en effet, indéniable que l'*agathodaimon* a joué un rôle important dans les récits de fondation d'Alexandrie et que, dans cette ville, son culte a eu une portée civique considérable. D'un autre côté, plusieurs sources identifient l'*agathodaimon* à différentes divinités indigènes et anciennes d'Égypte et son nom était également appliqué à un bras du fleuve Nil[86]. D'après Schaper, le traducteur aurait eu le double objectif de mettre en garde son public à la fois contre la participation aux rituels civiques pour δαίμων et τύχη et contre le danger représenté par la pénétration du culte dans les maisons juives d'Alexandrie. Il me semble, toutefois, que la dimension publique de ce culte n'est jamais mise en avant par le texte. La référence à la coupe et à la table souligne plutôt l'aspect domestique du rite qui est, sans doute, le plus ancien et qui est également bien attesté dans les sources grecques dès l'époque classique où les libations au « bon démon » et au « bon sort » inauguraient traditionnellement les symposiums et sont bien attestées en contexte dionysiaque[87]. En outre, la nature chtonienne souvent attribuée à l'*agathodaimon*, vénéré en Égypte sous la forme d'un serpent[88], s'inscrit bien dans le contexte plus large du chapitre 65, versets 1–11, puisque dans les versets 3–4 il est fait référence à des rituels qui avaient lieu dans des jardins et dans des grottes. De ce point de vue, la mention du démon au verset 11 fait écho, voire reprend probablement de manière intentionnelle celle du verset 3 où les Israélites sont accusés de brûler de l'encens pour des démons (τοῖς δαιμονίοις).

Cette remarque m'amène au point suivant, qui est d'ordre méthodologique. On a souvent utilisé Is 65,11 comme une démonstration de la nature profondément hellénisée et « actualisante » de la LXX d'Isaïe, nature qui ne peut en

84 Schaper 2010, p. 146, *pace* Riley 1999, p. 238.

85 Pour un répertoire des sources littéraires et épigraphiques, la référence est encore Ganschinietz 1918, p. 37–59 ; pour les sources iconographiques, Dunand (LIMC I–II, s.v.) ; sur le culte à Alexandrie, voir Visser 1938, p. 6–8 ; Fraser 1972, I, p. 209–211 ; Ogden 2014. Pour un traitement des sources hellénistiques, voir Sfameni Gasparro 1997. Les cultes du bon démon et Fortune sont mentionnés également par Philon (*Prob.* 39).

86 Voir Bernand 1969, no. 175, II, 9 ; Philon de Byblos chez Eusèbe (*Praep.* 1, 10, 48).

87 Les *loci classici* sont chez Aristophane (*Eq.* 85 et 105 ; *Pax* 300 ; *V.* 525). Pour d'autres sources voir Ganschinietz 1918, p. 40. Sur l'*agathodaimon* en contexte dionysiaque voir Pirenne-Delforge 2020, d'après laquelle la référence à l'*agathodaimon* exprime la manifestation de la puissance de Dionysos dans le cadre du sympose.

88 Voir les sources citées par Dunand 1918, ainsi que Daszewski 1991, p. 96.

aucune manière être remise en question. Cependant, la traduction d'Isaïe n'est pas seulement une traduction libre ou actualisante : comme le rappelle justement John Lee[89], elle est davantage une traduction littéraire. Il faut donc envisager l'hypothèse que certaines innovations ne soient pas forcément à interpréter à la lumière d'un véritable conflit religieux (ou encore moins politique), mais qu'elles soient plutôt à expliquer par le choix d'un registre linguistique qui est hellénisant car élevé. Les deux références aux démons introduites aux versets 3 et 11, toutes deux absentes en hébreu, pourraient en partie être expliquées par des raisons d'ordre littéraire, à savoir un renvoi d'ordre stylistique voulu par le traducteur à l'intérieur du chapitre 65. En outre, ce dernier pourrait avoir choisi δαίμων et τύχη car ils étaient *de facto* les meilleurs équivalents pour Gad et Méni dans ce contexte, comme il me semble pouvoir le démontrer.

Un aspect moins discuté de ce passage concerne, effectivement, la relation entre le grec et l'hébreu. À cet égard, la question de la convergence entre les noms divins choisis par le traducteur et ceux mentionnés dans le texte hébreu n'a pas été suffisamment prise en compte. Méni est une puissance peu connue et ce passage représente sa seule occurrence dans la Bible hébraïque. Toutefois, la racine *mnh*, « diviser », « compter », et parfois « assigner » est bien attestée en hébreu et en ougaritique (*mny*, « assigner en sort ») et des antécédents ont été repérés dans l'onomastique d'Ebla et d'Ougarit[90]. Ce verbe est considéré comme étant un emprunt à l'accadien *manu*, « repartir », « attribuer », « donner la part ». Il est donc fort probable que Méni soit une divinité du sort, vraisemblablement à mettre encore en relation avec la déesse Manat attestée au Levant dès l'époque nabatéenne, notamment à Palmyre, et il est possible qu'elle ait été identifiée à τύχη/*Fortuna* dans les sources d'époque romaine[91]. D'ailleurs la reprise du verbe *mnh* au verset 12 (*ûmānîtî*, « je vous ai assignés », « destinés », mais à l'épée ! dit Yhwh) semble jouer précisement sur cet aspect du dieu. Gad est en revanche une divinité bien connue dans le Levant. Elle est attestée dans la Bible hébraïque comme nom propre, comme théonyme

---

89 Lee 2014.

90 Baldacci 1978. Le texte administratif d'Ebla est un décompte de portions d'orge qui contient le nom d'un fonctionnaire appelé « Mani a donné » (TM.75.G.336, *verso* I, 4, publié par Pettinato et Matthiae 1976, p. 5).

91 Elle est attestée épigraphiquement à partir du IVe s. av. J.-C. par une inscription cultuelle en Arabie du Nord et par deux théophores, et apparaît en outre dans une inscription funéraire nabatéenne (CIS II, 198) : voir les sources collectées par Roche 2014, p. 3–4. La déesse est, en outre, représentée comme Némésis avec le sceptre à Palmyre, et un buste de Tyché a été repéré au centre d'un zodiaque dans le temple nabatéen de Khirbet el Tannur. Sur le culte de Manat on peut voir également Fahd 2012, p. 373–374 ; Sperling 1999, p. 566–568 ; Gorea 2010, p. 156–157.

et comme toponyme[92], parfois avec une référence directe au bon sort[93]. Le nom est d'ailleurs présent dans l'onomastique du premier millénaire avant l'ère dans tout le Levant[94]. La documentation épigraphique date en grande partie de l'époque romaine et comprend une cinquantaine d'inscriptions, dont la plupart ont été retrouvées à Palmyre et Hatra[95]. Gad est également attesté en contexte punique par trois inscriptions provenant d'Ibiza, de Nora (Sardaigne) et de Mactar (Tunisie)[96]. Comme Ted Kaizer et, plus récemment, Ryan Thomas l'ont relevé, Gad endosse dans l'épigraphie plusieurs fonctions différentes ; il peut être seul ou accompagné d'autres divinités (comme par exemple Ba'al et Tanit[97]) ; son nom peut être isolé ou suivi par un locatif (« Gad de ... »[98]) et il est souvent utilisé comme épithète plutôt que comme théonyme. Il pose, donc, le même ordre de problèmes que ceux soulevés par ἀγαθοδαίμων et par τύχη, à savoir celui de l'articulation entre un qualificatif susceptible d'être assigné à plusieurs divinités et la désignation d'une entité divine indépendante. À ce propos, Ryan Thomas souligne justement que le concept de « personnification » ou « d'abstraction » est de loin trop simpliste pour expliquer l'articulation entre les deux niveaux[99]. La documentation épigraphique démontre, d'ailleurs, que ces deux usages ne doivent pas être considérés comme alternatifs, ni mutuellement exclusifs. Dans l'Antiquité, une telle ambiguïté peut caractériser n'importe quelle divinité, même si le phénomène semble être particulièrement prononcé pour les puissances divines liées au sort, autant au Levant qu'en Grèce. En outre, tout comme *agathodaimon* et Tyché, Gad a une double nature divine : d'un côté civique, patronne de la cité, de l'autre familiale ou personnelle, qui le rapproche d'un « bon génie ». Il n'est donc pas complètement identique à Tyché, bien que les deux notions, néanmoins proches, aient été, à un moment donné, confondues et superposées[100]. L'équivalence entre Gad et Tyché est explicitement attestée pour la première fois dans une inscription bilingue de Palmyre du premier siècle de notre ère, mentionnant Gad

92 Voir notamment Ba'al-Gad en Jos 11,17.

93 Notamment en Gen 30,11 à propos du fils de Leah : « et Leah dit : 'quelle chance' ! et appela son fils 'Gad' ».

94 Voir Thomas 2019.

95 Le dossier a été publié et analysé par Kaizer 1997, 1998.

96 Respectivement *RES* 1222 ; *KAI* 72 et 147. Une inscription provenant de Lachish et datant de l'âge du Bronze est douteuse : voir Ribichini 1999 b, p. 339–341.

97 *KAI* 72 b, traduite et commentée par Kaizer 1998.

98 Par exemple PAT 0179, 0273, 1079, 1097, traduites et commentés par Kaizer 1997.

99 Thomas (2019, p. 311), d'après lequel Gad ne serait à l'origine qu'une épithète du dieu El.

100 Voir Kaizer 1998, p. 51–53 ; 58–59, et Roche 2014, p. 3.

dans le texte araméen et τύχη en grec[101]. Dans ce cadre, la LXX d'Is 65,11 mérite d'être ajoutée au dossier en tant que premier témoignage de la perception des anciens d'une proximité parmi ces deux notions du divin. En outre, ce passage constitue la seule attestation dans la LXX d'une acception du δαίμων comme puissance liée au destin, correspondant probablement à la signification première et plus profonde du mot dans la culture grecque.

3 Démons, images, idoles

Revenons à présent sur la relation entre démons et idoles que nous avons vus associés dans le Ps 106 ainsi que dans des traditions du Second Temple, telles que le livre d'Hénoch. Le discours sur les prétendues idoles est en réalité déjà lié à la polémique contre les dieux étrangers dans le Pentateuque, notamment en Deut 32, au verset 21 :

Ils m'ont rendu jaloux par un non-dieu (*lō' 'ēl*),
Ils m'ont provoqué par leurs pratiques vaines (*bəhablêhem*),
Et moi je les rendrai jaloux par un non-peuple.

αὐτοὶ παρεζήλωσάν με ἐπ᾽ οὐ θεῷ,	Ils m'ont rendu jaloux par un non-dieu,
παρώργισάν με ἐν τοῖς εἰδώλοις αὐτῶν.	ils m'ont provoqué par leurs idoles.
Κἀγὼ παραζηλώσω αὐτοὺς ἐπ᾽ οὐκ ἔθνει,	Et moi je les rendrai jaloux par un non-peuple,
ἐπ᾽ ἔθνει ἀσυνέτῳ παροργιῶ αὐτούς.	je les provoquerai par un peuple borné/obtus.

Ce verset constitue le sommet de la polémique entamée au verset 16 et dans le texte grec les εἴδωλα semblent occuper la même fonction que les δαιμόνια aux versets 16–17. Le grec εἴδωλα traduit ici l'hébreu *hăbālîm*. L'équivalence entre *hebel* et εἴδωλον n'est pas un choix littéral, l'équivalent le plus littéral et le plus fréquent pour *hebel* dans la LXX étant μάταιος. Il s'agit, en revanche, d'un choix orienté vers la langue cible car le traducteur recourt à une notion grecque polysémique et extrêmement opérationnelle. Un aspect spécifique du champ sémantique de l'εἴδωλον en grec a probablement orienté ce choix, à savoir sa

---

101 *CIS* II, 3927. Transcription, traduction et commentaire en Kaizer 1997, p. 152–153. L'anthroponyme *Eytychés* est également attesté, transcrit en sémitique (*'tks*), sur un autel nabatéen (Milik 1976 b, p. 148). Sur les cultes de Tyché dans la Palestine d'époque romaine voir Belayche 2003.

nature trompeuse. Depuis Homère, le mot peut être appliqué à toute image qui restitue l'apparence d'un individu ou d'un objet qui est ailleurs ou qui n'est pas réel : l'image d'une personne qui apparaît en rêve (ὄναρ)[102], de fantômes ou spectres du monde des morts (ψυχή)[103], ou une image créée exprès par les dieux (φάσμα)[104] ; mais également l'ombre d'un corps (σκιά)[105], l'image reflétée par un miroir[106], etc. Cet emploi du mot souligne le fait que la représentation visuelle produite par l'εἴδωλον ne correspond pas à une réalité. Dans certaines sources, le manque de réalité correspond à un manque de corps : Lucien, par exemple, définit l'ombre d'Héraclès comme un ἀσώματον εἴδωλον[107].

Si l'on compare ces usages à la signification originaire de *hebel*, « vapeur », d'où dérive l'idée de « vanité », « inutilité », sa traduction par εἴδωλα en Deut 32 semble refléter la conscience de la part du traducteur que le mot peut, parfois, renvoyer à quelque chose qui manque de substance[108]. Par ailleurs, la racine *hbl* et les images provenant des rêves sont déjà associés dans quelques textes bibliques, comme par exemple Zach 10,2 qui condamne les songes comme moyen divinatoire car ils offrent seulement une consolation inutile (*hebel*). Un passage difficile du livre du Qohéleth compare les rêves (*ḥălōmôt*) aux vanités (*hăbālîm*)[109]. Cet arrière-plan pourrait également avoir justifié l'équivalence entre εἴδωλον et *hebel* en Deut 32,21[110]. Dans la péricope constituée par les versets 16–21 δαιμόνια et εἴδωλα sont ainsi deux concepts contigus, les deux renvoyant à des entités privées de substance. On a vu qu'un tel rapprochement a ses parallèles dans les philosophies hellénistiques, et, dans sa biographie de Dion, Plutarque critique tous ceux qui croient aux apparitions de démons et de spectres (φάντασμα δαίμονος μηδ' εἴδωλον)[111]. Dans la LXX ces deux concepts deviennent proches au point d'être interchangeables, comme cela est démontré par un passage du Ps 95 (= 96 TM) et par sa réécriture dans le chapitre 16 du premier livre des Chroniques (1 Paral 16 LXX). Le psaume célèbre la royauté de Yhwh et insiste sur la faiblesse des autres dieux lorsqu'ils sont comparés à Yhwh. L'hébreu lit[112] :

---

102 Synesius cyr., *De Somniis* 15.
103 Hom., *Od.* 11, 471–476 ; 24, 14 ; Hdt. 5, 92.
104 Hom., *Il.* 5, 449–453 ; *Od.* 5, 796.
105 Aesch., *A.* 839.
106 Plut., *Pyth. orac.* 404c 10.
107 Luc., *DMort.* 11, 5.
108 Comme le suggère déjà Hayward 2007, p. 44–45.
109 Qoh 5,6.
110 Hayward 2007, p. 44–46.
111 Plut., *Dion* 2, 2–4, et *supra*, p. 76.
112 Ps 96,5 (= 95,5 LXX).

כי כל אלהי העמים אלילים ויהוה שמים עשה

Tous les dieux des peuples sont des dieux de rien (*'ĕlîlîm*), alors que Yhwh a fait les cieux.

1 Chroniques 16 est un chant attribué à David, composé par la réécriture de plusieurs psaumes combinés. Le verset 26 de ce chant cite le Ps 96,5 : en hébreu, les deux versets sont identiques et ils ont l'expression *'ĕlîl*. Cette forme, qui apparaît quasi exclusivement au pluriel, a toujours une valeur péjorative dans la Bible hébraïque et pourrait avoir été créée *ad hoc* pour ce propos. Le nom rappelle l'adjectif *'ĕlîl*, « faible », et pourrait évoquer de manière polémique le substantif *'el*, « dieu »[113]. Or, d'après une logique que nous avons déjà vue à l'œuvre en Deut 32, dans le texte grec du Ps 95,5 (= 96,5 TM) *'ĕlîl* est traduit par δαιμόνια :

> ὅτι μέγας κύριος καὶ αἰνετὸς σφόδρα φοβερός ἐστιν ἐπὶ πάντας τοὺς θεούς
> ὅτι πάντες οἱ θεοὶ τῶν ἐθνῶν *δαιμόνια* ὁ δὲ κύριος τοὺς οὐρανοὺς ἐποίησεν

Par contre, en 1 Paral 16,26 le traducteur des livres des Chroniques choisit εἴδωλα pour le même référent hébreu :

> ὅτι πάντες οἱ θεοὶ τῶν ἐθνῶν *εἴδωλα* καὶ ὁ θεὸς ἡμῶν οὐρανὸν ἐποίησεν

Une telle différence n'est pas nécessairement surprenante car *'ĕlîlîm* n'est jamais traduit de manière systématique dans la LXX. Au contraire, nous trouvons une solution différente presque à chaque occurrence. Néanmoins, tous les choix proposés reflètent le langage de la polémique contre les idoles : c'est le cas de βδελύγματα (« choses dégoutantes ») ou χειροποίητα (« objets créés par l'homme »)[114]. En outre, l'équivalence entre εἴδωλα et *'ĕlîlîm* a un précédent en Lev 19,4 (οὐκ ἐπακολουθήσετε εἰδώλοις καὶ θεοὺς χωνευτοὺς οὐ ποιήσετε ὑμῖν, ἐγὼ κύριος ὁ θεὸς ὑμῶν : « ne suivez pas des idoles et ne vous fabriquez pas des dieux sculptés, je suis le Seigneur votre dieu ») et il est possible qu'elle ait été influencée par les traditions sur le Décalogue. La comparaison entre le texte grec des Psaumes et celui des Chroniques démontre, en tout cas, la proximité entre la notion d'εἴδωλον et celle de δαιμόνιον.

Pour sa part, la mention des εἴδωλα nous ramène au contexte de la polémique contre lesdites « idoles » ainsi que vers l'interdiction des images divines, voire

113 Voir Preuss 1977.

114 Voir par exemple Is 2,8, 18, 20 ; 10,11 ; 19,1 ; 31,7.

des images « tout court », telle qu'énoncée par le Décalogue, tout en soulevant la question de sa réception ancienne. Lorsque les traducteurs (et, par la suite, les auteurs) de la LXX construisent la polémique contre les dieux étrangers en les définissant comme εἴδωλα, ils ont recours à une idée qui, comme nous l'avons vu, peut parfois être associée à ce terme grec : celle d'une forme privée de réalité, d'un fantôme, qui met l'accent sur l'aspect de vacuité et de vanité et qui correspond bien aux notions exprimées en hébreu par *'ĕlîlîm*, *hăbālîm*, etc.

En y regardant d'un peu plus près, cet usage implique, néanmoins, un glissement important dans la sémantique grecque d'εἴδωλον. Comme l'ont bien montré les études de Jean-Pierre Vernant[115], l'aspect saillant de l'εἴδωλον grec n'est pas son inconsistance ni son caractère trompeur, qui est en revanche souligné dans certains textes bibliques. L'εἴδωλον est plutôt caractérisé par sa capacité à « présentifier » quelqu'un ou quelque chose. Il peut également, par sa fonction performative, servir d'équivalent fonctionnel de la personne ou de l'objet qui est représenté (et, en ce sens, il ne correspond que partiellement à notre concept moderne de « fantôme », qui reste une traduction peu précise). L'εἴδωλον est ainsi un double, un substitut de l'identité individuelle. De ce point de vue, il renvoie au champ sémantique de l'image, conçue en tant que représentation visuelle, et il peut se référer autant aux images privées de réalité, que l'on qualifierait d'« apparences », qu'à des objets bien concrets comme, par exemple, des statues. Un des cas révélateurs de cette nature de l'εἴδωλον grec est constitué par la statue du guerrier troyen Protésilas, érigée par son épouse Laodamia, qu'elle vénérait en secret dans son lit, car l'image représentait l'équivalent fonctionnel du mari parti à la guerre, à savoir qu'elle le remplaçait lors de son absence[116]. Pourtant, puisque la propriété principale de l'εἴδωλον n'est ni l'absence de réalité ni la ressemblance avec l'objet représenté, mais sa capacité à rendre visible une présence qui est ailleurs, la similarité n'est pas non plus une caractéristique essentielle. Ainsi, les *kolossoi*, ces pierres brutes levées comme cippes pour les morts, rentrent à plein titre dans la catégorie des εἴδωλα. Par conséquent, la fonction de présentification qui est propre à l'εἴδωλον rend ce terme parfait pour décrire les statues divines, images tangibles d'une réalité qui appartient à un monde invisible ou autre. Comme nous allons le voir, ce dernier aspect n'avait pourtant pas échappé aux traducteurs de la LXX.

3.1 *Les εἴδωλα, entre images et idoles*

Dans la LXX, εἴδωλα traduit plusieurs termes hébreux, au point que le substantif semble dénoter une catégorie générale, celle d'« idole », qui réunit un

115 Vernant 1975, 1983, 1990 (en réponse à Saïd 1987).

116 Pour l'analyse de cet épisode, voir Bettini 1992, p. 12–16.

vocabulaire assez divers, toujours appliqué à des dieux illégitimes ou à des objets des cultes interdits. Il faut, toutefois, préciser que le concept d'idole ne naît pas avec les εἴδωλα de la LXX, mais qu'il est déjà opérationnel, dans une certaine mesure, dans la Bible hébraïque, même s'il n'est pas défini par une expression univoque. Par « polémique contre les idoles », on entend généralement une manière précise de critiquer les dieux étrangers, en les réduisant à de pures et simples images[117]. Cette polémique s'enracine dans les prohibitions du Décalogue qui interdisent aux Israélites de fabriquer des images (divines ?) et de les vénérer comme si elles étaient des dieux. Cette interdiction est formulée dans les deux versions du Décalogue, en Ex 20,4 et en Deut 5,8. Ici, le terme εἴδωλον apparaît pour la première fois comme équivalent de l'hébreu *pesel*. Il faut, toutefois, tenir compte du fait qu'en Deut 5,8 le codex Alexandrinus et le papyrus Chester Beatty (963) préservent la traduction plus littérale de *pesel* par γλύπτον, « objet sculpté », qui correspond vraisemblablement à la LXX ancienne[118].

De manière générale, εἴδωλον compte environ soixante-dix occurrences dans la LXX dont douze se trouvent dans le Pentateuque. Il traduit quinze termes hébreux, se référant presque exclusivement à des dieux ou à des objets de culte étrangers[119]. Si l'on considère seulement le Deutéronome, l'on observe qu'εἴδωλον traduit au moins deux substantifs différents : *hăbālîm* en 32,21 ; *gillûlîm* en 29,16 (et encore *pesel* en Deut 5,8 dans le Vaticanus).

Une hypothèse proposée par F. Büschel dans les années soixante, puis reprise par F. Barnes Tatum et encore acceptée aujourd'hui[120], voit dans l'introduction d'εἴδωλον en ce contexte une tentative, de la part des traducteurs, de réinterpréter le deuxième commandement comme anti-idolâtre, et non comme simplement anti-iconique comme il l'était à l'origine[121]. D'après cette hypothèse, la prohibition imposée par Yhwh aux Israélites telle qu'elle était comprise à l'époque des traducteurs ne concernerait pas toute image divine, et encore moins les représentations visuelles tout court, mais seulement les images des divinités étrangères, désormais dévalorisées et réduites à de simples « idoles »[122]. L'hypothèse s'appuie sur deux éléments : le fait que l'équivalence entre *pesel* et εἴδωλον n'apparaît que dans ces deux passages du

117 Voir Levtow 2008, 16–18 ; Ammann 2015, p. 12–13.
118 Cette lecture est donc préférée par Wevers 1977.
119 Avec l'exception des *tĕrāpîm* en Gen 31,19, 34, 35.
120 Büschel 1964 ; Barnes Tatum 1986.
121 Barnes Tatum 1986, p. 178–179.
122 L'hypothèse est en partie rejetée par Hayward, 2007, même s'il attribue à εἴδωλον en Ex 20,4 la signification d'« idole ». Voir également la discussion en Barbu 2011 ; id. 2016, p. 40–51.

Décalogue et l'idée selon laquelle εἴδωλον ne serait jamais utilisé pour désigner des images divines en dehors des traditions juives et chrétiennes. En outre, l'idée que la signification première d'εἴδωλον soit celle d'image « illusoire », et donc « fausse », serait renforcée par la connotation péjorative assignée à ce mot dans les écrits platoniciens. Dans la théorie de l'image et de la vision développée par Platon, d'abord dans *Le Sophiste* et ensuite dans *La République*, le philosophe oppose effectivement la fidélité del'εἴκων à la nature trompeuse de l'εἴδωλον[123].

Les interprétations de Büschel et de Barnes Tatum ont donc tendance à réduire les usages d'εἴδωλον dans la LXX à une logique univoque. Mais leur hypothèse n'est pas entièrement vérifiée. Dans un article de 2002, Terry Griffith a réuni une série de textes littéraires dans lesquels εἴδωλον désigne clairement des statues divines ou des objets de culte[124]. Outre un passage de Polybe assez bien connu[125], parmi les auteurs repérés par Griffith figurent Hérodote et Ésope, et nombres d'auteurs d'époque hellénistique, tels que Diodore de Sicile, Denys d'Halicarnasse et Plutarque.

En outre, les données papyrologiques confirment les résultats mis en évidence par Griffith pour les textes littéraires et ouvrent de nouvelles pistes. Deux pétitions sont particulièrement intéressantes à ce sujet. Un papyrus grec démotique provenant de Tebt et datant de 87 av. n. è. contient une pétition rédigée par un certain Armisios et ses collègues qui travaillent comme embaumeurs d'ibis et de faucons dans le temple d'Hermès[126]. Armisios dénonce des malfaiteurs qui, s'étant introduits dans le temple alors qu'il était en train de laver les vêtements des dieux, l'ont frappé à plusieurs reprises et ont volé les habits divins. Pour décrire les images divines Armisios utilise les expressions τῶν ἐν τῶι ἱερεῶι ἰδώλων[127] ἰβίων καὶ ἱεράκων (« des images des ibis et des faucons qui sont dans le temple »), et τὰ βύσσινα ὀθόνια τῶν θεῶν (« les vêtements de lin précieux des dieux »). Εἴδωλα indique ici les statues, ou plus probablement des momies d'ibis et de faucons qui étaient censées représenter les dieux et qui étaient recouvertes de lin.

Dans la même ligne, un *ostracon* trouvé près du cimetière des poissons sacrés à Latopolis, datant du Iᵉʳ ou IIᵉ siècle de notre ère, contient une pétition oraculaire adressée à Athéna par des embaumeurs de béliers, Ammonios et

123 Pl., *Sph.* 240a–b ; *R.* 7, 516 *sqq.*

124 Griffith 2002.

125 Pol., *Hist.* 30, 25, 13–15, qui décrit les processions au village de Daphné, près d'Antioche, pour les jeux en l'honneur d'Antiochus IV.

126 PStrasb. 2 91, ed. Preisigke 1920. Pour le texte complet avec traduction anglaise des papyri ici discutés, voir Angelini 2019, p. 257–260.

127 Restauré par les éditeurs en ἱερῶι εἰδώλων.

ses collègues, injustement accusés par leurs ennemis le jour de la fête dédiée à la déesse[128]. La prière est adressée aux εἰδώλοις Ἀθηνᾶς θεοῖς μεγίστοις (« aux images sacrées d'Athéna, les grands dieux »), et une expression similaire apparaît encore quelques lignes plus loin, lorsque les embaumeurs demandent l'aide des dieux : ἀξιοῦμεν ἡμᾶς κρίνεσθαι μετ' αὐτῶν καὶ βοηθεῖσθαι ὑφ' ὑμῶν τῶν κυρίων εἰδώλων καὶ τῶν σὺν ὑμῖν ἁπάντων θεῶν (« nous demandons à être jugés par vous et à recevoir de l'aide de votre part, images maîtres, et de la part de tous les dieux qui sont avec vous »). La question est donc de savoir à quoi ressemblaient ces images d'Athéna qui étaient sans doute des objets présents dans le temple et présumés aptes à représenter la déesse pour que la pétition soit efficace. Or, à Latopolis la déesse égyptienne Neith était identifiée à Athéna depuis longtemps ; en outre, le poisson *latos* (*lates niloticus*) était considéré comme consacré à la déesse et faisait l'objet d'un culte. Il est donc probable que les εἴδωλα aient été des momies de poissons conservées dans le temple, qui fonctionnaient comme substituts d'Athéna-Neith. La formulation du papyrus met d'ailleurs en parallèle les εἴδωλα κύρια, les « images maîtres » – au sens où elles représentent la divinité principale du temple, et les autres dieux qui étaient vénérés dans le même temple (καὶ τῶν σὺν ὑμῖν ἁπάντων θεῶν).

Cette interprétation est encore appuyée par un troisième papyrus de Tebt, du Ier siècle de notre ère. Il transcrit le serment d'une corporation de pêcheurs des villages de la région qui jurent de s'abstenir de la capture de l'oxyrhynque et du lépidote, deux poissons sacrés pour Osiris. Encore une fois, le texte utilise l'expression εἴδωλα θεῶν ὀξυρύνχων κ(αὶ) λεπιδωτῶν, « les images des dieux oxyrhynques et lépidotes », qui indique la proximité fonctionnelle entre les divinités et « leurs » poissons[129].

Ces témoignages permettent, donc, de conclure que, dans la formulation du deuxième commandement dans la LXX d'Ex 20,4, εἴδωλον ne doit pas être compris de manière abstraite ou polémique comme « idole ». Au contraire, le terme suggère l'idée d'une image, probablement une statue, qui agit comme substitut du dieu et dont la fonction est de présentifier la divinité aux yeux du fidèle[130]. Dans cette perspective, le choix opéré par le traducteur de l'Exode relève d'une réception spécifique du deuxième commandement : un résultat

128 P.Worp 7 (= O. Garstand 1), ed. Boyaval 1980 ; Gallazzi 1985 ; Gascou 2008 avec traduction française. Le contenu de l'accusation n'a pas été préservé. Sur les pétitions oraculaires comme genre littéraire, voir Versnel 1991.

129 Hunt et Edgar, *Sel. Pap.* 2, no. 329, Loeb 1934.

130 Les similarités entre l'εἴδωλον d'Ex 20,4 et les données papyrologiques n'ont pas échappé à l'observation minutieuse de James Aitken qui, dans un article de 2014, suggérait que la compréhension d'εἴδωλον comme « image » était la lecture la plus simple du passage (p. 193). Voir également Le Boulluec et Sandevoir 1989, p. 205–206.

qui n'est pas étonnant lorsque l'on tient compte du fait que l'interdiction sur les images était susceptible d'interprétations différentes encore aux époques hellénistique et romaine. À cet égard, il suffit de comparer les interprétations proposées par Josèphe, d'après qui la reproduction de tout être vivant (μηδενὸς εἰκόνα ζῴου) est interdite pour les Juifs, et par Philon qui, en paraphrasant le deuxième commandement, utilise le langage propre des statues divines (περὶ ξοάνων καὶ ἀγαλμάτων καὶ συνόλως ἀφιδρυμάτων χειροκμήτων)[131]. L'équivalence entre *pesel* et εἴδωλον apparaît, dès lors, comme parfaitement respectueuse à la fois de la langue source (l'hébreu) et de la langue cible (le grec).

En conclusion de ce long parcours, nous pouvons, donc, tirer quelques réflexions générales sur la manière dont la catégorie de démon est mobilisée pour penser les dieux des autres. Nous avons vu que le Chant de Moïse met pour la première fois en place l'idée des démons comme puissances étrangères à la cour céleste, inférieures à Yhwh et inconciliables avec sa souveraineté et, par conséquent, avec son culte. Une telle notion n'est pas introduite par les traducteurs, mais est déjà opérationnelle dans la forme pré-massorétique du texte hébreu. De ce point de vue, la LXX démontre une continuité considérable avec son texte source, tout en s'alignant également avec d'autres traditions du Second Temple. Le choix de δαιμόνια dans le texte grec reflète fidèlement les *šēdîm* de sa *Vorlage*. Tout en insistant sur l'opposition entre les démons et la divinité, le texte encourage la représentation des δαιμόνια comme puissances potentiellement négatives qui n'appartiennent pas au panthéon traditionnel et qui sont clairement distinguées non seulement de Yhwh, mais également des autres membres de la cour céleste, notamment des anges. D'autres textes de la LXX qui insistent sur la même thématique, comme les Ps 95 et 105, les Odes, le livre de Baruch et, probablement, Is 65,3 prolongent cette opposition. Le rapprochement entre ces textes et d'autres matériels grecs contemporains confirme, non seulement, qu'une telle représentation s'inscrit parfaitement dans le contexte culturel et religieux de l'époque qui tend à concevoir les démons comme des puissances inconsistantes, inférieures et subordonnées aux dieux, mais atteste, également, le fait que la LXX représente la plus ancienne évidence de l'usage de δαιμόνιον en ce sens.

En outre, la comparaison des parallèles grecs repérés chez Platon et Plutarque avec les textes bibliques montre les éléments de nouveauté qui sont propres à ces derniers. La spécificité biblique réside, surtout, dans le lien étroit qui se développe entre la critique des démons et la polémique contre les idoles, au point que les deux peuvent être considérés comme des fautes cultuelles fonctionnellement équivalentes.

131 Jos., *AJ* 3, 91 ; Philo, *Dec.* 51.

Enfin, du point de vue sémantique, le répertoire d'occurrences ainsi analysées permet de dégager deux tendances. D'un côté, à la fois avec δαιμόνιον et avec εἴδωλον, les traducteurs ont tendance à sélectionner un signifié spécifique à l'intérieur de deux spectres polysémiques très larges. Le succès des équivalences choisies par les traducteurs grecs contribue à figer une signification univoque pour δαιμόνια et εἴδωλα dans la LXX, et ce choix aura un impact considérable sur les traditions successives. De l'autre côté, nombre d'indices suggèrent que la polysémie de ces notions est encore bien présente à l'esprit des traducteurs grecs (au moins à certains d'entre eux)[132]. Pour ce qui concerne spécifiquement les δαιμόνια, les deux occurrences de la LXX d'Is 65, qui font vraisemblablement référence à des rituels domestiques de détournement pour les démons et au culte du « Bon démon » et de la « Bonne Fortune », sont particulièrement significatives à cet égard. Lorsque l'on combine ces résultats avec ceux mis en évidence dans le chapitre précédent pour la LXX d'Is 13 et 34, mettant en scène un contexte différent où les δαιμόνια étaient insérés à l'intérieur du paysage naturalisé des régions exotiques, on acquiert la mesure de la versatilité religieuse et culturelle de cette notion auprès du traducteur du livre d'Isaïe.

132 Quant à la naissance du concept d'idole, mon analyse confirme et précise certaines des conclusions déjà mises en évidence par les travaux de Daniel Barbu (Barbu 2011 ; id. 2016, p. 51).

CHAPITRE 7

Esprits et possession

Si les *šēdîm* n'apparaissent pas souvent dans la Bible hébraïque, il y a néanmoins une autre catégorie d'agents que l'on rencontre plus fréquemment et qui pourrait être rapprochée assez étroitement des démons, à savoir celle de *rûḥōt*, πνεῦματα en grec. Comme déjà observé par Daniel Barbu, *rûaḥ* représente à bien des égards la notion indigène qui se rapproche le plus de la catégorie moderne de « démon », notamment car la modalité d'action des esprits est davantage la possession[1]. La manière dont les esprits s'emparent des humains est particulièrement évidente dans les livres historiques (notamment Juges, Samuel et Rois) ainsi que dans le livre d'Ézéchiel. À cet égard, nous retiendrons le texte décrivant la scène de conseil divin dans le premier livre des Rois, au chapitre 22, lorsque le prophète Michée a une vision de l'assemblée qui se tient devant Yhwh : pendant l'assemblée, un des esprits de la cour céleste prend la parole et s'offre comme volontaire pour devenir un esprit de mensonge dans la bouche des prophètes qui entourent la cour du roi Achab à Samarie. Ce texte est d'autant plus intéressant pour mon propos qu'une des versions de la LXX, dite « lucianique », contient des informations qui ne sont pas présentes dans le texte massorétique. Mais l'exemple le plus fameux de possession par les esprits se trouve probablement dans le récit de l'arrivée du jeune David à la cour du roi Saül dans le premier livre de Samuel (chapitres 16–19) où David, en vertu de ses capacités de musicien, soulage à plusieurs reprises le roi qui était tourmenté par un mauvais esprit. En outre, les esprits, notamment ceux impurs, sont souvent associés aux démons dans plusieurs traditions du Second Temple en grec et en hébreu, à la fois dans les traditions hénochiques et dans les écrits de Qumrân[2]. Enfin, esprits impurs et démons sont également identifiés dans le Nouveau Testament[3]. C'est donc à la notion d'esprits et à leurs rôles dans la LXX que ce chapitre sera dédié. Pour comprendre le fonctionnement des esprits dans la LXX il faut d'abord revenir sur deux points préliminaires et plus généraux. Le premier concerne la sémantique des mots *rûaḥ* et πνεῦμα en hébreu et en grec qui a fait l'objet d'un grand nombre d'études dans le cadre

---

1 Barbu et Rendu-Loisel 2009, p. 307.

2 La bibliographie à ce sujet est vaste. Pour un bilan récent avec bibliographie à jour, on peut voir Stuckenbruck 2014 b et Tigchelaar 2018.

3 Voir, par exemple, Lc 4,33 ; 9,42 ; Ap 16,13–14. Sur l'importance des esprits impurs dans le Nouveau Testament on peut voir, entre autres, Wahlen 2004.

de l'Ancien et du Nouveau Testament ; le deuxième, qui a reçu une attention moindre, aborde la relation entre l'esprit de Yhwh et les autres esprits, dans la Bible hébraïque et dans la LXX.

1 Les esprits entre nature et psychologie

Les nombreuses études sur *rûaḥ* ainsi que les principaux dictionnaires assignent une signification primaire d'« air en mouvement », et donc de « vent », conformément à sa dérivation de la racine *rwḥ*, « souffler »[4]. De cette signification dérive une deuxième valeur de « souffle », « haleine » et, par métonymie, de « vie », « principe vital »[5]. La force vitale représentée par *rûaḥ* est propre autant aux hommes qu'aux animaux[6] : en ce sens *rûaḥ* est en relation avec un autre terme qui indique en hébreu la vie et l'âme, *nepeš*, et se définit en partie par rapport à celui-ci. D'après Hans Wolff, les deux termes peuvent être parfois utilisés comme synonymes, comme par exemple en Is 26,9, Job 12,10 (esprit et âme humaines) et Is 42,1 (esprit et âme divins). D'autres exemples suggèrent que lorsque *nepeš* met l'accent sur l'organe de la respiration (avec parfois la signification de « gorge »), l'accent de *rûaḥ* est plutôt mis sur le mouvement d'air qui se produit pendant le processus : un bon exemple en ce sens se trouve en Jer 2,24, qui décrit le hennissement d'une ânesse sauvage en combinant les deux termes[7]. Mais la différence fondamentale concernant l'extension sémantique des deux termes est probablement à reconnaître dans le fait que la *nepeš* appartient exclusivement aux hommes et aux animaux tandis que la *rûaḥ*[8] est un attribut lié davantage à la divinité et qui peut être transmis du dieu à l'homme, soit sous forme de principe vital, soit sous celle d'une inspiration particulière et temporaire[9]. *Rûaḥ* joue un rôle important dans le contexte de

4 Une exception en ce sens est représentée par Henri Cazelles (1982), qui considère la racine *rwḥ* comme ayant à l'origine un sens spatial (« être ample », « être large ») et voit donc en *rûaḥ* le sens primaire d'« espace », « largeur ». Bien que l'air en mouvement inclue également une dimension spatiale, une lecture de toutes les occurrences selon cette signification me paraît forcée. Voir également les remarques de Albertz et Westermann 1997, p. 1498.

5 Voir, par exemple, Schoemaker 1904 ; Lys 1962 ; Albertz et Westermann 1997 ; Tengström 2004 ; Wolff 2010, p. 64–74 ; Blischke 2019, p. 1–5.

6 Voir déjà Gen 7,15 et 22.

7 Une interprétation similaire est possible pour Job 7,11.

8 En hébreu biblique, *nepeš* est toujours féminin ; *rûaḥ* est au féminin dans la grande majorité des cas (tout comme les noms des vents), même si dans un groupe restreint d'attestations le substantif se trouve au masculin : voir Joüon § 134, *h* et *k* ; HALOT, s.v. *rûaḥ*.

9 Voir, à ce sujet, récemment Feldmeier et Spieckermann 2011, p. 206–221, Blischke 2019, p. 289–298.

l'inspiration prophétique, mais elle a également d'autres domaines d'action : l'habilité technique extraordinaire des artisans de la tente de la rencontre en Exode est dirigée par un esprit de sagesse et d'intelligence pratique[10] ; la puissance guerrière dans les livres de Josué et des Juges est également un produit de l'esprit[11] ; enfin, comme nous le verrons plus en détail par la suite, la présence ou l'absence de l'esprit divin joue un rôle significatif dans l'élection royale. Il est, en revanche, moins évident de savoir si *rûaḥ* est toujours à comprendre comme une puissance distincte de la divinité ou s'il est parfois conçu comme un attribut divin, en quelque sorte inséparable de Yhwh lui-même et lié en dernière instance à son souffle, comme cela semble être suggéré par quelques psaumes où l'esprit est mis en parallèle avec la « face » de la divinité : « Où j'irai, loin de ton esprit ? où je m'enfuirai, loin de ta face ? »[12]. La question se complexifie encore par le fait que, dans la Bible hébraïque, d'autres esprits sont mentionnés à côté de *rûaḥ yhwh* et de *rûaḥ 'ĕlōhîm*. Par conséquent, même en acceptant que les esprits soient toujours conçus comme des puissances divines, il faut encore se demander s'il s'agit d'agents individualisés au service du dieu ou, plutôt, d'une fonction, au sein de la cour céleste, qui peut être occupée par différents personnages.

Des concepts comparables à la *rûaḥ* biblique existent ailleurs au Proche-Orient ancien. En accadien, le vocabulaire lié aux vents et aux esprits a parfois été rapproché de *rûaḥ*. Les termes les plus pertinents en ce sens sont *šaru*, « vent », « air », « souffle », et *šehu/šehanu*, « vent », « souffle », qui indique également une émanation spécifiquement liée à la possession et à la transe prophétique[13]. En outre, dans la mythologie ouest-sémitique les vents, désignés par le terme *rwḥ*, font également partie de l'entourage du dieu Ba'al en tant que dieu de l'orage[14]. La signification de *rûaḥ* comme « souffle de vie » est également attestée dans l'épigraphie araméenne et punique[15]. En revanche, la

---

10 Ex 28,3 ; 31,3 et 5.

11 Voir déjà Deut 34,9.

12 Ps 139,7. Voir également Ps 51,13 ; 104,29–30, et, à ce sujet, MacDonald 2013 qui voit dans l'esprit de Yhwh une forme de la présence divine particulièrement développée à l'époque postexilique. Il me semble que le rapprochement entre esprit et face de Yhwh est déjà suggéré en Gen 3,8.

13 CAD 17/2, s.v. ; Nissinen 2017, p. 175 qui cite une équivalence entre *maḫḫû*, « prophète », et *šēḫānu*, « possédé » dans un commentaire néo-assyrien sur une série de présages *Šumma izbu*. Pour une comparaison entre les « vents »/« esprits » mésopotamiens et bibliques, voir Tengström 2004, p. 370–371 ; récemment Lilly 2016 a et 2016 b. Les travaux de Nissinen (entre autres 2010 et 2017) sont la meilleure introduction au traitement comparatiste de la possession prophétique au Proche-Orient ancien, en Israël et en Grèce.

14 *KTU* 1.5.V.7.

15 Sfire III (*KAI* 224, l. 2) ; Carthage (*KAI* 79, l. 10–11).

seule attestation connue de l'invocation d'un esprit « magique » qui soit indépendante des traditions bibliques est une incantation nabatéenne datant de 100 av. n. è. : le sorcier y invoque l'esprit en tant que puissance capable d'intervenir contre un maléfice[16]. Par ailleurs, les fréquentes mentions des esprits sur les bols d'incantations araméennes dépendent largement des traditions bibliques[17]. Quant aux documents puniques qui attesteraient de la présence des esprits, ils sont tous de lecture incertaine, voire très douteuse[18]. La Bible hébraïque apparaît, donc, comme le contexte principal dans lequel l'action des esprits est décrite avec un certain détail.

Dans la Bible hébraïque la relation étroite du *rûaḥ* avec la vie de l'individu se développe ultérieurement dans une direction psychique qui ne trouve pas de véritable équivalent au Proche Orient antique : *rûaḥ* désigne ainsi l'esprit comme siège des sentiments et des émotions, mais également des facultés intellectuelles. Il indique alors une disposition de l'âme, une inclination émotionnelle, une attitude ou une manifestation de la volonté : des exemples de cet usage sont réunis dans le tableau 6 (p. 234).

Nous pourrions, de manière simplifiée, décomposer la sémantique de *rûaḥ* en trois volets interdépendants : un naturaliste, un divin et un psychologique. Une approche anthropologique permet d'affiner l'analyse linguistique concernant la relation entre ces trois aspects. En effet, la recherche anthropologique récente a démontré que le recours aux esprits pour décrire des émotions n'est pas surprenant dans un contexte antique. Pour Charles Taylor, la relation de l'individu avec l'environnement est caractérisée, à l'époque prémoderne, par un *soi poreux* (« porous self »[19]) en contraste avec le soi *enveloppé* (« buffered ») ou *isolé* (« bounded ») de l'époque moderne. Dans cette perspective, les émotions intenses ainsi que les conditions qui produisent un changement d'état ou d'esprit dans l'individu ne sont pas considérées comme un produit de son intériorité, mais comme ayant leur origine hors de la personne et pouvant la saisir de l'extérieur. Par conséquent, les limites de la physicalité de l'individu sont perçues comme perméables non seulement aux esprits et aux démons, mais aussi, de manière plus générale, aux forces cosmiques et aux agents naturels. Toutefois, cette différence de perception de la corporéité individuelle se retrouve au sein même de l'époque moderne. En effet, en comparant la

---

16 Le texte a été publié par Naveh 1979 : l'éditeur souligne effectivement le manque de parallèles proche-orientaux par rapport aux formules incantatoires inscrites sur ce caillou.

17 Pour un premier répertoire, voir Naveh et Shaked 1998.

18 Voir *DNWSI*, s.v. *rḥ*₁. La possible lecture de *rḥt* comme « esprits » en *CIS* I, 6068, l. 4 est refusée par Clermont Ganneau (*RES* 18, p. 19 et 22) ; Donner et Röllig (*KAI* 89) ; Amadasi 2003, p. 27–28 ; Schmitz 2012, p. 71.

19 Taylor 2007, 29, 33–41.

construction du corps en Occident avec celle des sociétés dites traditionnelles, on observe une différence fondamentale dans la manière de concevoir les relations entre l'individu et le monde extérieur ainsi que dans la manière de percevoir le rapport entre esprit et corps. À cet égard il est particulièrement significatif que l'anthropologie adopte souvent les phénomènes de possession et de maladie mentale comme point d'observation privilégié pour la mise en perspective de telles différences dans la conception plus générale des rapports entre l'individu, la représentation du soi et le monde externe[20].

Un excellent exemple du lien étroit entre représentation de la nature et physiologie humaine est offert par la médecine mésopotamienne, dans laquelle sont considérés comme agents responsables de maladies les démons, mais également les vents nocifs qui peuvent pénétrer dans le corps[21]. Dans le domaine des études bibliques, plusieurs recherches ont, désormais, souligné l'anachronisme et la non-pertinence de toute perspective qui sépare strictement les aspects cosmologiques, ou naturalistes, des aspects psychologiques dans le traitement des esprits. Comme le montre Carol Newsom, le phénomène d'après lequel le développement de l'identité personnelle est verbalisé et, donc, représenté en termes d'agentivité externe est particulièrement évident dans les textes de Qumrân, qui laissent une large place aux esprits[22]. Dans des textes tels que les Hodayoth ou celui que l'on appelle couramment le « Traité des deux esprits », les esprits sont un instrument souvent utilisé pour exprimer un conflit interne à l'individu. Dans la mesure où le dualisme cosmologique joue un rôle assez important dans l'anthropologie qumrânienne, ce phénomène n'est pas surprenant. Mais le dualisme n'est pas le seul cadre épistémologique dans lequel peuvent s'inscrire ce type de représentations. En suivant la piste de Newsom, Reed Carlson a soutenu encore récemment que le

20 Voir, par exemple, Stanley Tambiah (1990, p. 133–135) qui compare le traitement ayurvédique de la maladie mentale avec les pratiques de la médecine moderne occidentale, ainsi que les essais sur la possession en Afrique, Mélanésie et Papouasie-Nouvelle-Guinée réunis en Lambek 1998. Reconnaître que le dualisme entre corps et esprit est un produit de la philosophie et de la science européenne de l'époque moderne, et donc qu'il est historiquement et culturellement déterminé, ne signifie pas pour autant nier l'universalité de la perception du soi ni la conscience d'une séparation entre un soi « interne » ou immatériel et un soi « physique », comme le rappelle justement Philippe Descola (2005, p. 210–226). D'après Descola il s'agit plutôt d'une « variante locale d'un système plus général de contrastes élémentaires » que chaque société élabore à sa manière (ibid., p. 219).

21 Voir, par exemple, Scurlock 2006, no. 91, l. 13 ; 115, l. 33 ; 186, l. 2–3 ; Geller 2007 a, no. 12, l. 13–32 ; Pour la Bible hébraïque, on peut voir les études de Lilly 2016 a, 2016 b.

22 Newsom 2017.

langage des esprits est une composante essentielle à la construction de l'identité personnelle déjà dans la Bible hébraïque[23].

En partant de ces présupposés, plusieurs questions se posent quant à la manière de concevoir les esprits divins. Il faudrait, d'abord, se demander si le recours aux esprits comme vecteurs de forces psychiques est à mettre en relation avec leur représentation comme entités autonomes, ou du moins comme des puissances occupant une fonction bien définie au sein de la cour céleste, telle qu'elle est décrite dans certains passages bibliques, ou s'il s'agit de deux usages complètement distincts. D'autres questions centrales concernent l'autonomie des esprits par rapport à l'autorité de Yhwh ainsi que la possibilité d'une différenciation entre l'esprit de Yhwh et les autres esprits. En outre, étant donné que dans l'Antiquité l'externalisation du soi est un phénomène documenté pour les hommes, mais aussi pour les dieux, il faudrait, afin de comprendre la place des esprits dans l'« anthropologie des émotions », clarifier les relations existantes entre l'expression des sentiments et les facultés cognitives chez les hommes ainsi que chez les dieux. Il faudrait, ensuite, évaluer la traçabilité des développements de la conceptualisation des esprits à l'intérieur même de la Bible hébraïque ainsi que dans la LXX par rapport à la Bible hébraïque. L'ampleur de l'enquête sort alors largement des limites de la recherche sur le démoniaque dans la LXX : certaines questions sont, par conséquent, destinées à demeurer ouvertes ici. Dans les pages qui suivent, j'essaierai, néanmoins, de jalonner quelques pistes de recherche.

1.1 *L'esprit et les esprits*

Un premier problème, concernant à la fois la Bible hébraïque et la LXX, est la délimitation du corpus : autrement dit, comment définir les critères permettant d'identifier les passages où les esprits sont décrits comme des puissances agissantes ? Certes, la majorité des chercheurs s'accorde pour voir des puissances en action en 1 R 22 et 1 S 16–19 bien que, respectivement à chaque livre, les catégories insatisfaisantes de « personnification » de la notion de mensonge et « d'objectivation » de la maladie de Saül soient parfois encore employées pour décrire les esprits[24] ; toutefois se pose la question de savoir si ces épisodes sont à interpréter comme des cas exceptionnels, et donc isolés, ou s'ils sont paradigmatiques d'une manière plus générale de comprendre la

23 Carlson 2019.

24 Voir respectivement H.-P. Müller 1999, p. 325 ; McCarter 1999, p. 319–320, justement critiqués par Hamori 2010, p. 15–16. Ernst Axel Knauf (2019, p. 505) donne une interprétation encore différente et théologisant de l'esprit d'1 R 22, car il le considère comme une « forme d'émanation physique de Yhwh » qui aurait ici évolué vers une « personne autonome agissante », dans une sorte d'anticipation trinitaire.

nature et le fonctionnement des esprits, notamment grâce aux descriptions plus exhaustives de ces récits.

Trois études récentes se sont penchées sur le sujet. Dans un article de 2010, Esther Hamori adopte des critères thématiques et narratologiques pour séparer les occurrences où *rûaḥ* indique seulement une inclination, « un état d'esprit » pour ainsi dire, de celles qui font plus précisément référence à une puissance céleste. Elle sélectionne plusieurs contextes dans lesquels Yhwh envoie un esprit dont l'action a pour but de transmettre aux humains un faux message ou, plus généralement, de les tromper : le résultat final est la mort de la personne affectée par l'esprit[25]. Les passages principaux analysés par Hamori sont le conseil divin en 1 R 22, les références à l'esprit mauvais dans l'histoire de Saül et David dans le premier livre de Samuel (chapitres 16–19), l'esprit mauvais qui déclenche un conflit entre Abimelech et les habitants de Sichem en Jug 9,23–24 et la mauvaise inspiration suscitée par Yhwh au roi d'Assyrie qui retourne alors dans son pays, où il sera tué (2 R 19,7)[26]. D'après Hamori, il existerait une tradition ancienne concernant un esprit de fausseté, différent de l'esprit de Yhwh, qui serait préposé à des buts trompeurs : Yhwh se servirait de cet esprit au lieu du sien à chaque fois qu'il doit envoyer un message pernicieux. Même si l'idée que la fonction principale des esprits serait la transmission de faux messages n'émerge pas avec la même clarté dans tous les textes pris en compte[27], le mérite d'Hamori est d'avoir montré que 1 R 22 n'est pas à considérer comme un cas isolé ni comme une exception, mais qu'il s'inscrit dans une tradition plus large d'esprits divins subordonnés à la divinité qui interviennent auprès des hommes.

Dans son travail sur le conseil divin, Ellen White refuse l'idée que tous ces textes fassent référence au même esprit. Elle ne comprend d'ailleurs pas l'esprit comme une entité individualisée, mais comme une position au sein de la cour céleste : le caractère fonctionnel serait alors signalé par la présence de l'article (*hārûaḥ*) qui n'apparaît que dans la scène de conseil céleste d'1 R 22

25 Hamori 2010.

26 Elle envisage, en outre, une série de passages secondaires qui font allusion au même motif : l'esprit de torpeur versé par Yhwh sur les prophètes en Is 29,9–10 ; la vision nocturne de Job 4,12–21 (sur laquelle voir *infra*, § 7.4) ainsi que plusieurs passages où il est question de l'esprit dans le livre d'Osée.

27 Le thème du faux message est central dans 1 R 22 ainsi que dans d'autres textes prophétiques (notamment Isaïe et Osée) qui développent la polémique autour de la fausse prophétie, mais il n'est pas un thème portant dans d'autres contextes tels que le livre de Samuel ou celui des Juges. L'analyse de Hamori devrait donc être complétée par une approche qui prenne mieux en compte la diversité des contextes narratifs et historiques où les esprits apparaissent.

où l'esprit prend la parole en tant que représentant générique de sa classe[28]. Enfin, Reed Carlson se fonde sur l'analyse des constructions verbales et syntaxiques employées lorsqu'il est question des rapports entre l'esprit et les êtres humains. Il considère qu'à chaque fois que l'esprit est le sujet d'une action et à chaque fois qu'un humain agit sous l'influence d'un esprit il est question d'un esprit de possession[29]. Par conséquent, il élargit considérablement la liste des esprits potentiellement conçus comme puissances agissantes, en distinguant deux typologies d'esprit : les « esprits de possession », qui affectent l'homme de manière transitoire et qui sont préposés à des tâches spécifiques, et les « esprits d'animation » (comme par exemple celui de Gen 1,2 et 2,7), qui possèdent les hommes de manière permanente.

Ces études proposent des solutions différentes au même problème. Étant donné que, comme nous le verrons par la suite, il n'y a pas de différence substantielle entre les modalités de fonctionnement de l'esprit de Yhwh et celui des autres esprits (les expressions employées sont les mêmes dans les deux cas), il faut alors définir des critères pour distinguer l'esprit comme faculté purement « psychologique », condition ou émotion humaine, et comme puissance externe, qu'elle soit d'origine divine ou autre. L'interaction entre esprits et êtres humains est compliquée non seulement car, comme nous l'avons vu, le langage des esprits est considéré comme particulièrement apte à exprimer certaines conditions humaines (certains « états d'esprit » serait-on tenté de dire), mais également en raison de la relation étroite exprimée par plusieurs textes bibliques entre *rûaḥ* divin et *rûaḥ* humain. Cette relation relève de l'idée, absolument centrale dans la Bible hébraïque, que Yhwh est la source de la vie pour les hommes et que son esprit est doté d'un pouvoir vivifiant[30].

Même en adoptant une approche minimaliste, la proposition de Carlson me paraît fondée. Lorsque l'esprit n'est pas uniquement décrit comme l'envoi d'une substance « versée, répandue » par Yhwh, mais qu'il est lui-même le sujet actif d'un mouvement ou d'un acte qui semble impliquer une intentionnalité, il est effectivement doué d'une certaine agentivité. C'est le cas de plusieurs passages dans le livre des Juges, lorsque l'esprit revêt Gédéon (*lbš*)[31] ou qu'il trouble Samson (*pʿm*, « déranger », « troubler »)[32] ; le même vaut pour les

28 White 2014, p. 119–121.

29 Carlson 2019.

30 Outre le *locus classicus* de Gen 2,7 on peut voir, par exemple, Ps 51,12 et 104,29–30 ainsi que plusieurs passages en Isaïe (32,15 ; 42,1 ; 44,3 ; 63,11) et la vision d'Ez 37 (voir notamment le verset 14).

31 Jug 6,34, mais on peut aussi comparer avec 1 Ch 12,19 ; 2 Ch 24,20.

32 Jug 13,25.

actions décrites en 1 Samuel où l'esprit prophétique « entre par la force » (*ṣlḥ*) en Saül, le « terrorise » (*bʿt*), et enfin se retire (*śrh*)[33].

Quelques questions demeurent cependant. On se demande en effet dans quelle mesure on ne resterait pas uniquement dans l'ordre du langage, à savoir de la métaphore. L'esprit mauvais, l'esprit de sagesse, de jalousie, de grâce et de supplication, d'impureté, de prostitution, de torpeur, de jugement etc., que Yhwh envoie sur, ou verse dans, les êtres humains ainsi que l'esprit de prophétie dont il remplit ses prophètes devraient-ils être interprétés comme de simples descriptions métaphoriques d'un état émotif ou psychologique ou d'une « inspiration » divine générique ? Ou impliquent-ils, dans tous les cas, l'action d'une puissance agissante, comme c'est le cas de l'esprit de mensonge qui prend la parole en 1 R 22 et comme Carlson semble le suggérer ? Nous ne pouvons certainement pas répondre à ces questions de manière univoque, notamment car il faut tenir compte de la diachronie des textes bibliques, quasiment ignorée, d'ailleurs, par les études mentionnées plus haut. Comme le souligne Mareike Verène Blischke[34], la notion d'esprit fait déjà l'objet de plusieurs développements à l'intérieur de la Bible hébraïque. Alors que certaines différences sont à expliquer par des compréhensions de l'esprit propres à chaque corpus (on pourrait comparer à cet égard Isaïe avec Ézéchiel), d'autres sont la conséquence de dépendances littéraires directes (par exemple du livre des Juges par rapport aux livres de Samuel) ; d'autres encore relèvent de changements plus généraux concernant la conceptualisation de *rûaḥ*, qui semble acquérir de l'importance à l'époque postexilique. Cette importance est notamment confirmée dans les traditions sapientielles par le rôle de premier rang attribué à l'esprit dans la création ; rôle qui atteint son apogée dans le livre de la Sagesse[35]. Il devient alors d'autant plus intéressant de comprendre la manière dont la LXX s'inscrit dans ces processus.

Un certain nombre de remarques sur le langage employé dans les différents contextes mentionnant des esprits permet de formuler quelques hypothèses de recherche. Premièrement, il faut observer que, lorsque *rûaḥ* décrit une condition interne à l'individu, l'on n'utilise pas l'expression *rûaḥ* suivie par un substantif de spécification qui correspond à la manière la plus fréquente d'exprimer

33 Voir *infra*, p. 245–248.

34 Blischke 2019, voir surtout p. 289–298.

35 Sur l'importance de l'esprit à l'époque postexilique, voir également MacDonald 2013. Blischke (2019, p. 63–75) considère également comme secondaires une partie des références à l'esprit de Yhwh dans le Pentateuque, qui visent à insérer le motif de l'inspiration divine dans des passages clés, tels que le début (la création en Gen 1,2) ; le désert (la construction de la tente de la rencontre en Ex 28,3 ; 31,3 ; 35,31) et la fin, avant l'entrée dans la terre promise (la descente de l'esprit sur Josué en Deut 34,9).

la fonction adjectivale en hébreu (voir *infra*, tableau 9), mais l'on préfère avoir recours à un adjectif (ou à un substantif) suivi et délimité par *rûaḥ* en tant que complément de limitation qui indique le domaine d'action de l'adjectif (voir tableau 6 ci-dessous). C'est le cas des expressions « opprimé dans l'esprit » (1 S 1,15) ; « court/grand d'esprit » (Prov 14,29) ; « errant d'esprit » (Is 29,24), « accablé d'esprit » (Is 54,6) et d'autres encore. Ces occurrences se rencontrent davantage, mais pas exclusivement, dans la littérature sapientielle et elles sont fréquentes dans le livre des Proverbes qui a pour objet une réflexion sur la nature humaine. Comme le montre le tableau 6, dans la LXX, et cela dès le Pentateuque, ces passages sont, pour la plupart, rendus par des expressions qui ne traduisent pas littéralement *rûaḥ* par πνεῦμα[36]. Cette démarche confirme que l'hébreu biblique connaît l'usage de *rûaḥ* dans un sens purement psychologique, n'impliquant aucune référence à des puissances externes, et que cet usage était encore compris par la plupart des traducteurs :

TABLEAU 6 *Rûaḥ* et fonctions psychiques

Gen 26,35 ותהיין מרת רוח ליצחק ולרבקה amertume d'esprit	καὶ ἦσαν ἐρίζουσαι τῷ Ισαακ καὶ τῇ Ρεβεκκα
Ex 6,9 מקצר רוח (« court ») faible d'esprit	ἀπὸ τῆς ὀλιγοψυχίας
= Prov 14,29 וקצר רוח	ὁ δὲ ὀλιγόψυχος
1S 1,15 קשת רוח opprimé dans l'esprit	(ἡ σκληρὰ ἡμέρα)
Ps 33,19 (= 34,19 TM) דכאי רוח dévasté, contrit dans l'esprit	τοὺς ταπεινοὺς τῷ πνεύματι
Prov 15,4 שׁבר ברוח rupture d'esprit	πλησθήσεται πνεύματος
Prov 16,18 גבה רוח (« exalté ») superbe d'esprit	κακοφροσύνη
Prov 16,19 שׁפל רוח humble d'esprit	πραΰθυμος

36 Comme le montrent le cas du Ps 33,19, Qoh 7,8, et Is 29,24 il s'agit d'une tendance générale, et non d'une règle stricte. En Ps 33,19, le traducteur choisit de rendre *rûaḥ* par πνεῦμα car il veut probablement préserver le parallélisme structurel avec le « cœur » de l'hémistiche précédent (v. 19a : τοῖς συντετριμμένοις τὴν καρδίαν). Au contraire, il est possible que le traducteur de Qohéleth ait cherché à produire un effet de *variatio* en 7,8. Le traducteur des Proverbes évite rigoureusement l'usage de πνεῦμα au sens psychique. En Prov 15,4 il change le sens du verset hébreu : l'expression πλησθήσεται πνεύματος (« il sera rempli d'esprit ») dans le texte grec fait référence à l'inspiration divine.

TABLEAU 6 *Rûaḥ* et fonctions psychiques (*cont.*)

Prov 17,27[a] קר רוח froid/noble d'esprit	μακρόθυμος
Qoh 7,8 ארך רוח מגבה רוח (mieux) quelqu'un « long » d'esprit (patient) que quelqu'un « exalté » d'esprit (superbe)	ἀγαθὸν μακρόθυμος ὑπὲρ ὑψηλὸν πνεύματι
Is 29,24 תעי רוח errant d'esprit	οἱ τῷ πνεύματι πλανώμενοι
Is 54,6 עצובת רוח accablé d'esprit	ὀλιγόψυχον
Is 66,2 נכה רוח frappé dans l'esprit	ἡσύχιον

a Forme *ketiv* : *wqr*, « froid » ; forme *qere* : *yqr*, « précieux »

Deuxièmement, l'inspiration divine n'est pas toujours décrite dans les mêmes termes. On peut comparer, à cet égard, la formulation des Juges avec celle des Chroniques. En Jug 9,23 Yhwh « envoie un esprit mauvais parmi Abimelech et parmi les Sichémites » (וישלח אלהים רוח רעה בין אבימלך ובין בעלי שכם). La formulation qui décrit l'hostilité entre Abimelech et les habitants de Sichem est assez singulière : on mentionne l'envoi d'un esprit qui reçoit le qualificatif de *rāʿâ*, mauvais. Cette formulation est, à bien des égards, différente de ce que l'on trouve, par exemple, en 2 Ch 21,16 où il est encore question d'hostilité réciproque. Dans ce deuxième cas, on dit simplement que « Yhwh suscita contre Yoram l'esprit des Philistins et des Arabes qui sont voisins des Koushites » (ויער יהוה על יהורם את רוח הפלשתים והערבים אשר על יד כושים). L'esprit, traduit parfois par « colère » (mais il serait préférable de le traduire par « une attitude hostile à »), semble indiquer l'intériorité de l'individu ; cet usage est également attesté dans d'autres textes bibliques[37]. En ce sens, la formule « Yhwh suscita/réveilla l'esprit de tel ou tel », qui se retrouve en 1 Ch 5,26 (esprit des rois d'Assyrie), 2 Ch 36,22, Esdr 1,1 (esprit de Cyrus) et 1,5 (esprit des habitants de Juda) ainsi qu'en Agg 1,14 (esprit de Zorobabel et du grand prêtre Josué), semble être une métaphore pour décrire l'inspiration divine qui préside à la construction du Second Temple, alors que l'esprit mauvais dans les Juges fonctionne comme une véritable puissance envoyée par Yhwh, une *rûaḥ rāʿâ* proche de celle qui est décrite en 1 S 16. Il demeure cependant difficile de retracer un parcours chronologique qui amènerait d'une ancienne externalisation de l'esprit à sa

37 Voir, par exemple, « mon esprit » en Ps 32,2 ; Is 26,9 ; et en grec Bar 3,1 ; Dan 3,39.

progressive intériorisation[38]. La formulation de Jug 9,23 est en accord avec la tendance à représenter les actions de l'esprit de Yhwh comme une puissance agissante dans le reste du livre. Une autre expression à considérer est « je mettrai en lui un esprit … », en 2 R 19,7, qui décrit d'une manière encore différente l'inspiration divine. Yhwh, en parlant par la bouche du prophète Isaïe, annonce au roi Ézéchias qu'il est sur le point de pousser le roi d'Assyrie Sennachérib à se retirer à Ninive, suite à la nouvelle d'une attaque contre ses troupes par le roi des Nubiens. Il ajoute, en outre, qu'il sera tué, une fois rentré chez lui[39] :

הנני נתן בו רוח ושמע שמועה ושב לארצו והפלתיו בחרב בארצו

> Et je mettrai en lui un esprit tel qu'il entendra une nouvelle et il rentrera dans sa terre, et je le ferai tomber par l'épée dans sa terre.

La formulation est ambiguë : elle peut faire référence autant à un concept générique d'inspiration qu'à une entité agissante. Elle n'est pas sans rappeler le δαίμων que décrit Plutarque, qui avait inspiré à l'athénien Démade la mauvaise idée de partir en Macédoine où il fut tué à son arrivée[40]. Il vaut, en outre, la peine de remarquer que le verbe *ntn* est souvent employé en connexion avec *rûaḥ* dans la Bible hébraïque[41]. Il apparaît, notamment, en contexte prophétique en 1 R 22,23, ainsi que dans la réécriture du passage en 2 Ch 18,22, en relation à l'esprit de mensonge. La proximité de ces formulations est assez frappante.

Dernièrement, il faut signaler le cas particulier du livre des Nombres, au chapitre 5, versets 14 et 30, dans un contexte légal où il est question d'un esprit de jalousie qui saisit un homme et des actions qu'il est nécessaire d'entreprendre pour prouver l'innocence de la femme :

38 Alors que pour Chroniques et Esdras une datation à l'époque hellénistique est parfois envisagée, pour Aggée la situation est différente. La plupart des chercheurs reconnaît le caractère secondaire du cadre narratif, qui inclut Agg 1,14, par rapport à l'oracle originaire, mais il est difficile de pouvoir situer le cadre beaucoup plus tard qu'au début de l'époque perse (Wöhrle 2006, p. 384–385 ; Leuenberger 2015, p. 103 ; id. 2020, p. 230–231 ; Rückl, 2021, p. 59–65). Pour un modèle qui prévoit une fragmentation supplémentaire du cadre au niveau rédactionnel, voir Hallaschka 2011, p. 134–135. Blischke (2019, p. 257–258) avance l'hypothèse d'un lien rédactionnel entre Agg 1,14 ; Esdr 1,1, 5 ; 2 Ch 36,22.

39 La prédiction divine se réalise ponctuellement en 2 R 19,35–37. Le même récit apparaît également en Is 37,7 et 36–38.

40 Plut., *Phoc.* 30, 9 et *supra*, p. 70.

41 Num 11,25 et 29 ; Neh 9,20 ; Is 42,1, 5 ; Ez 11,19 ; 13,26 ; 36,26–27 ; 37,6 ; 37,14. En Qoh 12,7 *rûaḥ* indique clairement le souffle.

ועבר עליו רוח קנאה וקנא את אשתו והוא נטמאה או עבר עליו רוח קנאה וקנא את אשתו והיא לא נטמאה

> S'il passe sur lui un esprit de jalousie et il devient jaloux de sa femme, et elle se soit contaminée, ou s'il passe sur lui un esprit de jalousie et il devient jaloux de sa femme, et elle ne se soit pas contaminée …

Cette formulation se différencie des autres mentions de *rûaḥ* dans la Bible hébraïque. Tout d'abord, il s'agit d'un rare cas où l'origine de l'esprit n'est pas spécifiée : rien ne laisse entendre qu'il soit envoyé par Yhwh, mais il ne semble pas non plus résider de manière permanente dans l'individu. En outre, l'expression *'br 'l*, « passer sur », n'est jamais employée ailleurs pour décrire le mouvement des esprits. De plus, cette loi répond à une situation de jalousie injustifiée en couvrant un cas de figure qui n'est pas nécessairement motivé par une mauvaise conduite de la femme, mais qui n'est pas discuté par les autres lois sur l'adultère[42]. Enfin, le cas est résolu par ordalie, en remettant la décision concernant la culpabilité de la femme à la volonté divine. Ces éléments indiquent que nous ne sommes pas ici simplement dans le cadre du langage métaphorique, ni d'une vision psychologisante des esprits, mais que nous avons affaire à une puissance, l'esprit de jalousie, qui s'empare du mari de manière incontrôlable, sans qu'il y ait une motivation dans le comportement de l'épouse.

Ces considérations d'ordre linguistique appuient donc la proposition de Hamori qui est d'inclure au moins Jug 9,23 ainsi que 2 R 19,7 parmi les textes qui décrivent les esprits comme puissances en action. Ces mêmes considérations suggèrent en outre que le texte de Nombres 5 décrit un esprit d'origine inconnue, mais dont l'agentivité ne se différencie pas de celle des esprits divins[43]. Au contraire, avec l'esprit de jalousie nous sommes tout à fait au cœur de la problématique liée à la possession par les esprits, ainsi qu'à leur contrôle de la part de Yhwh.

1.2 *Esprits divins et possession*

Avec la possible exception de l'esprit en Nombre 5 que je viens de discuter et d'un cas dans le livre de Job que j'analyserai plus tard[44], tous les esprits dans

42 On peut comparer Lev 22 et Deut 20.

43 Esther Hamori (2010, p. 18) exclut en revanche l'esprit de jalousie de son dossier car il ne répond pas aux critères narratologiques qu'elle adopte qui demeurent, toutefois, à mon avis, insuffisants.

44 Voir *infra*, § 7.4.

la Bible hébraïque sont des puissances subordonnées à Yhwh. Le problème du rapport entre Yhwh et ses esprits émerge clairement dans la scène d'assemblée céleste en 1 R 22,19–23, notamment lorsque l'on compare la version de la LXX avec celle du TM. C'est donc sur cet épisode que je vais d'abord focaliser mon attention.

Depuis l'étude d'Ernst Würthwein[45], les chercheurs s'accordent sur le fait que 1 R 22 ne constitue pas une unité littéraire. Plus précisément, le récit concernant le prophète Michée et sa vision du trône céleste n'appartient pas au noyau primitif de la chronique royale, mais a été inséré à un stade ultérieur[46]. L'épisode est raconté également en 2 Ch 18,18–22, mais ce passage ne contient pas de variantes significatives quant à la représentation des esprits, ni en grec ni en hébreu. Je vais donc me concentrer sur le texte de 1 R 22. Ici, la vision de Michée s'inscrit dans le contexte plus large du débat autour de la vraie et de la fausse prophétie. Le chapitre commence avec une visite du roi de Juda, Josaphat, auprès du roi d'Israël Achab. Josaphat propose à Achab d'attaquer le royaume voisin d'Aram. Lors d'une consultation publique prise avant la bataille pour connaître le sort du conflit, les deux souverains siègent chacun sur son trône devant quatre-cents prophètes de Samarie en extase qui leur annoncent la victoire. Le roi de Juda demande qu'un prophète de Yhwh soit également consulté : Michée est convoqué et il relate devant tous sa vision d'une assemblée céleste présidée par Yhwh, au cours de laquelle un esprit s'offre volontaire pour tromper les prophètes du roi Achab et être un esprit mensonger sur leurs bouches. Il révèle ainsi la nature trompeuse de l'oracle rendu par les quatre cents prophètes, en suscitant leur colère et celle du roi (1 R 22,24–28). La conclusion du récit, qui voit la mort d'Achab tué lors d'une bataille malgré ses tentatives de camouflage, confirme la vérité des paroles du prophète de Yhwh.

45 Würthwein 1967.

46 En revanche, plusieurs propositions ont été avancées quant au modèle rédactionnel et quant à l'origine du noyau primitif. Würthwein considère les versets 19 à 23 comme dérivant d'une réflexion tardive sur le mauvais usage de l'esprit de la part des prophètes ; d'après Helga Weippert (1988), qui développe un modèle assez complexe, l'épisode est composé de deux sources distinctes, une qui racontait la mort héroïque d'un roi israélite et l'autre qui contenait une prophétie sur sa victoire. L'intégration de ces sources dans le contexte des guerres entre Israël et Aram aurait amené à une série de remaniements successifs. Hedwige Rouillard (1993), et plus récemment Steven McKenzie (2019, p. 207–213) ainsi que Knauf (2019, p. 482–486) estiment qu'une rédaction « prophétique » soit responsable de l'insertion de tout le récit concernant Michée (versets 5–28), laquelle d'après Knauf aurait subi encore quelques modifications à l'époque hasmonéenne. Cette hypothèse demeure, à mon avis, la plus vraisemblable car, du point de vue narratif, les parallélismes entre la scène terrestre (versets 5–17) et la scène céleste (versets 18–23) sont évidents et les deux scènes semblent bien intégrées à la conclusion du récit prophétique (versets 24–28).

La vision du conseil divin présente quelques différences importantes dans les traditions grecques qui nous ont été transmises et qui méritent d'être regardées de près (voir tableau 7) :

TABLEAU 7 1 Rois 22,19–23[a]

TM	LXX (B)	LXX (L)
19 ויאמר לכן שמע דבר יהוה ראיתי את יהוה ישב על כסאו וכל צבא השמים עמד עליו מימינו ומשמאלו	19 καὶ εἶπεν Μειχαιας· Οὐχ οὕτως οὐκ ἐγώ. Ἄκουε ῥῆμα κυρίου οὐχ οὕτως·εἶδον θεὸν Ισραηλ καθήμενον ἐπὶ θρόνου αὐτοῦ καὶ πᾶσα ἡ στρατιὰ τοῦ οὐρανοῦ εἱστήκει περὶ αὐτὸν ἐκ δεξιῶν αὐτοῦ καὶ ἐξ εὐωνύμων αὐτοῦ.	19 καὶ εἶπεν Μιχαιας· Οὐχ οὕτως οὐκ ἐγώ ἄκουε ῥῆμα κυρίου οὐχ οὕτως·εἶδον Κύριον τὸν θεὸν Ισραηλ καθήμενον ἐπὶ θρόνου αὐτοῦ καὶ πᾶσα ἡ στρατιὰ τοῦ οὐρανοῦ εἱστήκει περὶ αὐτὸν ἐκ δεξιῶν αὐτοῦ καὶ ἐξ ἀριστερῶν αὐτοῦ.
20 ויאמר יהוה מי יפתה את אחאב ויעל ויפל ברמת גלעד ויאמר זה בכה וזה אמר בכה	20 καὶ εἶπεν κύριος· Τίς ἀπατήσει τὸν Αχααβ βασιλέα Ισραηλ καὶ ἀναβήσεται καὶ πεσεῖται ἐν Ρεμμαθ Γαλααδ ; καὶ εἶπεν οὗτος οὕτως καὶ οὗτος οὕτως.	20 καὶ εἶπεν κύριος· Τίς ἀπατήσει τὸν Αχααβ βασιλέα Ισραηλ καὶ ἀναβήσεται εἰς Ραμωθ Γαλααδ καὶ πεσεῖται ἐκεῖ ; καὶ εἶπεν οὗτος οὕτως καὶ οὗτος οὕτως. **καὶ εἶπεν οὐ δυνήσῃ.** καὶ εἶπεν ἐν σοι.
21 ויצא **ה**רוח ויעמד לפני יהוה ויאמר אני אפתנו ויאמר יהוה אליו **במה**	21 καὶ ἐξῆλθεν πνεῦμα καὶ ἔστη ἐνώπιον κυρίου καὶ εἶπεν· Ἐγὼ ἀπατήσω αὐτόν. καὶ εἶπεν πρὸς αὐτὸν κύριος· **Ἐν τίνι ;**	21 καὶ ἐξῆλθεν πνεῦμα καὶ ἔστη ἐνώπιον κυρίου καὶ εἶπεν· Ἐγὼ ἀπατήσω αὐτόν καὶ εἶπεν πρὸς αὐτὸν κύριος· **Ἐν τίνι ;**
22 ויאמר אצא והייתי רוח שקר בפי כל נביאיו ויאמר תפתה וגם תוכל צא ועשה כן	22 Καὶ εἶπεν· Ἐξελεύσομαι καὶ ἔσομαι πνεῦμα ψευδὲς ἐν στόματι πάντων τῶν προφητῶν αὐτοῦ. καὶ εἶπεν· Ἀπατήσεις καί γε δυνήσει ἔξελθε καὶ ποίησον οὕτως.	22 Καὶ εἶπεν· Ἐξελεύσομαι καὶ ἔσομαι πνεῦμα ψευδὲς ἐν στόματι πάντων τῶν προφητῶν αὐτοῦ καὶ εἶπεν· **Δυνήσῃ.** Ἔξελθε καὶ ποίησον οὕτως.

a Dans les colonnes 2 et 3, le texte B a été reproduit d'après la version de Brooke, McLean et Thackeray 1930 (1 Rois) et 1927 (1 Samuel) ; le texte L suit l'édition de Fernández Marcos et Busto Saiz 1992 (1 Rois) et 1989 (1 Samuel). Le texte L est transmis par les mss. no. 19, 82, 93, 108, 127 dans l'édition en préparation pour la série Septuaginta Unternhemen de Göttingen par Julio Trebolle et Pablo Torijcano (= boc_2e_2 dans Brooke, McLean et Thackeray 1930), ainsi que par des citations des pères de l'Église. Ces manuscrits représentent une famille homogène pour tous les livres historiques.

TABLEAU 7 1 Rois 22,19–23 (*cont.*)

TM	LXX (B)	LXX (L)
23 ועתה הנה נתן יהוה רוח שקר בפי כל נביאיך אלה ויהוה דבר עליך רעה	23 καὶ νῦν ἰδοὺ ἔδωκεν κύριος πνεῦμα ψευδὲς ἐν στόματι πάντων τῶν προφητῶν σου τούτων καὶ κύριος ἐλάλησεν ἐπὶ σὲ κακά.	23 καὶ νῦν ἰδοὺ δέδωκεν κύριος πνεῦμα ψευδὲς ἐν στόματι πάντων τῶν προφητῶν σου τούτων καὶ κύριος ἐλάλησεν ἐπὶ σὲ κακά.
19 Et il leur dit : « écoute la parole de Yhwh : j'ai vu Yhwh assis sur son trône et toute l'armée des cieux debout près de lui, à sa droite et à sa gauche.	19 Et Michaias dit : « Pas ainsi, pas moi. Écoute la parole de Yhwh. Pas ainsi. J'ai vu le dieu d'Israël assis sur son trône, et toute l'armée des cieux se tenait autour de lui, à sa droite et à sa gauche,	19 Et Michaias dit : « Pas ainsi, pas moi. Écoute la parole de Yhwh. Pas ainsi. J'ai vu le Seigneur dieu d'Israël assis sur son trône, et toute l'armée des cieux se tenait autour de lui, à sa droite et à sa gauche,
20 Alors Yhwh dit : "Qui persuadera Achab pour qu'il monte et tombe à Ramat Gilead ?" et l'un disait une chose, l'autre une autre chose.	20 et le Seigneur dit : "Qui trompera Achab, roi d'Israël, pour qu'il monte et tombe à Remat Galaad ?" Et l'un dit une chose, l'autre une autre chose.	20 et le Seigneur dit : "Qui trompera Achab, roi d'Israël, pour qu'il monte à Remat Galaad et tombe là-bas ?" Et l'un dit une chose, l'autre une autre chose. Et il dit : **"Tu n'en auras pas le pouvoir". Et il répondit : "par toi".**
21 Alors **cet** esprit sortit et se présenta devant Yhwh, puis il dit : "Je le persuaderai". Et Yhwh lui dit : "**Comment ?** ". 22 et il répondit : "Je sortirai et je serai un esprit mensonger sur la bouche de tous ses prophètes ". Et (Yhwh) dit : "Tu le persuaderas, effectivement tuen auras le pouvoir. Va, et agis ainsi ".	21 Alors un esprit sortit et se tint devant le Seigneur et dit : "Moi je le tromperai". Et le Seigneur lui dit : "Comment ? ". 22 et il répondit : "Je sortirai et je serai un esprit mensonger dans la bouche de tous ses prophètes". Et (Yhwh) dit : "Tu le tromperas, effectivement tu en auras le pouvoir. Va, et agis ainsi".	21 Alors un esprit sortit et se tint devant le Seigneur et dit : "Moi je le tromperai". Et le Seigneur lui dit : "Comment ? ". 22 et il répondit : "Je sortirai et je serai un esprit mensonger dans la bouche de tous ses prophètes". Et (Yhwh) dit : **"Tu en auras le pouvoir**. Va, et agis ainsi".

TABLEAU 7 1 Rois 22,19–23 (*cont.*)

TM	LXX (B)	LXX (L)
23Et maintenant voici que Yhwh a mis un esprit mensonger sur la bouche de tous ces prophètes à toi, c'est Yhwh qui a prononcé le mal contre toi ».	23 Et maintenant voici que Yhwh a mis un esprit mensonger dans la bouche de tous tes prophètes que voici, c'est Yhwh qui a prononcé les malheurs contre toi ».	23 Et maintenant voici que Yhwh a mis un esprit mensonger dans la bouche de tous tes prophètes que voici, c'est Yhwh qui a prononcé les malheurs contre toi ».

Tout d'abord quelques remarques doivent porter sur le texte hébreu. Comme nous l'avons déjà observé, l'assemblée divine qui se tient autour de Yhwh crée un effet de miroir assez ironique par rapport à l'assemblée terrestre réunie à Samarie pour la consultation prophétique, en mettant en parallèle les deux trônes des rois avec le trône de Yhwh et, par conséquent, les prophètes avec les esprits[47]. Il faut toutefois noter que la scénographie du conseil divin présente une structure plus articulée que l'assemblée qui se réunit autour d'Achab et Josaphat. Elle est hiérarchiquement structurée sur plusieurs niveaux, dans lesquels chaque position reflète le statut des participants. L'armée des cieux, vraisemblablement composée des corps célestes, occupe les postes autour de Yhwh, en se tenant debout (*'md*) à la droite et à la gauche du trône et en fonctionnant comme une garde rapprochée du dieu (verset 19)[48]. Le fait que l'esprit qui s'annonce volontaire sorte et s'avance pour se présenter devant Yhwh fait, en revanche, penser que les esprits occupent une place plus éloignée du trône, correspondant à une position de second rang (versets 20–21). La présence de l'article devant *rûaḥ* n'indique pas, comme on l'a parfois suggéré, qu'il s'agit du seul esprit présent, mais qu'il est l'un des esprits de l'assemblée (« celui-ci ») ; cela implique en outre que, comme l'a démontré White, *rûaḥ* dénote ici un titre, une fonction à l'intérieur de la cour céleste, à l'instar de *haśśāṭān* en Zach 3 et Job 1–2[49]. Les verbes utilisés pour décrire le mouvement de l'esprit, qui doit sortir de son rang pour se tenir devant le trône de Yhwh (*wayyēṣē' hārûaḥ wayya'ămōd*, « il sortit et se présenta/se tint debout »), laissent entrevoir une étiquette de cour qui fonctionne par des règles précises. Au verset 22,

47 Par exemple Rouillard 1993, p. 104 ; McKenzie 2019, p. 205.
48 Comme d'ailleurs dans les autres scènes de conseil divin en Is 6 et Job 1–2.
49 White 2014, p. 119–121. Voir *infra*, p. 282–283.

l'expression *wəgam tûkāl*, « effectivement tu en seras capable », « tu en auras le pouvoir », exprime l'autorisation divine accordée à la mission et annonce son succès, en mettant fin au débat en cours parmi la multitude des participants à l'assemblée. Une telle compréhension de la structure du conseil confirme la faiblesse des interprétations qui font de cet esprit une émanation ou une personnification de Yhwh lui-même[50]. La présentation de l'assemblée divine met donc l'accent sur ses aspects hiérarchiques ainsi que sur sa procédure strictement codifiée qui recoupe, au moins en partie, le déroulement des assemblées royales au Proche-Orient ancien, et au Levant plus spécifiquement[51].

Une série d'éléments proviennent des versions grecques. À cet égard, il faut tenir compte des différences entre la version préservée par le Vaticanus (B) et le texte dit « antiochien » ou « lucianique » (L). Les chercheurs estiment que pour cette section des livres grecs des Règnes, B relève de la révision *kaige*, un ensemble de corrections du grec ancien faites sur la base d'un texte hébreu proto-massorétique autour du Ier s. av. notre ère qui est, peut-être, à mettre en relation avec l'activité de Théodotion[52]. En revanche le texte L, même s'il contient des améliorations stylistiques secondaires (par exemple ἀριστερῶν au lieu de εὐωνύμων pour indiquer la gauche au verset 19), ainsi que des interpolations hexaplaires, préserve également des éléments anciens (voir par exemple κύριον τὸν θεὸν Ισραηλ au verset 19) : il est donc généralement considéré comme un bon témoin de la Septante ancienne[53]. Le texte L montre plusieurs divergences par rapport à l'hébreu : on ne discutera ici que de celles qui concernent le traitement de l'esprit. En L, l'interaction entre l'esprit et la divinité est plus développée que dans le texte B et dans le TM, et Alfred Rahlfs reconnaissait déjà que ce passage était d'origine prélucianique[54]. Pourtant le verset 20 dans

50 À cet égard, dans la conclusion de la scène (verset 24), l'un des prophètes de la cour du roi Achab se met en colère et frappe Michée en disant : « Par où l'esprit de Yhwh est sorti de moi pour parler à toi ? ». Ce ne sont donc que les faux prophètes qui ne sont pas capables de distinguer l'esprit de Yhwh de l'esprit de mensonge.

51 Sur les aspects bureaucratiques de l'assemblée divine au Levant, on peut voir Mullen 1980 et M. Smith 2001, p. 41–53. On peut également comparer les audiences de Salomon avec Bethsabée et Nathan en 1 R 1,15–28. La comparaison entre étiquette royale et étiquette divine mériterait un travail de détail qui, à ma connaissance, n'a pas encore été fait. Pour une introduction aux audiences royales au Proche Orient ancien, on peut voir Garelli 1974, Joannès 2007, Radner 2011, Pruß 2019.

52 D'après Barthelemy (1963) les corrections *kaige* dans les Règnes couvrent les sections 2 Regn 11,2–3 Regn 2,11 et 3 Regn 22–4 Regn.

53 Les rapports entre B, L, les corrections *kaige* et la Septante ancienne sont très complexes. Pour un bilan de recherche détaillé, voir Hugo 2006 ; voir également les remarques méthodologiques de Law et Kauhanen 2010.

54 Rahlfs 1965, I, p. 96–98 ; III, p. 646.

le texte L n'a pas vraiment de sens : on comprend mal l'articulation entre l'expression « tu n'en auras pas le pouvoir » (καὶ εἶπεν οὐ δυνήσῃ), vraisemblablement attribuée à Yhwh, avec la réponse « en/par toi » (ἐν σοι).

Dans un article récent, Julio Trebolle[55] suggère le déplacement d'une partie du verset. Dans la LXX ancienne l'expression καὶ εἶπεν ἐν σοι n'aurait pas été à la fin du verset 20, mais à la fin du verset 21, ce qui donnerait la restitution suivante :

20 καὶ εἶπεν κύριος· Τίς ἀπατήσει τὸν Αχααβ βασιλέα Ισραηλ καὶ ἀναβήσεται καὶ πεσεῖται ἐν Ρεμμαθ Γαλααδ ; καὶ εἶπεν οὗτος οὕτως καὶ οὗτος οὕτως. **καὶ εἶπεν· Οὐ δυνήσῃ.**	20 Yhwh dit : « Qui va tromper Achab roi d'Israël, pour qu'il monte à Ramaat de Galaad et qu'il y meure ? ». L'un disait une chose, l'autre une autre. Et (Yhwh) dit : tu n'auras pas le pouvoir.
21 καὶ ἐξῆλθεν πνεῦμα καὶ ἔστη ἐνώπιον κυρίου καὶ εἶπεν· Ἐγὼ ἀπατήσω αὐτόν. εἶπεν πρὸς αὐτὸν κύριος· Ἐν τίνι ; **καὶ εἶπεν· Ἐν σοι.**	21 Alors un esprit sorti et se tint devant Yhwh, et il dit : « Moi je le tromperai ». Et le Seigneur lui a dit : « Comment/par qui ? » et il répondit : « par toi ».
22 καὶ εἶπεν· Ἐξελεύσομαι καὶ ἔσομαι πνεῦμα ψευδὲς ἐν στόματι πάντων τῶν προφητῶν αὐτοῦ. Καὶ εἶπεν· Ἀπατήσεις καί γε δυνήσει ἔξελθε καὶ ποίησον οὕτως.	22 Et il (l'esprit) dit : « Je sortirai, et je serai un esprit mensonger dans la bouche de tous ses prophètes ». Et il (Yhwh) dit : « Tu le persuaderas, vraiment tu en auras le pouvoir. Sors et agis de cette manière ».

D'après Trebolle, le texte L avec ce petit déplacement correspondrait entièrement à la LXX ancienne et relèverait d'une *Vorlage* hébraïque différente du TM, qu'il reconstruit à partir du grec. Il estime que ce passage aurait ensuite été effacé pour des raisons théologiques, à cause d'une interaction trop développée entre la divinité et les membres de la cour ou à cause du fait que l'association de Yhwh avec le mensonge était perçue comme problématique. Quelques problèmes demeurent cependant avec cette reconstruction. Premièrement, comme l'observait déjà Rahlfs, καὶ εἶπεν ἐν σοι à la fin du verset 20 – à savoir exactement dans la position où il a été transmis dans la tradition manuscrite – pourrait traduire également *'mr bkh* (dans ce cas, *bəkô*, « ainsi », aurait été lu comme *bəkâ*, « en/par toi », à l'instar, par exemple, de 1 R

55 Trebolle 2012, surtout p. 639–644 et 668–674.

10,9)[56]. Deuxièmement, la reconstruction de Trebolle n'est pas toujours entièrement justifiée à la lumière du texte grec : il n'est pas nécessaire d'envisager un hébreu *bəmî* (« par qui ? ») au lieu de *bammâ* (« comment ? ») comme correspondance de ἐν τίνι car le pronom interrogatif en grec peut être à la fois masculin ou neutre[57]. Troisièmement, la différence de contenu entre TM et L ne me paraît pas si significative. L'origine divine du pouvoir de l'esprit est *de facto* sanctionnée déjà dans le TM. Elle est annoncée au verset 22 (« Tu le persuaderas, effectivement tu en auras le pouvoir. Va, et agis ainsi ») et réaffirmée encore au verset 23 par Michée : « Et maintenant voici que Yhwh a mis un esprit mensonger dans la bouche de tous tes prophètes que voici, c'est Yhwh qui a prononcé les malheurs contre toi ». Par conséquent, les motivations théologiques qui, d'après Trebolle, auraient pu être à l'origine de la suppression de ce passage en hébreu ne me paraissent pas très conséquentes. En revanche, le supplément du texte L pourrait bien s'expliquer comme l'exégèse d'un passage assez dense qui essaie d'articuler plus clairement la dynamique de question et réponse entre Yhwh et l'esprit, laquelle demeure implicite en hébreu, comme le remarque d'ailleurs très justement Trebolle[58]. Il est, certes, possible que ce développement soit antérieur à la version lucianique, mais il est difficile de savoir s'il remonte effectivement à une *Vorlage* hébraïque ou s'il s'agit d'une évolution interne au grec. Il est également possible que l'on ne puisse plus reconstruire entièrement le texte de la LXX ancienne pour ce passage.

Une autre différence remarquée par les chercheurs est l'absence de l'article en grec devant πνεῦμα au verset 21. Comme le suggère Knauf, une telle absence pourrait indiquer que le traducteur n'a pas compris *hārûaḥ* comme le titre désignant un fonctionnaire de l'assemblée, mais comme une entité individuelle, un des nombreux esprits qui entouraient la cour céleste[59]. Par conséquent, l'élimination de l'article relève d'une adaptation stylistique, vu que *rûaḥ* est nommé ici pour la première fois. Comme nous le verrons par la suite, cette interprétation est en accord avec l'évolution plus générale de la représentation des esprits dans la LXX.

56 Rahlfs 1965, III, p. 646.

57 Julio Trebolle (2012, p. 673) cite comme précédent 3 Regn 21,14, mais ἐν τίνι traduit *bmh* de manière systématique en 1 Regn 6,2 ; 14,38 ; 29,4 et 2 Regn 21,3. De manière générale, la reconstruction de Trebolle est faite à la lumière d'une évaluation très optimiste du statut de la Vieille Latine comme témoin du texte proto-massorétique. Toutefois, les sources disponibles pour la reconstruction de la Vieille Latine sont très fragmentaires et aucune variante significative n'est attestée par rapport au TM dans les versets qui sont examinés ici. Une certaine prudence est donc recommandée : voir, à cet égard, les remarques de Fernández Marcos 1994, p. 71–87, et Kauhanen 2018.

58 Trebolle 2012, p. 672.

59 Knauf 2019, p. 505.

Néanmoins, l'un des apports les plus importants de ce récit consiste en l'établissement d'une relation étroite entre possession par l'esprit et activité prophétique. On retrouve ce lien dans le cycle d'Elie et Élisée dans les livres des Rois : l'épisode montre la manière dont l'esprit peut être transmis d'un prophète à l'autre. Le lien entre esprit et prophétie a, en outre, un précédent narratif important dans le Pentateuque, lorsque les soixante-dix anciens reçoivent par Yhwh une partie de l'esprit de Moïse et commencent à prophétiser[60]. Mais le contexte où le lien entre esprit et prophétie est thématisé avec le plus de détails est sans doute l'histoire de Saül et David dans le premier livre de Samuel. En 1 S 16,14–23, le jeune David, appelé au service du roi Saül, le soulage du tourment provoqué par un mauvais esprit en jouant un instrument à corde ; 1 S 18,10–11 relate l'attentat manqué de Saül contre David, lorsque ce dernier n'arrive plus à contenir le mal-être du roi qui s'est désormais tourné en jalousie ouverte contre son ancien favori ; 1 S 19,9–24 répète l'épisode de l'attentat (versets 9–10) à la suite duquel David prend la fuite de la cour du roi avec l'aide de Mikal. À la fin de ce chapitre, lorsque Saül poursuit David à Rama, il est une dernière fois saisi par un esprit divin : alors que le texte n'explicite pas s'il s'agit du même esprit mauvais que dans les épisodes précédents, il est clair que ses effets sont néfastes car Saül s'abandonne à un état de transe incontrôlée et honteuse qui se termine par l'écroulement du roi nu sur le sol. À partir de ce moment-là, le déclin de Saül devient inéluctable. Comme cela a été observé depuis longtemps, cette série de récits est centrée sur le motif des esprits et se trouve encadrée par ce même motif, sur lequel se construit également le lien rédactionnel avec la section précédente en 1 S 16,13[61]. La série narrative qui se conclut au chapitre 19 doit, enfin, être complétée par l'épisode de la première inspiration divine de Saül en 1 S 10,5–12, lorsque ce dernier entre pour la première fois dans un état de transe prophétique[62]. Ces récits apportent une contribution fondamentale à la compréhension du fonctionnement des esprits pour plusieurs raisons. D'abord, ils montrent que la possession est une composante essentielle de la prophétie en Israël ancien, même si elle est difficile à gérer et n'est jamais exempte de risques. En outre, ils mettent en contraste

---

60 Voir respectivement Num 11,25–29 ; 1 R 18,12 ; 2 R 2,9–10, 15–16.

61 1 S 16,13 a–b : « Et Samuel prit la corne d'huile et lui [scil. David] donna l'onction au milieu de ses frères, et l'esprit de Yhwh fondit sur lui à partir de ce jour-là » (ויקח שמואל את קרן השמן וימשח אתו בקרב אחיו ותצלח רוח יהוה אל דוד מהיום ההוא), voir, par exemple, Stolz 1981, p. 109. Sur les aspects rédactionnels, voir également Dietrich 2015, p. 192–200 et 253–255 ; Blischke 2019, p. 18–24.

62 Sur la relation de ce passage avec le reste du corpus, voir Nihan 2006. Puisque toutefois la LXX n'atteste pas de variante significative en 1 S 10,5–12, je laisserai de côté ce passage dans la comparaison entre hébreu et grec.

l'action de l'esprit de Yhwh avec l'influence de l'esprit mauvais, tout en indiquant que seulement un esprit à la fois peut posséder une personne (lorsque l'esprit de Yhwh part de Saül, l'esprit mauvais arrive et vice-versa). De plus, dans la mesure où et l'inspiration divine provenant de Yhwh et l'esprit mauvais fonctionnent par la possession, ce texte suggère qu'il n'existe pas de différence substantielle entre l'esprit de Yhwh et les autres esprits, qui se distinguent seulement par leurs résultats. Enfin, l'épisode de l'esprit mauvais encadre le récit de l'ascension de David, qui est présenté avec des qualités royales dès sa première apparition en 1 S 16,18, où il est décrit comme étant vaillant guerrier, intélligent, beau et avec Yhwh à ses côtés. Dans ce contexte, le contrôle des esprits apparaît comme une vertu royale et le contraste entre Saül et David se joue également sur cet aspect : alors que Saül est à la merci des esprits, David est capable de les maîtriser. À cet égard, 1 S 16–19 atteste d'une tradition d'exorcisme par la musique, ici attribuée à David, qui aura une certaine fortune dans la tradition juive ancienne.

Lorsque nous lisons la version de l'histoire rapportée par le TM, nous remarquons deux points problématiques. Premièrement (1), les effets produits par l'esprit mauvais sur Saül ne sont pas décrits de manière explicite ni cohérente. En 1 S 16,14–16 l'hébreu utilise le verbe *b't* (« tourmenter », « terroriser ») ; en 1 S 18,10–11 l'esprit induit en Saül un état de transe (*wayyitnabbē'*) qu'il n'arrive pas à gérer et qui semble engendrer une impulsion à tuer David par la lance ; en 1 S 19,9–10 il n'y a plus de référence à la transe, seule l'impulsion meurtrière du roi envers David est mentionnée. Ces inconsistances trahissent en partie la nature rédactionnelle de certains passages, que je discuterai dans la suite.

Deuxièmement (2), et comme je l'ai dit plus haut, la distinction entre l'esprit de Yhwh et l'esprit mauvais n'est pas toujours très claire. Nous pouvons comparer, à cet égard, le verset 14 avec le verset 23 (voir le tableau 8 ci-dessous). Dans le verset 14b, la préposition *m't* indique clairement que l'esprit mauvais est envoyé par Yhwh (*mē'ēt yhwh*) : par conséquent celui-ci semble être distinct de *rûaḥ yhwh* nommé en 14a. Par contre, la même distinction est beaucoup moins évidente dans les versets qui suivent : les versets 15–16 comportent l'expression *rûaḥ 'ĕlōhîm rā'â*, dans laquelle on pourrait comprendre *'ĕlōhîm* comme signifiant « d'origine divine », alors qu'au verset 23a on parle seulement de *rûaḥ 'ĕlōhîm*. Enfin, à la fin du chapitre 19, l'esprit divin (*rûaḥ 'ĕlōhîm*) s'empare une dernière fois de Saül avec des effets néfastes[63].

Or le texte de la LXX présente des variantes significatives par rapport à ces deux points. Avant de les analyser, un court préambule sur la situation manuscrite s'avère encore nécessaire. Dans les livres de Samuel, l'analyse du grec est compliquée par une situation textuelle difficile, où l'histoire textuelle est

63 1 S 19,23–24.

inséparable de l'histoire littéraire et même rédactionnelle, de manière encore plus complexe que dans le livre des Rois. Alors que la majorité des chercheurs reconnaît l'origine tardive du TM, en grec plusieurs traditions sont attestées. À l'inverse de 1 R 22, le texte B est considéré, pour cette section, comme le meilleur représentant de la LXX ancienne[64] ; la tradition hexaplaire est conservée par l'Alexandrinus (A) ainsi que par d'autres minuscules[65] ; nous avons, enfin, le texte lucianique (L)[66], qui réunit à son tour au moins deux traditions textuelles, à savoir des révisions plus tardives et un texte « proto-lucianique » qui, comme nous l'avons vu plus haut, peut contenir, parfois, des variantes anciennes. De manière générale et en comparaison avec 1 Rois, l'apport du texte lucianique pour cette section des livres historiques est considéré comme moins important en vue de la reconstruction de la LXX ancienne ; la comparaison entre B et L reste néanmoins utile pour établir des développements internes aux traditions grecques.

Une des conséquences de cette complexité pour mon analyse est le fait que 1 S 18,10–11 est absent en B. L'hébreu offre plusieurs indices de la nature rédactionnelle et secondaire du passage : en 1 S 18,11, on dit que David évite par deux fois la lance de Saül, même si le deuxième épisode ne sera raconté qu'au chapitre suivant. De plus, la référence à la transe de Saül en 1 S 18,10 (*wayyitnabbē'*) comme effet de l'esprit mauvais semble anticiper la transe incontrôlée dont il fait l'objet en 1S 19,19–24. Il me paraît, ainsi, clair que l'absence de ces versets dans la LXX ancienne remonte forcément à la *Vorlage* du traducteur[67]. Le texte lucianique, quant à lui, atteste des variantes secondaires qui concernent l'action de l'esprit en 14b et la relation de l'esprit avec la divinité. Elles ont, néanmoins, un certain intérêt, comme le montre le tableau suivant, qui récapitule les mentions des esprits en 1 S 16 :

64 Pour cette section, le texte B est représenté par le Vaticanus et par le manuscrit y (= 121), ainsi que par les versions éthiopiennes. Pour une introduction récente, claire et exhaustive au texte de 1 Samuel, voir Kauhanen 2012. Voir également Bernard Grillet et al. (1997, p. 9–120), qui, toutefois, est antérieur à la publication complète des fragments retrouvés à Qumrân par Cross, Parry, Saley et Ulrich (Cross et al. 2005, DJD 17).

65 Mss. 247, 376.

66 Pour les manuscrits du texte L, voir *supra*, p. 239, note a.

67 La majorité des chercheurs estime qu'en 1 S 18 la LXX ancienne lit un texte court dans l'hébreu ; Stephen Pisano (1984) a, en revanche, essayé de démontrer l'antériorité du TM par rapport à la LXX : 1 S 18,10–11, tout comme les autres passages de ce chapitre qui ne sont pas attestés en B, aurait été éliminé intentionnellement dans le grec notamment à cause de sa redondance. Cette démarche serait à comprendre comme faisant partie d'un processus d'assouplissement qui commence déjà en hébreu (voir ibid., p. 86). Le volume de Barthélemy, Gooding, Tov et Lust (Barthélemy et al. 1986) sur 1 S 17–18 a apporté une série d'éléments qui font plutôt pencher pour le contraire. Une question séparée, qui ne peut pas être discutée ici, est, en revanche, celle du rapport entre la version longue et la version courte du texte hébreu.

TABLEAU 8 Esprits en 1 Samuel 16

1 S 16	Hébreu	LXX (B)	L	Autres	Aquila/ Symm/Th
14 a	ורוח **יהוה** סרה מעם שאול Et l'esprit de Yhwh s'en alla de Saül	πνεῦμα κυρίου ἀπέστη	πνεῦμα κυρίου ἀπέστη	y (= 121) πνεῦμα θεοῦ	
14 b	ובעתתו רוח רעה מאת יהוה Un esprit mauvais venu de Yhwh le tourmenta	ἔπνιγεν αὐτὸν πνεῦμα πονηρὸν παρὰ κυρίου	συνεῖχεν αὐτὸν πνεῦμα πονηρὸν παρὰ κυρίου, καὶ ἔπνιγεν αὐτόν	Copte : *spiritus malus* Origène (ms grecs) : πνεῦμα θεοῦ πονηρὸν	A : ἐθαμβει S : συνεῖχεν
15	רוח אלהים רעה מבעתך Un esprit divin mauvais te tourmente	πνεῦμα **κυρίου** πονηρὸν πνίγει σε	πνεῦμα πονηρὸν *παρὰ κυρίου* πνίγει σε 82 >παρὰ κυρίου	πνεῦμα παρὰ κυρίου πονηρὸν (copte) πνεῦμα πονηρὸν παρὰ κυρίου (armenien, éthiopien, syrohexaplaire)	
16 b	והיה בהיות עליך רוח אלהים רעה Au moment où l'esprit divin mauvais sera sur toi	ἐν τῷ εἶναι πνεῦμα πονηρὸν ἐπὶ σοὶ	ἐν τῷ εἶναι τὸ πνεῦμα τὸ πονηρὸν ἐπὶ σοὶ *παρὰ θεοῦ*	247 πνεῦμα θεοῦ πονηρὸν 554+ Armenien : ἐπὶ σοὶ πνεῦμα πονηρὸν παρὰ θεοῦ Autres : τὸ πνεῦμα τὸ πονηρὸν ou πνεῦμα τὸ πονηρὸν	

TABLEAU 8 Esprits en 1 Samuel 16 (*cont.*)

1 S 16	Hébreu	LXX (B)	L	Autres	Aquila/ Symm/Th
23 a	והיה בהיות רוח אלהים אל שאול Au moment où un esprit divin était sur Saül	ἐν τῷ εἶναι πνεῦμα πονηρὸν ἐπὶ Σαουλ	ἐν τῷ εἶναι *παρὰ θεοῦ* πονηρὸν πνεῦμα	Origène (lat.) : *Cum esset spiritus malus Dei* Autres mss : *παρὰ θεοῦ* πνεῦμα πονηρὸν, τὸ πνεῦμα τὸ πονηρόν	πνεῦμα θεοῦ
23 b	וסרה מעליו רוח הרעה Et l'esprit mauvais s'en alla de lui	ἀφίστατο ἀπ' αὐτοῦ τὸ πνεῦμα τὸ πονηρόν	ἀφίστατο ἀπ' αὐτοῦ τὸ πνεῦμα τὸ πονηρόν		

Le tableau 8 montre plusieurs différences dans les traditions grecques par rapport au TM, dont deux sont particulièrement significatives. Premièrement (1), au verset 14b le verbe *bʿt*, « saisir par la peur », « terroriser », « tourmenter », est rendu par πνίγω, « étouffer », terme typique de la littérature médicale, avec une équivalence qui n'est jamais attestée ailleurs dans la LXX pour *bʿt*. En conformité à ce choix, au verset 23 l'expression ורוח לשאול (*wərāwaḥ ləšāʾûl*, « et il y eut soulagement pour Saül ») est rendue par ἀνέψυχεν Σαουλ, « Saül reprit haleine » : cette traduction rend explicite le lien entre l'usage du verbe *rwḥ* et le souffle qui, très vraisemblablement, était déjà présent en hébreu[68]. Nous avons là un premier témoignage de l'interprétation de l'attaque de l'esprit en termes physiologiques et médicaux, à savoir comme un étouffement. Une telle interprétation n'est pas surprenante si l'on tient compte du fait que l'étranglement est une des actions attribuées par excellence aux démons déjà en Mésopotamie. En comparant B avec L au verset 14b, nous observons dans la tradition lucianique une tendance à expliciter les différentes phases de l'action

68 Voir Dietrich (2015, p. 23) qui traduit : « und dann konnte Saul aufatmen ». Pour la relation du verbe ἀναψύχω avec la respiration, voir Jouanna 1987, p. 210–211 et Grillet et al. 1997, p. 288–289.

de l'esprit, qui d'abord saisit Saül (συνεῖχεν) et ensuite l'étouffe (ἔπνιγεν). Vu que Symmaque opte également pour συνεῖχεν, il est probable que le texte grec ait ici été corrigé sur la base des révisions hébraïsantes. Toutefois, Tuukka Kauhanen n'exclut pas l'hypothèse selon laquelle cette interprétation serait antérieure à la révision lucianique car elle est déjà attestée chez Tertullien dont l'œuvre précède le travail des réviseurs[69]. Deuxièmement (2), le texte grec semble trahir un effort pour distinguer plus nettement l'esprit de Yhwh de l'esprit mauvais car ce dernier n'est plus défini comme divin : aux versets 16 b et 23 a, B a seulement πνεῦμα πονηρόν[70]. Cette tendance, déjà attestée en B et relevant donc, vraisemblablement, de la LXX ancienne, est ensuite prolongée dans les traditions grecques plus tardives préservées par L, qui traduisent *elohîm* par παρὰ θεοῦ, en conformité avec verset 14 b. Le texte L tient à souligner que l'esprit mauvais agit dépendamment de Yhwh, en rapprochant ainsi la traduction grecque du texte massorétique et en supprimant, en même temps, toute possibilité d'identification entre l'esprit de Yhwh et l'esprit mauvais.

Une différence ultérieure (3) est détectable en 1 S 16,18, lorsqu'un des domestiques présente David au roi comme un jeune homme doué pour la musique : « effectivement j'ai vu un fils de Jessé le Bethléémite, il sait jouer ». Ici l'expression *yōdēa' naggēn* « il connaît l'art de jouer (un instrument à cordes) » est rendue en B par εἰδότα ψαλμόν, qui constitue non seulement une référence à la tradition d'exorcismes opérés par la musique, mais à David comme auteur du psautier[71]. Cette tradition est encore appuyée par Aquila au verset 16 et par Théodotion, au verset 23, qui rendent respectivement *bakkinnôr* et *'et hakkinnôr* (*kinnôr* étant le nom de l'instrument à cordes joué par David) par ψαλτήριον. Enfin, nous pouvons repérer un dernier élément (4) de nouveauté dans le récit de l'attaque de Saül contre David, en 1 S 19,9 :

ותהי רוח יהוה רעה אל שאול והוא בביתו יושב וחניתו בידו ודוד מנגן ביד

καὶ ἐγένετο πνεῦμα θεοῦ πονηρὸν ἐπὶ Σαουλ καὶ αὐτὸς ἐν οἴκῳ καθεύδων καὶ δόρυ ἐν τῇ χειρὶ αὐτοῦ καὶ Δαυιδ ἔψαλλεν ἐν ταῖς χερσὶν αὐτοῦ

69 Kauhanen 2012, p. 92–95.

70 Le choix de l'adjectif πονηρός au lieu de κακός ne semble pas véhiculer une signification particulière. D'après Richard Trench (1855, p. 41–43) dans le Nouveau Testament πονηρός exprime parfois une perversité plus grave que κακός. Dans la LXX, les deux adjectifs sont employés pour traduire la quasi-totalité des adjectifs *r'*, *r''* et *r'h*, de manière assez interchangeable : πονηρός correspond dans la plupart des cas à *r'* (186 fois), mais il apparaît néanmoins 63 fois comme équivalent de *r'h*. Vice-versa, κακός traduit 70 fois *r'* et 138 fois *r'h* (Dodd 1954, p. 75).

71 Pour un commentaire à ce sujet, voir Grillet et al. 1997, p. 290.

> Et un esprit mauvais de Dieu fut sur Saül. Il dormait, dans sa maison, et il avait une lance à la main, et David pinçait de ses mains les cordes.

À la différence du TM, l'esprit saisit Saül dans son sommeil : καθεύδω, « dormir », correspond ici exceptionnellement à *yôšēb* en lisant probablement le verbe *škb*[72]. Le déplacement de la locution temporelle ἐν τῇ νυκτὶ ἐκείνῃ, « cette nuit-là », de la fin du verset 10 au début du verset 11, confirme également que, d'après le traducteur grec, la tentative d'homicide a lieu pendant la nuit et que, suite à cet événement, David prend immédiatement la fuite. Ce changement de scénario du jour à la nuit confère, certes, un aspect plus dramatique à l'action[73], mais la situe également dans un moment très favorable aux attaques démoniaques.

Essayons à présent de tirer quelques conclusions des comparaisons entre texte hébreu et texte grec. Lorsque l'on considère l'apport des versions grecques pour comprendre 1 R 22, nous voyons que les esprits, tout en restant des puissances subordonnées à Yhwh, ont, dans la Bible, une agentivité plus prononcée que ce que l'on pense d'habitude. Néanmoins cette agentivité n'est efficace que si elle passe, en quelque sorte, par l'appui du dieu : de ce point de vue, il importe de relever qu'il n'y a pas d'opposition entre version hébraïque et version grecque, même si dans la tradition grecque attestée par le texte lucianique, qui pourrait être assez ancienne, cette interaction est plus développée. La capacité d'initiative des esprits est considérable, mais leur autonomie reste assez relative, ce qui est en lien avec le fait que les esprits ne sont pas à compter parmi les puissances majeures de l'assemblée céleste. En 1 S 16 19, alors que le texte hébreu consent à une certaine ambiguïté concernant l'identité de l'esprit mauvais et celle de l'esprit de Yhwh, les versions grecques tendent à progressivement les distinguer ; elles donnent, en outre, une interprétation médicale de l'action de l'esprit comme s'assimilant à un type d'étouffement et, en 1 S 19, suggèrent que la dernière attaque de l'esprit saisit le roi dans son sommeil, pendant la nuit. Une telle caractérisation de l'esprit mauvais rapproche considérablement la possession par l'esprit d'une attaque démoniaque.

---

72 La version lucianique et la Vieille Latine (L 300) lisent ici ἐκάθητο/*sedebat* avec le TM.

73 Dans le fragment préservé à Qumrân (1Q 52 = 4QSam^b, fr. 5, 2), la locution temporelle ויהי בלילה ההוא est à la même place que dans la LXX et il est fort possible que, dans ce cas, la LXX et les manuscrits qumrâniens reflètent la position originelle (ainsi Cross et al. 2005, DJD 17, p. 229). Malheureusement, le verset précédent n'a pas été préservé : on ne sait donc pas si l'épisode de l'attaque de Saül sur David dans la version de Qumrân eut lieu pendant la même nuit. Voir Grillet et al. 1997, p. 319.

2 Retour sur *rûaḥ* et πνεῦμα

Avant d'examiner les autres passages qui complètent l'analyse des esprits dans la LXX, il apparaît nécessaire de revenir sur l'équivalence entre l'hébreu *rûaḥ* et le grec πνεῦμα qui traduit *rûaḥ* dans la plupart des occurrences. Cette correspondance a reçu une certaine attention dans les études sur la pneumatologie du premier christianisme, notamment car πνεῦμα devient un terme clé de la sotériologie chrétienne[74]. Toutefois, comme dans le cas de *rûaḥ* dans la Bible hébraïque, l'attention a plus été portée sur « l'esprit » de Yhwh que sur « les esprits », privilégiant une approche théologique plutôt qu'historico-religieuse. Le dossier mérite donc d'être rediscuté selon ce que j'appellerais une perspective « plurielle », qui peut, à mon avis, apporter de nouveaux éléments à la discussion. Les questions ayant dominé le débat jusqu'à présent portent sur les influences réciproques entre les usages hébreu et grec du terme. Une première hypothèse (1 a) envisage une influence du *rûaḥ* hébreu sur le concept du πνεῦμα grec : le sens psychique dans lequel nous avons vu que *rûaḥ* pouvait être employé aurait été imposé au πνεῦμα grec, qui omet ce sens, afin que ce dernier corresponde à son équivalent sémitique[75]. Un deuxième volet de la même hypothèse (1 b) considère que la LXX a joué un rôle fondamental dans l'introduction d'un nouveau concept : « esprit de dieu » (πνεῦμα θεοῦ), notion qui aurait été étrangère à la culture grecque, laquelle préfère d'habitude d'autres termes pour décrire des puissances divines incorporelles ou indéterminées, tels que δαίμων ou τύχη[76]. Vice-versa, une deuxième hypothèse (2) insiste sur le rôle du grec dans l'introduction de nouvelles significations pour le *rûaḥ* biblique. Selon David Hill, l'idée des esprits comme entités indépendantes de Yhwh se serait développée à partir de la conceptualisation grecque du πνεῦμα comme substance, idée qui serait, à son tour, étrangère à l'hébreu[77]. En réalité, cette hypothèse vient d'être contredite dans la section précédente, où nous avons vu que les esprits, tout en étant pour la grande majorité d'origine divine, ne sont pas de pures et simples émanations de la divinité, mais des entités différenciées de Yhwh déjà dans le texte hébreu[78]. Quant à la première hypothèse, elle demande de reprendre l'analyse du champ sémantique de πνεῦμα ainsi que les rapports avec ses possibles concurrents, à savoir d'autres

74 Parmi les études dans le domaine du Nouveau Testament qui prennent sérieusement en compte la LXX, on peut voir Schoemaker 1904 ; Hill 1967 ; Isaacs 1976 ; M. Edwards 2012.

75 Schoemaker 1904 ; Hill 1967.

76 Isaacs 1976, p. 16–17, suivie par M. Edwards 2012.

77 Hill 1967, p. 202–220.

78 Voir, sur ce point, la critique d'Isaacs 1976, p. 14.

équivalents grecs qui auraient pu être choisis, mais qui, pour une raison ou une autre, ont été écartés par les traducteurs lors de la « compétition sémantique ».

Il faut commencer par rappeler que πνεῦμα entretient avec la racine πνεῖν, « souffler », « respirer », « haleter », mais aussi « dégager une odeur », un rapport similaire à celui de *rûaḥ* avec le verbe *rwḥ*. Πνεῖν décrit chez Homère le souffle du vent, mais également la respiration et, donc, la vie[79]. Le substantif, quant à lui, apparaît pour la première fois probablement chez Archiloque[80] et se retrouve plus fréquemment en prose qu'en poésie. Un deuxième dérivé de πνεῖν qui aurait été un équivalent approprié pour *rûaḥ* est πνοή, terme homérique qui indique autant le souffle que l'air[81]. Au vu de leur signification primaire d'« air en mouvement », πνεῦμα et πνοή peuvent indiquer à la fois l'haleine et donc la vie, en se superposant partiellement à ψυχή, et le vent, en étant alors synonymes de ἄνεμος. Concomitamment, πνεῦμα et πνοή apparaissent comme les meilleurs équivalents pour *rûaḥ* en comparaison avec ψυχή et ἄνεμος, qui rendent, toutefois, occasionnellement *rûaḥ*[82] car ils couvrent les deux domaines sémantiques.

Conformément à son usage en grec classique, πνοή est utilisé dans la LXX surtout comme équivalent de *nəšāmâ*, terme assez rare lui aussi et surtout poétique, partiellement synonyme de *rûaḥ* et parfois utilisé en parallèle à celui-ci[83]. Cette équivalence est établie déjà par le traducteur de la Genèse, en Gen 2,7 (καὶ ἐνεφύσησεν εἰς τὸ πρόσωπον αὐτοῦ πνοὴν ζωῆς [*nišmat ḥayyîm*] καὶ ἐγένετο ὁ ἄνθρωπος εἰς ψυχὴν ζῶσαν) et en Gen 7,22 (*kōl 'ăšer nišmat rûaḥ ḥayyîm*/καὶ πάντα ὅσα ἔχει πνοὴν ζωῆς). En revanche, il n'est pas inutile d'observer que dans les inscriptions funéraires d'époque hellénistique une des expressions pour indiquer la mort est πνεῦμα λείπειν ou πνεῦμα λείπειν βίου, « laisser le souffle de la vie » ou simplement « laisser le souffle », qui peut être comprise comme « expirer le dernier souffle » mais également comme « laisser la vie, le principe vital »[84]. Cet usage est également attesté sur quelques épitaphes juives de l'Égypte gréco-romaine[85]. L'idée du πνεῦμα comme force vitale ainsi que

79 Par exemple Hom., *Il.* 17, 447 ; *Od.* 4, 361 et 457 ; 18, 131, voir J.H. Schmidt 1876, no. 55.

80 Arch., S 478 b Page (*Supplementum*) : la lecture est restaurée par les éditeurs du papyrus.

81 Πνοή traduit *rûaḥ* en Ez 13,13 ; Is 38,16 ; Prov 1,23 ; 11,13.

82 Ἄνεμος traduit *rûaḥ* environ cinquante fois, dont trois fois déjà dans le Pentateuque où il désigne le « vent d'orient » en Exode (10,13, 19 ; 14,21), voir Fabry 2004, p. 398 ; ψυχή traduit *rûaḥ* en Gen 41,8 et en Ex 35,21 ; pour les occurrences des adjectifs dérivés de ψυχή, voir le tableau 6.

83 Job 27,3 ; 32,8 ; 33,4 ; Is 42,5 ; 57,16.

84 Par exemple (liste non exhaustive), Attique : *IG* II² 5227a, *IG* II² 5255 ; Grèce centrale : *IG* IX 1,873, *IG* IX 1,164 ; Cnide : *SEG* 60.1122 ; Asie Mineure : *SEG* 6.414 ; Égypte : *SEG* 24.1239 ; Italie : *IGUR* III 1381.

85 Bernand 1969, no. 37, p. 184–189, surtout p. 188 pour la restitution du mot πνεῦμα.

la proximité entre πνεῦμα et ψυχή ne sont pas des innovations hellénistiques car elles sont déjà attestées chez les philosophes présocratiques, notamment chez les philosophes « naturalistes » de l'école milésienne[86] et probablement chez les atomistes également[87]. La présence de πνεῦμα parmi les inscriptions suggère, néanmoins, qu'à l'époque hellénistique le lien sémantique entre πνεῦμα et la vie individuelle a franchi les frontières du langage purement philosophique et littéraire pour faire, désormais, partie du langage religieux courant.

L'autre grand domaine où l'idée du πνεῦμα comme substance essentielle à la vie se développe est celui de la littérature médicale. Le principe du πνεῦμα comme un « air inné » est déjà énoncé dans les traités hippocratiques. L'idée d'une substance à la fois matérielle et invisible qui peut présider aux fonctions psychiques est ensuite développée par la physiologie aristotélicienne[88] ainsi que par la médecine hellénistique, notamment par l'école d'Alexandrie qui comptait parmi ses membres les illustres Hérophile de Chalcédoine et Érasistrate de Céos dont la doctrine nous intéresse tout particulièrement ici[89]. Érasistrate estime que le πνεῦμα est une substance aérienne différente de l'air extérieur, qui remplit les poumons et dont la moitié passe dans les artères (πνεῦμα ζωτικόν) et l'autre moitié dans le cerveau et les nerfs, en devenant un πνεῦμα « psychique » (πνεῦμα ψυχικόν)[90].

C'est précisément de cette double tradition philosophique et médicale que va dériver l'idée des stoïciens du πνεῦμα comme véritable puissance divine qui maintient la cohésion de l'univers, à côté du νοῦς et de la δύναμις[91]. Au passage, ces deux termes sont attestés dans la LXX : νοῦς surtout comme équivalent de לב/לבב (littéralement « cœur », mais aussi « intériorité », « volonté »,

86 Anaximène (13B 2 DK) : « comme notre âme (ψυχή) qui est air (ἀήρ) nous tient ensemble, ainsi le souffle (πνεῦμα) et l'air (ἀήρ) tiennent ensemble le monde entier ».

87 D'après le témoignage de Macrobe, Démocrite décrivait l'âme comme un esprit rempli d'atomes (68A 103 DK). Voir, sur ce point, Pralon 2015, p. 6. Diogène Laërce attribue également à Xénophane l'idée que l'âme soit πνεῦμα (D.L. 9, 19, 10–11).

88 Arist., *GA* 744a, 762a 18 ; *MA* 703a (πνεῦμα συμφυτόν). Pour d'autres références, voir Pralon 2015, p. 7–8.

89 L'œuvre de ces auteurs ne nous est parvenue que par tradition indirecte, transmise surtout par Celse et Galien, et en partie par les philosophes stoïciens. Des fragments d'un « Traité sur la fièvre » préservé par un papyrus d'Héracléopolis ont été provisoirement attribués à Érasistrate ou à un élève de son école. Le texte contient effectivement une référence au πνεῦμα qui passe dans les artères (P. Köln. 8 327, col. iii 20–25, édité par Gronewald, Maresch et Römer, 1997).

90 Gal., *De placit. Hipp. et Plat.* (p. 245 Müller). Voir Verbeke 1945, p. 175–191 ; L. Wilson 1959 ; sur les aspects « matériels » de cet air dans le débat philosophique, voir Lloyd 2007.

91 La doctrine pneumatique est explicitement attribuée à Zénon, le fondateur de l'école : voir, par exemple, D.L. 7, 156–157. Pour Chrysippe, voir *SVF* 2, 473 (= Alex. Aphr., *Mixt.* 7, 216, 14–17).

« raison »), alors que pour δύναμις le sens militaire prévaut. De manière générale, la convergence entre savoir philosophique et savoir médical ne doit pas surprendre car, généralement, dans l'Antiquité, et en Grèce ancienne plus particulièrement, philosophie et médecine ne sont que deux volets d'une même enquête sur la nature. En partant d'une conception du monde fondée sur un modèle physiologique qui reproduit un organisme vivant, les stoïciens développent ainsi, de leur côté, l'idée d'une identité commune entre πνεῦμα et ψυχή[92].

En revanche, l'idée que πνεῦμα ne puisse pas décrire l'inspiration divine en Grèce n'est pas corroborée par un examen attentif des sources. L'usage de ce mot pour décrire l'inspiration poétique est connu dès l'époque classique, à côté des plus traditionnels ἐνθουσιασμός et μανία[93]. Démocrite parle de la poésie comme d'un travail inspiré par l'enthousiasme, au sens propre du terme, ou par « un souffle sacré »[94]. Le « souffle » peut décrire également l'activité prophétique. Dans *Prométhée enchaîné* d'Eschyle, la jeune Io décrit son malheur dans un langage qui reprend celui de la possession oraculaire et affirme se sentir emportée par un « souffle de folie fou » ; dans l'*Agamemnon*, Cassandre parle d'Apollon qui « souffle » sur elle avec force[95]. À partir de l'époque hellé-

92 Pour Zénon, voir, par exemple, SVF 1, 136 (= Gal., [*Hist. Phil.*] 24) ; pour Chrysippe, SVF 2, 885 (Gal., *De placit. Hipp. et Plat.* 2,1, p 170, 9–10) ; sur πνεῦμα comme puissance divine chez Chrysippe, voir D.L. 7, 139 ; Aët. 1, 7, 33 = SVF 2, 1027). Sur la psychologie pneumatique du premier stoïcisme ainsi que sur ses évolutions, le travail de Gérard Verbeke (1945), bien que daté, est encore la meilleure référence. Voir également les sources discutées par Pralon 2015, p. 11–18. Certaines de ces sources sont également rassemblées par Levison 2009, p. 137–140 et citées rapidement par Edward 2012, p. 83–84.

93 Des deux, ἐνθουσιασμός n'apparaît pas du tout dans la LXX ; μανία, rare, a exclusivement la connotation péjorative de « folie », qui est également saillante en grec (Os 9,7, 8 ; Ps 40,5 ; Sap 5,4 ; 4 Mac 8,5 ; 10,13).

94 68 B 18a DK (= Clem., *Strom.* VI 168 [II 518, 20 St.]) : καὶ ὁ {Δημόκριτος} ὁμοίως 'ποιητὴς δὲ ἅσσα μὲν ἂν γράφηι μετ' ἐνθουσιασμοῦ καὶ ἱεροῦ πνεύματος, καλὰ κάρτα ἐστί (« Et Démocrite dit de la même manière : c'est vraiment beau toute œuvre qu'un poète écrit par inspiration ou souffle divin »). Sur la nature divinement inspirée de la parole poétique comparer également avec 68 B 17 et 21 DK.

95 Aesch., *Pr.* 878–886 : Ιω ἐλελεῦ/ὑπό μ' αὖ σφάκελος καὶ φρενοπλῆγες/μανίαι θάλπουσ', οἴστρουδ' ἄρδις χρίει μ' ἄπυρος, /κραδία δὲ φόβωι φρένα λακτίζει,/τροχοδινεῖται δ' ὄμμαθ' ἑλίγδην, /ἔξω δὲ δρόμου φέρομαι λύσσης πνεύματι μάργωι γλώσσης ἀκρατής,/θολεροὶ δὲ λόγοι παίουσ' εἰκῆ ιστυγνῆς πρὸς κύμασιν ἄτης. « Ah ! ah ! encore ! un spasme soudain, un accès délirant me brûlent. Le dard du taon me taraude, tel un fer rougi. Mon cœur épouvanté piétine mes entrailles. Mes yeux roulent convulsivement. Emportée hors de la carrière par un furieux souffle de rage, je ne commande déjà plus à ma langue, et mes pensées confuses se heurtent en désordre au flot montant d'un mal hideux » (tr. P. Mazon, Paris, Les Belles Lettres, 1921) ; *Ag.* 1206 : ἀλλ' ἦν παλαιστὴς κάρτ' ἐμοὶ πνέων χάριν (« mais il était un lutteur qui soufflait [sa] grâce contre moi »).

nistique, πνεῦμα semble être désormais entré dans le vocabulaire de la possession prophétique, notamment en lien avec l'oracle d'Apollon, et la nature précise de ce souffle, ou esprit, fait l'objet d'une discussion[96]. Le témoignage le plus détaillé est sans doute celui de Plutarque qui discute des phénomènes à la base de l'inspiration de la Pythie et parle d'un « flux prophétique et d'un souffle divin absolument sacré qui peut être transporté par l'air ou l'eau » (τὸ δὲ μαντικὸν ῥεῦμα καὶ πνεῦμα θειότατόν ἐστι καὶ ὁσιώτατον, ἄν τε καθ' ἑαυτὸ δι' ἀέρος ἄν τε μεθ' ὑγροῦ νάματος ἀναφέρηται)[97].

On peut, en outre, citer un fameux passage de Strabon, qui rapporte une rumeur selon laquelle la Pythie donne ses oracles en recevant un πνεῦμα ἐνθουσιαστικόν qui monte d'une cavité[98]. Et ainsi l'*Onomasticon* de Pollux, le premier « thesaurus » de l'Antiquité, explique ce qu'est un esprit ou souffle prophétique : « si l'esprit est en quelque part prophétique, le lieu est plein du dieu, inspiré, possédé, sous l'influence divine et occupé par la divinité, tout comme l'homme qui donne l'oracle : celui-ci est inspiré, agité par le dieu, possédé et plein du dieu, et changé par le dieu. On pourrait appeler l'esprit également souffle divinatoire, haleine démonique, air divin, vent prophétique, voix d'invocation »[99]. L'importance particulière qui devait être rattachée au « souffle » d'Apollon est encore confirmée par une inscription trouvée à Cyrène datant du début du IIe s. de notre ère, sur la base d'un bas-relief qui devait représenter le dieu. La partie supérieure du relief est perdue : il ne reste que les pieds du dieu, le tripode et un griffon à côté de l'inscription. Le texte parle de la « vérité de l'esprit du dieu », vraisemblablement en se référant à son oracle[100].

Comme l'ont justement souligné Joseph Fonterose et plus récemment Julia Kindt[101], en ce contexte, il ne faut pas comprendre la mention du πνεῦμα comme une référence à des vapeurs ou à des exhalations méphitiques qui auraient intoxiqué la Pythie. Cette interprétation correspond à une construction

96 En complément aux passages discutés ici, on peut voir Arist. [*Mu.*] 395 b.

97 Plut., *Def. orac.* 432d.

98 Strabo 9, 3, 5 : Φασὶ δ' εἶναι τὸ μαντεῖον ἄντρον κοῖλον κατὰ βάθους οὐ μάλα εὐρύστομον, ἀναφέρεσθαι δ' ἐξ αὐτοῦ πνεῦμα ἐνθουσιαστικόν, ὑπερκεῖσθαι δὲ τοῦ στομίου τρίποδα ὑψηλόν, ἐφ' ὃν τὴν Πυθίαν ἀναβαίνουσαν δεχομένην τὸ πνεῦμα ἀποθεσπίζειν ἔμμετρά τε καὶ ἄμετρα.

99 Pollux, *Onomasticon* 1, 15 : εἰ δέ που καὶ πνεῦμα εἴη μαντικόν, ὁ μὲν τόπος ἔνθεος καὶ ἐπίπνους καὶ κάτοχος καὶ ἐπιτεθειασμένος καὶ κατειλημμένος ἐκ θεοῦ, ὥσπερ καὶ ὁ χρῶν ἀνήρ οὗτος δὲ καὶ ἐνθουσιῶν, καὶ κεκινημένος ἐκ θεοῦ, καὶ ἀναβεβακχευμένος, καὶ πλήρης θεοῦ, καὶ παραλλάττων ἐκ θεοῦ. Τὸ δὲ πνεῦμα εἴποις ἂν καὶ ἀτμὸν μαντικόν, καὶ ἄσθμα δαιμόνιον, καὶ θείαν αὖραν, καὶ ἄνεμον μαντικόν, καὶ φωνὴν προαγορευτικήν.

100 Marshall 1916, no. 1062 : καθαρὸν δίκαιον πιστὸν ἀλαθῆς πνεῦμα θεοῦ σωτῆρος Ἀπόλλωνος. On peut comparer également le πνεῦμα θεῖον de l'oracle d'Apollon à Didyme, en Asie Mineure : *IDidyma* 159, l. 12 (fin IIIe siècle).

101 Fontenrose 1978, p. 197–202 ; Kindt 2016, p. 6.

chrétienne, voire moderne, du fonctionnement de l'oracle. Par une articulation très similaire à celle mise en place par la physique et la cosmologie stoïciennes, le fait que le πνεῦμα soit conceptualisé dans ces sources comme une substance aérienne n'empêche pourtant pas le fait qu'il soit en même temps considéré comme une puissance émanant du dieu : en tant qu'indice d'une inspiration divine à l'œuvre, il est inséparable de la divinité elle-même. La position de l'aristotélicien Lamprias au cours du débat sur la disparition de l'oracle de la Pythie mis en scène par Plutarque vise, notamment, à préciser ce point[102].

L'enquête sémantique sur πνεῦμα, dont les résultats sont visualisés en synthèse dans la carte ci-dessous (p. 258), laisse donc émerger ce mot comme étant le meilleur équivalent possible pour *rûaḥ* car il recouvre les mêmes domaines sémantiques et active une série d'associations qui se recoupent avec celles de l'hébreu (notamment météorologiques et physiologiques). Même si d'autres termes couvrent des domaines sémantiques spécifiques (comme ψυχή et ἄνεμος, mais également δύναμις, νοῦς, ἐνθουσιασμός et μανία), et certains d'entre eux peuvent à l'occasion traduire *rûaḥ*, aucun d'entre eux n'a une extension comparable à celle de πνεῦμα. En outre, *rûaḥ* et πνεῦμα partagent non seulement une métonymie sémantique puissante, à savoir celle entre souffle et vie, mais également la représentation du souffle comme une « substance » qui, tout en demeurant invisible, est douée d'une une certaine matérialité.

De plus, la documentation médicale et philosophique d'époque hellénistique montre que les aspects psychiques du πνεῦμα ne sont pas absents de la pensée grecque. On peut, toutefois, se demander dans quelle mesure les premiers traducteurs avaient accès à ce type de littérature. À cet égard, il faut également rappeler que les traducteurs étaient conscients d'un déséquilibre entre les deux notions. Cela se remarque dans le tableau 6 dans les cas où les traducteurs, indépendamment les uns des autres, se détachent de l'équivalence habituelle entre *rûaḥ* et πνεῦμα et lui préfèrent d'autres expressions qui décrivent des émotions ou des qualités humaines de manière moins ambiguë. À cet égard, une enquête rapide sur l'usage de πνεῦμα dans le Pentateuque confirme que le mot relève de la même polysémie que *rûaḥ*, exception faite des aspects psychiques, qui sont systématiquement traduits différemment : l'on peut citer à ce propos les choix de traduction en Gen 26,35 (ἐρίζουσαι), 41,8 (ψυχή), et Ex 6,9 (ὀλιγοψυχία)[103].

Une autre conséquence de l'analyse de ce dossier est que l'idée du πνεῦμα θεοῦ comme nouveauté introduite par la LXX dans la pensée grecque à partir d'un arrière-plan sémitique doit être nuancée, notamment au vu de la

102 Plut., *Def. orac.* 432–438, voir notamment 436f et 438b–d.

103 Voir *supra*, tableau 6.

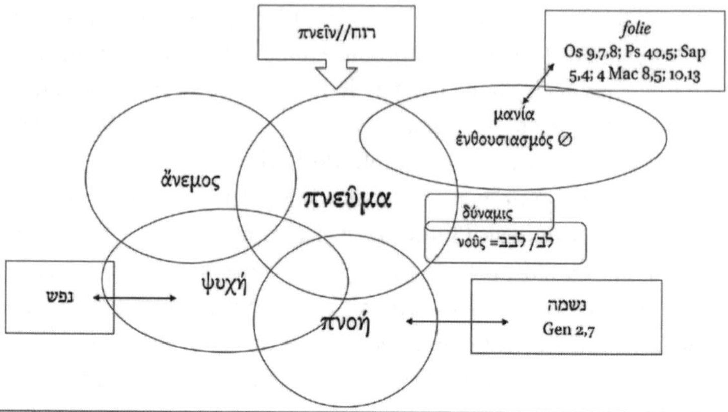

Carte sémantique : πνεῦμα

transformation du langage qui décrit la possession divine en grec à l'époque hellénistique. Au contraire, dans ce cadre, la LXX peut être considérée comme l'un des plus anciens témoignages d'un nouveau vocabulaire de la mantique à l'époque hellénistique, lorsqu'une nouvelle réflexion sur la nature de l'inspiration prophétique se met en place. En ce sens, l'apport du dialogue avec les traditions philosophiques grecques serait à reconsidérer, notamment pour les traditions les plus philosophiques de la LXX, telles que, par exemple, Ben Sira et le livre de la Sagesse, qui montrent l'esprit divin comme une véritable puissance agissante dans le monde, à côté de la Sagesse elle-même[104].

À la lumière de ces données, j'émettrais en revanche une nouvelle hypothèse. La nouveauté amenée par la LXX dans la conceptualisation du πνεῦμα ne concerne pas tellement l'idée d'un esprit divin, mais plutôt la représentation des πνεύματα comme puissances « plurielles », à savoir des esprits distingués de la divinité, qui peuvent être nuisibles pour les hommes et apparaissent, de ce fait, très proches des démons. Dans la mesure où cette conceptualisation

104 Voir, notamment, l'expression ἐμφυσήσαντα πνεῦμα ζωτικόν en Sap 15,11 dite de Yhwh qui « infuse un souffle vital » dans ses créatures. Les parallèles avec les descriptions grecques de l'extase prophétique ont été également observés par Levison 2009, p. 154–177 qui considère que les auteurs juifs ont consciemment emprunté ce langage grec, défini par Levison comme l'« héritage de Delphes », pour relire les prophéties bibliques. Alors que cette interprétation est possible pour Josèphe et Philon, elle n'est pas nécessaire pour comprendre l'usage de πνεῦμα dans la LXX. En outre, la construction de la prophétie de Delphes comme provoquée par une possession par l'esprit est une construction tardive dans les sources grecques : la LXX, à cet égard, n'est pas une héritière, mais un antécédent. Pour le rapport de la Sagesse avec le stoïcisme quant à la conceptualisation de l'esprit, voir M. Edwards 2012.

remonte déjà à la Bible hébraïque, on peut véritablement parler à cet égard d'une influence de l'hébreu *rûaḥ* sur le grec πνεῦμα. Mais les traditions liées à la LXX développent ultérieurement la représentation des esprits : nous avons déjà vu les changements qui s'opèrent en 1 R 22 et en 1 S 16. Nous pouvons encore ajouter quelques données provenant d'autres traditions de la LXX qui montrent des traces d'une progressive autonomisation des esprits par rapport à Yhwh.

3 Sur quelques développements des mauvais esprits dans la LXX

Nous avons au moins deux indices supplémentaires dans la LXX qui attestent une progressive autonomisation des esprits. Le premier est d'ordre linguistique, et plus précisément syntaxique. Comme nous l'avons vu plus haut, la formulation qui voit *rûaḥ* suivi par un substantif de spécification est la manière la plus fréquente d'exprimer l'adjectivation en hébreu[105]. Dans le cas de πνεῦμα, cette construction est reproduite fidèlement dans la plupart des cas en grec, comme le montre le tableau 9 ci-dessous. Elle est également adoptée par les auteurs de langue grecque dont le registre est littéraire et élevé, comme nous pouvons le voir en Sap 7,7. À l'inverse, nous remarquons que les traducteurs choisissent rarement de faire suivre πνεῦμα par un adjectif. Nous retrouvons cette construction seulement deux fois : en 1 R 22 pour qualifier l'esprit de mensonge comme « esprit mensonger » et en Zach 13,2 pour qualifier l'esprit d'impureté comme « esprit impur » :

TABLEAU 9 Πνεῦμα + spécification

Ex 28,3	πνεύματος αἰσθήσεως	רוח חכמה	Esprit de sagesse
Ex 31,3	πνεῦμα θεῖον σοφίας	רוח חכמה	
Ex 35,31	πνεῦμα θεῖον σοφίας	רוח חכמה	
Deut 34,9	πνεύματος συνέσεως	רוח חכמה	
Num 5,14, 30	πνεῦμα ζηλώσεως	רוח קנאה	Esprit de jalousie
1 R 22,22	πνεῦμα ψευδὲς	רוח שקר	Esprit de mensonge
Zach 12,10	πνεῦμα χάριτος καὶ οἰκτιρμοῦ	רוח חן ותחנונים	Esprit de grâce et de supplication

105 Voir Joüon § 141.

TABLEAU 9 Πνεῦμα + spécification (*cont.*)

Zach 13,2	רוח הטמאה τὸ πνεῦμα τὸ ἀκάθαρτον	**Esprit d'impureté/ esprit impur**
Is 4,4	ברוח משפט וברוח בער πνεύματι κρίσεως καὶ πνεύματι καύσεως	Esprit de jugement Esprit d'incendie/de dévastation
Is 11,2	רוח חכמה ובינה רוח עצה וגבורה רוח דעת ויראת יהוה πνεῦμα σοφίας καὶ συνέσεως πνεῦμα βουλῆς καὶ ἰσχύος πνεῦμα γνώσεως καὶ εὐσεβείας	Esprit de sagesse, de discernement, de conseil, de force, de connaissance, de crainte de Yhwh
Is 29,10	רוח תרדמה πνεύματι κατανύξεως	Esprit de torpeur
Os 5,4	רוח זנונים πνεῦμα πορνείας	Esprit de prostitution
Sap 7,7	πνεῦμα σοφίας	Esprit de sagesse
Sir 39,6	πνεῦμα συνέσεως	Esprit d'intelligence

Alors qu'il n'y a pas de doute sur le fait que ce choix de traduction relève d'une bonne compréhension de la syntaxe hébraïque et qu'il n'altère pas le sens de l'hébreu, il est néanmoins frappant qu'une construction différente de celle habituelle soit adoptée dans les deux cas où le texte souligne une certaine autonomie des esprits par rapport à la divinité. En 1 R 22, comme nous l'avons vu, l'esprit prend l'initiative et négocie à voix haute son rôle avec Yhwh ; en Zach 13,2 l'esprit impur des prophètes est définitivement expulsé du pays par la divinité, avec les idoles. Il est par ailleurs intéressant d'observer qu'en Zach 13,2 les *nəbîʾîm* de l'hébreu correspondent en grec à ψευδοπροφήτες : cela indique que le traducteur ne cherche pas à éliminer la classe prophétique dans son ensemble, mais seulement les prophètes de mensonge, dont ceux mentionnés en 1 R 22 font sans doute partie. L'esprit impur de Zach 13,2 est ainsi opposé à l'esprit de grâce et de supplication en Zach 12,10 qui sera répandu par Yhwh sur Jérusalem et qui, lui, émane directement de Yhwh : celui-ci est traduit en grec selon la construction traditionnelle πνεῦμα + génitif (πνεῦμα χάριτος καὶ οἰκτιρμοῦ). À la lumière du rôle que les esprits impurs jouent dans la démonologie telle qu'elle est attestée déjà dans les traditions hénochiques, à Qumrân ainsi que dans le Nouveau Testament[106], nous pouvons nous demander si le traducteur de Zacharie ne vise pas à séparer intentionnellement cet esprit, qui reste mal contrôlé par Yhwh, des autres esprits qui sont en lien plus étroit avec lui. Cette démarche serait d'ailleurs en lien avec la tendance des traditions grecques à distinguer plus nettement les esprits divins des esprits mauvais, comme nous l'avons vu avec le πνεῦμα πονηρός en 1 S 16[107].

La deuxième trace d'une relative autonomisation des esprits et d'une proximité entre esprits et démons est probablement à repérer dans un passage de la Sagesse de Salomon. Au chapitre 7, versets 17–20, Salomon énumère une liste des compétences qu'il a acquises par la divinité. Il s'agit de connaissances que l'on dirait aujourd'hui « scientifiques » : elles concernent les sciences naturelles, qui comprennent l'astrologie, la zoologie, l'anthropologie, et la médecine :

> 17 αὐτὸς γάρ μοι ἔδωκεν τῶν ὄντων γνῶσιν ἀψευδῆ εἰδέναι σύστασιν κόσμου καὶ ἐνέργειαν στοιχείων,
> 18 ἀρχὴν καὶ τέλος καὶ μεσότητα χρόνων τροπῶν ἀλλαγὰς καὶ μεταβολὰς καιρῶν,
> 19 ἐνιαυτοῦ κύκλους καὶ ἄστρων θέσεις,
> 20 φύσεις ζῴων καὶ θυμοὺς θηρίων **πνευμάτων** βίας καὶ διαλογισμοὺς ἀνθρώπων διαφορὰς φυτῶν καὶ **δυνάμεις** ῥιζῶν.

> 17 Ainsi m'a-t-il donné une connaissance parfaite du réel. Il m'a appris la structure de l'univers et l'activité des éléments,
> 18 le commencement, la fin et le milieu des temps, les alternances des solstices et les changements de saisons,
> 19 les cycles de l'année et les positions des astres,
> 20 les natures des animaux et les tempéraments des bêtes sauvages, les violences des esprits et les pensées des hommes, les variétés de plantes et les vertus des racines.

---

106 Pour une interprétation démonologique de l'esprit d'impureté dans les traditions du Second Temple, voir Lange 2003.

107 Il est, en revanche, remarquable que le traducteur grec des Nombres n'ait pas interprété dans le même sens l'esprit de jalousie en Num 5,14 et 30. À cet égard, il faut observer qu'aucune interprétation « démonologique » ne paraît attestée pour cet esprit dans la littérature du Second Temple : dans les écrits de Qumrân l'expression רוח קנאה n'apparaît jamais dans les catalogues d'esprits, qui sont pourtant assez nombreux. Elle apparaît une fois dans les Hodayot, mais avec une signification positive (1QH[a] 10,17 : « un esprit zélé »).

Dans ce passage la question se pose quant à la manière dont il faut comprendre πνευμάτων. Alors que la plupart des chercheurs modernes le traduisent par « esprits », Giuseppe Scarpat[108] a repéré un bon nombre d'exemples dans la littérature grecque et latine où l'expression βία πνευμάτων/*vis ventorum* se réfère à la « violence des vents ». Par conséquent, il suggère d'entendre πνεύματα ici comme « vents » : cette interprétation trouverait sa place dans la description de phénomènes naturels tels que le cycle des saisons et la position des astres. Toutefois, il me semble que la référence aux esprits est la plus probable en ce contexte, non seulement car le thème de la violence des esprits est bien connu dans les traditions du Second Temple[109], mais également pour deux raisons structurelles. Premièrement, la description des domaines de compétence du roi Salomon en ce passage suit une progression structurée : l'on passe des éléments les plus généraux qui composent l'univers (verset 17), aux phénomènes météorologiques et astrologiques (versets 18–19), aux animaux (verset 20 : φύσεις ζῴων καὶ θυμοὺς θηρίων) et enfin aux hommes, tout en procédant par couples de deux exemples chacun. Il me semble donc que les πνευμάτων βίας du verset 20 ne renvoient pas aux phénomènes atmosphériques mentionnés plus haut au verset 17, mais doivent être mis en relation avec les raisonnements des hommes (καὶ διαλογισμοὺς ἀνθρώπων) évoqués dans le même verset, autrement dit cette expression semble décrire un phénomène qui a à voir avec les hommes. Un autre argument en faveur de cette lecture, et j'en viens ici à ma deuxième raison, provient également de la référence suivante aux plantes et racines qui ont une fonction thérapeutique (διαφορὰς φυτῶν καὶ δυνάμεις ῥιζῶν). Comme nous le verrons par la suite, l'usage de remèdes végétaux dans un but apotropaïque est bien attesté dans la LXX, notamment dans le livre de Tobit. Si cette interprétation est correcte, nous aurions ici une trace de l'émergence du personnage de Salomon à côté de David comme figure capable de maîtriser démons et esprits ; figure qui aura un succès immense dans les traditions successives. À cet égard, la LXX ne représente pas un cas isolé, mais s'inscrit dans plusieurs traditions sur la figure de Salomon qui se développent à partir de l'époque du Second Temple[110].

Il faut toutefois préciser que l'autonomie des esprits mauvais dans la LXX et leur caractérisation négative n'impliquent pas encore nécessairement l'adoption d'une cosmologie strictement dualiste où un groupe d'esprits malveillants serait opposé à l'armée céleste de Yhwh. Au contraire, tous ces esprits

---

108 Scarpat 1996, p. 52–56.

109 Notamment dans le mythe des Veilleurs du livre d'Hénoch ainsi que dans les Jubilés, voir par exemple VanderKam 2003 ; A.T. Wright 2005 ; Barbu et Rendu-Loisel 2009, p. 331–338, Brand 2013, p. 173–179.

110 La littérature sur le sujet est abondante : une bonne introduction est sans doute Torijano 2002.

demeurent sous l'influence ultime de la divinité, même si leur degré d'agentivité et, par conséquent, leur dangerosité sont plus prononcés que chez d'autres membres de la cour céleste et plus explicites dans la LXX que dans la Bible hébraïque. D'ailleurs la LXX ne donne pas une interprétation univoque des esprits. À côté de cette tendance à une « démonisation » des esprits, une tendance inverse, voire diamétralement opposée, est également attestée dans la LXX, qui fait des πνεύματα des créatures angéliques. C'est donc vers le rapport entre esprits, anges et démons qu'il faudra diriger notre attention. Avant de passer à une analyse plus détaillée de ces relations, je souhaite néanmoins conclure par un cas de figure particulier dans le livre de Job, où il est question d'une vision spectrale apparue à son ami Eliphaz.

4 Apparitions nocturnes (Job 4,13–16)

Le récit de la vision d'Eliphaz, qui rend visite à son ami Job pour le soulager de ses disgrâces, couvre les versets 12–21 du chapitre 4 du livre. Le texte hébreu a fait l'objet d'un certain nombre de discussions. Le caractère non conventionnel de la révélation faite par une voix – vraisemblablement divine – à Eliphaz, aux contenus très pessimistes sur la nature divine et sur le destin humain, a amené quelques chercheurs à émettre l'hypothèse que la vision n'aurait à l'origine pas été attribuée à Eliphaz, mais qu'elle concluait la lamentation de Job au chapitre 3 et qu'elle aurait ensuite été déplacée[111]. La Septante ancienne, avec le reste de la tradition antique, conserve toutefois le passage à la même position que celle où il se trouve dans le texte massorétique. Parmi les points les plus débattus du texte se trouve, notamment, l'interprétation du *rûaḥ* (ici au masculin) qui passe sur le visage d'Eliphaz et sert de vecteur de la révélation divine :

13 בשעפים מחזינות לילה	13 φόβοι δὲ καὶ ἠχὼ νυκτερινή,
בנפל תרדמה על אנשים	ἐπιπίπτων φόβος ἐπ᾽ ἀνθρώπους,
14 פחד קראני ורעדה	14 φρίκη δέ μοι συνήντησεν,
ורב עצמותי הפחיד	καὶ τρόμος καὶ μεγάλως μου τὰ ὀστᾶ
15 ורוח עלפני יחלף	συνέσεισεν
תסמר שערת בשרי	15 καὶ πνεῦμα ἐπὶ πρόσωπόν μου ἐπῆλθεν
	ἔφριξαν δέ μου τρίχες καὶ σάρκες.

111 Cette proposition a été récemment reprise par Ken Brown (2015), auquel je renvoie pour toute référence bibliographique sur la question.

16 יעמד ולא אכיר מראהו
תמונה לנגד עיני
דממה וקול אשמע

16 ᾿Ανέστην καὶ οὐκ ἐπέγνων εἶδον
καὶ οὐκ ἦν μορφὴ πρὸ ὀφθαλμῶν μου,
ἀλλ᾿ ἢ αὔραν καὶ φωνὴν ἤκουον.

13 Dans les pensées troublantes des visions nocturnes,
quand une torpeur tombe sur les hommes,
14 une peur m'a surpris, et un frisson,
et il a fait trembler tous mes os,
15 un esprit/souffle passa sur ma face,
les poils de ma chair frissonnèrent.
16 Il se tenait debout, je ne reconnus pas son aspect,
une forme était devant mes yeux.
Silence, puis j'entendis une voix.

13 Les terreurs et une rumeur nocturne,
peur qui s'abat sur les hommes,
14 un frisson et un tremblement m'ont saisi,
et ils ont secoué avec force mes os
15 et un esprit/souffle passa sur mon visage,
et les poils de ma chair frissonnèrent.
16 Je me levai, et je ne le reconnus pas,
je regardai,
et il n'y avait pas de forme devant mes yeux,
rien qu'un mouvement d'air, et j'entendis une voix.

L'interprétation moderne est partagée quant à la compréhension de ce *rûaḥ* : certains le traduisent par « esprit », tandis que d'autres préfèrent une traduction par « vent », ou « souffle »[112]. À cet égard, une tension est souvent observée entre les versets 15 et 16 : l'expression *'al pānay yaḥălōp* (« passa sur ma face », verset 15 a) n'est jamais utilisée ailleurs pour les esprits, mais le verbe *ḥlp*, « passer », est employé lorsqu'il est question de vents ou d'autres tourbillons naturels, par exemple en Is 21,1 et Hab 1,11. Parallèlement, *ḥlp* décrit le passage de la divinité dans le livre de Job[113]. En outre, au verset 16 la présence du verbe *'md*, « se tenir debout », qui requiert un sujet et apparaît également en 1 R 22, semble indiquer qu'il vaut mieux comprendre *rûaḥ* comme un esprit, dont Eliphaz ne verrait que les contours (*təmûnâ*), sans en reconnaître l'identité. À cet égard, on parle souvent pour ce passage d'ambiguïté intentionnelle

112 « Esprit » : B. Duhm 1897 ; Hartley 1988, p. 108–109 ; Brown 2015, p. 75–76 ; « vent » : Clines 1989, p. 130 ; Seow 2013, p. 401 ; « souffle » : Terrien 1963, p. 71. Il faut également signaler que l'interprétation de *śa'ărâ*, « poil », au verset 15 est également débattue car le mot est parfois considéré comme une graphie alternative de *sə'ārâ*, « tourbillon », « ouragan », terme fréquent dans le contexte de théophanies (Job 38,1 ; 40,6). Je suis d'accord avec Brown (2015, p. 76) sur le fait que l'image des poils qui se hérissent est ici l'interprétation la plus naturelle et la mieux adaptée au contexte ; en outre, elle a l'appui d'un certain nombre de parallèles mésopotamiens : voir Paul 1983.

113 Job 9,11 ; 11,10.

ou de « double sens »[114] : même les chercheurs qui comprennent *rûaḥ* comme « vent » admettent que le texte fasse en même temps allusion à la manifestation d'un élément surnaturel[115]. Il me semble que la tension peut être résolue par une lecture indexicale du *rûaḥ* : indépendamment du choix de traduction par « souffle » ou « esprit », *rûaḥ* indique ici le mouvement d'air qui est le signe perceptible de la présence d'une puissance surnaturelle et dont le passage produit un effet tangible sur le corps d'Eliphaz (les poils de sa peau se hérissent). En revanche, il est à mon avis moins sûr de savoir s'il faut interpréter cet esprit comme un esprit mensonger à l'instar de 1 R 22, comme le suggèrent Harding et Hamori, car le contexte n'est pas celui de la prophétie ni de l'assemblée divine. Il est plutôt fait référence au langage des théophanies qui est repris et, en même temps, déformé par le rédacteur par son insistance sur les aspects terrifiants de la vision[116]. Il faut également noter que la nature divine de la vision et de la voix qui parle à Eliphaz n'est nulle part mentionnée, ce qui soulève, probablement de manière intentionnelle, des doutes légitimes sur l'origine de l'esprit[117].

Lorsque l'on regarde le choix du traducteur grec, on remarque que le double sens « souffle/esprit » ainsi que l'aspect sensoriel de la vision sont parfaitement préservés par πνεῦμα et renforcés par l'équivalence entre *dəmāmâ* (litt. « silence ») et αὔρα, « air léger », ou « brise » au verset 16[118]. Le verbe ἐπέρχομαι n'est pas un équivalent habituel pour *ḥlp*, mais il est utilisé pour décrire l'action de l'esprit de jalousie en Num 5,14 et 30, et ailleurs dans le livre de Job pour des phénomènes naturels violents comme des vents ou des tourbillons[119] : il se prête donc à une double lecture. En outre, le grec atteste une série de changements supplémentaires qui ont comme conséquence principale le fait que l'aspect proprement visuel de l'apparition a complètement disparu du texte. Le verbe ἀνίστημι, équivalent de *ʿmd*, est à la première personne et le substantif *marʾē*, « apparence », est rendu par le verbe εἶδον, « je regardai ». Eliphaz se lève et regarde autour de lui, mais il ne voit aucune image (καὶ οὐκ ἦν μορφὴ πρὸ ὀφθαλμῶν μου). Si le changement de la personne du verbe et le choix de

114 Fullerton 1930 ; Harding 2005.

115 Voir Seow, p. 40.

116 Harding 2005, p. 149–152 ; Hamori 2010, p. 24–26. Le contenu de la révélation (vv. 17–21) bien que pessimiste, ne peut pas être qualifié simplement de faux ou trompeur car l'idée que la divinité n'a pas à cœur les destins humains est un des piliers traditionnels de la réflexion sapientielle, biblique et proche-orientale plus largement : voir sur ce point, par exemple, Witte 1994, p. 98–110.

117 D'où la suggestion, parfois proposée, de voir Satan à l'œuvre derrière la voix qui parle à Eliphaz : voir, à ce sujet, la critique de Brown 2015, p. 19–21.

118 Il s'agit d'une équivalence régulière dans la LXX : comparer avec 3 Regn 19,12 (= TM 1 R 19,12) ; Ps 106,29 (= TM 107,29).

119 Job 1,19 ; 37,9.

traduire *mar'ê* par εἶδον sont vraisemblablement imputables au traducteur[120], l'expression καὶ οὐκ ἦν μορφὴ πρὸ ὀφθαλμῶν μου trahit un problème de critique textuelle. Comme l'observe Seow[121], le texte grec s'explique facilement par une division différente du texte consonantique : il semble que le traducteur ait lu *m'rh wtmwnh l' ngd ʿyny*, au lieu de *m'rh wtmwnh lngd ʿyny.* La Peshitta a ici une version simplifiée, sans équivalent pour *təmûnâ*, mais avec la négation (« je me levai et je ne reconnus pas, et il n'y avait rien à voir devant mes yeux »). Les traditions latines conservent les deux versions : alors que la Vulgate est en accord avec le texte massorétique, d'autres témoins de la Vieille Latine ont un texte proche de la LXX ancienne[122]. L'ensemble des témoins manuscrits fait pencher vers l'hypothèse selon laquelle le changement ne serait pas imputable au traducteur, mais qu'il serait survenu à un certain stade de la transmission du texte hébreu. Cette correction harmonise la deuxième moitié du verset 16 avec sa première moitié où Eliphaz affirme qu'il ne reconnaît pas l'image devant lui : de ce point de vue le texte massorétique est supérieur en tant que *lectio difficilior*. La version préservée par la LXX atteste, donc, une tradition ancienne qui transforme l'expérience sensorielle de la vision d'Eliphaz qui était, pour ainsi dire, à 360 degrés, en une expérience exclusivement auditive et tactile. D'un côté, comme ceci a déjà été remarqué par Clines, cette tradition s'inscrit facilement dans un contexte exégétique où la référence à des images divines pouvait être problématique[123]. D'un autre côté, elle ajoute, néanmoins, un nouvel élément à la représentation des esprits, qui sont ici décrits comme des entités invisibles à l'œil humain, voire franchement immatérielles : ils ne sont rien d'autre qu'« air et voix ».

120 Je ne pense pas qu'il soit nécessaire de postuler un originaire εἶδος, « forme », « apparence », au lieu de εἶδον dans le grec ancien sur la base du texte de Symmaque : οὐκ ἐγνώρισα τὸ εἶδος (Field 1875, vol. 2, *ad loc.* et Ziegler 1982, p. 229, *apparatus* II), comme cela a été proposé par Katz (1947, p. 195) sur la base d'une indication qui remonte à Johann Friedrich Schleusner. *Mar'ê* ne signifie pas seulement « apparence », mais indique parfois l'acte de voir : il me semble qu'εἶδον résulte de la volonté du traducteur de rendre explicite l'effort fait par Eliphaz de chercher autour de lui le responsable du frissonnement qu'il ne peut pas reconnaître. En revanche, le texte de Symmaque s'explique bien comme une correction du grec faite sur la base du texte massorétique.

121 Seow 2013, p. 402–403.

122 Clem. R., *Ep.* 39 : *et non erat forma ante oculos meos* ; Jer., *Interpr. Job.* (ed. Martianay, Migne, PL 29, 69) : *Inspexi : et non erat figura ante faciem meam* ; Augustinus, *Annotationes Job ad loc.* (PL 34) : *nam negat in consequentibus fuisse figuram.*

123 Clines, 1989, p. 131.

CHAPITRE 8

Anges et démons

Comme je l'ai mentionné au chapitre précédent, plusieurs passages de la LXX attestent un rapprochement entre esprits et anges : c'est sur ce sujet que je vais me pencher dans ce dernier chapitre. En outre, le lien entre esprits et anges amène à aborder une question d'ordre plus général concernant la représentation des anges dans la traduction grecque. Je pourrai, par le biais de cette analyse, atteindre un troisième et dernier questionnement qui touche directement à l'objet de cette étude, à savoir l'existence d'une véritable opposition entre angélologie et démonologie dans les traditions reflétées par la LXX. En ce contexte, une attention particulière sera réservée à la figure de Satan et à ses transformations. Si dans la Bible hébraïque le *śāṭān* est une puissance subordonnée à Yhwh, dans toutes les traditions du Second Temple (textes de Qumrân, Jubilés, traditions hénochiques, « Testaments » des patriarches, Ascension de Moïse et autres), ainsi que dans le Nouveau Testament, « Satan » apparaît déjà comme le nom propre d'une force opposée à Yhwh, comme un des anges déchus ou, du moins, comme une figure hostile au dieu. Il est donc essentiel de comprendre le rôle qu'ont pu jouer les traducteurs grecs dans ce processus, s'ils en ont joué un. Nous terminerons enfin ce parcours par une analyse du livre de Tobit qui, en mettant en scène l'expulsion du démon Asmodée par l'initiative de l'ange Raphaël, est un des témoins les plus significatifs des transformations de l'imaginaire démoniaque du judaïsme d'époque hellénistique.

1 Esprits angéliques

Parmi les indices d'un rapprochement entre anges et esprits dans la LXX, le texte le mieux connu est un passage du Psaume 103 (= 104 TM), qui décrit l'activité de Yhwh en tant que dieu créateur. L'ouverture du Psaume combine une description de Yhwh comme dieu solaire, « vêtu de splendeur et éclat » (verset 1), avec l'imaginaire levantin du dieu de l'orage, qui déploie les cieux (verset 2) et qui chevauche les nuées. Les versets 3–4 décrivent l'activité de Yhwh en tant que divinité de l'orage :

3 המקרה במים עליותיו	3 ὁ στεγάζων ἐν ὕδασιν τὰ ὑπερῷα αὐτοῦ,
השם עבים רכובו	ὁ τιθεὶς νέφη τὴν ἐπίβασιν αὐτοῦ,
המהלך על כנפי רוח	ὁ περιπατῶν ἐπὶ πτερύγων ἀνέμων,

4 עשה מלאכיו רוחות משרתיו אש להט	4 ὁ ποιῶν τοὺς ἀγγέλους αὐτοῦ **πνεύματα**, καὶ τοὺς λειτουργοὺς αὐτοῦ πῦρ φλέγον.
3 Il bâtit ses hautes chambres sur les eaux, il fait des nuages son char, (et) marche sur les ailes du vent. 4 Il fait des vents ses messagers, des flammes brûlantes ses ministres.	3 Celui qui couvre sur les eaux ses hautes chambres, qui fait des nuages son socle, qui se promène sur les ailes des vents, 4celui qui fait de ses anges des esprits, et de ses ministres un feu brûlant.

Dans le texte hébreu tant les *rûaḥ* du verset 3 que les *rûḥôt* du verset 4 sont à comprendre comme des vents, attributs typiques du dieu de l'orage, alors que les « flammes » font vraisemblablement référence aux éclairs ou à la foudre : ces attributs accompagnent régulièrement les manifestations du dieu Baʿal d'Ougarit et sont également associés à Yhwh ailleurs dans les Psaumes[1]. En grec, le traducteur différencie le *rûaḥ* du verset 3, traduit au pluriel par ἄνεμοι, « vents », des *rûḥôt* du verset 4, qu'il traduit par πνεύματα, « esprits ». Ce choix soulève la question du sens du verset dans le texte grec et du rapport entre l'objet direct du verbe ποιέω et son attribut au verset 4a. Comme autre solution à la traduction que j'ai adoptée, « il fait de ses anges des esprits, de ses ministres un feu brûlant », une lecture plus proche de l'hébreu est également possible, à savoir « il fait des esprits/des vents ses messagers, et du feu brûlant ses ministres ». La différence entre les deux options n'est pas si subtile qu'elle ne le paraît car, dans le premier cas, le traducteur se réfère aux « anges » comme à une classe définie d'êtres célestes alors que dans le deuxième cas les messagers indiquent simplement une fonction, endossée par les vents ou les esprits. De plus, le rapprochement entre anges et esprits témoigne d'une nature « pneumatique » des anges qui n'a pas d'antécédent dans la Bible hébraïque et introduit, ainsi, un élément de nouveauté. L'interprétation « angélique » de ce passage est, certes, ancienne : elle est déjà attestée dans le Nouveau Testament dans l'Épître aux Hébreux (1,7) ; le texte a également été compris en ce sens par la Vulgate, ainsi que par les Targums. Pourtant ces données ne signifient pas encore qu'une telle interprétation remonte effectivement au traducteur grec. Comme Michele Ciccarelli l'a déjà noté[2], le problème n'est pas entièrement soluble sur base grammaticale, même si deux éléments de syntaxe pourraient appuyer la première lecture. Premièrement, en grec l'objet direct est

1 Voir, par exemple, Ps 18,10–16 ; 29,38.

2 Ciccarelli 2012, p. 204–207.

normalement précédé par l'article, ce qui amènerait à considérer τοὺς ἀγγέλους comme l'objet et πνεύματα comme attribut. Il ne s'agit toutefois pas d'une règle stricte, comme le démontre d'ailleurs le verset précédent : ὁ τιθεὶς νέφη τὴν ἐπίβασιν αὐτοῦ, « il fait des nuages son socle ». Deuxièmement, l'objet direct occupe d'habitude la première position en grec. Il faut toutefois également considérer la possibilité que la position de τοὺς ἀγγέλους αὐτοῦ devant πνεύματα reflète simplement la volonté de respecter l'ordre du texte hébreu.

Il faut, alors, se tourner du côté de l'analyse littéraire et prendre en compte le parallélisme entre τοὺς ἀγγέλους en 4 a et τοὺς λειτουργούς en 4 b. Or, le seul texte où le terme λειτουργοί est utilisé pour indiquer des armées célestes est le psaume précédent (Ps 102,21 LXX = 103,21 TM), qui décrit une vision de Yhwh trônant dans les cieux : l'image est, certes, différente mais utilise le même parallélisme entre anges (verset 20), définis comme des δυνάμεις, « puissances/armées » au service du dieu, et ministres (verset 21) :

19 κύριος ἐν τῷ οὐρανῷ ἡτοίμασεν τὸν θρόνον αὐτοῦ καὶ ἡ βασιλεία αὐτοῦ πάντων δεσπόζει. 20 εὐλογεῖτε τὸν κύριον πάντες οἱ ἄγγελοι, αὐτοῦ δυνατοὶ ἰσχύι ποιοῦντες τὸν λόγον, αὐτοῦ τοῦ ἀκοῦσαι τῆς φωνῆς τῶν λόγων αὐτοῦ. 21 εὐλογεῖτε τὸν κύριον πᾶσαι αἱ δυνάμεις αὐτοῦ λειτουργοὶ αὐτοῦ ποιοῦντες τὸ θέλημα αὐτοῦ.	19 Yhwh a établi son trône dans les cieux, et sa royauté domine tout. 20 Bénissez Yhwh, **vous ses anges**, forces d'élite (δυνατοὶ) au service de sa parole, qui obéissez au son de sa parole. 21 Bénissez Yhwh, vous toutes ses armées (δυνάμεις), **vous ses ministres** qui faites sa volonté.

Le parallélisme avec le Psaume 102, la construction grammaticale ainsi que l'exégèse ancienne semblent donc appuyer une interprétation angélique des esprits. Il faut enfin observer que cette interprétation s'inscrit parfaitement dans le contexte du verset précédent où l'imaginaire lié au dieu de l'orage, sans disparaître complètement, a été partiellement nuancé. Au verset 3 a le verbe *qrh*, « construire avec du bois ou des poutres », a été compris dans un sens spécialisé et rendu par στεγάζω, « recouvrir par un toit ». En outre *rəkûb*, « char », en verset 3 c a été traduit par ἐπίβασις, terme rare dans la LXX qui indique l'accès, la voie, mais également, dans un sens plus concret, la rampe d'accès, voire les marches. La combinaison de ces deux actions nous transmet l'image d'une divinité qui, au lieu de chevaucher son char de nuées, est enfermée dans les hauteurs de son palais céleste, d'où elle peut alors facilement dispenser des ordres à ses subordonnés.

Des indices supplémentaires d'une association étroite entre anges et esprits sont repérables ailleurs, notamment lors du processus de resémantisation que l'épithète *'ĕlōhê hārûḥōt ləkol bāśār*, « dieu des esprits pour toute chair », subit à l'intérieur de la LXX elle-même. L'expression apparaît deux fois dans le livre des Nombres : dans l'invocation adressée à Yhwh par Moïse et Aaron lors de la révolte de Coré (Num 16,22) ainsi qu'au moment de l'élection divine de Josué comme successeur de Moïse (Num 27,16). Comme l'a très bien expliqué Nathan MacDonald[3], cette appellation ne vise pas à suggérer un dualisme entre corps et âme, mais souligne plutôt le fait que Yhwh préside à la vie de tous les humains et qu'il peut décider de leur sort. Une première interprétation de l'épithète se trouve déjà dans la LXX de Num 16,22, qui traduit : « dieu des esprits *et* de toute chair » (θεὸς τῶν πνευμάτων καὶ πάσης σαρκός[4]). Il est possible que le traducteur ait compris effectivement l'épithète à la lumière de la distinction entre « âme » et « corps » qui fait son chemin dans l'anthropologie de l'époque. Toutefois, on comprend mal la signification d'une telle dichotomie en ce contexte. En revanche, nous ne pouvons pas exclure que les πνεύματα dont il est question ici soient des esprits célestes, mis en parallèle avec σάρξ qui indiquerait alors les êtres humains, ou les vivants dans leur ensemble, comme ailleurs dans le Pentateuque, et dans la LXX des Nombres plus précisément[5]. Le recours à une épithète qui souligne la souveraineté absolue de Yhwh sur le monde céleste et terrestre a du sens dans le contexte d'invocation de Num 16 où il est question d'éviter que la colère divine n'anéantisse la communauté entière. Il est également approprié dans le contexte de prière du chapitre 27 où Moïse demande à Yhwh un chef pour le peuple qui puisse véritablement agir comme un envoyé du dieu et guider les Israélites. Ce n'est d'ailleurs pas un hasard si le choix de Yhwh tombe sur Josué, qui est défini en « homme inspiré », à savoir dans lequel réside le πνεῦμα (ἔχει πνεῦμα ἐν ἑαυτῷ)[6].

Un deuxième développement de l'épithète est attesté en 2 Mac 3,24, à l'occasion d'une épiphanie divine qui apparaît à Héliodore, le premier ministre du roi Séleucos, alors qu'il est sur le point de confisquer le trésor du temple de

3 MacDonald 2013, p. 101.

4 Num 16,22 n'atteste pas des variantes significatives dans la tradition manuscrite ; en Num 27,22, *et* (καί) est absent des *codices* latins ainsi que des quelques citations des Pères (Rufinus, *Origenis in Numeros homiliae* 28, 22, 3 *apparatus*) : ce point confirme entre autres que le ל du texte massorétique est la version originelle lue par le traducteur en ce passage. Une partie de la tradition manuscrite de Philon (*Post.* 44, 5, ed. Wendland 1897, vol. 2, p. 104) a également l'article τῆς au lieu du καί. Voir Wevers 1982, ad loc., p. 329, *apparatus* I.

5 On peut déjà voir l'usage de σάρξ en ce sens en Num 18,15 (ἔχει πνεῦμα ἐν ἑαυτῷ), comparer, en outre, avec Gen 2,24 ; 6,12.

6 Num 27,18.

Jérusalem. Ici Yhwh est appelé ὁ τῶν πνευμάτων καὶ πάσης ἐξουσίας δυνάστης, « le seigneur des esprits et de toute puissance ». Le dieu se manifeste effectivement par le biais de ses puissances, à savoir comme un guerrier avec une armure d'or monté sur un cheval, entouré de deux jeunes hommes, très beaux et magnifiquement habillés, qui massacrent Héliodore et le laissent presque mort sur le seuil de la salle du trésor. L'effet miraculeux de cette « énergie divine » (θεία ἐνέργεια, verset 29) est la conversion d'Héliodore au judaïsme. Comme Robert Doran l'a remarqué, l'épiphanie est construite sur le modèle narratif de la divinité qui intervient pour défendre son temple[7] : en ce contexte, les πνεύματα font évidemment référence à des puissances célestes qui ont une fonction militaire, à savoir des puissances angéliques. Là encore, ce développement de la fonction des esprits n'est pas propre aux traditions bibliques de langue grecque, mais trouve des parallèles à la fois dans le livre d'Hénoch, où l'épithète « Seigneur des esprits » apparaît plus de cent fois en référence aux armées célestes, en Jub 10,3 dans un contexte de prière ainsi qu'à Qumrân, notamment dans les Hodayot (1QH^a 18,10), et dans le rouleau de la guerre (1QM 12, 7–8)[8].

En outre, l'épithète θεὸς τῶν πνευμάτων est reprise dans le Nouveau Testament avec de légères variations[9]. Enfin, le fait qu'elle apparaisse sur deux épitaphes du IIe siècle av. n. è. retrouvées dans l'île de Rhéneia, qui servait de cimetière à l'île de Délos, démontre le pouvoir qui devait lui être associé. La première inscription, gravée avec le même texte sur les deux côtés d'une pierre tombale, concerne une jeune fille du nom d'Héraclée. L'inscription est, en outre, surmontée par la gravure de deux mains ouvertes et levées. Une deuxième inscription avec un texte très similaire est rédigée pour une autre fille nommée Martine[10], ce qui donne un total de trois textes presque identiques. Les nombreuses références à la LXX ainsi que la présence d'un groupe juif ou samaritain à Délos, documenté par d'autres témoignages épigraphiques[11], confirment l'origine juive (ou samaritaine) de l'inscription. Les épitaphes invoquent la vengeance de la divinité pour la mort prématurée de deux jeunes filles et

7 Doran 1981, p. 47–52 ; Doran et Attridge 2012, p. 89–90. Voir également Michalak 2012, p. 195–197 qui, étonnamment, ne cite pas l'étude de Doran.

8 Voir Black 1985, p. 189–191, d'après lequel l'épithète éthiopienne pourrait être un équivalent de l'expression « seigneur des armées » (κύριος τῶν δυνάμεων/*yhwh ṣəbāʾôt*) ; Chialà 1997, p. 142–144 ; Nickelsburg 2001, p. 41 et 91.

9 L'épithète apparaît en Ap 22,6 (« Le Seigneur, dieu des esprits »), et en He 12,9 (« père des esprits »).

10 Roussel et Launey 1937, no. 2532. Voir également Gager 1992, no. 87, avec dessin ; Noy, Panayotov et Bloedhom, no. 70 avec dessin, et 71. Pour un commentaire, voir Deissmann 1909, p. 315–326 ; Stuckenbruck 1995, p. 183–185 ; van der Horst et Newman 2008, p. 137–143 ; van der Horst 2013, p. 369.

11 Sur la présence des Samaritains à Délos, voir Lewelyn 1998, p. 148–151.

souhaitent la punition des responsables. Le fait que l'épitaphe pour Héraclée soit inscrite des deux côtés démontre qu'elle était conçue pour être exposée et vue publiquement par tous les passants, une pratique courante pour la protection des tombes[12]. Je me contenterai ici de lire la première inscription :

> ἐπικαλοῦμαι καὶ ἀξιῶ τὸν θεὸν τὸν
> ὕψιστον τὸν κύριον τῶν πνευμάτων
> καὶ πάσης σαρκός, ἐπὶ τοὺς δόλωι φονεύ-
> σαντας ἢ φαρμακεύσαντας τὴν τα-
> λαίπωρον ἄωρον Ἡράκλεαν, ἐχχέαν-
> τας αὐτῆς τὸ ἀναίτιον αἷμα ἀδί-
> κως, ἵνα οὕτως γένηται τοῖς φονεύ-
> σασιν αὐτὴν ἢ φαρμακεύσασιν καὶ
> τοῖς τέκνοις αὐτῶν, Κύριε ὁ πάντα ἐ-
> φορῶν καὶ οἱ ἄνγελοι θεοῦ, ᾧ πᾶσα ψυ-
> χὴ ἐν τῇ σήμερον ἡμέραι ταπεινοῦτα[ι]
> μεθ' ἱκετείας ἵνα ἐγδικήσῃς τὸ αἷμα τὸ ἀ-
> ναίτιον ζητήσεις καὶ τὴν ταχίστην.

> Je t'invoque et je te supplie, dieu le Très haut, Seigneur des esprits et de toute chair, contre ceux qui ont perfidement tué et empoisonné la malheureuse Héraclée, morte avant son temps, versant son sang innocent injustement, que la même chose arrive à ses meurtriers et à ses empoisonneurs et à leurs fils, (toi) Seigneur qui vois tout et (vous) les anges de Dieu, pour lesquels toute âme s'humilie aujourd'hui avec des supplications, pour que vous vengiez et cherchiez le sang innocent, et le plus rapidement possible.

Comme déjà évoqué, le texte contient de nombreuses citations bibliques dérivées de la LXX, tout en relevant du langage des malédictions. La divinité est invoquée sous les noms de « Très haut », « Seigneur des esprits et de toute chair » (l. 1–3) ou encore « celui qui voit tout » (l. 9–10). Le fait que ces esprits soient à identifier à des anges est confirmé par les lignes 10–11, où les ἄνγελοι θεοῦ sont invoqués pour accomplir la vengeance envers les coupables. La question de savoir dans quelle mesure l'expression « les anges de Dieu, pour lesquels toute âme s'humilie aujourd'hui avec des supplications » fait référence

---

12 Gager 1992, p. 185.

à un vrai et propre culte angélique est disputée[13] : il est clair, en tout cas, que les anges peuvent être invoqués comme exécutants de la vengeance du dieu, qui en a la responsabilité ultime. Si la représentation des anges en tant que bras armés de la divinité est courante dans la Bible, il est particulièrement intéressant qu'en ce contexte ces puissances soient invoquées comme vengeresses de l'ἄωρον : il s'agit des morts prématurées qui, dans la tradition grecque, demandent la vengeance du sang et qui, comme nous l'avons vu dans le deuxième chapitre, peuvent être elles-mêmes représentées comme des démons. L'insertion de cette référence, combinée à la représentation des mains levées vers le haut dans un geste d'invocation contribue donc à connoter les esprits angéliques d'une véritable aura démoniaque. Cette caractérisation des anges comme puissances « pneumatiques » est à contextualiser à l'intérieur des changements que la notion d'ange subit dès l'époque postexilique, et surtout à l'époque du Second Temple, sur laquelle je vais maintenant m'arrêter.

1.1 *Trajectoires de la représentation des anges entre hébreu et grec*

Peu de sujets ont attiré l'attention des chercheurs comme la question des anges dans les traditions du Second Temple[14]. Un tel intérêt est motivé par le fait qu'à partir de cette époque la catégorie religieuse de *malʾāk*, indigène à la Bible hébraïque, fait l'objet d'un grand nombre de narrations et se place au centre de plusieurs traditions. En effet on doit la naissance d'un véritable mythe fondateur de l'origine des démons dans le judaïsme ancien aux traditions hellénistiques sur les anges déchus[15]. On peut même affirmer, et ce, à bien des égards, que la notion d'ange se met véritablement en place à l'époque du Second Temple. Un certain nombre de travaux ont désormais traité de la question des anges dans la LXX sous différents angles et dans différents corpus[16]. Je retourne brièvement sur ce dossier pour traiter d'un aspect moins discuté : j'aimerais évaluer si les développements concernant la représentation des anges dans la LXX mis en évidence par la recherche peuvent être mis en parallèle avec

13 Voir les remarques de Deissmann 1909, p. 321–322 et Stuckenbruck 1995, p. 183–185.

14 Parmi les travaux fondamentaux, voir Mach 1992 ; Stuckenbruck 1995 ; id. 2014 b ; Olyan 1993 ; voir, également, Michalak 2012 et Reed 2020. Des références bibliographiques supplémentaires sont données par Henten 1999, p. 52–53. Sur les messagers dans la Bible hébraïque, on peut voir, entre autres, Hirth 1975 ; Meier 1988. Parmi les ouvrages collectifs, on peut consulter Ries et Limet 1989 ; Reiterer, Nicklas et Schöpflin 2007.

15 Voir, à ce sujet, Barbu et Rendu-Loisel 2009, p. 331–337 ; A.T. Wright 2005 ; Stuckenbruck 2014 b.

16 Voir Hirth 1975, p. 25–31 ; Mach 1992, p. 65–114 ; Dogniez (dans Dogniez et Scopello 2006) ; Ausloos 1996, p. 101–102 ; id. 2008 ; Gammie 1985 sur le livre de Job ; Schenker 2001 et Ciccarelli 2012 sur le Psaumes ; Gilhooly 2017 sur Deut 33,2.

des tendances déjà à l'œuvre dans la Bible hébraïque, comme j'aimerais, également, essayer de mieux mettre en évidence les spécificités de l'apport des traditions juives de langue grecque à la représentation des anges.

Il faut tout d'abord noter que dans la Bible hébraïque, lorsque *mal'āk* est utilisé pour désigner des membres de la cour céleste, le terme n'indique pas une classe, mais la fonction de « messager » qui peut être endossée par n'importe quel membre de l'assemblée divine. Une des fonctions principales du *mal'āk* céleste, tout comme de l'ἄγγελος des versions grecques, est celle de transmettre un message divin, en reflétant ainsi le rôle du *mal'āk* humain. Toutefois, la fonction des *mal'ākîm* ne se réduit pas à délivrer des messages : comme déjà constaté dans les chapitres précédents, ils peuvent servir comme agents divins et amener la mort ou la maladie aux hommes[17] ; ils sont, en outre, préposés pour protéger ou guider ceux qui se mettent en route[18] ; de plus, ils assument parfois un rôle militaire[19]. Il faudrait donc comprendre cette fonction, qui prévoit plusieurs tâches, comme celle d'un « envoyé » plutôt que comme celle d'un simple « messager ». Or, la LXX atteste une série de nouveautés à cet égard, qui sont déjà repérables dans la traduction du Pentateuque : entre autres, le fait que (1) les ἄγγελοι soient clairement compris comme une classe d'êtres divins au service de la divinité. Ils sont la catégorie principale dans laquelle les membres de la cour céleste sont inscrits, comme nous l'avons vu dans le cas de la LXX de Deut 32,8 et 43, où ἄγγελοι et ὑιοί θεοῦ traduisent indifféremment l'expression *bənê 'ĕlōhîm*[20]. Effectivement, comme Michael Mach, Cécile Dogniez et d'autres l'ont montré[21] (2) l'ἄγγελος devient dans la LXX une sorte d'« outil exégétique » fréquent pour traduire à la fois des noms divins[22], ou pour déchiffrer des expressions plus rares qui indiquent d'autres agents de la cour céleste (les « forts », les « puissants »), des instruments de la divinité comme la colère ou l'épée de Yhwh, mais également le futur roi de la descendance davidique qui reçoit divers titres dans le livre d'Isaïe (Is 9,5). Le tableau suivant donne une vue d'ensemble de ces changements :

17 Par exemple en Gen 19 ; 2 S 24,16–18 ; Ps 78,49–50.

18 Par exemple en Gen 24,7 et 40 ; Ex 14,19 ; 23,20–23 ; 32,34 ; 33,2 ; Ps 91,11–13 ; Tob 5,21.

19 Par exemple en 2 R 19,35 (= Is 37,36) ; Zach 12,7–9 ; 2 Ch 32,21.

20 Voir également Gen 6,1–2 ; Job 1,6 ; 2,1 ; 38,7.

21 Voir Mach 1992, p. 73–86 ; Dogniez (dans Dogniez et Scopello 2006, p. 180–185).

22 Ce phénomène est attesté surtout dans les Psaumes, voir Schenker 2001.

TABLEAU 10 Anges

TM	LXX	Passages
בני האלהים	υἱοὶ (τοῦ) θεοῦ/ ἄγγελοι θεοῦ	Gen 6,2 et 4 ; Deut 32,8* ; Job 1,6 ; 2,1 ; 38,7 Pss 28,1 (= TM 29,1) ; 88,7 (= TM 89, 7)
בר אלהין	ἄγγελος θεοῦ	Dan 3,92 (= 3,25 TM)
fils divins (=dieux)		
אלהים	ἄγγελοι	Pss 8,6 ; 96,7 (= 97, 7 TM) ; 137,1 (= 138,1 TM)
dieux אלהין		Dan 2,11
אל גבור	ἄγγελος	Is 9,5
dieu puissant		
אבירים	ἄγγελοι	Ps 77,25 (= 78,25 TM) ;
les puissants		Sap 16,20
עיר וקדיש	ἄγγελος	Dan 4,13 (= 4,10 TM) ; 14,20
un vigilant et saint		
מיכאל שרכם	Μιχαηλ ὁ ἄγγελος	Dan 10,21
Michael, votre prince		
מיכאל השר הגדול Michael, le grand prince	Μιχαηλ ὁ ἄγγελος ὁ μέγας	Dan 12,1
קדשים	ἄγγελοι ἅγιοι	Job 5,1
les saints		
אפך עברות הפץ (fais déborder) les excès de ta colère	ἀπόστειλον δὲ ἀγγέλους ὀργῇ	Job 40,11
העשו יגש חרבו son créateur le menace du glaive	πεποιημένον ἐγκαταπαίζεσθαι ὑπὸ τῶν ἀγγέλων αὐτοῦ	Job 40,19

Ce phénomène, particulièrement fréquent dans la Septante des Psaumes, de Job et dans la Septante ancienne de Daniel, est en réalité déjà à l'œuvre dans la traduction du Pentateuque. Il faut vraisemblablement comprendre dans cette perspective l'introduction des anges à côté des myriades de Kadès dans la LXX de Deut 33,2 b pour rendre un texte hébreu presque incompréhensible, notamment en ce qui est de la forme difficile *'šdt* (*qere 'ēšdāt*), et où le traducteur a lu Mériba (*mērībəbōt*) comme une forme dérivée de la racine *rbb*, « être nombreux »[23] :

ויאמר יהוה מסיני בא וזרח משעיר למו הופיע מהר פארן ואתה מרבבת קדש מימינו אשדת למו	καὶ εἶπεν· Κύριος ἐκ Σινα ἥκει καὶ ἐπέφανεν ἐκ Σηιρ ἡμῖν καὶ κατέσπευσεν ἐξ ὄρους Φαραν σὺν μυριάσιν Καδης, ἐκ δεξιῶν αὐτοῦ ἄγγελοι μετ᾽ αὐτοῦ.
Il dit : « Yhwh est venu du Sinaï, pour eux il s'est levé à l'horizon, du côté de Séïr, il a resplendi depuis le mont de Parân ; il est arrivé à Mériba de Qadesh ; de sa droite *un feu de loi*, pour eux ».	Et il dit : « Le Seigneur est arrivé de Sina, il nous est apparu de Seir, il s'est précipité depuis le mont Faran avec les myriades de Kades, de sa droite des anges avec lui ».

Le résultat de cette exégèse est que, dans l'épiphanie, le dieu n'apparaît plus seul, mais accompagné par des nombreuses armées célestes. Un autre exemple de la fonction exégétique des anges se trouve en Gen 32,2–3 où deux messagers divins vont à la rencontre de Jacob dans un endroit qu'il décide d'appeler Mahanaïm car il s'agit d'un « camp de dieu » :

2 ויעקב הלך לדרכו ויפגעו בו מלאכי אלהים	2 καὶ Ιακωβ ἀπῆλθεν εἰς τὴν ἑαυτοῦ ὁδόν καὶ ἀναβλέψας εἶδεν παρεμβολὴν θεοῦ παρεμβεβληκυῖαν καὶ συνήντησαν αὐτῷ οἱ ἄγγελοι τοῦ θεοῦ.
3 ויאמר יעקב כאשר ראם מחנה אלהים זה ויקרא שם המקום ההוא מחנים	3 Εἶπεν δὲ Ιακωβ ἡνίκα εἶδεν αὐτούς· Παρεμβολὴ θεοῦ αὕτη καὶ ἐκάλεσεν τὸ ὄνομα τοῦ τόπου ἐκείνου Παρεμβολαί.
2 Jacob marchait sur son chemin quand des messagers de Dieu survinrent.	2 Et Jacob partit sur son chemin, et en levant les yeux il vit un camp de dieu monté, et les anges de dieu étaient autour de lui.
3 Et Jacob, comme il les vit, dit : « C'est un camp de Dieu », et il appela ce lieu-là « Mahanaïm ».	3 Et Jacob dit, quand il les vit : « ceci est un camp de Dieu », et il donna à ce lieu-là le nom de « Camps ».

23 Voir Gilhooly, 2017.

Ici, le traducteur grec rend plus explicite la logique sous-jacente au jeu étymologique ; le texte a un parallèle dans le Ps 33,8 où il est dit que l'ange de Yhwh « campe autour de ceux qui le craignent ».

Un troisième aspect souvent observé concerne (3) l'emploi d'ἄγγελος à des buts véritablement « théologiques ». Nous avons dans la LXX au moins un cas fameux où un ange est introduit dans le texte grec pour éviter l'attribution d'une mauvaise initiative à Yhwh : lors de l'attaque immotivée de Yhwh contre Moïse en Ex 4,24–26, le texte grec remplace effectivement Yhwh par son ange. De manière générale, à la suite des choix opérés par les traducteurs des Psaumes, de Job et de Daniel il est clair que le nombre d'anges qui intervient dans la version grecque de ces recueils est considérablement supérieur par rapport à l'original hébreu. Le rôle des anges devient prépondérant dans les traditions grecques liées au livre de Daniel, notamment dans les histoires de Suzanne et de Bel. Dans la LXX ancienne de Dan 13,60, par exemple, c'est l'ange qui s'occupe de tuer matériellement les vieillards guetteurs qui avaient été jetés dans les ravins (un passage absent de Théodotion). Dans la section dédiée à Daniel et au dragon (Bel et dr. = Dan 14) c'est encore l'ange de Yhwh qui transporte le prophète Habacuc de la Judée à Babylone pour apporter de la nourriture à Daniel lorsque celui-ci est dans la fosse aux lions (versets 34–39). Cet épisode est vraisemblablement une interpolation tardive à l'intérieur de l'addition sur Bel[24], une sorte d'ajout midrashique à l'épisode déjà raconté en Dan 6 où Daniel révèle au roi Darius que Yhwh a envoyé un ange pour fermer la gueule des lions. Une précision attestée par Théodotion, mais absente de la LXX ancienne, indique, en outre, que l'ange transporte Habacuc « par l'intensité de son souffle » (ἐν τῷ ῥοίζῳ τοῦ πνεύματος αὐτοῦ, Bel et dr. 36), en agissant de la même façon que l'esprit qui transporte le prophète Ézéchiel en Ez 8,3.

Il faut toutefois observer que ces nouveautés ne sont pas exclusives à la Septante, mais remontent déjà, dans une certaine mesure, à la Bible hébraïque. En effet, nous avons, dans le texte hébreu, des traces d'un changement sémantique subi par *mal'āk* (1) qui semble indiquer une classe d'êtres divins, en tout cas dans des passages tardifs des Psaumes, où les *mal'ākîm* sont appelés à bénir la divinité avec les armées célestes[25] : la louange de Yhwh devient une des fonctions fondamentales des anges et, à peu près, la seule tâche qui n'implique pas

24 Moore 1977, p. 25. L'existence d'une *Vorlage* hébraïque pour les additions à Daniel est discutée. Plusieurs chercheurs considèrent ces additions comme des traductions de l'hébreu ; Lawrence Lahey (2015, p. 559–562) avance des arguments forts en faveur de l'idée qu'il s'agit de compositions originelles en grec.

25 Ps 103,20 et 148,2.

de relation avec les humains[26]. J'ai, en outre, déjà discuté l'exemple du Ps 78,49 où l'expression « troupe d'anges de malheurs » (משלחת מלאכי רעים) clarifie le rôle des instruments de la colère de Yhwh, notamment la rage, l'indignation et l'angoisse : ce passage démontre que le *mal'āk* peut être utilisé avec une fonction exégétique également en hébreu (2). Cette analyse suggère, en outre, que, dans ce contexte, *mal'ākîm* signifie plutôt « anges » que « messagers ». Enfin, la tendance à attribuer certaines actions de Yhwh à un ange ainsi que l'expansion du rôle des anges dans les textes narratifs ne sont pas sans parallèles dans la Bible hébraïque (3). À cet égard, Erhard Blum a identifié une série de passages, situés entre Exode et Juges, centrés sur l'envoi d'un *mal'āk* par Yhwh, qui a la tâche de conduire le peuple à travers le désert jusqu'à la terre promise[27]. Le motif du *mal'āk* fonctionne comme un connecteur qui relève d'une étape avancée dans la rédaction du Pentateuque (voire de l'Hexateuque), appelée par Blum la « rédaction du *mal'āk* ». Même s'il a parfois été soutenu que la tradition de l'ange qui guide le peuple à travers le désert est très ancienne[28], l'hypothèse me paraît peu probable. Au contraire, l'insistance sur le motif de l'ange s'inscrit bien à l'intérieur des tendances de l'époque postexilique, qui laissent aux *mal'ākîm* un espace de manœuvre majeur. À cet égard, il n'est pas inutile de mentionner le passage d'Is 63,9 qui rappelle aux Israélites que c'est bien Yhwh, et non un *mal'āk*, qui les a sauvés : ce rappel laisse entrevoir une polémique contre des croyances qui attribuaient probablement à l'ange un rôle de premier rang dans la sortie d'Égypte et dans la traversée du désert. Mais le meilleur exemple de l'amplification du rôle du *mal'āk* dans la Bible hébraïque est, sans doute, à reconnaître dans la comparaison du récit du recensement de David en 2 S 24 avec sa réécriture en 1 Ch 21. Dans le livre de Samuel le *mal'āk* intervient au verset 16 sans avoir été annoncé car, au verset précédent, on dit simplement que Yhwh envoie la peste dans le pays ; il disparaît de manière également soudaine après avoir frappé le peuple au verset 17. En revanche, en 1 Ch 21,12–30 l'entrée et la sortie de l'ange s'accordent mieux avec le reste du récit ; l'ange est qualifié d'exterminateur (*mašḥît*) et brandit une épée en se tenant debout entre ciel et terre ; il joue en outre le rôle important d'intermédiaire divin lors de l'épisode de l'érection de l'autel par David sur l'aire d'Ornan. Les fragments de 2 S 24 retrouvés à Qumrân contiennent déjà le motif de l'ange à l'épée qui

---

26 La situation est évidemment différente à Qumrân où les membres de la communauté sont, en quelque sorte, associés à la communauté céleste qui célèbre Yhwh. Voir, sur ce point, Dimant 1996 et la mise au point récente de Walsh 2019 avec bibliographie relative.

27 Blum 1990, p. 361–382. Les passages en question sont : Ex 14,19 ; 23,20–33 ; 33,2–4 ; Jug 2,1–5. Blum inclut également Ex 34,11–27, qui ne fait toutefois pas mention de l'ange. Un autre texte douteux est Gen 24.

28 Voir la bibliographie donnée par Ausloos 2008.

se tient « entre ciel et terre » et indiquent que celui-ci devait être déjà présent dans au moins une des sources des Chroniques : ils suggèrent qu'une expansion du rôle de l'ange avait trouvé sa place à l'intérieur des traditions manuscrites du livre de Samuel[29]. Néanmoins, le rédacteur des Chroniques reste responsable d'un développement considérable des fonctions du *mal'āk* dans l'ensemble du chapitre 21 où, il faut le rappeler, une autre grande différence par rapport à 2 S 24 réside en la présence de Satan comme initiateur de l'idée du recensement[30]. Je reviendrai sur ce point. À présent, nous pouvons conclure que les trois éléments de nouveauté que nous observons dans la Septante, à savoir la compréhension des anges comme classe d'êtres divins, leur fonction « exégétique » et leur importance accrue, ne sont pas à considérer comme une innovation des traducteurs, mais comme un prolongement de tendances qui sont déjà à l'œuvre dans les traditions postexiliques de la Bible hébraïque[31].

En revanche, un aspect du traitement des anges qui paraît spécifique à la Septante, et ce, déjà dans le Pentateuque, est la tendance à mieux clarifier la distinction entre le rôle de l'ange et celui de Yhwh dans des passages où cette distinction n'est pas explicite en hébreu. C'est le cas de l'ajout en Gen 16,8, lorsqu'un ange apparaît à Hagar, où le traducteur utilise ἄγγελος pour clarifier le sujet de la phrase qui n'est pas indiqué en hébreu, et de Gen 19,16, où les deux « hommes » envoyés vers Lot en hébreu deviennent deux « anges » en grec, dans la continuité de ce qui est affirmé dans le verset précédent. Plusieurs chercheurs ont, en outre, remarqué que le rôle de l'ange dans la Septante d'Ex 23,20–23 est affaibli et clairement subordonné à celui de Yhwh[32] : dans le texte grec, Yhwh envoie « son » ange et non simplement « un » ange ; l'ange n'a plus la responsabilité du pardon des péchés du peuple et le nom de Yhwh est sur lui (ὄνομά μού ἐστιν ἐπ' αὐτῷ) au lieu d'être « en lui » (שמי בקרבו). Par cette dernière lecture le traducteur rend son texte conforme à une formulation bien plus courante en hébreu où l'on pose généralement le nom « sur quelqu'un » (*šēm* + *ʿal* ou *šēm* + *lə*) et non « en quelqu'un ». Ces changements ne sont donc pas nécessairement imputables à des raisons théologiques, mais semblent motivés par des raisons d'ordre littéraire : des soucis d'harmonisation et une compréhension moins ambiguë du texte source.

De manière générale, on ne serait pas en mesure de retrouver dans la LXX de véritables spéculations angéliques. On trouve, cependant, quelques

29 4QSam^a (= 4Q51), fr. 164–165, l. 1–3 (ed. Cross et al., 2005, DJD 17, p. 192–193) ; Driesbach 2016, p. 325–326.

30 Dion 1985 ; Klein 2006, p. 415–416. Sur l'importance du *mal'āk* dans cet épisode, voir aussi Beentjes 2007, p. 149–152.

31 Comme le conclut justement aussi Dogniez (dans Dogniez et Scopello 2006, p. 194–195).

32 Ausloos 1996, p. 102 ; Le Boulluec et Sandevoir 1989, p. 239 ; Nihan, à paraître, p. 165–167.

informations supplémentaires concernant la nature des anges, absentes en hébreu, tel le fait qu'ils se nourrissent de manne[33] et qu'ils résident dans les cieux, loin des hommes qui sont faits de « chair »[34]. À cet égard, l'insistance sur la nature pneumatique des anges à laquelle plusieurs traducteurs et auteurs font référence dans des contextes divers émerge comme une des contributions les plus originales de la LXX, voire comme le véritable élément de nouveauté dans la représentation des anges. Pour le reste, il semble que, même si les traducteurs possédaient des connaissances sur le monde des anges, ils ne paraissaient pas particulièrement intéressés aux hiérarchies angéliques. Deux éléments démontrent encore ce manque d'intérêt : d'une part, le fait qu'en grec seulement trois noms d'anges – et tous déjà présents dans la Bible hébraïque – apparaissent, soit Gabriel, Michaël et Raphaël, et, d'autre part, l'absence de spéculations sur le nom d'Azazel[35]. D'un autre côté l'extension des histoires concernant les anges dans les traditions grecques de Daniel dont j'ai fait mention plus haut ainsi que les nombreuses épiphanies angéliques qui jalonnent les livres des Maccabées révèlent que la LXX fait l'objet d'un développement interne qui voit une progressive diffusion de ces motifs au fil du temps. Avec ces récits, nous arrivons, toutefois, désormais, à l'époque hasmonéenne. En outre, l'invocation, dans les Maccabées, d'un « bon ange » pour sauver les Juifs en guerre laisse entrevoir la croyance en l'existence d'anges mauvais[36]. Mais, là encore, il reste difficile, sur la base de ces références, de reconstruire une véritable « angélologie » et, par contraste, une démonologie qui lui serait opposée. Deux livres semblent, cependant, représenter une exception à cette tendance générale : la LXX de Job, notamment concernant le rôle du Satan (ὁ διάβολος), et le livre de Tobit dont la narration est centrée sur un conflit entre un ange et un démon.

Pour ce qui concerne la traduction grecque de Job, un regard au tableau ci-dessus (tableau 10) permet déjà facilement de relever que le traducteur réserve aux anges une place assez conséquente en comparaison avec son texte source, surtout en ce qui concerne les anges guerriers et mortifères. En outre, dans deux passages relatifs à la description du Léviathan, le traducteur introduit l'expression : πεποιημένον ἐγκαταπαίζεσθαι ὑπὸ τῶν ἀγγέλων αὐτοῦ, « créé pour que les anges le bafouent », qui n'a pas d'équivalent en hébreu. Si cette expression peut être comprise comme une exégèse de l'« épée » de Yhwh, elle fait néanmoins référence au motif de la bataille eschatologique entre les anges

33 Ps 77,25 (= TM 78,25), repris en Sap 16,20.
34 Dan 2,11.
35 Voir § 3.2.3.
36 2 Mac 11,6 ; 15,23.

et le dragon qui devait être connu du traducteur grec[37]. Outre cette présence angélique, le cadre narratif du livre de Job est caractérisé par la présence du *śāṭān*/ὁ διάβολος auquel on a déjà, parfois, attribué une nature pleinement démoniaque dans la LXX. L'importance de la figure du Satan dans la démonologie juive et chrétienne et l'absence d'étude centrée sur la LXX[38] requièrent un traitement détaillé du sujet.

2 Du *śāṭān* au diable

Dès la fin des années 80, la monographie de Peggy Day a marqué un tournant dans les études sur le *śāṭān* dans la Bible hébraïque[39]. Day a démontré que, dans la Bible hébraïque, il n'existe pas un personnage unique portant le nom de « Satan », mais que le terme indique, plutôt, une fonction qui est celle de l'accusateur, du procureur ou de l'adversaire, et que cette fonction est probablement dérivée d'un contexte juridique. La nature précise de la fonction du *śāṭān* fait encore l'objet d'un débat et l'on ne sait pas clairement si la signification légale de l'accusateur est toujours mise en avant ou si, dans quelques occurrences, le terme ne signifie pas simplement « adversaire » dans un sens plus général. Le terme *śāṭān* apparaît dans neuf contextes dans la Bible hébraïque. Quatre épisodes nous intéressent particulièrement ici, où *śāṭān* indique un agent ou une fonction céleste. Dans ces cas, le terme apparaît deux fois sans article, dans deux scènes qui ont lieu sur terre (au chapitre 22 du livre des Nombres, où il barre la route à l'ânesse du devin Balaam qui voulait maudire les Israélites, et en 1 Ch 21,1–2, lorsqu'il incite le roi David au recensement), et deux fois avec l'article, dans les deux scènes de conseil divin (dans la vision du chapitre 3 du livre de Zacharie, où il accuse le grand prêtre Josué devant Yhwh et lors de la réunion de l'assemblée céleste en Job 1–2)[40]. Parmi ces épisodes, tous

37 Job 40,19 et 25. Pour la manière dont le traducteur élabore cette expression à partir de son texte source, voir l'étude, désormais classique, de Gammie 1985, p. 8–10 ; sur la technique de traduction anaphorique qui est employée ici, voir Heater 1982, p. 6–7 et 126–127 ; Angelini 2018 a, p. 106–107. Il est probable qu'en grec la péricope de Job 40,19–41 et 25 se réfère entièrement au Léviathan, alors qu'en hébreu le verset 19 se réfère au Béhémoth. Voir Dhont 2017, p. 276–277.

38 À l'exception de l'article de W. Foerster dans le TWNT qui fait une place à la LXX (TWNT 2, p. 79–80) et de quelques entrées de dictionnaires et lexiques, je n'ai connaissance d'aucune étude d'ensemble sur διάβολος dans la Septante.

39 P. Day 1988. Pour un bilan de la recherche sur la figure du Satan, voir D.R. Brown 2011.

40 Si, d'une part, la présence de l'article déterminatif confirme le fait qu'il s'agit d'un titre ou d'une fonction (White 2014, p. 109), il faut, d'autre part, remarquer que l'absence de l'article n'est pas aussi dirimante qu'on l'a souvent répété. Premièrement, lorsqu'il n'est pas

datables de l'époque postexilique[41], la scène de jugement du prophète Josué en Zach 3,1–2 est celle qui se rapproche le plus du contexte judiciaire. De ce point de vue, sont particulièrement significatifs les parallélismes entre la scène de jugement céleste en Zacharie et une scène similaire de type « terrestre » évoquée dans le Ps 109,6–7 qui mentionne également un *śāṭān* humain se tenant à la droite de l'accusé. Dans une étude récente, Ryan Stokes[42] a remis en question la fonction accusatoire du *śāṭān*, en identifiant des références à un contexte militaire plutôt que juridique, et en proposant la signification d'« attaquant » : l'intention du *śāṭān* serait celle d'endommager physiquement la personne à la fois dans Zach 3 et dans le prologue du livre de Job, lorsqu'il propose à Yhwh de mettre la piété de Job à l'épreuve. Le *śāṭān* serait alors un simple exécutant de la volonté de Yhwh. Bien qu'une connotation militaire apparaisse dans plusieurs passages, notamment lorsque le terme se réfère à des adversaires humains[43], l'argument de Stokes n'est pas entièrement convaincant en ce qui concerne les scènes divines, en particulier concernant le passage du livre de Zacharie où le contexte judiciaire est mis en avant par le langage employé ainsi que par les positions occupées respectivement par le *mal'āk yhwh*, par le *śāṭān* et par Josué, qui semblent impliquer une étiquette procédurière (le *śāṭān* se tient à la droite de Josué et celui-ci se tient debout devant l'ange). En outre, l'interprétation du *śāṭān* en Job comme pur exécutant de la volonté de Yhwh ne met pas suffisamment en valeur la capacité d'initiative qui caractérise cet agent et le différencie d'autres agents divins, en suscitant plutôt un parallèle avec l'esprit qui prend la parole de manière autonome en 1 R 22. En revanche, l'hypothèse de Jason Silverman, pour qui la caractérisation du *śāṭān* en Zach 3 et dans le livre de Job est inspirée par les figures de fonctionnaires locaux de l'Empire achéménide, me paraît plus convaincante[44]. Malgré les débats sur sa fonction, les chercheurs s'accordent sur le fait que, dans la Bible hébraïque, le *śāṭān* agit toujours sous la dépendance de Yhwh, même lorsqu'il joue le rôle de l'adversaire. Son appartenance à la cour céleste n'est jamais mise explicitement en question, même si le passage de Job semble indiquer que son statut n'est pas

---

précédé de l'article, *śāṭān* pourrait tout simplement indiquer « un accusateur » ; deuxièmement, et de manière plus générale, dans la Bible hébraïque, la distinction entre nom et fonction n'est pas toujours très nette, comme nous l'avons vu dans les cas de Resheph, Qeṭeb et Deber. La question n'est pas de savoir si Satan fonctionne ou pas comme un nom propre dans la Bible hébraïque, mais de savoir si et dans quels contextes il faut reconnaître en *śāṭān* le personnage de « Satan », à savoir l'opposant majeur de Yhwh. La seule présence ou absence de l'article ne suffit pas à résoudre cette question.

41 Voir Fabry 2003, pour lequel le *śāṭān* est une création littéraire de l'époque postexilique.

42 Stokes 2014.

43 Ainsi dans les livres de Samuel et des Rois et également en Num 22.

44 Silverman 2014.

identique à celui des fils divins car le texte précise que, lors de la convocation du conseil, « même le *śāṭān* était parmi eux » (*gam haśśāṭān bətôkām*), ce qui laisse entendre que sa présence n'était pas habituelle. Un autre cas qui soulève quelques doutes quant à l'appartenance du personnage à la cour est celui de 1 Ch 21,1 : ici, *śāṭān* est certainement le résultat d'une exégèse de la « colère de Yhwh » qui en 2 Samuel 24 poussait David au recensement d'Israël. Toutefois, son origine n'est plus spécifiée dans les Chroniques et, par conséquent, l'initiative du recensement n'est plus rattachée à Yhwh : en ce passage, *śāṭān* semble plutôt être qualifié comme un « adversaire » générique[45], qui résulte d'une progressive autonomisation d'un autre agent étroitement lié à Yhwh, à savoir sa colère. L'introduction d'un *śāṭān* a pour effet de déresponsabiliser Yhwh quant à la mauvaise initiative du recensement. Il faut, en outre, observer que, dans tous ces épisodes, *śāṭān* entre également en relation avec les anges, tout en s'en différenciant. Dans l'épisode de Num 22, on dit du *mal'āk* qu'il agit « comme un *śāṭān* » : si l'expression indique que la fonction de l'adversaire peut être revêtue à l'occasion par d'autres membres de la cour céleste, elle souligne néanmoins que le rôle du *mal'āk* et celui du *śāṭān* sont, d'habitude, différents. Les rôles du *śāṭān* et du *mal'āk* sont opposés dans le jugement de Josué en Zacharie, où l'ange tient le *śāṭān* à l'écart lorsqu'il annonce le verdict de Yhwh. Nous avons également déjà vu que le *śāṭān* se distingue des *bənê 'ĕlōhîm* dans le livre de Job. Il est alors possible que le rédacteur du livre des Chroniques ait décidé de remplacer la colère de Yhwh par *śāṭān* en 1 Ch 21 notamment en raison de la présence de l'ange dans le récit.

Pour résumer, dans la Bible, le *śāṭān* joue le rôle d'accusateur de l'homme dans les procès ou, plus généralement, le rôle d'adversaire et il agit toujours avec l'accord de Yhwh. Son statut diffère de celui des autres membres de l'assemblée divine et il se trouve parfois en opposition aux *mal'ākîm*. Il possède une certaine liberté d'initiative, comme le démontre le fait qu'il soit le seul des subordonnés de Yhwh qui dialogue ouvertement avec la divinité ; ses initiatives ont souvent de mauvaises conséquences pour les hommes. Même si les indices qui ont pu favoriser sa transformation en opposant de Yhwh sont

45 Il me paraît toutefois difficile qu'il s'agisse d'un adversaire militaire humain, comme le proposent Sara Japhet (1989, p. 115–116) et Pancratius Beentjes (2007, p. 140), tout d'abord en raison du contexte : on ne comprend pas pour quelle raison David aurait écouté le conseil d'un ennemi de faire un recensement de la population, vu que l'hostilité à ce type d'opération est un thème bien connu dans l'Antiquité. En outre, comme l'observe justement Ralph Klein (2006, p. 418), les verbes *'md* « se tenir » et *swt*, « inciter », apparaissent déjà en Zach 3,1 et Job 2,3, en relation à l'adversaire. Le doute pourrait éventuellement se poser à propos de la traduction grecque des 1 Ch 21,1 car διάβολος signifie « calomniateur » et il est utilisé davantage pour qualifier un être humain : voir *infra*, p. 284–285.

tous déjà présents, *śāṭān* n'est jamais représenté comme un démon selon les critères que j'ai défini en ouverture de ce livre : il n'est pas un agent direct de destruction ou de maladie, ni montre de liens particuliers avec la dimension du chaos.

Si nous regardons maintenant du côté de la traduction grecque, nous remarquons que les différents traducteurs n'ont pas adopté un seul et même équivalent pour *śāṭān*, même s'il y a une prévalence de formes liées au verbe διαβάλλω. Le verbe signifie littéralement « passer à travers », mais également « mettre en travers » : il peut avoir un sens concret de (a) « diviser » et « faire dévier une chose d'une autre en posant un obstacle », mais aussi un sens métaphorique (b) d'« accuser », souvent sans fondement, et, par conséquent, de (c) « calomnier ». Sous cette deuxième rubrique, nous pouvons également classer les dérivés διαβολή, « calomnie », « diffamation » (des significations également attestées dans les papyri à partir du IIIe siècle av. n. è.[46]) et, parfois, « opposition », « hostilité », ainsi que διάβολος, terme assez rare mais bien attesté dans la comédie classique et hellénistique avec la signification de « calomniateur »[47]. Cette dernière signification est également attestée par Xénophon[48] et Aristote[49], lequel mentionne les διάβολοι avec les sophistes et les voleurs. Il ne s'agit pas d'un terme strictement judiciaire, même s'il est parfois utilisé en contexte juridique, notamment chez Andocide où il indique au neutre un sentiment abstrait, quelque chose qui s'oppose au jugement, un « préjudice »[50]. À la différence de διαβολή, διάβολος est absent des papyri jusqu'au IIIe s. de n. è.

Tout en exploitant les diverses significations de la famille linguistique liée à διαβάλλω, chacun des traducteurs grecs opère des choix différents. Dans le livre des Nombres, ce sont les formes ἐνδιαβάλλειν (Num 22,22) et διαβολή (Num 22,32) qui sont utilisées :

Num 22,22	[22] ויחר אף אלהים כי הולך הוא ויתיצב מלאך יהוה **בדרך לשטן** לו והוא רכב על אתנו ושני נעריו עמו	[22] καὶ ὠργίσθη θυμῷ ὁ θεὸς ὅτι ἐπορεύθη αὐτός καὶ ἀνέστη ὁ ἄγγελος τοῦ θεοῦ **ἐνδιαβάλλειν** αὐτόν καὶ αὐτὸς ἐπιβεβήκει ἐπὶ τῆς ὄνου αὐτοῦ καὶ δύο παῖδες αὐτοῦ μετ᾽ αὐτοῦ.

46 P.Cair. Zen 3 59481 et P. Mich 5 243.

47 Ar., *Eq.* 44–45, Paphlagon est διαβολικώτατος, la « quintessence de la calomnie » ; le διάβολος semble être un personnage typique de la comédie hellénistique ; il était également le titre d'une comédie non parvenue du poète comique Nicostratos (IVe s. av. n. è.).

48 Xen., *Ages.* 11, 5.

49 Arist., *Top.* 126 a.

50 And. 2, 24.

	22 Mais la colère divine s'enflamma car il partait et l'envoyé de Yhwh se posta **sur la route comme un adversaire** pour lui, tandis qu'il chevauchait son ânesse, et ses deux serviteurs étaient avec lui.	22 Et Dieu s'inflamma de colère car il était parti, et l'ange de Dieu se leva **pour le faire dévier**, et il était monté sur son ânesse, et deux serviteurs étaient avec lui.
Num 22,32	32 ויאמר אליו מלאך יהוה על מה הכית את אתנך זה שלוש רגלים הנה אנכי יצאתי **לשטן** כי ירט הדרך לנגדי	32 καὶ εἶπεν αὐτῷ ὁ ἄγγελος τοῦ θεοῦ· Διὰ τί ἐπάταξας τὴν ὄνον σου τοῦτο τρίτον ; Καὶ ἰδοὺ ἐγὼ ἐξῆλθον **εἰς διαβολήν** σου ὅτι οὐκ ἀστεία ἡ ὁδός σου ἐναντίον μου.
	32 Alors l'envoyé de Yhwh lui dit : « Pourquoi as-tu frappé ton ânesse ces trois fois ? Tu le vois, c'est moi qui suis sorti **comme un adversaire**, car ce chemin est instable[51] devant moi ».	32 Et l'ange de Dieu lui dit : « pourquoi as-tu frappé ton ânesse cette troisième fois ? voici, je suis venu **pour m'opposer à toi**, car ton chemin devant moi n'est pas bon ».

Au verset 22, d'après le texte hébreu, l'ange de Yhwh agit comme un *śāṭān* (*lśṭn*) : le traducteur a lu *lśṭn* comme une forme verbale. Le composé ἐνδιαβάλλω est très rare en grec. La forme a ici probablement une valeur intensive qui sert à rendre l'hébreu *bdrk lśṭn*, car *derek* n'est autrement pas traduit ; elle a le sens concret de « diviser », « se mettre en travers », « faire dévier de son cours »[52]. Au verset 32, nous trouvons une *variatio* : εἰς διαβολήν σου, qui est ici à comprendre dans le sens d'hostilité ou d'opposition, possiblement dérivée d'une proximité entre la racine *śṭn* et la racine *śṭm*, « opposer », « être hostile contre ». Ce choix s'inscrit bien dans le contexte du verset tel qu'il est compris par le traducteur, où l'ange s'oppose au mauvais chemin entrepris par Balaam (l'adjectif ἀστεῖος pouvant avoir une connotation morale). Le même choix est également adopté par le traducteur des Psaumes pour traduire les formes verbales et nominales de *śṭn*[53].

51 Il se peut que le passage soit corrompu. Le verbe *yrṭ* est très rare, et il est probable que le traducteur, avec d'autres versions anciennes dont notamment le Pentateuque samaritain, lisait une forme *yrʿ* ou *hrʿ* (« mauvais »), donc bien traduite par οὐκ ἀστεία. Voir récemment les remarques de Robker 2019, p. 77–78.

52 Caird 1968, p. 471 no. 52.

53 Ps 38,21 (= 37,21 LXX) ; 71,13 (= 70,13 LXX) ; Ps 109.

Dans les autres scènes célestes (Zach 3,1–2 ; Job 1–2 ; 1 Ch 21,1), *śāṭān* est traduit par διάβολος (avec ou sans article conformément au texte hébreu), qui a la signification d'adversaire ou de calomniateur. Nous avons, là encore, affaire à une traduction de type exégétique : le choix de ce terme est vraisemblablement motivé par l'idée que les accusations portées contre Josué et contre Job étaient injustifiées et que le recensement d'Israël fut une idée malheureuse. En 1 Ch 21,1 certains témoins de la tradition lucianique ont la translittération σαταν, qui reflète probablement une influence chrétienne[54].

La forme σαταν apparaîst en tout cas déjà en 3 Regn 11,14, où il est question des adversaires du roi Salomon, et dans un passage du Siracide (21,27) : « quand un impie maudit son adversaire/ennemi, il se maudit soi-même » (ἐν τῷ καταρᾶσθαι ἀσεβῆ τὸν σατανᾶν αὐτὸς καταρᾶται τὴν ἑαυτοῦ ψυχήν). Cette forme est alors toujours utilisée lorsqu'il est question d'adversaires humains. Dans d'autres passages des livres des Règnes où *śāṭān* indique un opposant humain aux plans de David, il est traduit en grec par ἐπίβουλος, « conspirateur », « comploteur »[55].

La forme διάβολος est encore utilisée dans d'autres contextes où il est question d'ennemis humains. En Est 7,4 et 8,1, elle fait référence à Haman : le texte hébreu est difficile dans les deux passages et le grec reflète très probablement une lecture d'une racine *ṣrr* (« adversaire »)[56]. En 1 Mac 1,36, διάβολος se réfère au roi Antiochos IV, l'ennemi juré des Juifs : καὶ ἐγένετο εἰς ἔνεδρον τῷ ἁγιάσματι καὶ εἰς διάβολον πονηρὸν τῷ Ισραηλ διὰ παντός : « (Cela) devint une embuscade pour le sanctuaire et un adversaire/ennemi maléfique pour Israël en tout temps ».

Pour résumer, nous voyons que les traducteurs optent pour plusieurs possibilités. Le terme hébreu est parfois transcrit en grec : dans ce cas, l'emprunt n'indique pas que σαταν a été compris comme un nom propre, comme l'on pourrait éventuellement s'y attendre, mais comme l'équivalent d'une fonction pour laquelle le traducteur estimait peut-être ne pas avoir de correspondant exact en grec. Les contextes de 3 Regn 5,18 et Sir 21,27 font penser que *śāṭān* a été interprété comme un adversaire plutôt que comme un accusateur au sens judiciaire. En outre, un certain nombre de traductions ont une nature « péjorative » : *śāṭān* est interprété comme « comploteur » dans les livres de Samuel et en 1 R 5,18 (= 3 Regn 5,18 LXX) ; en Zacharie, Job et Chroniques, où

54 Voir, notamment, le manuscrit e_2 dans l'édition de Brooke, McLean et Thackeray 1932 : ἀνέστη Σαταν ἐπὶ Ισραηλ, « Satan se souleva contre Israël » au lieu de la forme καὶ ἔστη διάβολος ἐν τῷ Ισραηλ qu'on trouve dans les *codices*.

55 1 Regn 29,4 ; 2 Regn 19,23 ; 3 Regn 5,18.

56 Voir Macchi 2016, p. 387.

l'hébreu parle d'accusateur céleste, *śāṭān* a été interprété comme « calomniateur », probablement car porteur de fausses accusations, ce qui a amené à sa traduction par διάβολος. Enfin, l'usage de διάβολος a été élargi à d'autres textes (Esther et Maccabées) : il ne s'agit pas de calomniateurs au sens strict mais plus généralement d'« ennemis », selon un sens néanmoins attesté en grec à côté de « calomniateur ». On remarquera d'ailleurs qu'il s'agit d'ennemis très négativement connotés, voire d'ennemis jurés, tels qu'Haman et Antiochos IV.

Nous n'arrivons pas à observer de différences substantielles entre le contexte divin et le contexte humain : au contraire, dans le cas de Num 22 où la différenciation entre l'ange et le *śāṭān* est moins nette, *śāṭān* a disparu du texte grec. En revanche, dans les autres scènes de cour ou d'assemblées, il n'est plus question d'un agent exerçant la fonction d'accusateur ou de procureur, mais une connotation péjorative est attachée à son nom : son opposition avec les anges est ainsi accentuée, surtout en Zach 3 et dans le prologue du livre de Job. Son opposition aux anges ainsi que la connotation négative qui lui est associée sont des éléments importants pour comprendre sa transformation en démon. Toutefois, nous ne trouvons dans ces textes aucune indication sur le fait que διάβολος soit une figure de démon, ni que ὁ διάβολος soit à comprendre comme « le diable ».

La seule occurrence dans la LXX où διάβολος est une entité clairement opposée à Yhwh est un passage très discuté du livre de la Sagesse, en conclusion d'une longue polémique contre les impies[57] :

> φθόνῳ δὲ διαβόλου θάνατος εἰσῆλθεν εἰς τὸν κόσμον, πειράζουσιν δὲ αὐτὸν οἱ τῆς ἐκείνου μερίδος ὄντες
>
> Mais par la jalousie du diable la mort est entrée dans le monde : ceux qui sont de son côté en font expérience.

La majorité des chercheurs voit en ce verset une référence à l'épisode du serpent dans le troisième chapitre de la Genèse, ceci correspondant au moment où « la mort est entrée dans le monde ». La référence au récit de création est explicite dans le verset précédent qui reprend et transforme le langage de Gen 1,26 (Sap 2,23 : εἰκόνα τῆς ἰδίας ἀϊδιότητος ἐποίησεν αὐτόν : « Dieu le créa [scil. l'homme] comme une image de sa propre incorruptibilité »). En outre, un certain nombre de traditions du premier siècle de notre ère identifient le serpent avec Satan et introduisent le motif de l'envie comme mobile

57 Sap 2,24.

de ses actions[58]. On considère généralement que le passage d'Ap 12,9 faisant référence au Satan qui fait dévier le monde entier (ὁ Σατανᾶς, ὁ πλανῶν τὴν οἰκουμένην ὅλη) fait également référence à la tentation d'Adam et Ève. Étant donné que la première attestation de l'association du serpent avec le diable est traditionnellement repérée dans la *Vie d'Adam et Ève*, un apocryphe qui date du Ier siècle de n. è., la référence du livre de la Sagesse précèderait cette identification d'un siècle environ. Il faut toutefois souligner que, comme l'ont très bien remarqué Michael Kolarcik et d'autres[59], l'objet de la discussion dans cette section du livre de la Sagesse n'est pas tellement, ou plutôt, n'est pas *seulement* la mort physique, mais la « deuxième mort » ou mort spirituelle, la mort de l'âme qui, pour les impies, peut même commencer lorsqu'ils sont encore en vie. Cette thématique faisait l'objet de discussions chez les philosophes de l'époque, y compris Philon d'Alexandrie, et cela s'explique aisément, compte tenu de la nature philosophique du livre de la Sagesse. C'est donc justement que Kolarcik met en garde contre une interprétation de la péricope faite exclusivement à la lumière du récit de la création en Gen 1–3[60]. À cet égard, Giuseppe Scarpat[61] va encore plus loin en proposant l'idée que ce verset ne fasse pas du tout référence à la chute amenée par le péché originel, mais au fait que les impies, poussés par le diable qui sème le mal dans le monde, mettent à l'épreuve le juste. Le contexte auquel il faudrait rapprocher la référence au diable serait alors le même que celui des paraboles de Matthieu où le diable sème l'ivraie dans le monde et où les impies seront punis par les anges à la fin des temps[62]. Cette interprétation s'appuie sur une lecture différente du verset, où ἐκείνου ferait référence à θάνατος et non à διαβόλου et où l'objet du verbe πειράζω serait κόσμον. La traduction proposée par Scarpat comprend

58 *Vie d'Adam et Ève* 10–17 ; 2 Hen 31,6. Voir Winston 1979, p. 121–123 ; Hogan 1999, p. 19 ; Kolarcik 1991, p. 139.

59 Kolarcik 1991, p. 159–184. Le contexte du débat sur la mort spirituelle rend encore moins probable la proposition avancée par quelques chercheurs de voir en Sap 2,24 une référence au meurtre d'Abel par Caïn en Gen 4 car cet épisode constituerait le véritable moment où la mort physique entre dans le monde : voir, par exemple, Gregg 1909 ; Levison 1988, p. 51–52. Il faut, en outre, observer qu'il n'y a aucune référence à Caïn dans le reste de la péricope sur les impies (Sap 1,16–2,14), la seule référence explicite à Caïn se trouvant en Sap 10,3–4. Hogan 1999 et Blischke 2015, p. 163–164 pensent que Sap 2,24 peut faire référence en même temps à Adam et à Caïn, notamment car Sap 10,3–4 évoque sucessivement ces deux figures.

60 Kolarcik 1991, p. 139–146. Voir, en outre, les remarques de Hogan 1999, p. 2–3.

61 Scarpat 1989, p. 162–167. Il me paraît pourtant très hasardeux de voir une identification entre le diable et la mort en tant que chefs d'un royaume opposé à celui de Dieu, comme le propose Amir 1979 ; voir, à ce sujet, déjà la critique de Kolarcik 1991, p. 75–76.

62 Mt 13,38 et 49.

alors : « ceux qui sont du côté de la mort mettent à l'épreuve le monde ». Cette interprétation est soutenue par le parallélisme avec une expression très similaire en ouverture de la péricope sur les impies (Sap 1,16) où il est dit des impies qu'ils font partie du royaume d'Hadès (ὅτι ἄξιοί εἰσιν τῆς ἐκείνου μερίδος εἶναι)[63]. Toutefois cette lecture n'est pas assurée car la reprise de la même expression à des buts rhétoriques en ouverture et en clôture de la péricope n'implique pas que les référents du démonstratif doivent nécessairement être les mêmes. Étant donné que le motif de l'envie du diable, dans le reste des traditions apocryphes, est attaché uniquement à l'épisode du serpent dans le jardin d'Éden et ne se retrouve pas ailleurs, Gen 3 demeure la référence la plus probable. Dans chacun des cas, il paraît assuré qu'au premier siècle avant notre ère l'auteur de la Sagesse connaît une tradition, autrement inconnue de la Septante, où διάβολος est désormais devenu « le diable », puissance néfaste sous laquelle tous les impies se réunissent.

3 Tobit dans le contexte de la démonologie hellénistique

Notre parcours sur les anges et les démons dans la LXX et dans la Bible hébraïque ne peut s'achever sans une analyse du sujet dans le livre de Tobit. Ce texte mérite attention pour plusieurs raisons. En effet, il revêt une grande importance dans l'étude de la démonologie à l'époque hellénistique ; de plus, dans la mesure où la représentation des démons y est très développée, celle-ci révèle un scénario distinct du reste de l'Ancien Testament (dans ses versions hébraïque et grecque) qui s'inscrit désormais dans le contexte des développements de la littérature du Second Temple. En outre, la situation textuelle exceptionnelle dont le livre fait l'objet démontre l'intérêt d'une approche des textes bibliques qui prenne sérieusement en compte la LXX et sa richesse interne. À cet égard, et avant d'aborder le thème des anges et des démons, une prémisse d'ordre méthodologique sur les versions grecques du livre qui nous sont parvenues par la tradition manuscrite est nécessaire.

3.1 *Prémisse méthodologique*

Le livre de Tobit, d'habitude classé comme un roman de diaspora, jouissait d'une grande popularité dans l'Antiquité et dut faire l'objet d'un grand nombre de réécritures et traductions. Son texte est transmis par plusieurs versions

63 Pour une troisième proposition de traduction du verset faite par André-Marie Dubarle, d'après laquelle les impies « tentent le monde », ainsi que pour sa critique de la part de Stanislas Lyonnet, voir la discussion en Scarpat 1989, p. 165–166 et Kolarcik 1991, p. 76.

grecques et latines, par des versions syriaques et par cinq copies très fragmentaires retrouvées à Qumrân, dont quatre sont en araméen (4Q196–199) et une en hébreu (4Q200)[64]. Elles attestent vraisemblablement une seule version du livre, par ailleurs assez proche de ce que l'on peut reconstruire de la Vieille Latine[65]. D'autres manuscrits hébreux d'époque médiévale ou de la Renaissance sont, en revanche, des copies plus tardives[66]. La question de la langue originelle de composition est débattue, même si une préférence pour l'araméen semble s'imposer[67]. Les textes grecs représentent, en tout cas, les témoins fondamentaux du point de vue qualitatif et quantitatif. La tradition manuscrite du livre de Tobit est traditionnellement divisée en trois typologies textuelles[68] : un texte de type G1, attesté par la plupart des manuscrits, y compris l'Alexandrinus (A), le Vaticanus (B), ainsi que par les versions hexaplaires ; un texte de type G2, plus long que le texte G1, attesté par le Sinaiticus (S), par le manuscrit 319, et par la Vieille Latine (VL) ; et un texte de type G3, dit également « troisième version », qui est probablement une recension, contenant d'importantes différences dans la deuxième moitié du livre et ayant servi de base à la traduction syriaque (particulièrement importants pour la reconstruction de ce texte sont les minuscules 106–107 conservés à la Bibliothèque de Ferrara[69]). Le fait que les fragments découverts à Qumrân soient souvent en accord avec le texte de type G2 démontre la priorité de la version longue (G2) sur G1 et G3, qui sont probablement des révisions visant à éliminer redondances et répétitions. À la suite de cette classification, une tendance s'est diffusée, qui considère le Sinaiticus comme le représentant par excellence du texte

64 Les fragments ont été édités par Joseph Fitzmyer (dans Broshi et al. 1995, DJD 19, p. 1–76, voir également Fitzmyer 1995 a), et analysés à nouveau par Hallermayer 2008. Les fragments supplémentaires du papyrus Schøyen (MS 5234) sont probablement des faux (voir Elgvin et Langlois 2019, p. 132). Une édition synoptique de tous les témoins textuels de Tobit a été préparée par Weeks, Gathercole et Stuckenbruck 2004.

65 La reconstruction des relations entre les manuscrits de la Vieille Latine est très complexe car ceux-ci divergent beaucoup entre eux. Pour un état de la question voir Auwers 2005. Pour l'analyse des rapports entre les témoins latins et grecs, voir Weeks 2013, p. 2–5. Je discuterai les variantes du Codex Regius 3564, de la Bible d'Alcalà et du Codex Reginensis no. 7 (respectivement no. L1, L2, L3 dans Weeks, Gathercole et Stuckenbruck 2004 ; Q, X et W dans Hanhart 1983 b).

66 No. H2–H7 dans Weeks, Gathercole et Stuckenbruck 2004.

67 Voir, à ce sujet, la mise au point de Perrin 2014, p. 111–113.

68 Hanhart 1983 a édité en synoptique les textes G1 et G2, en se fondant surtout sur le Sinaiticus. Également précieuse est son analyse des témoins (Hanhart 1984). Une édition séparée du Sinaiticus est désormais disponible (Littman 2008).

69 = *d* en Hanhart 1984, p. 57–58.

G2 et, par conséquent, comme le témoin le plus proche du texte d'origine[70]. Or la recherche récente a montré que la relation entre les témoins textuels est beaucoup plus complexe que ce que l'on a traditionnellement estimé ; que les témoins du texte G2 diffèrent beaucoup entre eux et que les relations entre les témoins du texte G2 et les recensions G1 et G3 ne sont pas toujours linéaires ; par conséquent, elle a remis en question l'antériorité du texte de type G2 comme étant toujours le plus proche de celui d'origine ainsi que toute division simpliste en trois groupes[71]. Plus particulièrement, Stuart Weeks et Loren Stuckenbruck[72] ont insisté sur le fait que les témoins du texte G2 ne sont pas tous au même niveau : à cet égard, même si le Sinaiticus et le manuscrit 319 partagent un ancêtre dans la traduction originelle, ils ont probablement suivi des chaînes différentes dans la transmission textuelle. Le manuscrit 319 est particulièrement important pour la section 3,6–6,16 car, à plusieurs endroits, il est plus proche de la Vieille Latine que le Sinaiticus[73]. En outre, les mss 319 et le Sinaiticus sont les seuls témoins qui n'ont pas subi les révisions qui ont été à l'origine de G1 et G3. Par conséquent, quand le 319 et la Vieille Latine sont en accord et si leur antériorité peut être appuyée par d'autres témoins ou par des éléments de contenu ou de style, ils préservent généralement un texte plus ancien que celui préservé par le Sinaiticus. De manière générale, il vaudrait mieux considérer les témoins textuels du texte type G2 séparément : le Sinaiticus, le manuscrit 319 et les manuscrits de la Vieille Latine doivent, notamment, être traités individuellement. Ces observations sont particulièrement significatives pour mon étude car des variantes dans la tradition manuscrite sont attestées dans des épisodes qui m'intéressent spécifiquement et qui concernent l'attaque du démon Asmodée ainsi que les expédients mis en œuvre par l'ange Raphaël. Beate Ego et Loren Stuckenbruck[74] se sont penchés sur ces divergences dans leurs travaux respectifs, dont le présent travail est redevable. Une considération attentive des variantes manuscrites permet d'ajouter des éléments supplémentaires à la représentation des démons ainsi que de proposer quelques nouvelles interprétations. En suivant les suggestions de Stuckenbruck et Weeks, lorsque je discute les variantes manuscrites, j'abandonne la division traditionnelle des témoins en G1, G2, G3, en faveur d'une

70 Cette approche est encore exemplifiée par des introductions récentes au livre de Tobit dans la LXX, comme par exemple Hauspie 2016.

71 Nicklas et Wagner 2003.

72 Stuckenbruck et Weeks 2015 ; voir également Weeks 2006 ; id. 2013 et Perrin 2014, qui est le seul état de la recherche sur Tobit qui tienne compte de cette complexité.

73 Voir déjà les remarques d'Hanhart 1984, p. 46–48.

74 Stuckenbruck 2002 ; Ego 2003 ; id. 2006.

analyse séparée de S, ms 319 et VL ; en revanche, les variantes attestées par G1 et G3 sont indiquées sous la même rubrique ; les fragments de Qumrân sont reportés s'ils comportent des variantes pertinentes pour les passages discutés (voir tableau 11).

3.2 *Exorcismes et autres recettes angéliques*

Une des différences les plus frappantes entre le livre de Tobit et le reste des traditions de la Bible hébraïque et de la Septante est représentée par l'importance du rôle revêtu par le démon dans la narration. Le démon y apparaît dans trois moments clés. Au chapitre 3,7–10, est introduit la situation malheureuse de Sara, une jeune femme juive vivant à Ecbatane en Médie, dont les maris sont systématiquement tués par le démon Asmodée avant qu'ils ne puissent coucher avec elle (il en a apparemment tué sept au début du récit). La jeune femme, alors méprisée par ses servantes qui l'accusent des homicides, pense sérieusement au suicide. Au chapitre 6, pendant le voyage du jeune Tobias de Ninive à Ecbatane, Tobias raconte à l'ange Raphaël qui l'accompagne « déguisé » en jeune homme les raisons de sa peur du démon et Raphaël lui donne des instructions pour le chasser. La recette consiste en un mélange du cœur et du foie d'un poisson qu'ils viennent de pêcher, qui doit être brûlé dans la chambre de noces et dont l'odeur fera partir le démon. Enfin, au chapitre 8,1–3, Tobias et Sara sont dans la chambre de Sara à Ecbatane et Tobias réalise l'exorcisme qui met en fuite le démon. L'intervention prompte de Raphaël qui ligote le démon avant que celui-ci ne puisse s'échapper vers l'Égypte termine ce cycle narratif.

Plusieurs éléments linguistiques et thématiques inscrivent désormais ce récit dans le contexte d'une représentation des démons typique de l'époque du Second Temple. Le premier élément (1) concerne la relation entre démons et esprits. Lorsque Raphaël explique à Tobias l'usage du cœur et du foie du poisson qui doivent être brûlés devant la personne affectée par un démon, il explique que sa recette peut être utilisée à chaque fois qu'un démon ou un mauvais esprit attaque une personne. En Tob 6,8 S lit comme suit :

> καὶ εἶπεν αὐτῷ· Ἡ καρδία καὶ τὸ ἧπαρ τοῦ ἰχθύος, κάπνισον ἐνώπιον ἀνθρώπου ἢ γυναικός, ᾧ ἀπάντημα δαιμονίου ἢ πνεύματος πονηροῦ, καὶ φεύξεται ἀπ᾽ αὐτοῦ πᾶν ἀπάντημα καὶ οὐ μὴ μείνωσιν μετ᾽ αὐτοῦ εἰς τὸν αἰῶνα.
>
> Il lui répondit : « Le cœur et le foie du poisson, tu en fais monter la fumée devant l'homme ou la femme qui rencontre un démon ou un esprit mauvais : toute attaque sera écartée de lui, et il ne restera plus avec lui pour toujours ».

Le passage est attesté également à Qumrân[75] :

13 אתנה קדם גבר או אתנא נגיעי שד או רוח [...

14 [לא] יסחרון סחרתהו[ן] לעלם

> Tu le fais fumer devant un homme, ou une femme, frappé par un démon ou un esprit [...
> Et [ils ne] seront plus jamais autour de lui.

Ce verset montre que l'identification entre démons et mauvais esprits est désormais complète, les deux termes pouvant alors fonctionner comme synonymes. Les textes de Qumrân nous offrent d'autres exemples de cette association, également connue par l'Épître d'Hénoch et par les Jubilés[76]. Au passage, il faut observer que la présence du démon chez Sara est décrite de manière différente en araméen et en grec : le texte grec parle génériquement d'une « rencontre fortuite », ἀπάντημα, terme rare qui, ailleurs dans la LXX, indique une rencontre funeste ou porteuse de malheur[77]. Le fragment araméen utilise le verbe *hgʿ*, « frapper » à la ligne 13, et la racine *sḥr*, « tourner autour » à la ligne 14, qui semble rappeler le mouvement frénétique des démons qui volent autour des maisons, que nous avons vu, par exemple, dans les incantations mésopotamiennes[78]. Les recensions grecques (G1 et G3) ont le verbe ὀχλέω, « déranger », « troubler », et les manuscrits de la Vieille Latine ont les formes *incursus/occursio*. De telles variantes suggèrent des manières différentes de comprendre l'attaque démoniaque et le rituel d'expulsion associé : d'après Roland Deines[79], nous n'aurions pas ici affaire à une forme de possession propre et véritable suivie d'un exorcisme, mais à un rituel apotropaïque visant à détourner une attaque démoniaque, à savoir la présence d'un démon dans la maison. Je reviendrai sur ce point.

Un deuxième élément de nouveauté (2) concerne la conceptualisation du rapport entre rituels contre les démons et médecine, telle qu'elle émerge

75 4Q197 (= 4Q Tobit^{b} ar) fr. 4 i ll. 13–14, Fitzmyer (dans Broshi et al. 1995, DJD 19. p. 44) ; Hallermayer 2008, p. 93.

76 Voir, par exemple, 4Q510 fr. 1, l. 1.5 : « esprits des bâtards, démons, Liliths » ; 11QPsAp^{a} (= 11Q11) 4 ii 3 « esprits et démons » ; 1 Hen 99,7, où il est question de la vénération de « mauvais esprits, démons et toutes sortes d'erreurs » ; Jub 10,1–14, où les démons sont les descendants des esprits désincarnés des géants.

77 3 Regn 5,18 ; Eccl 9,11.

78 Voir p. 100–101.

79 Deines 2003, p. 368, suivi par Hallermayer 2008, p. 103.

clairement dans le dialogue entre Tobias et Raphaël dans les versets 6–9 du chapitre 6. Quand Tobias demande à l'ange l'utilité du cœur, du foie et de la bile du poisson, l'ange explique que le cœur et le foie sont à utiliser pour chasser les démons (verset 8), alors que la bile servira à soigner la pathologie des yeux du père de Tobias, qui le rend aveugle (verset 9). La pathologie, connue par la tradition médicale grecque, est appelée λεύκωμα et se manifeste par une tache dans les yeux provoquée par un durcissement de la cornée[80]. Stuckenbruck[81] observe qu'au verset 7 dans le Sinaiticus les deux médicaments sont qualifiés de φάρμακον, qui a ici le sens de « remède »[82]. Cette leçon est présente dans tous les témoins du texte G2 et elle est également appuyée par un manuscrit de Qumrân qui lit *sm*, « médecine »[83]. Le reste de la narration montre les deux remèdes en action : la fumigation du foie et du cœur fait fuir Asmodée et la bile soigne la maladie de Tobit en lui restituant la vue, résultat qu'aucun des spécialistes (ἰατρούς) consultés n'avait obtenu[84]. Loin d'opposer traitements magiques et traitements médicaux, la narration met plutôt au même niveau la recette contre les démons et celle pour le leucome qui sont censées agir sur la base des lois de nature : les deux thérapies sont considérées comme également efficaces et pleinement légitimes car elles sont soumises à l'autorité de Yhwh, exercée ici par l'entremise de Raphaël, un ange « guérisseur » dans son nom même[85].

Comme je l'ai mentionné précédemment, les variantes de la tradition manuscrite s'avèrent particulièrement intéressantes en ce qui concerne le rapport entre Asmodée et Sara (3). À cet égard, Beate Ego[86] note qu'au chapitre 6, verset 15, les trois témoins 319, VL et G1 préservent la version ὅτι δαιμόνιον φιλεῖ « car le démon l'aime », absent de S, mais peut-être attestée à Qumrân[87] (voir tableau 11). En outre, au chapitre 3, verset 17, lorsqu'est annoncée l'arrivée de

80 PGrenf. I. 33. 1 ; P.Trophitis 2 Ro 10 [= SB 20 14471, 10] et al. ; Dsc. 3, 84. Voir Kollmann 1994, p. 293–297.
81 Stuckenbruck 2002, p. 265–268.
82 Le mot est encore employé en Tob 11,8 et 11.
83 4Q197 (= 4Q Tobit[b] ar) fr. 4 i l. 9, Fitzmyer (dans Broshi et al. 1995, DJD 19, p. 44) ; Hallermayer 2008, p. 93.
84 Tob 2,10.
85 Stuckenbruck 2002, p. 268, *Pace* Kollmann 1994, p. 299. Stuckenbruck émet également l'hypothèse que l'élimination de la recette préservée par S dans les autres versions remonte à une volonté d'épurer le livre du vocabulaire médico-magique et de séparer plus nettement magie et médecine.
86 Ego 2003 ; id. 2006.
87 La restitution de ce passage proposée par Fitzmyer en 4Q196 VI 15, fr. 14 i l. 4 (dans Broshi et al. 1995, DJD 19, p. 20) est discutée car le texte est lacunaire : voir Hallermayer 2008,

Raphaël, S a l'expression λῦσαι Ἀσμοδαῖον τὸ δαιμόνιον τὸ πονηρὸν ἀπ' αὐτῆς, à la lettre « libérer Asmodée, le mauvais démon, d'elle », au lieu de δῆσαι Ἀσμόδαυν τὸ πονηρὸν δαιμόνιον, « lier Asmodée, le mauvais démon » préservée par les recensions. Ego reprend une suggestion de Paul-Eugène Dion[88], lequel observait le caractère bizarre de cette construction (λῦσαι Ασμοδαῖον … ἀπ' αὐτῆς « libérer Asmodée … d'elle ») : on s'attendrait effectivement à ce que la jeune fille soit libérée du démon plutôt que l'inverse. En soulignant la valeur légale du verbe λύω, bien attestée dans le papyrus et dans le Nouveau Testament où il peut signifier « divorcer »[89], Dion suggérait qu'en Tob 3,17 λύω pouvait traduire l'araméen *pṭr*, « divorcer », et que l'expression faisait alors référence à un contrat de mariage entre le démon et Sara, et à son annulation subséquente[90]. Ce thème a des antécédents dans quelques incantations accadiennes[91] et réapparaît ensuite sur des bols magiques mandaïques[92]. D'après Ego, l'expression ὅτι δαιμόνιον φιλεῖ en Tob 6,15 serait alors à comprendre à la lumière des traditions sur le mariage entre un démon et un être humain. En simplifiant l'explication, les onciaux A et B auraient changé le motif du divorce en Tob 3,17 en celui du « ligotage » du démon, plus répandu et mieux attesté par les traditions gréco-romaines[93], alors que S aurait éliminé l'expression ὅτι δαιμόνιον φιλεῖ. La disparition du motif de l'amour du démon serait un signe d'adaptation à la culture hellénistique de la diaspora occidentale car, si le thème du mariage et du divorce avec le démon est attesté dans les incantations mésopotamiennes, il n'apparaît jamais dans les traditions grecques. L'analyse de Ego montre l'intérêt d'une considération attentive à la complexité interne à la tradition manuscrite grecque. Elle nécessite néanmoins quelques corrections. Dans les rituels accadiens et les incantations palestiniennes il est normalement question d'une démone qui choisit un homme pour époux, le cas inverse n'étant presque jamais attesté avant le Moyen Âge. Le motif de l'amour du démon semble, donc, avoir une connotation genrée, dans la mesure où il est traditionnellement associé aux démons féminins de type *lili/lilith*. Le livre

p. 63. L'accord entre 319, VL et G1 fait néanmoins pencher pour l'hypothèse selon laquelle cette leçon serait déjà présente dans la Septante ancienne.

88 Dion 1976.

89 1 Co 7,27. Voir l'étude de Instone-Brewer 2001.

90 Contra Folmer 2016, p. 282–283 qui souligne que le terme *pṭr* dans le sens de « divorcer » n'est attesté que tardivement en araméen palestinien.

91 Voir notamment le rituel de « divorce » du démon en KAR 66, édité et traduit par Schwemer 1998, p. 60–62, qui cite également KAR 177. D'autres exemples en CAD 6, s.v. *ḫaru*, p. 119, section 1 c.

92 Ego 2006, p. 375 ; Folmer 2016, p. 284–286.

93 Voir des exemples dans Dickie 1999.

de Tobit attesterait, en ce sens, un cas de figure assez unique. En outre, dans les rituels accadiens cités par Ego, le thème du mariage et du divorce du démon est associé à la présence et au départ de la maladie chez l'homme qui en était affecté. À cet égard, il n'est pas inutile de rappeler que dans S l'expression λῦσαι Ασμοδαιον τὸ δαιμόνιον τὸ πονηρὸν ἀπ' αὐτῆς en 3,17 b est mise en parallèle avec ἀπολῦσαι τὰ λευκώματα ἀπὸ τῶν ὀφθαλμῶν αὐτοῦ en 3,17 a, qui se réfère à la maladie de Tobit et qui doit être comprise dans un sens médical (« en faisant détacher les leucomes de ses yeux ») : cette expression correspond à ce qui est affirmé par la suite à propos de la guérison de Tobit en Tob 11,12 (« les leucomes se détachent de ses yeux »). Le recours fréquent au lexique juridique en contexte incantatoire et la superposition entre le langage des serments et celui des conjurations favorisent la compréhension de λύω dans un sens légal plutôt que comme une référence à un motif folklorique ancien : nous avons déjà vu un cas de figure comparable avec ἀποπομπή qui peut avoir le sens juridique de « divorce » à côté du sens apotropaïque de « détournement »[94]. En outre, la répétition à visée rhétorique de la même construction verbale en Tob 3,17 a et b renforce le parallèle entre la guérison de Tobit et celle de Sara. Ces expressions indiquent que la présence du démon chez Sara est conçue comme une forme de maladie. C'est, d'ailleurs, en partant de ce constat qu'on peut comprendre le fait que Raphaël se présente à Tobit et à Sara comme celui qui est venu pour « guérir » (ἰάσασθαι)[95], bien que Tobias dise explicitement à Raphaël que le démon ne fait aucun mal à la jeune femme[96]. De ce point de vue, une analyse de la tradition manuscrite de Tob 3,8 nous offre des indications supplémentaires sur la conceptualisation du rapport entre Asmodée et Sara. Nous sommes ici au début du récit et la servante accuse Sara de tuer ses propres maris. Alors que S présente le verbe ἀποκτείνω, le manuscrit 319, la Vieille Latine et G1 offrent l'expression « étouffer » : ἀποπνίγουσά/ἀποπνήγουσά σου τοὺς ἄνδρας (voir tableau 11). Il faut donc considérer la possibilité que le verbe ἀποπνίγω soit la leçon de la LXX ancienne. Comme nous l'avons déjà vu dans l'épisode de la maladie de Saül dans la LXX, ce verbe décrit d'habitude les symptômes d'une possession démoniaque[97]. Il paraît bien attesté dans les traditions juives de langue grecque : dans le récit de la maladie de Saül des *Antiquités Juives*, clairement inspiré par la LXX, Josèphe affirme que la maladie

94 Voir *supra*, § 3.2.3 ; comparer, en outre, avec Versnel 1991 ; Kotansky 1995.
95 Tob 3,17 ; 12,14.
96 Tob 6,15.
97 Voir *supra*, p. 249.

de Saül lui était procurée par des démons (δαιμόνια) qui – à la différence de ce qui était affirmé dans le texte biblique – ne sont plus d'origine divine et qui lui causent suffocations (πνιγμοί) et étranglements (στράγγαλαι)[98]. En outre, il vaut la peine d'observer que dans la médecine grecque ces symptômes sont particulièrement liés à l'hystérie, considérée comme maladie féminine par excellence, provoquée par des mouvements anormaux de l'utérus et d'habitude associée à une incapacité à procréer[99]. La référence à une condition pathologique affligeant Sara, la mention de l'étouffement et le motif du mariage/divorce avec le démon semblent suggérer l'existence d'une tradition ancienne d'après laquelle Sara serait effectivement possédée par le démon qui « s'est épris d'elle », suite à quoi elle tuerait ses maris, en agissant elle-même comme une démone, comme le suggèrent les paroles de la servante. Si cette interprétation est correcte, nous pourrions expliquer différemment la disparition de l'expression ὅτι δαιμόνιον φιλεῖ du Sinaiticus, à l'aide de deux considérations supplémentaires. D'une part, la possession démoniaque *en soi* est peu thématisée par les sources grecques et est étroitement associée par les Grecs à l'Orient, comme le montre notamment un passage de Lucien sur les magiciens « syriens » spécialisés dans la libération des possédés, qui est d'habitude considéré comme la première description d'un exorcisme dans la tradition grecque[100]. D'autre part, l'idée que les démons soient sujets aux mêmes passions que les humains est bien attestée à l'époque hellénistique, notamment par Plutarque, qui rapporte la croyance d'après laquelle les démons sont un γένος παθητικόν[101]. L'élimination du motif de l'amour du démon me paraît moins imputable à une adaptation à la culture grecque, pour laquelle ce thème ne devait pas paraître plus problématique que d'autres, qu'à la volonté de ne pas associer trop étroitement Sara, modèle féminin parfait de piété juive, à une forme quelconque de possession démoniaque. Une telle réticence explique également les différentes locutions utilisées par les versions anciennes pour décrire la traque du démon en Tob 3,17.

Le dernier élément de nouveauté repérable dans le livre de Tobit est la confrontation entre ange et démon (4). Étant donné que l'opposition entre anges et démons est déjà présente dans certaines traditions du Second Temple, nous pouvons nous demander dans quelle mesure l'histoire de Tobit s'inscrit

---

98 Jos., *AJ* 6, 166.

99 Hp., *Mul.* (*De morbis mulierum*) 1, 7 (8, 32–33 Littré). Mariage et coït étaient parmi les thérapies systématiquement conseillées.

100 *Philops.* 16, 1–5. Sur les démons « invasifs » voir Sfameni Gasparro 2001, p. 163–164. Voir également Kotansky 1995, p. 246–247 et bibliographie relative.

101 Plut., *Def. orac.* 417d. Voir, sur ce sujet, les remarques de Turcan 2003 et *supra*, p. 68.

au sein de ces traditions. À cet égard, Stuckenbruck et Ego[102] ont observé plusieurs indices d'une angélologie bien développée dans le livre de Tobit. Parmi ces indices on peut mentionner l'autorévélation de l'ange Raphaël comme une des puissances du trône (Tob 12,15) ; la référence au fait qu'il ne mange pas la nourriture des humains, (Tob 12,19) qui, comme nous l'avons vu, reprend une idée déjà présente ailleurs dans la LXX[103] ; et la louange des anges dans la doxologie de Tob 11,14, plus développée dans S que dans les recensions[104] :

καὶ εἶπεν· Εὐλογητὸς ὁ θεός	Et il dit : « Béni soit Dieu !
καὶ εὐλογητὸν τὸ ὄνομα τὸ μέγα αὐτοῦ	Béni soit son grand nom !
καὶ εὐλογημένοι πάντες οἱ ἄγγελοι οἱ ἅγιοι αὐτοῦ	Bénis soient tous ses anges saints !
γένοιτο τὸ ὄνομα τὸ μέγα αὐτοῦ ἐφ' ἡμᾶς	Que son grand nom soit sur nous !
καὶ εὐλογητοὶ πάντες οἱ ἄγγελοι	Bénis soient tous les anges
εἰς πάντας τοὺς αἰῶνας	dans tous les siècles !
ὅτι αὐτὸς ἐμαστίγωσέν με	Car il m'avait frappé,
καὶ ἰδοὺ βλέπω Τωβιαν τὸν υἱόν μου.	et voici que je vois mon fils Tobias ».

Si la présentation de Raphaël reflète un certain savoir angélologique, d'après lequel les puissances célestes sont déjà organisées en hiérarchies et font elles-mêmes l'objet de louanges et de bénédictions, nous ne pouvons pas en dire autant pour Asmodée, qui est toujours caractérisé comme un personnage isolé. Il est « *le* démon mauvais » (τὸ δαιμόνιον τὸ πονηρόν/ τὸ πονηρὸν δαιμόνιον), apparemment le seul connu par le récit. Son nom étranger, probablement d'origine perse (où il devait signifier « démon de la colère »)[105], le caractérise comme un personnage « hors système » par rapport aux puissances célestes indigènes des traditions juives anciennes. Le fait qu'il essaie de prendre la fuite vers l'Égypte, à savoir du côté opposé à l'Assyrie, soulève également des doutes quant à sa provenance. D'une part, il ne semble plus relié de manière organique aux systèmes de représentation traditionnels du monde divin connus par la Bible hébraïque et par la Septante tels que la cour céleste ; d'autre part, il ne fait pas encore partie des troupes de mauvais esprits, des bandes maléfiques

102 Stuckenbruck 1995, p. 164–167 ; Ego 2007.

103 Ps 77,25 (= TM 78,25) ; Sap 16,20. Voir *supra*, p. 279–280.

104 D'après Stuckenbruck (1995, p. 164–167) il est possible que cette doxologie ait été raccourcie par les recensions car elle offrait trop d'éléments en faveur d'un culte des anges.

105 Voir Fitzmyer 2003, p. 150–151 ; Hutter 1999 a, p. 106–108.

sous le contrôle de Bélial ou Mastema, telles qu'elles sont attestées par d'autres traditions du Second Temple.

À cet égard, le rôle « positif » du démon du point de vue narratologique est assez inhabituel. Comme observé par Devorah Dimant et d'autres[106], en tuant les maris de Sara avant qu'ils ne couchent avec elle, Asmodée préserve *de facto* la pureté de la fille et garantit le mariage endogamique, qui est un des soucis centraux du livre. De ce point de vue, le livre de Tobit renverse un motif associé aux démons dans d'autres traditions du Second Temple et dans la Septante elle-même, à savoir celui de l'impureté. En revanche, Daniel Machiela et Andrew Perrin[107] ont observé avec Dimant des similarités entre la fonction d'Asmodée et celle du démon mentionné dans l'Apocryphe de la Genèse, une réécriture araméenne de la Genèse qui partage avec le livre de Tobit plusieurs éléments structurels et narratifs. Dans l'épisode du séjour d'Abraham et Sara chez le pharaon, un mauvais esprit (*rwḥ šḥlny'*, « l'esprit du flux », vraisemblablement une forme de diarrhée)[108] attaque le pharaon par une maladie qui lui cause des souffrances physiques et l'empêche de coucher avec Sara. Comme dans le livre de Tobit, cet expédient justifie l'absence d'échange sexuel entre le pharaon et la matriarche, afin qu'elle soit restituée à Abraham sans avoir été souillée par une relation avec un non-Juif.

Dans ces deux écrits, largement concernés par le thème de la pureté, le renversement de la relation entre démons et souillure est motivé par des raisons de genre littéraire : leur nature de « contes » laisse une liberté qui n'est pas envisageable, par exemple, pour des textes rituels ou prophétiques, ce qui permet l'insertion de quelques éléments narratifs de type populaire, voire franchement humoristique. Les analogies entre le rôle joué par Asmodée dans le livre de Tobit et celui joué par le démon dans l'Apocryphe de la Genèse ainsi que l'attention aux thèmes de la pureté et de l'endogamie s'ajoutent à d'autres affinités entre les deux livres. À cet égard, il faut encore considérer qu'en Tobit les figures des protagonistes Tobit et Sara sont également inspirées par celles des patriarches Abraham et Sara et construites sur leur modèle (voir, notamment, le motif du mépris de la servante, qui rapproche Sara à Ecbatane de la matriarche). Ces similarités invitent, d'un côté, à considérer attentivement l'hypothèse que le livre de Tobit ressorte du même milieu littéraire araméen

---

106 Dimant 2017, p. 185–187.

107 Machiela et Perrin 2014, p. 127–131. Voir également Dimant 2017, sur l'importance d'analyser le livre de Tobit à la lumière d'autres productions araméennes retrouvées à Qumrân.

108 1Q GenAp (= 1Q20) 16–19, éd. Machiela 2009.

responsable de l'Apocryphe de la Genèse[109]. De l'autre côté, elles soulèvent la question de savoir dans quelle mesure nous ne pourrions pas considérer le livre de Tobit comme une forme de « rewritten Scripture ». Je reviendrai dans les conclusions sur les implications de cette affirmation.

En faisant à présent un bilan de ce parcours entre anges et démons, nous pouvons affirmer que, d'une part, plusieurs passages dans la LXX témoignent d'une amplification du nombre des anges ainsi que de leur importance. D'autre part, un tel développement semble marcher en parallèle à celui qui est attesté par différent textes tardifs de la Bible hébraïque. À cet égard, la nouveauté principale amenée par la traduction grecque semble être représentée par la nature pneumatique qui est explicitement attribuée aux anges. En outre, certaines traditions de la LXX, attestées surtout par les livres de Job, de Daniel et de Tobit laissent entrevoir la connaissance d'un système de puissances angéliques hiérarchiquement structuré, dans lequel certaines figures émergent comme proéminentes. Il faut également observer que l'aspect militaire et vengeur des anges mis en avant par plusieurs textes grecs en fait des puissances, à bien des égards, « démoniaques », y compris dans la pratique rituelle, comme l'attestent encore les inscriptions de Rhéneia. Cette remarque souligne, une fois de plus, à cette époque encore l'artificialité de toute distinction entre anges et démons fondée sur des critères moraux.

Pour sa part, la démonologie ne paraît pas aussi développée. La Septante offre plusieurs indices d'une progressive autonomisation du Satan par rapport à Yhwh, notamment dans les Chroniques, sans, pour autant, jamais l'identifier avec l'ennemi de Yhwh. À cet égard, il faut remarquer que tout contraste entre anges et démons demeure indirect, même si l'origine d'une opposition entre les deux catégories est claire dans, au moins, deux contextes : celui de la confrontation entre Satan et l'ange de Yhwh lors du jugement de Josué, en Zach 3, et celui de l'assemblée divine, dans le prologue du livre de Job, où le Satan est une figure bien différenciée du reste des anges. Là encore, dans les deux cas, la traduction grecque ne fait que prolonger des tendances déjà à l'œuvre dans le texte hébreu.

---

109 Pour cette hypothèse, voir Machiela et Perrin 2014 ; Dimant 2017, p. 173–191.

La seule exception est représentée par le livre de la Sagesse, qui connaît clairement des traditions sur le « diable », même si son auteur laisse très peu d'espace à ce personnage. Ce manque d'intérêt est probablement dû à des raisons littéraires : l'auteur du livre de la Sagesse était beaucoup plus intéressé à développer une discussion d'ordre philosophique qu'à fournir une étiologie mythique de l'origine du mal.

Le livre de Tobit représente ainsi un cas particulier dans la mesure où il transmet un certain nombre d'informations concrètes sur les démons : il atteste une identification entre démons et esprits mauvais, désormais conçus comme des agents externes à la cour céleste ; il préserve, en outre, une recette pour éloigner les démons, en nous renseignant ainsi sur les rapports étroits entre rituels contre les démons et médecine. Ces deux aspects s'inscrivent dans le développement de la démonologie telle qu'il est attesté par d'autres sources d'époque hellénistique, notamment à Qumrân[110]. Il faut toutefois s'abstenir de voir dans le livre de Tobit une démonologie *poussée* : on note également l'absence d'une description détaillée de l'activité du démon et une certaine réticence à associer ses attaques à une véritable forme de possession à l'égard de Sara ou de ses maris. En outre, l'exorcisme qui est mis en place par Tobias ne correspond pas aux expulsions qui sont décrites, par exemple, dans le Nouveau Testament et il n'est pas non plus accompagné par des conjurations ou des formules magiques, comme c'est le cas dans les papyri magiques ou dans les textes incantatoires : il ressemble plutôt à un rituel apotropaïque. Asmodée lui-même, comme nous l'avons vu, agit comme un personnage isolé et n'est pas attaché à une troupe de puissances de malheur. Nous pouvons, à ce titre, confirmer les conclusions que nous avions tirées au chapitre précédent concernant les esprits : même si la Septante se situe, à bien des égards, aux origines d'un savoir pneumatologique, angélologique et démonologique, ce savoir n'est pas encore soutenu par une vision véritablement dualiste du monde qui opposerait les forces angéliques « du bien » aux forces démoniaques « du mal ».

---

110 Sur les herbes contre les démons, voir encore Jos., *BJ* 7, 180–185. Voir, sur ce point, Deines 2003, Bohak 2008, p. 88–95, Angelini, à paraître.

TABLEAU 11 Tobit

	S	319	VL	G1–G3	Qumrân
3,8	διότι ἦν ἐκδεδομένη ἀνδράσιν ἑπτά καὶ Ασμοδαῖος τὸ δαιμόνιον τὸ πονηρὸν ἀπέκτεννεν αὐτοὺς πρὶν ἢ γενέσθαι αὐτοὺς μετ᾽ αὐτῆς [...] καὶ εἶπεν αὐτῇ ἡ παιδίσκη σὺ εἶ ἡ **ἀποκτέννουσα** τοὺς ἄνδρας σου La raison en était qu'elle avait été donnée sept fois en mariage, et qu'Asmodée, le démon mauvais, avait tué chaque fois ses maris avant qu'ils ne se soient unis à elle [...] La servante lui dit donc : « C'est toi qui tues tes maris ! »	εἶπαν αὐτῇ οὐ συνίεις **ἀποπνήγουσά** σου τοὺς ἄνδρας ;	*Tu es quae suffocas/ Tu es qui subfocas/tu suffocasti viros tuos*	εἶπαν αὐτῇ οὐ συνίεις **ἀποπνίγουσά** σου τοὺς ἄνδρας ;	
3,17	καὶ ἀπεστάλη Ραφαηλ ἰάσασθαι τοὺς δύο Τωβιν **ἀπολῦσαι** τὰ λευκώματα ἀπὸ τῶν ὀφθαλμῶν αὐτοῦ ἵνα ἴδῃ τοῖς ὀφθαλμοῖς τὸ φῶς τοῦ θεοῦ καὶ Σαρραν τὴν Ραγουηλ δοῦναι αὐτὴν Τωβια τῷ υἱῷ Τωβιθ γυναῖκα καὶ **λῦσαι** Ασμοδαιον τὸ δαιμόνιον τὸ πονηρὸν **ἀπ᾽αὐτῆς** Et Raphaël fut envoyé pour les guérir tous deux : Tobit, en détachant les leucomes de ses yeux, afin qu'il voie de ses yeux la lumière de Dieu ; Sara, la fille de Ragouël, en la donnant pour femme à Tobias, le fils de Tobit, et en éloignant Asmodée, le démon mauvais, d'elle.	αποπεσαι[...] διοξαι	*Curare Thobin* [...] *et colligare Asmodaeum/ Tobi curaret* [...] *ut religans prohiberet Nasbodeum/ Sanare* [...] *et alligare Asmodeum*	καὶ ἀπεστάλη ἰάσασθαι τοὺς δύο τοῦ Τωβιτ **λεπίσαι** τὰ λευκώματα καὶ Σαρραν τὴν τοῦ Ραγουηλ δοῦναι Τωβια τῷ υἱῷ Τωβιτ γυναῖκα καὶ **δῆσαι** Ασμοδαυν τὸ πονηρὸν δαιμόνιον	

TABLEAU 11 Tobit (*cont.*)

	S	319	VL	G1–G3	Qumrân
6,14– 15	τότε ἀποκριθεὶς Τωβιας εἶπεν τῷ Ραφαηλ Αζαρια ἄδελφε ἤκουσα ὅτι ἑπτὰ ἤδη ἐδόθη ἀνδράσιν καὶ ἀπέθανον ἐν τοῖς νυμφῶσιν αὐτῶν τὴν νύκτα ὁπότε εἰσεπορεύοντο πρὸς αὐτήν καὶ ἀπέθνῃσκον καὶ ἤκουσα λεγόντων αὐτῶν **ὅτι δαιμόνιον** **ἀποκτέννει αὐτούς** [15]καὶ νῦν φοβοῦμαι ἐγὼ ὅτι αὐτὴν οὐκ ἀδικεῖ ἀλλ᾽ ὃς ἂν θελήσῃ ἐγγίσαι αὐτῆς ἀποκτέννει αὐτόν. Tobias répondit alors à Raphaël : « Azarias, mon frère, j'ai entendu dire qu'elle a déjà été donnée sept fois en mariage et que tous ses maris sont morts dans la chambre des noces ; la nuit même où ils entraient auprès d'elle, ils mouraient. J'ai entendu dire par certains que c'était un démon qui les tuait, si bien qu'à présent j'ai peur. Elle, il ne lui fait pas de mal, mais dès que quelqu'un veut s'approcher d'elle, il le tue.	καὶ νῦν φοβοῦμαι ἐγώ ἀπὸ τοῦ δαιμονίου τοῦτου ὅτι **δαιμόνιον** **φιλεῖ αὐτὴν** καὶ αὐτὴν οὐκ ἀδικη ἀλλὰ ἂν θέλη ἐγγίσαι αὐτὴν ἀποκτείνει αὐτόν	*Quoniam* *diligit illam*	τότε εἶπεν τὸ παιδάριον τῷ ἀγγέλῳ Αζαρια ἄδελφε ἀκήκοα ἐγὼ τὸ κοράσιον δεδόσθαι ἑπτὰ ἀνδράσιν καὶ πάντας ἐν τῷ νυμφῶνι ἀπολωλότας καὶ νῦν ἐγὼ μόνος εἰμὶ τῷ πατρὶ καὶ φοβοῦμαι μὴ εἰσελθὼν ἀποθάνω καθὼς καὶ οἱ πρότεροι **ὅτι δαιμόνιον** **φιλεῖ αὐτήν** ὃ οὐκ ἀδικεῖ οὐδένα πλὴν τῶν προσαγόντων αὐτῇ	4Q196 14 i 4–5 דׯי רׯ[ח]םׯ לה שׯדׯ קטל להן

Légende :
S = Sinaiticus (א chez Swete)
319 = minuscule Mont Athos *batopaidiou* 513, Xᵉ siècle.
VL = Vieille Latine : dans l'ordre Codex Regius 3564 (Q Hanhart), Bible d'Alcalà (X Hanhart), Codex Reginensis 7 (W Hanhart 1983).
G 1 = A, B, V, P. Oxy 1594, minuscules, traditions hexaplaires.
G 3 = minuscules 106–107 (Ferrara, Bibl. Com. 1871–1881, XIVᵉ s., chapitres 6, 9–12, 22, *d* Hanhart 1983), Syriaque.

Conclusions

1 Résumé et résultats de l'enquête

Ce parcours autour de la notion de démon dans la Septante et dans la Bible hébraïque a dégagé plusieurs trajectoires de changement et de continuité concernant la présence et la fonction de cette catégorie religieuse dans les deux corpus respectifs ; il a, en outre, amené à une comparaison plus générale entre le monde sémitique et le monde grec sur la perception et la représentation des démons dans les discours ainsi que dans la pratique religieuse ; il a, enfin, mis en lumière les nouveautés qui émergent quant à la conceptualisation des démons dans le contexte culturel hellénistique.

La contextualisation de la représentation des démons bibliques dans leur arrière-plan social et historique de référence, à savoir les cultures matérielles du Levant (chapitre 1) a permis d'inscrire la pauvreté des données bibliques à l'intérieur d'un phénomène plus général, qui relève d'une démonologie *de facto* moins développée par rapport à d'autres civilisations du Proche Orient ancien, notamment la Mésopotamie. En outre, des aspects supplémentaires doivent être pris en considération pour expliquer le fait que les références aux démons dans la Bible hébraïque ne sont pas très nombreuses : ces aspects relèvent davantage des intérêts des groupes scribaux responsables de la rédaction de la Bible hébraïque ainsi que de raisons de genre littéraire. La comparaison avec les représentations des démons en Mésopotamie et en Égypte a, en outre, montré une dépendance levantine aux modèles accadiens mais également des traits d'originalité. Parmi les traits communs les plus significatifs entre le Levant et la Mésopotamie, j'ai relevé le fait que les démons sont peu décrits du point de vue physionomique ; qu'ils occupent de préférence des espaces liminaux (comme les seuils des maisons), voire franchement marginaux (comme le désert et la steppe) ; que leurs attaques sont associées à la présence de maladies et qu'une relation étroite entre démons et animaux est souvent mise en avant par les sources anciennes. La culture égyptienne, quant à elle, ne semble pas avoir produit de classification indigène des démons : en ce sens, il n'est pas non plus entièrement légitime de parler d'une véritable démonologie pour l'Égypte. Les travaux de Dimitri Meeks ont, néanmoins, mis en évidence le manque d'indépendance et les fonctions plus limitées par rapport aux domaines d'action des dieux comme traits typiques et récurrents des puissances qu'on peut qualifier de démons en Égypte. La comparaison avec la Mésopotamie et l'Égypte a, ainsi, fourni un point d'appui méthodologique en vue d'élaborer une définition du démon pour l'Israël ancien qui (1) fasse droit à leur nature relationnelle à l'égard à la fois des hommes et des dieux, (2) dépasse la dichotomie éthique entre (mauvais) démon et (bon) génie ou ange, (3) ainsi que l'opposition entre polythéisme et monothéisme, qui relève d'une construction historiquement inappropriée pour la période examinée ici. En rupture avec ce modèle, la notion de « ressemblance de famille » inspirée par l'approche de Wittgenstein – fondée sur les idées d'entrecroisement et de chevauchement – prévoit l'existence de caractéristiques multiples qui ne doivent pas être nécessairement partagées ou apparaître toutes ensembles, ni dans tous les cas. En m'inspirant de ce modèle, j'ai donc proposé d'identifier un réseau de traits qui caractérisent le démoniaque dans les traditions de l'Israël ancien. Parmi les traits essentiels il faut mentionner : l'absence de négociation avec les hommes, notamment de celle qui passe par la pratique sacrificielle ; le fait d'avoir un domaine réduit d'action et d'influence en comparaison des sphères de compétence normalement assignées aux dieux, ce qui amène les démons à être représentés comme des puissances subordonnées aux dieux et moins complexes que ces derniers ; l'absence d'une mythologie développée, au moins jusqu'à la période du Second Temple où les traditions sur les anges veilleurs offrent une étiologie du démoniaque ; le rapport fréquent au chaos, à la souillure, à la maladie et à la mort.

Du côté de la Grèce ancienne (chapitre 2), j'ai d'abord remarqué l'existence des puissances qui peuvent, à bien des égards, entrer dans la définition « sémitique » de démon, notamment sur des amulettes ainsi que sur des textes de conjuration, même si elles restent à l'intérieur de configurations spécifiquement grecques. Il s'agit davantage de figures féminines de l'épouvante associées au monde des morts, notamment des jeunes filles mortes prématurées et des puissances vengeresses de revenants, liées aux crimes familiaux et à la souillure du sang versé. Ces puissances « démoniaques » sont, toutefois, rarement qualifiées de δαίμονες : la seule exception est représentée par les ἀλάστορες, qui montrent un lien privilégié avec l'âme du défunt, ce qui est l'une des connotations les plus anciennes et les plus persistantes du δαίμων. La polysémie qui caractérise le δαίμων le rend apte à indiquer soit une divinité, soit une puissance indéterminée mal distinguée des dieux ou une puissance en lien particulier avec le défunt. En outre, l'un des traits les plus saillants du « démonique » en Grèce (qui se distingue ainsi du « démoniaque » tel que précédemment défini) est celui de « destinée » ou « sort ». Ce lien du δαίμων avec l'idée du sort, qui devait être bien connu des traducteurs de la Bible hébraïque, explique probablement pourquoi ils lui ont préféré son diminutif δαιμόνιον comme correspondant du *šēd* hébreu ; toutefois, cette valeur a été préservée au moins dans un passage de la LXX d'Isaïe (65,3) où δαίμων traduit l'hébreu Gad, divinité sémitique du sort. J'ai, ensuite, suivi les processus de resémantisation du δαίμων comme figure d'intermédiaire à l'époque post-classique, à partir de Platon puis chez ses disciples Xénocrate et Chrysippe, processus qui sont également bien attestés par Plutarque. J'ai, enfin, pris en compte les témoignages de l'opérativité de ce concept en dehors du domaine philosophique, à savoir dans la pratique et dans le discours religieux tels qu'ils sont attestés par les lamelles oraculaires de Dodone, le papyrus de Derveni et d'autres sources anciennes ainsi que par les dialogues non philosophiques de Plutarque. Ici, l'apparition des « mauvais démons » (φαῦλα δαιμόνια) et des « démons passionnés » (δαίμονες παθητικοί) qui se retrouveront dans les textes magiques de l'Antiquité tardive, soulève, entre autres, la question des possibles influences juives sur la diffusion de ce concept.

À la suite de cet encadrement général du concept de démon et du δαίμων/δαιμόνιον dans les mondes levantin et grec, j'ai fait un premier répertoriage de la diffusion de la notion de démon dans la LXX (chapitre 3) en partant de la distribution du mot δαιμόνιον, mais également à l'aide de critères thématiques. Ce répertoriage a permis de dégager trois scénarios principaux où la notion de démon est mobilisée : (a) celui des maladies et des attaques démoniaques, attesté dans plusieurs textes poétiques et qui traverse tout le corpus biblique à partir du Pentateuque ; (b) l'espace des ruines, qui représente un *topos* partagé par un certain nombre de textes prophétiques, dont Is 13 et 34 constituent le noyau ; (c) celui de la polémique contre les dieux des autres peuples, avec Deut 32 comme texte dominant.

En revanche, deux figures des démons qui seront proéminentes dans d'autres traditions du judaïsme ancien, Azazel et Lilith, on fait l'objet d'un traitement, à première vue, surprenant de la part des traducteurs grecs. Dans le cas d'Azazel, le potentiel démoniaque a été compris sans être pleinement exploité. Le langage du détournement reste présent en grec dans la description du rituel d'expiation en Lev 16, mais la LXX est également à l'origine d'autres exégèses, comme celles qui font d'Azazel le nom du promontoire désertique où le bouc émissaire est envoyé, voire qui identifient Azazel avec le bouc émissaire. En revanche, on remarque dans le texte grec l'absence de toute référence aux traditions sur Azazel comme un ange déchu auxquelles on pourrait éventuellement s'attendre, au vu de la popularité de ces traditions dans d'autres sources d'époque hellénistique (Hénoch, Jubilés, livre des Géants, etc.). Pour ce qui est de Lilith, nommée en Is 34, le traducteur en donne une interprétation « animalière », voire véritablement hybride, en traduisant son nom par « onocentaure », même s'il insère le mot δαιμόνια dans le même contexte. On peut alors émettre l'hypothèse que les traducteurs grecs travaillant en Égypte n'aient pas eu connaissance des amplifications subies par Azazel et par Lilith en tant que figures centrales de démons dans la démonologie du judaïsme ancien. Le traducteur du Lévitique semble, effectivement, ignorer les traditions hénochiques sur Azazel comme chef des Veilleurs, telles qu'elles sont développées à Qumrân ; nous pourrions aussi penser qu'il évite consciemment de s'y référer. Toutefois, la présence de différents choix de traductions dans le même passage (versets 8, 10 et 26 de Lev 16), non nécessairement cohérents entre eux, plaide plutôt en faveur d'une perte du référent derrière ce mot, dont le traducteur a retenu seulement une nature générique de puissance apotropaïque. En ce qui concerne la traduction grecque de Lilith, plusieurs indices supplémentaires suggèrent que les traditions sur Lilith comme démone tueuse d'enfants sont encore inconnues en Palestine et en Égypte. Tout d'abord, les incantations retrouvées à Qumrân où des *liliths* sont mentionnées avec des démons et des animaux (4Q510–511) ressemblent de près aux passages d'Isaïe 13 et 34. Les fragments qumrâniens présentent une liste de créatures très similaire et également hétérogène, et, ici, les *liliths* semblent encore proches des démons mésopotamiens de type *lil-*, peut être représentés sous la forme d'oiseaux volants. En outre, le nom de Lilith est encore absent des papyri magiques de l'Égypte gréco-romaine, où les éléments d'origine juive sont, en revanche, très nombreux et où le nom d'Azazel, par exemple, revient fréquemment. Nous pouvons, alors, émettre l'hypothèse que la représentation de Lilith comme *la* démone féminine par excellence, dont le statut est proche de la Lamaštu accadienne, soit un produit plus tardif, en tout cas principalement lié au judaïsme babylonien et encore mal connu du côté occidental.

L'analyse des scénarios bibliques où les démons interviennent le plus fréquemment m'a ensuite amenée à me focaliser sur le premier contexte (a), celui des puissances responsables des fléaux naturels et des maladies (chapitre 4). Ces puissances partagent dans la Bible hébraïque une série de traits : elles ont des noms transparents ou « parlants » qui indiquent le fléau dont elles sont responsables ; elles font partie de l'entourage de Yhwh en tant que cortège militaire qui l'accompagne lors de ses théophanies ; elles sont toutes des manifestations de la colère de Yhwh, qui est parfois représentée elle-même comme un agent du dieu. Dans la plupart des textes, elles sont des simples « bras » armés de la divinité, même si dans les textes plus tardifs leur autonomie à l'égard de Yhwh semble augmenter, comme c'est évident dans la réécriture de l'arrivée de la peste en 1 Ch 21 par rapport au récit de 2 S 24. Certaines de ces puissances, comme, par exemple, Resheph et Deber, sont bien attestées en tant que divinités à part entière dans le reste du Levant et du Proche Orient ancien : elles font, donc, l'objet d'une démonisation dans la Bible hébraïque, peut-être en raison de la renaissance de certaines divinités en Palestine après le ve s av. n. è., suite à l'infiltration phénicienne, comme le suggère Herbert Niehr. En tout cas, l'idée d'après laquelle cette démonisation servirait à alléger la démonisation de Yhwh demeure problématique à la lumière d'autres traditions tardives qui soulignent le côté obscur et démoniaque du dieu. Dans la LXX, la perte de références pour Resheph, Deber et Qeṭeb donne lieu à des exégèses diverses chez les traducteurs, selon les contextes. Dans certains cas, les éléments animaliers sont mis en avant surtout pour Resheph où les traducteurs ont recours à une exégèse juive courante qui en fait un oiseau ; dans d'autres cas, l'aspect de la maladie émerge davantage. Le rôle d'autres puissances, tel que « le destructeur » qui tue les premiers-nés des Égyptiens dans l'Exode, est, en revanche, bien reconnu, voire amplifié. La LXX atteste, en outre, l'émergence d'autres agents démoniaques tels que le Logos, dont l'imaginaire est particulièrement développé dans le livre de la Sagesse, en dialogue ou en concurrence ouverte avec le rôle du λόγος dans les philosophies hellénistiques. À cet égard, il faut néanmoins souligner que l'imaginaire « démoniaque » du Logos reste, toutefois, sans parallèles dans le monde grec et puise plutôt à l'intérieur des traditions bibliques.

Dans ce contexte, le Psaume 91 (90 LXX) représente un cas de figure assez exceptionnel, dans la mesure où les démons agissent ici indépendamment de la volonté de Yhwh, attaquent les hommes sans motivation claire et sont neutralisés par les anges : de ce point de vue, le contenu du psaume est en accord avec ses usages apotropaïques, qui sont attestés déjà pendant la période du Second Temple, comme les sources qumrâniennes le confirment. La vision presque dualiste du monde véhiculée par ce psaume est présente à la fois dans la Bible hébraïque et la LXX, même si les référents culturels sont différents en hébreu et en grec.

L'étape suivante a consisté en l'analyse du deuxième domaine du démoniaque (b), à savoir le paysage des ruines (chapitre 5) et de ses habitants, caractérisé par une série d'isotopies, liées à la souillure, au rapport avec la mort et le chaos, à la nature hétérogène et composite du bestiaire qui comprend à la fois animaux et démons, dont Lilith fait partie. L'analyse du texte hébreu démontre déjà l'artificialité de toute interprétation moderne qui vise une nette séparation entre aspects animaliers et présences démoniaques qui sont, en revanche, contigus dans les textes anciens. Ce bestiaire a été en partie révisé dans la LXX surtout par le traducteur d'Isaïe qui y introduit des démons, des sirènes, et des onocentaures. De tels changements sont justifiés par la nature difficile de ce lexique, dont la plupart des référents zoologiques était perdue pour les traducteurs anciens en Égypte. Par ses choix, le traducteur met mieux en avant le potentiel démoniaque présent dans le texte hébreu et préserve la dimension d'exclusion physique et sociale liée à ce paysage, qui apparaît également dans d'autres textes prophétiques et sapientiaux traduits en grec. En même temps, il réinterprète l'espace des ruines par une vision géographique d'origine « classique », d'après laquelle les espèces hybrides et composites sont concentrées dans les régions périphériques du monde, ainsi que sur la base des nouveaux modèles épistémologiques qui laissent une place majeure au merveilleux et au fantastique. Le traducteur opère, alors, selon un paradigme de l'exotisme naturaliste propre à l'époque hellénistique, dont la Septante s'avère, en ce sens, l'un des témoins les plus anciens. Ce motif est repris occasionnellement dans le Nouveau Testament (Ap 18,2) ainsi que dans quelques passages des apocryphes (notamment dans l'Apocalypse de Baruch) ; pour le reste, il ne connaît pas de véritable suite, probablement parce qu'il est trop spécifiquement ancré dans le milieu érudit du judaïsme alexandrin.

En revanche, l'idée d'après laquelle les dieux des autres peuples sont des démons (c) sera l'une des plus populaires du christianisme ancien et fera l'objet d'accusations réciproques entre juifs et chrétiens dans l'Antiquité. Cette idée est déjà thématisée dans le Pentateuque, notamment en Deut 32 et dans toute une série de textes qui dépendent de ce passage, dont une grande partie est composée ou préservée seulement en grec (chapitre 6). À cet égard, le texte de la LXX avec le témoignage de Qumrân est, en outre, essentiel pour l'établissement du texte pré-massorétique de Deut 32 qui met en scène une articulation complexe de la cour céleste organisée entre puissances subordonnées à Yhwh, qui font partie de son entourage (fils divins, anges), et démons, représentés comme des puissances nouvelles et étrangères à la cour céleste, qui ne peuvent pas être intégrées au système d'entités divines dominé par Yhwh et qui font l'objet d'un culte illégitime. L'idée des sacrifices impurs destinés aux démons occupe une place plus large dans la LXX par rapport au TM, notamment au vu de la quantité de textes conservés en grec ainsi que de la présence du thème dans la LXX d'Isaïe (65,3 et 11). De ce point de vue, la LXX est en accord, non seulement, avec d'autres traditions du Second Temple qui insistent sur l'impureté associée aux sacrifices aux démons, mais également avec une idée plus largement répandue à l'époque hellénistique d'après laquelle les démons commencent à avoir une place dans le culte et apprécient particulièrement les sacrifices sanglants. En revanche, la proximité entre démons et idoles est un phénomène spécifique aux traditions bibliques. De ce point de vue, les traducteurs grecs prolongent des tendances qui étaient, déjà, à l'œuvre dans quelques textes de la Bible hébraïque, bien qu'une analyse attentive du lexique amène à rejeter l'idée qu'εἴδωλον dans la LXX signifie toujours « idole » et à relever que la naissance de cette notion dans la Bible hébraïque *et* dans la LXX est un phénomène plus complexe qu'on ne l'a souvent estimé.

Les deux derniers chapitres ont analysé respectivement le rapport entre démons et esprits (chapitre 7) et celui entre démons et anges (chapitre 8). La notion d'esprit (*rûaḥ*) se rapproche de celle de démon car la modalité opérationnelle des esprits est la possession, qui s'exerce d'abord et avant tout, même si non exclusivement, en contexte prophétique. Les aspects naturels et psychologiques de *rûaḥ*, qui signifie aussi bien « vent » que « souffle » et « esprit », ne sont pas strictement séparés, mais se déclinent selon une relation métonymique ou indexicale, comme le démontre, entre autres, la vision d'Eliphaz en Job 4,13–16. Ici, la brise qui souffle sur le visage d'Eliphaz est, en même temps, le signe du passage d'un esprit, dont l'aspect est par ailleurs impossible à reconnaître (voir franchement invisible dans le texte grec). Le grec πνεῦμα est, de ce point de vue, un équivalent parfait de *rûaḥ* car il couvre les mêmes domaines d'usage du terme hébreu selon les mêmes associations sémantiques et, à l'époque hellénistique, semble également se spécialiser pour désigner des phénomènes de possession prophétique. Mis à part quelques esprits dont l'origine est inconnue ou douteuse (comme l'esprit de jalousie en Num 5 et l'esprit de la vision d'Eliphaz en Job 4), les esprits sont généralement compris dans la Bible hébraïque comme des puissances soumises à Yhwh. Certains d'entre eux sont doués d'une autonomie considérable par rapport à la divinité : c'est notamment le cas de l'esprit de mensonge envoyé sur les prophètes du roi Achab en 1 R 22, pour lequel la tradition grecque dite « lucianique » préserve probablement, sinon la Septante ancienne, au moins un état pré-massorétique du texte. Un élément de différence concernant le traitement des esprits dans l'Israël ancien par rapport à d'autres contextes proche-orientaux est que le contrôle des esprits n'est confié ni aux prêtres ni à une autre classe de spécialistes religieux. En revanche, lorsqu'il n'est pas pris en charge directement par la divinité, il est un attribut royal, comme le montre l'histoire du mauvais esprit qui afflige Saül et qui est chassé par David à l'aide de sa musique. Dans les traditions plus tardives, la maîtrise des esprits (mauvais) deviendra une compétence angélique, comme le démontre l'ange Raphaël dans le livre de Tobit. À cet égard, si dans la Bible hébraïque, en 1 S 16–19, la distinction entre esprit mauvais et esprit divin n'est pas toujours claire, les traducteurs grecs éliminent toute ambiguïté en distinguant mieux l'esprit de Yhwh des mauvais esprits. Ceux-ci sont, en revanche, considérés comme des puissances très proches des démons. L'idée des mauvais esprits comme des puissances « autonomes » du dieu est encore développée dans la LXX lors de la mention de l'« esprit d'impureté » en Zech 13,2 ainsi qu'en Sap 7,17–20 où on fait mention des connaissances du roi Salomon sur la nature violente des esprits et de ses capacités thérapeutiques. Le livre de Tobit contient, en outre, une recette connue par l'ange Raphaël pour chasser le démon Asmodée, qui fonctionne en réalité contre « tout démon ou mauvais esprit » : cette formulation confirme que les deux catégories sont perçues comme étant très proches, voire en partie superposables, comme cela semble être également le cas à Qumrân. De ce point de vue, les esprits vont jouer un rôle considérable dans la conceptualisation des attaques démoniaques comme véritables formes de possession. Si la LXX atteste, d'une part, un développement des mauvais esprits comme démons indépendants de Yhwh, elle associe, d'autre part, également esprits et anges : ceux-ci, désormais compris comme une classe d'êtres divins dans les traditions juives de langue grecque, sont considérés comme des puissances à la nature « pneumatique ». L'épithète « Seigneur des esprits », qui se réfère aux armées angéliques et se trouve employée dans la LXX à la fois dans les livres traduits et dans ceux composés en grec, en est un exemple. La LXX atteste ainsi les débuts d'une pneumatologie, c'est-à dire d'un savoir sur les esprits qui se met en place, qui ne se résume pas à l'intérêt pour l'esprit de Yhwh ou l'esprit « saint », mais s'adresse à toutes les puissances pneumatiques. En parallèle à ces développements, plusieurs textes de la LXX laissent entrevoir une angélologie désormais assez établie, et ce, déjà à partir du Pentateuque où Yhwh se manifeste accompagné par ses « myriades » (Deut 33,2). Le livre de Tobit, où l'ange Raphaël s'annonce comme l'une des puissances du trône et fait l'objet de bénédictions de la part de Tobit et de sa famille, en plus de délivrer une recette contre les attaques démoniaques, en est probablement le meilleur exemple.

2 Enjeux et perspectives

L'approche centrée sur la LXX que j'ai suivie ici présente l'avantage de contourner certaines difficultés ressortant d'une approche traditionnelle focalisée sur le texte hébreu ainsi que d'ouvrir des perspectives de recherche nouvelles. Je souhaite terminer par quelques remarques d'ordre général, en revenant brièvement sur les questionnements théoriques ainsi que sur les points méthodologiques soulevés dans l'introduction. Concernant le thème principal de l'enquête, à savoir la notion de « démon », il me semble possible d'indiquer au moins trois implications qui dérivent de cette étude.

(*1*) *Noms des démons*. L'enquête conduite ici oblige à nuancer tant l'idée selon laquelle la Bible hébraïque serait dépourvue ou privée de démons que l'idée d'une intrusion ou d'un retour du démoniaque par le biais du δαιμόνιον dans la LXX. À cet égard, une donnée importante qui ressort de cette enquête est que l'analyse du démoniaque ne peut se réduire ni à l'identification de noms propres (ou communs) de démons dans le texte hébreu, ni à la présence du mot δαιμόνιον dans le texte grec. En revanche, d'autres critères doivent être employés comme soutiens au sondage lexical, qui incluent l'analyse des contextes littéraires, du discours ainsi que des axes sémantiques et thématiques. Le procédé d'aller-retour entre le texte grec et son texte source a favorisé cette approche intégrée qui permet de mieux tenir compte des spécificités de la représentation des démons dans les cultures anciennes et d'en identifier des trajectoires. À ce titre, mon enquête a en outre confirmé l'importance d'inscrire l'étude des deux textes bibliques au sein d'un comparaison culturelle plus large de leurs contextes respectifs, qui prenne également en compte dans la mesure du possible les témoignages de la culture matérielle. Parmi les spécificités qui ressortent de la comparaison entre textes bibliques, certaines semblent traverser, à la fois, la religion de l'Israël ancien et le judaïsme antique : le fait que les noms qui caractérisent les démons et leur activité soient, pour la plupart, des noms transparents ; que les démons puissent souvent prendre la forme d'animaux et que, par conséquent, toute séparation aprioristique entre démons et animaux soit mal fondée ; que d'autres puissances, tels les esprits, les messagers et même les anges, puissent être, parfois, conçues comme des puissances démoniaques.

(2) *Démonologie et dualisme.* Nous avons vu que la LXX montre, à la fois, un intérêt pour la pneumatologie et une angélologie assez développée, même si les spéculations sur les noms angéliques qui semblent caractériser d'autres traditions du Second Temple sont absentes du texte grec, comme le démontre, entre autres, le cas d'Azazel. Quelles conclusions pouvons-nous en tirer à l'égard de la démonologie ? Il paraît possible d'identifier un noyau de textes véhiculant une nouvelle conception du démoniaque par rapport à la définition adoptée au début de l'enquête. L'élément de nouveauté consiste, notamment, dans le fait que certaines puissances sont explicitement représentées comme étant étrangères aux systèmes traditionnels de représentation du monde divin, qui, tant dans la Bible hébraïque que dans la LXX, sont constitués essentiellement par la cour et par l'assemblée céleste. Par conséquent, ces puissances ne sont pas ou ne sont *plus* soumises au contrôle de Yhwh, mais peuvent être éloignées ou neutralisées par celui-ci ou par ses émissaires, notamment les anges. Les *šēdîm*, les dieux nouveaux auxquels les Israélites sacrifient en Deut 32,17 et en Ps 106,37 (= 105,37 LXX) et les démons qui affligent l'orant dans le Psaume 91 (90 LXX) – Deber et Qeṭeb en hébreu, le démon de midi en grec – sont des exemples de cette tendance. Dans les deux cas, cette tendance est déjà à l'œuvre dans le texte hébreu et se trouve ultérieurement amplifiée par la traduction grecque. Le démon d'Asmodée est également une puissance « étrangère » et nous pouvons probablement interpréter dans le même sens le rôle de Satan qui remplace la colère de Yhwh en 1 Ch 21,1. Les textes hébreux dont il est question ici ne sont pas antérieurs à l'époque postexilique. Ils représentent, de plus, les seules occurrences du terme *šēdîm* dans la Bible hébraïque. Nous pouvons, alors, émettre l'hypothèse que ce terme soit entré tardivement en hébreu, notamment pour désigner ce type de démon. Une telle

représentation puise dans une tradition polythéiste ancienne, bien attestée au Levant ainsi qu'en Mésopotamie (ce qui rend, par ailleurs, vraisemblable l'hypothèse que *šēd* soit un emprunt accadien). Toutefois, il faut encore souligner que l'idée d'après laquelle la présence de démons s'accompagne d'une vision dualiste du monde ne semble pas se vérifier. Au contraire, la Bible hébraïque comme la LXX transmettent un imaginaire encore pluriel et articulé du démoniaque ; aucun des deux corpus ne présente, en outre, de véritables formes de dualisme dans la représentation du monde divin. Autrement dit, les démons rappelés ci-dessus sont représentés comme des puissances « hors système », sans constituer pour autant un « autre système », dont le pouvoir serait diamétralement opposé aux forces divines dominées par Yhwh ou en concurrence avec elles. Ces observations sont également valables pour la représentation du Satan/διάβολος, qui exerce sa fonction d'adversaire/calomniateur toujours sous la dépendance de Yhwh, bien que la traduction de « calomniateur » donne une connotation péjorative au personnage. Elles concernent, en outre, les mauvais esprits, dont l'origine soit remonte à Yhwh soit n'est pas même spécifiée. De ce point de vue, la Septante se différencie d'autres traditions du Second Temple qui font une place majeure à des bandes de démons regroupées sous Belial, Mastema ou d'autres ennemis de Yhwh. La seule exception se situe dans un passage du livre de la Sagesse (2,24) qui mentionne le diable lors d'une polémique contre les impies. L'auteur démontre une connaissance, désormais, des traditions qui font du diable un point de référence pour les méchants et un danger pour le monde, même s'il ne fait qu'une référence très rapide à ce sujet.

(3) *Possession et exorcismes.* Des implications supplémentaires concernent la représentation des attaques démoniaques. L'association entre démons, maladies et fléaux émerge dans plusieurs textes en hébreu et en grec. Toutefois, les attaques de démons et les rituels de détournement qui leur sont liés sont décrits en des termes très génériques, avec peu de détails. Cela est encore le cas dans le livre de Tobit, qui, pourtant, constitue l'une des sources les plus riches du point de vue démonologique : les traditions grecques semblent hésiter entre l'idée qu'Asmodée tuerait les époux de Sara par une forme de maladie et celle selon laquelle le démon possèderait Sara ; en outre, la fumigation qui met en fuite le démon n'est accompagnée ni de gestes ni de formules magiques. En revanche, de véritables formes de possession semblent être davantage confiées à l'activité des esprits. Une telle association s'explique, probablement, par le fait que les esprits sont étroitement et originellement liés à la possession prophétique. Or, la LXX tend à distinguer l'esprit de Yhwh des esprits mauvais qui attaquent les hommes (par exemple en 1 S 16–19, mais également en Zech 13,2) ; elle atteste aussi un rapprochement progressif entre mauvais esprits et démons. On peut alors se demander si ce rapprochement entre

mauvais esprits et démons n'est pas responsable d'un glissement de la possession prophétique vers la possession démoniaque. Autrement dit, ce n'est qu'à la suite des traditions inaugurées par la LXX que la représentation des attaques démoniaques prend la forme d'une véritable possession devant être contrecarrée par des rituels d'exorcisme, à savoir des rituels prévoyant l'expulsion physique du démon du corps. Comme la recherche l'a déjà mis en évidence, ces rituels sont bien attestés dans d'autres traditions juives hellénistiques, notamment chez Flavius Josèphe ; en outre, la possession est la manière principale de représenter les attaques démoniaques dans le Nouveau Testament. Si cette interprétation est correcte, elle a néanmoins des conséquences plus larges pour la compréhension des rapports entre le traitement des démons dans le Proche Orient ancien et sa représentation aux yeux des Grecs. On a souvent considéré que l'idée du démon « invasif » était de provenance orientale : étrangère au monde grec, elle serait en revanche largement attestée au Proche Orient ancien. Ces affirmations s'appuient, entre autres, sur un passage du *Philopseudès* de Lucien (chapitre 16) qui décrit un exorcisme accompli par des magiciens syriens. Celui-ci est d'habitude considéré comme le premier exorcisme de la tradition grecque et attribué de manière significative à un spécialiste provenant d'une région « orientale », qui reste par ailleurs assez mal identifiée par les Grecs. À la lumière des propositions avancées ci-dessus, il faut toutefois considérer la possibilité que cette manière de comprendre la possession et les pratiques exorcistiques qui en découlent ne remonte pas à un ancien arrière-plan proche-oriental générique, mais constitue plutôt un produit de transformations de l'imaginaire du démoniaque à l'époque hellénistique. Ces dernières remarques amènent, alors, à réviser les paradigmes des influences orientales sur la religion grecque : lesdites « influences » suivent en réalité des trajectoires moins linéaires que ce que l'on a traditionnellement estimé.

D'autres implications de cette étude posent des questions d'ordre méthodologique plus général. Il me semble que l'enquête conduite ici met bien en lumière les nombreux apports de la Septante aux études bibliques. Tout d'abord, j'ai observé qu'en plusieurs occasions les tendances repérables dans la Septante quant à la représentation des démons prolongent ou sont parallèles à des tendances similaires attestées dans des textes tardifs de la Bible hébraïque. Deuxièmement, pour un nombre croissant de traditions, la Septante s'avère non seulement un témoin de critique textuelle, mais représente également une étape cruciale du développement rédactionnel et de l'histoire littéraire du texte : le traitement des esprits dans les livres de Samuel et des Rois en est un excellent exemple. Troisièmement, les similarités entre le livre de Tobit et l'Apocryphe de la Genèse demandent d'établir dans quelle mesure le premier peut également être considéré comme une forme de réécriture biblique (« rewritten Bible »). Ces données montrent, une fois de plus, la nature artificielle de toute séparation rigide entre composition et réception du texte biblique et soulignent l'importance d'approcher l'étude de ces textes par de nouveaux modèles qui correspondent mieux aux anciennes pratiques scribales et soient capables de les interpréter de manière plus soignée. Ces modèles doivent articuler de manière plus complexe et historiquement soignée les rapports entre production, transmission, adaptation et réécriture du texte biblique. Ils sont d'ailleurs souhaitables non seulement lors de recherches de nature textuelle, littéraire ou rédactionnelle, mais à chaque fois que l'on vise à analyser des catégories anthropologiques et religieuses par une démarche historique.

En outre, l'enquête sur les démons répond, à mon avis, à certaines interrogations sur la manière d'approcher l'« objet » Septante, qui suscite un intérêt renouvelé ces dernières années. À cet égard, les enquêtes sémantiques que j'ai menées à l'intérieur du corpus (πνεῦμα, δαιμόνιον, etc.), à la lumière des contextes d'usages du grec classique et postclassique, permettent rarement de différencier les choix des traducteurs selon le paradigme des traductions « littérales » *versus* traductions « libres » ; elles ne permettent pas, non plus, de détecter des différences d'usage significatives entre textes traduits et composés en grec. En revanche, les résultats de ces enquêtes invitent à mieux considérer un aspect qui est, à mon avis, encore négligé par les études sur la Septante : le pluralisme interne à ses traditions. Il s'agit, d'abord, d'un pluralisme textuel qui, toutefois, permet également d'identifier des développements et des trajectoires au niveau des traditions religieuses et des référents culturels sous-jacents. Un bon exemple est, à cet égard, le traitement du démoniaque dans le livre de la Sagesse. Par les figures du Logos, du destructeur, du diable, l'auteur reprend et développe des traditions plus anciennes qui remontent non seulement à la Bible hébraïque dans son ensemble, mais aussi à la Septante du Pentateuque.

De ce point de vue, le potentiel de la Septante pour l'étude du judaïsme ancien et de sa pluralité interne émerge pleinement lorsque nous inscrivons ce dossier à l'intérieur de son contexte hellénistique et que nous le comparons avec d'autres traditions du Second Temple. Ces traditions sont représentées par la Bible hébraïque elle-même, par les écrits de Qumrân et par d'autres ouvrages du judaïsme hellénistique, comme ceux de Josèphe et de Philon ou le livre d'Hénoch et les Jubilés. Cette piste de recherche s'est avérée incontournable pour l'étude de la catégorie de démon, qui fait l'objet d'un développement particulier à partir de l'époque du Second Temple, mais mérite d'être élargie également à d'autres sujets.

Enfin, je pense avoir montré que la Septante revêt un intérêt plus large du point de vue de la recherche sur les religions de l'Antiquité, et ce, au moins pour deux raisons. D'un côté, les représentations des démons véhiculées par la Septante ont, parfois, des parallèles dans d'autres traditions grecques d'époque hellénistique. De manière plus générale, la majorité des choix opérés par les traducteurs et les auteurs grecs s'inscrit amplement dans le contexte linguistique et culturel de l'époque, tel que nous pouvons le reconstruire à partir de sources grecques non juives. Parmi les exemples que j'ai discutés, on peut rappeler l'interprétation des dieux étrangers comme des démons, l'idée que les démons peuvent faire l'objet d'un culte, le recours au paradigme épistémologique des *mirabilia*, l'esprit ou le souffle comme moyen privilégié de l'inspiration prophétique. À cet égard, la Septante, en tant que document hellénistique, constitue souvent le témoin le plus ancien d'une terminologie religieuse attestée, par la suite, dans des contextes non juifs. Ces parallèles ne relèvent pas nécessairement d'influences directes et ne doivent pas être interprétés comme des emprunts intentionnels. Ils reflètent, plutôt, des transformations plus générales de l'imaginaire religieux pendant l'époque hellénistique ; transformations dont la Septante s'avère être un témoignage précieux. De l'autre côté, en tant que traduction grecque de la Bible, la Septante est à l'origine d'une série de changements et d'innovations au niveau des catégories religieuses qui dérivent de l'interaction entre l'arrière-plan « sémitique » et le contexte linguistique « grec ». Ces innovations dépassent le milieu du judaïsme hellénistique et ont un impact considérable sur les traditions successives : nous avons vu, par exemple, que la Septante joue un rôle considérable dans les commencements d'une pneumatologie, d'une angélologie et même d'une démonologie. Ces observations confirment, me semble-t-il, le potentiel de l'intégration de la Septante à l'étude plus ample des processus religieux de l'Antiquité.

Appendice

TABLEAU 12A Le nom d'Azazel dans les versions anciennes de Lev 16

Verset	TM	PS	Peshitta	LXX	Aquila	Symmaque	Autres ms	Onqelos	Ps. Jonathan	Vulgata
8	עֲזָאזֵל	עזאזל	עזזאיל	τῷ ἀποπομπαίῳ	κεκρατήμενον	εἰς τραγὸν ἀπερχόμενον	ἀπερχόμενος	עזאזל	עזאזל	*caper emissarius*
10a	עֲזָאזֵל	[a]עזזאל	עזזאיל	τοῦ ἀποπομπαίου	εἰς τραγὸν ἀφιέμενος	εἰς τραγὸν ἀφιέμενος	ἀφιέμενος	עזאזל	עזאזל	*caper emissarius*
10 b	עֲזָאזֵל	עזאזל	עזזאיל					עזאזל	עזאזל	
				εἰς τὴν ἀποπομπήν	εἰς τραγὸν ἀπολελύμενον	εἰς τραγὸν ἀπερχόμενον	εἰς τὸν ἐρῆμον/ αζαζηλ εἰς τὸν ἐρῆμον			*illum*
26	עֲזָאזֵל	עזאזל	עזזאיל	τὸν διευ·ιαλμένον εἰς ἄφεσιν	/	/	εἰς Αζαζηλ[h]	עזאזל	עזאזל	*caper cmissa rius*

a Ms Dublin, Chester Betty Library, 751, = D1 in Schorch 2018, p. 137.
b M dans Wevers 1986 (Note hexaplaire). D'après Wevers, à attribuer à Aquila.

TABLEAU 12B Les graphies pour Azazel à Qumran

Fragment	11QT 26,13	Pesher (4Q180 1 7–8)	4Q 203 (= 4En Giants[a] 7 i 6)	4Q 201 3,9	4Q204 2,26
Type de texte	Rouleau du Temple	Pesher sur Azazel	Livre des Géants	Livre des Veilleurs (=1 Hen 6, 7)	Livre des Veilleurs (=1 Hen 6, 7)
Graphie	עזזאל	עזזאל	עזא̊[ז]ל	עסאל	עשאל
Autres formes	/	/	/	Ασεαλ Panoplitanus G[a]	Αζαλζηλ Syncellus G[s]

Bibliographie

Abate, Emma, 2013. « Contrôler les démons. Formules magiques et rituelles dans la tradition juive entre les sources qumrâniennes et la Genizah », *RHR* 230, p. 273–295.

Abusch, Tzvi, 1989. « The Demonic Image of the Witch in Standard Babylonian Literature : The Reworking of Popular Conceptions by Learned Exorcists », dans Jacob Neusner et al. (dir.), *Religion, Science, and Magic in Concert and in Conflict*, New York, Oxford University Press, p. 27–58.

Abusch, Tzvi, 2002. *Mesopotamian Witchcraft : Toward a History and Understanding of Babylonian Witchcraft Beliefs and Literature*, AMD 5, Leiden, Brill.

Abusch, Tzvi, 2011. « Witches and Demons in Ancient Mesopotamia », dans Capomacchia et Verderame 2011, p. 342–356.

Abusch, Tzvi, 2015. *The Magical Ceremony Maqlû : A Critical Edition*, Leiden, Brill.

Abusch, Tzvi et Schwemer, Daniel, 2010–. *Corpus of Mesopotamian Anti-Witchcraft Rituals*, AMD, Leiden, Brill.

Ackerman, Susan, 1992. *Under Every Green Tree : Popular Religion in Sixth-century Judah*, HSM 46, Atlanta, Scholars Press.

Adiego, Ignasi, Debord, Pierre et Varinlioğlu, Ender, 2005. « La stèle caro-grecque d'Hyllarima (Carie) », *REA* 107, p. 601–653.

Aejmelaeus, Anneli, 1991. « Translation Technique and the Intention of the Translator », dans Claude E. Cox (dir.), *VII Congress of the International Organization for Septuagint and Cognate Studies, Leuven 1989*, SBL.SCSt 31, Atlanta, Scholars Press, p. 23–36.

Aejmelaeus, Anneli, 2007. « Levels of Interpretation : Tracing the Trail of the Septuagint Translators », dans id. (dir.), *On the Trail of the Septuagint Translators : Collected Essays*, CBET 50, Leuven, Peeters, p. 295–312.

Ahn, Gregor, 1997. « Grenzgängerkonzepte in der Religionsgeschichte. Von Engeln, Dämonen, Götterboten und anderen Mittlerwesen », dans Gregor Ahn et Manfred Dietrich (dir.), *Engel und Dämonen. Theologische, anthropologische und religionsgeschichtliche Aspekte des Guten und Bösen*, FARG 29, Münster, Ugarit-Verlag, p. 1–48.

Aitken, James K., 2007. « The God of the Pre-Maccabees : Designations of the Divine in the Early Hellenistic Period », dans Robert P. Gordon (dir.), *The God of Israel*, Cambridge, Cambridge University Press, p. 246–266.

Aitken, James K., 2013. « Neologisms : A Septuagint Problem », in James K. Aitken, Jeremy Clines et Christl Maier (dir.), *Interested Readers : Essays on the Hebrew Bible in Honor of David J.A. Clines*, Atlanta, SBL Press, p. 315–329.

Aitken, James K., 2014 a. *No Stone Unturned : Greek Inscriptions and Septuagint Vocabulary*, Critical Studies in the Hebrew Bible 5, Winona Lake, Eisenbrauns.

Aitken, James K., 2014 b. « The Language of the Septuagint and Jewish–Greek Identity », dans James K. Aitken et James Carleton Paget (dir.), *The Jewish-Greek Tradition in Antiquity and the Byzantine Empire*, Cambridge, Cambridge University Press, p. 120–134.

Aitken, James K., 2014 c. « Outlook », dans Bons, Brucker et Joosten 2014, p. 183–194.

Aitken, James K. (dir.), 2015. *The T & T Clark Companion to the Septuagint*, London, T & T Clark.

Aitken, James K., 2016. « The Septuagint and Egyptian Translation Methods », dans Wolfgang Kraus et al. (dir.), *XV Congress of the International Organization for Septuagint and Cognate Studies : Munich, 2013*, Atlanta, Society of Biblical Literature, p. 269–294.

Albertz, Rainer et Westermann, Claus, 1997. « Rûaḥ », TLOT 3, p. 1497–1519.

Albinus, Lars, 2003. « The Greek δαίμων between Mythos and Logos », dans Lange, Lichtenberger et Römheld 2003, p. 425–446.

Albright, William F., 1959. « Some Remarks on the Song of Moses in Deuteronomy XXXII », VT 9, p. 339–346.

Alexander, Philip, 1999. « The Demonology of the Dead Sea Scrolls », dans Peter W. Flint et James VanderKam (dir.), *The Dead Sea Scrolls after Fifty Years : A Comprehensive Assessment*, vol. 2, Leiden, Brill, p. 331–353.

Alexander, Philip, 2003. « Contextualizing the Demonology of the Testament of Solomon », dans Lange, Lichtenberger et Römheld 2003, p. 613–635.

Algra, Keimpe, 2009. « Stoics on Souls and Demons : Reconstructing Stoic Demonology », dans Dorothea Frede et Burkhard Reis (dir.), *Body and Soul in Ancient Philosophy*, Berlin, de Gruyter, p. 359–388.

Allegro, John M., 1968. *Qumran Cave 4 : i (4Q158–4Q186)*, DJD 5, Oxford, Clarendon.

Amadasi Guzzo, Maria Giulia, 2003. « Appunti sulla "tabella devotionis" KAI 89 da Cartagine », SEL 20, p. 25–31.

Amir, Yehoshua, 1979. « The Figure of Death in the Book of Wisdom », JJS 30, p. 154–178.

Ammann, Sonja, 2015. *Götter für die Toren. Die Verbindung von Götterpolemik und Weisheit im Alten Testament*, BZAW 466, Berlin, de Gruyter.

Andersen, Francis I., 2001. *Habakkuk : A New Translation with Introduction and Commentary*, AB 25, New York, Doubleday.

Anderson, Sonja, 2016. *Idol Talk : The Discourse of False Worship in the Early Christian World*, thèse de doctorat, Yale University.

Angelini, Anna, 2014. « Les Sirènes du Physiologos et le savoir hérétique. Les périls de l'hybridité entre Antiquité et Moyen Age », dans Hélène Vial (dir.), *Les Sirènes ou le savoir périlleux. D'Homère au XXIe siècle*, Interférences, Rennes, Presses Universitaires de Rennes, p. 179–192.

Angelini, Anna, 2016. « Ruin, Zion and the Animal Imagery in the Septuagint of Isaiah 34 », *Journal of the Septuagint and Cognate Studies* 49, p. 97–108.

Angelini, Anna, 2017. « L'imaginaire comparé du démoniaque dans les traditions de l'Israël ancien. Le bestiaire d'Esaïe dans la Septante », dans Römer et al. 2017, p. 116–134.

Angelini, Anna, 2018 a. *Dal Leviatano al drago. Mostri marini e zoologia antica tra Grecia e Levante*, Bologna, Il Mulino.

Angelini, Anna, 2018 b. « Demonic Agents in the Greek Bible : Evaluating the Role of Septuagint in Creating a Hellenistic Demonology », dans Martin Meiser et al. (dir.), *Die Septuaginta. Geschichte, Wirkung, Relevanz*, Tübingen, Mohr Siebeck, p. 701–713.

Angelini, Anna, 2019. « The Gods of Others in the Septuagint : Lexical Analysis and Historical-Religious Implications », *Kernos* 32, p. 241–265.

Angelini, Anna, à paraître. « Daimones and Demons in Hellenistic Judaism », dans Josef Lössl et Hector Patmore (dir.), *Demonic Exegesis*, Ancient Judaism and Early Christianity, Leiden, Brill.

Angelini, Anna et Nihan, Christophe, 2019. « Introduction : Comparing Animal Lexica in Ancient Cultures », dans id. (dir.), *Comparing Animal Lexica in Antiquity / La Lexicographie comparée des animaux dans l'Antiquité*, *AoF* 46/1, p. 1–8.

Angelini, Anna et Nihan, Christophe, 2020. « Unclean Birds in the Hebrew and Greek Versions of Leviticus and Deuteronomy », dans Innocent Himbaza (dir.), *Le Texte du Lévitique / The Text of Leviticus*, OBO 292, Leuven, Peeters, p. 39–68.

Antin, Pierre, 1961. « Les sirènes et Ulysse dans l'œuvre de Saint Jerôme », *Revue des Études Latines* 39, p. 232–241.

Arbesmann, Rudolph, 1958. « The 'Daemonium meridianum' and Greek and Latin Patristic Exegesis », *Traditio* 14, p. 17–31.

Assan-Dhôte, Isabelle et Moatti-Fine, Jacqueline, 2005. *La Bible d'Alexandrie 25.2. Baruch, Lamentations, Lettre de Jérémie*, Paris, Cerf.

Assmann, Jan, 1998. *Moses der Ägypter. Entzifferung einer Gedächtnisspur*, Darmstadt, Wissenschaftliche Buchgesellschaft.

Aster, Shawn Zelig, 2012. *The Unbeatable Light : Melammu and Its Biblical Parallels*, AOAT 384, Münster, Ugarit-Verlag.

Ausloos, Hans, 1996. « The Septuagint Version of Exod 23:20–33 : A "Deuteronomist" at Work ? », *JNSL* 22, p. 89–106.

Ausloos, Hans, 2008. « The "Angel of YHWH" in Exod. XXIII 20–33 and Judg. II 1–5 : A Clue to the "Deuteronom(ist)ic" Puzzle ? », *VT* 58, p. 1–12.

Ausloos, Hans et Lemmelijn, Bénédicte, 2020. « Theology or Not ? That's the Question : Is There such a Thing as 'the Theology of the Septuagint' ? », dans id. (dir.), *Die Theologie der Septuaginta / The Theology of the Septuagint*, Gütersloh, Gütersloher Verlaghaus, p. 19–45.

Auwers, Jean-Marie, 2005. « La tradition vieille latine du livre de Tobie. Un état de la question », dans Géza G. Xeravits et József Zsengellér (dir.), *The Book of Tobit : Text, Tradition, Theology : Papers of the First International Conference on the Deuterocanonical Books*, Leiden, Brill, p. 1–21.

Avigad, Nahman et Sass, Benjamin, 1997. *Corpus of West Semitic Stamp Seals*, Jerusalem, Israel Academy of Sciences and Humanities.

Avishur, Yitzhak, 1978. « The Second Inscription from Arslan Tash », *UF* 10, p. 29–36.

Avishur, Yitzhak, 2000. *Phoenician Inscriptions and the Bible : Select Inscriptions and Studies in Stylistic and Literary Devices Common to the Phoenician Inscriptions and the Bible*, Tel Aviv, Archaeological Center Publication.

Bácksay, András, 2017. « The Natural and Supernatural Aspects of Fever in Mesopotamian Medical Texts », dans Bhayro et Rider 2017, p. 39–52.

Baer, David A., 2001. *When We All Go Home : Translation and Theology in LXX Isaiah 56–66*, JSOTSup 318, Sheffield, Sheffield Academic Press.

Bagnall, Roger S. et al. (dir.), *Proceedings of the Sixteenth International Congress of Papyrology : New York, 24–31 July 1980*, Chico, Scholars Press, p. 73–78.

Baillet, Maurice, 1982. *Qumran Cave 4 : III (4Q482–4Q520)*, DJD 7, Oxford, Clarendon.

Baldacci, Massimo, 1978. « Due antecedenti storici in Is 65,11 », *BeO* 20, p. 189–191.

Baltzer, Klaus et al., 2011. « Esaias / Jesaja », dans Martin Karrer et Wolfgang Kraus (dir.), *Septuaginta Deutsch. Erläuterungen und Kommentare zum griechischen Alten Testament ii : Psalmen bis Daniel*, Stuttgart, Bibelgesellschaft, p. 2564–2574.

Barbu, Daniel, 2011. « Idole, idolâtre, idolâtrie », dans Corinne Bonnet, Amandine Declercq et Iwo Slobodzianek (dir.), *Les représentations des dieux des autres, Supplemento a Mythos 2*, Palermo, Salvatore Sciascia, p. 37–55.

Barbu, Daniel, 2016. *Naissance de l'idolâtrie. Image, identité, religion*, Liège, Presses de l'Université de Liège.

Barbu, Daniel et Rendu Loisel, Anne-Caroline, 2009. « Démons et exorcismes en Mésopotamie et en Judée », *I quaderni del ramo d'oro on-line* 2, p. 304–366.

Barkay, Gabriel et al., 2004. « The Amulets from Ketef Hinnom : A New Edition and Evaluation », *BASOR* 334, p. 41–71.

Barnes Tatum, W., 1986. « The LXX Version of the Second Commandment : A Polemic against Idols, not Images », *JSJ* 17, p. 177–195.

Barr, James, 1961, *The Semantics of Biblical Language*, Glasgow, Oxford University Press.

Barr, James, 1968. « The Image of God in the Book of Genesis : A Study of Terminology », *BJRL* 51, p. 11–26.

Barré, Michael L., 1999. « Rabiṣu », *DDD*, p. 682–683.

Barthélemy, Dominique, 1963. *Les devanciers d'Aquila. Première publication intégrale du texte des fragments du dodécaprophéton trouvés dans le désert de Juda*, VTSup 10, Leiden, Brill.

Barthélemy, Dominique, 1978. « Les Tiqquné Sopherim et la critique textuelle de l'Ancien Testament », dans id. (dir.), *Études d'histoire du texte de l'Ancien Testament*, OBO 21, Fribourg, Presses Universitaires ; Göttingen, Vandenhoeck & Ruprecht, p. 91–110.

Barthélemy, Dominique et al., 1986. *The Story of David and Goliath : Textual and Literary Criticism*, OBO 73, Fribourg, Presses Universitaires ; Göttingen, Vandenhoeck & Ruprecht.

Baudissin, Wolf Wilhelm, von Graf, 1876. *Studien zur semitischen Religionsgeschichte*, Leipzig, F.W. Grunow.

Baumgarten, Joseph, 1990. « The 4Q Zadokite Fragments on Skin Disease », *JJS* 41, p. 153–165.

Baumgarten, Joseph, 1991. « On the Nature of the Seductress in 4Q184 », *RevQ* 57, p. 133–143.

Beck, John A., 2000. *Translators as Storytellers : A Study in Septuagint Translation Technique*, StBibLit 25, New York, Lang.

Beck, Susanne, 2015. *Sāmānu. Ein vorderasiatischer Dämon in Ägypten*, ÄAT 83, Münster, Ugarit-Verlag.

Becking, Bob, 1999. « Sasam », *DDD*, p. 725–726.

Beentjes, Pancratius, 2007. « Satan, God, and the Angel(s) in 1Chronicles 21 », dans Reiterer, Nicklas et Schöpflin 2007, p. 139–154.

Beeston, Alfred F.L., 1951. « Angels in Deuteronomy 33:2 », *JTS* 2, p. 30–31.

Belayche, Nicole, 2003. « Tyche et la Tychè dans les cités de la Palestine romaine », *Syria* 80, p. 111–138.

Bellis, Alice O., 1999. « Poetic Structure and Intertextual Logic in Jeremiah 50 », dans A.R. Pete Diamond, Kathleen M. O'Connor et Luis Stulman (dir.), *Troubling Jeremiah*, JSOTSup 260, Sheffield, Sheffield Academic Press.

Benoit, Pierre et al., 1961. *Les grottes de Murabba'ât*, DJD 2, Oxford, Clarendon.

Ben Zvi, Ehud, 1991. *A Historical-Critical Study of the Book of Zephaniah*, BZAW 198, Berlin, de Gruyter.

Benz, Frank L., 1972. *Personal Names in the Phoenician and Punic Inscriptions : A Catalog, Grammatical Study and Glossary of Elements*, Rome, Pontifical Biblical Institute.

Bergey, Ronald, 2003. « The Song of Moses (Deuteronomy 32.1–43) and Isaianic Prophecies : A Case of Early Intertextuality ? », *JSOT* 28, p. 33–54.

Berlejung, Angelika, 2008. « Der gesegnete Mensch. Text und Kontext von Num 6,22–27 und den Silberamuletten von Ketef Hinnom », dans Angelika Berlejung et Raik Heckl (dir.), *Mensch und König, Studien zur Anthropologie des Alten Testaments. Rüdiger Lux zum 60. Geburtstag*, Herders biblische Studien 53, Freiburg, Herder, p. 37–62.

Berlejung, Angelika, 2010. « There Is Nothing Better than More ! Texts and Images on Amulet 1 from Arslan Tash », *JNSL* 36/1, p. 1–42.

Bernand, Étienne, 1969. *Inscriptions métriques de l'Égypte gréco-romaine. Recherches sur la poésie épigrammatique des Grecs en Égypte*, Paris, Les Belles Lettres.

Berner, Ulrich, 1999. « Dämonische, Das », *RGG* 2, p. 544.

Bettini, Maurizio, 1992. *Il ritratto dell'amante*, Torino, Einaudi.

Bettini, Maurizio, 2000. *Le orecchie di Hermes. Studi di antropologia e letterature classiche*, Torino, Einaudi.

Bettini, Maurizio, 2012. *Vertere. Un'antropologia della traduzione nella cultura antica*, Torino, Einaudi.

Bettini, Maurizio et Short, William M., 2014. *Con i Romani. Un'antropologia della cultura antica*, Bologna, Il Mulino.

Beuken, Willem A.M., 2000. *Isaiah II : Vol. 2 : Isaiah 28–39*, trad. Brian Doyle, HCOT, Leuven, Peeters.

Beuken, Willem A.M., 2010. *Jesaja 28–39*, HThKAT, Freiburg, Herder.

Beuken, Willem A.M., 2015. « Common and Different Phrases for Babylon's Fall and Its Aftermath in Isaiah 13–14 and Jeremiah 50–51 », dans Mein, Holt et Kim 2015, p. 53–74.

Bhayro, Siam, 2005. *The Shemihazah and Asael Narrative of 1 Enoch 6–11 : Introduction, Text, Translation and Commentary with Reference to Ancient Near Eastern and Biblical Antecedents*, Münster, Ugarit-Verlag.

Bhayro, Siam, 2012. « 'He Shall Play with His Hand, and You Shall Be Well' : Music as Therapy in I Samuel 16:14–23 », dans Csepregi et Burnett 2012, p. 13–20.

Bhayro, Siam et Rider, Catherine (dir.), 2017. *Demons and Illness from Antiquity to the Early-Modern Period*, Magical and Religious Literature of Late Antiquity 5, Leiden, Brill.

Bierl, Anton et Lardinois, André P.M.H., 2016. *The Newest Sappho (P. Sapph. Obbink and P. GC Inv. 105, Frs. 1–4) : Studies in Archaic and Classical Greek Song*, vol. 2, Mnemosyne Supplements 392, Leiden, Brill.

Black, Matthew, 1985. *The Book of Enoch or I Enoch : A New English Edition*, SVTP 7, Leiden, Brill.

Blair, Judith M., 2009. *De-Demonising the Old Testament : An Investigation of Azazel, Lilith, Deber, Qeteb and Reshef in the Hebrew Bible*, FAT II/37, Tübingen, Mohr Siebeck.

Blenkinsopp, Joseph, 2000. *Isaiah 1–39 : A New Translation with Introduction and Commentary*, AB 19 A, New York, Doubleday.

Blenkinsopp, Joseph, 2003. *Isaiah 56–66 : A New Translation with Introduction and Commentary*, AB 19 B, New York, Doubleday.

Blischke, Mareike Verena, 2015. « Zur Theologie der *Sapientia Salomonis* », dans Karl-Wilhelm Niebuhr (dir.), *Sapientia Salomonis (Weisheit Salomos)*, Tübingen, Mohr Siebeck, p. 155–174.

Blischke, Mareike Verena, 2019. *Der Geist Gottes im Alten Testament*, FAT II/112, Tübingen, Mohr Siebeck.

Blum, Erhard, 1990. *Studien zur Komposition des Pentateuch*, BZAW 189, Berlin, de Gruyter.

Böcher, Otto, 1981. « Dämonen I », dans Gerhard Krause et Gerhard Müller (dir.), *Theologische Realenzyklopädie*, vol. 8, Berlin, de Gruyter, p. 270–274.

Bogaert, Pierre-Maurice, 1985. « Les trois rédactions conservées et la forme originale de l'envoi du Cantique de Moïse (Dt 32,43) », dans Norbert Lohfink (dir.), *Das Deuteronomium. Entstehung, Gestalt und Botschaft*, Leuven, Peeters, p. 329–340.

Bogaert, Pierre-Maurice, 2016. « Baruch », dans Siegfried Kreuzer (dir.), *Handbuch zur Septuaginta (LXX.H) 1. Einleitung in die Septuaginta*, Gütersloh, Gütersloh Verlagshaus, p. 596–599.

Bohak, Gideon, 2008. *Ancient Jewish Magic : A History*, Cambridge, Cambridge University Press.

Bohak, Gideon, 2017. « Conceptualizing Demons in Late Antique Judaism », dans Bhayro et Rider 2017, p. 111–133.

Bohak, Gideon et Shaked, Shaul, 2012. « From Qumran to Cairo : The Lives and Times of a Jewish Exorcistic Formula », dans Csepregi et Burnett 2012, p. 31–52.

Boisacq, Émile, 1950. *Dictionnaire étymologique de la langue grecque étudiée dans ses rapports avec les autres langues indo-européennes*, 4e éd., Heidelberg, Winter.

Bonnet, Corinne, 1987. « Échos d'un rituel de type adonidien dans l'oracle contre Moab d'Isaïe (Isaïe, 15) », *SEL* 4, p. 101–119.

Bonnet, Hans, 1971. *Reallexikon der ägyptischen Religionsgeschichte*, 2e éd., Berlin, de Gruyter.

Bons, Eberhard, Brucker, Ralph et Joosten, Jan (dir.), 2014. *The Reception of Septuagint Words in Jewish-Hellenistic and Christian Literature*, WUNT II/367, Tübingen, Mohr Siebeck.

Bordreuil, Pierre et Caquot, André, 1979. « Textes en cunéiformes alphabétiques découverts en 1977 à Ibn Hani », *Syria* 56, p. 295–315.

Bordreuil, Pierre, 1986. *Catalogue des sceaux ouest-sémitiques inscrits de la Bibliothèque Nationale, du Musée du Louvre et du Musée biblique de Bible et Terre Sainte*, Paris, Bibliothèque Nationale.

Borgeaud, Philippe, 1979. *Recherches sur le dieu Pan*, Rome, Institut Suisse de Rome.

Borgeaud, Philippe, 2000. « Spectres et démons de midi », *Europe* 859–860, p. 114–125.

Bosa, Bastien, 2015. « C'est de famille ! L'apport de Wittgenstein au travail conceptuel dans les sciences sociales », *Sociologie* 6, p. 61–80.

Boustan, Ra'anan et Sanzo, Joseph E., 2017. « Christian Magicians, Jewish Magical Idioms, and the Shared Magical Culture of Late Antiquity », *HTR* 110, p. 217–240.

Boyaval, Bernard, 1980. « Note sur des pièces d'archives lilloises », *Chroniques d'Égypte* 55, p. 309–313.

Brand, Miryam T., 2013. *Evil Within and Without : The Source of Sin and Its Nature as Portrayed in Second Temple Literature*, JAJSup 9, Göttingen, Vandenhoeck & Ruprecht.

Bravo, Benedetto, 1986. « Une tablette magique d'Olbia pontique. Les morts, les héros et les démons », dans Raymond Chevallier (dir.), *Poikilia. Études offertes à Jean-Pierre Vernant*, Paris, Éditions de l'École des Hautes Études en Sciences Sociales.

Breed, Brennan, 2014. « Reception of the Psalms : The Example of Psalm 91 », dans William P. Brown (dir.), *The Oxford Handbook of the Psalms*, Oxford, Oxford University Press, p. 297–310.

Bremmer, Jan, 2012. « Greek Demons of the Wilderness : The Case of the Centaurs », dans Laura Feldt (dir.), *Wilderness in Mythology and Religion : Approaching Religious Spatialities, Cosmologies, and Ideas of Wild Nature*, Religion and Society, Religion and Society 55, London, Equinox.

Brenk, Frederick E., 1977. *In Mist Apparelled : Religious Themes in Plutarch's Moralia and Lives*, Leiden, Brill.

Brenk, Frederick E., 1986. « In the Light of the Moon : Demonology in the Early Imperial Period », *ANRW* 2.16.3, Berlin, de Gruyter, p. 2068–2145.

Brenk, Frederick E., 1998. « Genuine Greek Demons, "In Mist Apparelled" ? Hesiod and Plutarch », dans id., *Relighting the Souls : Studies in Plutarch, in Greek Literature, Religion, and Philosophy, and in the New Testament Background*, Stuttgart, Steiner.

Brenk, Frederick E. et Lanzillotta, Lautaro Loig, 2017. *Frederick E. Brenk on Plutarch, Religious Thinker and Biographer*, Brill's Plutarch Studies, Leiden, Brill.

Brisson, Luc, 2005. « Socrates and the Divine Signal According to Plato's Testimony : Philosophical Practice as Rooted in Religious Tradition », dans Pierre Destrée et Nicholas D. Smith (dir.), *Socrates' Divine Sign : Religion, Practice, and Value in Socratic Philosophy*, *Apeiron* 28, Kelowna, Academic Printing and Publishing, p. 3–19.

Britt, Brian, 2000. « Deuteronomy 31–32 as a Textual Memorial », *BibInt* 8, p. 358–374.

Brock, Sebastian, 1979. « Aspects of Translation Technique in Antiquity », *GRBS* 20, p. 69–87.

Brooke, Alan England, McLean, Norman et Thackeray, Henry St. John, 1927. *The Old Testament in Greek : According to the Text of Codex Vaticanus : Vol. II : The Later Historical Books : Part I : I and II Samuel*, Cambridge, Cambridge University Press.

Brooke, Alan England, McLean, Norman et Thackeray, Henry St. John, 1930. *The Old Testament in Greek : According to the Text of Codex Vaticanus : Vol. II : The Later Historical Books : Part II : I and II Kings*, Cambridge, Cambridge University Press.

Brooke, Alan England, McLean, Norman et Thackeray, Henry St. John, 1932. *The Old Testament in Greek : According to the Text of Codex Vaticanus : Vol. II : The Later Historical Books : Part III : I and II Chronicles*, Cambridge, Cambridge University Press.

Broshi, Magen et al., 1995. *Qumran Cave 4 : XIV : Parabiblical Texts, Part 2*, DJD 19, Oxford, Clarendon.

Brown, Derek R., 2011. « The Devil in the Details : A Survey of Research on Satan in Biblical Studies », *CurBR* 9, p. 200–227.

Brown, Ken, 2015. *The Vision in Job 4 and Its Role in the Book : Reframing the Development of the Joban Dialogues*, Studies of the Sofja Kovalevskaja Research Group on Early Jewish Monotheism 4 ; FAT II/75, Tübingen, Mohr Siebeck.

Brown, Paul H., 2011. « A Pragmatic and Sociolinguistic Account of δαιμόνιε in Early Greek Epic », *Greek, Roman, and Byzantine Studies* 51, 498–528.

Brulé Pierre, 2013. « Maître du *ganos*, le Zeus de Palaikastro est un Zeus comme les autres », dans Richard Bouchon, Pascale Brillet-Dubois et Nadine Le Meur-Weissman, (dir.), *Hymnes de la Grèce antique. Approches littéraires et historiques. Actes du colloque international de Lyon, 19–21 juin 2008*, Collection de la Maison de l'Orient méditerranéen ancien, Série littéraire et philosophique 50, Lyon, Maison de l'Orient et de la Méditerranée Jean Pouilloux, p. 253–268.

Brunius-Nilsson, Elisabeth, 1955. *Δαιμόνιε : An Inquiry into a Mode of Apostrophe in Old Greek Literature*, Uppsala, Almqvist and Wiksell.

Büschel, F., 1964. « εἴδωλον, εἰδωλόθυτον, εἰδωλεῖον, κατείδωλος, εἰδωλολάτρης, εἰδωλολατρία », *TDNT* 2, p. 376–380.

Caillois, Roger, 1937. « Les démons de midi », *RHR* 116, p. 54–83.

Caird, G. B., 1968. « Towards a Lexicon of the Septuagint. I », *JTS* 19, p. 453–475.

Cairon, Élodie, 2008. « Vengeance posthume. L'épitaphe pour Minacô (*IG* II^2 12141) », *REA* 110, p. 89–88.

Calabi, Francesca, 2011. « Metafore del Logos in Filone di Alessandria », dans Radice et Valvo 2011, p. 65–84.

Cantineau, Jean, 1931. « Textes palmyréniens provenant des fouilles du temple de Bel », *Syria* 12, p. 116–142.

Capomacchia, Anna Maria Gloria et Verderame, Lorenzo (dir.), 2011. *Demoni mesopotamici*, *SMSR* 77.

Capomacchia, Anna Maria Gloria et Verderame, Lorenzo, 2011 a. « Some Considerations about Demons in Mesopotamia », dans Capomacchia et Verderame 2011, p. 291–297.

Caquot, André, 1952. « Chadrapha, à propos de quelques articles récents », *Syria* 29, p. 74–88.

Caquot, André, 1956. « Sur quelques démons de l'Ancien Testament (Reshep, Qeteb, Deber) », *Sem* 6, p. 53–68.

Caquot, André, 1971. « Anges et démons en Israël », dans Dimitri Meeks et al., *Génies, anges et démons. Égypte, Babylone, Israël, Islam, peuples altaïques, Inde, Birmanie, Asie du Sud-est, Tibet, Chine*, Sources Orientales 8, Paris, Seuil, p. 115–152.

Caquot, André, 1978. « גער gāʿar », *TDOT* 3, p. 49–53.

Caquot, André, 1995. « Une contribution ougaritique à la préhistoire du titre divin Shadday », dans John A. Emerton (dir.), *Congress Volume, Paris 1992*, Leiden, Brill, p. 1–12.

Caquot, André et Dalix, Anne-Sophie, 2001. *Une tablette mythico-magique*, dans Marguerite Yon et Daniel Arnaud (dir.), *Études ougaritiques I. Travaux 1985–1995, Ras Shamra-Ougarit XIV*, Paris, Éditions Recherche sur les Civilisations, p. 393–405.

Caquot, André et Du Mesnil Du Buisson, Robert, 1971. « La seconde tablette ou "petite amulette" d'Arslan Tash », *Syria* 48, p. 391–406.

Caquot, André et Lemaire, André, 1977. « Les textes araméens de Deir ʿAlla », *Syria* 54, p. 189–208.

Carbon, Jean-Mathieu, 2005. « Δάρρων and Δαίμων : A New Inscription from Mylasa », *Epigraphica Anatolica* 38, p. 1–6.

Cardona, Giorgio, 1976. *Introduzione all'etnolinguistica*, Bologna, Il Mulino.

Carlson, Reed, 2019. *Possession and Other Spirit Phenomena in Biblical Literature*, thèse de doctorat, Harvard Divinity School.

Carrillo Alday, Salvador, 1970. *El cantico de Moises (Dt 32)*, Bibliotheca Hispanica Biblica 3, Madrid, Consejo superior de investigaciones cientificas, Instituto Francisco Suarez.

Cassin, Elena, 1968. *La Splendeur divine. Introduction à l'étude de la mentalité mésopotamienne*, Civilisations et Sociétés 8, Paris, Mouton.

Cassuto, Umberto, 1973. « The Song of Moses (Deuteronomy Chapter XXXII 1–43) », dans id., *Biblical and Oriental Studies : Vol. 1 : Bible*, Jerusalem, Magnes Press, p. 41–46.

Cazelles, Henri, 1982. « Prolégomènes à une étude de l'Esprit dans la Bible », dans Wilhelmus C. Delsman et al. (dir.), *Von Kanaan bis Kerala. Festschrift für Prof. Mag. Dr. J.P.M. Van der Ploeg O.P. zur Vollendung des siebzigsten Lebensjahres am 4. Juli 1979*, AOAT 211, Kevelaer, Butzon und Bercker ; Neukirchen-Vluyn, Neukirchener Verlag.

Chalendar, Vérène, 2017. *Quand l'animal soigne ... Les utilisations thérapeutiques de l'animal dans le corpus médical cunéiforme assyro-babylonien*, thèse de doctorat, LabEx Histoire et Anthropologie des Savoirs, des Techniques et des Croyances (HASTEC), Programme Collaboratif « Savoirs scientifiques, savoirs croyants, savoirs sociaux », Paris.

Chantraine, Pierre, 1968. *La formation des noms en grec ancien*, Collection Linguistique 38, Société de linguistique de Paris, Paris, Klincksieck.

Charles, Robert H., 1906. *The Ethiopic Version of the Book of Enoch*, Oxford, Clarendon.

Charles, Robert H., 1917. *The Book of Jubilees or the Little Genesis*, Translations of Early Documents 1, Palestinian-Jewish Texts (pre-rabbinic) 4, London, SPCK ; New York, Macmillan.

Chialà, Sabino, 1997. *Libro delle parabole di Enoc. Testo e commento*, Studi Biblici 117, Brescia, Paideia.

Childs, Brevard S., 2001. *Isaiah*, OTL, Louisville, Westminster John Knox.

Christensen, Duane L., 1989. *Prophecy and War in Ancient Israel : Studies in the Oracles against the Nations in Old Testament Prophecy*, BIBAL Monograph Series 3, Berkeley, Bibal.

Ciccarelli, Michele, 2012. « L'angelologia giudaica e la traduzione greca del Salmo 104, 4 (103, 4 LXX) », *RivB* 60, p. 189–219.

Clermont-Ganneau, Charles, 1876. « Horus et Saint Georges : d'après un bas-relief inédit du Louvre », *RAr* 32, p. 196–204, 372–399.

Clines, David J., 1989. *Job 1–20*, *WBC* 17, Dallas, Word Books.

Closen, Gustave E., 1935. « Der „Dämon Sünde" (Ein Deutungsversuch des massorethischen Textes von Gen 4,7) », *Bib* 16, p. 431–442.

Cohen, Mark E., 1981. *Sumerian Hymnology : The Eršemma*, *HUCA* Suppl 2, Cincinnati, Hebrew Union College.

Conklin, Blane, 2003. « Arslan Tash I and Other Vestiges of a Particular Syrian Incantatory Thread », *Bib* 84, p. 89–101.

Cook, Edward M., 2015. *Dictionary of Qumran Aramaic*, Winona Lake, Eisenbrauns.

Cooper, Jerrold S., 1983. *The Curse of Agade*, The John Hopkins Near Eastern Studies, Baltimore, Johns Hopkins University Press.

Cornelius, Izak, 1994. *The Iconography of the Canaanite Gods Reshef and Ba'al : Late Bronze and Iron Age I Periods (c 1500–1000 BCE)*, OBO 140, Fribourg, Presses Universitaires ; Göttingen, Vandenhoeck & Ruprecht.

Cranz, Isabel, 2014. « Priests, Pollution and the Demonic : Evaluating Impurity in the Hebrew Bible in Light of Assyro-Babylonian Texts », *JANER* 14, p. 68–86.

Cribiore, Raffaella, 2001. *Gymnastics of the Mind : Greek Education in Hellenistic and Roman Egypt*, Princeton, Princeton University Press.

Cross, Frank Moore, 1970. « A Second Phoenician Incantation Text from Arslan Tash », *BASOR* 197, p. 270–272.

Cross, Frank Moore et al. 2005. *Qumran Cave 4.XII : 1–2 Samuel*, DJD 17, Oxford, Clarendon.

Crossignani, Chiara, 2015. *Questioni di demonologia. Valore e uso dei termini daímon e daimónion nel pensiero cristiano di II e III secolo*, thèse de doctorat, Università degli Studi di Salerno.

Crouch, Carly L., 2011. « חטאת as Interpolative Gloss : A Solution to Gen 4,7 », *ZAW* 123, p. 250–258.

Cryer, Frederick H., 1994. *Divination in Ancient Israel and Its Near Eastern Environment : A Socio-Historical Investigation*, JSOTSup 142, Sheffield, Sheffield Academic Press.

Csepregi, Ildikó et Burnett, Charles, 2012. *Ritual Healing : Magic, Ritual and Medical Therapy from Antiquity until the Early Modern Period*, Micrologus Library 48, Firenze, Sismel.

Cunningham, Graham, 1997. *"Deliver Me from Evil" : Mesopotamian Incantations 2500–1500 BC*, StPohl, Rome, Pontifical Biblical Institute.

Dafni, Evangelia G., 2006. « Genesis 1–11 und Platos Symposion : Überlegungen zum Austausch von hebräischem und griechischem Sprach- und Gedankengut in der Klassik und im Hellenismus », *OTE* 19, p. 584–632.

Daszewski, Wiktor André, 1991. « The Gods of the North-West Coast of Egypt in the Graeco-Roman Period », Mélanges de l'École française de Rome, Antiquité 103, p. 91–104.

Davidson, Maxwell J., 1992. *Angels at Qumran : A Comparative Study of 1 Enoch 1–36, 72–108 and Sectarian Writings from Qumran*, JSPSup 11, Sheffield, Sheffield Academic Press.

Day, John, 2000. *Yahweh and the Gods and Goddesses of Canaan*, JSOTSup 265, Sheffield, Sheffield Academic.

Day, Peggy L., 1988. *An Adversary in Heaven : śāṭān in the Hebrew Bible*, HSM 43, Atlanta, Scholars Press.

De Bruyn, Theodore S. et Dijkstra, Jitse H.F., 2011. « Greek Amulets and Formularies from Egypt Containing Christian Elements : A Checklist of Papyri, Parchments, Ostraka, and Tablets », BASP 48, 2011, p. 163–216.

De Troyer, Kristin, 2006. « The Freer Twelve Minor Prophets Codex : A Case Study : The Old Greek Text of Jonah, Its Revisions, and Its Corrections », dans Larry W. Hurtado (dir.), *The Freer Biblical Manuscripts : Fresh Studies of an American Treasure Trove*, TCSt 6, Atlanta, SBL Press, p. 75–85.

De Troyer, Kristin, 2013. « The Hebrew Text behind the Greek Text of the Pentateuch », dans Peters 2013, p. 15–32.

De Visser, Johannes Theodor, 1880. *De demonologie van het oude Testament*, thèse de doctorat, University of Utrecht.

Deines, Roland, 2003. « Josephus, Salomo und die τέχνη von Gott verliehene gegen die Dämonen », dans Lange, Lichtenberger et Römheld 2003, p. 365–394.

Deissmann, Gustav Adolf, 1909. *Licht Vom Osten. Das neue Testament und die neuentdeckten Texte der hellenistisch-römischen Welt*, Tübingen, Mohr.

del Olmo Lete, Gregorio, 1992. « Un conjuro ugaritico contra el "mal ojo" (KTU 1.96) », *Anuari de Filologia* 15, p. 7–16.

del Olmo Lete, Gregorio, 2011. « RS 92.2014 : A New Interpretation », dans Gregorio Del Olmo Lete, Jordi Vidal et Nicolas Wyatt (dir.), *The Perfumes of Seven Tamarisks : Studies in Honour of Wilfred G.E. Watson*, AOAT 394, Münster, Ugarit-Verlag, p. 193–204.

del Olmo Lete, Gregorio, 2014. *Incantations and Anti-Witchcraft Texts from Ugarit*, Studies in Ancient Near Eastern Records 4, Berlin, de Gruyter.

Delcor, Mathias, 1978. « Le Problème des jardins d'Adonis dans Isaïe 17,9–11 à la lumière de la civilisation syro-phénicienne », *Syria* 55, p. 371–394.

Delcor, Mathias, 1989. « Des inscriptions de Deir 'Alla aux traditions bibliques, à propos des *šdyn*, des *šedim* et de *šadday* », dans Manfred Görg (dir.), *Die Väter Israels. Beiträge zur Theologie der Patriarchenüberlieferungen im Alten Testament*, Stuttgart, Katholisches Bibelwerk, p. 33–40.

Delitzsch, Franz, 1888. *Biblical Commentary on the Psalms*, 4e éd., London, Hodder and Stoughton.

Descola, Philippe, 2005. *Par-delà nature et culture*, Bibliothèque des sciences humaines, Paris, Gallimard.

Destrée, Pierre et Smith, Nicolas D. (dir.), 2005. *Socrates' Divine Sign : Religion, Practice, and Value in Socratic Philosophy*, *Apeiron* 38/2, Kelowna, Academic Printing and Publishing.

Detienne, Marcel, 1959. « La "démonologie" d'Empédocle », *REG* 72, p. 1–17.

Detienne, Marcel, 1963. *La notion de daïmôn dans le pythagorisme ancien. De la pensée religieuse à la pensée philosophique*, Paris, Les Belles Lettres.

Dhont, Marieke, 2017. *Style and Context of Old Greek Job*, JSJSup 183, Leiden, Brill.

Dhont, Marieke, 2019. « Towards a Comprehensive Explanation for the Stylistic Diversity of the Septuagint Corpus », *VT* 69, p. 388–407.

Dickie, Matthew, 1999. « Bonds and Headless Demons in Greco-roman Magic », *GRBS* 40, p. 99–104.

Dietrich, Manfred et Loretz, Oswald, 1993. « Der biblische Azazel und AlT*126 », *UF* 25, p. 99–117.

Dietrich, Walter, 2015. *Samuel. 1Sam 13–26*, BKAT 8/2, Neukirchen-Vluyn, Neukirchener Theologie.

Dimant, Devorah, 1996. « Men as Angels : The Self-Image of the Qumran Community », dans Adele Berlin (dir.), *Religion and Politics in the Ancient Near East*. Studies and Texts in Jewish History and Culture 1, Bethesda, University of Maryland, p. 93–103.

Dimant, Devorah, 2014. « The Pesher on the Periods (4Q180 and 4Q181) », dans id. (dir.), *History, Ideology and Bible Interpretation in the Dead Sea Scrolls : Collected Studies*, FAT 90, Tübingen, Mohr Siebeck.

Dimant, Devorah, 2017. « Tobit and the Qumranic Aramaic Texts », dans id., *From Enoch to Tobit : Collected Studies on Ancient Jewish Literature*, FAT 114, Tübingen, Mohr Siebeck, p. 173–191.

Dion, Paul-Eugène, 1976. « Raphaël l'Exorciste », *Bib* 57, p. 399–413.

Dion, Paul-Eugène, 1985. « The Angel with the Drawn Sword, (1 Chr 21:16) : An Exercise in Restoring the Balance of Text Criticism and Attention to Context », *ZAW* 97, p. 114–117.

Dodd, Charles Harold, 1954. *The Bible and the Greeks*, London, Hodder & Stoughton.

Dogniez, Cécile, 2001. « Fautes de traduction ou bonnes traductions ? Quelques exemples pris dans la LXX des Douze Petits Prohètes », dans Bernard Alwyn Taylor (dir.), *X Congress of the IOSCS, Oslo 1998*, SBL.SCSt 51, Atlanta, Society of Biblical Literature, p. 241–261.

Dogniez, Cécile, 2003. « Oiseaux et convulsions en Deut-LXX 32 : 24a. Quelques remarques à propos d'une interprétation de la figure des démons », dans Martin van

Baasten et Willem van Peursen (dir.), *Hamlet on a Hill : Semitic and Greek Studies Presented to Professor T. Muraoka on the Occasion of His Sixty-Fifth Birthday*, Leuven, Peeters, p. 545–562.

Dogniez, Cécile, 2010. « L'indépendance du traducteur grec d'Isaïe par rapport au Dodekapropheton », dans Michaël van der Meer et al. (dir.), *Isaiah in Context : Studies in Honour of Arie van der Kooij on the Occasion of his Sixty-Fifth Birthday*, VTSup 138, Leiden, Brill, p. 229–246.

Dogniez, Cécile et al., 1999. *La Bible d'Alexandrie 23.4–9. Les Douze Prophètes. Joël, Abdiou, Jonas, Naoum, Ambakoum, Sophonie*, Paris, Cerf.

Dogniez, Cécile et Harl, Marguerite, 1992. *La Bible d'Alexandrie 5. Le Deutéronome*, Paris, Cerf.

Dogniez, Cécile et Scopello, Madeleine, 2006. « Autour des anges. Traditions juives et relectures gnostiques », dans Louis Painchaud et Paul-Hubert Poirier (dir.), *Coptica – Gnostica – Manichaica, Mélanges offerts à Wolf-Peter Funk*, Bibliothèque copte de Nag Hammadi, Section Études 7, Québec, Presses de l'Université Laval ; Louvain, Peeters, p. 179–225.

Donner, Herbert, 1990. « „Forscht in der Schrift Jahwes und lest!" Ein Beitrag zum Verständnis der israelitischen Prophetie », *ZTK* 87, p. 285–298.

Doran, Robert, 1981. *Temple Propaganda : The Purpose and Character of 2 Maccabees*, CBQMS 12, Washington, The Catholic Biblical Association of America.

Doran, Robert et Attridge, Harold W., 2012. *2 Maccabees : A Critical Commentary*, Hermeneia, Minneapolis, Fortress Press.

Dorival, Gilles, 1996. « Le Pentateuque grec de la Septante », dans Christian-Bernard Amphoux et Jean Margain, *Les premières traditions de la Bible*, HTB 2, Lausanne, Éditions du Zèbre, p. 103–119.

Douglas, Mary, 1999. *Leviticus as Literature*, London, Oxford University Press.

Driesbach, Jason K., 2016. *4QSamuel(a) and the Text of Samuel*, VTSup 171, Leiden, Brill.

Driver, Godfrey Rolles, 1955. « Birds in the Old Testament (I. Birds in Law ; II. Birds in Life) », *PEQ* 87, p. 5–20, 129–140.

Du Mesnil du Buisson, Robert, 1939. « Une tablette magique de la région du Moyen Euphrate », dans *Mélanges syriens offerts à Monsieur René Dussaud*, vol. 1, Paris, Geuthner, p. 421–434.

Dubois, Laurent, 2003. « La nouvelle loi sacrée de Sélinonte », CRAI 147, p. 105–125.

Duhm, Bernhard, 1892. *Das Buch Jesaia*, HKAT 3, Die prophetischen Bücher 1, Göttingen, Vandenhoeck & Ruprecht.

Duhm, Bernhard, 1897. *Das Buch Hiob*, Poetischen und prophetischen Bücher des Alten Testaments 1, Freiburg, Mohr.

Duhm, Bernhard, 1901. *Das Buch Jeremia*, KHC 11, Tübingen, Mohr.

Duhm, Hans, 1904. *Die bösen Geister im Alten Testament*, Tübingen, Mohr Siebeck.

Dunand, Françoise, 1981. « Agathodaimon », *LIMC* I/1, p. 277–282, I/2 (planches), p. 203–282.

Dupont-Sommer, André, 1960. « Les inscriptions araméennes de Sfiré (stèles I et II) », *MPAIBL* 15, p. 197–349.

Edgerton, William F. et Wilson, John A., 1936. *Historical Records of Ramses III : The Texts in Medinet Habu*, voll. I-II, SAOC 12, Chicago, University of Chicago Press.

Edmonds III, Radcliffe G., 2013. *Redefining Ancient Orphism : A Study in Greek Religion*, Cambridge, Cambridge University Press.

Edwards, I.E. Stephen, 1960. *Hieratic Papyri in the British Museum : Fourth Series : Oracular Amuletic Decrees of the Late New Kindgom*, London, Trustees of the British Museum.

Edwards, Matthew, 2012. *Pneuma and Realized Eschatology in the Book of Wisdom*, FRLANT 242, Göttingen, Vandenhoeck & Ruprecht.

Edzard, Dietz Otto et Wiggermann, Frans M., 1989. « Maškim (räbisu), Kommissar, Anwalt, Sachwalter », *RlA* 7, p. 449–455.

Ego, Beate, 2003. « „Denn er liebt sie" (Tob 6,15 Ms. 319). Zur Rolle des Dämons Asmodäus in der Tobit-Erzählung », dans Lange, Lichtenberger et Römheld 2003, p. 309–317.

Ego, Beate, 2006. « Textual Variants as a Result of Enculturation : The Banishment of the Demon in Tobit », dans Wolfgang Kraus et R. Glenn Wooden (dir.), *Septuagint Research : Issues and Challenges in the Study of the Greek Jewish Scriptures*, SBL.SCSt 53, Atlanta, Society of Biblical Literature, p. 371–378.

Ego, Beate, 2007. « The Figure of the Angel Raphael According to his Farewell Address in Tob 12:6–20 », dans Reiterer, Nicklas et Schöpflin 2007, p. 239–253.

Eissfeldt, Otto, 1958. *Das Lied Moses. Deuteronomium 32,1–43 und das Lehrgedicht Asaphs Psalm 78, samt einer Analyse der Umgebung des Mose-Liedes*, BAL (Phil.-hist. Klasse) 104, Berlin, Akademie-Verlag.

Elgvin, Torleif et Langlois, Michael, 2019. « Looking Back : (More) Dead Sea Scrolls Forgeries in The Schøyen Collection », *RevQ* 113, p. 111–133.

Ercolani, Andrea, 2010. *Esiodo. Opere e giorni*, Classici 7, Roma, Carocci.

Erman, Adolf et Grapow, Hermann, 1926. *Wörterbuch der aegyptischen Sprache im Auftrage der Deutschen Akademien*, vol. 1, Berlin, Akademie Verlag.

Erzberger, Johanna, 2010. *Kain, Abel und Israel. Die Rezeption von Gen 4,1–16 in rabbinischen Midraschim*, BWANT 192, Stuttgart, Kohlhammer, 2011.

Eshel, Esther, 2003 a. « Apotropaic Prayers in the Second Temple Period », dans Esther G. Chazon, Ruth A. Clemens et Avital Pinnick (dir.), *Liturgical Perspectives : Prayer and Poetry in Light of the Dead Sea Scrolls*, STDJ 48, Leiden, Brill, p. 69–88.

Eshel, Esther, 2003 b. « Genres of Magical Texts in the Dead Sea Scrolls », dans Lange, Lichtenberger et Römheld 2003, p. 395–415.

Evans, Craig A., 2011. « Jesus and Psalm 91 in Light of the Exorcism Scrolls », dans Peter W. Flint, Jean Duhaime et Kyung S. Baek (dir.), *Celebrating the Dead Sea Scrolls : A Canadian Collection*, EJL 30, Atlanta, Society of Biblical Literature, p. 541–555.

Evans, Trevor, 2001. *Verbal Syntax in the Greek Pentateuch : Natural Greek Usage and Hebrew Interference*, Oxford, Oxford University Press.

Fabiano, Doralice, 2011. « I demoni dei bagni tra acqua e fuoco », dans Francesca Prescendi et Youri Volokhine (dir.), *Dans le laboratoire de l'historien des religions. Mélanges offerts à Philippe Borgeaud*, Genève, Labor et Fides, p. 275–288.

Fabry, Heinz-Josef, 2003. « Satan – Begriff und Wirklichkeit. Untersuchungen zur Dämonologie der alttestamentlichen Weisheitsliteratur », dans Lange, Lichtenberger et Römheld 2003, p. 269–291.

Fabry, Heinz-Josef, 2004. « רוח rûaḥ », *TDOT* 13, p. 396–401.

Fabry, Heinz-Josef, 2010. « „Der Herr macht meine Schritte sicher" (Hab 3,19 Barb.). Die Versio Barberini, eine liturgische Sondertradition von Hab 3 ? », dans Wolfgang Kraus, Martin Karrer et Martin Meiser (dir.), *Die Septuaginta – Texte, Theologien, Einflüsse. 2. Internationale Fachtagung veranstaltet von Septuaginta Deutsch (LXX.D), Wuppertal 23.-27.7.2008*, WUNT 252, Tübingen, Mohr Siebeck, p. 223–237.

Fabry, Heinz-Josef et Böhler, Dieter (dir.), 2007. *Im Brennpunkt : Die Septuaginta. Band 3. Studien zur Theologie, Anthropologie, Ekklesiologie, Eschatologie und Liturgie der Griechischen Bibel*, BWANT 174, Stuttgart, Kohlhammer.

Fahd, Toufic, 2012. « Manāt », dans Peri Bearman et al. (dir.), *Encyclopaedia of Islam*, 2e éd., Leiden, Brill, consulté le 20 juin 2020, http://dx.doi.org/10.1163/1573-3912_islam_SIM_4909.

Fales, Frederick Mario et Grassi, Giulia Francesca, 2016. *L'aramaico antico. Storia, grammatica, testi commentati*, Fonti e testi, Udine, Forum.

Faraone, Christopher A., 1992. *Talismans and Trojan Horses : Guardian Statues in Ancient Greek Myth and Ritual*, Oxford, Oxford University Press.

Faraone, Christopher A., 2001 a. « A Collection of Curses against Kilns (Homeric Epigram 13.7–23) », dans Adela Yarbro Collins et Margaret M. Mitchell (dir.), *Antiquity and Humanity : Essays on Ancient Religion and Philosophy Presented to Hans Dieter Betz on His Seventieth Birthday*, Tübingen, Mohr Siebeck, p. 435–449.

Faraone, Christopher A., 2001 b. « The Undercutter, the Woodcutter, and Greek Demon Names Ending in -tomos (Hom. Hymn to Dem 228–29) », *AJP* 122, p. 1–10.

Faraone, Christopher A. et Obbink, Dirk (dir.), 1991. *Magika Hiera : Ancient Greek Magic and Religion*, New York, Oxford University Press.

Faraone, Christopher A. et Obbink, Dirk (dir.), 2013. *The Getty Hexameters : Poetry, Magic, and Mystery in Ancient Selinous*, Oxford, Oxford University Press.

Farber, Walter, 1987. « Lilû, Lilītu, Ardat-lilî. A. Philologisch », *RlA* 7, p. 23–24.

Farber, Walter, 2014. *Lamaštu : An Edition of the Canonical Series of Lamaštu Incantations and Rituals and Related Texts from the Second and First Millennia B.C.*, MC 17, Winona Lake, Eisenbrauns.

Fattal, Michel (dir.), 2003. *Logos et langage chez Plotin et avant Plotin*, Paris, Harmattan.

Fauth, Wolfgang, 1998. « Auf den Spuren des biblischen Azazel (Lev 16). Einige Residuen der Gestalt oder des Namens in jüdisch-aramäischen, griechischen, koptischen, äthiopischen, syrischen und mandäischen Texten », ZAW 110, p. 514–534.

Feldmeier, Reinhard et Spieckermann, Hermann, 2011. *Der Gott der Lebendigen. Eine biblische Gotteslehre*, Topoi Biblischer Theologie 1, Tübingen, Mohr Siebeck.

Fensham, F. Charles, 1963. « Common Trends in Curses of the Near Eastern Treaties and Kudurru-Inscriptions Compared with Maledictions of Amos and Isaiah », ZAW 75, p. 155–175.

Fernández Marcos, Natalio, 1976. « El texto Barberini de Habacuc III reconsiderado », *Sef* 36, p. 3–36.

Fernández Marcos, Natalio, 1994. *Scribes and Translators : Septuagint and Old Latin in the Books of Kings*, VTSup 54, Leiden, Brill.

Fernández Marcos, Natalio et Busto Saiz, José R., 1989. *El texto antioqueno de la Biblia griega. I. 1–2 Samuel*, Madrid, Instituto de filología, Departamento de Filología Bíblica y de Oriente Antiguo.

Fernández Marcos, Natalio et Busto Saiz, José R., 1992. *El texto antioqueno de la Biblia griega II. 1–2 Reyes*, Madrid, Instituto de filología, Departamento de Filología Bíblica y de Oriente Antiguo.

Ferrari, Franco, 2014. « Saffo e i suoi fratelli e altri brani del primo libro », ZPE 192, p. 1–19.

Field, Fredrick, 1875. *Origenis Hexaplorum quae supersunt sive veterum interpretum graecorum in totum Vetus Testamentum fragmenta*, 2 voll., Oxford, Clarendon (repr. Hildesheim, G. Olms, 1964).

Finkelstein, Israel et Silberman, Neil Asher, 2002. *La Bible dévoilée. Les nouvelles révélations de l'archéologie*, trad. P. Ghirardi, Paris, Bayard.

Firmage, Edwin, 1991. « Zoology », ABD 6, p. 1109–1167.

Fischer-Elfert, Hans-W., 2011. « Sāmānu on the Nile : The Transfer of a Near Eastern Demon and Magico-Medical Concept into New Kingdom Egypt », dans Mark Collier et Steven Snape (dir.), *Ramesside Studies in Honour of K.A. Kitchen*, Bolton, Rutherford Press.

Fitzmyer, Joseph A., 1995 a. « The Aramaic and Hebrew Fragments of Tobit from Qumran Cave 4 », CBQ 57, p. 655–675.

Fitzmyer, Joseph A., 1995 b. *The Aramaic Inscriptions of Sefire*, 2e éd., Orientalia 19 A, Rome, Pontifical Biblical Institute.

Fitzmyer, Joseph A., 2003. *Tobit*, CEJL, Berlin, de Gruyter.

Folmer, Margaretha, 2016. « On Marrying and Divorcing a Demon : Marriage and Divorce Themes in the Jewish, Christian, and Pagan World », dans Alberdina Houtman, Tamar Kadari et Marcel Poorthuis (dir.), *Religious Stories in Transformation : Conflict, Revision and Reception*, Boston, Brill, p. 275–299.

Fontenrose, Joseph E., 1978. *The Delphic Oracle : Its Responses and Operations with a Catalogue of Responses*, Berkeley, University of California Press.

Ford, James N., 1998. « "Ninety-Nine by the Evil Eye and One from Natural Causes" : KTU2 1.96 in its Near Eastern Context », *UF* 30, p. 201–253.

Ford, James N., 2002 a. « The New Ugaritic Incantation against Sorcery RS 1992.2014 », *UF* 34, p. 119–152.

Ford, James N., 2002 b. « The Ugaritic Incantation against Sorcery RIH 78/20 (KTU[2] 1.169) », *UF* 34, p. 153–211.

François, Gilbert, 1957. *Le polythéisme et l'emploi au singulier des mots « theos », « daimōn » dans la littérature grecque d'Homère à Platon*, Bibliothèque de la Faculté de Philosophie et Lettres de l'Université de Liège 147, Paris, Les Belles Lettres.

Fraser, Peter Marshall, 1972. *Ptolemaic Alexandria*, vol. 2, Oxford, Clarendon Press.

Frevel, Christian, 1995. « *תן *Tan », *ThWAT* 8, coll. 701–709.

Frey-Anthes, Henrike, 2007. *Unheilsmächte und Schutzgenien, Antiwesen und Grenzgänger. Vorstellungen von „Dämonen" im alten Israel*, OBO 227, Fribourg, Presses Universitaires ; Göttingen, Vandenhoeck & Ruprecht.

Frey-Anthes, Henrike, 2008. « Concepts of "Demons" in Ancient Israel », *WO* 38, p. 38–52.

Frisk, Hjalmar, 1960. *Griechisches Etymologisches Wörterbuch*, Heidelberg, Winter.

Fröhlich, Ida, 2010. « Theology and Demonology in Qumran Texts », *Hen* 32, p. 101–129.

Fröhlich, Ida, 2013. « Evil in Second Temple Texts », dans Ida Fröhlich et Erkki Koskenniemi (dir.), *Evil and the Devil*, LNTS 481, London, Bloomsbury, p. 23–50.

Fröhlich, Ida, 2017. « Demons and Illness in Second Temple Judaism : Theory and Practice », dans Bhayro et Rider 2017, p. 79–96.

Fulco, William J., 1976. *The Canaanite God Rešep*, AOS 8, New Haven, American Oriental Society.

Fullerton, Kemper, 1930. « Double Entendre in the First Speech of Eliphaz », *JBL* 49, p. 320–374.

Gager, John Goodrich, 1992. *Curse Tablets and Binding Spells from the Ancient World*, New York, Oxford University Press.

Gallazzi, Claudio, 1985. « Supplica ad Atena su un ostrakon da Esna », *ZPE* 61, p. 101–109.

Galter, Hannes D., 2004. « Der Himmel über Hadattu : Das religiosë Umfeld der Inschriften von Arslan Tash », dans Manfred Hutter (dir.), *Offizielle Religion, lokale Kulte und individuelle Religiosität. Akten des religionsgeschichtlichen Symposiums „Kleinasien und angrenzende Gebiete vom Beginn des 2. bis zur Mitte des 1. Jahrtausends v. Chr." (Bonn, 20–22 Februar 2003)*, Münster, Ugarit-Verlag, p. 173–188.

Gammie, John G., 1985. « The Angelology and Demonology in the Septuagint of the Book of Job », *HUCA* 56, p. 1–19.

Ganschinietz, Richard, 1918. « Agathodaimon », dans August F. Pauly, Georg Wissowa et al. (dir.), *Paulys Realencyclopädie der classischen Altertumswissenschaft. Supplement, Band 3*, Stuttgart, J.B. Metzler, p. 37–59.

Garbini, Giovanni, 1981. « Gli incantesimi fenici di Arslan Tash », *OrAnt* 20, p. 277–329.

García Martínez, Florentino et Tigchelaar, Eibert J.C., 1997. *The Dead Sea Scrolls : Study Edition, vol. 1, 1Q1–4Q273*, Leiden, Brill.

García Martínez, Florentino, Tigchelaar, Eibert J.C. et Woude, Adam S. Van Der, 1998. *Qumran Cave 11.ii : 11Q2–18, 11Q20–31*, DJD 23, Oxford, Clarendon.

García Recio, Jesús, 1995. « "La fauna de las ruinas", un topos literario de Isaías », *EstBib* 53, p. 53, 55–96.

Garelli, Paul, 1974. « Hofstaat. B. Assyrisch », *RlA* 4, p. 446–452.

Garland, Robert, 1992. *Introducing New Gods : The Politics of Athenian Religion*, London, Duckworth.

Gascou, Jean, 2008. « Justice d'Athéna en Égypte Romaine », dans Francisca Hoogendijk et Brian P. Muhs (dir.), *Sixty-five Papyrological Texts : Presented to Klaas A. Worp on the Occasion of His 65th Birthday*, Papyrologica Lugduno-Batava 33, Leiden, Brill, p. 29–39.

Gaster, Theodore H., 1973. « A Hang-up for Hang-ups : The Second Amuletic Plaque from Arslan Tash », *BASOR* 209, p. 18–26.

Geller, Mark J., 2003. « Paranoia, the Evil Eye, and the Face of Evil », dans Walther Sallaberger et al. (dir.), *Literatur, Politik und Recht in Mesopotamien. Festschrift für Claus Wilcke*, Orientalia Biblica et Christiana 14, Wiesbaden, Harrassowitz, p. 115–134.

Geller, Mark J., 2004. « Akkadian Evil Eye Incantations from Assur », ZA 94, p. 52–58.

Geller, Mark J., 2005. « Incantations et Magie (Sumer) », dans Louis Pirot et al. (dir.), *Supplément au Dictionnaire de la Bible*, vol. 13, Paris, Letouzey et Ané, p. 269–283.

Geller, Mark J., 2007 a. *Evil Demons : Canonical Utukkū Lemnūtu Incantations*, SAACT 5, Helsinki, Neo-Assyrian Text Corpus Project.

Geller, Mark, 2007 b. « Incantations within Akkadian Medical Texts », dans Gwendolyn Leick (dir.), *The Babylonian World*, New York, Routledge, p. 389–399.

Geller, Mark J., 2011. « The Faceless Udug-Demon », dans Capomacchia et Verderame 2011, p. 333–341.

Georgiadou, Aristoula, 1997. « Plutarch's Pelopidas : A Historical and Philological Commentary », Beiträge zur Altertumskunde 105, Stuttgart, Teubner.

Gernet, Louis, 1917. *Recherches sur le développement de la pensée juridique et morale en Grèce. Étude sémantique*, Paris, Leroux.

Gesenius, Wilhelm, 1916. *Hebräisches und Aramäisches Handwörterbuch über das Alte Testament*, Leipzig, Vogel.

Gibson, John C., 1975. *Textbook of Syrian Semitic Inscriptions : Aramaic Inscriptions*, Oxford, Clarendon.

Gilders, William K., 2012. « The Day of Atonement in the Dead Sea Scrolls », dans Thomas Hieke et Tobias Nicklas (dir.), *The Day of Atonement : Its Interpretations in Early Jewish and Christian Traditions*, Leiden, Brill, p. 63–73.

Gile, Jason, 2001. « Ezekiel 16 and the Song of Moses : A Prophetic Transformation ? », *JBL* 130, p. 87–108.

Gilhooly, John, R., 2017. « Angels : Reconsidering the Septuagint Reading of Deuteronomy 33:2 », *Journal of Septuagint and Cognate Studies* 50, p. 155–159.

Ginzburg, Carlo, 2013. « Nos mots et les leurs. Une réflexion sur le métier de l'historien, aujourd'hui », *Essais. Revue interdisciplinaire d'Humanités*, hors-série 1, p. 191–210.

Girard, René, 1972. *La violence et le sacré*, Paris, B. Grasset.

Goff, Matthew, 2016. « A Seductive Demoness at Qumran ? Lilith, Female Demons and 4Q184 », dans Susanne Rudnig-Zelt, Benjamin Wold, Jan Dochhorn (dir.), *Das Böse, der Teufel und Dämonen – Evil, the Devil, and Demons*, WUNT II/412, Tübingen, Mohr Siebeck, p. 59–76.

Good, Edwin, 1959. « The Barberini Greek Version of Habakkuk III », *VT* 9, p. 11–30.

Gordon, Robert P., 2011. « "Couch" or "Crouch" ? Genesis 4:7 and the Temptation of Cain », dans James K. Aitken et al. (dir.), *On Stone and Scroll : Essays in Honour of Graham Ivor Davies*, BZAW 420, Berlin, de Gruyter, p. 195–209.

Gorea, Maria, 2010. « Considérations sur la politisation de la religion à Palmyre et sur la dévotion militaire des Palmyréniens en Dacie », *Semitica et Classica* 3, p. 125–162.

Görg, Manfred, 1999. « Dämonen/Geister. Altes Testament », *RGG* 2, p. 533–536.

Gosse, Bernard, 1988. *Isaïe 13,1–14,23 dans la tradition littéraire du livre d'Isaïe et dans la tradition des oracles contre les nations*, OBO 78, Fribourg, Presses Universitaires ; Göttingen, Vandenhoeck & Ruprecht.

Gosse, Bernard, 1990. « Isaïe 34–35. Le châtiment d'Edom et de nations, salut pour Sion. Contribution à l'étude de la rédaction du livre d'Isaïe », *ZAW* 102, p. 396–404.

Gosse, Bernard, 1995. « Deutéronome 32,1–43 et les rédactions des livres d'Ezéchiel et d'Isaïe », zaw 107, p. 110–117.

Gossmann, Hans-Christoph, 1993. « Metamorphosen eines Dämons. Ein Beitrag zur Rezeptionsgeschichte von Ex 4,24–26 », dans Dietrich-Alex Koch et Hermann Lichtenberger (dir.), *Begegnungen zwischen Christentum und Judentum in Antike und Mittelalter. Festschrift für Heinz Schreckenberg*, Schriften des Institutum Judaicum Delitzschianum, Göttingen, Vandenhoeck & Ruprecht, p. 123–132.

Götting, Eva, 2011. « Exportschlager Dämon ? Zur Verbreitung altorientalischer Lamaštu-Amulette », dans Janina Göbel (dir.), *Exportschlager – Kultureller Austausch, wirtschaftliche Beziehungen und transnationale Entwicklungen in der antiken Welt*, Quellen und Forschungen zur antiken Welt 56, München, Herbert Utz Verlag, p. 437–456.

Grabbe, Lester L., 1987. « The Scapegoat Tradition. A Study in Early Jewish Interpretation », *JSJ* 18, p. 152–167.

Granerød, Gard, 2010. *Abraham and Melchizedek : Scribal Activity of Second Temple Times in Genesis 14 and Psalm 110*, BZAW 406, Berlin, de Gruyter.

Grassi, Giulia Francesca, 2019. « Uccellacci e uccellini. La liste des oiseaux de Deir ʿAlla et le lexique des animaux en araméen ancien » dans Anna Angelini et Christophe

Nihan (dir.), *Comparing Animal Lexica in Antiquity / La Lexicographie comparée des animaux dans l'Antiquité*, *AoF* 46, p. 88–113.

Greenbaum, Dorian Gieseler, 2016. *The Daimon in Hellenistic Astrology : Origins and Influence*, Leiden, Brill.

Gregg, John Allen Fitzgerald, 1909. *The Wisdom of Solomon*, Cambridge, Cambridge University Press.

Griffith, Terry, 2002. « εἴδωλον as 'Idol' in Non-Jewish and Non-Christian Greek », *JTS* 53, p. 95–101.

Grillet, Bernard et al., 1997. *La Bible d'Alexandrie 9.1 : Premier livre des Règnes*, Paris, Cerf.

Gronewald, Michael, Maresch, Klaus et Römer, Cornelia, 1997. *Kölner Papyri (P. Köln)*, vol. 8, Opladen, Westdeutscher Verlag.

Gubel, Eric, 1993. « The Iconography of Inscribed Phoenician Glyptic », dans Sass et Uhelinger 1993, p. 101–129.

Guichard, Michaël, 2010. « Incantations à Mari », dans Jean-Marie Durand et Antoine Jacquet (dir.), *Magie et divination dans les cultures du Proche-Orient. Actes du colloque organisé par l'Institut du Proche-Orient Ancien du Collège de France, la Société Asiatique et le CNRS (UMR 7192) les 19–20 juin 2008, Collège de France*, Cahiers de l'Institut du Proche-Orient Ancien du Collège de France 3, Paris, Jean Maisonneuve, p. 23–40.

Guichard, Michaël, 2013. « Langues étranges dans les textes magiques suméro-akkadiens », dans Michel Tardieu, Anna Van den Kerchove et Michela Zago (dir.), *Noms barbares I. Formes et contextes d'une pratique magique*, BEHER 162, Turnhout, Brepols, p. 131–142.

Gunkel, Hermann, 1977. *Genesis*, 9e éd., Göttingen, Vandenhoeck & Ruprecht.

Hackett, Jo Ann, 1984. *The Balaam Text from Deir 'Allā*, Chico, Scholars Press.

Hagedorn, Anselm C., 2011. *Die Anderen im Spiegel. Israels Auseinandersetzung mit den Völkern in den Büchern Nahum, Zefanja, Obadja und Joel*, BZAW 414, Berlin, de Gruyter.

Hallaschka, Martin, 2011. *Haggai und Sacharja 1–8. Eine redaktionsgeschichtliche Untersuchung*, BZAW 411, Berlin, de Gruyter.

Hallermayer, Michaela, 2008. *Text und Überlieferung des Buches Tobit*, DCLS 3, Berlin, de Gruyter.

Hamidovic, David, 2017. « Illness and Healing through Spell and Incantation in the Dead Sea Scrolls », dans Bhayro et Rider 2017, p. 81–96.

Hamori, Esther J., 2010. « The Spirit of Falsehood », *CBQ* 72, p. 15–30.

Hanhart, Robert, 1983 a. « Die Septuaginta als Interpretation und Aktualisierung. Jesaja 9 :1 (8 :23)-7(6) », dans Alexander Rofé et Yair Zakovitch (dir.), *Isaac Leo Seligmann Volume : Essays on the Bible and the Ancient World*, vol. 3, Jerusalem,

E. Rubinstein's Publishing, p. 331–246 (republié dans Robert Hanhart et Reinhard G. Kratz [dir.], *Studien zur Septuaginta und zum hellenistischen Judentum*, FAT 24, Tübingen, Mohr Siebeck 1999, p. 95–109).

Hanhart, Robert, 1983 b. *Tobit*, Septuaginta. Vetus Testamentum Graecum 8/5, Göttingen, Vandenhoeck & Ruprecht.

Hanhart, Robert, 1984. *Text und Textgeschichte des Buches Tobit*, MSU 17, Göttingen, Vandenhoeck & Ruprecht.

Hanhart, Robert et Spieckermann, Hermann, 2004. *The Septuagint Version of Isaiah and Cognate Studies*, FAT I/40, Tübingen, Mohr Siebeck.

Hanson, Paul D., 1977. « Rebellion in Heaven : Azazel, and Euhemeristic Heroes in 1 Enoch 6–11 », *JBL* 96, p. 195–233.

Hanson, Paul D., 2000. *Isaiah 40–66*, Louisville, John Knox Press.

Harding, James, 2005. « A Spirit of Deception in Job 4:15 ? Interpretive Indeterminacy and Eliphaz's Vision », *BibInt* 13, p. 137–166.

Harl, Marguerite, 1986. *La Bible d'Alexandrie 1 : La Genèse*, Paris, Cerf.

Harlé, Paul et Pralon, Didier, 1988. *La Bible d'Alexandrie 3 : Le Lévitique*, Paris, Cerf.

Harper, Joshua L., 2015. *Responding to a Puzzled Scribe : The Barberini Version of Habakkuk 3 Analyzed in the Light of the Other Greek Versions*, LHBOTS 608, London, Bloomsbury.

Harris, William V., 2009. *Dreams and Experience in Classical Antiquity*, Cambridge, Harvard University Press.

Hartenstein, Friedhelm, 2007. « Cherubim and Seraphim in the Bible and in the Light of Ancient Near Eastern Sources », dans Reiterer, Nicklas et Schöpflin 2007, p. 155–188.

Hartley, John E., 1988. *The Book of Job*, NICOT, Grand Rapids, Eerdmans.

Hatch, William H.P., 1908. « The Use of *Aliterios, Alitros, Araios, Enages, Enthymios, Palamnaios* : A Stuy in Greek Lexicography », *HSCP* 19, p. 157–186.

Hauspie, Katrin, 2016. « Tobit/DasBuchTobit/Tobias » dans Siegfried Kreuzer (dir.), *Handbuch zur Septuaginta (LXX.H) 1 : Einleitung in die Septuaginta*, Gütersloh, Gütersloher Verlagshaus, p. 289–298.

Hays, Christopher B., 2007. « "Lest Ye Perish in the Way" : Ritual and Kinship in Exodus 4:24–26 », *HS* 48, p. 39–54.

Hayward, Robert, 2007. « Observations on Idols in Septuagint Pentateuch », dans Stephen C. Barton (dir.), *Idolatry : False Worship in the Bible, Early Judaism and Christianity*, T & T Clark Theology, London, T & T Clark, p. 40–57.

Heater, Homer, 1982. *A Septuagint Translation Technique in the Book of Job*, CBQMS 11, Washington, The Catholic Biblical Association of America.

Heeßel, Nils P., 2002. *Pazuzu. Archäologische und philologische Studien zu einem altorientalischen Dämon*, AMD 4, Leiden, Brill-Styx.

Heeßel, Nils P., 2011. « Evil against Evil : The Demon Pazuzu », dans Capomacchia et Verderame 2011, p. 357–368.

Heeßel, Nils P., 2017. « Mesopotamian Demons – Foreign and Yet Native Powers ? », dans Römer et al. 2017, p. 15–29.

Heiser, Michael S., 2008. « Does Deuteronomy 32:17 Assume or Deny the Reality of Other Gods ? », bt 59, p. 137–145.

Hempel, Johannes, 1925. « Die israelitischen Anschauungen von Segen und Fluch im Lichte altorientalischer Parallelen », *ZDMG* 79, p. 20–110.

Henten, Jan Willem van, 1999. « Angel. II », *DDD*, p. 50–53.

Henze, Matthias, 2005. « Psalm 91 in Premodern Interpretation and at Qumran », dans id. (dir.), *Biblical Interpretation at Qumran*, Studies in the Dead Sea Scrolls and Related Literature, Grand Rapids, Eerdmans, p. 168–193.

Herrmann, Christian, 1994. *Ägyptische Amulette aus Palästina/Israel I. Mit Einem Ausblick auf ihre Rezeption durch das Alte Testament*, Göttingen, Vandenhoeck & Ruprecht ; Freiburg, Universitätsverlag.

Herrmann, Christian, 2002. *Ägyptische Amulette aus Palästina/Israel II*, Göttingen, Vandenhoeck & Ruprecht ; Freiburg, Universitätsverlag.

Herter, Hans, 1950, « Böse Dämonen im frühgriechischen Volksglauben », *Rheinisches Jahrbuch für Volkskunde*, p. 112–143.

Hild, J.A., 1892. « Daemon », dans Charles Daremberg (dir.), *Dictionnaire des Antiquités gréco-romaines*, vol. 2, Paris, Hachette, p. 9–19.

Hill, David, 1967. *Greek Words and Hebrew Meanings : Studies in the Semantics of Soteriological Terms*, Monograph Series of The Society for New Testament Studies 5, Cambridge, Cambridge University Press.

Hillers, Delbert R., 1964. *Treaty-Curses and the Old Testament Prophets*, Rome, Pontifical Biblical Institute.

Hillers, Delbert R., 1983. « The Effective Simile in Biblical Literature », *JAOS* 103, p. 181–185.

Himbaza, Innocent, 2002. « Dt 32,8, une correction tardive des scribes. Essai d'interprétation et de datation », *Bib* 83, p. 527–548.

Hirth, Volkmar, 1975. *Gottes Boten im Alten Testament. Die alttestamentliche Mal'ak-Vorstellung unter besonderer Berücksichtigung des Mal'ak-Jahwe-Problems*, Theologische Arbeiten 32, Berlin, Evangelische Verlagsanstalt.

Hoftijzer, Jacob et Van der Kooij, Gerrit (dir.), 1991. *The Balaam Texts from Deir ʿAlla Re-Evaluaed : Proceedings of the International Symposium Held at Leiden 21–24 August 1989*, Leiden, Brill.

Hoftijzer, Jacob et Van der Kooij, Gerrit, 1976. *Aramaic Texts from Deir ʿAlla*, Leiden, Brill.

Hogan, Karina Martin, 1999. « The Exegetical Background of the "Ambiguity of Death" in the Wisdom of Solomon », *JSJ* 30, p. 1–24.

Hogan, Larry P., 1992. *Healing in the Second Temple Period*, NTOA 21, Fribourg, Presses Universitaires ; Göttingen, Vandenhoeck & Ruprecht.

Honigman, Sylvie, 2003. *The Septuagint and Homeric Scholarship in Alexandria : A Study in the Narrative of the "Letter of Aristeas"*, London, Routledge.

Horst, Pieter W. van der et Newman, Judith H., 2008. *Early Jewish Prayers in Greek*, CEJL, Berlin, de Gruyter.

Horst, Pieter W. van der, 2013. « Biblical Quotations in Judaeo-Greek Inscriptions », dans Bart J. Koet, Steve Moyise et Joseph Verheyden (dir.), *The Scriptures of Israel in Jewish and Christian Tradition : Essays in Honour of Maarten J.J. Menken*, NovTSup 148, Leiden, Brill, p. 363–376.

Hossfeld, Frank Lothar et Zenger, Eric, 2005. *Psalms 2 : A Commentary on Psalms 51–100*, Hermeneia, Minneapolis, Fortress.

Hossfeld, Frank Lothar et Zenger, Eric, 2011. *Psalms 3 : A Commentary on Psalms 101–150*, Hermeneia, Minneapolis, Fortress.

Hubert, Henri et Mauss, Marcel, 1899. « Essai sur la nature et la fonction du sacrifice », *Année sociologique*, tome II, p. 29–138.

Hübner, Ulrich, 1993. « Das ikonographische Repertoire der Ammonitischen Siegel », dans Sass et Uehlinger 1993, p. 130–160.

Hugo, Philippe, 2006. « Le Grec ancien des livres des Règnes. Une histoire et un bilan de la recherche », dans Yohanan A.P. Goldman et al. (dir.), *Sôfer Mahîr : Essays in Honour of Adrian Schenker*, VTSup 110, Leiden, Brill, p. 113–141.

Hüllstrung, Wolfgang, 2003. « Wer versuchte wen zu töten ? Ein Beitrag zum Verständnis von Exodus 4,24–26 », dans Lange, Lichtenberger et Römheld 2003, p. 182–196.

Hundley, Michael B., 2013. « Here a God, There a God : An Examination of the Divine in Ancient Mesopotamia », *AoF* 40, p. 68–107.

Hutter, Manfred, 1999 a. « Asmodaeus », *DDD*, p. 106–108.

Hutter, Manfred, 1999 b. « Lilith », *DDD*, p. 520–521.

Hutter, Manfred, 2007. « Demons and Benevolent Spirits in the Ancient Near East : A Phenomenological Overview », dans Reiterer, Nicklas et Schöpflin 2007, p. 21–34.

Instone-Brewer, David, 2001. « Corinthians 7 in the Light of the Graeco-Roman Marriage and Divorce Papyri », *TynBul* 52, p. 101–116.

Irsigler, Hubert, 2002. *Zefanja*, HThKAT, Freiburg, Herder.

Isaacs, Marie E., 1976. *The Concept of Spirit : A Study of Pneuma in Hellenistic Judaism and Its Bearing on the New Testament*, London, Heytrop College.

Isbell, Charles S., 1975. *Corpus of the Aramaic Incantation Bowls*, Missoula, Society of Biblical Literature.

Jameson, Michael H., Jordan, David R. et Kotansky, Roy D., 1993. *A Lex Sacra from Selinous*, GRBS Monographs 11, Durham, Duke University.

Janko, Richard, 2013. « The Hexametric Incantations against Witchcraft in the Getty Museum : From Archetype to Exemplar », dans Faraone et Obbink 2013, p. 31–56.

Janowski, Bernd, 1993. « Repräsentanten der gegenmenschlichen Welt. Ein Beitrag zur biblischen Dämonologie », dans David Trobisch (dir.), *In dubio pro deo. Heidelberger*

Resonanzen auf den 50. Geburtstag von Gerd Theißen am 24. April 1993, Heidelberg, impression privée, p. 154–163.

Janowski, Bernd, 1999 a. « Azazel », *DDD*, p. 128–131.

Janowski, Bernd, 1999 b. « Satyrs », *DDD*, p. 732–733.

Janowski, Bernd, 2003. « Jenseits von Eden. Gen 4,1–16 und die nichtpriesterliche Urgeschichte », dans Lange, Lichtenberger et Römheld 2003, p. 137–159.

Janowski, Bernd et Wilhelm, Gernot, 1993. « Der Bock, der die Sünden hinausträgt. Zur Religionsgeschichte des Azazel-Ritus Lev 16,10.21 », dans Janowski, Koch et Wilhelm 1993, p. 109–169.

Janowski, Bernd, Koch, Klaus et Wilhelm, Gernot (dir.), 1993. *Religionsgeschichtliche Beziehungen zwischen Kleinasien, Nordsyrien und dem Alten Testament. Internationales Symposion Hamburg 17.–21. März 1990*, OBO 129, Freiburg, Universitätsverlag ; Göttingen, Vandenhoeck & Ruprecht.

Japhet, Sara, 1989. *The Ideology of the Book of Chronicles and Its Place in Biblical Thought*, 2e éd. révisée, BEATAJ 9, Frankfurt, P. Lang.

Jastrow, Marcus, 1903. *A Dictionary of the Targumim, the Talmud Babli and Yerushalmi, and the Midrashic Literature*, London, Luzac.

Jeffers, Ann, 1996. *Magic and Divination in Ancient Palestine and Syria*, Leiden, Brill.

Joannès, Francis, 2007. « Le rituel de l'audience en Mésopotamie. Au Ier millénaire avant notre ère », dans Jean-Pierre Caillet (dir.), *L'audience. Rituels et cadres spatiaux dans l'Antiquité et le haut Moyen Âge*, Textes, images et monuments de l'Antiquité au Haut Moyen Âge, Paris, Picard, p. 33–48.

Johnston, Sarah I., 1995. « Defining the Dreadful : Remarks on the Greek Child Killing Demon », dans Meyer et Mirecki 1995, p. 363–387.

Johnston, Sarah I., 1999. Restless Dead : Encounters between the Living and the Dead in Ancient Greece, Berkeley, University of California Press.

Johnston, Sarah I. et Graf, Fritz, 2013. *Ritual Texts for the Afterlife : Orpheus and the Bacchic Gold Tablets*, 2e éd., London, Routledge.

Joosten, Jan, 2014. « The Verb גער "to Exorcize" in Qumran Aramaic and Beyond », *DSD* 21, p. 347–355.

Jordan, David R., 1992. « The Inscribed Lead Tablet from Phalasarna », *ZPE* 94, p. 191–194.

Jordan, David R., 2000. « New Greek Curse Tablets (1985–2000) », *GRBS* 41, p. 5–46.

Jouanna, Jacques, 1987. « Le souffle, la vie et le froid. Remarques sur la famille de ψύχω d'Homère à Hippocrate », *REG* 100, p. 203–224.

Joüon, Paul et Muraoka, Takamitsu, 2006. *A Grammar of Biblical Hebrew*, 2e éd., SubBi 27, Rome, Pontifical Biblical Institute.

Kaiser, Otto, 1980. *Isaiah 13–39 : A Commentary*, trad. Richard A. Wilson, OTL, London, SCM Press.

Kaizer, Ted, 1997. « *De Dea Syria et aliis deabusque : A Study of the Variety of Appearances of Gad in Aramaic Inscriptions and on Sculptures from the Near East in the First Three Centuries AD (Part 1)* », OLP 28, p. 147–166.

Kaizer, Ted, 1998. « *De Dea Syria et aliis deabusque : A Study of the Variety of Appearances of Gad in Aramaic Inscriptions and on Sculptures from the Near East in the First Three Centuries AD* (*Part* 2) », OLP 29, p. 33–62.

Kaper, Olaf Ernst, 2003. *The Egyptian God Tutu : A Study of the Sphinx-God and Master of Demons with a Corpus of Monuments*, OLA 119, Leuven, Peeters.

Kató, Szabolcs Ferencz, 2012. « Entdämonisierung von Dtn 32:24 », *VT* 62, p. 636–641.

Katz, Peter, 1947. « Notes and Studies : Notes on the Septuagint V–VII », *JTS* 48, p. 194–196.

Kauhanen, Tuukka, 2012. *The Proto-Lucianic Problem in 1 Samuel*, De Septuaginta Investigationes 3, Göttingen, Vandenhoeck & Ruprecht.

Kauhanen, Tuukka, 2018. *Lucifer of Cagliari and the Text of 1–2 Kings*, SBL.SCSt 68, Atlanta, SBL Press.

Kaupel, Heinrich, 1935–36. « Sirenen in der LXX », *BZ* 23, p. 158–165.

Keel, Othmar, 1993. *Dieu répond à Job. Une interprétation de Job 38–41 à la lumière de l'iconographie du Proche-Orient ancien*, trad. Françoise Smyth-Florentin, Lectio Divina Commentaires 2, Paris, Cerf.

Keel, Othmar, 1997. *The Symbolism of the Biblical World : Ancient Near Eastern Iconography and the Book of Psalms*, trad. Timothy J. Hallett, Winona Lake, Eisenbrauns.

Keel, Othmar, 2003. « Schwache alttestamentliche Ansätze zur Konstruktion einer stark dualistisch getönten Welt », dans Lange, Lichtenberger et Römheld 2003, p. 211–236.

Keel, Othmar et Uehlinger, Christoph, 2001. *Dieux, déesses et figures divines. Les sources iconographiques de l'histoire de la religion d'Israël*, Paris, Cerf.

Kim, Hyun Chul Paul, 2004. « The Song of Moses (Deuteronomy 32.1 43) in Isaiah 40–55 », dans J. Harold Ellens et al. (dir.), *God's Word for Our World : Vol. 1 : Theological and Cultural Studies in Honor of Simon John De Vries*, JSOTSup 388, London, T & T Clark, 2004, p. 147–171.

Kindt, Julia, 2016. *Revisiting Delphi : Religion and Storytelling in Ancient Greece*, Cambridge Classical Studies, Cambridge, Cambridge University Press.

Kitz, Anne Marie, 2016. « Demons in the Hebrew Bible and the Ancient Near East », *JBL* 135, p. 447–464.

Klein, Ralph W., 2006. *1 Chronicles : A Commentary*, Hermeneia, Minneapolis, Fortress Press.

Knauf, Ernst Axel, 1999. « Shadday », *DDD*, p. 749–753.

Knauf, Ernst Axel, 2019. *1 Könige 15–22*, HThKAT, Freiburg, Herder.

Kneucker, Johann J., 1879. *Das Buch Baruch. Geschichte und Kritik, Übersetzung und Erklärung auf Grund des wiederhergestellten hebräischen Urtextes, mit einem Anhang über den pseudepigraphischen Baruch*, Leipzig, Brockhaus.

Koch, Klaus, 1976. « Šaddaj. Zum Verhältnis zwischen israelitischer Monolatrie und nordwest-semitischem Polytheismus », *VT* 26, p. 299–332.

Koch, Klaus, 1980. « חטאת ḥaṭṭā't », *TDOT* 4, p. 309–319.

Köckert, Matthias, 2003. « War Jakobs Gegner in Gen 32,23–33 ein Dämon ? », dans Lange, Lichtenberger et Römheld 2003, p. 160–181.

Kogan, Leonid, 2015. « Semitic Etymology in a Biblical Hebrew Lexicon : The Limits of Usefulness », dans Eberhard Bons et al. (dir.), *Biblical Lexicology : Hebrew and Greek : Semantics – Exegesis – Translation*, BZAW 443, Berlin, de Gruyter, p. 83–102.

Kolarcik, Michael, 1991. *The Ambiguity of Death in the Book of Wisdom 1–6 : A Study of Literary Structure and Interpretation*, AnBib 127, Rome, Pontifical Biblical Institute.

Kollmann, Bernd, 1994. « Göttliche Offenbarung magisch-pharmakologischer Heilkunst im Buch Tobit », *ZAW* 106, p. 289–299.

Konstantopoulos, Gina V., 2017. « Shifting Alignments : The Dichotomy of Benevolent and Malevolent Demons in Mesopotamia », dans Bhayro et Rider 2017, p. 19–38.

Körting, Corinna, 2010. « Text and Context : Ps 91 and 11QPsAp[a] », dans Erich Zenger (dir.), *The Composition of the Book of Psalms*, BETL 238, Leuven, Peeters, p. 567–577.

Kotansky, Roy, 1991. « Incantations and Prayers for Salvation on Inscribed Greek Amulets », dans Faraone et Obbink 1991, p. 107–137.

Kotansky, Roy, 1995. « Greek Exorcistic Amulets », dans Meyer et Mirecki 1995, p. 243–277.

Kotansky, Roy, Naveh, Joseph et Shaked, Shaul, 1992. « A Greek-Aramaic Silver Amulet from Egypt in the Ashmolean Museum », *Le Muséon* 105, p. 5–25.

Kouremenos, Theokritos, Parássoglou, George M. et Tsantsanoglou, Kyriakos, 2006. *The Derveni Papyrus*, Studi e testi per il corpus dei papiri filosofici greci e latini 13, Firenze, Olschki.

Kousolis, Panagiotis, 2011. *Ancient Egyptian Demonology : Studies on the Boundaries between the Demonic and the Divine in Egyptian Magic*, OLA 175, Leuven, Peeters.

Krahmalkov, Charles Richard, 2000. *Phoenician-Punic Dictionary*, OLA 90, Leuven, Peeters.

Kraus, Thomas J., 2005. « Septuaginta-Psalm 90 in apotropäischer Verwendung. Vorüberlegungen für eine kritische Edition und (bisheriges) Datenmaterial », *BN* 125, p. 39–73.

Kraus, Thomas J., 2007. « Psalm 90 der Septuaginta in apotropäischer Verwendung – erste Anmerkungen und Datenmaterial », dans Jaakko Frösén, Tiina Purola et Erja Salmenkivi (dir.), *Proceedings of the 24th International Congress of Papyrology, Helsinki, 1–7 August, 2004*, vol. 1, Commentationes Humanarum Litterarum 122, Helsinki, Societas Scientarum Fennica, p. 497–514.

Kraus, Thomas J., 2018. « Greek Psalm 90 (Hebrew Psalm 91) – the Most Widely Attested Text of the Bible », *BN* 176, p. 47–63.

Kugel, James L., 2012. *A Walk through Jubilees : Studies in the Book of "Jubilees" and the World of Its Creation*, JSJSup 156, Leiden, Brill.

Kurth, Dieter, 2003. « Suum cuique. Zum Verhältnis von Dämonen und Göttern im alten Ägypten », dans Lange, Lichtenberger et Römheld 2003.

Lackenbacher, Sylvie, 1971. « Note sur l'Ardat Lili », *RA* 65, p. 119–154.

Lahey, Lawrence, 2015. « The Additions to Daniel », dans Aitken 2015, p. 555–567.

Lambek, Michael (dir.), 1998. *Bodies and Persons : Comparative Perspectives from Africa and Melanesia*, Cambridge, Cambridge University Press.

Lambert, Wilfred G., 1970. « Fire Incantations », *AfO* 23, p. 39–45.

Lanfranchi, Pierluigi, 2006. *L'Exagoge d'Ezéchiel le Tragique*, SVTP 21, Leiden Brill.

Lang, Bernhard, 2001. « Zwischenwesen », dans Hubert Cancik et al. (dir.), *Handbuch religionswissenschaftlicher Grundbegriffe*, Stuttgart, Kohlhammer.

Lange, Armin, Lichtenberger, Hermann et Römheld, K.F. Diethard (dir.), 2003. *Die Dämonen. Die Dämonologie der israelitisch-jüdischen und frühchristlichen Literatur im Kontext ihrer Umwelt / Demons : The Demonology of Israelite-Jewish and Early Christian Literature in Context of their Environment*, Tübingen, Mohr Siebeck.

Langton, Edward, 1949. *Essential of Demonology : A Study of Jewish and Christian Doctrine*, London, Epworth Press.

Law, Timothy M. et Kauhanen, Tuukka, 2010. « Methodological Remarks on the Textual History of Reigns : A Response to Siegfried Kreuzer », *BIOSCS* 43, p. 75–89.

Le Boulluec, Alain et Sandevoir, Pierre, 1989. *La Bible d'Alexandrie 2 : Exode*, Paris, Cerf.

Le Goff, Jacques, 1985. *L'imaginaire médiéval*, Paris, Gallimard.

Leclerq-Marx, Jacqueline, 2005. « La sirène et l'(ono)centaure dans le *Physiologus* grec et latin et dans quelques bestiaires. Le texte et l'image », dans Baudouin van den Abeele (dir.), *Bestiaires médiévaux. Nouvelles perspectives sur les manuscrits et les traditions textuelles. Communications présentées au XV*[e] *Colloque de la Société Internationale Renardienne (Louvain-la-Neuve, 19–22.08.2003)*, Louvain-la-Neuve, Institut d'études médiévales de l'Université catholique de Louvain, p. 169–182.

Lee, Archie Chi Chung, 1990. « The Context and Function of the Plagues Tradition in Psalm 78 », *JSOT* 48, p. 83–89.

Lee, John A.L., 2014. « The Literary Greek of Septuagint of Isaiah », *Semitica et Classica* 7, p. 135–146.

Lee, John A.L., 2018. *The Greek of the Pentateuch : Grinfield Lectures on the Septuagint 2011–2012*, Oxford, Oxford University Press.

Leick, Gwendolyn (dir.), *The Babylonian World*, New York, Routledge, p. 389–399.

Leitz, Christian, 1994. *Tagewählerei. Das Buch* ḥ3t nḥḥ pḥ.wy ḏt *und werwandte Texte*, vol. 2, Wiesbaden, Harassowitz.

Leitz, Christian, 1999. *Magical and Medical Papyri of the New Kingdom*, London, British Museum Press.

Leitz, Christian (dir.), 2002. *Lexikon der ägyptischen Götter und Götterbezeichnungen*, voll. I–VII, OLA 110–116, Leuven, Peeters.

Leitz, Christian, 2004. « Deities and Demons : Egypt », dans Sarah I. Johnston (dir.), *Religions of the Ancient World : A Guide*, Cambridge, Harvard University Press, p. 392–396.

Lemaire, André et Durand, Jean-Marie, 1984. *Les inscriptions araméennes de Sfiré et l'Assyrie de Shamshi-Ilu*, Hautes études orientales 20, Genève, Droz.

Lemaire, André, 2008. « Amulettes personnelles et domestiques en phénicien et en hébreu (Ier millénaire av. n. è.) et la tradition juive des tefillin et mezuzot », dans Constantin Bobas et al. (dir.), *Croyances populaires, rites et représentations en Méditerranée orientale. Actes du Colloque de Lille (2–4 décembre 2004)*, Athènes, Imprimerie de l'Université d'Athènes, p. 85–96.

Lemmelijn, Bénédicte, 2001. « Two Methodological Trails in Recent Studies on the Translation Technique of the Septuagint », dans Raija Sollamo et Seppo Sipilä (dir.), *Helsinki Perspectives on the Translation Technique of the Septuagint*, Publications of the Finnish Exegetical Society in Helsinki 82, Helsinki, The Finnish Exegetical Society ; Göttingen, Vandenhoeck & Ruprecht, p. 43–63.

Lenzo, Giuseppina, à paraître. « Divine Names and Titles in Ancient Egypt : The Case of the God Shed », *Archiv für Religionsgeschichte*.

Leproux, Alexis, 2007. *Un discours de Sagesse. Étude exégétique de Sg 7–8*, AnBib 167, Rome, Institut Biblique Pontifical.

Leuchter, Mark, 2007. « Why Is the Song of Moses in the Book of Deuteronomy ? », *VT* 57, p. 295–317.

Leuenberger, Martin, 2015. *Haggai*, HThKAT, Freiburg, Herder.

Leuenberger, Martin, 2020. « Haggai in the Book of Twelve », dans Lena-Sofia Tiemeyer et Jakob Wöhrle (dir.), *The Book of Twelve*, VTSup 184, Leiden, Brill, p. 225–237.

Levine, Baruch A., 1989. *Leviticus : The Traditional Hebrew Text with the New JPS Translation*, The JPS Torah Commentary, Philadelphia, The Jewish publication Society.

Levine, Baruch A., 2000. « The Deir 'Alla Plaster Inscriptions (2.27) », *COS* 2, p. 140–145.

Levison, John R., 1988. *Portraits of Adam in Early Judaism : From Sirach to 2 Baruch*, JSPSup 1, Sheffield, JSOT Press.

Levison, John R., 2009. *Filled with the Spirit*, Grand Rapids, Eerdmans.

Levtow, Nathaniel B., 2008. *Images of Others : Iconic Politics in Ancient Israel*, Biblical and Judaic Studies 11, Winona Lake, Eisenbrauns.

Lewis, Theodore J., 2011. « 'Athtartu's Incantations and the Use of Divine Names as Weapons », *JNES* 70, p. 207–227.

Lhôte, Éric, 2006. *Les lamelles oraculaires de Dodone*, Hautes Études du Monde Gréco-romain 36, Droz, Genève.

Li Causi, Pietro, 2003, « L'invasione dei mostri e il dibattito sull'esistenza dei centauri », dans Fabio Gasti et Elisa Romano (dir.), *"Buoni per pensare". Gli animali nella letteratura e nel pensiero dell'antichità. Atti della II giornata ghisleriana di filologia classica, Pavia, 18–19 aprile 2002*, Pavia, Collegio Ghisleri, p. 183–206.

Lichtenberger, Hermann, 2003. « Ps 91 und die Exorzismen in 11QPsAp[a] », dans Lange, Lichtenberger et Römheld 2003, p. 416–421.

Lidov, Joel, 2016. « Songs for Sailors and Lovers », dans Anton Bierl and André Lardinois (dir.), *The Newest Sappho : P. Sapph. Obbink and P. GC inv. 105, Frs. 1–4 : Studies in Archaic and Classical Greek Song*, Leiden, Brill, p. 55–109.

Lilly, Ingrid E., 2016 a. « Conceptualizing Spirit : Supernatural Meteorology and Winds of Distress in the Hebrew Bible and the Ancient Near East », dans Joel Baden, Hindy Najman et Eibert Tigchelaar (dir.), *Sibyls, Scriptures, and Scrolls : John Collins at Seventy*, JSJSup 175, Leiden, Brill, p. 826–844.

Lilly, Ingrid E., 2016 b. « *Rûaḥ* Embodied : Job's Internal Disease from the Perspective of Mesopotamian Medicine », dans Annette Weissenrieder (dir.), *Borders : Terminologies, Ideologies, and Performances*, Tübingen, Mohr Siebeck, p. 323–336.

Lipiński, Edward, 1994. *Studies in Aramaic Inscriptions and Onomastics*, vol. 2, OLA, Leuven, Leuven University Press.

Lipiński, Edward, 1995. « Shadday, Shadrapha et le dieu Satrape », *ZAH* 8, p. 247–274.

Lipiński, Edward, 1999. « *R[e]sâfîm* : From Gods to Birds of Prey », dans Armin Lange, Hermann Lichtenberger et K.F. Diethard Römheld (dir.), *Mythos im Alten Testament und seiner Umwelt. Festschrift für Hans-Peter Müller zum 65. Geburtstag*, Berlin, de Gruyter, p. 255–259.

Lipiński, Edward, 2009. *Resheph : A Syro-Canaanite Deity*, OLA 181, Leuven, Peeters.

Lipiński, Edward et Baurain, Claude, 1992. *Dictionnaire de la civilisation phénicienne et punique*, Turnhout, Brepols.

Littman, Robert J., 2008. *Tobit : The Book of Tobit in Codex Sinaiticus*, Septuagint Commentary Series, Leiden, Brill.

Liverani, Mario, 1974. « Proposte sul secondo incantesimo di Arslan Tash », *RSF* 2, p. 35–38.

Liverani, Mario, 2003. *Oltre la Bibbia. Storia antica di Israele*, Roma, Laterza.

Llewelyn, Stephen R., 1998. *New Documents Illustrating Early Christianity : Vol. 8, A Review of the Greek Inscriptions and Papyri Published in 1984–85*, Ancient History Documentary Research Centre, Macquarie University ; Grand Rapids, Eerdmans.

Lloyd, Geoffrey, 2007. « Pneuma between Body and Soul », *The Journal of the Royal Anthropological Institute* 13, p. 135–146.

Loader, William, 2014. « Genesis 3,16–19 LXX in Reception : Observations on its Use in Early Judaism and Christianity to ca 100 CE », dans Wolfgang Kraus et Siegfried Kreuzer (dir.), *Die Septuaginta-Text, Wirkung, Rezeption, 4. Internationale*

Fachtagung veranstaltet von Septuaginta Deutsch (LXX.D), Wuppertal 19.–22. Juli 2012, WUNT I/325, Tübingen, Mohr Siebeck, p. 381–391.

Loiseau, Anne-Françoise, 2013. « Gen 4,7, une ancienne formule démonologique modifiée par les scribes ? », *ZAW* 125, p. 479–482.

Loiseau, Anne-Françoise, 2016. *L'influence de l'araméen sur les traducteurs de la LXX principalement, sur les traducteurs grecs postérieurs, ainsi que sur les scribes de la Vorlage de la LXX*, Atlanta, Society of Biblical Literature.

Loud, Gordon, 1939. *The Megiddo Ivories*, OIP 52, Chicago, University of Chicago Press.

Louw, Theodorus van der, 2006. « Approaches in Translation Studies and Their Use for the Study of the Septuagint », dans Peters 2006, p. 17–28.

Louw, Theodorus van der, 2007. *Transformations in the Septuagint : Towards an Interaction of Septuagint Studies and Translation Studies*, Contributions to Biblical Exegesis and Theology 47, Leuven, Peeters.

Louw, Theodorus van der, 2013. « A Narratological Approach to the Septuagint ? », *ZAW* 125, p. 551–565.

Lucarelli, Rita, 2006. « Demons in the Book of Dead », dans Burkhard Backes et al., *Totenbuch-Forschungen. Gesammelte Beiträge des 2. Internationalen Totenbuch-Symposiums 2005*, Wiesbaden, Harassowitz, p. 203–212.

Lucarelli, Rita, 2009. « Popular Beliefs in Demons in the Late Period : The Evidence of the Oracular Amuletic Decrees », dans Gerald P.F. Broekman et al. (dir.), *The Libyan Period in Egypt : Historical and Cultural Studies into the 21st–24th Dynasties : Proceedings of a Conference at Leiden University, 25–27 October 2007*, Leiden, Nederlands Instituut voor het Nabije Oosten, p. 231–239.

Lucarelli, Rita, 2010 a. « Demons (Benevolent and Malevolent) », dans Willeke Wendrich et al. (dir.), *UCLA Encyclopedia of Egyptology*, Los Angeles, http://escholarship.org/uc/item/1r72q9vv, consulté le 20 février 2021.

Lucarelli, Rita, 2010 b. « Le formule magiche contro il mal di testa (papiro Chester Beatty V) e la demonizzazione delle malattie nell'antico Egitto », dans Cristiano Daglio (dir.), *Medicina Egizia*, Sassari, R.A.H.P. sas, p. 55–67.

Lucarelli, Rita, 2010 c. « The Guardian-Demons of the Book of the Dead », *British Museum Studies in Ancient Egypt and Sudan* 15, p. 85–102.

Lucarelli, Rita, 2011. « Demonology during the Late Pharaonic and Greco-Roman Periods in Egypt », *JANER* 11, p. 109–125.

Lucarelli, Rita, 2013. « Towards a Comparative Approach to Demonology in Antiquity : The Case of Ancient Egypt and Mesopotamia », dans id. (dir.) *Evil Spirits, Monsters and Benevolent Protectors : Demonology in Ancient Egypt and Mesopotamia (Conference at the Institute for the Study of the Ancient World, New York)*, *Archiv für Religionsgeschichte* 14, p. 11–25.

Lucarelli, Rita, 2017. « Illness as Divine Punishment : The Nature and Function of the Disease-Carrier Demons in the Ancient Egyptian Magical Texts », dans Bhayro et Rider 2017, p. 54–60.

Lundbom, Jack R., 2004. *Jeremiah 37–52 : A New Translation with Introduction and Commentary*, AB 21C, New York, Doubleday.

Lust, Johan, Eynikel, Erik et Hauspie, Katrin, 2003. *A Greek-English Lexicon of the Septuagint*, édition révisée, Stuttgart, Deutsche Bibelgesellschaft.

Lyons, W.J. et Reimer, A.M., 1998. « The Demonic Virus and Qumran Studies : Some Preventative Measures », *DSD* 5, p. 16–32.

Lys, Daniel, 1962. *Rûach. Le souffle dans l'Ancien Testament. Enquête anthropologique à travers l'histoire théologique d'Israël*, Études d'histoire et de philosophie religieuses, Paris, Presses universitaires de France.

Ma, John, 2008. « Paradigms and Paradoxes in the Hellenistic World », *Studi Ellenistici* 20, p. 371–385.

Macchi, Jean-Daniel, 2016. *Le Livre d'Esther*, CAT 14/e, Genève, Labor et Fides.

MacDonald, Nathan, 2012. *Deuteronomy and the Meaning of Monotheism*, 2e éd., Tübingen, Mohr Siebeck.

MacDonald, Nathan, 2013. « The Spirit of YHWH : An Overlooked Conceptualization of Divine », dans id. (dir.), *Divine Presence and Absence in Exilic and Post-Exilic Judaism*, FAT II/61, Tübingen, Mohr Siebeck, p. 95–120.

Mach, Michael, 1992. *Entwicklungsstadien des jüdischen Engelglaubens in vorrabbinischer Zeit*, TSAJ 34, Tübingen, Mohr.

Machiela, Daniel A., 2009. *The Dead Sea Genesis Apocryphon : A New Text and Translation with Introduction and Special Treatment of Columns 13–17*, STDJ 79, Leiden, Brill.

Machiela, Daniel A. et Perrin, Andrew B., 2014. « Tobit and the Genesis Apocryphon : Toward a Family Portrait », *JBL* 133, p. 111–132.

Mancini, Loredana, 2012. « Sirene del deserto. Animali mitici al crocevia di culture », *I quaderni del ramo d'oro on-line*, numero speciale, p. 151–176.

Mankowski, Paul V., 2000. *Akkadian Loanwords in Biblical Hebrew*, HSS 47, Winona Lake, Eisenbrauns.

Marganne, Marie-Hélène, 1981. « Un fragment du médecin Hérodote : P. Tebt. 2.272 », dans Roger S. Bagnall et al. (dir.), *Proceedings of the Sixteenth International Congress of Papyrology : New York, 24–31 July 1980*, American Studies in Papyrology 23, Chico, Scholar Press, p. 73–78.

Markwald, Georg, 1986. *Die homerischen Epigramme. Sprachliche und inhaltliche Untersuchungen*, Beiträge zur Klassischen Philologie 165, Königstein, A. Hain.

Marshall, Frederick H., 1916. *The Collection of Ancient Greek Inscriptions in the British Museum* IV/2, Oxford, Clarendon Press.

Marti, Lionel, 2017. « Anges ou démons ? Les êtres divins vus par les savants assyriens », dans Römer et al. 2017, p. 41–59.

Martin, Alain et Primavesi, Oliver, 1999. *L'Empédocle De Strasbourg (P. Strasb. gr. Inv. 1665–1666). Introduction, édition et commentaire*, Strasbourg, Bibliothèque nationale et universitaire ; Berlin, de Gruyter.

Martin, Dale Basil, 2010. « When Did Angels Become Demons ? », *JBL* 129, p. 657–677.

Mathews, Claire R., 1995. *Defending Zion : Edom's Desolation and Jacob's Restoration (Isaiah 34–35) in Context*, BZAW 236, Berlin, de Gruyter.

Mathieu, Bernard, 2011. « Seth polymorphe : le rival, le vaincu, l'auxiliaire », *Égypte Nilotique et Méditerranéenne* 4, p. 137–158.

Matoïan, Valérie, 2015. « Ḥoron et Shed à Ugarit. Textes et images », *UF* 46, p. 235–288.

Mayer Modena, Maria Luisa, 1982. « Il tabù linguistico e alcune denominazioni del serpente in semitico », *Acme* 35, p. 173–190.

McCarter, Peter Kyler, 1999. « Evil spirit of God », DDD, p. 319–320.

McCarter, Peter Kyle, 2000. « An Amulet from Arlsan Tash (2.86) », *COS* 2, p. 222–223.

McKane, William, 1996. *A Critical and Exegetical Commentary on Jeremiah : Volume II, Commentary on Jeremiah XXVI–LII*, ICC, Edinburgh, Clark.

McKenzie, Steven L., 2019. *1 Kings 16–2 Kings 16*, IECOT, Stuttgart, Kohlhammer.

Meeks, Dimitri, 1971. « Génies, anges et démons en Égypte », dans id. et al. (dir.), *Génies, anges et démons. Égypte, Babylone, Israël, Islam, peuples altaïques, Inde, Birmanie, Asie du Sud-Est, Tibet, Chine*, Sources Orientales 8, Paris, Seuil, p. 17–84.

Meeks, Dimitri, 2001. « Demons », dans Donald B. Redford (dir.), *The Oxford Enyclopedia of Ancient Egypt*, vol. 1, Oxford, University Press, p. 375–378.

Meier, Samuel, 1988. *The Messenger in the Ancient Semitic World*, HSM 45, Atlanta, Scholars Press.

Mein, Andrew, Holt, Else K., et Kim, Hyun Chul Paul (dir.), 2015. *Concerning the Nations : Essays on the Oracles against the Nations in Isaiah, Jeremiah and Ezekiel*, LHBOTS 612, London, Bloomsbury.

Mendenhall, George E., 1975. « Samuel's "Broken *Rîb*" : Deuteronomy 32 », dans James W. Flanagan et Gregory G. Baum (dir.), *No Famine in the Land : Studies in Honor of John L. McKenzie*, Missoula, Scholars Press, p. 63–74.

Mercati, Giovanni, 1955. « Osservazioni preliminari circa la versione barberiniana del Cantico di Abacuc », dans *Studi in Memoria di Ippolito Rosellini nel primo centenario della morte (4 giugno 1843)*, vol. 2, Pisa, Lischi, p. 156–180.

Meyboom, Paul G.P., 1995. *The Nile Mosaic of Palestrina : Early Evidence of Egyptian Religion in Italy*, RGRW 121, Leiden, Brill.

Meyer, Marvin et Mirecki, Paul (dir.), 1995. *Ancient Magic and Ritual Power*, RGRW 129, Leiden, Brill.

Meyer, Marvin et Smith, Richard, 1999. *Ancient Christian Magic : Coptic Texts of Ritual Power*, Princeton, Princeton University Press.

Meyer, Rudolf, 1961. « Die Bedeutung von Deuteronomium 32,8f.43 (4Q) für die Auslegung des Moseliedes », dans Arnulf Kuschke (dir.), *Verbannung und Heimkehr. Beiträge zur Geschichte und Theologie Israels im 6. und 5. Jahrhundert v. Chr. Wilhelm Rudolph zum 70. Geburtstag*, Tübingen, Mohr, p. 197–209.

Michalak, Aleksander R., 2012, *Angels as Warriors in Late Second Temple Jewish Literature*, WUNT II/330, Tübingen, Mohr Siebeck.

Milgrom, Jacob, 1991. *Leviticus 1–16 : A New Translation with Introduction and Commentary*, AB 3, New York, Doubleday.

Milik, Józef T., 1976 a. *The Books of Enoch : Aramaic Fragments of Qumrân Cave 4*, Oxford, Clarendon.

Milik, Józef T., 1976 b. « Une inscription nabatéenne et grecque à Pétra », *ADAJ* 21, p. 143–151.

Militarev, Alexander et Kogan, Leonid E., 2005. *Semitic Etymological Dictionary : Vol. 2 : Animal Names*, AOAT 278/2, Münster, Ugarit-Verlag.

Mizrahi, Noam et Patmore, Hector M., 2019. « Three Philological Notes on Demonological Terminology in the Songs of the Sage (4Q510 1 4–6) », *RevQ* 31, p. 239–250.

Montgomery, James A., 1913. *Aramaic Incantation Texts from Nippur*, Philadelphia, University Museum.

Moor, Johannes C. de, 1981–82. « Demons in Canaan », *JEOL* 27, p. 106–119.

Moor, Johannes C. de, 1988. « Oh Death, Where Is Thy Sting », dans Lyle Eslinger et Glen Taylor (dir.), *Ascribe to the Lord : Biblical & Other Essays in Memory of Peter C. Craigie*, JSOTSup 67, Sheffield, Sheffield Academic Press.

Moor, Johannes C. de., 1990. *The Rise of Yahwism : The Roots of Israelite Monotheism*, BETL 91, Leuven, Publications Universitaires.

Moore, Carey A., 1977. *Daniel, Esther and Jeremiah : The Additions*, AB 44, New York, Doubleday.

Morgan, Teresa, 1998. *Literate Education in the Hellenistic and Roman Worlds*, Cambridge Classical Studies, Cambridge, Cambridge University Press.

Motte, André, 1989. « La catégorie platonicienne du démonique », dans Ries et Limet 1989, p. 205–221.

Mouton, Alice, 2009. « Le "mauvais œil" d'après les textes cunéiformes hittites et méso-potamiens », dans Mohamad Ali Amir- Moezzi et al. (dir.), *Pensée grecque et sagesse d'Orient : Hommage à Michel Tardieu*, Bibliothèque de l'Ecole des hautes études, Section des sciences religieuses 142, Turnhout, Brepols, p. 425–439.

Müller, Hans-Peter, 1999. « Falsehood », *DDD*, p. 325–326.

Müller, Hans-Peter, 2003. « צִי ṣî », *TDOT* 12, p. 325–329.

Müller, Matthias, 2008. « Levantine Beschwörungen in ägyptischer Übersetzung », dans Bernd Janowski et Gernot Wilhelm (dir.), *Omina, Orakel, Ritual und Beschwörungen*, *TUAT*, Neue Folge 4, Gütersloh, Gütersloher Verlagshaus, p. 259–293.

Müller-Kessler, Christa, 2001. « Lilit(s) in der aramäisch-magischen Literatur der Spätantike. Teil I : Wüstenbeherrscherin, Baum-Lilit und Kindesräuberin », *AoF* 28, p. 338–352.

Mullen, E. Theodore, 1980. *The Divine Council in Canaanite and Early Hebrew Literature*, HSM 24, Chico, Scholars Press.

Mulroney, James A.E., 2016. *The Translation Style of Old Greek Habakkuk : Methodological Advancement in Interpretative Studies of the Septuagint*, FAT II /86, Tübingen, Mohr Siebeck.

Münnich, Maciej M., 2006. « What Did the Biblical Goat-Demons Look Like ? », *UF* 38, p. 525–535.

Münnich, Maciej M., 2013. *The God Resheph in the Ancient Near East*, Tübingen, Mohr Siebeck.

Muraoka, Takamitsu, 2001. « Translation Technique and Beyond », dans Raija Sollamo (dir.), *Helsinki Perspectives on the Translation Technique of the Septuagint : Proceedings of the IOSCS Congress in Helsinki 1999*, Göttingen, Vandenhoeck & Ruprecht, p. 13–22.

Muraoka, Takamitsu, 2009. *A Greek-English Lexicon of the Septuagint*, Louvain, Peeters.

Naveh, Joseph et Shaked, Saul, 1993. *Magic Spells and Formulae : Aramaic Incantations of Late Antiquity*, Jerusalem, Magnes Press.

Naveh, Joseph et Shaked, Saul, 1998. *Amulets and Magic Bowls : Aramaic Incantations of Late Antiquity*, 3e éd., Jerusalem, Magnes Press.

Naveh, Joseph, 1979. « A Nabatean Incantation Text », *IEJ* 29, p. 111–119.

Németh, György, 2013. « The Corpse Daemon Antinoos », dans Lucarelli 2013, p. 145–153.

Newsom, Carol A., 2017. « Toward a Genealogy of the Introspective Self in Second Temple Judaism », dans Mika S. Pajunen et Jeremy Penner (dir.), *Functions of Psalms and Prayers in the Late Second Temple Period*, BZAW 486, Berlin, de Gruyter, p. 63–79.

Nickelsburg, George W.E., 1977. « Apocalyptic and Myth in 1 Enoch 6–11 », *JBL* 96, p. 383–405.

Nickelsburg, George W.E., 2001. *1 Enoch : A Commentary on the Book of 1 Enoch*, Hermeneia, Minneapolis, Fortress Press.

Nicklas, Tobias et Wagner, Christian, 2003. « Thesen zur textlichen Vielfalt im Tobitbuch », *JSJ* 34, p. 141–159.

Niehr, Herbert et Steins, Georg, 1983. « *Šaddai* », *ThWAT* 7, coll. 1078–1104.

Niehr, Herbert, 1990. *Der höchste Gott. Alttestamentlicher JHWH-Glaube im Kontext syrisch-kanaanäischer Religion des 1. Jahrtausends v. Chr.*, BZAW 190, Berlin, de Gruyter.

Niehr, Herbert, 1991. « JHWH als Arzt. Herkunft und Geschichte einer alttestamentlichen Gottesprädikation », *BZ* 35, p. 3–17.

Niehr, Herbert, 2003. « Zur Entstehung von Dämonen in der Religionsgeschichte Israels. Überlegungen zum Weg des Rešep durch die nordwestsemitische Religionsgeschichte », dans Lange, Lichtenberger et Römheld 2003, p. 84–107.

Niehr, Herbert, 2014. « La religion dans les royaumes des Araméens en Syrie », dans Corinne Bonnet et Herbert Niehr, *La religions des Phéniciens et des Araméens. Dans le contexte de l'Ancien Testament*, MdB 66, Genève, Labor et Fides, p. 213–374.

Nigosian, Solomon A., 1997. « Linguistic Patterns of Deuteronomy 32 », *Bib* 78, p. 206–224.

Nihan, Christophe, 2006. « Saul among the Prophets (1 Sam 10:10–12 and 19:18–24) : The Reworking of Saul's Figure in the Context of the Debate on "Charismatic Prophecy" in the Persian Era », dans Carl S. Ehrlich et Marsha S. White (dir.), *Saul in Story and Tradition*, FAT I/47, Tübingen, Mohr Siebeck, p. 88–118.

Nihan, Christophe, 2007. *From Priestly Torah to Pentateuch : A Study in the Composition of the Book of Leviticus*, FAT II/25, Tübingen, Mohr Siebeck.

Nihan, Christophe, 2015. « Excès et démesure de la colère divine dans la Bible hébraïque », dans Jean-Marie Durand, Lionel Marti, Thomas Römer (dir.), *Colères et repentirs divins. Actes du colloque organisé par le Collège de France, Paris, les 24 et 25 Avril*, OBO 278, Fribourg, Academic Press ; Göttingen, Vandenhoeck & Ruprecht, p. 89–107.

Nihan, Christophe, 2017. « Les habitants des ruines dans la Bible hébraïque », dans Thomas Römer et al. 2017, p. 88–115.

Nihan, Christophe, à paraître. *The High Priest between History and Tradition : A Study of the Jewish High Priesthood and Its Representations in the Pre-Hasmonean Period.*

Nikiprowetzky, Valentin, 1980. « Sur une lecture démonologique de Philon d'Alexandrie, *De gigantibus*, 6–18 », dans Gérard Nahon et Charles Touati (dir.), *Hommage à Georges Vajda. études d'histoire et de pensée juives*, Louvain, Peeters, 1980, p. 43–71.

Nissinen, Martti, 2010. « Biblical Prophecy from a Near Eastern Perspective : The Cases of Kingship and Divine Possession », dans André Lemaire (dir.), *Congress Volume Ljubljana 2007*, VTSup 133, Leiden, Brill, p. 442–468.

Nissinen, Martti, 2017. *Ancient Prophecy : Near Eastern, Biblical, and Greek Perspectives*, Oxford, Oxford University Press.

Nowak, Herbert, 1960. *Zur Entwicklungsgeschichte des Begriffes Daimon. Eine Untersuchung epigraphischer Zeugnisse vom 5. Jh. v. Chr. bis zum 5. Jh. n. Chr.*, Thèse de doctorat, Université de Bonn.

Noy, David, Panayotov, Alexander, et Bloedhom, Hanswulf (dir.), 2004. *Inscriptiones Judaicae Orientis. Vol. 1, Eastern Europe*, Texte und Studien zum antiken Judentum = Texts and Studies in Ancient Judaism 101, Tübingen, Mohr Siebeck.

Nutkowicz, Hélène, 2006. *L'homme face à la mort au royaume de Juda. Rites, pratiques et représentations*, Patrimoines Judaïsme, Paris, Cerf.

Nutton, Vivian, 2004. *Ancient Medicine*, Sciences of Antiquity, London, Routledge.

Obbink, Dirk, 2014. « Two New Poems by Sappho », *ZPE* 198, p. 32–49.

Obbink, Dirk, 2015. « Provenance, Authenticity and Text of the New Sappho Papyri », communication présentée à la SCS, New Orleans, le 9 janvier 2015, http://www

.papyrology.ox.ac.uk/Fragments/SCS.Sappho.2015.Obbink.paper.pdf, consulté le 20 février 2021.

Ogden, Daniel, 2014. « Alexander, Agathos Daimon, and Ptolemy : The Alexandrian Foundation Myth in Dialogue », dans Naoise Mac Sweeney, (dir.), *Foundation Myths in Ancient Societies*, Philadelphia, University of Pennsylvania Press, p. 129–150.

Olofsson, Staffan, 2013. « The Non-Dependence of the Psalms Translator in Relation to the Translators of the Pentateuch », in Peters 2013, p. 625–644.

Olyan, Saul M., 2012. « Is Isaiah 40–55 Really Monotheistic ? », *JANER* 12, p. 190–201.

Olyan, Saul M., 1993. *A Thousand Thousands Served Him : Exegesis and the Naming of Angels in Ancient Judaism*, *TSAJ* 36, Tübingen, Mohr.

Ornan, Tallay, 1993. « Mesopotamian Influence on West Semitic Inscribed Seals », dans Sass et Uehlinger 1993, p. 52–73.

Otto, Eckart, 2009. « Moses Abschiedslied in Deuteronomium 32. Ein Zeugnis der Kanonsbildung in der hebräischen Bibel », dans id., *Die Tora. Studien zum Pentateuch. Gesammelte Aufsätze*, BZABR 9, Wiesbaden, Harrassowitz, p. 641–678.

Otto, Eckart, 2017. *Deuteronomium 12–34. Zweiter Teilband : 23,16–34,12*, HThKAT, Freiburg, Herder.

Otto, Rudolf, 1917. *Das Heilige. Über das Irrationale in der Idee des Göttlichen und sein Verhältnis zum Rationalen*, München, Beck.

Pace, Nicola, 1998. « Il canto delle Sirene in Ambrogio, Girolamo e altri Padri della Chiesa », dans Luigi Franco Pizzolato et Marco Rizzi (dir.), *Nec Timeo mori. Atti del Congresso internazionale di studi ambrosiani nel XVI centenario della morte di sant'Ambrogio, Milano, 4–11 aprile 1997*, Milano, Vita e Pensiero, p. 673–695.

Pachoumi, Eleni, 2013. « The Religious-Philosophical Concept of Personal Daimon and the Magico-Theurgic Ritual of Systasis in the Greek Magical Papyri », *Phil* 157, p. 46–69.

Pajunen, Mika, 2008. « Qumranic Psalm 91 : A Structural Analysis », dans Anssi Voitila et Jutta Jokiranta (dir.), *Scripture in Transition : Essays on Septuagint, Hebrew Bible, and Dead Sea Scrolls in Honour of Raija Sollamo*, JSJSup 126, Leiden, Brill, p. 591–605.

Pan, Yiting, 2016. *Le daimôn grec avant Platon et le gui chinois pré-Qin. Étude comparée de la créativité et création de traditions religieuses*, thèse de doctorat, EPHE, Paris.

Papoutsakis, Manolis, 2004. « Ostriches into Sirens : Towards an Understanding of a Septuagint Crux », *JJS* 55, p. 25–36.

Pardee, Dennis, 1988. *Les textes para-mythologiques de la 24e campagne (1961)*, Ras Shamra-Ougarit 4, Paris, Éditions Recherche sur la Civilisation.

Pardee, Dennis, 1998. « Les documents d'Arslan Tash : authentiques ou faux ? », *Syria* 75, p. 15–54.

Pardee, Dennis, 2000. *Les textes rituels*, Ras Shamra-Ougarit 12, Paris, Editions Recherche sur les Civilisations.

Parker, Robert, 1983. *Miasma : Pollution and Purification in Early Greek Religion*, Oxford, Clarendon.

Parry, Donald W., 2019. *Exploring the Isaiah Scrolls and Their Textual Variants*, Supplements to the Textual History of the Bible 3, Leiden, Brill.

Passoni Dell'Acqua, Anna, 2008. « La tradizione della traduzione. Riflessioni sul lessico del 'tradurre' nella Bibbia greca e nel giudaismo ellenistico », *Liber annuus* 58, p. 195–276.

Patera, Maria, 2005. « Comment effrayer les enfants. Le cas de Mormô/Mormolukê et du mormolukeion », *Kernos* 18, mis en ligne le 14 septembre 2011, consulté le 4 décembre 2017. URL : http://kernos.revues.org/1910 ; DOI : 10.4000/kernos.1910

Paul, Shalom M., 1983. « Job 4:15 – A Hair Raising Encounter », *ZAW* 95, p. 119–21.

Payne Smith, Robert, 1879. *Thesaurus Syriacum*, 2 voll., Oxford, Clarendon Press.

Perrin, Andrew B., 2014. « An Almanac of Tobit Studies : 2000–2014 », *CurBR* 13, p. 107–142.

Peters, Melvin K.H (dir.), 2006. *XII Congress of the IOSCS, Leiden, 2004*, SBL.SCSt 54, Atlanta, Society of Biblical Literature.

Peters, Melvin K.H (dir.), 2013. *XIV Congress of the IOSCS, Leiden, 2010*, SBL.SCSt 59, Atlanta, Society of Biblical Literature.

Petersen, Anders Klostergaard, 2003. « The Notion of Demon : Open Questions to a Diffuse Concept », dans Lange, Lichtenberger et Römheld 2003, p. 23–41.

Pettinato, Giovanni et Matthiae, Paolo, 1976. « Aspetti amministrativi e topografici di Ebla nel III millennio av. cr. », *RSO* 50, p. 1–30.

Piano, Valeria, 2016. *Il papiro di Derveni tra religione e filosofia*, Firenze, Olschki.

Pietersma, Albert, 2006 a. « Exegesis in the Septuagint : Possibilities and Limits (The Psalter as a Case Point) », dans Wolfgang Kraus et R. Glenn Wooden (dir.), *Septuagint Research : Issues and Challenges in the Study of the Greek Jewish Scriptures*, SBL.SCSt 53, Atlanta, Society of Biblical Literature, p. 33–45.

Pietersma, Albert, 2006 b. « Greek Jeremiah and the Land of Azazel », dans Peter W. Flint, Emanuel Tov et James C. VanderKam (dir.), *Studies in the Hebrew Bible, Qumran, and the Septuagint, Presented to Eugene Ulrich*, VTSup 101, Brill, Leiden, p. 403–413.

Pietersma, Albert, 2010. « Beyond Literalism : Interlinearity Revisited », dans Robert J.V. Hiebert (dir.), *"Translation is Required" : The Septuagint in Retrospect and Prospect*, SBL.SCSt 56, Atlanta, Society of Biblical Literature, p. 3–21.

Pinker, Aron, 2007. « A Goat to Go to Azazel », *JHebS* 7/8, p. 1–25.

Pirenne-Delforge, Vinciane, 1989. « Éros en Grèce : dieu ou démon ? », dans Ries et Limet 1989, p. 223–239.

Pirenne-Delforge, Vinciane, 2016. « *Theoi* et *daimones*. Variations sur l'action divine », communication présentée dans le colloque *Parler des dieux*, Université de Genève, 8–10 septembre 2016.

Pirenne-Delforge, Vinciane, 2019. « Daimōn dans l'épopée homérique », cours *Dieux, daimones, héros*, Collège de France, séances du 28 février et du 7 mars 2019, https://www.college-de-france.fr/site/vinciane-pirenne-delforge/course-2018-2019.htm, consulté le 20 février 2020.

Pirenne-Delforge, Vinciane, 2020. « Agathos daimōn en contexte dionysiaque », cours *Dieux, daimones, héros 2*, Collège de France, séance du 23 janvier 2020, https://www.college-de-france.fr/site/vinciane-pirenne-delforge/course-2020-01-23-11h00.htm, consulté le 20 février 2020.

Pisano, Carmine, 2013. « Da spauracchio per i bambini a *indictio silentii*. I mostri dell'infanzia nell'antica Grecia », dans Igor Baglioni (dir.), *Monstra. Costruzione e percezione delle entità ibride e mostruose nel Mediterraneo Antico*, vol. 2, Roma, Quasar, p. 69–78.

Pisano, Carmine, 2014. *Hermes, lo scettro, l'ariete. Configurazioni mitiche della regalità nella Grecia antica*, Religioni e Storia 3, Napoli, D'Auria.

Pisano, Stephen, 1984. *Additions or Omissions in the Books of Samuel : The Significant Pluses and Minuses in the Massoretic, LXX and Qumran Texts*, OBO 57, Fribourg, University Press ; Göttingen, Vandenhoeck & Ruprecht.

Pomponio, Francesco, 1990. *Formule di maledizione della Mesopotamia preclassica*, Testi del Vicino Oriente Antico 2, Letterature Mesopotamiche 1, Brescia, Paideia.

Pomponio, Francesco et Xella, Paolo, 1997. *Les dieux d'Ebla. étude analytique des divinités éblaïtes à l'époque des archives royales du IIIe millénaire*, AOAT 245, Münster, Ugarit-Verlag.

Pongratz-Leisten, Beate (dir.), 2011. *Reconsidering the Concept of Revolutionary Monotheism*, Winona Lake, Eisenbrauns.

Pope, Marvin, 1977. *Song of Songs*, AB 7C, New York, Doubleday.

Popovic, Mladen, 2016. « Anthropology, Pneumatology, and Demonology in Early Judaism : The Two Spirits Treatise (1QS III, 13–IV, 26) and Other Texts from the Dead Sea Scrolls », dans Jacques van Ruiten et George van Kooten (dir.), *Dust of the Ground and Breath of Life (Gen 2:7) : The Problem of a Dualistic Anthropology in Early Judaism and Christianity*, TBN 20, Leiden, Brill, p. 58–98.

Posener, Georges, 1981. « Les afarit dans l'ancienne Égypte », *MDAI* 37, p. 391–401.

Pralon, Didier, 2015. *Pneuma, histoire du mot*, https://www.academia.edu/19684948/Pneuma_histoire_du_mot, consulté le 20 février 2020.

Preisendanz, Karl, 1939. « Onokentauros », *PW* 18.1, p. 487–491.

Preisigke, Friedrich, 1920. *Griechische Papyrus der Universitäts- und Landesbibliothek zu Strassburg*, Leipzig, J.C. Hinrichs.

Preuss, Horst Dietrich, 1977. « אליל *'elîl* », *TDOT* 1, p. 285–287.

Primavesi, Oliver, 2001. « La daimonologia della fisica empedoclea », *Aevum Antiquum* n.s. 1, p. 3–68.

Procksch, Otto, 1967. « λόγος », *TDNT* 4, p. 91–100.

Pruß, Alexander, 2019. « Robes of Honor and Blindfolded Petitioners : Audiences in the Ancient Near East » dans Eva Orthmann et Anna Kollatz (dir.) *The Ceremonial of Audience : Transcultural Approaches*, Göttingen, Vandenhoeck & Ruprecht ; Bonn, University Press, p. 19–36.

Puech, Émile, 1992. « Les deux derniers Psaumes davidiques du rituel d'exorcisme, 11QPsApa IV 4–V 14 », dans Devorah Dimant et Uriel Rappaport. (dir.), *The Dead Sea Scrolls : Forty Years of Research*, STDJ 10, Leiden, Brill, p. 64–89.

Puech, Émile, 2000. « Les Psaumes davidiques du rituel d'exorcisme (11Q11) », dans Daniel Falk et al. (dir.), *Sapiential, Liturgical and Poetical Texts from Qumran : Proceedings of the Third Meeting of the International Organization for Qumran Studies, Oslo 1998*, STDJ 35, Leiden, Brill, p. 160–181.

Quack, Joachim F., 2004. « Griechische und andere Dämonen in den spätdemotischen magischen Texten », dans Thomas Schneider (dir.), *Das Ägyptische und die Sprachen Vorderasiens, Nordafrikas und der Ägäis. Akten des Basler Kolloquiums zum ägyptisch-nichtsemitischen Sprachkontakt, Basel, 9.–11. Juli 2003*, Münster, Ugarit-Verlag, p. 427–507.

Quack, Joachim F., 2015. « Dämonen und andere höhere Wesen in der Magie als Feinde und Helfer », dans Andrea Jördens (dir.), *Ägyptische Magie und ihre Umwelt*, Wiesbaden, Harrassowitz, p. 101–118.

Quaegebeur, Jan, 1984. « Divinités égyptiennes sur des animaux dangereux », dans Philippe Borgeaud et al. (dir.), *L'animal, l'homme, le dieu dans le Proche-Orient ancien. Actes du Colloque de Cartigny 1981*, Leuven, Peeters, p. 131–143.

Radice, Roberto, 2011. « Logos tra stoicismo e platonismo. Il problema di Filone », dans Radice and Valvo 2011, p. 131–145.

Radice, Roberto et Valvo, Alfredo, 2011. *Dal logos dei Greci e dei Romani al logos di Dio. Ricordando Marta Sordi*, Milano, Vita e Pensiero.

Radner, Karen, 2011. « Royal Decision-Making : Kings, Magnates, and Scholars », dans Karen Radner et Eleanor Robson (dir.), *The Oxford Handbook of Cuneiform Culture*, Oxford, Oxford University Press, p. 358–379.

Rahlfs, Alfred, 1965. *Septuaginta-Studien I–III. 2. Aufl., mit einem Nachruf von Walter Bauer*, Göttingen, Vandenhoeck & Ruprecht.

Rahner, Hugo, 1964. *Symbole der Kirche. Die Ekklesiologie der Väter*, Salzburg, Müller.

Reed, Annette Yoshiko, 2020. *Demons, Angels, and Writing in Ancient Judaism*. Cambridge, Cambridge University Press.

Reiner, Erica, 1987. « Magic, Figurines, Amulets, Talismans », dans Ann Elizabeth Farkas, Prudence Oliver Harper et Evelyn Byrd Harrison (dir.), *Monsters and Demons in the Ancient and Medieval Worlds : Papers Presented in Honor of Edith Porada*, Mainz, von Zabern.

Reiterer, Friedrich, Nicklas, Tobias et Schöpflin, Karin (dir.), 2007. *Angels : The Concept of Celestial Beings : Origins, Development and Reception*, DCLS, Berlin, de Gruyter.

Rendu Loisel, Anne-Caroline, 2010. « Dieux, démons et colère dans l'ancienne Mésopotamie », *Mythos* 4, 2010, p. 99–111.

Rhyder, Julia, 2019. *Centralizing the Cult : The Holiness Legislation in Leviticus 17–26*, FAT I/134, Tübingen, Mohr Siebeck.

Ribichini, Sergio, 1978. « Lilith nell'albero huluppu », dans *Atti del 1° Convegno italiano sul Vicino Oriente Antico (Roma, 22–24 aprile 1976)*, Roma, Centro per le antichità e la storia dell'arte del Vicino Oriente, p. 25–33.

Ribichini, Sergio, 1999 a. « Adonis », *DDD*, p. 7–10.

Ribichini, Sergio, 1999 b. « Gad », *DDD*, p. 339–341.

Riede, Peter, 2002. *Im Spiegel der Tiere. Studien zum Verhältnis von Mensch und Tier im alten Israel*, OBO 187, Fribourg, Universitätsverlag ; Göttingen, Vandenhoeck & Ruprecht.

Riede, Peter, 2003. « „Ich bin ein Bruder der Schakale" (Hi 30,29). Tiere als Exponenten der Gegenmenschlichen Welt in der Bildsprache der Hiobdialogs », dans Lange, Lichtenberger et Römheld 2003, p. 292–306.

Riedweg, Christoph, 2012. « Exegese als Kampfmittel in der Auseinandersetzung zwischen Heiden und Christen. Zum „Sündenbock" von Lev 16 bei Julian und Kyrill von Alexandrien », *ZAC* 16, p. 439–476.

Ries, Julien et Limet, Henri (dir.), 1989. *Anges et démons. Actes du colloque de Liège et de Louvain-la-Neuve, 25–26 novembre 1987*, Homo religiosus 14, Louvain-la-Neuve, Centre d'histoire des religions.

Rigsby, Kent J., 2009. « Notes on Sacred Laws », *ZPE* 170, p. 73–80.

Riley, Gregory, 1999. « Demon », *DDD*, p. 235–240.

Roberts, Jimmy J.M. et Machinist, Peter, 2015. *First Isaiah : A Commentary*, Hermeneia, Minneapolis, Fortress Press.

Robertson Smith, William, 1889. *Lectures on the Religion of Semites*, Edinburgh, A. and C. Black.

Robker, Jonathan M., 2019. *Balaam in Text and Tradition*, FAT 131, Tübingen, Mohr Siebeck.

Roccati, Alessandro, 2011. « Demons as Reflections of Human Society », dans Panagiotis Kousoulis (dir.), *Ancient Egyptian Demonology : Studies on the Boundaries between the Demonic and the Divine in Egyptian Magic*, Leuven, Peeters, p. 89–96.

Roche, Marie-Jeanne, 2014. « Introduction aux religions préislamiques d'Arabie du Nord. Recherches sur les divinités du paganisme arabe, à travers l'épigraphie et l'iconographie », *Annuaire de l'École pratique des hautes études (EPHE), Section des sciences religieuses* 121/2014, mis en ligne le 13 janvier 2015, consulté le 21 juin 2020, http://journals.openedition.org/asr/1231.

Roehl, Wolfgang, 1986. « Dämonen », *EKL* 1, p. 781–784.

Rofé, Alexander, 2000. « The End of the Song of Moses (Deuteronomy 32:43) », dans Reinhard Kratz et Hermann Spieckermann (dir.), *Liebe und Gebot. Studien zum Deuteronomium. Festschrift zum 70. Geburtstag von Lothar Perlitt*, FRLANT 190, Göttingen, Vandenhoeck & Ruprecht, p. 164–172.

Röllig, Wolfgang, 1999. « Appendix I. The Phoenician inscriptions », in Halet Çambel, *Corpus of hieroglyphic Luwian inscriptions : Vol. 2 : Karatepe-Aslantaş*, Untersuchungen zur indogermanischen Sprach- und Kulturwissenschaft 6, Berlin, de Gruyter, p. 50–81.

Romano, Elisa, 1998. « Pensare le credenze. Le *opiniones* nella cultura romana attraverso una lettura di Cicerone », *I quaderni del ramo d'oro* (*s. n.*), p. 137–156.

Römer, Thomas, 1994. « De l'archaïque au subversif : le cas d'Exode 4/24–26 », *ETR* 69, p. 1–12.

Römer, Thomas et al. (dir.), 2017. *Entre dieux et hommes. Anges, démons et autres figures intermédiaires. Actes du colloque organisé par le Collège de France, Paris, les 19 et 20 mai 2014*, OBO 286, Fribourg, Presses Universitaires ; Göttingen, Vandenhoeck & Ruprecht.

Ronzevalle, Sébastien, 1930–31. « Fragments des inscriptions araméennes des environs d'Alep », *MUSJ* 15, p. 237–260.

Rösel, Martin, 1994. *Übersetzung als Vollendung der Auslegung. Studien zur Genesis-Septuaginta*, BZAW 223, Berlin, de Gruyter.

Rouillard, Hedwige, 1993. « Royauté céleste et royauté terrestre en 1 R 22 », dans Marc Philonenko (dir.), *Le Trône de Dieu*, WUNT 69, Tübingen, Mohr, p. 100–107.

Roussel, Pierre, et Launey, Marcel, 1937. *Inscriptions de Délos. Dédicaces postérieures à 166 av. J.C. (nos 2220 2528) ; Textes divers, listes et catalogues, fragments divers postérieurs à 166 av. J.C. (nos 2529–2879)*, Paris, Champion.

Rowe, Ignacio Marquez, 2014. « The Babylonian Incantation Texts from Ugarit », dans Del Olmo Lete 2014, p. 36–80.

Rückl, Jan, 2021. « The Leadership of the Judean Community according to the Book of Haggai », dans Katharina Pyschny et Sarah Schulz (dir.), *Transforming Authority : Concepts of Leadership in Prophetic and Chronistic Literature* (BZAW), Berlin, de Gruyter, p. 59–84.

Rudnig-Zelt, Susanne, 2015. « JHWH und Ræšæp – Zu JHWHs Umgang mit einem syrischen Pestgott », *VT* 65, p. 247–264.

Rüterswörden, Udo, 2003. « Die Stellung der Deuteronomisten zum alttestamentlichen Dämonenwesen », dans Lange, Lichtenberger et Römheld 2003, p. 197–210.

Ryan, Daniel, 2015. « Baruch », dans Aitken 2015, p. 487–549.

Sader, Hélène, 1990. « Deux épigraphes phéniciennes inédites », *Syria* 67, p. 315–322.

Saïd, Suzanne, 1987. « Deux noms de l'image en grec ancien : idole et icône », *Comptes rendus des séances de l'Académie des Inscriptions et Belles-Lettres* 131, p. 309–330.

Sanders, James A., 1997. « A Liturgy for Healing the Stricken (11QPsApa = 11Q11) », dans James H. Charlesworth et al. (dir.), *The Dead Sea Scrolls : Hebrew, Aramaic, and Greek Texts with English Translations, vol. 4A : Pseudepigraphic and Non-Masoretic Psalms and Prayers*, Tübingen, Mohr Siebeck ; Louisville, Westminster John Knox, p. 216–233.

Sanders, Paul, 1996. *The Provenance of Deuteronomy 32*, *OtSt* 37, Leiden, Brill.

Sanzo, Joseph E., 2014. *Scriptural Incipits on Amulets from Late Antique Egypt : Text, Typology, and Theory*, Studien und Texte zu Antike und Christentum 84, Tübingen, Mohr Siebeck.

Sass, Benjamin et Uehlinger, Christoph, 1993. *Studies in the Iconography of Northwest Semitic Inscribed Seals : Proceedings of a Symposium Held in Fribourg on April 17–20, 1991*, OBO 125, Fribourg, Presses Universitaires ; Gottingen, Vandenhoeck & Ruprecht.

Scarpat, Giuseppe, 1989. *Il libro della Sapienza*, vol. 1, Brescia, Paideia.

Scarpat, Giuseppe, 1996. *Il libro della Sapienza*, vol. 2, Brescia, Paideia.

Scarpat, Giuseppe, 1999. *Il libro della Sapienza*, vol. 3, Brescia, Paideia.

Schaper, Joachim, 2001. « Die Renaissance der Mythologie im hellenistischen Judentum und der Septuaginta-Psalter », dans Erich Zenger (dir.), *Der Septuaginta Psalter. Sprachliche und theologische Aspekte*, Freiburg im Breisgau, Herder, p. 171–183.

Schaper, Joachim, 2010. « God and the Gods : Pagan Deities and Religious Concepts in the Old Greek of Isaiah », dans Katharine Dell, Graham Davies et Yee Von Koh (dir.), *Genesis, Isaiah and Psalms : A Festschrift to Honour Professor John Emerton for His Eightieth Birthday*, VTSup 135, Leiden, Brill, 2010, p. 135–152.

Schenker, Adrian, 1997. « Le monothéisme israélite. Un dieu qui transcende le monde et les dieux », *Bib* 78, p. 436–448.

Schenker, Adrian, 2001. « Götter und Engel im Septuaginta-Psalter. Text- und religionsgeschichtliche Ergebnisse aus drei textkritischen Untersuchungen », dans Erich Zenger (dir.), *Der Septuaginta-Psalter. Sprachliche und theologische Aspekte*, Herders Biblische Studien 32. Freiburg, Herder, p. 185–195.

Schettino, Maria Teresa, 2005. « Il passato e il presente di Roma nell'opera di Claudio Eliano », dans Lucio Troiani et Giuseppe Zecchini (dir.), *La cultura storica nei primi due secoli dell'impero romano*, Alle radici della casa comune europea 5, Roma, L'Erma di Bretschneider, p. 283–307.

Schipper, Bernd, 2007. « Angels or Demons ? Messengers of God in Ancient Egypt », dans Reiterer, Nicklas, et Schöpflin 2007, p. 1–19.

Schlimm, Matthew Richard, 2012. « At Sin's Entryway (Gen 4,7). A Reply to C.L. Crouch », *ZAW* 124, p. 409–415.

Schloen, J. David, 1993. « The Exile of Disinherited Kin in KTU 1.12 and KTU 1.23 », *JNES* 52, p. 209–220.

Schmid, Konrad, 2006. « Gibt es „Reste hebräischen Heidentums" im Alten Testament ? Methodische Überlegungen anhand von Dtn 32,8f und Ps 82 », dans Andreas

Wagner (dir.), *Primäre und sekundäre Religion als Kategorie der Religionsgeschichte des Alten Testaments*, BZAW 64, Berlin, de Gruyter, p. 105–120.

Schmidt, Brian B., 2016. *The Materiality of Power : Explorations in the Social History of Early Israelite Magic*, FAT I/105, Tübingen, Mohr Siebeck.

Schmidt, Brian B., 2017. « Was There An Ancient Israelite Pandemonium ? », dans Römer et al. 2017, p. 172–203.

Schmidt, Johann H., 1876. *Synonymik der griechischen Sprache*, vol. 4, Leipzig, Teubner (repr. Amsterdam, Hakkert, 1969).

Schmitt, Rüdiger, 2004. *Magie im Alten Testament*, AOAT 313, Münster, Ugarit-Verlag.

Schmitt, Rüdiger, 2015. « Magie in Syrien und Palästina/Israel im 2. und 1. Jt. v. Chr », dans Andrea Jördens (dir.), *Ägyptische Magie und ihre Umwelt*, Wiesbaden, Harrassowitz, p. 54–68.

Schmitz, Philip C., 2002. « Reconsidering a Phoenician Inscribed Amulet from the Vicinity of Tyre », *JAOS* 122/4, p. 817–823.

Schmitz, Philip C., 2012. *The Phoenician Diaspora : Epigraphic and Historical Studies*, Winona Lake, Eisenbrauns.

Schoemaker, William R., 1904. « The Use of Ruach in the Old Testament and of Pneuma in the New Testament : A Lexicographical Study », *JBL* 23, p. 13–67.

Scholem, Gershom, 2007. « Lilith », *EncJud* 13, p. 17–19.

Scholten, Clemens, 1991. « Hippolytos II (von Rom) », *RAC* 15, p. 492–551.

Schorch, Stefan, 2006. « The Septuagint and the Vocalization of the Hebrew Text of the Torah », dans Peters 2006, p. 41–54.

Schorch, Stefan, 2018. *The Samaritan Pentateuch : Leviticus : A Critical Editio Maior*, The Samaritan Pentateuch 3, Berlin, de Gruyter.

Schulman, Alan R., 1979. « The Winged Reshep », *Journal of the American Research Center in Egypt* 16, p. 69–84.

Schweitzer, Steven, 2004. « Mythology in the Old Greek of Isaiah : The Technique of Translation », *CBQ* 66, p. 214–230.

Schwemer, Daniel, 1998. *Akkadische Rituale aus Ḫattuša. Die Sammeltafel KBo XXXVI 29 und verwandte Fragmente*, Texte der Hethiter 23, Heidelberg, Winter.

Scott-Macnab, David, 2018. « The Many Faces of the Noonday Demon », *Journal of Early Christian History* 8, p. 22–42.

Scurlock, JoAnn, 1999. « Physician, Exorcist, Conjurer, Magician : A Tale of Two Healing Professionals », dans Tzvi Abusch et Karel van der Toorn (dir.), *Mesopotamian Magic : Textual, Historical, and Interpretative Perspectives*, AMD, Groningen, Styx, p. 69–79.

Scurlock, JoAnn, 2006. *Magico-Medical Means of Treating Ghost-Induced Illnesses in Ancient Mesopotamia*, AMD 3, Leiden, Brill-Styx.

Seeligmann, Isaac Leo, 1948. *The Septuagint Version of Isaiah* Mededelingen en Verhandelingen 9, Vooraziatisch-Egyptisch Genootschap « Ex Oriente Lux », Leiden, Brill.

Segal, Michael, 2007. *The Book of* Jubilees *: Rewritten Bible, Redaction, Ideology and Theology*, JSJSup 117, Leiden, Brill.

Seow, Choon Leong, 1989. *Myth, Drama, and the Politics of David's Dance*, HSM 44, Atlanta, Scholars Press.

Seow, Choon Leong, 2013. *Job 1–21 : Interpretation and Commentary*, Illuminations, Grand Rapids ; Cambridge, Eerdmans.

Sfameni Gasparro, Giulia, 1997. « *Daimôn* and *Tuchê* in the Hellenistic Religious Experience », dans Peter Bilde et al. (dir.), *Conventional Values of the Hellenistic Greeks*, Aahrus, Aarhus University Press, p. 66–109.

Sfameni Gasparro, Giulia, 2001. « Magie et démonologie dans les Papyrus Graecae Magicae », dans Rika Gyselen (dir.), *Démons et merveilles d'Orient*, ResOr 13, Leuven, Peeters, p. 157–174.

Sfameni Gasparro, Giulia, 2009. *Problemi di religione greca ed ellenistica. Dei, demoni, uomini. Tra antiche e nuove identità*, Hierá 12, Cosenza, Edizioni Lionello Giordano.

Sfameni Gasparro, Giulia, 2015. « Daimonic Power », dans Esther Eidinow et Julia Kindt (dir.), *Oxford Handbook of Greek Religion*, Oxford, Oxford University Press, p. 413–427.

Silverman, Jason M., 2014. « Vetting the Priest in Zechariah 3 : The Satan between Divine and Achaemenid Administrations », *JHebS* 14, p. 1–28.

Silvestrini, Matteo, à paraître. *De la condamnation des anges à celle des pécheurs. Le processus de la rétribution dans le livre des Vigilants (1 Hen 1–36)*, thèse de doctorat, Université de Lausanne.

Skehan, Patrick W., 1954. « A Fragment of the "Song of Moses" (Dt 32) from Qumran », *BASOR* 136, 12–15.

Skehan, Patrick W., 1993. « The Structure of the Song of Moses in Deuteronomy (32: 1–43) », dans Duane L. Christensen (dir.), *A Song of Power and the Power of Song : Essays on the Book of Deuteronomy*, Sources for Biblical and Theological Study 3, Winona Lake, Eisenbrauns, p. 156–168.

Skinner, John, 1930. *A Critical and Exegetical Commentary on Genesis*, 2e éd., Edinburgh, T. & T. Clark.

Smith, Jonathan Z. 1978. « Toward Interpreting Demonic Powers in Hellenistic and Roman Antiquity », *ANRW* 2.16.1, p. 425–439.

Smith, Mark S., 1994. *The Ugaritic Ba'al Cycle : Introduction with Texts, Translation and Commentary of KTU 1.1–1.2*, Leiden, Brill.

Smith, Mark S., 2001. *The Origins of Biblical Monotheism : Israel's Polytheistic Background and the Ugaritic Texts*, Oxford, Oxford University Press.

Smith, Mark S., 2002. *The Early History of God : Yahweh and the Other Deities in Ancient Israel*, 2e éd., Grand Rapids, Eerdmans.

Smith, Mark S., 2010. *God in Translation : Deities in Cross-Cultural Discourse in the Biblical World*, Grand Rapids, Eerdmans.

Smoak, Jeremy D., 2010. « Amuletic Inscriptions and the Background of YHWH as Guardian and Protector in Psalm 12 », *VT* 60, p. 421–432.

Smoak, Jeremy D., 2017. « From Temple to Text : Text as Ritual Space and the Composition of Numbers 6:24–26 », *JHebS* 17, p. 1–26.

Söderblom, Nathan, 1916. *Das Werden des Gottesglaubens. Untersuchungen über die Anfänge der Religion*, Leipzig, J.C. Hinrichs.

Solmsen, Friedrich, Merkelbach, Reinhold et West, Martin L., 1970. *Hesiodi Theogonia, Opera et Dies, Scutum. Fragmenta Selecta*, Oxford, Clarendon.

Sonik, Karen, 2013. « Mesopotamian Conceptions of the Supernatural : A Taxonomy of Zwischenwesen », dans Lucarelli 2013, p. 103–116.

Sperling, David S., 1999. « Meni », *DDD*, p. 566–568.

Spieckermann, Hermann, 1989. *Heilsgegenwart. Eine Theologie der Psalmen*, FRLANT 148, Göttingen, Vandenhoeck & Ruprecht.

Spronk, Klaas, 1999. « The Incantations », dans Wilfred Watson et Nicolas Wyatt (dir.), *Handbook of Ugaritic Studies*, Leiden, Brill, p. 270–286.

Stavrakopoulou, Francesca, 2004. *King Manasseh and Child Sacrifice : Biblical Distortions of Historical Realities*, BZAW 338, Berlin, de Gruyter.

Stec, David M., 2004. *The Targum of Psalms*, ArBib 16, Collegeville, Liturgical Press.

Steck, Odil Hannes, 1985. *Bereitete Heimkehr. Jesaja 35 als redaktionelle Brücke zwischen dem Ersten und dem Zweiten Jesaja*, Stuttgart, Katholisches Bibelwerk.

Steiner, Richard C., 1992. « Northwest Semitic Incantations in an Egyptian Medical Papyrus of the Fourteenth Century B.C.E. », *JNES* 51, p. 191–200.

Sternberg-El Hotabi, Heike, 1993. *Der Propylon des Month-Tempels in Karnak-Nord. Zum Dekorationsprinzip des Tores. Übersetzung und Kommentierung der Urkunden VIII, Texte Nr. 1–Nr. 50*, Wiesbaden, Harrassowitz.

Stokes, Ryan E., 2014. « Satan, Yhwh's Executioner », *JBL* 133, p. 251–270.

Stolz, Fritz. 1981. *Das erste und zweite Buch Samuel*, ZBK.AT 9, Zürich, Theologischer Verlag.

Stökl Ben Ezra, Daniel, 2003. *The Impact of Yom Kippur on Early Christianity : The Day of Atonement from Second Temple Judaism to the Fifth Century*, WUNT I/63, Tübingen, Mohr Siebeck.

Stuckenbruck, Loren T., 1995. *Angel Veneration and Christology : A Study in Early Judaism and in the Christology of the Apocalypse of John*, WUNT II/70, Tübingen, Mohr Siebeck.

Stuckenbruck, Loren T., 1997. *The Book of Giants from Qumran*, TSAJ 63, Tübingen, Mohr Siebeck.

Stuckenbruck, Loren T., 2000. « 4QEnoch Giants[a] ar », dans Stephen Pfann et al., *Qumran Cave 4. XXVI : Cryptic Texts and Miscellanea, Part 1*, DJD 36, Oxford, Clarendon, p. 8–41.

Stuckenbruck, Loren T., 2002. « The Book of Tobit and the Problem of "Magic" », dans Hermann Lichtenberger et Gerbern S. Oegema (dir.), *Jüdische Schriften in ihrem antik-jüdischen und urchristlichen Kontext*, JSHRZ Studien 1, Gütersloh, Gütersloher Verlagshaus, p. 258–269.

Stuckenbruck, Loren T., 2003. « Giant Mythology and Demonology : From the Ancient Near East to the Dead Sea Scrolls », dans Lange, Lichtenberger et Römheld 2003, p. 318–338.

Stuckenbruck, Loren T., 2014 a. « Demonic Beings and the Dead Sea Scrolls », dans Stuckenbruck 2014 b, p. 78–102.

Stuckenbruck, Loren T., 2014 b. *The Myth of Rebellious Angels : Studies in Second Temple Judaism and New Testament Texts*, WUNT 335, Tübingen, Mohr Siebeck.

Stuckenbruck, Loren et Weeks, Stuart, 2015. « Tobit », dans Aitken 2015, p. 237–260.

Szpakowska, Kasia, « Demons in the Dark : Nightmares and Other Nocturnal Enemies in Ancient Egypt », dans Kousolis 2011, p. 63–76.

Tambiah, Stanley J., 1990. *Magic, Science, Religion, and the Scope of Rationality*, The Lewis Henry Morgan Lectures, Cambridge, Cambridge University Press.

Tawil, Hayim, 1980. « Azazel The Prince of the Steepe : A Comparative Study », *ZAW* 92, p. 43–59.

Taylor, Charles, 2007. *A Secular Age*, Cambridge, The Belknap Press of Harvard University Press.

Teixidor, J., 1983. « Les tablettes d'Arslan Tash au Musée d'Alep », *AuOr* 1, p. 105–108.

Tengström, S. 2004. « רוח rûaḥ », *TDOT* 13, p. 367–396.

Terrien, Samuel, 1963. *Job*, CAT 13, Neuchâtel, Delachaux et Niestlé.

Thackeray, Henry St. John, 1911. « Primitive Lectionary Notes in the Psalm of Habakkuk », *JTS* 12, p. 191–213.

Thackeray, Henry St. John, 1921. *The Septuagint and Jewish Worship : A Study in Origins*, The Schweich Lectures of the British Academy (1920), London, Oxford University Press.

Thiessen, Matthew, 2004. « The Form and Function of the Song of Moses (Deuteronomy 32:1–43) », *JBL* 123, p. 401–424.

Thomas, Ryan, 2019. « The God Gad », *JAOS* 139, p. 307–316.

Tigay, Jeffrey H., 1996. *Deuteronomy = Devarim : The Traditional Hebrew Text with the New JPS Translation*, JPS Torah Commentary, Philadelphia, Jewish Publication Society.

Tigchelaar, Eibert, 2018. « Evil Spirits in the Dead Sea Scrolls : A Brief Survey and Some Perspectives », dans Jörg Frey, Enno Edzard Popkes et Stefanie Christine Hertel-Holst (dir.), *Dualismus, Dämonologie und diabolische Figuren. Religionshistorische*

Beobachtungen und theologische Reflexionen, WUNT II/484, Tübingen, Mohr Siebeck, p. 125–136.

Timotin, Andrei, 2012. *La démonologie platonicienne. Histoire de la notion de daimōn de Platon aux derniers néoplatoniciens*, Philosophia Antiqua 128, Leiden Brill.

Torijano, Pablo, 2002. *Solomon, the Esoteric King : From King to Magus, Development of a Tradition*, JSJSup 73, Leiden, Brill.

Tournay, Raymond-Jacques, 1960. « Bulletin », *RB* 67, p. 121–123.

Tov, Emanuel, 1975. *The Book of Baruch also Called I Baruch (Greek and Hebrew)*, SBL Texts and Translations Pseudepigrapha 8, Missoula, Scholars Press.

Tov, Emanuel, 1981. « The Impact of the LXX Translation of the Pentateuch on the Translation of the Other Books », dans Pierre Casetti, Othmar Keel et Adrian Schenker (dir.), *Mélanges Dominique Barthélemy. Études bibliques offertes à l'occasion de son 60e anniversaire*, OBO 38, Fribourg, Éditions universitaires ; Göttingen, Vandenhoeck & Ruprecht, p. 577–592.

Trebolle, Julio, 2012. « Yahwe's Spirit of Deceit : Textual Variants That Make a Difference (1 Kgs 22) », *RevQ* 25, p. 635–675.

Trench, Richard Chenevix, 1855. *Synonyms of the New Testament*, 3e éd., Cambridge, Macmillan ; London, Parker.

Trinquier, Jean, 2002. « Localisation et fonctions des animaux sauvages dans l'Alexandrie lagide : la question du "zoo d'Alexandrie" », *Mélanges de l'École française de Rome. Antiquité* 114, p. 861–919.

Trinquier, Jean, 2008. « *Hic sunt leones*. La représentation des confins éthiopiens de l'Égypte dans la mosaïque Barberini de Palestrina », in Françoise Lecocq (dir.), *L'Égypte à Rome. Actes du colloque de Caen des 28–30 septembre 2002, IIe édition revue et corrigée*, Caen, Maison de la recherche en sciences humaines de Caen, p. 341–384.

Troxel, Ronald L., 2008. *LXX-Isaiah as Translation and Interpretation : The Strategies of the Translator of the Septuagint of Isaiah*, JSJSup 124, Leiden, Brill.

Tsantsanoglou, Kyriakos, 1997. « The First Columns of the Derveni Papyrus and Their Religious Significance », dans André Laks et Glenn W. Most (dir.), *Studies on the Derveni Papyrus*, Oxford, Clarendon Press, p. 93–128.

Turcan, Robert, 2003. « Les démons et la crise du paganisme gréco-romain », *Revue de Philosophie ancienne* 21, p. 33–54.

Twelftree, Graham H., 2007. « Demon », NIDB 2, Nashville, p. 91–100.

Uehlinger, Christoph, 1993. « Northwest Semitic Inscribed Seals, Iconography and Syro-Palestinian Religions of Iron Age II : Some Afterthoughts and Conclusions », dans Sass et Uehlinger 1993, p. 257–288.

Ulrich, Eugene Charles et al., 1995. *Qumran Cave 4.IX : Deuteronomy, Joshua, Judges, Kings*, DJD 14, Oxford, Clarendon.

Ulrich, Eugene Charles et al., 2000. *Qumran Cave 4.XI : Psalms to Chronicles*, DJD 16, Oxford, Clarendon.

Ulrich, Eugene Charles, et Flint, Peter, 2010. *Qumran Cave 1.II : The Isaiah Scrolls*, DJD 32, Oxford, Clarendon.

Vahrenhorst, Martin, 2011. « Levitikus », dans Martin Karrer, Wolfgang Kraus (dir.), *Septuaginta Deutsch. Erläuterungen und Kommentare zum griechischen Alten Testament*, Stuttgart, Deutsche Bibelgesellschaft, p. 325–430.

Van den Kerchove, Anna, 2012. *La voie d'Hermès : Pratiques rituelles et traités hermétiques*, *NHS* 77, Leiden, Brill.

Van der Vorm-Croughs, Mirjam, 2014. *The Old Greek of Isaiah : An Analysis of Its Pluses and Minuses*, SBL.SCSt 61, Atlanta, SBL Press.

Van der Kooij, Arie, 1994. « The Ending of the Song of Moses : On the Pre-Masoretic Version of Deut 32:43 », dans Florentino García Martínez et al. (dir.), *Studies in Deuteronomy in Honour of C.J. Labuschagne on the Occasion of his 65th Birthday*, VTSup 53, Leiden, Brill, p. 93–100.

Van der Kooij, Arie, 1998. *The Oracle of Tyre : The Septuagint of Isaiah XXIII as Version and Vision*, VTSup 71, Leiden, Brill.

Van der Meer, Michaël, 2016. « Anthropology in the Ancient Greek Versions of Gen 2:7 », dans Jacques Ruiten et George van Kooten (dir.), *Dust of the Ground and Breath of Life (Gen 2:7). The Problem of a Dualistic Anthropology in Early Judaism and Christianity*, Leiden, Brill, p. 36–57.

Van der Ploeg, J.P.M., 1965. « Le Psaume XCI dans une recension de Qumran » *RB* 72, p. 210–217.

Van der Ploeg, J.P.M., 1971. « Un petit rouleau de psaumes apocryphes (11QPsAp[a]) », dans Gert Jeremias (dir.), *Traditions und Glaube. Das frühe Christentum in Seiner Umwelt. Festgabe für Karl Georg Kuhn zum 65. Geburtstag*, Göttingen, Vandenhoeck & Ruprecht, p. 128–139.

Van der Toorn, Karel, 2003. « The Theology of Demons in Mesopotamia and Israel : Popular Belief and Scholarly Speculation », dans Lange, Lichtenberger et Römheld 2003, p. 61–83.

Van Wolde, Ellen, 1991. « The Story of Cain and Abel : A Narrative Study », *JSOT* 52, p. 25–41.

VanderKam, James C., 2003. « The Demons in the Book of Jubilees », dans Lange, Lichtenberger et Römheld 2003, p. 339–364.

Vattioni, Francesco, 1985–1987. « Osservazioni ai testi di Ebla », *Ebla* 1975–1985, p. 199–219.

Verbeke, Gérard, 1945. *L'évolution de la doctrine du Pneuma du stoïcisme à saint Augustin. Étude philosophique*, Bibliothèque de l'Institut Supérieur de Philosophie, Paris, Desclée de Brouwer ; Louvain, Institut supérieur de philosophie.

Verderame, Lorenzo, 2013. « "Their Divinity is Different, Their Nature is Distinct !" Nature, Origin, and Features of Demons in Akkadian Literature », dans Lucarelli 2013, p. 117–127.

Verderame, Lorenzo, 2017. « Demons at Work in Ancient Mesopotamia », dans Bhayro et Rider 2017, p. 61–78.

Vergari, Romina, 2020. « Signs of Cultural Adaptation from the LXX Vocabulary », *EstBib* 78, p. 405–423.

Vermeylen, Jacques, 1997. *Du prophète Isaïe à l'Apocalyptique. Isaïe I–XXXV, miroir d'un demi-millénaire d'expérience religieuse en Israël*, Études Bibliques, Paris, Gabalda.

Vernant, Jean-Pierre, 1960. « Le mythe hésiodique des races. Essai d'analyse structurale », *RHR* 157, 1960, p. 21–54.

Vernant, Jean-Pierre, 1975. « Image et apparence dans la théorie platonicienne de la mimesis », *Journal de Psychologie* 2, p. 133–160.

Vernant, Jean-Pierre, 1983. « De la présentification de l'invisible à l'imitation de l'apparence » dans Jean Cuisenier et al. (dir.), *Image et signification. Rencontres de l'École du Louvre*, Paris, Documentation française, p. 25–37.

Vernant, Jean-Pierre, 1990. « Figuration et image », *Metis* 5, p. 225–238.

Vernus, Pascal et Yoyotte, Jean, 2005. *Bestiaire des pharaons*, Paris, Perrin.

Versnel, Henk, 1991. « Beyond Cursing : The Appeal to Justice in Judicial Prayers », dans Faraone et Obbink 1991, p. 60–106.

Virolleaud, Charles, 1968. « Les nouveaux textes mythologiques et liturgiques de Ras Shamra (XXIVe campagne, 1961) », *Ugaritica* 5, p. 545–606.

Visser, Cornelia Elizabeth, 1938. *Götter und Kulte im ptolemäischen Alexandrien*, thèse de doctorat, Amsterdam, Noord-Hollandsche Uitgeversmaatschappij.

Volz, Paul, 1924. *Das Dämonische in Jahwe*, Sammlung gemeinverständlicher Vorträge und Schriften aus dem Gebiet der Theologie und Religionsgeschichte 110, Tübingen, Mohr.

Vos, Nienke et Otten, Willemien (dir.), 2011. *Demons and the Devil in Ancient and Medieval Christianity*, Leiden, Brill.

Wagner, Ross J., 2013. *Reading the Sealed Book : Old Greek Isaiah and the Problem of Septuagint Hermeneutics*, FAT 88, Tübingen, Mohr Siebeck ; Waco, Baylor University Press.

Wagner, S., 2001. « עזז *'zz* », *TDOT* 11, p. 1–11.

Wahlen, Clinton, 2004. *Jesus and the Impurity of Spirits in the Synoptic Gospels*, WUNT II/185, Tübingen, Mohr Siebeck.

Walsh, Matthew L., 2019. *Angels Associated with Israel in the Dead Sea Scrolls : Angelology and Sectarian Identity at Qumran*, WUNT II/509, Tübingen, Mohr Siebeck.

Wanke, Gunther, 1981. « Dämonen II. Altes Testament », *TRE* 8, p. 275–277.

Waschke, Ernst-Joachim, 2004. « רבץ rbṣ », *TDOT* 13, p. 301–302.

Watts, John, 1985–1987. *Isaiah 34–66*, WBC 25, Waco, Word Books.

Wearne, Gareth, 2014. « קרנים מידו לו and מימינו אשדת למו : Reading Habakkuk 3:4 and Deuteronomy 33:2 in Light of One Another », *TC : A Journal of Biblical Text Criticism* 1, p. 1–10.

Weeks, Stuart, 2006. « Some Neglected Texts of Tobit : The Third Greek Version », dans Mark Bredin (dir.), *Studies in the Book of Tobit : A Multidisciplinary Approach*, Library of Second Temple Studies, London, T&T Clark, p. 12–42.

Weeks, Stuart, 2013. « Restoring the Greek Tobit », *JSJ* 44, p. 1–15.

Weeks, Stuart, Gathercole, Simon et Stuckenbruck, Loren, 2004. *The Book of Tobit : Texts from the Principal Ancient and Medieval Traditions : With Synopsis, Concordances, and Annotated Texts in Aramaic, Hebrew, Greek, Latin, and Syriac*, FSBP 3, Berlin, de Gruyter.

Weippert, Helga, 1988. « Ahab el campeador ? Redaktionsgeschichtliche Untersuchungen zu 1 Kön 22 », *Bib* 69, p. 457–479.

Weippert, Manfred, 1990. « Synkretismus und Monotheismus. Religionsinterne Konfliktbewältigung im alten Israel », dans Jan Assmann et Dietrich Harth (dir.), *Kultur und Konflikt*, Frankfurt, Suhrkamp, p. 143–179.

Weippert, Manfred, 1991. « The Balaam Text from Deir ʿAlla and the Study of the Old Testament », dans Hoftijzer and Van der Kooij 1991, p. 151–184.

Weippert, Manfred, 1997. « Šadday », *TLOT* 3, p. 1620–1627.

Weippert, Helga et Weippert, Manfred, 1982. « Die „Bileam" – Inschrift von *Tell Dēr ʿAllā* », *ZDPV* 98, p. 77–103.

Weitzman, Steven, 1994. « Lessons from the Dying : The Role of Deuteronomy 32 in its Narrative Setting », *HTR* 87, p. 377–393.

Wellhausen, Julius, 1897. *Reste arabischen Heidentum*, Berlin, Georg Reimer.

West, Martin L., 1978. *Hesiod, Works and Days*, Oxford, Clarendon.

West, Martin L., 2014. « Nine Poems of Sappho », *ZPE* 191, p. 1–12.

Westenholtz, Joan Goodnick, 1997. *Legends of the Kings of Akkade : The Texts*, MC 7, Winona Lake, Eisenbrauns.

Westermann, Claus, 1966. *Das Buch Jesaja. Kapitel 40–66*, ATD 19, Göttingen, Vandenhoeck & Ruprecht.

Westermann, Claus, 1972. *Genesis. 1–11*, EdF, Darmstadt, Wissenschaftliche Buchgesellschaft.

Wevers, John W., 1977. *Deuteronomium*, Septuaginta : Vetus Testamentum Graecum 3/2, Göttingen, Vandenhoeck & Ruprecht.

Wevers, John W., 1982. *Numeri*, Septuaginta : Vetus Testamentum Graecum 3/1, Göttingen, Vandenhoeck & Ruprecht.

Wevers, John W., 1986. *Leviticus*, Septuaginta : Vetus Testamentum Graecum 2/2, Göttingen, Vandenhoeck & Ruprecht.

Wevers, John W., 1997. *Notes on the Greek Text of Leviticus*, SBL.SCSt 44, Atlanta, Scholars Press.

White, Ellen, 2014. *Yahweh's Council : Its Structure and Membership*, FAT II/65, Tübingen, Mohr Siebeck.

Wiggermann, Frans A.M., 1992. *Mesopotamian Protective Spirits : The Ritual Texts*, CM 1, Groningen, Styx.

Wiggermann, Frans A.M., 2000. « Lamaštu, Daughter of Anu », dans Marten Stol (dir.), *Birth in Babylonia and the Bible : Its Mediterranean Setting*, CM 14, Groningen, Styx, p. 217–249.

Wiggermann, Frans A.M., 2007 a. « Some Demons of Time and Their Functions in Mesopotamian Iconography », dans Brigitte Groneberg et Hermann Spieckermann (dir.), *Die Welt die Götter*, Berlin, de Gruyter.

Wiggermann, Frans A.M., 2007 b. « The Four Winds and the Origins of Pazuzu », dans Claus Wilcke (dir.), *Das geistige Erfassen der Welt im Alten Orient. Sprache, Religion, Kultur und Gesellschaft*, Wiesbaden, Harrassowitz, p. 125–165.

Wiggermann, Frans A.M., 2011 a. « Siebengötter », *RlA* 12, p. 459–466.

Wiggermann, Frans A.M., 2011 b. « The Mesopotamian Pandemonium : A Provisional Census », dans Capomacchia et Verderame 2011, p. 298–321.

Wildberger, Hans, 1982. *Jesaja. Teilbd. 3. Jesaja 28–39*, BKAT 10/3, Neukirchen-Vluyn, Neukirchener Verlag.

Williamson, Hugh G.M., 1993. « Isaiah 1.11 and the Septuagint of Isaiah », dans Graeme Auld (dir.), *Understanding Poets and Prophets : Essays in Honour of George Wishart Anderson*, JSOTSup 152, Sheffield, Sheffield Academic Press.

Wilson, Leonard, 1959. « Erasistratus, Galen, and the *Pneuma* », *Bulletin of the History of Medicine* 33, p. 293–314.

Wilson-Wright, Aren, 2015. « Love Conquers All : Song of Songs 8:6b–7a as a Reflex of the Northwest Semitic Combat Myth », *JBL* 134, p. 333–345.

Wilson-Wright, Aren, 2019. « The Helpful God : A Reevaluation of the Etymology and Character of (*ʾēl*) *šadday* », *VT* 69, p. 149–166.

Winston, David, 1979. *The Wisdom of Solomon : A New Translation with Introduction and Commentary*, AB 43, New York, Doubleday.

Witte, Markus, 1994. *Vom Leiden zur Lehre. Der dritte Redegang* (*Hiob 21–27*) *und die Redaktionsgeschichte des Hiobbuches*, BZAW 230, Berlin, de Gruyter.

Witte, Markus, 2011. « Vom El Schaddaj zum Pantokrator. Ein Überblick zur israelitisch-jüdischen Religionsgeschichte », dans Johannes F. Diehl et Markus Witte (dir.), *Studien zur Hebräischen Bibel und ihrer Nachgeschichte. Beiträge der 32. Internationalen Ökumenischen Konferenz der Hebräischlehrenden, Frankfurt 2009*, KUSATU 12.13, Frankfurt, Spenner, p. 211–256.

Witton Davies, Thomas, 1898. *Magic, Divination and Demonology among the Hebrews and their Neighbours*, London, Clarke & Co.

Wohlstein, Herman, 1963. « Zur Tier-Dämonologie der Bibel », *ZDMG* 113, p. 483–492.

Wöhrle, Jakob, 2006. *Die frühen Sammlungen des Zwölfprophetenbuches. Entstehung und Komposition*, BZAW 360, Berlin, de Gruyter.

Wolff, Hans Walter, 2010. *Anthropologie des Alten Testaments. Mit zwei Anhängen neu herausgegeben von Bernd Janowski*, Gütersloh, Gütersloher Verlagshaus.

Wright, Archie T., 2005 a. « Some Observations of Philo's *De Gigantibus* and Evil Spirits in Second Temple Judaism », *JSJ* 36, p. 471–88.

Wright, Archie T., 2005 b. *The Origin of Evil Spirits : The Reception of Genesis 6,1–4 in Early Jewish Literature*, WUNT II/198, Tübingen, Mohr Siebeck.

Wright, Benjamin G., 2003. « Access to the Source : Cicero, Ben Sira, the Septuagint and Their Audiences », *JSJ* 34, p. 1–27.

Wright, David P., 1987. *The Disposal of Impurity : Elimination Rites in the Bible and in Hittite and Mesopotamian Literature*, SBLDS 101, Atlanta, Scholars Press.

Wright, Ernest, 1962. « The Lawsuit of God : A Form-Critical Study of Deuteronomy 32 », dans Bernhard Anderson (dir.), *Israel's Prophetic Heritage : Essays in Honor of James Muilenburg*, New York, Harper, p. 26–67.

Würthwein, Ernst, 1967. « Zur Komposition von I Reg 22,1–38 », dans Fritz Maass (dir.), *Das ferne und nahe Wort. Festschrift. Leonhard Rost zur Vollendung seines 70. Lebensjahres am 31.11.1966 gewidmet*, Berlin, Töpelman (repr. 1994, *Studien zum deuteronomistischen Geschichtswerk*, BZAW 227, Berlin, de Gruyter, p. 178–187).

Wyatt, Nicolas, 1996. *Myths of Power : A Study of Royal Myth and Ideology in Ugaritic and Biblical Tradition*, UBL 13, Münster, Ugarit-Verlag.

Wyatt, Nicolas, 1998. *Religious Texts from Ugarit*, BibSem 53, Sheffield, Sheffield Academic Press.

Wyatt, Nicolas, 2007. « The Seventy Sons of Athirat, the Nations of the World, Deuteronomy 32.6b, 8–9, and the Myth of Divine Election », dans Robert Rezetko, Timothy H. Lim et W. Brian Aucker (dir.), *Reflection and Refraction : Studies in Biblical Historiography in Honour of A. Graeme Auld*, VTSup 113, Leiden, Brill, p. 547–556.

Xella, Paolo, 1983. « Sulla più antica storia di alcune divinità fenicie », dans Piero Bartoloni et al. (dir.), *Atti del I Congresso Internazionale di Studi Fenici e Punici, Roma, 5–10 novembre 1979*, vol. 2, Roma 1983, p. 401–407.

Xella, Paolo, 1999. « Resheph », *DDD*, p. 700–703.

Zadok, Ran, 1978. « Phoenicians, Philistines, and Moabites in Mesopotamia », *BASOR* 230, p. 57–65.

Zevit, Ziony, 1977. « A Phoenician Inscription and Biblical Covenant Theology », *IEJ* 27, p. 110–118.

Ziegler, Joseph, 1934. *Untersuchungen zur Septuaginta des Buches Isaias*, ATA 12/3, Münster, Aschendorff.

Ziegler, Joseph, 1939. *Isaias*, Septuaginta : Vetus Testamentum Graecum 14, Göttingen, Vandenhoeck & Ruprecht.

Ziegler, Joseph, 1943. *Duodecim Prophetae*, Septuaginta : Vetus Testamentum Graecum 13, Göttingen, Vandenhoeck & Ruprecht.

Ziegler, Joseph, 1982. *Iob*, Septuaginta : Vetus Testamentum Graecum 11/4, Göttingen, Vandenhoeck & Ruprecht.

Zimmern, Heinrich, 1917. *Akkadische Fremdwörter als Beweis für babylonischen Kultureinfluss*, Leipzig, J.C. Hinrichs.

Zobel, Hans-Jürgen, 2001. « עליון ʿElyôn », *TDOT* 11, p. 121–139.

Zurro Rodríguez, Eduardo, 1995. « Siete hápax en el libro de Isaías », *EstBib* 53, p. 525–535.

Index des sources anciennes

Bible hébraïque et Septante

Inscriptions grecques

Papyrus grecques

Ougarit

Inscriptions Ouest-Sémitiques

Sources Accadiennes

Sources égyptiennes

Index des auteurs cités